Beiträge zur Wirtschaftsinformatik

Band 1: L. Alkier
Zukunftsweisende Konzepte
für die EDV-Ausbildung
1992, ISBN 3-7908-0568-8

Band 2: U. L. Küsters
Entwicklung von regelbasierten
Expertensystemen in APL2
1992, ISBN 3-7908-0589-0

Band 3: R. J. N. Hildebrand
Betriebswirtschaftliche Schwachstellen-
diagnosen im Fertigungsbereich mit
wissensbasierten Systemen
1992, ISBN 3-7908-0594-7

Band 4: G. Walpoth
Computergestützte
Informationsbedarfsanalyse
1993, ISBN 3-7908-0648-X

Band 5: G. A. Kainz
Computergestützte
Distribuierung von Informations-
und Kommunikationssystemen
1993, ISBN 3-7908-0664-1

Band 6: D. Steinmann
Einsatzmöglichkeiten von
Expertensystemen in integrierten
Systemen der Produktionsplanung
und -steuerung (PPS)
1993, ISBN 3-7908-0665-X

Band 7: J. Walther
Rechnergestützte Qualitätssicherung
und CIM
1993, ISBN 3-7908-0684-6

Band 8: O. Petrovic
Workgroup Computing –
Computergestützte Teamarbeit
1993, ISBN 3-7908-0705-2

Band 10: H. Schüle
DV-Unterstützung beim Planen
und Einführen von CIM-Lösungen
1994, ISBN 3-7908-0741-9

Band 12: T. Myrach
Konzeption und Stand
des Einsatzes von Data Dictionaries
1995, ISBN 3-7908-0822-9

Band 13: J. Schmalzl
Architekturmodelle zur Planung
der Informationsverarbeitung
von Kreditinstituten
1995, ISBN 3-7908-0840-7

Band 14: D. Schreiber
Objektorientierte Entwicklung
betrieblicher Informationssysteme
1995, ISBN 3-7908-0846-6

Band 15: B. Reuter
Direkte und indirekte Wirkungen
rechnerunterstützter Fertigungssysteme
1995, ISBN 3-7908-0850-4

Band 16: S. Hesse
Strategische Datenbanken
1996, ISBN 3-7908-0884-9

Band 17: M. Rundshagen
Computergestützte Konsistenzsicherung
in der objektorientierten Systemanalyse
1996, ISBN 3-7908-0903-9

Band 18: H. Boden
Multidisziplinäre Optimierung
und Cluster-Computing
1996, ISBN 3-7908-0935-7

Zhi-Yong Xu

Prinzipien des Entwurfs und der Realisierung eines Organisationsinformationssystems

Mit 122 Abbildungen

Springer-Verlag Berlin Heidelberg GmbH

Reihenherausgeber
Werner A. Müller
Peter Schuster

Autor
Dr. Zhi-Yong Xu
Lehrstuhl für ABWL,
Organisation und Wirtschaftsinformatik
Universität Mannheim
D-68131 Mannheim

ISBN 978-3-7908-0936-7

Die Deutsche Bibliothek – CIP-Einheitsaufnahme
Prinzipien des Entwurfs und der Realisierung eines Organisationsinformationssystems/Zhi-Yong Xu.
   (Beiträge zur Wirtschaftsinformatik; Bd. 19)
   Zugl.: Mannheim, Univ., Diss., 1995
ISBN 978-3-7908-0936-7   ISBN 978-3-662-12787-2 (eBook)
DOI 10.1007/978-3-662-12787-2
NE: GT

SPIN 10535976   88/2202-5 4 3 2 1 0 – Gedruckt auf säurefreiem Papier

Zum Geleit

Die Entwicklung der Informatik und die fortschreitende Durchdringung der Wirtschaftsunternehmungen mit Anwendungen der Informatik haben die Unternehmensorganisationen tiefgreifend und nachhaltig verändert. Aus heutiger Sicht läßt sich eine Unternehmensorganisation idealtypisch als Struktur eines integrierten Gesamtsystems auffassen, das aus Fach- und Führungsinformationssystemen besteht. Auf dem Gebiet der Fachinformationssysteme finden heute hochintegrierte, standardisierte Anwendungsprogrammsysteme, die datenbankgestützt sind und eine eigene Entwicklungsumgebung besitzen, eine zunehmende Beachtung und eine weitverbreitete Anwendung. Bei der Einführung solcher Anwendungsprogrammsysteme erweist es sich als unumgänglich, die Ablauforganisation der betroffenen Fachbereiche neu zu überdenken und an die Möglichkeiten der Informations- und Kommunikationstechnik anzupassen. Im Zuge eines solchen Reengineeringprozesses muß dann auch in der Regel die Aufbauorganisation der Bereiche, die mit den neuen Standardanwendungssystemen arbeiten sollen, angepaßt und optimiert werden. Schließlich ist eine moderne Systemkonfiguration, die der Client-Server-Architektur gerecht wird, als Träger der Standardanwendungsprogrammsysteme zu planen und zu installieren. Die Einführung moderner und hochintegrierter Standardanwendungsprogrammsysteme muß also stets mit einer umfassenden Analyse und Neugestaltung der Ablauforganisation, Aufbauorganisation und Systemkonfiguration der betroffenen Bereiche einhergehen. Derartig tiefgreifende Reorganisationen bedeuten sowohl für die fachlichen Führungskräfte als auch für das Management eine große Kraftanstrengung, die nur in Ausnahmensituationen geleistet werden kann. Nach einer solchen Zäsur bleiben die Anforderungen an die Unternehmensorganisation aber nicht unverändert. Vielmehr zwingen die dynamischen Entwicklungen der Rahmenbedingungen zunehmend die Unternehmensleitungen, ihre Organisationen stetig an veränderte Voraussetzungen anzupassen. Somit entsteht die Forderung nach einer Verstetigung des Prozesses der Organisationsentwicklung.

Zur Unterstützung der Organisationsentwicklung habe ich schon vor Jahren das System *OrgIS* konzipiert und in der 4GL-Sprache einer relationalen Datenbank implementieren lassen. In diesem System wird die Unternehmensorganisation durch ein Datenmodell der Ablauforganisation, der Aufbauorganisation und der Systemkonfiguration einschließlich ihrer Verknüpfungen dargestellt und auswertbar gemacht. Zusammen mit meinen Assistenten und einer Vielzahl von Diplomanden habe ich das Organisationsinformationssystem *OrgIS* in zwei Unternehmungen angewandt. Aus diesen Anwendungen ergaben sich zahlreiche Anregungen und Verbesserungsvorschläge. Die positive Resonanz bei den Anwendern von *OrgIS* hat mich dazu veranlasst, meinen Assistenten Herrn Diplom-Informatiker Zhi-Yong Xu damit zu betrauen, im Rahmen seiner Dissertation die „**Prinzipien des Entwurfs und der Realisierung eines Organisationsinformationssystems**" zu erarbeiten. Die umfassenden Ergebnisse, zu denen Dr. Xu in seiner Untersuchung gelangt, haben mich ermutigt, das System *OrgIS* weiter zu entwickeln und in einem größeren Rahmen anzuwenden. Die gelungene Dissertation von Dr. Xu ist ein Vorbild für die erfolgreiche Förderung und Entwicklung einer wissenschaftlichen Nachwuchskraft aus der Volksrepublik China und bildet darüber hinaus eine Grundlage für eine fruchbare Zusammenarbeit mit der Jiao Tong Universität in Shanghai.

Mannheim, im Dezember 1995   Prof. Dr. Franz Steffens

Vorwort

Der Inauguraldissertation „**Prinzipien des Entwurfs und der Realisierung eines Organisationsinformationssystems**", die ich im Mai 1995 an der Fakultät der Betriebswirtschaftslehre der Universität Mannheim eingereicht habe, entspricht in vollem Umfang die vorliegende Arbeit, in der lediglich eine Formatänderung und die sprachliche Verbesserung vorgenommen wurden. Die DV-gestützte Organisationsplanung und -entwicklung in einem Unternehmen bildet den Grundgedanken meiner Dissertation. Hinsichtlich der rasanten Entwicklung der Informationsverarbeitungstechnologie werden die DV-Systeme Bestandteile der Unternehmensorganisation. Der Einsatz von DV-Systemen, die zur Unterstützung der Aufgabenerfüllung in einem Unternehmen beitragen, soll auch aus organisatorischer Sicht in die Organisationsplanung und -entwicklung integriert werden. Diese Managementaufgabe ist von der Unternehmensführung langfristig und ziel- sowie sachgerecht durchzuführen und umfaßt die laufende Analyse sowie die Bewertung der bestehenden Organisation und die Gestaltung der darauf basierenden Soll-Organisation. Um die zentralisierte oder dezentralisierte Erfüllung dieser Managementaufgabe und die dafür benötigte Koordination effizient und effektiv zu unterstützen, ist hier ein betriebliches Anwendungssystem, namentlich das verteilte Organisationsinformationssystem, Akronym *OrgIS* [Vgl. Fußnote 2 auf S. 2], aus den betriebswirtschaftlichen (Organisation) und informationstechnischen (Software-Engineering) Aspekten zu realisieren. Hierfür bilden die Spezifikation und die Realisierung des verteilten Organisationsinformationssystems *OrgIS* den Schwerpunkt meiner Dissertation. Das Konzept und die Grundideen des Organisationsinformationssystems *OrgIS* werden aus der Sicht der Aufbau-, Ablauforganisation und Systemkonfiguration von Prof. Dr. Franz Steffens vorgestellt. Dieser Dreiteilung der Organisation liegt der technische Aspekt zugrunde.

Die Dissertation beruht auf einem praxisbezogenen Projekt, das in enger Zusammenarbeit zwischen den Unternehmen und Prof. Dr. Franz Steffens durchgeführt wird, der nicht nur meine wissenschaftlichen, sondern auch meine sprachlichen Interessen stets wohlwollend gefördert hat. Hierfür bin ich meinem Doktorvater und mehrjährigen akademischen Lehrer Prof. Dr. Franz Steffens herzlichst dankbar. Herrn Prof. Dr. Martin Schader bin ich für die freundliche Übernahme des Zweitgutachtens sehr verbunden. Noch zu bemerken ist, daß die freundliche und motivierende Arbeitsatmosphäre am Lehrstuhl einen positiven Beitrag zum Erfolg meiner Dissertation geleistet hat.

Darüber hinaus bin ich an dieser Stelle noch den Kollegen und Studenten zu Dank verpflichtet, die mir bei der sprachlichen Formulierung und insbesondere beim Korrekturlesen meiner Dissertation Hilfestellung geleistet haben. Besonders sind hier die Frauen Tanja Schmidt und Gesa Eikenbusch sowie die Herren Guido Arndt, Lars Schwabe, Marcel Hattendorf und Patrick Fiala zu erwähnen. Ihnen und allen weiteren nicht namentlich genannten Kollegen und Studenten sei Dank und Anerkennung ausgesprochen.

Nicht zuletzt danke ich meiner Frau Qun Huang sowie meinen Eltern Jinde Xu und Meiyü Wang für ihr Verständnis und ihre vorbehaltlose Unterstützung, ohne die ich diese Arbeit nicht hätte erfolgreich abschließen können. Sie haben ohne Murren auf viele gemeinsame Stunden und Urlaub verzichtet.

Mannheim, im Januar 1996   Zhi-Yong Xu

Inhaltsverzeichnis

Abkürzungsverzeichnis   **xiii**

Erstes Kapitel
Das Ziel der vorliegenden Arbeit   1

Zweites Kapitel
Methodische Voraussetzungen der Software-Entwicklung   16
I. Software-Engineering als technische Grundlage   22
    A. Strukturierte Methode   24
    B. Datenorientierte Methode   25
    C. Ereignisorientierte Methode   26
    D. Objektorientierte Methode   27
II. Organisation und Führung der Softwareimplementierung   29
    A. Bildung der Arbeitsgruppen auf der Basis der Module   32
    B. Die Schnittstellen zwischen Modulen und die Implementierungsreihenfolge   33
    C. Koordination bei der Implementierung einzelner Module als Management-
       aufgabe   34
    D. Integration der Module und Test des Softwaresystems   36

Drittes Kapitel
Das Konzept des Organisationsinformationssystems OrgIS   37
I. Die Ständige Aufbauorganisation   41
    A. Der Organisationsaufbau und die Instanz   43
    B. Die Stellenbesetzung und der Stelleninhaber   47
    C. Die fachliche Zuständigkeit und Führung   48
II. Die Projektorganisation   53
    A. Das Projekt, die Projektstruktur und der Projektablauf   54
    B. Die Projektstelle und die Einstellung des Stelleninhabers   55
    C. Die projektbezogene fachliche Zuständigkeit und Führung   56
III. Die Ablauforganisation   58
    A. Die Aufgabe und das Arbeitsobjekt   59
    B. Die Aufgabenstruktur und die Arbeitsobjektstruktur   61
    C. Das I/O-Verhalten der Arbeitsobjekte bei der Aufgabenerfüllung   62
    D. Die Reihenfolge zur Erfüllung der Aufgaben   63
IV. Die Systemkonfiguration   65
    A. Organisatorische Anforderungen   68
       1. Die DV-Systeme und ihre Aufbaustruktur   68
       2. Die Voraussetzung zum Betrieb der Software, insbesondere der
          Anwendungssysteme   74

B. Technische Anforderungen   75

   1. Die netzweite Kommunikationsverbindung zwischen DV-Systemen   76

   2. Die arbeitsfähige Konfiguration der DV-Systeme aus lokaler und ferner Sicht   77

V. Der Zusammenhang zwischen Aufbau-, Ablauforganisation und Systemkonfiguration   80

   A. Substitution der Personalkosten durch DV-Kosten   80

   B. DV-gestützte Aufgabenerfüllung   81

Viertes Kapitel

Die Architektur des verteilten Organisationsinformationssystems OrgIS   82

I. Der strukturierte Aufbau der OrgIS-Funktionen   87

   A. Funktionenhierarchie   88

   B. Schnittstellen zwischen Funktionen   92

   C. Konstruktion der menügesteuerten Benutzerschnittstelle   94

II. Das Organisationsdatenmodell von OrgIS und dessen Datenbank   96

III. Die Benutzerorganisation von OrgIS   99

   A. Der hierarchische Aufbau der OrgIS-Benutzer   100

   B. Die Zugriffsrechte der OrgIS-Benutzer   102

   C. Die Bildung der mehrstufigen Hierarchie der OrgIS-Benutzerorganisation   103

IV. Das Journal als OrgIS-Dokumentation   106

   A. Das Systemjournal   107

   B. Das Benutzerjournal   108

V. Der Zusammenhang zwischen OrgIS-Benutzerorganisation und Unternehmensorganisation   110

Fünftes Kapitel

Grundsätze für Entwurf und Realisierung des verteilten Organisationsinformationssystems OrgIS   113

I. Datenverwaltung zur Unterstützung der Organisationsplanung   122

   A. Organisationsstrukturdaten und Benutzerschnittstellen   123

   B. Organisationsplanung durch Menüsteuerung   127

     1. Die Ständige Aufbauorganisation   129

     2. Die Projektorganisation   131

     3. Die Ablauforganisation   132

     4. Die Systemkonfiguration   135

   C. Die versionierte Organisationsplanung und -entwicklung   138

   D. Die Protokollierung der einzelnen Planungsvorgänge   140

II. Datenauswertung als Hilfsmittel bei der Analyse und Bewertung der Unternehmensorganisation   143

A. Die Anzeige der Organisationsstrukturdaten 146

B. Die originäre Analyse und Bewertung 149

1. Die Ständige Aufbauorganisation 151

2. Die Projektorganisation 159

3. Die Ablauforganisation 164

4. Die Systemkonfiguration 169

C. Die derivative Analyse und Bewertung 174

1. Die Ständige Aufbauorganisation 180

2. Die Projektorganisation 191

3. Die Ablauforganisation 193

4. Die Systemkonfiguration 203

D. Die Kontrolle der einzelnen Auswertungsvorgänge 217

III. Dokumentationserstellung für die Berichterstattung und für die
Entscheidungsunterstützung 219

A. Die Dokumentationsformate 223

B. Die Erstellung des originären Segments der Dokumentation 227

1. Die Ständige Aufbauorganisation 230

2. Die Projektorganisation 239

3. Die Ablauforganisation 243

4. Die Systemkonfiguration 249

C. Die Erstellung des derivativen Segments der Dokumentation 259

1. Die Ständige Aufbauorganisation 266

2. Die Projektorganisation 299

3. Die Ablauforganisation 318

4. Die Systemkonfiguration 335

D. Die Kontrolle der Dokumentationserstellung 353

IV. Die Journalverwaltung - Protokollierung einzelner Ablaufvorgänge des
Systems 355

A. Das Systemjournal 356

B. Das Benutzerjournal 360

V. Benutzerverwaltung - Gestaltung der OrgIS-Benutzerorganisation 365

A. Der Benutzer und die Benutzerklasse 365

B. Die Benutzergruppe und ihre Mitglieder 368

C. Das Zugriffsrecht der Systemverwalter, Gruppenleiter und Sachbearbeiter 371

VI. Zugriffsrechtverwaltung als notwendige Sicherheitsregelung 374

A. Das funktionenorientierte Zugriffsrecht 375

B. Das datenorientierte Zugriffsrecht 377

C. Die OrgIS-Umgebung und -Nutzung 379

VII. Die Kommunikationssteuerung als Voraussetzung für das verteilte System 382

A. Kommunikationsmodell 384

B. Das verteilte System mit der organisatorischen Hierarchie 387
C. Zugriffsregelung der Lokal- und Fern-Benutzer 389
D. Erweiterung einer mehrstufigen OrgIS-Benutzerorganisation 390
VIII. Die integrierte Benutzerhilfe für die Anwendung des verteilten Systems
OrgIS 393

Sechstes Kapitel
Ausblick 397

Literaturverzeichnis 399
Abbildungsverzeichnis 404
Tabellenverzeichnis 410

Abkürzungsverzeichnis

Abb.	Abbildung
AblaufOrgDatMod	Ablauforganisationsdatenmodell
AufbauOrgDatMod	Aufbauorganisationsdatenmodell
Aufl.	Auflage
bzw.	beziehungsweise
d.h., D.h.	Das heißt
DV	Datenverarbeitung
erw.	erweiterte [Auflage]
ff.	folgende [Seiten]
MetaIS	Metainformationssystem
ProdOrgIS	Produktions- und Organisationsinformationssystem
OrgDatMod	Organisationsdatenmodell
OrgIS	Organisationsinformationssystem
RDBMS	Relational Database Management System
RDBS	Relational Database System
S.	Seite
S.h., s.h.	Siehe hierzu
Sp.	Spalte
SQL	Standard Query Language
SS	Sommersemester
SysKonfDatMod	Systemkonfigurationsdatenmodell
Tab.	Tabelle
u.a.m.	und andere mehr, und anderes mehr
usw.	und so weiter
Vgl.	Vergleiche
WS	Wintersemester
z.B., Z.B.	Zum Beispiel

Erstes Kapitel
Das Ziel der vorliegenden Arbeit

Die Entwicklung eines betrieblichen Informationssystems bedarf der Fachkenntnisse der Informatik, insbesondere des Software-Engineering, und der Betriebswirtschaft. Die Komplexität der Aufgaben, die aus der betriebswirtschaftlichen Sicht die Sach- und Formalziele eines Unternehmens kennzeichnen und somit in einem Unternehmen leistungsfähig erfüllt werden müssen, ist im Sinne der Software-Entwicklung nur durch die Zusammenarbeit zwischen beiden Bereichen - Informatik und Betriebswirtschaft - zu bewältigen. Je nach Fachbereich (z.B. Produktion, Absatz, Beschaffung, Finanzen usw.) in einem Unternehmen lassen sich die betrieblichen Informationssysteme gliedern, zwischen denen die Schnittstellen bezüglich ihrer einheitlichen Betrachtung der verschiedenen Fachbereiche erforderlich sind, obwohl jedes Informationssystem sich hierfür mit einem bestimmten Fachbereich befaßt. Dies gilt insbesondere für das Organisationsinformationssystem, das sich auf alle Fachbereiche erstreckt. Obwohl die Fachbereiche sich voneinander durch differenzierte Aufgaben unterscheiden, besitzen sie immer eine Organisation, die zur zielgerichteten und arbeitsteiligen Erfüllung der Aufgaben dient.

Die Planung und die Entwicklung der Organisation eines Unternehmens oder Fachbereichs sind ständige Managementprozesse und die wichtigsten Aufgaben für den Unternehmensleiter. Es wäre wünschenswert, daß eine Organisation zu allen Zeiten konstant bleibt und zwar in der Weise, daß ihre Wettbewerbsfähigkeit aufrechterhalten wird. In der Praxis ist es leider utopisch, eine derartige Organisation gestalten zu wollen. Die Entwicklung der globalen Technologie und die stetige Änderung der Marktstrukturen erfordern eine sachgerechte und zeitgerechte Organisation in einem Unternehmen, welche die technologische Entwicklung verfolgt und sich rechtzeitig an die Marktstrukturen anpaßt. Das heißt auch, zuerst den bereits gewonnenen Marktanteil zu bewahren und sodann diesen stetig zu vergrößern. Hierin besteht letztlich das oberste Ziel eines Unternehmens. Für die Erreichung dieses Ziels muß es seine Organisation umstrukturieren bzw. umstellen. So werden die organisatorischen Änderungen immer als ständige Managementaufgaben der Unternehmensführung vorausschauend eingeplant und rechtzeitig durchgeführt. Diese Managementfunktion kennzeichnet einen langfristigen (strategischen) Prozeß zur Planung und Entwicklung der Organisation, welcher den gesamten Unternehmszielen zufolge die erfolgreiche Entwicklung eines Unternehmens bestimmt. Es genügt allerdings noch nicht, daß die Organisation eines Unternehmens oder dessen Fachbereiche auf einmal bis ins kleinste Detail von dem Unternehmensleiter durchdacht, ausgearbeitet und anschließend verwirklicht wird. Der Unternehmensleiter selbst hat immer die Aufgabe, seine Organisation weiter zu analysieren und zu bewerten. Er hat insbesondere darauf zu achten, ob die organisatorischen Regelungen noch ebenso effizient wie reibungslos sind, sachgerecht eingehalten und die gesamte organisatorische Struktur jederzeit auf die aktuellen Marktstrukturen ausgerichtet werden. Die Organisation stimmt dadurch mit den gesamten Unternehmenszielen überein und der Rückgang der Leistungen des Unternehmens im Marktgeschehen wird vermieden.

In der Praxis sind viele Möglichkeiten zur Gestaltung der Organisation eines Unternehmens oder Fachbereichs gegeben, die alle mit den Unternehmenszielen übereinstimmen müßten; jedoch entstehen zwischen ihnen durchaus unterschiedliche wirtschaftliche, technische und soziale Überlegungen. Hierbei geht es um den umfassenden

Vergleich zwischen ihnen und um die durchdachte Entscheidung zur Auswahl einer rationalen, zeitgemäßen sowie aussichtsreichen Organisation, die als Instrument dazu dienen soll, den Zielsetzungen, den Ordnungen und den Planungen eines Unternehmens oder dessen Fachbereiche, und schließlich den dazu erforderlichen Einrichtungen sowie den Aufgabenträgern Gestalt zu verleihen. Dadurch wären die vorgegebenen Ziele des Unternehmens oder Fachbereichs sowie die aufgestellten Planungen ordnungsgemäß zu verwirklichen[1]. Dies stellt den Unternehmensleiter vor eine sehr anspruchsvolle Aufgabe, die umfangreiche Sachkenntnisse des Entscheidenden auf den sozialen, ökonomischen sowie technischen Gebieten und seine beharrliche Orientierung an der langfristigen (strategischen) Planung der Organisation eines Unternehmens oder dessen Fachbereiche an den Unternehmenszielen erfordert.

Das *OrganisationsInformationsSystem OrgIS*[2] dient der Analyse und integralen Entwicklung der Organisation eines Unternehmens oder dessen Fachbereiche und ihren vielseitigen Fachinformationssystemen, die ihren Fachkonzepten und Anwendungssystemen zugrunde liegen. Ein Fachkonzept beschreibt die Automatisierung eines Fachbereichs durch die DV-Systeme und umfaßt sowohl die Anwendungsbeschreibung eines Fachbereichs als auch dessen Datenmodell. Das Anwendungssystem besteht schließlich aus der Software sowie den zu verarbeitenden Daten und entspricht dem Fachkonzept. Den Anstoß für das Konzept des Organisationsinformationssystems *OrgIS* gab die Zusammenarbeit zwischen Prof. Steffens und diversen Unternehmen. Zielsetzung war die Unterstützung der Planung und Entwicklung der Unternehmensorganisation durch die Einführung von Fachinformationssystemen bzw. der Anwendungssoftware. Das Konzept und die Grundideen des Organisationsinformationssystems *OrgIS* wurden von Prof. Steffens vorgestellt und werden in der aktuellen Zusammenarbeit erfolgreich verwendet und weiter entwickelt.

Aufgrund des Konzeptes des Organisationsinformationssystems *OrgIS* ist eine Anwendungssoftware ingenieurmäßig zu konstruieren und zu implementieren. Dies bildet meinen Arbeitsschwerpunkt, aus dem ein Prototyp des Organisationsinformationssystems *OrgIS* unter der Leitung von Prof. Steffens in verschiedenen Unternehmen eingesetzt wird. In der vorliegenden Arbeit sind vier wesentliche Punkte zu behandeln, die folgenden Kapiteln zuzuordnen sind:

- Erläuterung der methodischen Voraussetzung der Software-Entwicklung (zweites Kapitel),

- Beschreibung des Konzeptes des Organisationsinformationssystems *OrgIS* (drittes Kapitel),

- Konstruktion der Architektur des verteilten Organisationsinformationssystems *OrgIS* (viertes Kapitel) und

- Beschreibung und Spezifikation der einzelnen Module des verteilten Organisationsinformationssystems *OrgIS* (fünftes Kapitel).

---

[1] Vgl. Gutenberg: Grundlagen der Betriebswirtschaftslehre. S.234. ff. 21. 1975.

[2] Alle Rechte an *OrgIS* liegen bei Prof. Dr. Franz Steffens. Vgl. desweiteren:
Steffens: *OrgIS*-Ein Organisationsinformationssystem. Grundlagen und Grundideen. S. 1. 1992.
Die Definition des Informationssystems und des Fachinformationssystems wurde auch in „*OrgIS*-Ein Organisationsinformationssystem. Grundlagen und Grundideen. S. 1" beschrieben.

Die Entwicklung und Implementierung von Anwendungssoftware ist eine Ingenieurdisziplin, deren wissenschaftliche Grundlagen die Informatik schafft. Sie soll nicht
als künstlerische Leistung oder mathematische Ableitung betrachtet werden. Charakterisiert wird die Entwicklung von Anwendungssoftware durch den Lebenszyklus der
Anwendungssoftware[3], währenddessen die Erstellung von Anwendungssoftware in einem bestimmten Zeitraum durch die Festlegung und Anwendung von soliden Konstruktionsprinzipien und bewährten Management-Praktiken, und durch die Entwicklung anwendbarer Methoden und Werkzeuge sowie deren fachmännischen Einsatz
unterstützt wird. Die Anwendungssoftware wird wie die industrielle Fertigung nach
bestimmten Schritten und Vorschriften entwickelt. Dabei geht es nicht nur um die
Konstruktion der Systemarchitektur, sondern auch um die Gestaltung der Organisation
des Projektmanagements, unter dem die Planung, Kontrolle, Koordination und Führung zu verstehen ist. Darauf wird im **zweiten Kapitel** kurz eingegangen. Der Lebenszyklus einer Anwendungssoftware umfaßt sechs Phasen, die gemeinsam auch ein Vorgehensmodell der Software-Entwicklung kennzeichnen:

- Analyse und Erhebung der Systemanforderung. Dabei handelt es sich eigentlich um
  Requirements-Engineering, mit dem alle Anforderungen an eine Anwendungssoftware so erfaßt werden, daß sie als Basis für die Systementwicklung dienen können.
  Zur Ermittlung der Anforderungen können verschiedene Methoden (z.B. Interview,
  Meeting, Untersuchung usw.) verwendet werden. Dafür ist die Zusammenarbeit
  zwischen dem Systementwickler und dem Auftraggeber erforderlich.

- Systemanalyse und -spezifikation. In dieser Phase wird die Architektur einer Anwendungssoftware festgelegt. Die Architektur der Anwendungssoftware gibt die
  detaillierten und dabei aggregierten Funktionen, den Zusammenhang (Funktionenmodell) zwischen ihnen sowie den Funktionsumfang und nicht zuletzt die Benutzerschnittstellen wieder, die den Anforderungen entsprechen sollen. Aus der Systemarchitektur sind einzelne Module zu erkennen. Dadurch ist auch die Komplexität des
  Systems vermindert. So kann eine Gesamtlösung durch mehrere Teillösungen repräsentiert werden, wobei letztere sich auf die jeweiligen Probleme beziehen. Ein
  Datenmodell, mit dem das gemeinsame Verständnis von den Seiten der Systementwicklung und Anwendung (Fachbereichen) für die Aufgabenstellung erzielt wird,
  ist dabei ebenfalls zu erstellen und kennzeichnet die datenorientierte Methode, die
  hier allerdings zusammen mit der funktionsorientierten Methode verwendet wird.

- Entwurf der Systemkomponenten. Hier werden im wesentlichen eine Reihe von
  Funktionenmodellen erzeugt. Für jedes Modul soll ein Funktionenmodell erstellt
  werden, in dem die Schnittstellen und Wechselbeziehungen zwischen den einzelnen
  Funktionenkomponenten präzisiert werden. Die Funktionenkomponenten in den
  jeweiligen Modulen sollen (Teil-) Anforderungen abdecken. Die Spezifikationen der
  Funktionenkomponenten werden verfeinert, wobei die Motivation, die Selbstverwirklichung und die Entfaltung der Fähigkeit der Software-Ingenieure berücksich

---

[3] Macro/Buxton: The craft of software engineering. 1987.
Es gibt weitere Begriffsdefinitionen, S.h.:
Steward: Software Engineering with Systems Analysis and Design. 1987.
IEEE Standard Glossary of Software Engineering Terminology. IEEE Standard 729-1983.
Engesser, Claus und Schwill: DUDEN - Informatik. 1988.
Kurbel/Strunz (Herausgeber): Handbuch der Wirtschaftsinformatik S. 257- 274. 1990.

tigt werden sollen. Die genaue Vorgabe der Algorithmen in jeder Funktionenkomponente sind hierfür in der Entwurfsphase unnötig.

- Implementierung der einzelnen Komponenten und Test. In dieser Phase werden die Spezifikationen der Funktionenkomponenten modulweise umgesetzt, so daß sie auf einem Rechner mit den notwendigen Voraussetzungen ausführbar sind. Dabei werden die Algorithmen nach der vorgegebenen Funktionalität von Software-Ingenieuren entworfen, durchdacht und anschließend in der ausgewählten Programmiersprache implementiert. Die implementierten Funktionenkomponenten werden noch qualitativ kontrolliert, separat oder modulweise getestet. Je nach ausgewählter Programmiersprache kann hier die objektorientierte oder die strukturierte Methode verwendet werden.

- Integration der Module und Test des Gesamtsystems. Hierbei werden alle Funktionenkomponenten zu einem Gesamtsystem zusammengefaßt. Es handelt sich einerseits um die Aufdeckung der Systemfehler und andererseits um den Vergleich zwischen der Funktionalität des Systems und den Spezifikationen bzw. Anforderungen. Zum Test des Systems können auch verschiedene Test-Methoden verwendet werden, wie zum Beispiel Black-Box, White-Box, Top-Down usw.

- Betrieb und Pflege der Anwendungssoftware. Obwohl immer angestrebt wird, alle Fehler in der Phase des Systemtests aufzudecken und zu beheben, können Fehler während des Betriebs der Anwendungssoftware auftreten. Auf der anderen Seite können neue Anforderungen gestellt werden, welche sich auf Änderung, Erweiterung oder Verbesserung der Funktionalität der Anwendungssoftware beziehen können. Eine systematische Verwaltung der Fehler und der neuen Anforderungen ist in dieser Phase erforderlich, wobei noch die Schulung für die Benutzer durchzuführen ist. Darüber hinaus werden noch zwei Dokumente angefertigt: das System- und das Benutzerdokument.

Die Software-Entwicklung ist ein vielschichtiger, umfassender und somit komplexer Prozeß. In einer bestimmten Zeit, die hier sich auf die sechs Phasen des Lebenszyklus erstreckt, muß dieser Prozeß durch das arbeitsteilige Zusammenwirken von Software-Ingenieuren auf unterschiedlichen Ebenen durchgeführt werden. Zur Sicherung der erfolgreichen Durchführung dieses Prozesses werden neben der Planung noch Steuerung und Kontrolle benötigt. Dieser Prozeß ist als ein Projekt aufzufassen. Die Software-Entwicklung ist auch eine Managementaufgabe. Dafür ist es aus technischen, organisatorischen und wirtschaftlichen Aspekten erforderlich, eine Organisation des Projektmanagements zu gestalten. Das Projektmanagement besteht aus einer Reihe von Aufgaben, die schwerpunktmäßig in unterschiedlichen Phasen erfüllt werden müssen:
- Anforderungserhebung und -analyse
- Abschätzung des Kosten- und Zeitaufwandes,
- Erstellung der Projektpläne,
- Verwaltung der Dokumente,
- Systemspezifikation und Modularisierung,
- Bildung der Organisationseinheiten (Arbeitsgruppen) mit Aufgabenverteilung,
- Koordinierung und Kontrolle bei der Implementierung und beim Test der Module,
- Test und Qualitätssicherung des Systems mit der Integration aller Module und
- Berichterstattung über Zwischen- und Endergebnisse.

Die erfolgreiche und sachgerechte Erfüllung dieser Managementaufgaben basiert auf dem jeweiligen Projektplan in unterschiedlichen Phasen, die letztlich durch die Hauptaufgaben gekennzeichnet, aber noch miteinander verbunden sind. Der Projektplan hat in jeder Phase die Zielvorgabe sowie die funktionelle Spezifikation der Anforderungen zum Inhalt und wird immer unter Berücksichtigung des Projektplanes in benachbarten Phasen erstellt. Dabei handelt es sich schließlich um die schrittweise Verfeinerung bzw. Spezialisierung des Projektplanes. Die benutzerorientierte Software-Entwicklung wird gekennzeichnet durch die Beteiligung dreier Bereiche: der System-, der Anwendungsentwicklung und des Fachbereiches, der letztlich Auftraggeber ist. Für sie sind die Zuständigkeiten sowie Kompetenzen eindeutig zu definieren.

Im **dritten Kapitel** wird das Konzept des Organisationsinformationssystems *OrgIS* beschrieben, wobei es aus betriebswirtschaftlicher Sicht als Anforderung an die Anwendungssoftware *OrgIS* angesehen werden kann. Die Organisation jedes Unternehmens oder dessen Fachbereiche wird im allgemeinen einheitlich unter den Aspekten der Aufbauorganisation, Ablauforganisation und Systemkonfiguration[4] betrachtet. Diese Dreiteilung der Organisation wird im Hinblick auf den Einsatz der zahlreichen DV-Systeme im Unternehmen von Prof. Steffens vorgestellt und entwickelt. Mit diesen drei Teilen der Organisation wird ein Unternehmen oder Fachbereich aus unterschiedlichen Sichten beschrieben, wobei sich die Organisation als komplexes soziotechnisches System[5] verstehen läßt, da sie grundsätzlich aus technischen Bestandteilen und Menschen besteht. Sie verfolgt die Unternehmenszwecke und -ziele vor allem durch Organisationsstrukturen, Arbeitsprozesse (Aufgaben) und klare Zuständigkeiten für die Aufgabenerfüllung.

Unter der Aufbauorganisation sind Ständige Aufbauorganisation und Projektorganisation, d.h. Aufbauorganisation eines Projektmanagements, zu unterscheiden. Die Projektorganisation ist eigentlich ein besonderer Fall der Aufbauorganisation. Die Projektorganisation stellt eine organisatorische Gestaltung in einem Unternehmen dar, welche zur Durchführung von Produkt- oder Prozeßinnovationen erforderlich ist, d.h. den Entwicklungen neuer Ideen und deren organisatorische Umsetzung. Zu dem stellt sie die Organisation des Projektmanagements dar. Die Projektorganisation wird daher immer für eine bestimmte Dauer eingerichtet und umfaßt einmalige und temporäre Aufgaben. In der Regel bedarf die Projektorganisation auch der Aufbau-, der Ablauforganisation und der Systemkonfiguration. Die Ablauforganisation und die Systemkonfiguration des Projektmanagements wird durch die projektbezogenen fachlichen Zuständigkeiten einerseits und DV-gestützte Projektabwicklung andererseits verkörpert, wobei die Einsatzplanung der DV-Systeme des Projektes mit der Einsatzplanung der DV-Systeme in dem gesamten Unternehmen abgeglichen werden soll. Dem gegenüber beinhaltet die Ständige Aufbauorganisation die permanenten Organisationseinheiten (Höhere Organisationseinheiten und Stellen) als ständige Einrichtungen zur wiederholten Aufgabenerfüllung. Zusammen mit der Ablauforganisation sowie der Systemkonfiguration charakterisiert sie die Unternehmensorganisation. Die Aufbauorganisation besteht aus der Bildung der Organisationseinheiten mit unterschiedlichen Organisationsformen, d.h. Leitungszusammenhängen zwischen den Organisationseinheiten, und der Beschäftigung der Personen, der Stellenbesetzung. Sie legt die disziplina-

---

[4] Steffens: *OrgIS*-Ein Organisationsinformationssystem. Grundlagen und Grundideen. S. 4. ff. 1992
[5] Vgl. Voßbein/Leschke: Unternehmensorganisation mit Kommunikationssystemen. S. 156. 1989

rischen Leitungszusammenhänge sowie die fachlichen Führungszusammenhänge zwischen den Organisationseinheiten fest. Dadurch werden die Unternehmenszwecke und -ziele deutlich gekennzeichnet. In der Praxis ergeben sich für die Organisation durch unterschiedliche Organisationsformen viele Gestaltungsmöglichkeiten, zum Beispiel die funktionale Organisation, Stab-Linien-Organisation, Matrix-Organisation, Geschäftsbereichsorganisation, Organisation mit den Geschäftseinheiten[6], Organisation des Auslandgeschäfts usw. Grundsätzlich ist aber zu erkennen, daß alle Strukturformen der Organisation unter zwei Gesichtspunkten zusammengefaßt und betrachtet werden können, einerseits unter dem disziplinarischen Leitungszusammenhang und andererseits unter dem fachlichen Führungszusammenhang[7].

Die Ablauforganisation beschreibt die Aufgaben (Funktionen oder Aktivitäten), die das Herzstück jeder Organisation bilden und sowohl die auszuführenden Aufgaben der operativen Ebene als auch die disziplinarischen und fachlichen Führungsaufgaben des strategischen und operativen Managements umfassen. Sie legt das Input-Output-Verhalten zwischen Arbeitsobjekten bei der Erfüllung bestimmter Aufgaben sowie die Reihenfolge zur Erfüllung der Aufgaben fest[8]. In einem Unternehmen entstehen unterschiedliche Bereiche der Ablauforganisation, wie z.B. der Bereich der Produktion, der Beschaffung, des Absatzes, der Forschung/Entwicklung usw. Diese unterschiedlichen Bereiche in einem Unternehmen werden letztendlich durch ihre Aufgaben gekennzeichnet und gelten dadurch als Fachbereich eines Unternehmens. Für die Ausführung der vielseitigen Aufgaben sind die Organisationseinheiten (Höhere Organisationseinheiten und Stellen) der Aufbauorganisation zuständig. DV-Systeme verbessern und automatisieren die Aufgabenerfüllung.

Die Systemkonfiguration, die der Unternehmensorganisation dient, bildet die informationstechnische Infrastruktur und unterstützt die Automatisierung der Aufgabenerfüllung, insbesondere der informationsverarbeitenden Aufgaben. Hier läßt sich die Systemkonfiguration als System von Systemen begreifen[9] und bezieht sich auf die DV-Systeme, die wiederum in Hardware und Software unterteilt werden können. Die Systemkonfiguration umfaßt die organisatorischen und technischen Anforderungen der Unternehmensorganisation. Die organisatorischen Anforderungen ergeben sich aus der effizienten Erreichung der Unternehmensziele. Die DV-Systeme stellen einerseits die DV-gestützten Arbeitsplätze und andererseits die Automatisierung der Aufgabenerfüllung dar. So werden die einzelnen DV-Systeme, ihre Aufbaustruktur und die Voraussetzung zum Betrieb der Software aus organisatorischer Sicht als notwendig beschrieben. Die technischen Anforderungen bringen die einheitliche Betrachtung aller DV-Systeme zum Ausdruck, unter welcher die Kommunikationsverbindung zwischen einzelnen DV-Systemen und die arbeitsfähigen Konfigurationen der DV-Systeme aus lokaler sowie ferner Sicht zu verstehen sind. Diese Anforderungen stellen den Unternehmensleiter oder den Bereichsinformatiker vor die Aufgabe, die DV-Systeme aus organisatorischen, wirtschaftlichen und informationstechnischen Überlegungen einzusetzen und im Zusammenhang mit der effizienten Erreichung der Unternehmensziele zu gestalten.

Zwischen Aufbau-, Ablauforganisation und Systemkonfiguration bestehen auch Verbindungen. Die fachliche Zuständigkeit der Organisationseinheit für die Aufgabenerfüllung bildet die Verbindung zwischen Aufbau- und Ablauforganisation und legt auch die Kompetenzen sowie die fachlichen Führungszusammenhänge zwischen den Organisationseinheiten fest. Die DV-Ausstattung der Organisationseinheit bezeichnet den DV-gestützten Arbeitsplatz, bei dem die Aufgabenerfüllung im Sinne der Automatisierung produktiv verbessert wird, und charakterisiert die Substitution der Personalkosten durch die Kosten der eingesetzten DV-Systeme. Die Verbindung zwischen Ablauforganisation und Systemkonfiguration gibt die Automatisierung der Aufgabenerfüllung und die dadurch ver-/gebrauchten Arbeitsobjekte der Anwendungssysteme (Software) wieder. Die DV-Ausstattung der Organisationseinheit und die Automatisierung der Aufgabenerfüllung durch die Systemkonfiguration beschreiben auch die Kommunikation zwischen Anwendern und DV-Systemen, d.h. die Mensch-Maschine-Interaktion.

Dem Organisationsinformationssystem *OrgIS* liegt ein Organisationsdatenmodell (*OrgDatMod*) zugrunde, mit dem die Organisation aller Fachbereiche in einem Unternehmen modelliert wird, d.h. auch, daß sie planbar und kontrollierbar gemacht werden. Da dessen Realisierung durch eine Datenbank verkörpert wird, bezeichnet *OrgIS* in diesem Sinne auch ein datenbankgestütztes System, das den Unternehmensleiter bei der Planung und Entwicklung der Organisation mit umfangreichen Funktionen und durch die benutzerfreundliche Menüführung unterstützt. Mit *OrgIS* gewinnt der Unternehmensleiter zunächst einen klaren Überblick über die Organisation des gesamten Unternehmens oder dessen Fachbereiche. Danach kann der Unternehmensleiter beurteilen, ob die Organisation immer noch zweckdienlich zu der erfolgreichen und leistungsfähigen Erreichung der Unternehmensziele beiträgt. Auf dieser Basis wird die weitere Planung und Entwicklung der Organisation sachgerecht durchgeführt, wobei die Bewertungs- und Entscheidungsprozesse effizient durch *OrgIS* unterstützt werden.

Ausgehend von dem Konzept des Organisationsinformationssystems *OrgIS*, welches als Anforderung bei der Entwicklung der Anwendungssoftware *OrgIS* gilt, wird zunächst die Systemarchitektur festgelegt, die im **vierten Kapitel** unter Berücksichtigung folgender fünf Punkte behandelt wird:

- Der strukturierte Aufbau bzw. Modularisierung der *OrgIS*-Funktionen,
- Die Bedeutung des Organisationsdatenmodells und die Datenbank,
- Die *OrgIS*-Benutzerorganisation,
- Das *OrgIS*-Journal und
- Der Zusammenhang zwischen der *OrgIS*-Benutzerorganisation und der Unternehmensorganisation.

Eine gut konstruierte Systemarchitektur ist grundsätzlich einerseits durch die strukturierten Module des Systems und andererseits durch die wohldefinierten Schnittstellen zwischen ihnen gekennzeichnet. Daraus sollen sich die Verständlichkeit, Erweiterbarkeit, Änderbarkeit und Wiederverwendbarkeit des Systems bzw. seiner Module ergeben. Dabei wird ein System (Organisationsinformationssystem *OrgIS*) in mehrere Module gegliedert, die wiederum in Teilmodule zerlegt werden können. Ein Teilmodul besteht normalerweise aus mehreren Funktionen oder Funktionenkomponenten und kann hier als Baustein des Systems *OrgIS* verstanden werden. Daraus entsteht eine funktionelle Hierarchie des Systems *OrgIS*, in der die Zugehörigkeit der

Funktionen (Funktionenkomponenten) zu den Modulen eindeutig dargestellt wird. Dabei handelt es sich um die Bewältigung der Systemkomplexität, die durch die Zerlegung des Systems *OrgIS* in einzelne Module verringert werden soll. Die Bausteine bzw. Module sind noch durch die Schnittstellen miteinander zu koppeln, aus denen ein Funktionsnetz bestehen soll. In diesem Funktionsnetz können die Module oder Teilmodule als aggregierte Funktionen betrachtet und die unterschiedlichen Arten zur Koppelung zwischen ihnen verdeutlicht werden. Zwischen den Modulen bzw. Teilmodulen kann es eine *Verbundenheit* geben, die allerdings bei der Zusammenstellung der Module bzw. Teilmodule zum System *OrgIS* berücksichtigt werden muß. Die Verbundenheit zwischen zwei Modulen findet ihren Ausdruck letztlich darin, daß ein Modul in das System *OrgIS* eingebunden werden kann, falls ein anderes Modul darin auch integriert wird, oder vice versa. Bezüglich der Modulverbundenheit kann das System *OrgIS* in der Regel aus allen Modulen oder einem Teil davon gebildet werden, die ihrer funktionellen Hierarchie zufolge die Funktionalität des Systems *OrgIS* (z.B. Planung der Projektorganisation, der Aufbauorganisation, der Ablauforganisation usw.) bestimmen. Sobald die einzelnen Module bzw. Teilmodule implementiert werden, können sie aufgrund ihrer Verbundenheit miteinander integriert werden, um das System *OrgIS* mit der erwünschten Funktionalität herzustellen. Dabei ist jedoch zu beachten, daß das System *OrgIS* immer bestimmte Module bzw. Teilmodule als minimale Menge beinhalten soll. In diesem Zusammenhang sind die Module bzw. Teilmodule zusätzlich in *Basis-* und *Variantenmodule* zu unterscheiden. Die Basismodule bilden den unentbehrlichen Bestandteil des Systems *OrgIS*, die Variantenmodule hingegen stellen die Auswahlmöglichkeit, aus der das System *OrgIS* mit differenzierter Funktionalität hergestellt werden kann.

Ein weiteres Merkmal der Anwendungssoftware *OrgIS* sind die Benutzerschnittstellen. Dabei handelt es sich prinzipiell um die Gestaltung der Maske, die bei dem Entwurf des Systems *OrgIS* nicht nur eine Benutzerschnittstelle repräsentiert, sondern vielmehr ein Objekt zum Ausdruck bringen soll. In jedem Maskenobjekt werden die Funktionen und die Daten bzw. Attribute in Hinblick auf die objektorientierte Implementierung gekapselt definiert, wobei die Daten bzw. Attribute hierin mit den statthaften Funktionen verarbeitet werden können. Die Masken können in unterschiedlicher Art und Weise miteinander verknüpft werden, wie zum Beispiel *blockiert, disponibel, sequentiell* usw. Die Daten bzw. Attribute, die in der Maske mit den darin definierten Funktionen verarbeitet werden können, können in einer bestimmten Form (tabellarisch oder graphisch) dargestellt werden. Eine gut gestaltete Benutzerschnittstelle bzw. Maske verlangt vom Benutzer wenig Schulung, sondern bietet ihm große Bedienungsfreundlichkeit an. Dabei ist ferner zu beachten, daß die statthaften Funktionen und die Daten in jeder Maske benutzerbezogen sind. Dahinter verbirgt sich das Zugriffsrecht eines Benutzers auf die erlaubten Funktionen sowie Daten. Es wird zwar eine große Zahl von Funktionen in einer Maske definiert, aber ein Benutzer kann je nach seinem Zugriffsrecht alle definierten Funktionen oder nur einen Teil davon ausführen, um die Daten bzw. Attribute in der Maske zu verarbeiten.

Die Konstruktion der Systemarchitektur muß mit dem Entwurf der Datenbank, der das Organisationsdatenmodell (*OrgDatMod*) zugrunde liegt, in Einklang stehen. Das Organisationsdatenmodell ist hierbei als erster Schritt des Entwurfs des Systems *OrgIS* gedacht, da es sich aus der Anforderungsanalyse und -spezifikation ergibt. Mit dem Datenmodell kann das gemeinsame Verständnis der Problemstellung aus der System-, der Anwendungsentwicklung und dem Fachbereich eines Unternehmens erzielt werden. Ein Datenmodell dient in erster Linie zur systematischen Strukturierung und Beschreibung der Organisationsstrukturdaten, die die Organisation eines Unternehmens oder dessen Fachbereiche wiedergeben, und bildet zugleich das Grundschema der Datenbank, in der die Organisationsstrukturdaten aufbewahrt, fortgeschrieben und den *OrgIS*-Funktionen, gemäß dem Zugriffsrecht des Benutzers, zugänglich gemacht werden. So kann die Erstellung des Datenmodells auch als konzeptueller Entwurf der Datenbank bezeichnet werden, der im Prinzip vom logischen und physischen Entwurf der Datenbank befolgt wird. Aus dem Grundschema der Datenbank, das durch das Datenmodell geprägt wird, kann der logische Entwurf der Datenbank abgeleitet werden, in der das detaillierte - rechnergestützt interpretierbare - Schema der Datenbank zu erkennen ist. Ausgehend vom logischen Datenbankschema kann weiterhin die physische Speicherstruktur der Datenbank definiert werden, unter welcher die leistungsfähige Verarbeitung der Organisationsstrukturdaten verstanden werden soll. Die Datenbank, auf die leistungsfähig von den jeweiligen *OrgIS*-Funktionen zwecks der Datenverarbeitung zugegriffen wird, kann hiermit als ein Bestandteil des Systems *OrgIS* gesehen werden. Dabei ist deutlich zu erkennen, daß das Organisationsdatenmodell nicht nur in der Anforderungsanalyse und -spezifikation seine Bedeutung findet, sondern auch die Performance des Systems *OrgIS* beeinflussen kann. Ein destruktiv gebildetes Datenmodell kann grundsätzlich zur Senkung des Leistungsverhaltens des Systems *OrgIS* führen. Dadurch kann Datenredundanz oder eine zu häufige Überprüfung der Integritätsbedingungen in der Datenbank entstehen. Die Gewährleistung der Integritätsbedingungen, die den semantischen Zusammenhang zwischen den Organisationsstrukturdaten näher beschreiben, ist zwar durch das Datenmodell zu erleuchten, kann aber in unterschiedlicher Art und Weise realisiert werden. Es hängt von dem eingesetzten Datenbank-Managementsystem ab, ob die Wahrung der Integritätsbedingungen schon in dem Datenbank-Managementsystem angeboten wird.

Das Organisationsinformationssystem *OrgIS* ist ein datenbankgestütztes betriebliches Informationssystem, das zuerst auf dem Multi-User-Betriebssystem UNIX entwickelt wird. Dadurch wird deutlich, daß das System *OrgIS* gleichzeitig zur Unterstützung der Aufgabenerfüllung der Organisationsplanung und -entwicklung von mehreren Benutzern bedient werden kann. In Hinblick auf das Management bei der Delegation (dezentralisierte Erfüllung der Managementaufgaben) und den Datenschutz sowie die Datensicherheit muß im System *OrgIS* einerseits der disziplinarische Leitungszusammenhang (implizit noch der fachliche Führungszusammenhang) zwischen den Benutzern klargelegt und andererseits die Zugriffsrechte jedes Benutzers je nach seiner Zuständigkeit geregelt werden. Dafür ist die Benutzerstruktur zu bilden, die aus organisatorischer Sicht die Aufbauorganisation im System *OrgIS* zum Ausdruck bringt und demzufolge als *OrgIS*-Aufbauorganisation zu bezeichnen ist. Dazu sind die Benutzerklasse und die Benutzergruppe einzuführen. Durch die Benutzerklasse werden die Benutzer im System *OrgIS* in Systemverwalter bzw. -administrator, Gruppenleiter und Sachbearbeiter gegliedert. Die Benutzer können ihrerseits aus dem Arbeitszusammenhang zu einer Benutzergruppe zusammengefaßt werden. Damit kann neben dem Zugriffsrecht des Benutzers ein gemeinsamer Datenzugriff zustande gebracht werden. Unter Berücksichtigung der Zugriffsrechte des Benutzers auf die *OrgIS*-Funktionen, mit denen der Benutzer die erlaubten Organisationsstrukturdaten als Input- oder Output-Arbeitsobjekte verarbeiten kann, ist auch der Arbeitszusammenhang zwischen den Benutzern festzustellen, welcher sich letztlich aus dem arbeitsteiligen Zusammenwirken der Module bzw. *OrgIS*-Funktionen im System *OrgIS* ergibt. So wird auch auf die Ablauforganisation des Systems *OrgIS* hingewiesen, welche hier zum Unterschied zur Organisation eines Unternehmens abgekürzt als *OrgIS*-Ablauforganisation bezeichnet wird. Das System *OrgIS* an sich ist schon ein DV-System und selbstverständlich durch die Systemkonfiguration zu beschreiben. Damit ist die *OrgIS*-Benutzerorganisation in vollem Umfang darzustellen, d.h. ihre Aufbau-, Ablauforganisation und Systemkonfiguration. Das wesentliche und entscheidende Merkmal des Systems *OrgIS* ist nicht durch die im System eingebettete *OrgIS*-Benutzerorganisation aufzuweisen, sondern vielmehr durch die zwangsläufige Verbindung zwischen der *OrgIS*-Benutzerorganisation und der Organisation eines Unternehmens oder dessen Fachbereiche, in welcher das System zur Unterstützung der Organisationsplanung und -entwicklung eingesetzt wird.

Die Architektur des Systems *OrgIS* ist weiterhin durch seine Distributions-Konstellation zu charakterisieren, die die Verteilung des Systems *OrgIS* aus der technischen sowie organisatorischen Sicht ermöglicht und sowohl die Mainframe-Konstellation als auch die Client-Server-Konstellation umfaßt. Durch die Verteilung des Systems *OrgIS* in unterschiedliche Fachbereiche eines Unternehmens kann eine echte verteilte Datenhaltung und -verarbeitung realisiert werden, wobei das System *OrgIS* mehrfach in verschiedenen Fachbereichen installiert wird und jeweils nur mit einer fachbezogenen Datenbank verbunden ist. In der jeweiligen fachbezogenen Datenbank werden nur diejenigen Organisationsstrukturdaten, die die Organisation des entsprechenden Fachbereiches wiedergeben, aufbewahrt und fortgeschrieben. Durch die Verteilung des Systems *OrgIS* kann darüber hinaus die Systemleistung bei der Verarbeitung - d.h. Verwaltung, Analyse und Auswertung - der fachbezogenen Organisationsstrukturdaten erhöht werden, obwohl das System *OrgIS* gleichzeitig im ganzen Unternehmen oder mehreren Fachbereichen zur Unterstützung der Managementaufgaben der Organisationsplanung sowie -entwicklung eingesetzt wird. In der Verteilung des Systems *OrgIS* ist insbesondere die organisatorische Bedeutung zu finden, die in organisatorischer Hinsicht das in einem Unternehmen mehrfach installierte System *OrgIS* zueinander in ein komplexes und einheitliches System führt. Zwischen dem in verschiedenen Fachbereichen installierten System *OrgIS* bestehen natürlich Verbindungen, die allerdings über die Netzverbindungen zwischen den Systemen (*OrgIS*) hinausgehen und sogar den organisatorischen Zusammenhang zwischen den in den jeweiligen Systemen (*OrgIS*) gebildeten *OrgIS*-Benutzerorganisationen ausdrücken sollen. Dieser organisatorische Zusammenhang stellt eigentlich den disziplinarischen Leitungszusammenhang zwischen den *OrgIS*-Benutzerorganisationen dar und entspricht vor allem dem disziplinarischen Leitungszusammenhang zwischen den Organisationen der jeweiligen Fachbereiche. Die Benutzer oder Benutzergruppen werden bedeutungsgleich als Organisationseinheiten in der *OrgIS*-Benutzerorganisation betrachtet. Die Zugriffsrechte der Benutzer stellen eigentlich die fachliche Zuständigkeit der Organisationseinheiten für die Aufgabenerfüllung, die sich hierbei auf die Managementaufgaben der Organisationsplanung und -entwicklung bezieht, in einer Unternehmensorganisation dar. Aus der Verteilung des Systems *OrgIS* ist deutlich festzustellen, daß die *OrgIS*-Benutzerorganisation stufenweise erweitert werden kann. Die Gestaltung der *OrgIS*-Benutzerorganisation spiegelt die Unternehmensorganisation wider, in der das System *OrgIS* zur Unterstützung der Organisationsplanung und -entwicklung eingesetzt wird. So wird eine besondere Bedeutung darin gefunden, daß die Managementaufgaben der Organisationsplanung sowie -entwicklung durch die Unterstützung des verteilten Systems *OrgIS* zentralisiert oder dezentralisiert erfüllt werden können, wobei die dezentralisierte Erfüllung der Managementaufgaben immer noch von der mittelbar oder unmittelbar übergeordneten Leitung kontrolliert werden kann.

Das Journal im System *OrgIS* dient einerseits zur Protokollierung der Ergebnisse der Ausführung der einzelnen Funktionen, welche vom *OrgIS*-Benutzer (Systemverwalter, Gruppenleiter oder Sachbearbeiter) wahrgenommen wird, und andererseits zur Kontrolle und Überwachung der Systemabläufe, welche als eine der wichtigsten Aufgaben für den Systemverwalter gelten soll. Mit dem Journal wird jede Ausführung der Funktionen überwacht und kontrolliert. Nach jeder Ausführung der Funktionen im System *OrgIS* wird der Benutzer benachrichtigt, ob die Ausführung erfolgreich oder mißlungen ist. In jeder Benutzerschnittstelle bzw. Maske wird eine Funktion definiert, auf die ein Benutzer das Zugriffsrecht besitzt und mit der er seine eigenen Journale zur Ansicht oder zur Bearbeitung öffnen kann. Der Benutzer als Systemverwalter bzw. -administrator kann sowohl seine eigene Journale als auch die Journale von anderen Benutzern lesen oder bearbeiten. Als Gruppenleiter kann der Benutzer auch die Journale von anderen Benutzern der gleichen Gruppe zur Ansicht öffnen, aber nicht zur Bearbeitung. Die Benutzerklasse bestimmt hierfür die Berechtigung zur Ansicht der Journale, womit die Benutzer als Systemverwalter und Gruppenleiter grundsätzlich die Benutzer als Sachbearbeiter bei der Ausführung der Funktionen fachlich betreuen und kontrollieren wie auch überwachen können. Neben der Protokollierung der Funktionenausführung werden noch die System- und Organisationsstrukturdaten, die durch die Ausführung der Funktionen verarbeitet oder ausgewertet bzw. ausgedruckt werden, in Journalen protokolliert. Zur Verwaltung der Journale werden sie hier grundsätzlich in System- und Benutzerjournale klassifiziert. Während die Systemjournale, in denen sämtliche Ergebnisse der Ausführung der Funktionen von allen Benutzern zusammengefaßt protokolliert werden und die somit als globale Journale bezeichnet werden können, lediglich dem Systemverwalter bzw. -administrator zugänglich ist, sind die Benutzerjournale benutzerbezogen.

Im **fünften Kapitel** „Grundsätze für Entwurf und Realisierung des verteilten Organisationsinformationssystems *OrgIS*" werden die einzelnen Funktionenmodule, die zusammen den Funktionsumfang des verteilten Systems *OrgIS* darstellen, aus organisatorischem und informationstechnischem Blickwinkel näher betrachtet. Die Funktionenmodule werden hier weiter in zwei Kategorien von Funktionen gegliedert: Organisations- und Systemfunktionen. In der Tat entsprechen die Organisationsfunktionen den Managementaufgaben bzw. -funktionen zur Planung und Entwicklung der Unternehmensorganisation. So werden die Organisationsfunktionen in der Weise implementiert, daß diese Managementaufgaben dadurch in hohem Maße ziel- und sachgerecht unterstützt werden können. Aus den organisatorischen wie auch informationstechnischen Überlegungen lassen sich die Organisationsfunktionen in drei Module einteilen:

- Das Funktionenmodul der Datenverwaltung soll sich auf die versionierten Organisationsstrukturdaten bezieht und zur Unterstützung der Organisationsplanung dienen.
- Das Funktionenmodul der Datenauswertung wird zur Überprüfung der von den Funktionen der Datenverwaltung bearbeiteten versionierten Organisationsstrukturdaten gebraucht und gilt als Hilfsmittel bei der Analyse und der Bewertung der Unternehmensorganisation. Darunter ist vor allem die Erstellung der echtzeitigen

Berichterstattung über die Unternehmensorganisation und die Entscheidungsgrundlage zur Auswahl der versionierten Gestaltungen der Unternehmensorganisation zu
verstehen.

- Das Funktionenmodul der Dokumentationserstellung, das das Pendant (*Off-Line*)
  zu den Funktionen der Datenauswertung (Echtzeit „*On-Line*") bildet und im wesentlichen für die Berichterstattung und für die Entscheidungsunterstützung bei der
  Planung und Entwicklung der Unternehmensorganisation eingesetzt werden kann.

Aus Gründen der Datensicherheit, der ästhetischen Bildschirmgestaltung, der
leichten Bedienbarkeit, der geregelten gemeinsamen Nutzung der verteilten Organisationsstrukturdaten und nicht zuletzt der Performance soll das verteilte System *OrgIS*
eine Reihe von Systemfunktionen beinhalten, die diese Anforderungen abdecken können. Bezüglich des Software-Engineering werden die Systemfunktionen eher mit der
Informationstechnologie - dem Ablauf und der Implementierung des Systems *OrgIS* -
verbunden. Sie sind aber auch mit organisatorischen Überlegungen gekoppelt. Die Systemfunktionen gewährleisten und führen vor allem die sach- sowie privacy-gerechte
Benutzung des Systems *OrgIS*. Strukturiert können die Systemfunktionen durch folgende fünf Module repräsentiert werden:

- Das Funktionenmodul der Journalverwaltung ist in die oben erwähnten drei Funktionenmodule eingebettet und protokolliert die einzelnen Ablaufvorgänge des Systems *OrgIS*. Das Journal läßt sich in System- und Benutzerjournal unterscheiden.

- Das Funktionenmodul der Benutzerverwaltung, mit dem die *OrgIS*-Benutzerorga-
  nisation gebildet und zugleich die Zugriffsrechte einzelner Benutzer auf die Funktionen und die Organisationsstrukturdaten festgelegt werden können.

- Das Funktionenmodul der Zugriffsrechtverwaltung, das in erster Linie die Sicherheit der Organisationsstrukturdaten gewährleistet. Dabei werden die funktionen-
  und datenorientierten Zugriffsrechte, die sich weiter durch passive und aktive Zugriffsrechte unterscheiden, sowie die *OrgIS*-Umgebung und -Nutzung behandelt.

- Das Funktionenmodul der Kommunikationssteuerung, mit dem das System *OrgIS*
  in bezug auf den disziplinarischen Leitungszusammenhang - den hierarchischen Organisationsaufbau - nicht nur zentralisiert, sondern auch dezentralisiert (verteilt)
  betrieben werden kann. Dabei sind die gemeinsame Nutzung bzw. gleichzeitige
  Zugriffe auf die Organisationsstrukturdaten den Zugriffsrechten zufolge möglich.
  So kann das verteilte System *OrgIS* zugunsten der Performance auf mehreren
  Hardware-Systemen (Rechnern) betrieben werden und durch Zugriffsrechte gesteuert miteinander kommunizieren.

- Das Funktionenmodul der Benutzerhilfe gibt die Hinweise bzw. die Anleitung aus,
  wie das verteilte System *OrgIS* betrieben und benutzt wird. Darüber hinaus werden
  die Anwendungsbeschreibungen von *OrgIS* aufgrund des Vorgehens zur Planung
  und Entwicklung der Unternehmensorganisation anschaulich erklärt. Dadurch wird
  zugleich das systematische Vorgehen bzw. die Methode der Planung und Entwicklung sowie der Analyse und Bewertung der Unternehmensorganisation zum Ausdruck gebracht.

Dementsprechend sind die Daten ebenfalls in zwei Kategorien zu unterscheiden:
Organisations- und Systemstrukturdaten. Unter den Organisationsstrukturdaten sind
diejenigen organisatorischen Daten zu verstehen, die die Ständige Aufbauorganisation,
die Projektorganisation, die Ablauforganisation und die Systemkonfiguration in einem

Unternehmen oder dessen Fachbereichen beschreiben bzw. darstellen. Auf diesen Organisationsstrukturdaten beruhen die Organisationsfunktionen, die ihrerseits diese Daten verarbeiten und erzeugen sollen. Die Systemfunktionen verwalten die *OrgIS*-Benutzerorganisation einerseits und sorgen für die regelgerechten Abläufe des Systems *OrgIS* andererseits, welche vor allem von den Zugriffsrechten des jeweiligen Anwenders bestimmt und durch die Systemstrukturdaten beschrieben werden.

Die organisatorischen Änderungen sind immer als strategische Managementfunktion von dem Unternehmensleiter vorausschauend einzuplanen und rechtzeitig durchzuführen. Dabei handelt es sich im allgemeinen um die sach- und zeitgerechte Organisation des Unternehmens oder dessen Fachbereiche, welche die globale technologische Entwicklung verfolgen und sich an die veränderte Marktstruktur anpassen soll. Dafür kann es unterschiedliche Planungen zur Entwicklung bzw. zur Gestaltung der Organisation geben. Diese Planungen können - je nach Organisationsstand, Unternehmenszielen und Marktstruktur - auf der Basis des Ist-Zustandes der Organisation ausgearbeitet oder ganz neu erstellt werden. Normalerweise werden die Planungen immer infolge der Erhebung der Ist-Organisationsstrukturdaten und der darauffolgenden Analyse erstellt, indem angestrebt wird, daß die Organisationsentwicklung in einem Unternehmen oder dessen Fachbereichen mit geringerem Kostenaufwand und zugleich mit höherer Leistungshervorbringung zustande gebracht werden soll. Dies erfordert letztendlich die umfassende und zielgerichtete Ist-Erhebung der Organisationsstrukturdaten, die sorgfältige Analyse dieser Daten und anschließend die Erstellung einer oder mehrerer Planungen zur Entwicklung bzw. zur Gestaltung der Organisation. Es können auch parallel zur Ist-Erhebung der Organisationsstrukturdaten eine oder mehrere Planungen für die Soll-Organisation erstellt werden, wovon eine als Zielvorgabe, nämlich die „ideale" Organisation, betrachtet werden kann. Diese Zielvorgabe kann auch als Bezugsorganisation bzw. -daten gelten, mit denen die Gestaltungen der Ist- und Soll-Organisation verglichen werden sollen. Dadurch werden die fundierten Grundlagen für die Entscheidung zur Umsetzung der Planung, (zur Entwicklung und Umstellung der Organisation) geschaffen. Die Schritte der Ist-Erhebung, Soll-Erstellung und Umstellung der Organisation sind voneinander untrennbar und bilden zugleich eine Phase zur Entwicklung der Organisation. Diese Phase wird bei der ständigen Organisationsplanung und -entwicklung immer wiederholt, solange der Verbesserungsbedarf an der Organisation vorhanden ist, und kennzeichnet hierdurch auch das *OrgIS*-Vorgehen[10].

Das Funktionenmodul der Datenverwaltung dient zur Unterstützung der Ist-Erhebung und Planung der Organisationsstrukturdaten. Dadurch werden die Organisationsstrukturdaten in der Datenbank aufbewahrt, fortgeschrieben und nicht zuletzt für die Auswertung und Entscheidung bereitgestellt. Ein Ist-Zustand und verschiedene Planungen der Organisation werden hier durch Versionen gekennzeichnet. Dabei sind die Integritätsbedingungen der Organisationsstrukturdaten zu berücksichtigen.

Hingegen werden die Analyse und Bewertung der Unternehmensorganisation sowie die Berichterstattung und die Entscheidung der Gestaltung der Unternehmensorganisation durch die Funktionenmodule der Datenauswertung und der Dokumentationserstellung unterstützt. Während das Funktionenmodul der Datenauswertung durch die interaktive Analyse und Bewertung der Organisation gekennzeichnet wird, bringt das

---

[10]S.h. das *OrgIS*-Vorgehenmodell in (Steffens): *OrgIS*-Ein Organisationsinformationssystem. Grundlagen und Grundideen. S. 19. ff. 1992.

Funktionenmodul der Dokumentationserstellung eigentlich ein Sammelwerk der kompletten Ergebnisse der interaktiven Analyse und Bewertung der Organisation zum Ausdruck. Unter dem Aspekt des Managements zur Entwicklung und Planung der Organisation werden sie beide untrennbar kombiniert, um die hierzu benötigten Entscheidungsprozesse in der benutzergeführten (*On-Line*) bzw. vorgegebenen (*Off-Line*) Weise effizient handzuhaben. Unter diesen zwei Funktionenmodulen sind jeweils noch zwei Teilfunktionenmodule zu unterscheiden, welche sich auf originäre und derivative Datenauswertung sowie die Erstellung des originären und derivativen Segments der Dokumentation der Organisation beziehen. Die originäre Datenauswertung bzw. Dokumentationserstellung ist durch die qualitative Bewertung der Organisation gekennzeichnet. Sie gibt den Organisationszustand und die bearbeiteten Planungen unverändert in den Benutzerschnittstellen (*On-Line*) oder in Form einer Dokumentation (*Off-Line*) wieder, in der die Organisation eines Unternehmens systematisch und übersichtlich dargestellt wird. In der derivativen Analyse der Organisation wird der Schwerpunkt dagegen auf die quantitative Bewertung der Organisation gesetzt. Aus dieser Bewertung ergibt sich die Charakterisierung der Organisation, welche das Leistungsmerkmal der Organisation kennzeichnet. Eine derartige Bewertung wird auch in dem Maße flexibel durchgeführt, als die Organisation nach bestimmten Kriterien unter organisatorischen, wirtschaftlichen und technischen Überlegungen analysiert und bewertet wird. Die derivative Analyse der Organisation kann den Unternehmensleiter besser bei seiner Organisationsplanung und -entwicklung unterstützen, da sie im wesentlichen durch die quantitative Analyse der Organisation auf mögliche Mißstände sowie Schwachstellen hinweist. Vor allem können die Analyseergebnisse sich auf die Änderungsbilanz zwischen den Planungen und dem Organisationszustand beziehen und durch eine ausdrucksvolle Form (graphisch bzw. tabellarisch) in den Benutzerschnittstellen oder in der Dokumentation aufgeführt werden, wobei eine Planung oder der Ist-Zustand als Bezugsversion der Organisation und die anderen als die zu vergleichenden Versionen angegeben werden. Die Charakterisierung und die Erstellung der Änderungsbilanz zwischen der Bezugsversion und den zu vergleichenden Versionen der Organisation werden benutzerbezogen durchgeführt, so daß der Benutzer bzw. Anwender immer seinem Bedürfnis entsprechend die gewünschten organisatorischen Gegenstände charakterisieren und in der Änderungsbilanz darstellen kann. Die Kriterien werden aus der organisatorischen Sicht im System definiert und können je nach dem Wunsch des Benutzers von ihm ausgewählt werden. Zur Klassifizierung der analysierten und bewerteten Ergebnisse können Schwellenwerte angegeben werden, wodurch die Ergebnisse noch übersichtlich und wunschgemäß dargestellt werden sollen. Die weitere Flexibilität findet sich in der Erstellung der Dokumentation, wobei Kapitel und Abschnitte auswählbar sind. Dadurch wird grundsätzlich die Entscheidung zur Gestaltung bzw. zur Rationalisierung der Organisation fundiert unterstützt.

Die Organisationsplanung und -entwicklung kann unternehmensweit in verschiedenen Fachbereichen bzw. Organisationseinheiten (Abteilungen, Hauptabteilungen, Sparten usw.) gleichzeitig wahrgenommen werden. Sie kann aber auch als Pilotprojekt zunächst in bestimmten Fachbereichen eines Unternehmens durchgeführt werden. In allen Fällen ist es immer erforderlich, daß der Unternehmensleiter, der für die Managementaufgaben der Organisationsplanung und -entwicklung zuständig ist, den Zugang zu allen Organisationsstrukturdaten hat. Die Organisationsstrukturdaten geben die aktuelle und geplante Organisation eines (Teil-) Fachbereiches wieder, in dem wiederum ein

Geschäftsführer die Organisationsplanung und -entwicklung seines Bereiches als Managementaufgaben wahrnehmen soll. Aufgrund des Arbeitszusammenhangs zwischen den Fachbereichen ist der Informationsaustausch unter ihnen unabdingbar. Dabei sind einerseits die Zugriffsberechtigungen zu den Organisationsstrukturdaten zu regeln und andererseits sollen die vielfältigen Einsatzmöglichkeiten des Organisationsinformationssystems *OrgIS* erhalten bleiben, um die Verfügbarkeit und Vertraulichkeit der Organisationsstrukturdaten in Einklang zu bringen und anschließend noch den organisatorischen Anforderungen zu genügen. Hierfür kann das Organisationsinformationssystem *OrgIS* grundsätzlich in drei Konstellationen in einem Unternehmen oder dessen Fachbereichen zur Unterstützung der Organisationsplanung und -entwicklung eingesetzt werden: Mainframe, Client-Server und Distribution. Obwohl das System *OrgIS* unternehmensweit in verschiedenen Fachbereichen verteilt eingesetzt wird, bilden sie neben Netzverbindungen noch den organisatorischen Zusammenhang, der die organisatorische Hierarchie zwischen den verteilten Systemen *OrgIS* zum Ausdruck bringt. Dieser Punkt wird näher im Funktionenmodul der Kommunikationssteuerung erläutert.

Im sechsten Kapitel wird die weitere Entwicklung des Organisationsinformationssystems *OrgIS* im Sinne der Software-Entwicklung angedacht, wobei die Schwerpunkte auf folgende vier Punkte bzw. Richtungen gesetzt werden:

- Schnittstellen zu anderen Fachinformationssystemen,
- Benutzerbezogene Maskengestaltung,
- Datenbankunabhängigkeit und
- Benutzerbezogene Auswertungskriterien.

So wird das System *OrgIS* noch flexibler und dynamischer maßgeschneidert, wodurch es dem Benutzer bzw. Anwender immer wunschgemäße Individuallösungen anbieten kann.

Zweites Kapitel
Methodische Voraussetzungen der Software-Entwicklung

Der Begriff "Software-Engineering" wurde zuerst von Fritz Bauer bei der berühmten Konferenz, die vom Science Committee of the North Atlantic Treaty Organization (NATO) in Garmisch 1968 veranstaltet wurde, definiert. Dieser Begriff bringt die systematische Entwicklung, den Betrieb, die Pflege und den Lebenszyklus der Software zum Ausdruck[11]. Unter Software-Engineering wird grundsätzlich verstanden[12], daß Software bzw. Anwendungssysteme in einem bestimmten Zeitraum durch die Festlegung und Anwendung von soliden Konstruktionsprinzipien und bewährten Management-Praktiken sowie durch die Entwicklung anwendbarer Methoden und Werkzeuge und deren fachmännischen Einsatz erstellt werden. Die Wichtigkeit des Software-Engineering liegt in der Anwendung der systematischen Methode zur Entwicklung und Implementierung der Software bzw. Anwendungssysteme und der Pflege während des Lebenszyklus der Software. Die Entwicklung und Implementierung von Software ist eine Ingenieursdisziplin und soll nicht als künstlerische Leistung oder mathematische Ableitung betrachtet werden. So wird auch immer angestrebt, daß die Entwicklung von Software bzw. Anwendungssystemen wie die industrielle Fertigung nach bestimmten Schritten und Vorschriften durchgeführt wird.

Die Entwicklung von Software wird in der Regel in einer bestimmten Zeit durchgeführt. Insofern sind nicht nur Konstruktionsprinzipien erforderlich, sondern auch eine Organisation des Projektmanagements nötig. In *Abb. 2. - 1* wird das Vorgehensmodell der Software-Entwicklung, insbesondere der Entwicklung der Informationssysteme, dargestellt. Dieses Vorgehensmodell kann auch als Software-Lebenzyklus[13] bezeichnet werden. In diesem Vorgehensmodell sind grundsätzlich sechs Phasen zu unterscheiden, die während der Software-Entwicklung zeitlich aufeinander folgen und untrennbar miteinander verbunden sind:

- Systemanforderung,
- Systemanalyse und -spezifikation,
- Entwurf der Systemkomponenten,
- Implementation der einzelnen Komponenten und Test,
- Test des Gesamtsystems und
- Betrieb sowie Pflege des Systems.

Die Anforderungsanalyse bringt in der Tat *Requirements-Engineering[14]* zum Ausdruck, mit dem alle Anforderungen an ein System so erfaßt werden, daß sie als Basis

---

[11] Vgl. Conger: The New Software Engineering. S. 1. ff. 1994.

[12] Macro/Buxton: The craft of software engineering. 1987.
Es gibt weitere Begriffsdefinitionen, S.h.:
Steward: Software Engineering with Systems Analysis and Design. 1987
IEEE Standard Glossary of Software Engineering Terminology. IEEE Standard 729-1983
Engesser, Claus und Schwill: DUDEN - Informatik. 1988.
Kurbel/Strunz (Herausgeber): Handbuch der Wirtschaftsinformatik S. 257- 274. 1990

[13] Der Software-Lebenszyklus wurde in zahlreichen Variationen und Ausprägungen beschrieben.
Vgl. Pomberger: Handbuch der Wirtschaftsinformatik. 1990.
Sohdi: Software Engineering - Methods, Management and CASE Tools. 1991.
Boehm: Software Engineering Economics. 1981.

[14] Vgl. Mittermeir: Handbuch der Wirtschaftsinformatik. S.237 - 255. 1990.
S.h.: Sommerville: Software-Engineering. S. 47. ff. 1992

für die Systementwicklung dienen können. Die Anforderungsanalyse ist als erste und allerwichtigste Phase in der Software-Entwicklung zu sehen. Sie bestimmt den Funktionsumfang der Software bzw. Anwendungssysteme. In der Phase der Anforderungsanalyse sind nicht nur die Ermittlung, Beschreibung und Validierung der Anforderungen, sondern auch die Erstellung eines Grobprojektplans, in dem Kosten-, Zeitaufwand und die Fachkräfte (Software-Ingenieure) berechnet werden sollen, zu betrachten. Zur Ermittlung der Anforderungen können verschiedene Methoden (z.B. Interview, Meeting, Dokumentanalyse, Untersuchung usw.) verwendet werden. Dabei sind grundsätzlich die Daten und die Funktionen zu klassifizieren und zu strukturieren. Daraus ist der Funktionsumfang zu erkennen, der auch als konkrete Anforderung an das System gelten kann. Hierfür ist dringend notwendig, eine systematische Beschreibungsmethode zu verwenden, um die Anforderungen in einer verständlichen Weise seitens des Auftraggebers und des Systementwicklers darzustellen und zu dokumentieren. In dieser Phase ist die Zusammenarbeit zwischen dem Systementwickler bzw. -designer und dem Auftraggeber von großer Bedeutung. Den Fachkenntnissen aus beiden Seiten liegt die Qualität des zu implementierenden Anwendungssystems zugrunde. In dem Dokument werden einerseits die grobe Skizzierung der Bestandteile des zu implementierenden Systems und andererseits eine Abschätzung des Aufwandes sowie ein Plan zur Durchführung des Projektes festgehalten. Die Validierung des Dokuments führt zu weiteren Schritten, mit denen das Projekt stufenweise abgewickelt wird.

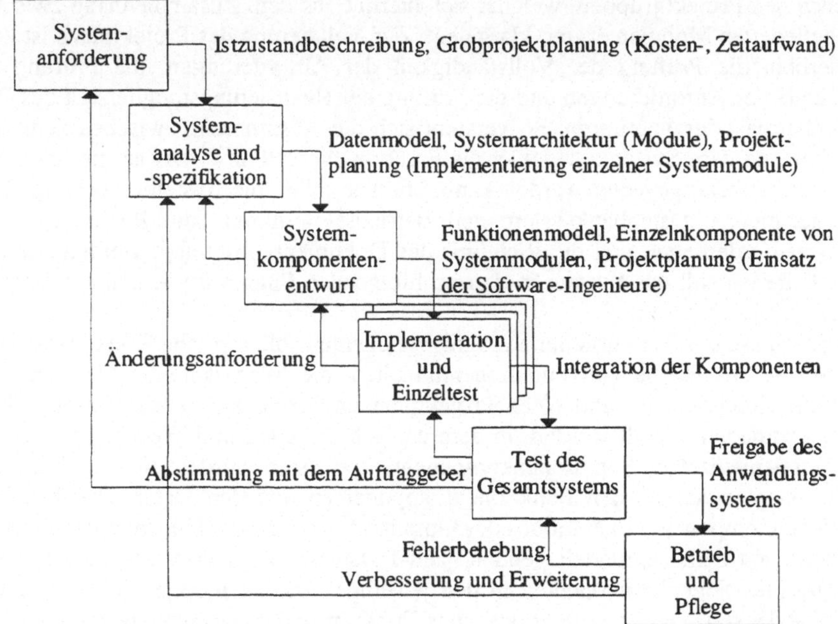

Abb. 2. - 1. Vorgehensmodell der Software-Entwicklung

Die Systemanalyse und -spezifikation beruht auf dem Dokument, in dem hauptsächlich die Anforderungen systematisch beschrieben wurden. Aus diesem Dokument müssen eine detaillierte Systemspezifikation und ein verfeinerter Projektplan erstellt werden, die als Ziele in dieser Phase der Systemanalyse und -spezifikation zu definieren sind. Die Systemspezifikation soll aus einem Datenmodell, einem modulbezogenen

Funktionenmodell und der Systemarchitektur bestehen. Durch das Datenmodell werden sämtliche erhobenen Daten in ihrem Zusammenhang strukturiert und anwendungsbezogen dargestellt. Das Datenmodell wird so erstellt werden, daß es in eine Relationale Datenbank (oder Objektorientierte Datenbank) umgewandelt werden kann, auf der allerdings das Anwendungssystem basiert und zugreift. So kann hier von einem Datenbankentwurf gesprochen werden. Die Architektur des Anwendungssystems gibt die detaillierten und dabei aggregierten Funktionen des Anwendungssystems, den Zusammenhang zwischen ihnen sowie den Funktionsumfang und nicht zuletzt die Benutzerschnittstellen wieder, die den Anforderungen des Auftraggebers entsprechen sollen. Aus dieser Systemarchitektur sind einzelne Module zu erkennen, die einerseits die aggregierten Funktionen repräsentieren und andererseits den klaren Zusammenhang zwischen ihnen zum Ausdruck bringen. Dieser Zusammenhang bezieht sich allerdings auf die Daten, die in mehreren Modulen als Input oder Output verarbeitet werden. So ist die zeitliche Reihenfolge zur Implementierung der einzelnen Module festzustellen. In dieser Phase wird der Projektplan, der in der Phase der Anforderungsanalyse erstellt wurde, verfeinert, indem Kosten-, Zeitaufwand und die fachmännischen Ressourcen (Software-Ingenieur) noch präziser und deutlicher dargestellt werden. Vor allem wird auch die Organisation des Projektmanagements gestaltet, in welcher die Projektgruppen mit der Zuständigkeit für die weitere Spezifikation der Module und die Implementierung der Module definiert werden. Darüber hinaus wird der Arbeitszusammenhang zwischen den Projektgruppen, welcher sich hiermit aus dem Zusammenhang zwischen den gegliederten Modulen ergibt, klargelegt. Zur Validierung des Projektplans ist noch erforderlich, die Prüfung der Vollständigkeit der Anforderungen, die Prüfung der Konsistenz der Anforderungen und die Prüfung der Realisierungsmöglichkeit des Projektes abermals durchzuführen. So versteht sich die Abstimmung zwischen dem Auftraggeber und dem Systementwickler als Ergebnis dieser Phase, das an die darauffolgende Phase weitergegeben werden kann. Hierbei sollen die Systemumgebung (Programmiersprache, Datenbanksystem und Betriebssystem mit dem Rechnertyp), die Qualitätsanforderungen und die Richtlinie des Dokuments festgelegt werden. Anhand dieser Kriterien soll das System in den nachfolgenden Phasen implementiert, getestet und freigegeben werden.

In der Phase des Entwurfs der Systemkomponenten sollen solche Ergebnisse erzielt werden, die eine Reihe von Funktionenmodellen, die Spezifikationen der einzelnen Funktionenkomponenten und einen Projektplan umfassen. Für jedes Modul soll ein Funktionenmodell erstellt werden, in dem die Schnittstellen und Wechselbeziehungen zwischen den einzelnen Funktionenkomponenten präzisiert werden. Bezüglich des Zusammenhangs zwischen den Funktionenkomponenten und den Daten, die durch die Funktionenkomponenten als Input oder Output verarbeitet werden, muß das Funktionenmodell mit dem zugrundeliegenden (Teil-) Datenmodell zusammen betracht werden. Die Funktionenkomponenten in den jeweiligen Modulen sollen deren Anforderungen abdecken. Die Spezifikationen der Funktionenkomponenten werden insofern geprägt, daß sie von Modulen auf ihren Funktionenkomponenten immer deutlicher und präziser beschrieben werden. Somit können die Funktionenkomponenten von den Software-Ingenieuren parallel oder sequentiell implementiert werden. Die Verteilung der Funktionenkomponenten wird grundsätzlich modulweise durchgeführt, so daß jeder Software-Ingenieur möglichst wenig Schnittstellen bzw. Datenaustausch mit den anderen haben muß. Unter Berücksichtigung der Motivation, der Selbstverwirklichung und der Entfaltung der Fähigkeit der Software-Ingenieure ist es auch unnötig, für ihn die Algorithmen in jeder Funktionenkomponente im Detail zu durchdenken. Statt dessen ist es eher notwendig, die Vorschriften zu definieren, nach denen die Funktionenkomponenten von jedem Software-Ingenieur hinsichtlich ihrer Funktionalität implementiert und die Ergebnisse strukturiert dokumentiert werden sollen. Dabei handelt es sich um die Schnittstellen zwischen den Funktionenkomponenten, die einheitliche Benennung der Funktionenkomponenten sowie der modulbezogenen Variablen usw. Je nach gewähltem Algorithmus können die Funktionenkomponenten von dem Software-Ingenieur noch weiter in kleinere Funktionen zerlegt werden. Nach den definierten Vorschriften muß er die richtigen Namen für die zerlegten Funktionen festlegen. Dabei kann es sich um gewisse Buchstaben oder Ziffern handeln, die allerdings das System, das Modul und die Funktionenkomponente kennzeichnen, wie zum Beispiel die ersten 5 Buchstaben bzw. Ziffern im Namen der Funktionen *ABV4P_xxx* für eine Prozedur der Datenverwaltung der Ablauforganisation im System *OrgIS*; *xxx* kann hierbei eine Stelle oder Stellenbesetzung darstellen. So werden in dieser Phase die Funktionenmodelle, die detaillierten Spezifikationen der Funktionenkomponenten und ein Projektplan erstellt. In diesem Projektplan werden nicht nur der Einsatz der Software-Ingenieure mit Zeitangaben, sondern auch die Koordinatoren bzw. Qualitätskontrolleure festgelegt, die im organisatorischen Sinne auch als fachliche Führung zu sehen sind. In der Tat wird zwar immer angestrebt, daß die Funktionenmodule bzw. -komponenten in einem Durchgang bis in alle Details durchdacht sowie ausgearbeitet und anschließend spezifiziert werden, jedoch läßt sich dies in der Praxis nicht ohne weiteres realisieren. Die Koordinatoren bzw. Qualitätskontrolleure haben dazu die Aufgaben, die Änderungsanforderungen der Software-Ingenieure zu analysieren und wahrzunehmen, die Implementierung der Funktionenkomponenten zu koordinieren sowie die implementierten Funktionenkomponenten funktionsweise zu prüfen.

Das Ziel der Phase der Implementierung wird darauf gesetzt, daß die in der vorhergehenden Phase (Entwurf der System- bzw. Funktionenkomponenten) spezifizierten Funktionenkomponenten von Software-Ingenieuren in der definierten und begrenzten Zeit implementiert und getestet werden. Die Spezifikationen bzw. Konzepte der Funktionenkomponenten werden so umgesetzt, daß sie auf einem bestimmten Rechner mit den notwendigen Voraussetzungen ausführbar sind. In dieser Phase haben die Software-Ingenieure in einem bestimmten Rahmen, d.h. nach den Spezifikationen der Funktionenkomponenten, die Möglichkeiten, ihre Begabungen voll zu entfalten und ihre persönlichen Ziele zu erreichen. Dabei werden die Algorithmen nach der vorgegebenen Funktionalität von Software-Ingenieuren entworfen, durchdacht und anschließend in der verordneten Programmiersprache implementiert. Währenddessen besteht die Möglichkeit, daß Änderungen der Spezifikationen der Funktionenkomponenten seitens des Software-Ingenieurs gefordert werden. Diese Änderungen können aus Problemen der technischen Durchführbarkeit oder Verbesserungsvorschlägen resultieren. In diesem Falle ist es notwendig, die Koordinatoren bzw. die Qualitätskontrolleure einzubeziehen. Hierbei kann es sich um modulübergreifende Änderungen handeln. Dazu ist die Koordination zwischen den Software-Ingenieuren erforderlich, um die Funktionenkomponenten bzw. das System einheitlich zu implementieren. Zu dieser Phase gehört noch das Testen der Funktionenkomponenten, an dem die Koordinatoren bzw. die Qualitätskontrolleure ebenfalls teilnehmen müssen, da sie die Funktionenkomponenten in das Gesamtsystem integrieren und anschließend weiter testen sollen.

Sobald alle Funktionenkomponenten geprüft sind und ihre Richtigkeit erwiesen ist, müssen sie zusammen in das Gesamtsystem integriert werden. Die gut strukturierten Beschreibungen über die einzelnen Funktionenkomponenten bis in alle Details einschließlich Quellcode werden als Dokument geliefert, das für Änderungen der Funktionenkomponenten sowie die Erweiterung ihrer Funktionalität benötigt wird.

In der Phase des Systemtests werden alle Funktionenkomponenten zu einem Gesamtsystem zusammengefaßt. Zur Prüfung der Funktionalität des Gesamtsystems werden in erster Linie die Daten benötigt, die in den Phasen der Systemanforderung und der Systemanalyse sowie -spezifikation erhoben und strukturiert wurden. Eine umfassende Prüfung basiert auf einem Testplan, der durch die Abstimmung zwischen dem Auftraggeber und dem Systementwickler erstellt wird und eine Checkliste mit den Soll-Funktionen des Systems ist. Dabei handelt es sich einerseits um die Aufdeckung von Systemfehlern und andererseits um den Vergleich zwischen der Funktionalität des Systems und den Spezifikationen bzw. Anforderungen. Die Software-Ingenieure, die die einzelnen Funktionenkomponenten implementiert und dokumentiert haben, werden in dieser Phase noch mit einbezogen, wenn syntaktische oder semantische Fehler in den Funktionenkomponenten aufgedeckt werden. Ansonsten sind diejenigen Koordinatoren bzw. Qualitätskontrolleure, die die Funktionenkomponenten im Einzelnen getestet und übernommen haben, für die Fehlerbehebung zuständig. sie spielen In dieser Phase eine große Rolle, da noch die Kommunikation und die Abstimmung zwischen ihnen und dem Auftraggeber besteht. Als Koordinator bzw. Qualitätskontrolleur müssen sie Fachkenntnisse aus Informationstechnologie und Anwendungsgebiet, z.B. Organisation, Produktion, Absatz usw., besitzen. Je nach Komplexität des Systems kann die Prüfung durch mehrere Gruppen, die normalerweise aus den Koordinatoren bzw. Qualitätskontrolleuren und dem Auftraggeber, gegebenfalls noch den Software-Ingenieuren, bestehen, parallel durchgeführt werden. Zur Prüfung des Systems können auch verschiedene Test-Methoden verwendet werden, wie zum Beispiel Black-Box, White-Box, Top-Down, Bottom-Up, Fall-Test usw.[15]. Als Ergebnis wird das System als Softwareprodukt zur Benutzung freigegeben. Dabei sind zwei Dokumente anzufertigen: Eines dient zur Benutzung des Softwareproduktes und wird als Benutzer-Handbuch bezeichnet, das andere steht dem System-Entwickler, hauptsächlich Koordinator bzw. Qualitätskontrolleur, zur Verfügung und wird internes technisches Dokument genannt. Das technische Dokument wird bei der Erweiterung bzw. Verbesserung des Softwareproduktes benutzt. Je nach Abkommen zwischen System-Entwickler und Auftraggeber kann das technische Dokument mit dem Softwareprodukt für den Auftraggeber freigegeben werden.

In der Phase des Betriebs und der Pflege des Softwareproduktes ist es auch erforderlich, eine Schulung für den Auftraggeber zwecks der richtigen und effizienten Benutzung des Softwareproduktes begleitend durchzuführen. Trotzdem immer angestrebt wird, alle Fehler in der Phase des Systemtests aufzudecken und zu beheben, können Fehler während des Betriebs des Softwareproduktes auftreten. Auf der anderen Seite können neue Anforderungen vom Auftraggeber gestellt werden. Diese neuen Anforderungen können sich auf Änderung, Erweiterung oder Verbesserung der Funktionalität des Softwareproduktes beziehen. Eine systematische Verwaltung der Fehler und der neuen Anforderungen ist in dieser Phase erforderlich, da es sich um die Weiterentwick-

---

[15] S.h.: Conger: The New Software Engineering. S.690. ff. 1994.

lung des Softwareproduktes handelt. Das Softwareprodukt kann verbessert werden durch:

- Die Fehlerbeseitigung,
- Die Erweiterung der Funktionalität,
- Die Erhöhung der Benutzerfreundlichkeit oder
- Die Erhöhung der Wartungsfreundlichkeit.

Diese Punkte können alle als Anforderungen betrachtet werden, die grundsätzlich zunächst systematisch analysiert werden sollen. So wird jede Verbesserung des Softwareproduktes in Prinzip nach dem Vorgehensmodell durchgeführt, das durch sechs Phasen verdeutlicht und beschrieben wird. Dafür sind gut strukturierte Dokumente in allen Phasen der Software-Entwicklung von großer Bedeutung. Mit diesen Dokumenten sollen die Fehlerbehebung und die Erweiterung von jedem Software-Ingenieur leichter und problemlos durchgeführt werden. Solange ein Softwareprodukt freigegeben ist, besteht die Notwendigkeit, daß ein anderer Software-Ingenieur als der Autor die Funktionenkomponenten bzw. Programme leicht verstehen können muß, sei es um Fehler zu beheben oder um es an neue Anforderungen anzupassen. da ein Softwareprodukt in der Regel langlebig ist, kommen Fehler und vor allem neue Anforderungen während der Benutzung des Softwareproduktes häufig vor. In jeder Phase sind einerseits verschiedene Methoden zu verwenden, die als technische Grundlage in der Software-Entwicklung gelten, und andererseits die Organisation des Projektmanagements zu gestalten, die hiermit erfolgreiche Software-Entwicklung gewährleisten soll.

I. Software-Engineering als technische Grundlage

Das Bestreben, Software systematisch und ingenieurmäßig zu entwickeln, wird nach wie vor durch die Verwendung der Methoden und die Planung sowie Durchführung der Projekte gekennzeichnet[16]. In verschiedenen Phasen der Software-Entwicklung wird je nach Umfang der zu entwickelnden Software eine bevorzugte Methode und die zugehörigen Werkzeuge verwendet. Begleitend wird ein Projektplan erstellt, um die Entwicklung der Software planmäßig voranzutreiben und die dazu benötigten Ressourcen einheitlich zu verwalten. Software hoher Qualität mit niederigen Kosten zu entwickeln, ist eine herausfordernde Tätigkeit, die letztlich durch das systematische Vorgehen geprägt wird. Zur Entwicklung der Software können verschiedene Methoden verwendet werden, mit denen folgende Probleme, die in unterschiedlichen Phasen auftreten, gelöst werden müssen:

- Spezifizierung der Anforderungen,
- Analyse der Komplexität,
- Modularisierung des Systems,
- Spezifizierung der Schnittstellen zwischen den Modulen und
- Entwurf der einzelnen Funktionenkomponenten.

Zur Lösung solcher Probleme sind viele Methoden zu verwenden, die sich hauptsächlich auf die Analyse und den Entwurf beziehen und unter vier Kategorien aufgefaßt werden können:

- Strukturierte (Funktionsorientierte) Methode,
- Datenorientierte Methode,
- Ereignisorientierte Methode und
- Objektorientierte Methode.

Die verschiedenen Methoden, die zu einer bestimmten Kategorie gehören, werden in der Software-Entwicklung nicht voneinander getrennt verwendet. Sie verschmelzen eher miteinander. Die Methoden finden ihren Ausdruck in der Spezifikation und dem Entwurf des Systems, da die Spezifizierung und der Entwurf des Systems bzw. der Funktionenkomponenten wichtige Schritte in dem Entwicklungsprozeß sind. Viele Methoden, z.B. strukturierte und objektorientierte Methoden, werden in der Weise entwickelt, daß die Spezifikations- und Entwurfsarbeiten durch sie anleitend durchgeführt werden können. Jede Methode ist normalerweise für einen bestimmten Problembereich besonders gut geeignet, d.h. sie die Probleme gut analysieren und darstellen.

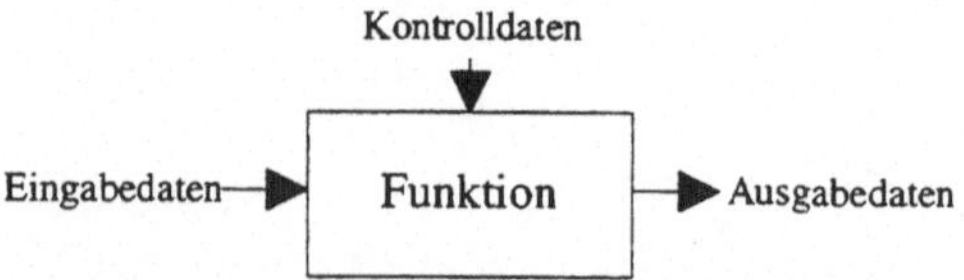

Abb. 2.I. - 1. Grundstruktur des Modells der strukturierten Methode

Die strukturierte Methode ist datenflußorientiert (Data-flow). Mit dieser Methode werden der Datenfluß und der Kontrollfluß analysiert. In *Abb. 2.I. - 1* wird die Grundstruktur des Modells der strukturierten Methode dargestellt, die auch funktions-

---

[16] Vgl. Rombach: Software-Qualität und -Qualitätssicherung. Informatik-Spektrum (16/5) S. 267 - 272. 1993

orientierte Methode genannt wird. Sie ist durch das Top-Down-Vorgehen bei der Spezifizierung und bei dem Entwurf des Systems gekennzeichnet[17].

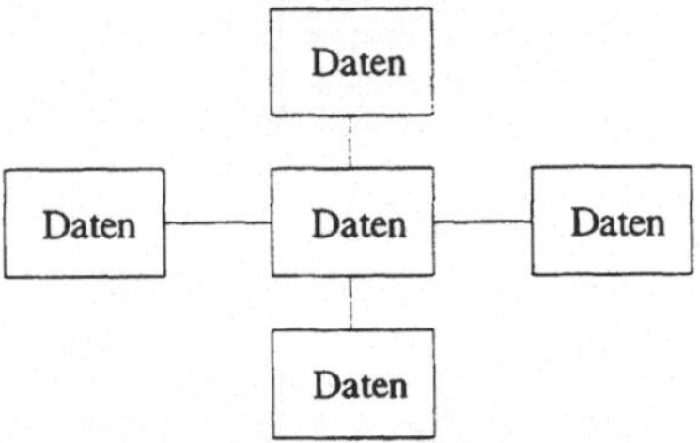

Abb. 2.I. - 2.   Grundstruktur des Modells der datenorientierten Methode

Die datenorientierte Methode beruht auf der semantischen Informations-Theorie und der relationalen Datenbank-Theorie. Mit dieser Methode werden in erster Linie die Beziehungen zwischen Daten ermittelt und dargestellt. Aus diesen ergeben sich die Integritätsbedingungen, die bei der Verarbeitung der Daten berücksichtigt werden müssen. Eine Grundstruktur des Modells der datenorientierten Methode kann hierbei aus *Abb. 2.I. - 2* ersehen werden. Die Beziehungen und Integritätsbedingungen werden durch die Verbindungen zwischen den Daten mit verschiedenen Linienarten dargestellt. Die datenorientierte Methode bildet eine Basis für die Klassifizierung der Funktionen, die Erstellung der Datenbank und weitere Spezifizierungen der Anwendung.

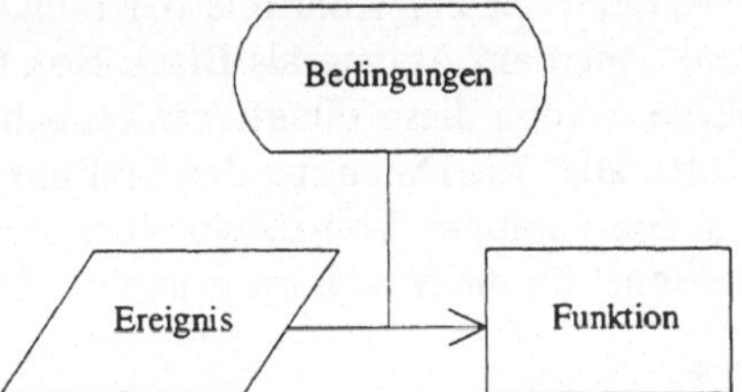

Abb. 2.I. - 3.   Grundstruktur des Modells der ereignisorientierten Methode

Die ereignisorientierte Methode[18] bringt die einheitliche Betrachtung von Ereignissen, Bedingungen und Funktionen zum Ausdruck. Sobald ein Ereignis auftritt, werden die Bedingungen unmittelbar bewertet. Je nach bewerteten Ergebnissen wird entschieden, ob eine oder mehrere Funktionen ausgeführt werden sollen. Die Grundstruktur des Modells der ereignisorientierten Methode wird in *Abb. 2.I. - 3* veranschaulicht. Diese Methode findet ihre besondere Bedeutung in der Beschreibung der Integritätsbedingungen bezüglich der Daten und jener Funktionen, die ausgeführt werden müssen, um die Integrität bzw. Konsistenz dieser Daten beizubehalten.

Die objektorientierte Methode wird immer mehr als Standardtechnologie in der Software-Industrie akzeptiert. Mit dieser Methode kann Software wie Hardware entwickelt und hergestellt werden. Sie hängt auch sehr eng mit der objektorientierten Programmiersprache zusammen. Sie wird vor allem durch die Kapselung der Attribute und Funktionen, die gemeinsam ein Objektes bzw. eine Objektklasse darstellen, und durch die Vererbung zwischen den Objekten gekennzeichnet. Die objektorientierte Methode befindet sich als neue Technologie im Moment in der Evolutionsphase.

---

[17]   S.h.: Sohdi: Software Engineering - Methods, Management and CASE Tools. S. 83. ff. 1991
[18]   Vgl. Sohdi: Software Engineering - Methods, Management and CASE Tools. S. 48 - 49. ff. 1991

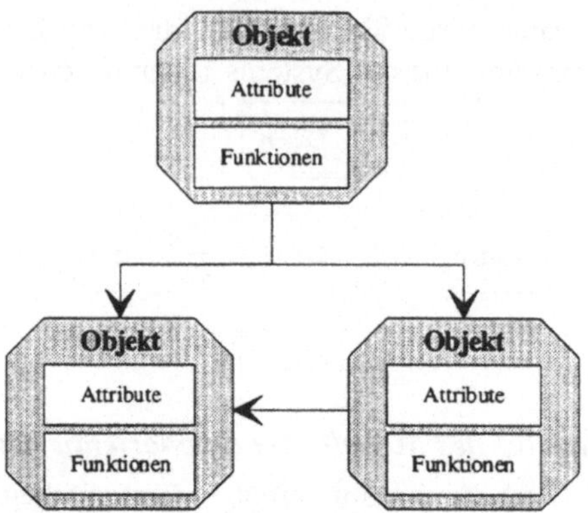

Abb. 2.I. - 4. Grundstruktur des Modells der objektorientierten Methode

A. Strukturierte Methode

Die meisten bekannten und beliebten Analyse- sowie Entwurfsverfahren sind strukturiert. Hierbei stehen die Funktionen im Mittelpunkt, wodurch die strukturierte Methode auch als funktionsorientierte Methode bezeichnet werden kann[19]. Aus den Funktionen werden die Daten ermittelt, die bei der Ausführung der Funktionen eingegeben bzw. ausgegeben werden oder zur Kontrolle der Funktionenausführung dienen sollen. So werden die Funktionen am Anfang als Black-Box betrachtet. Während der Analyse- und Entwurfsphase werden diese Funktionen jedoch schrittweise in mehrere Teilfunktionen zerlegt, wobei auch die Daten mit den Teilfunktionen aufgegliedert und klassifiziert werden sollen. Ein deratiges Top-Down-Vorgehen bei der Software-Entwicklung ist daher sehr geeignet für die Modularisierung des Systems.

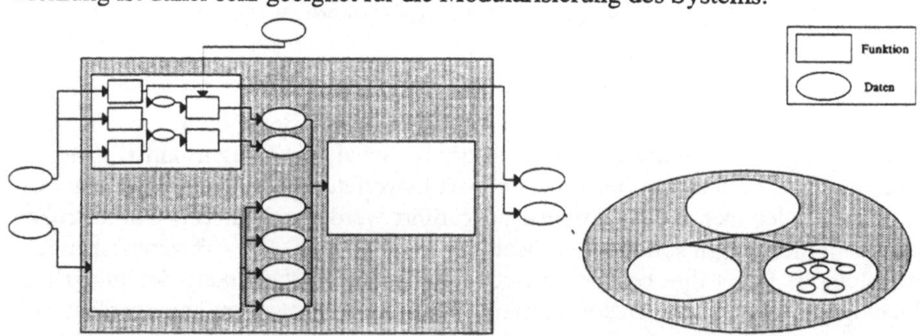

Datenfluß-Diagramm mit der Konkretisierung der Funktionen   Konkretisierung der Daten

Abb. 2.I.A. - 1.   Schrittweise Konkretisierung der Funktionen und der Daten

Ein System wird zunächst mit der umfassenden Zielvorgabe und der abstrakten Beschreibung der Anforderungen identifiziert. Auf dieser Basis erfolgt die schrittweise Konkretisierung, in der das Gesamtsystem über mehrere Ebenen in Teilsysteme zerlegt wird. So wird das System durch eine vollständige und detaillierte Beschreibung klar

---

[19] Vgl. Pomberger/Blaschek: Software Engineering - Prototyping und objektorientierte Software-
     Entwicklung. S. 81. ff. 1993

definiert. Mit der strukturierten Methode wird eine solche Zerlegung und Beschreibung im wesentlichen durch das Daten- bzw. Informationsfluß-Diagramm[20] dargestellt, das allerdings noch von einem ausführlichen Dokument ergänzt wird und im weiteren Sinne als Funktionenmodell bezeichnet werden kann. In dem Datenfluß-Diagramm werden zwei Funktionen, die hier als die zerlegten Teilsysteme betrachtet werden, durch Daten verbunden, wobei diese einerseits von einer Funktion ausgegeben und zugleich in eine andere Funktion eingegeben werden müssen. Darüber hinaus müssen auch die Kontrolldaten von den Eingabe- sowie Ausgabedaten unterschieden werden. In *Abb. 2.I.A. - 1* wird veranschaulicht, daß die vollständige und detaillierte Beschreibung eines Gesamtsystems durch die schrittweise Konkretisierung der einzelnen Funktionen und der dazu benötigten Daten durchgeführt wird. Hierbei wird eine hierarchische Struktur gebildet, die normalerweise mehrstufig ist und in der die Funktionen sowie die Daten aggregiert oder disaggregiert betrachtet werden können. Auf der jeweiligen Stufe werden die Zielsetzung und die Aufgabenstellung deutlich definiert. Bei dieser Vorgehenweise werden die Funktionen wie die Daten so fein bis in die unterste Stufe analysiert und konstruiert, daß die einzelnen Funktionen durch Algorithmen beschrieben werden können. Dadurch können sie direkt in die Implementierung übertragen werden. Gleichzeitig wird dadurch eine ständige Komplexitätsverminderung während der Software-Entwicklung gekennzeichnet. Die Realisierung der Teilsysteme bzw. Funktionen ist sicherlich einfacher als die Realisierung des Gesamtsystems. Vor allem können die Teilsysteme bzw. Funktionen bezüglich der wohldefinierten Schnittstellen und fachgerechten Koordination parallel, effizient und effektiv realisiert werden. Aus der Verfeinerung der Funktionen und der Daten entstehen zugleich die Module, die aus bestimmten Funktionen zusammengefaßt werden, und die Schnittstellen zwischen ihnen, die durch die Daten festzulegen sind. Dabei muß die Wiederverwendbarkeit der Module berücksichtigt werden, so daß die Module einmal implementiert und mehrfach verwendet werden können.

B. Datenorientierte Methode[21]

Gegenüber der strukturierten bzw. funktionsorientierten Methode werden die Daten in der datenorientierten Methode hervorgehoben. Aus der Struktur der zu verarbeitenden Daten kann die Struktur der Funktionen abgeleitet werden. Es empfiehlt sich, die komplexen Beziehungen zwischen den Daten zuerst zu analysieren und zu entwerfen. Dabei handelt es sich um verschiedene Darstellungs- bzw. Beschreibungsmethoden,

---

[20] S.h. die Darstellungsmethoden von
Yourdon/Larry: Structured Design, New York: 1978
DeMarco: Structured Analysis und System Spezification. 1972
Gane/Sarson: Struktured Systems Analysis: Tools and Techniques. Computer, July 1977
Kilberth/Klaus: JSP - Einführung in die Methode des Jackson Struktured Programming. 1989

[21] S.h. die Datenmodellierungsmethoden von:
Steffens: Datenmodellierung - Objekttypennetz. Vorlesungsskripte ab Wintersemester 89/90.
Chen: The entity-relationship model - toward a unified view of data. ACM Transactions on Database Systems 1.1, S. 9 - 33. 1976
Warnier: Logical Construction of Programs. 1974
Martin/McClure: Diagramming Techniques for Analysts and Programmers. 1985
Davis/Jajodia: Entity-Relationship Approach to Software Engineering. 1983
Codd.: Further normalisation of the data base relational model. Data Base Systems, Courant Computer Symposia Series, Vol. 6. 1972

z.B. Objekttypennetz, Entity-Relationship usw., aus denen sich die Datenmodelle ergeben. In dem Datenmodell werden die Daten in ihrem semantischen Zusammenhang detailliert und präzise definiert und strukturiert, wobei die Integrität und die Konsistenz der Daten zum Ausdruck gebracht werden. Dadurch kann die Grundlage für die Spezifikation der Funktionen und den logischen sowie physischen Entwurf der relationalen Datenbank gebildet werden. Darüber hinaus kann ein Datenmodell sogar zur Abstimmung mit dem Auftraggeber dienen und zugleich als Vorgabe für den Systementwickler gelten. Im Vergleich mit der strukturierten Methode kann die Redundanz der Daten mit der datenorientierten Methode vermindert werden. Sofern die Funktionen aus der Datenstruktur abgeleitet sind, werden die Schnittstellen zwischen ihnen auch festgelegt. Damit sind auch die Module zu bilden, die aus mehreren Funktionen zusammengefaßt werden und sich auf eine bestimmte Datenstruktur beziehen sollen.

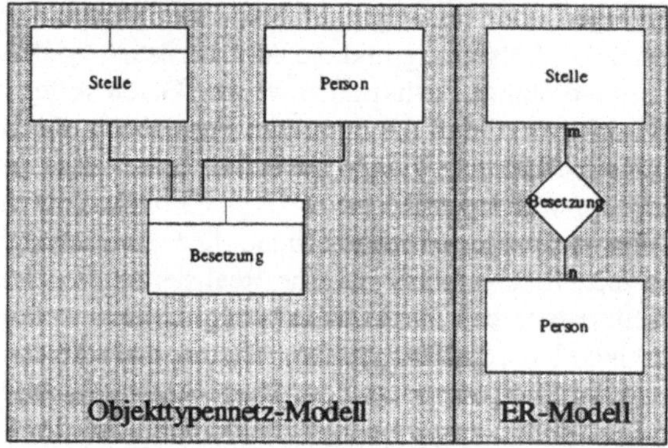

Abb. 2.I.B. - 1.   ***Zwei Datenmodelle zur Darstellung der semantischen Beziehungen zwischen zwei Daten (Objekttypen bzw. Entitytypen)***

In dem Datenmodell sind grundsätzlich zwei Typen zu unterscheiden: Basis- (Entity) und Beziehungstyp (Relationship Typ). In *Abb. 2.I.B. - 1* werden zwei Darstellungsformen des Datenmodells als Beispiel verdeutlicht. In dem Datenmodell wird nicht nur die semantische Beziehung zwischen den Daten klargelegt, sondern auch die Integrität bzw. Konsistenz der Daten herausgestellt, die bei der Erstellung einer Datenbank oder bei der Verarbeitung durch die abgeleiteten Funktionen berücksichtigt werden müssen. Die Eigenschaften der Daten sind weiterhin durch die Attribute charakterisiert. Es ist sicherlich erstrebenswert, ein gemeinsames fachliches Verständnis bei der Anwendung und der Entwicklung durch das Datenmodell zu erzielen. Das weitere entscheidende Merkmal des Datenmodells ist die Vorgabe einer relationalen Datenbank aus dem Datenmodell. In der relationalen Datenbank, die dem System zugrunde liegen soll, werden die Daten strukturiert und gegliedert gespeichert. So können außerdem die Schnittstellen zwischen den Modulen bzw. den Funktionen leichter definiert werden.

C. Ereignisorientierte Methode

Die ereignisorientierte Methode ist gegenüber den anderen Methoden relativ wenig erforscht. Diese Methode basiert auf einer Reihe von Ereignissen, aus denen das System besteht. Hierbei stehen die Ereignisse in der Software-Entwicklung im Mittelpunkt. Mit dem Ereignis[22] müssen auch Bedingungen und Funktionen (Aktivität) berücksichtigt werden. Gemeinsam bilden sie die sogannten Regeln, unter denen im wesentlichen verstanden wird, daß die Integrität der Daten während der Verarbeitung gewährleistet sein muß.

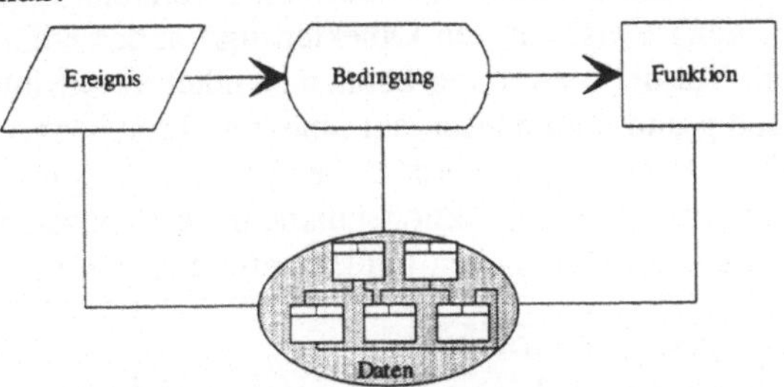

Abb. 2.I.C. - 1.   Verarbeitung der Daten mit Steuerung durch Ereignis

In *Abb. 2.I.C. - 1* wird verdeutlicht, wie die Verarbeitung der Daten durch Ereignisse gesteuert wird. Ein Ereignis ist in der Regel auch mit den Daten verbunden. Man unterscheidet: die Datenbankoperation (z.B. Insert), Zeitereignis (z.B. um 14:00 am 14.09.1994), relatives Ereignis (z.B. 1 Stunde nach Ereignis A), periodisches Ereignis (z.B. jeden Tag um 12:00 Uhr), abstraktes Ereignis (z.B. signalisiert durch eine dringliche, eben eingetroffene Mail, Kundenanfrage) und kombiniertes Ereignis. Diese Verbindung zwischen Ereignis und Daten bringt zum Ausdruck, daß ein Ereignis auch eine Funktion ist, die aber weitere Funktionen zur Ausführung veranlaßt. Die Bedingung beschreibt hier die Datenkonsistenz und -integrität. Sie wird nach dem Auslösen der Ereignisse immer (z.B. Datenoperation *Insert*) danach bewertet, ob die ausgelösten Ereignisse die Datenkonsistenz bzw. -integrität verletzen oder nicht. Die vordefinierten Funktionen müssen ausgeführt werden, um die Datenkonsistenz bzw. -integrität zu gewährleisten. Die ereignisorientierte Methode ist optimal für den logischen und physischen Entwurf der Aktiven Datenbank geeignet (im Vergleich mit der relationalen Datenbank), wird aber noch mit der datenorientierten Methode zusammen verwendet.

D. Objektorientierte Methode[23]

Die objektorientierte Methode erfordert vor allem eine neue Denkweise. Ein Objekt ist eine Entität in der realen Welt. Es wird durch Daten und Funktionen beschrieben, wobei die Daten das Objekt charakterisieren sollen und von den Funktionen verarbeitet werden können. Insofern können die Daten hierbei als Attribute bezeichnet werden. Die Synonyme für die Funktionen können Prozesse, Methoden, Programme, Module usw. sein. In der objektorientierten Methode ist zuerst die Definition von Objekt, Klasse und Funktion vorzunehmen. Die Klasse repräsentiert die Kapselung von Daten

---

[22] S.h.: Dayal: Active Database Management Systems. In Proceeding of the Third International Conference on Data and Knowledge Base, S.150 - 169. 1988.

Widom/Finkelstein: A Syntax and Semantics for Set-Oriented Production Rules in RDBS. In Proceeding of the ACM-SIDMOD, S.36 - 45, Vol. 18, No. 3, September 1989.

Simon, Kiernan und de Maindreville: Implementing High Level Active Rules on Top of a RDBMS. In Proceeding of the 18th VLDB Conference, S.315 - 326. 1992.

[23] S.h.: Booch: Object-Oriented Design with Application. 1991.

Coad/Yourdon: Object-Oriented Analysis 1990. / Object-Oriented Design 1991.

Rumbaugh, Blaha, Premerlani et al: Object-Oriented Modelling and Design. 1991.

und Funktionen und bildet ferner eine Hierarchie der Objekte, in der ähnliche Objekte zu einem Oberobjekt bzw. Oberbegriff zusammengefaßt werden können. So wird ein Objekt, das immer zu einer Klasse gehört, auch als eine Kapselung von Daten (Attributen) und Funktionen gesehen. Aus der Klassenbildung ergeben sich einerseits die Vererbungsbeziehung zwischen den Objekten und andererseits der Polymorphismus der Funktionen. Mit der Vererbung können sämtlichen Attribute und Funktionen einer Klasse vollständig und automatisch auf eine von ihr abhängende Klasse oder ein ihr angehörendes Objekt übertragen werden. Der Polymorphismus der Funktionen bedeutet die Wiederverwendung der Funktionenname in verschiedenen Klassen oder Objekten, welche aber die unterschiedlichen Implementierungen zum Inhalt hat.

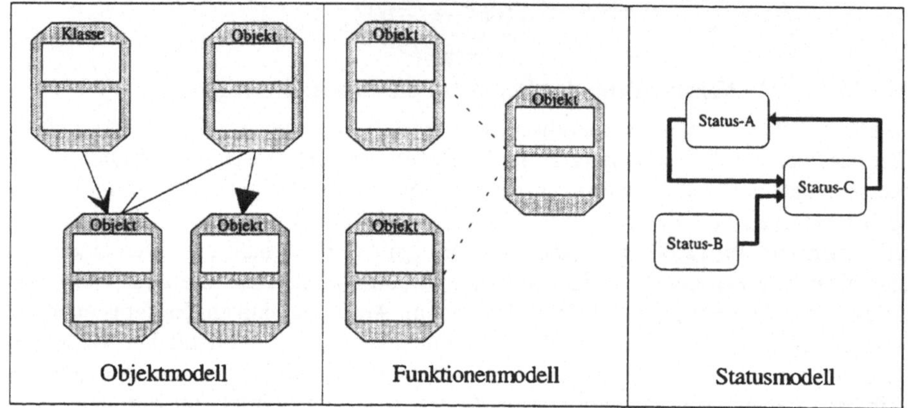

Abb. 2.I.D. - 1.   Veranschaulichung der Multi-View-Methode

In der objektorientierten Methode werden grundsätzlich drei Modelle benötigt: Datenmodell (ER-Diagram oder Objekt Diagram), Statusmodell (State Transition Diagram) und Funktionenmodell (Data Flow Diagram)[24]. Außerdem ist auch das Klassenmodell erforderlich, in dem die Hierarchie bzw. die Vererbung der Klasse deutlich dargestellt wird. Aus dem Klassenmodell entsteht normalerweise eine Klassenbibliothek, die zur Definition der Objekte (Instanzen) benutzt werden kann. In dem Datenmodell, auch Objektmodell genannt, werden die Objekte durch eine bestimmte Beziehung, z.B. meta-class, inherits, instantiates usw., miteinander verbunden. Dabei wird der Lebenszyklus eines Objektes durch ein Statusmodell dargestellt, in dem deutlich zu erkennen ist, wann und wie sich ein Objekt in einem Status befindet. In dem Funktionenmodell ist der Datenaustausch zwischen den Objekten darzustellen, z.B. message passing. So wird in diesem Zusammenhang von der Multi-View-Methode gesprochen (siehe *Abb. 2.I.D. - 1*). Bezüglich der Implementierung ist die objektorientierte Methode sicherlich für die objektorientierte Programmiersprache und Datenbank geeignet.

---

[24] S.h.: Shlaer/Mellor: An Objekt-Oriented Approach to Domain Analysis. ACM SIGSOFT Software Engineering Notes, 14 (5), S.66 - 77, 1989.
Conger: The New Software Engineering S.459. ff. 1994.

II.   Organisation und Führung der Softwareimplementierung

Die Software-Entwicklung ist ein vielschichtiger, umfassender und somit komplexer Prozeß. Gekennzeichnet wird sie weiterhin durch innovative und zeitkritische Problemstellungen. In einer bestimmten Zeit, die sich hier auf sechs Phasen des Lebenszyklus eines Softwareprodukts erstreckt, muß dieser Prozeß der Software-Entwicklung durch das arbeitsteilige Zusammenwirken von Software-Ingenieuren auf unterschiedlichen Ebenen durchgeführt werden. Zur Sicherung der erfolgreichen Durchführung dieses Prozesses werden neben der Planung noch Steuerung und Kontrolle benötigt, wobei dieser Prozeß als ein Projekt aufzufassen ist. Die Software-Entwicklung ist auch eine Managementaufgabe. Dafür ist aus technischen, organisatorischen und wirtschaftlichen Aspekten mehr als erforderlich, eine Organisation des Projektmanagements zu gestalten. Das Projektmanagement besteht aus einer Reihe von Aufgaben, die schwerpunktmäßig in unterschiedlichen Phasen erfüllt werden müssen:

- Anforderungserhebung und -analyse
- Abschätzung des Kosten- und Zeitaufwandes,
- Erstellung der Projektpläne,
- Verwaltung der Dokumente,
- Systemspezifikation und Modularisierung,
- Bildung der Organisationseinheiten (Arbeitsgruppen) mit Aufgabenverteilung,
- Koordinierung und Kontrolle bei der Implementierung und beim Test der Module,
- Test und Qualitätssicherung des Systems mit der Integration aller Module und
- Berichterstattung über Zwischen- und Endergebnisse.

Die erfolgreiche und sachgerechte Erfüllung dieser Managementaufgaben basiert auf dem jeweiligen Projektplan in unterschiedlichen Phasen, die letztlich durch die Hauptaufgaben gekennzeichnet, aber noch miteinander verbunden sind. Der Projektplan in jeder Phase hat die Zielvorgabe sowie die funktionelle Spezifikation der Anforderungen zum Inhalt und wird immer unter Berücksichtigung des Projektplanes in benachbarten Phasen erstellt. Dabei handelt es sich schließlich um die schrittweise Verfeinerung bzw. Spezialisierung des Projektplanes. Der Projektplan in einer Phase gilt einerseits als der Ausgangspunkt zur Erstellung des Projektplanes in der nachfolgenden Phase und wird andererseits auf der Basis des Projektplanes in der vorhergehenden Phase verfeinerter bzw. detaillierter erstellt. Die organisatorischen Regelungen in wirtschaftlicher und technischer Hinsicht sind erforderlich, um den erstellten Projektplan zu realisieren. Dazu dient die Organisation des Projektmanagements, die ihrerseits aus Aufbau-, Ablauforganisation und Systemkonfiguration besteht. Die Aufbauorganisation setzt die Ablauforganisation voraus, in der die Aufgaben (Anforderungsanalyse, Systemspezifikation, Implementierung, Qualitätssicherung usw.) und die dabei benötigten Arbeitsobjekte und der Zusammenhang (Ablauf, Struktur, I/O-Beziehung usw.) zwischen ihnen beschrieben und dargestellt werden. Daraus ist die Aufbauorganisation zu bilden, in der vor allem die fachliche Zuständigkeit der Organisationseinheiten (Software-Ingenieur, Koordinator usw.) für die Aufgabenerfüllung und der fachliche Führungszusammenhang zwischen ihnen festgelegt wird. Die Systemkonfiguration beschreibt hierbei die geplanten oder eingesetzten Werkzeuge in Form von DV-Systemen (z.B. CASE Tools), die auch vom Software-Ingenieur, Koordinator oder Kontrolleur zu ihren Zwecken benutzt werden.

In *Abb. 2.II. - 1* wird eine grobe Aufgabengliederung in der Software-Entwicklung verdeutlicht, aus welcher eine Aufbauorganisation entstehen soll. Grundsätzlich läßt sich die gesamte Software-Entwicklung in zwei Teile aufteilen, nämlich System- und Anwendungsentwicklung. Diese zwei Teile bilden zugleich zwei Organisationseinheiten, die allerdings disziplinarisch einer Leitung, der sogenannten Projektleitung, unterstellt sind. Die Projektleitung gilt als organisatorischer Koordinator zwischen der System- und Anwendungsentwicklung und hat im wesentlichen strategische Aufgaben, wie zum Beispiel Zielvorgaben des gesamten Projektes sowie Meilensteine, Festlegung des Kosten- und Zeitaufwandes, organisatorische und technische Entscheidungen u. a. m. Die System- und die Anwendungsentwicklung sind durch unterschiedliche operative Aufgaben zu erkennen. Die Systementwicklung befaßt sich hauptsächlich mit der Spezifikation (Modularisierung), der Implementierung sowie dem Test einzelner Module, der Integration der Module, dem Test des gesamten Systems und der Qualitätssicherung. Dementsprechend hat die Anwendungsentwicklung die Aufgaben der Anforderungsanalyse sowie -spezifikation, Schulung und Einführung zur Benutzung des Systems. Der Betrieb und die Pflege des Systems, während denen neue Anforderungen vom Auftraggeber gestellt werden können, müssen allerdings unter der engen Zusammenarbeit zwischen der System- und Anwendungsentwicklung durchgeführt werden. Dies ist Voraussetzung für die schnelle und fachgerechte Fehlerbehebung sowie funktionelle Erweiterung im freigegebenen System. Aus den jeweiligen Aufgabengebieten können sich weitere Arbeitsgruppen ergeben, die nach Modulen bzw. Funktionenkomponenten, Reihenfolge der zu implementierenden Funktionenkomponenten oder Objekt- bzw. Datentypen gebildet werden können.

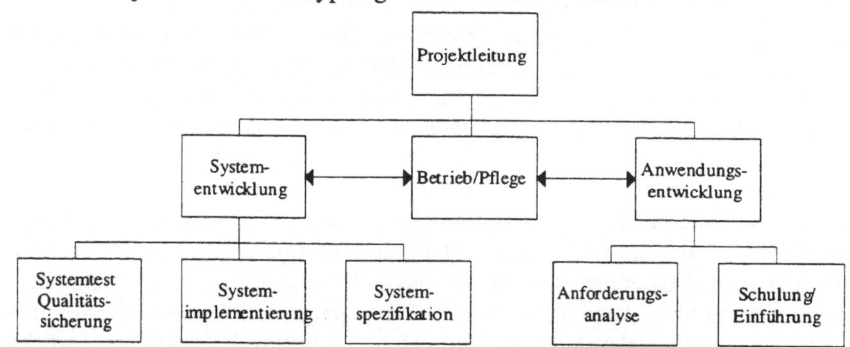

Abb. 2.II. - 1.   *Aufgabengliederung in der Software-Entwicklung*

Der Arbeitszusammenhang zwischen der System-, der Anwendungsentwicklung und dem Auftraggeber wird in *Abb. 2.II. - 2* verdeutlicht. Hier ist darauf hinzuweisen, daß ein derartiger Arbeitszusammenhang sich auf die benutzerorientierte Software-Entwicklung bezieht. Dadurch kann die Projektleitung als Lenkungsausschuss bezeichnet werden, an der grundsätzlich drei Bereiche beteiligt sind und deren Hauptaufgaben die Gestaltung der Organisation, die Koordinierung, die Entscheidung, die Kontrolle, die Validierung und die Budgetierung sind. werden Die Fertigstellung der Systemarchitektur bzw. -konstruktion und die Freigabe des die Qualitätskriterien erfüllenden Systems kennzeichnen zwei wichtige Meilensteine. Der zweite Meilenstein wird noch durch zwei fertig erstellten Dokumente ergänzt, dem technischen Dokument und dem Benutzerdokument, die von der weiteren Systementwicklung und der Benutzung des Systems benötigt werden[25]. Zwischen zwei Meilensteinen stehen die Software-Ingenieure im Vordergrund, wobei die fachliche Führung eine sehr wichtige und entscheidende Rolle spielt.

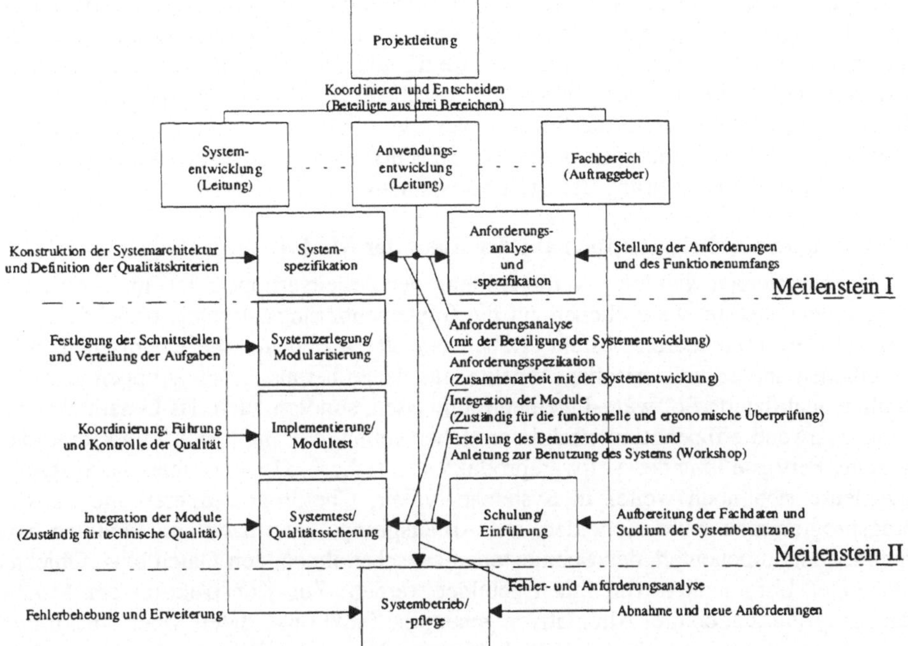

Abb. 2.II. - 2. Der Arbeitszusammenhang zwischen drei Bereichen: System-, Anwendungsentwicklung und Fachbereich

Anhand der festgelegten Systemarchitektur muß die Systemkomplexität vermindert werden. Die Zerlegung des Systems in einzelne Module und die genaue funktionelle Spezifikation einzelner Module bzw. ihrer Funktionenkomponenten sowie die Schnittstellen zwischen ihnen sollen so ausgearbeitet und beschrieben werden, daß sie von einem Software-Ingenieur mit wenigen Fachkenntnissen des Anwendungsgebietes implementiert werden können. Hierbei sollen durch die fachliche Führung die Implementierungsarbeiten von mehreren Software-Ingenieuren koordiniert und der Test einzelner Module bzw. Funktionenkomponenten nach Qualitätskriterien durchgeführt werden. Gegebenenfalls werden Verbesserungsvorschläge aus der Implementierung entgegengenommen, um das System in einem bestimmten Rahmen zu verbessern. Dahinter verbirgt sich die Kreativität der Software-Ingenieure, die durch die selbst entwickelten Algorithmen in den Modulen bzw. Funktionenkomponenten ihre persönlichen Ziele und Selbstverwirklichung erreichen können. Bei der Integration der Module und dem

---

[25] Vgl. Ulich; Rauterberg et al: Benutzerorientierte Software-Entwicklung - Konzept, Methoden und Vorgehen zur Benutzerbeteiligung. S. 55. ff. 1994
Suhr/Suhr: Software Engineering - Technik und Methodik. S. 351. ff. 1993
Clare/Loucopoulos: Business Information Systems. S. 69. ff. 1987
Hesse et al: Software-Entwicklung - Vorgehensmodelle, Projektführung, Produktverwaltung. S.118. ff. 1992

Test des Systems wird die Beteiligung von allen drei Bereichen für notwendig gehalten - der System-, der Anwendungsentwicklung und dem Auftraggeber. Hier muß die Qualitätssicherung umfassend und sachgerecht durchgeführt werden, und zwar begleitet von der Einführung des Systems und der Schulung der Benutzer. Es empfiehlt sich, die realen Daten des Fachbereiches aufzubereiten, um das System auf Performance und Speicherkapazität zu prüfen, und gleichzeitig die Präsentation für den Benutzer (Auftraggeber) in Form eines Workshops vorzubereiten. Daraus ist auch zu erkennen, daß der zweite Meilenstein (die Freigabe des Systems) zugleich die Organisationsumstellung in einem Unternehmen oder dessen Fachbereich zum Ausdruck bringt, die allerdings durch die Einführung des Systems veranlaßt wird.

A. Bildung der Arbeitsgruppen auf der Basis der Module

In der Systementwicklung ist die Bildung der Arbeitsgruppen von großer Bedeutung, welche sich im wesentlichen auf die Implementierungsaufgaben bezieht und aus den Software-Ingenieuren besteht. Dabei handelt es sich um die technischen, wirtschaftlichen und organistorischen Aspekte, aus denen heraus Arbeitsgruppen nicht nur fachlich qualifizierte Software-Ingenieure umfassen, sondern auch das Gesamtziels mit wenig Aufwand effizient und effektiv erreichen sollen, d.h. die termin- und funktionsgerechte Fertigstellung des Softwareproduktes zu sichern. Dabei können die Software-Ingenieure sich noch weiter in Systemanalytiker, Chefprogrammierer und Anwendungsprogrammierer unterscheiden. Die Arbeitsgruppe kann nach den Modulen bzw. Funktionenkomponenten, den Schnittstellen zwischen ihnen, den Daten bzw. Objekten oder einer Kombination von ihnen gebildet werden. Zur Konstruktion der Module kann es grundsätzlich drei Alternativen geben, die funktions-, daten- oder objektorientierte. Daraus ergeben sich zwei Möglichkeiten, die bei der Bildung der Arbeitsgruppen der Implementierung berücksichtigt werden sollen:

- Verschiedene Module (Funktionen) hängen auch mit den Daten bzw. Objekten unterschiedlicher Art zusammen oder
- sie beziehen sich auf die Daten bzw. Objekte gleicher Art.

Das Ziel zur Bildung der Arbeitsgruppe soll sich darauf richten, daß der Bedarf zur Koordination zwischen den Arbeitsgruppen verringert wird und die mehrfache Verwendung der Module bzw. Funktionenkomponenten innerhalb der Arbeitsgruppen leichter zustande kommt. So werden die Schnittstellen bzw. die Datenübergabe zwischen den einzelnen Modulen auf eine Arbeitsgruppe beschränkt, in der diese Module von Software-Ingenieuren implementiert werden müssen und so die Kooperation besser zu realisieren ist. Die fachliche Führung kann sich insofern auf die Entscheidung, die Verbesserung der Systemkonstruktion bezüglich der Vorschläge aus der Implementierung und die Kontrolle nach den Qualitätskriterien konzentrieren. Dadurch wird die Koordination infolge der Unklarheit der Schnittstellen sowie mehrfacher oder fehlender Implementierung der wiederverwendbaren Funktionen vermieden. In *Abb. 2.II.A. - 1* wird beispielsweise die Bildung der Arbeitsgruppen veranschaulicht, die für die Implementierung der jeweiligen Module vom *Organisationsinformationssystem OrgIS*[26] zuständig sind. Die Arbeitsgruppen werden teils nach den Daten bzw. Objekten, genauer gesagt nach dem Datenmodell der Organisation (z.B. Aufbau-,

---

[26] S.h. Die ausführlichen Beschreibungen in nachfolgenden Kapiteln.

Ablauforganisation und Systemkonfiguration), und teils nach den Funktionen (z.B. Dokumentationserstellung, Systemverwaltung, Kommunikationssteuerung usw.) gebildet. Ferner beruhen die Arbeitsgruppe noch auf der teamorientierten Arbeit, mit der die Software-Ingenieure zu der Implementierung der Funktionen durch die Entfaltung ihrer Fähigkeiten beitragen können.

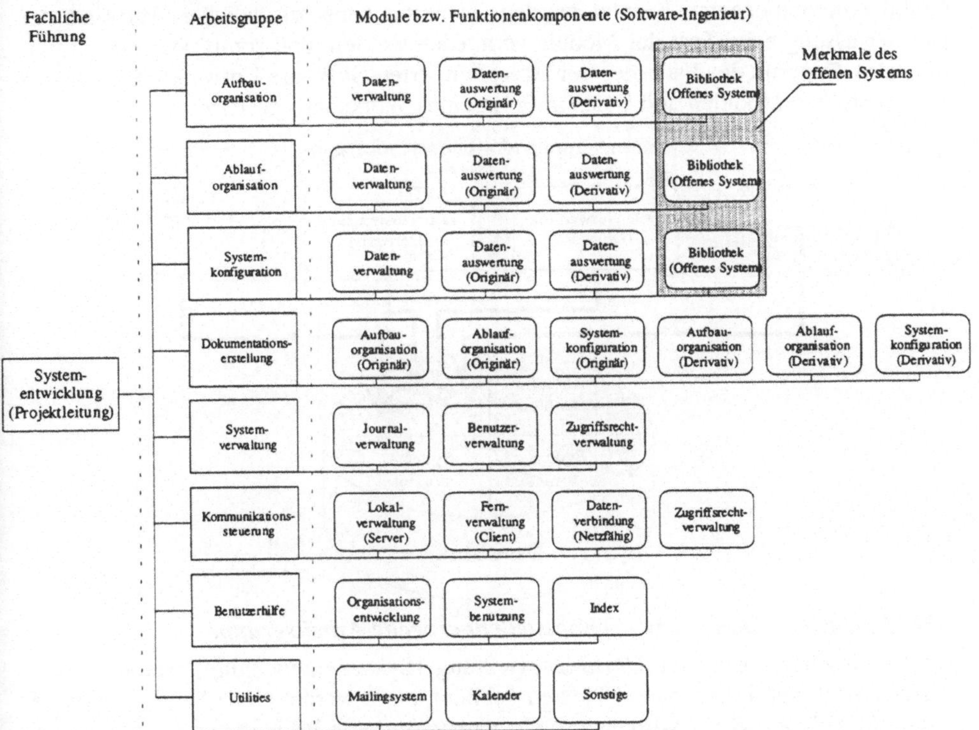

*Abb. 2.II.A. - 1. **Bildung der Arbeitsgruppen an einem Beispiel der OrgIS-Entwicklung***

B. Die Schnittstellen zwischen Modulen und die Implementierungsreihenfolge

Eine gut konstruierte Systemarchitektur ist einerseits durch die strukturierten Module des Systems und andererseits durch die wohldefinierten Schnittstellen zwischen ihnen zu kennzeichnen. Daraus ergeben sich die Verständlichkeit, Erweiterbarkeit (Änderbarkeit) und Wiederverwendbarkeit des Systems. Die Module und die Schnittstellen zwischen ihnen verstehen sich als die Grundlage zur Bildung der Arbeitsgruppe, in der jeder Software-Ingenieur sich mit einem oder mehreren Modulen bzw. Funktionenkomponenten beschäftigt. Bei der Entwicklung eines Systems (z.B. *OrgIS*) können die Schnittstellen bzw. Daten zwischen den Modulen durch die Verwendung einer Datenbank minimiert werden. Sicherlich kann es hierbei auch eine sinnvolle Reihenfolge geben, in der die Module bzw. Funktionenkomponenten zeitlich nacheinander implementiert werden sollen. Dies bringt letztlich die wirtschaftliche Effizienz und Effektivität zum Ausdruck. Durch die vorher implementierten Module können die Daten in der Datenbank sichergestellt werden. Die Daten können insofern gleich von der Anwendungsentwicklung geliefert werden. Ihre Korrektheit in der Datenbank wird allerdings erst nach dem Test der implementierten Module bzw. Funktionenkomponenten nachgewiesen. Darauf können die Module bzw. Funktionenkomponenten während der Implementierung zugreifen, in denen die vorher in der Datenbank gespeicherten Daten benötigt werden. Diese Daten können darüber hinaus zum Test dieser Module bzw. Funktionenkomponenten benutzt werden. Dadurch kann zusätzlicher Aufwand der Datenerfassung beim Test der Module vermieden werden, und somit wird die Einführung des Systems, im Falle der benutzerorientierten Software-Entwicklung, mit den fertiggestellten Modulen und Daten in Form eines Workshops gestartet.

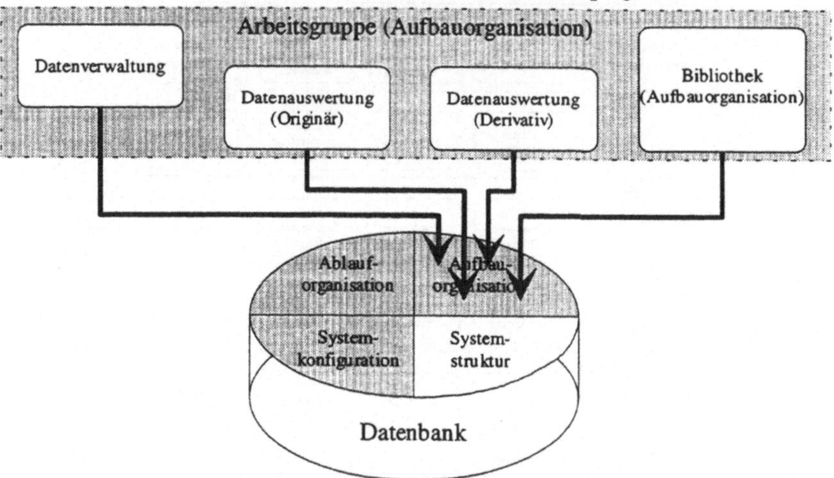

Abb. 2.II.B. - 1. Daten- bzw. Schnittstellenbezogene Arbeitsgruppe

Die Arbeitsgruppen der *OrgIS*-Entwicklung (Systementwicklung) werden hauptsächlich nach den Daten bzw. Objekten gebildet, diese werden auch Schnittstellen genannt. In *Abb. 2.II.B. - 1* wird eine solche datenorientierte Bildung der Arbeitsgruppen veranschaulicht. In dieser Arbeitsgruppe beschäftigen sich die Software-Ingenieure mit vier Modulen, die auf die gemeinsamen Organisationsstrukturdaten der Aufbauorganisation (einschließlich Verbindung mit Aufbauorganisation und Systemkonfiguration) zugreifen. Dabei wird auch die Reihenfolge der Implementierung der vier Module festgelegt. Eine derartige Bildung findet ihren wesentlichen Vorteil darin, daß die implementierten Module in einer Arbeitsgruppe umfassend getestet und die Fehlersuche streng auf eine Arbeitsgruppe beschränkt wird. Mit der Reihenfolge können die nachher zu implementierenden Module sogar nach der Fertigstellung jeder Funktion mit den Daten geprüft werden. Anschließend können alle getesteten Module leichter integriert und der Test des Gesamtsystems unkompliziert und mit wenigen Fehlern durchgeführt werden. So wird vorausgesetzt, daß der Test einzelner Module immer mit der Beteiligung der fachlichen Führung, jedoch nach den festgelegten Qualitätskriterien durchzuführen ist.

C. Koordination bei der Implementierung einzelner Module als Managementaufgabe

Solange die Implementierung der Module bzw. Funktionenkomponenten noch nicht abgeschlossen ist, besteht immer ein Koordinationsbedarf, da die Schnittstellen zwischen den Modulen, die in verschiedenen Arbeitsgruppen implementiert werden sollen, durch die durchdachte Bildung der Arbeitsgruppen abgeschafft werden können. Es ist aber aus der organisatorischen und wirtschaftlichen Sicht auch anzustreben, daß die Schnittstellen und der Datenaustausch zwischen den Arbeitsgruppen so weit wie möglich minimiert werden, obwohl die Minimierung der Schnittstellen zwischen den Modulen bereits von der technischen Seite bezweckt wird, d.h. bei der Modularisierung des Systems. Dadurch soll der nebensächliche Koordinationsaufwand vermieden werden, der zum Beispiel in der ständigen Erklärung und Überwachung der einheitlichen Verwendung der definierten Schnittstellen oder in der zeitlichen Abstimmung der Implementierungsvorgänge liegen kann. In der Systementwicklung soll die Koordination einer Leitung als wichtige Managementaufgabe betrachtet werden, die außerdem noch die Kontrolle, Entscheidung und Bearbeitung der Verbesserungsvorschläge der Software-Ingenieure beinhalten soll. Diese Koordination wird schwerpunktmäßig auf die fachliche Führung ausgerichtet und dient dazu, das System in vollem Umfang termin- und funktionsgerecht zu erzeugen.

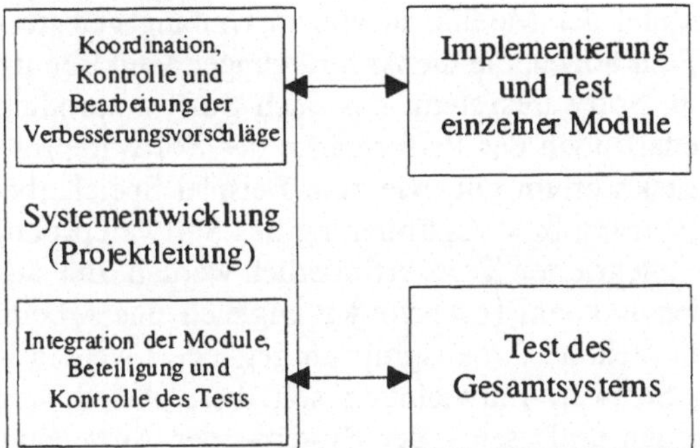

Abb. 2.II.C. - 1. *Die Rolle der Leitung der Systementwicklung bei der Implementierung und bei dem Test*

Die Rolle der Leitung in der Systementwicklung ist in *Abb. 2.II.C. - 1* verdeutlicht. Dabei bildet die Leitung eine Brücke zwischen der Implementierung (einschließlich Test der einzelnen Module) und dem Test des Gesamtsystems. Die fachliche Führung kann hierfür von den sogenannten Chef-Programmierern oder den Systemanalytikern übernommen werden. Dabei sind Fachliche und modulübergreifende Kenntnisse erforderlich, die sich von der Systemarchitektur bis hin zur Spezifikationen der einzelnen Module bzw. Funktionenkomponenten erstrecken. So bearbeiten sie die Verbesserungsvorschläge der Software-Ingenieure, die die Aufgaben zur Implementierung einer oder mehrerer Module bzw. Funktionenkomponenten erfüllen und vor allem das Bedürfnis der Selbstverwirklichung beinhalten. Anschließend treffen sie die Entscheidung, ob eine Änderung in der Systemarchitektur unbedingt vollzogen werden muß. Ist diese Änderung modulübergreifend, sollen die anderen Module bzw. Funktionenkomponenten unter ihrer fachlichen Führung einheitlich geändert bzw. verbessert werden. Auf der anderen Seite müssen sie als Kontrolleur in Zusammenarbeit mit den jeweiligen dafür zuständigen Software-Ingenieuren einzelne Module nach festgelegten Qualitätskriterien überprüfen, die darin die von Software-Ingenieuren entwickelten Algorithmen gut dokumentieren und validieren. Auf dieser Basis können sie problemlos und konsequent alle Module zu einem Gesamtsystem integrieren und es anschließend in vollem Umfang qualitätsmäßig testen, und zwar mit Beteiligung aus den anderen zwei Bereichen - Anwendungsentwicklung und Fachbereich (Auftraggeber). So können die Software-Ingenieure die Aufgaben der neuen Implementierung oder Erweiterung übernehmen. Nicht nur zwecks der fachlichen Führung in der Implementierung und im Test des Systems, sondern auch in Hinblick auf Systembetrieb und -pflege soll die Leitung sowohl System- als auch Anwendungskenntnisse besitzen.

D. Integration der Module und Test des Softwaresystems

Die Leitung der Systementwicklung wird durch ihre fachliche Führung in der Implementierung und im Test einzelner Module geprägt. Gekennzeichnet wird diese fachliche Führung allerdings weitgehend durch die Koordination, die Kontrolle und die Entscheidung. Sobald alle Module von den Software-Ingenieuren implementiert und anschließend unter der Kontrolle der Leitung - hier kann von Chef-Programmierern, Systemanalytikern usw. gesprochen werden - nach Qualitätskriterien im Einzelnen getestet wurden, müssen sie auch zu einem Softwaresystem integriert werden. Somit wird das Zusammenspiel der Module in vollem Umfang getestet. Hierbei genügt es noch nicht, daß die Funktionen, die die Anforderungen vom Benutzer bzw. Auftraggeber widerspiegeln, im Softwaresystem, das auch Softwareprodukt heißt, vollständig realisiert sind. Es bedarf noch der Performance des Softwareproduktes, welche auch als wichtiges Qualitätskriterium gilt, wie zum Beispiel Speicherbedarf, Geschwindigkeit usw. Die Verbesserung bzw. Optimierung des Softwareproduktes kann noch aus den Ergebnissen des integrierten Tests erforderlich werden. Ein systematisches Vorgehen bei der Integration und dem Test erfordert zugleich eine Arbeitsgruppe, die je nach Testumfang weiter in mehrere Arbeitsgruppen gegliedert werden kann. Bezüglich der benutzerorientierten Software-Entwicklung soll diese Arbeitsgruppe die Fachkräfte aus allen drei Bereichen umfassen - der System-, der Anwendungsentwicklung und dem Fachbereich (Auftraggeber). Die Leitung der Systementwicklung, die die Implementierung der Module durch die verschiedenen Software-Ingenieure fachlich führt bzw. koordiniert und die einzelnen Module mit ihnen zusammen testet, ist grundsätzlich für die Integration der Module und den Test des semantischen Zusammenspiels zwischen den Modulen, für die Performance des Softwaresystems und gegebenfalls noch für die Fehlerbehebung zuständig. In enger Zusammenarbeit mit dem Benutzer bzw. Auftraggeber, z.B. durch Schulung oder Workshop, werden die Hauptarbeiten der Leitung der Anwendungsentwicklung auf die Beurteilung der Verbesserungsvorschläge zur Masken-(Benutzerschnittstellen-)Gestaltung, die inhaltliche bzw. funktionelle Überprüfung und die Erstellung des Benutzerdokuments des Systems gesetzt. Die Aufgaben werden zwar auf drei Bereiche verteilt, jedoch teamorientiert erfüllt, wobei die Koordination durch die Projektleitung (z.B. Lenkungsausschuss) während der gesamten Software-Entwicklung benötigt wird. Die eindeutige und absolute Abgrenzung der Aufgaben in drei Bereiche ist hier kaum zu finden. Im Falle der benutzerorientierten Software-Entwicklung kann der Test des Softwaresystems sogar noch effizienter und effektiver durch die begleitende Schulung der Benutzer und die Einführung des Softwaresystems in einem Unternehmen oder dessen Fachbereich durchgeführt werden. Damit sind die realen und kompletten Daten zwecks Schulung und Einführung des Softwaresystems gleichzeitig im Test zu verwenden.

Drittes Kapitel
Das Konzept des Organisationsinformationssystems *OrgIS*[27]

Die Organisation jedes Unternehmens oder dessen Fachbereiche wird einheitlich unter den Aspekten der Aufbauorganisation, Ablauforganisation und Systemkonfiguration betrachtet. Diese Dreiteilung der Organisation wurde im Hinblick auf den Einsatz der zahlreichen DV-Systeme im Unternehmen von Prof. Steffens vorgestellt und entwickelt. Mit diesen drei Teilen der Organisation wird ein Unternehmen aus unterschiedlichen Sichtweisen beschrieben, wobei sich die Organisation als komplexes soziotechnisches System[28] verstehen läßt, da sie grundsätzlich aus technischen Bestandteilen und Menschen besteht. Sie verfolgt vor allem die Unternehmenszwecke und -ziele durch Organisationsstrukturen, Arbeitsprozesse (Aufgaben) und klare Zuständigkeiten für die Aufgabenerfüllung.

Unter der Aufbauorganisation sind Ständige Aufbauorganisation und Projektorganisation, d.h. Aufbauorganisation eines Projektmanagements, zu unterscheiden. Die Projektorganisation ist eigentlich ein besonderer Fall der Aufbauorganisation. Die Projektorganisation stellt solch eine organisatorische Gestaltung in einem Unternehmen dar, welche zur Durchführung von Produkt- oder Prozeßinnovationen erforderlich ist, d.h. die Entwicklung neuer Ideen und deren organisatorische Umsetzung. Die Projektorganisation stellt die Organisation des Projektmanagements dar und wird daher auch immer für eine bestimmte Dauer eingerichtet. Sie umfaßt einmalige und temporäre Aufgaben. In der Regel bedarf die Projektorganisation auch der Aufbau-, der Ablauforganisation und der Systemkonfiguration. Hier wird die Projektorganisation als die Aufbauorganisation eines Projektmanagements näher behandelt. Die Ablauforganisation und Systemkonfiguration eines Projektmanagements wird durch die projektbezogenen fachlichen Zuständigkeiten einerseits und DV-gestützte Projektabwicklung andererseits verkörpert, wobei die Einsatzplanung der DV-Systeme des Projektes mit der Einsatzplanung der DV-Systeme in dem gesamten Unternehmen abgeglichen werden soll. Demgegenüber beinhaltet die Ständige Aufbauorganisation die permanenten Organisationseinheiten (Höhere Organisationseinheiten und Stellen) als ständige Einrichtungen zur wiederholten Aufgabenerfüllung. Zusammen mit der Ablauforganisation sowie der Systemkonfiguration charakterisiert sie die Unternehmensorganisation. Die Aufbauorganisation besteht aus der Bildung der Organisationseinheiten mit unterschiedlichen Organisationsformen (z.B. Leitungszusammenhängen zwischen den Organisationseinheiten) und der Beschäftigung von Personen, der Stellenbesetzung. Sie legt die disziplinarischen Leitungszusammenhänge sowie die fachlichen Führungszusammenhänge zwischen den Organisationseinheiten fest. Dadurch werden die Unternehmenszwecke und -ziele deutlich gekennzeichnet.

Die Ablauforganisation beschreibt die Aufgaben (Funktionen oder Aktivitäten), die das Herzstück jeder Organisation bilden und sowohl die auszuführenden Aufgaben der operativen Ebene als auch die disziplinarischen und fachlichen Führungsaufgaben des strategischen und operativen Managements umfassen. Sie legt zudem das Input-Output-Verhalten zwischen Arbeitsobjekten bei der Erfüllung der bestimmten Aufga-

---

[27] Alle Rechte an *OrgIS* liegen bei Prof. Dr. Franz Steffens. Vgl. desweiteren:
Steffens: *OrgIS*-Ein Organisationsinformationssystem. Grundlagen und Grundideen. S.4. ff. 1992.
[28] Vgl. Voßbein/Leschke: Unternehmensorganisation mit Kommunikationssystemen. S. 156. 1989.

ben sowie die Reihenfolge zur Erfüllung der Aufgaben fest[29]. In einem Unternehmen entstehen unterschiedliche Bereiche der Ablauforganisation, wie z.B. der Bereich der Produktion, der Beschaffung, des Absatzes, der Forschung/Entwicklung usw. Diese unterschiedlichen Bereiche in einem Unternehmen werden letztendlich durch ihre Aufgaben gekennzeichnet und gelten als Fachbereich eines Unternehmens. Für die Ausführung der vielseitigen Aufgaben sind die Organisationseinheiten (Höhere Organisationseinheiten und Stellen) der Aufbauorganisation zuständig. DV-Systeme der Systemkonfiguration verbessern und automatisieren die Aufgabenerfüllung.

Die Systemkonfiguration, die der Unternehmensorganisation dient, bildet die informationstechnische Infrastruktur und unterstützt die Automatisierung der Aufgabenerfüllung, insbesondere der informationsverarbeitenden Aufgaben. Hier läßt sich die Systemkonfiguration als System von Systemen begreifen[30] und bezieht sich auf das DV-System, das wiederum in Hardware und Software unterteilt werden kann. Die Systemkonfiguration umfaßt die organisatorischen und technischen Anforderungen der Unternehmensorganisation. Die organisatorischen Anforderungen ergeben sich aus der effizienten Erreichung der Unternehmensziele. Die DV-Systeme stellen einerseits die DV-gestützten Arbeitsplätze und andererseits die Automatisierung der Aufgabenerfüllung dar. So werden die einzelnen DV-Systeme, ihre Aufbaustruktur und die Voraussetzung zum Betrieb der Software aus organisatorischer Sicht als notwendig beschrieben. Die technischen Anforderungen bringen die einheitliche Betrachtung aller DV-Systeme zum Ausdruck, unter welcher die Kommunikationsverbindung zwischen einzelnen DV-Systemen und die arbeitsfähigen Konfigurationen der DV-Systeme aus lokaler sowie ferner Sicht zu berücksichtigen sind. Diese Anforderungen stellen den Unternehmensleiter oder den Bereichsinformatiker vor die Aufgabe, die DV-Systeme aus organisatorischen, wirtschaftlichen und informationstechnischen Überlegungen einzusetzen und im Rahmen mit der leistungsfähigen Erreichung der Unternehmensziele zu gestalten.

Zwischen Aufbau-, Ablauforganisation und Systemkonfiguration entstehen auch Verbindungen. Die fachliche Zuständigkeit der Organisationseinheit für die Aufgabenerfüllung bildet die Verbindung zwischen Aufbau- und Ablauforganisation und legt auch die Kompetenzen sowie die fachlichen Führungszusammenhänge zwischen den Organisationseinheiten fest. Die DV-Ausstattung der Organisationseinheit bezeichnet den DV-gestützten Arbeitsplatz, bei dem die Aufgabenerfüllung im Sinne der Automatisierung produktiv verbessert wird, und charakterisiert die Substitution der Personalkosten durch die Kosten der eingesetzten DV-Systeme. Die Verbindung zwischen Ablauforganisation und Systemkonfiguration gibt die Automatisierung der Aufgabenerfüllung und die dadurch ver-/gebrauchten Arbeitsobjekte der Anwendungssysteme (Software) wieder. Die DV-Ausstattung der Organisationseinheit und die Automatisierung der Aufgabenerfüllung durch die Systemkonfiguration beschreiben auch die Kommunikation zwischen Anwendern und DV-Systemen, d.h. die Mensch-Maschine-Interaktion.

Das *Organisationsinformationssystem OrgIS* ist ein betriebliches Informationssystem und dient der Analyse und der Integralen Entwicklung der Organisation eines Unternehmens oder dessen Fachbereiche und ihren vielseitigen Fachinformationssystemen, die ihren Fachkonzepten und Anwendungssystemen zugrunde liegen. Ein

---

[29] Steffens: *OrgIS*-Ein Organisationsinformationssystem. Grundlagen und Grundideen. S. 4. 1992.
[30] Steffens: *OrgIS*-Ein Organisationsinformationssystem. Grundlagen und Grundideen. S.6. 1992.

Fachkonzept beschreibt die Automatisierung eines Fachbereichs durch die DV-Systeme und umfaßt sowohl die Anwendungsbeschreibung eines Fachbereichs (z.B. Produktion, Personal, Absatz, Beschaffung usw.) als auch dessen Datenmodell. Das Anwendungssystem besteht schließlich aus der Software sowie den zu verarbeitenden Daten und entspricht dem Fachkonzept[31]. Die Planung und die Entwicklung der Organisation eines Unternehmens oder Fachbereichs sind ständige Managementprozesse und wichtige Aufgaben für den Unternehmensleiter. Es wäre wünschenswert, daß eine Organisation zu jeder Zeit konstant bleibt und zwar in der Weise, daß ihre Wettbewerbsfähigkeit aufrechterhalten wird. In der Praxis ist es leider utopisch, eine derartige Organisation zu gestalten. Die Entwicklung der globalen Technologie und die stetige Änderung der Marktstruktur erfordern die sachgerechte und zeitgerechte Organisation in einem Unternehmen, welche die technologische Entwicklung verfolgt und sich rechtzeitig an die Marktstruktur anpaßt. Das heißt auch, zuerst den bereits gewonnenen Marktanteil zu bewahren und diesen dann stetig zu vergrößern. Das ist letztlich das oberste Ziel eines Unternehmens. Zur Erreichung dieses Ziels muß es seine Organisation umstrukturieren bzw. umstellen. So werden die organisatorischen Änderungen als ständige Managementaufgaben der Unternehmensführung vorausschauend eingeplant und rechtzeitig durchgeführt. Diese Managementfunktion kennzeichnet einen langfristigen (strategischen) Prozeß zur Planung und Entwicklung der Organisation, welcher den gesamten Unternehmszielen zufolge die aussichtsreiche Entwicklung eines Unternehmens bestimmt und wiederum von ihr gefordert wird. Es genügt allerdings noch nicht, daß die Organisation eines Unternehmens oder dessen Fachbereiche auf einmal bis in alle Umfänge und Details von dem Unternehmensleiter durchdacht, ausgearbeitet und anschließend verwirklicht wird. Der Unternehmensleiter selbst hat immer die Aufgabe, die Organisation dahin weiter zu analysieren und zu bewerten. Er hat insbesondere darauf zu achten, ob die organisatorischen Regelungen noch ebenso effizient wie reibungslos sind, sachgerecht eingehalten und die gesamte organisatorische Struktur jederzeit auf die aktuelle Marktstruktur ausgerichtet werden. Die Organisation stimmt dadurch mit den gesamten Unternehmenszielen überein und der Rückgang der Leistungen des Unternehmens im Marktgeschehen wird vermieden.

In der Praxis kann es viele Möglichkeiten zur Gestaltung der Organisation eines Unternehmens oder Fachbereichs geben, die alle mit den Unternehmenszielen übereinstimmen müßten; aber zwischen ihnen entstehen durchaus unterschiedliche wirtschaftliche, technische und soziale Überlegungen. Hierbei geht es um den umfassenden Vergleich zwischen ihnen und um die durchdachte Entscheidung zur Auswahl einer rationalen sowie aussichtsreichen Organisation, die als Instrument dazu dienen soll, den Zielsetzungen, der Ordnung, den Planungen eines Unternehmens oder dessen Fachbereiche und schließlich den dazu erforderlichen Einrichtungen sowie den Aufgabenträgern Gestalt zu verleihen. Dadurch wäre die vorgegebenen Ziele des Unternehmens oder Fachbereiche sowie die aufgestellten Planungen ordnungsgemäß zu verwirklichen. Dies stellt letztlich den Unternehmensleiter vor eine sehr anspruchsvolle Aufgabe, die gemeiniglich die umfangreichen Sachkenntnisse des Entscheidenden auf den sozialen, ökonomischen sowie technischen Gebieten und nicht zuletzt seine beharrliche Orientierungen der langfristigen (strategischen) Planung der Organisation eines Unternehmens oder dessen Fachbereichs an den Unternehmenszielen erfordert.

---

[31] Steffens: *OrgIS*-Ein Organisationsinformationssystem. Grundlagen und Grundideen. S.1. 1992.

Es ist grundsätzlich festzustellen, daß der Zweck der Planung und Entwicklung der Organisation eines Unternehmens oder dessen Fachbereiche sicherlich darin liegt,

- zuerst die Aufgabe und das Ziel eines Unternehmens als einen Komplex in Hinsicht auf disziplinarische und fachliche Zusammenhänge zu betrachten,

- sie dann zu analysieren sowie zu synthetisieren, um eine integrierte Aufgabenstruktur zu bilden,

- daran anschließend die organisatorische Gestaltung zu schaffen, die dazu dient, die Aufgabenerfüllung unter dem gesamten Unternehmensziel der organisatorisch getrennten und durch den Arbeitsprozeß verbundenen Stellen effektiv und gezielt vorzunehmen

- und letztendlich die gesamten hervorgebrachten Leistungen im Marktgeschehen auszuwerten und stets die organisatorische Gestaltung weiter zu verbessern, um den Status eines konkurrenzfähigen Unternehmens zu erhalten.

Das Organisationsinformationssystem *OrgIS* liegt in gleicher Weise dem Organisationsdatenmodell zugrunde, mit dem die Organisation aller Fachbereiche in einem Unternehmen modelliert werden, d.h. auch sie planbar und kontrollierbar gemacht werden. Da dessen Realisierung durch eine Datenbank verkörpert wird, bezeichnet *OrgIS* in diesem Sinne auch ein datenbankgestütztes System, das den Unternehmensleiter bei der Planung und Entwicklung der Organisation mit den umfangreichen Funktionen und durch die benutzerfreundlichen Menüführung unterstützt. Mit *OrgIS* gewinnt der Unternehmensleiter zunächst einen klaren Überblick über die Organisation des gesamten Unternehmens oder dessen Fachbereichs. Danach kann der Unternehmensleiter beurteilen, ob die Organisation immer noch zweckdienlich zu der erfolgreichen und leistungsfähigen Erreichung der Unternehmensziele beiträgt. Auf dieser Basis werden die weitere Planung und Entwicklung der Organisation sachgerecht durchgeführt, wobei die Bewertungs- und Entscheidungsprozesse effizient durch *OrgIS* unterstützt werden.

I. Die Ständige Aufbauorganisation

Die Ständige Aufbauorganisation wird durch ihre permanenten Organisationseinheiten charakterisiert, welche weiter in Höhere Organisationseinheiten und Stellen gegliedert werden. Sie verkörpern außerdem einerseits die zu erfüllenden Aufgaben und die dazu benötigten Aufgabenträger (Personen und Maschinen) und werden andererseits wiederum als ständige Einrichtungen zu der sich wiederholenden Aufgabenerfüllung gekennzeichnet[32]. Eine Stelle ist die kleinste organisatorisch zu definierende Organisationseinheit und bestimmt als versachlichter Aufgabenkomplex einen rein gedachten Aufgabenträger, der unabhängig von einer Person oder Maschine ist[33]. Unter dem disziplinarischen Leitungszusammenhang darf sie nur zu einer Höheren Organisationseinheit gehören. Sie bildet vor allem die Grundlage für die Gestaltung formaler Organisation bzw. Aufbauorganisation, in welcher die Aufgabenteilung und die Aufgabenintegration als Grundmerkmal auftreten. Weiterhin werden Höhere Organisationseinheiten durch die Zusammenstellung der Stellen und auch durch sich selbst nach bestimmten Prinzipien hierarchisch und strukturiert aufgebaut. Hierbei ist besonders zu berücksichtigen, daß eine Höhere Organisationseinheit auch als ein regelrechter Aufgabenträger behandelt werden kann. In diesem Fall bezieht sich die Aufgabenteilung und Aufgabenintegration allerdings auf eine Teamarbeit. Die Ständige Aufbauorganisation ist auf das gesamte Unternehmensziel ausgerichtet und sie bedingen sich wiederum gegenseitig. Darüber hinaus sollen fachlicher Führungszusammenhang und disziplinarischer Leitungszusammenhang bei dem hierarchischen und strukturierten Organisationsaufbau untrennbar und gleichermaßen umschlossen werden. Eine Ständige Aufbauorganisation soll so eingerichtet sein, daß sie zur Entfaltung des Know-Hows der Person (Mitarbeiter), der Initiative bei der Aufgabenerfüllung und zur rationellen Einsetzung der Sachmittel (Maschine mit DV-Systemen) dienen kann.

In der Praxis ergeben sich für die Organisation durch verschiedene Organisationsformen viele Gestaltungsmöglichkeiten: Zum Beispiel die funktionale Organisation, Stab-Linien-Organisation, Matrix-Organisation, Geschäftsbereichsorganisation, Organisation mit den Geschäftseinheiten[34], Organisation des Auslandgeschäfts usw. Grundsätzlich ist aber zu erkennen, daß alle Strukturformen der Organisation unter zwei Gesichtspunkten zusammengefaßt und betrachtet werden können, einerseits unter dem disziplinarischen Leitungszusammenhang und andererseits unter dem fachlichen Führungszusammenhang[35]. Der disziplinarische Leitungszusammenhang bringt die Informations- und Linienkompetenz zum Ausdruck. Er kennzeichnet vor allem die hierarchische Linienorganisationsstruktur mit der durch die Leitungsaufgaben verkörperten Instanz. Der fachliche Führungszusammenhang findet seinen Ausdruck in der aufgabenbezogenen Strukturbildung der Organisationseinheiten, der Festlegung der Kompetenz sowie der Verantwortung der Organisationseinheit zur Erfüllung der Aufgaben. Außerdem die fachliche Zuständigkeit der Organisationseinheit für die Aufgabenerfüllung und bedeutet er die dafür Verantwortung tragende fachliche Führung. Diese beiden Zusammenhänge sind in der praktischen Gestaltung der Organisation eines Unternehmens oder dessen Fachbereiche untrennbar miteinander verflochten und bedingen

---

[32] Kosiol: Organisation der Unternehmung, S.31. 1976.
[33] Vgl. Kosiol: Organisation der Unternehmung, S.89. 1976.
[34] Kreikebaum: Strategische Unternehmensplanung, S.111. 1989.
[35] Vgl. Vorlesungs- und Forschungsunterlagen über *OrgIS* am Lehrstuhl von Prof. Steffens. 1990.

sich offensichtlich gegenseitig. Im disziplinarischen Leitungszusammenhang wird eindeutig festgelegt, daß eine Organisationseinheit (Stelle oder Höhere Organisationseinheit) nur einer Höheren Organisationseinheit unterstellt ist, zu der eine Leitungsstelle bzw. Instanz gehört. Der fachliche Führungszusammenhang zeigt die Aufgabenerfüllung durch die detaillierte Beschreibung der Verteilung und der Erfüllung von Führungsaufgaben für die fachliche Führungsstelle. Diese Führungsaufgaben werden enger mit entsprechenden Kompetenzen und der davon hergeleiteten Verantwortung verbunden. Eine derartige Ständige Aufbauorganisation ist durch ein Aufbauorganisationsdatenmodell (*AufbauOrgDatMod*), das auch für die Projektorganisation gilt, beschrieben und modelliert. Hier werden der fachliche Führungszusammenhang wie auch die Verbindung zwischen Ständiger Aufbauorganisation und Ablauforganisation durch die fachliche Zuständigkeit der Organisationseinheit für die Aufgabenerfüllung gebildet werden. Die Ablauforganisation läßt sich durch das Ablauforganisationsdatenmodell (*AblaufOrgDatMod*) modellieren und darstellen, das im nachfolgenden Abschnitt *3.III. Die Ablauforganisation* näher erläutert wird. Eine umfassende Aufbaustruktur der Organisation ist mittels des Aufbauorganisationsdatenmodells zu beschreiben, dessen Ausschnitt aus dem gesamten Organisationsdatenmodell (*OrgDatMod*) und in einer vereinfachten Form in *Abb. 3.I. - 1.* dargestellt wird. Die Schnittstellen werden in diesem dargestellten Aufbauorganisationsdatenmodell mit dem Ablauforganisationsdatenmodell und dem Systemkonfigurationsdatenmodell (*SysKonfDatMod*), das auch im nachfolgenden Abschnitt *3.IV. Die Systemkonfiguration* eingehend diskutiert wird, bezüglich ihrer Gesamtheit eingegliedert:

- Der Organisationsaufbau und die Instanz,
- Stellenbesetzung und Stelleninhaber sowie
- fachliche Zuständigkeit und Führung.

Unter dem Organisationsaufbau und der Instanz wird im wesentlichen der disziplinarische Organisationsaufbau verstanden. Der Organisationsaufbau gibt die einzelne Beschreibung der Organisationseinheit (Höhere Organisationseinheit und Stelle), die Organisationshierarchie und den disziplinarischen Leitungszusammenhang sowie die Instanz wieder, die immer eindeutig als die disziplinarische Leitung zu einer Höheren Organisationseinheit zugeordnet wird. Die Beschreibung der Organisationseinheit soll explizit und erkennbar angeben, ob die Stellenbildung auf Funktion, Arbeitsobjekt oder Arbeitsmittel ausgerichtet ist[36] und ob die Höhere Organisationseinheit auf eine Teamarbeit hinweist. Die Organisationshierarchie bezeichnet die eindeutige organisatorische Linienbeziehung zwischen Organisationseinheiten. Bei der Stellenbesetzung und dem Stelleninhaber handelt es sich hauptsächlich um die Person, die Stellenbesetzung, die Bildung des Stellvertreters sowie der Stellvertretung. Der fachliche Führungszusammenhang beschreibt die fachliche Zuständigkeit der Organisationseinheit für die Aufgabenerfüllung. Durch die fachliche Zuständigkeit ist die Aufgabenerfüllung der Organisationseinheit deutlich festgelegt. Infolge des fachlichen Führungszusammenhangs und des disziplinarischen Leitungszusammenhangs können die verschiedenen Organisationsformen gebildet und dargestellt werden. Die fachliche Zuständigkeit der Aufgabenerfüllung findet auch ihren Ausdruck in der Verbindung zwischen Aufbau- und Ablauforganisation. Ebenfalls wird die Verbindung zwischen Aufbau-

---

[36] Vgl. Kosiol: Organisation der Unternehmung, S.89. ff. 1976.

organisation und Systemkonfiguration durch die DV-Ausstattung der Organisationseinheit mit Hardware aufgebaut, welche auch als Zugangsberechtigung der Organisationseinheit zu Hardware bezeichnet wird und zugleich die DV-gestützten Arbeitsplätze zum Ausdruck bringt.

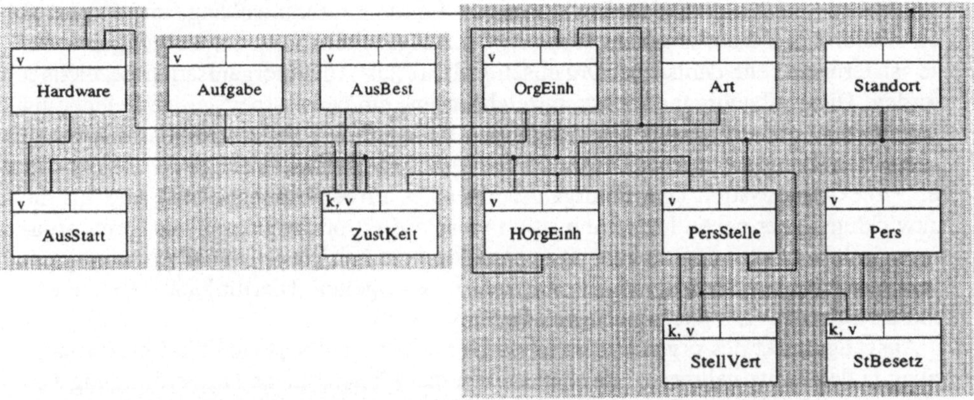

Abb. 3.I. - 1. Der Ausschnitt des Aufbauorganisationsdatenmodells[37]

A. Der Organisationsaufbau und die Instanz

Die Aufgabe und das Ziel in jedem Unternehmen sind deutlich und entscheidend durch seine organisatorische Aufbaustruktur ausgeprägt, die generell nach technischer Zweckmäßigkeit und Ergiebigkeit gebildet wird. Hinsichtlich Ökonomität und insbesondere Rentabilität trägt die organisatorische Aufbaustruktur zur Erfüllung der Auf-

---

[37] Hier wird die Methode des Objekttypennetzes bei der Beschreibung der Datenmodellierung verwendet, welches von Prof. Steffens, Universität Mannheim/Fak. für BWL, entwickelt wird. Diese Methode schafft einen klaren und überschaubaren Überblick über die Entitäten sowie ihre Beziehung. In der graphischen Darstellung des Datenmodells werden die Objekttypen, für die eine Menge von Attributen charakteristisch ist und somit seine Objektart bestimmt, durch Rechtecke und jede Vererbung durch eine Linie repräsentiert. Eine Linie geht immer vom unteren Rand eines Rechtecks (des Erblassers) aus und führt zu den oberen linken oder rechten Randhälften der Rechtecke (der Erben) hin, welche hierbei die typerzeugenden bzw. die typbeschreibenden Erben darstellen. In dem Objekttypennetz sind die Objekttypen (repräsentiert durch Rechtecke) in die Basistypen und Beziehungstypen zu unterscheiden, wobei sich die Beziehungstypen weiter in einschlüssige und mehrschlüssige Beziehungstypen gliedern lassen.
Die ausführlichen Beschreibungen und mathematischen Definitionen des Objekttypennetzes S.h.:
Steffens:*OrgIS*-Ein Organisationsinformationssystem. Grundlagen und Grundideen. S. 1. ff. 1992.
    Einige Bemerkung über die Modellierung betrieblicher Informationssysteme 1993
    Vorlesungsskripte über „Betriebliche Informationssysteme" seit WS89/90.

Beschreibungen zur Kurzbezeichnung:

OrgEinh	Organisationseinheit,	PersStelle	Personalstelle,
HOrgEinh	Höhere Organisationseinheit,	StBesetz	Stellenbesetzung,
StellVert	Stellvertreter,	Standort	Organisatorischer/Geographischer Ort,
Art	Art der verschiedenartigen Organisationseinheiten,		
Aufgaben	Aufgaben,	AusBest	Ausführungsbestimmung,
ZustKeit	Fachliche Zuständigkeit,		
Hardware	Hardware,	AusStatt	DV-Ausstattung,
V	Versionsschlüssel,	K	Zeitliche Ausprägung

gabe und zur Erreichung des Unternehmensziels bei[38]. Sie setzt die Aufgaben, genauer gesagt den gesamten Leistungsprozeß, eines Unternehmens voraus und erstreckt sich zuerst auf den organisatorischen Aufbau eines Unternehmens als Gebilde und Beziehungszusammenhang von Organisationseinheiten, vornehmlich der fachliche Führungszusammenhang und der disziplinarische Leitungszusammenhang, und auch auf den Ablauf des Geschehens im Bezug auf die Aufgabenerfüllung als Leistungsprozeß. Sie ist ferner in der deutschen Organisationslehre als Aufbauorganisation bezeichnet worden. Die Aufbauorganisation kennzeichnet eine sinnvolle arbeitsteilige Gliederung und Ordnung der betrieblichen Aufgabenerfüllung durch strukturierte und hierarchische Verteilung der Aufgaben und Bildung der Organisationseinheiten[39]. Gegenüber der Projektorganisation (Aufbauorganisation eines Projektmanagements), die für die Entwicklung einer neuen Idee (Innovation von Produkt oder Prozeß) und deren organisatorische Umsetzung für eine bestimmte Dauer eingericht ist, soll die Aufbauorganisation auf längere Sicht als organisatorische Struktur gelten. Hierfür kann sie einleuchtend als Ständige Aufbauorganisation bezeichnet werden.

Ausgangspunkt des organisatorischen Unternehmensaufbaus sind die Leistungsaufgaben in dem Unternehmen, welche vor allem die wirtschaftliche Hervorbringung von Leistungen (Gütern und Dienstleistungen) bedeuten und ferner das Unternehmensziel bestimmen. Dem organisatorischen Unternehmensaufbau liegt die Analyse und Synthese solcher Aufgaben zugrunde, die ihren Ausdruck in der Zerlegung bzw. der Zusammenfassung der Aufgaben nach bestimmten Gliederungsprinzipien finden, die sich möglichst an folgenden Merkmalen orientieren sollten[40]:

- Fachbezogene Aufgabengliederung, die die Aufgaben zunächst nach verschiedenen Fachbereiche (Produktion, Beschaffung, Absatz, Forschung sowie Entwicklung, usw.) in die Teilaufgaben und weiter innerhalb eines Fachbereiches in die strukturierten und detaillierten Teilaufgaben (Maschinenwartung, Arbeitsvorbereitung, Fertigung, Montage usw.) untergliedern.

- Stufenbezogene Aufgabengliederung, nach der die strategischen/operativen Führungsaufgaben, Stabsaufgaben, Ausführungsaufgaben usw. unterschieden werden.

- Arbeitsobjektbezogene Aufgabengliederung, die die Aufgaben nach Art von herzustellenden oder zu bearbeitenden Arbeitsobjekten, die materielle oder immaterielle Merkmale besitzen können, oder Arbeitshilfsmittel untergliedern, die der sachlichen und erfolgreichen Aufgabenerfüllung dienen.

Von diesen unterschiedlichen Verfahren zur Gliederung der Aufgaben eines Unternehmens wird zwar in der Praxis durch die Absatz- bzw. Beschaffungsmärkte (Konkurrenzfähigkeit) und die technischen Möglichkeiten immer ein Verfahren bevorzugt verwendet, allerdings in unterschiedlichem Maße mit den anderen beiden Verfahren verschachtelt. Die Aufgabengliederung bzw. -analyse dient im wesentlichen zur systematischen und strukturierenden synthetischen Zusammenfassung der gegliederten Teilaufgaben, die auch als Funktionen bezeichnet werden können[41]. Eine derartige Synthese der Teilaufgaben soll sinnvoller und möglicherweise mit Rücksicht auf den späteren

---

[38] Vgl. Kosiol: Organisation der Unternehmung, S.41. ff. 1976.
[39] Vgl. Nordsieck: Betriebsorganisation, Lehre und Technik (Textband), S.2. ff. 1961.
[40] Vgl. Kosiol: Organisation der Unternehmung, S.49. ff. 1976.
[41] Steffens: *OrgIS*-Ein Organisationsinformationssystem. Grundlagen und Grundideen. S. 1. ff. 1992.

Aufgabenträger (Funktionenträger) vorgenommen werden, welche sowohl eine einzelne Person oder eine Personengruppe aber auch eine Maschine sein kann. Zur vollen Entfaltung der Fähigkeiten der menschlichen Aufgabenträger und der größten Nutzung der Funktionalität der erhältlichen maschinellen Aufgabenträger, insbesondere in Bezug auf DV-gestützte Aufgabenerfüllung, bedarf es dieser Abstimmung.

Aus den Ergebnissen von Analyse und Synthese der Aufgaben erfolgt die Bildung der Organisationseinheiten, die sich nunmehr zweckmäßig in Höhere Organisationseinheiten (Abteilung, Hauptabteilung, Sparte usw.) und Stellen gliedern lassen. Jede Organisationseinheit umfaßt bestimmte Teilaufgaben zur Erfüllung, die die Bestandteile einer Gesamtaufgabe eines Unternehmens oder dessen Fachbereiches sind, und setzt auch dadurch ihr Ziel fest, das dem gesamten Unternehmensziel untergeordnet und zwangsläufig mit ihm identifiziert ist. Die einzelnen Teile eines Ganzes (Teilziel der Organisationseinheit) bleiben ganzheitsverbunden und werden gleichwohl zum Ganzen (Gesamtziel des Unternehmens) hin geeint. Unter der Bildung der Organisationseinheit werden rein sachlich die Stellenbildung, die Gestaltung der Höheren Organisationseinheit und der organisatorische Zusammenhang verstanden, der sich auf die Instanz, die disziplinarische sowie die fachliche Hinsicht zwischen Organisationseinheiten bezieht. Der Organisationsaufbau im Hinblick auf den fachlichen Zusammenhang wird in der nachfolgenden Aufgliederung eingehend behandelt und ausführlich diskutiert.

Das Synonym von der Aufgabenverteilung in einem Unternehmen ist meistens die Stellenbildung, da die Stellen in der Praxis als kleinste organisatorische Verteilungseinheiten geschaffen werden[42]. Die Stellenbildung beruht auf der vorangegangenen Analyse und Synthese der Aufgaben (Zerlegung und Zusammenfassung der Aufgaben) und versachlicht zunächst die Aufgabenstruktur, die einerseits die Zerlegung einer Aufgabe in mehrere Teilaufgaben sowie gegensätzlich dazu die Zusammenfassung mehrerer Teilaufgaben zu einer Aufgabe zum Ausdruck bringt und andererseits die Stellen und die Teilaufgaben unter dem Unternehmensziel miteinander verknüpft. Die Aufgabenstruktur kann auch die Verschmelzung zwischen der Höheren Organisationseinheit und den Teilaufgaben repräsentieren. Hierbei handelt es sich dann grundsätzlich um eine Teamarbeit; Andererseits ist die Frage aufzuwerfen, für welche Stellen diese Teilaufgaben zu definieren sind. Die Stelle bildet die Grundlage zum strukturierten und hierarchischen Aufbau der Organisationseinheiten, die als Elemente der Ständigen Aufbauorganisation bezeichnet werden, und tritt in diesem Aufbau als unterste Stufe auf.

Der Arbeitszusammenhang zwischen den Teilaufgaben, welcher in den Bereich Ablauforganisation gehört, spiegelt sich in der Koordinierung der Erfüllung der einzelnen Teilaufgaben der unterschiedlichen Stellen wider. Aufgrund der unentbehrlichen Koordinierung sind die Höheren Organisationseinheiten derart zu errichten, daß sie unter der Berücksichtigung der möglichen Einheitlichkeit und Geschlossenheit der Aufgabenerfüllung mehrere um das gleiche Endziel sich bemühende Stellen umschließen. In diesen wird eine Leitungsstelle zur Entscheidung, zur Führung und insbesondere zur Koordinierung von reinen Ausführungsstellen unterschieden. Eine derartige Leitungsstelle wird auch als Instanz bezeichnet. Die so gebildete Organisationseinheit ist noch nicht vollständig. Es müssen weiter unter dem gleichen Aufbauprinzip mehrere Höhere Organisationseinheiten zusammengefaßt werden, um hierarchisch eine noch

---

[42] Vgl. Kosiol: Organisation der Unternehmung, S.172. 1976.

Höhere Organisationseinheit mit einer Leitungsstelle (Instanz) zu gestalten. Die Koordinierung der Über-, Unter- und Gleichordnung entsteht. Die Leitungsstelle (Instanz) verfügt nicht nur über die Kompetenzen für Entscheidung, Führung und Koordinierung, sondern identifiziert sich mit den Verantwortlichkeiten, mit denen alle Aufgabenerfüllungen anhand der Kompetenzen der Leitungsstelle erfolgreich gesichert und reibungslos durchgeführt werden können.

Hinter der Koordinierung versteckt sich die Kommunikationsbeziehung zwischen den Organisationseinheiten. Diese Kommunikation wird von dem untrennbaren Arbeitszusammenhang in einem Unternehmen gefordert und bringt zugleich die gemeinsame Erfüllung der Aufgaben der unterschiedlichen Stellen zum Ausdruck. Die Kommunikation zwischen den Organisationseinheiten bildet auch den Arbeitskontakt und bedeutet in anderen Worten die Kooperation zwischen den Organisationseinheiten. Die Koordinierung und die Kooperation verkörpern die arbeitsteilig und einheitlich gegliederte sowie integrierte Aufbaustruktur eines Unternehmens. Sie wird weiter durch die Hierarchie mit den zugehörigen Kompetenzen sowie durch die Verantwortlichkeiten charakterisiert. Gegenüber der hierarchischen Beziehung zwischen den Organisationseinheiten besteht auch der gleichrangige Zusammenhang zwischen den Stellen, der die Stellvertretung in einer Höheren Organisationseinheit bezeichnet. Dabei geht es um die kontinuierliche und erfolgreiche Aufgabenerfüllung in einer Höheren Organisationseinheit. Eine Stelle soll die Aufgaben einer anderen Stelle wahrnehmen, falls deren Stelleninhaber aufgrund von Krankheit, Urlaub oder weiterer Ausbildung ausfällt. Die Stellvertretung kann eine derartige Wahrnehmung der Aufgaben mit einer Netzbeziehung beschreiben.

Eine derartige hierarchisch strukturierte Ständige Aufbauorganisation bezieht sich im wesentlichen auf den disziplinarischen Aufbau bzw. Leitungszusammenhang. In dieser Art und Weise ist jede Organisationseinheit eindeutig nur einer Höheren Organisationseinheit (Hauptabteilung, Abteilung usw.) unterstellt. Jeder Höheren Organisationseinheit wird auch nur eine disziplinarische Leitungsstelle zugeordnet. Dies bildet dem disziplinarischen Leitungszusammenhang zufolge die Ständige Aufbauorganisation sowie die Organisationshierarchie in einem Unternehmen. Im Sinne dieser Organisationshierarchie wird auf die disziplinarische Leitungsstelle die Verantwortlichkeit gegenüber einer Höheren Organisationseinheit, die Entscheidung, die Führung und die Koordinierung für die ihr unmittelbar unterstellten Organisationseinheiten bei der Aufgabenerfüllung eindeutig übertragen.

Der Organisationsaufbau ist unteilbar und gleichermaßen durch die Integration des disziplinarischen Leitungszusammenhangs und des fachlichen Führungszusammenhangs darzustellen. Der fachliche Führungszusammenhang zwischen den Organisationseinheiten in einem Unternehmen wird hier durch die fachliche Zuständigkeit gekennzeichnet. Hierbei handelt es sich ebenso um die detaillierte Aufgabenverteilung in einem Unternehmen oder dessen Fachbereiche, vorwiegend aber um die Aufgabenerfüllung der Organisationseinheit, die Ausführungsbestimmung sowie die fachliche Verantwortung und nicht zuletzt um die fachliche Führung, die die gesamte Verantwortung für die Aufgabenerfüllung übernimmt. Der fachliche Führungszusammenhang ist so zu verstehen, daß eine Stelle bei der Aufgabenerfüllung von mehreren fachlichen Führungen (Führungsstellen) geleitet und betreut werden kann. Im allgemeinen erstreckt sich die fachliche Zuständigkeit auf Stellen; aber es ist auch denkbar, daß die Höhere Organisationseinheit (z.B. die Arbeitsgruppe) explizit die fachlichen Zuständigkeiten aufweist. In diesem Fall bedeutet die Aufgabenverteilung eine Teamarbeit, in der die Aufgaben in der Tat innerhalb der Höheren Organisationseinheit (z.B. der Arbeitsgruppe) hinsichtlich Flexibilität, Effektivität und Initiative zeitlich und fachlich von den Stellen (Stelleninhaber) erfüllt werden. Eine derartige fachliche Zuständigkeit kann sich auch für die Führungsaufgaben eignen, wobei eine Höhere Organisationseinheit (Hauptabteilung) im ganzen die fachliche Führungsaufgabe übernimmt. Schließlich wird die Führungsaktivität selbstverständlich von einer oder mehreren Stellen (Stelleninhabern) wahrgenommen, die zu dieser Höheren Organisationseinheit gehören.

B. Die Stellenbesetzung und der Stelleninhaber

Grundsätzlich wird hier die Stelle in der Ständigen Aufbauorganisation zusammenfassend in drei Arten unterschieden, nämlich disziplinarische Leitungsstelle, fachliche Führungsstelle und Ausführungsstelle. Die disziplinarische Leitungsstelle und die fachliche Führungsstelle sind gleichzeitig Ausführungsstellen, da in der Praxis auf sie auch die zu erfüllenden Aufgaben (z.B. Managementaufgaben) zukommen. Sie werden eindeutig durch die fachlichen Zuständigkeiten zur Führung sowie zur Ausführung der Aufgaben gekennzeichnet. Jede Stelle gibt ihre Art ausdrücklich durch ihre fachlichen Zuständigkeiten (fachlicher Führungszusammenhang) oder die Instanz (disziplinarischer Leitungszusammenhang) einer Höheren Organisationseinheit wieder. Dadurch wird gekennzeichnet, daß sie über die Kompetenzen für Entscheidung, Führung oder Koordinierung, aber auch über die Pflichten zur Ausführung verfügt und dementsprechend die Verantwortlichkeiten übernimmt. Daraus sind deutlich die Ober-, Mittel- und Untermanagementaufgaben zu erkennen. Die Ausführungsstelle läßt sich weiter gliedern in: Teilzeit-, Vollzeit- und periodische Stelle, die regelmäßig oder gelegentlich für eine bestimmte Zeit eingerichtet wird.

Jede Stelle ist mit bestimmten Anforderungen identifiziert, die die der Stelle zugeordneten Aufgaben repräsentieren. Bei der Stellenbesetzung ist es unter ökonomischen, sozialen und fachlichen Aspekten zu berücksichtigen, daß die Eignung der Person im größten Maß diesen Anforderungen einerseits genügen soll und andererseits die soziale Befriedigung der persönlichen Ziele möglichst mit dem Erreichen der betriebswirtschaftlichen Ziele eines Unternehmens übereinstimmt. Hierbei handelt es sich um verschiedene Verfahren[43], nämlich Nutzenwertverfahren, Eignungsgradverfahren, Spezialbegabungsverfahren usw., zur Bewertung und zum Vergleich zwischen der Eignung der Person und den Anforderungen der Stelle sowie zwischen den persönlichen Zielen und den Unternehmenszielen. Dies ist derart wichtig und sinnvoll, da es sich um die höchste Hervorbringung der Leistung der Aufgabenerfüllung (Erreichen des Unternehmensziels) und die gesellschaftliche Zufriedenheit (persönliche Selbstverwirklichung) der Person geht[44]. Das positive Zusammenwirken dieser beiden Ziele zeigt einen gut durchdachten und realistischen Personaleinsatz, aber auch die gleichbleibend auf das Unternehmensziel ausgerichtete Ständige Aufbauorganisation.

---

[43] Remer: Personalmanagement - Mitarbeitorientierte Organisation und Führung von Unternehmen. S.291. ff. 1978
    Bühner: Betriebswirtschaftliche Organisationslehre. S.78. ff. 1989

[44] Vgl. Remer: Personalmanagement - Mitarbeitorientierte Organisation und Führung von Unternehmen. S.126. ff. 1978

In einem Unternehmen ist die Stelle auch weiter durch zeitliche und räumliche Merkmale gekennzeichnet. Diese sind bei der Stellenbesetzung im Zusammenhang mit der Bildung und der Festlegung der Stellvertretung ebenfalls in Betracht zu ziehen. Dabei geht es um die langfristige, mittelfristige und kurzfristige Stellenbesetzung und insbesondere um den Ist-Personalbestand sowie Soll-Personalbestand eines Unternehmens, wobei der letztere eventuell das Resultat und die Forderung nach weiterer Organisationsplanung und -entwicklung ergibt. Die Stellenbesetzung sollte eigentlich eine gut durchdachte Personaleinsatzplanung eines Unternehmens repräsentieren. Sie ist eine der wichtigsten Managementaufgaben bei der Organisationsplanung und -entwicklung, da es um die Entfaltung der Fähigkeit der Person, entsprechend deren Zufriedenheit, und die dadurch bedingte Steigerung der Leistung sowie den damit einhergehenden Grad der Aufgabenerfüllung geht. Dies bringt letztendlich die gesamten Leistungen eines Unternehmens in das Marktgeschehen ein.

Dabei ist besonders zu überlegen, ob eine Stelle von einer oder mehreren Personen besetzt werden soll. Diese Entscheidung hängt von der Eigenschaft der Stelle, aber gegebenenfalls auch von dem Personalstand ab. Die Besetzung der Stellen ist hinsichtlich der Personaleinsatzplanung eines Unternehmens ebenfalls durch die zeitliche Abgrenzung gekennzeichnet. Der Stelleninhaber wird als Aufgabenträger bezeichnet, daß er praktisch die Aufgaben wahrnimmt, welche als fachliche Zuständigkeit seiner besetzten Stelle definiert werden. Demzufolge beziehen die Stellvertretung und der Stellvertreter sich nicht nur auf die Beziehung der Wahrnehmung der Aufgaben zwischen Stellen, sondern vielmehr zwischen deren Aufgabenträgern (Stelleninhabern). Ausdrücklich festzulegen ist der Arbeitszusammenhang zwischen den Organisationseinheiten, im wesentlichen den Stellen. Er bringt einen statischen und theoretischen Ablaufvorgang der Arbeitsprozesse zum Ausdruck, während der gleiche Arbeitszusammenhang zwischen den auf den Stellen eingesetzten Personen (Stelleninhaber) einen dynamischen und realen Ablaufvorgang der Arbeitsprozesse repräsentiert. Die Stellvertretung und der Stellvertreter drücken die gleiche sachliche und aufgabenbezogene Stellenbeziehung aus, jedoch mit unterschiedlichen Ausgangspunkten.

C. Die fachliche Zuständigkeit und Führung

Der disziplinarische Leitungszusammenhang wird beim Aufbau der Organisation substantiell als Linienkompetenz wie auch als Verantwortung aufgefaßt. Dadurch werden die Organisationseinheiten der Synthese der Aufgaben zufolge quantitativ zusammengestellt und strukturiert bzw. hierarchisch geordnet. Im Gegensatz dazu beschreibt der fachliche Führungszusammenhang eine funktionale Aufbaubeziehung zwischen Organisationseinheiten, durch welche die Organisationseinheiten qualitativ die auszuführenden Aufgaben, die Führungsaufgaben, die zugeteilten Befugnisse und auch die damit einhergehenden Verantwortung aufweisen. Der fachliche Führungszusammenhang versachlicht den fachgemäßen Aufgabenkomplex in einem Unternehmen darstellt und letztendlich die fachliche Zuständigkeit der Organisationseinheit für die Aufgabenerfüllung. Hier muß auch die organisationseinheitübergreifende Aufgabenerfüllung in einem Unternehmen berücksichtigt werden. D.h., gewisse Aufgaben werden in einer Höheren Organisationseinheit für eine andere Höhere Organisationseinheit erfüllt. Für diesen Fall entsteht eventuell die innerbetriebliche Kosten- und Leistungsverrechnung. Die fachliche Zuständigkeit stellt außerdem die Verbindung zwischen Aufbau- und Ablauforganisation her, durch welche die Technik der Stellenbildung wiedererkannt wird, die schwerpunktmäßig arbeitsobjektbezogen, aufgabenbezogen, aufgabenträger-bezogen, interdependenzbezogen oder gesetzlich vorgeschrieben[45] sein kann.

Die fachliche Zuständigkeit bestimmt die Aufgabenverteilung einzelner Organisationseinheiten, welche sich auf die beschäftigten Fachkräfte (Stelleninhaber) übertragen. Dabei werden die Prinzipien der Dezentralisation und Zentralisation zur Verteilung der Aufgaben verwendet[46]. Dezentralisation als Prinzip der Aufgabenverteilung erfordert eine große Zahl von qualifizierten Fachkräften, die vorherrschend kooperationsfähig sind und vor allem die übertragenen Aufgaben fachgerecht mit voller Verantwortung erfüllen können, da hierbei der Aufgabenkomplex auf mehrere Organisationseinheiten (grundsätzlich Stellen) übertragen wird. Im Gegensatz dazu ist es erforderlich, die Zentralisation der Aufgabenverteilung zu ergreifen, wenn die Organisationseinheit oder das gesamte Unternehmen nicht über genügende befähigte Fachkräfte verfügt, die die bestimmten Aufgaben fachgerecht erfüllen können. Die Aufgabenverteilung bezieht sich einerseits auf den fachlichen Aspekt, der sich auf die effektive und regelrechte Erfüllung der gesamten Aufgaben ausrichtet, und andererseits auf den Arbeitszusammenhang, der das harmonische Zusammenwirken aller Aufgaben in einem Unternehmen fördert und wiederum die wechselseitigen Beziehungen zwischen einzelnen Teilaufgaben sowie die dadurch hervorgebrachten Leistungen in dem Unternehmen ausprägt. Vor allem führt die Erfüllung der Aufgaben unter ihrem harmonischen Zusammenwirken, die ferner durch die fachliche Führung gewährleistet wird, zu den gesamten Unternehmenszielen hin.

Dezentralisation und Zentralisation als Prinzipien zur Verteilung der fachlichen Führungsaufgaben sind in einem Unternehmen von besonderer Bedeutung. Dabei sollen die Kompetenzen sehr stark mit entsprechenden Fachkenntnissen gebunden sein, zumal diese Kompetenz hinsichtlich der Anordnungsbefugnisse auf der Entscheidung, Koordinierung und Kontrolle der Aufgabenerfüllung der fachlich untergeordneten Stellen beruht, die die fachgerechte und gezielte Aufgabenerfüllung sowie ihr abgestimmtes Zusammenspiel bedingen. Die fachliche Führung ist ferner so zu verstehen, daß die Erfüllung aller Aufgaben unter fachgerechter Führung zielstrebig geleitet wird, wobei die fachliche Rangordnung in einem Unternehmen entsteht und sich daraus die damit einhergehende Verantwortlichkeit eindeutig ergibt, welche jedoch auf die den entsprechenden Stellen zugeordneten Personen übertragen wird. Die fachgerechte Führung und Verantwortlichkeit gegenüber fachlich geführten Stellen bei der Aufgabenerfüllung umfassen die Entscheidung und Koordinierung[47], die beide unter dem Gesichtspunkt des menschlichen Handelns als Entscheidende bzw. Koordinierende gegenüber den Tätigkeiten als Ausführende bezeichnet werden können und dadurch die wesentlichen Inhalte des fachlichen Führungszusammenhangs ergeben. Durch Auswählen der verschiedenen Überlegungen zur Ausführung der Aufgaben bedingt und veranlaßt der Entscheidende das Handeln des Ausführenden[48], welches immer wieder in Bezug auf das Zusammenspiel mit anderen Ausführenden von dem Koordinierenden beeinflußt und nachgebessert wird. Insofern setzt die fachliche Führung ihre Schwer-

---

[45] Vgl. Bühner: Betriebswirtschaftliche Organisationslehre. S.69 - 75. 1989
[46] Vgl. Wöhe: Einführung in die Allgemeine Betriebswirtschaftslehre. S.162. 1986
[47] Vgl. Gutenberg: Grundlagen der Betriebswirtschaftslehre - Die Produktion, S246. ff. 1975
[48] Vgl. Kosiol: Organisation der Unternehmung, S.101. 1976

punkte vielmehr auf sachgemäße und zeitgemäße Koordinierung sowie Kontrolle als auf Entscheidung der Aufgabenerfüllung der Ausführenden.

Aus der Sicht der langfristigen und dauerhaften Organisationsentwicklung werden die fachliche Zuständigkeit der Aufgabenerfüllung sowie der fachliche Führungszusammenhang mit der Zeitangabe begrenzt und auch dadurch charakterisiert. Die Aufgaben werden in unterschiedlichen Zeiträumen und insbesondere in unterschiedlichen Entwicklungsphasen der Organisation vorausschauend unter passend fachlicher Führung ausgeführt und zeitlich begrenzt mit den ausführenden Organisationseinheiten verbunden. Durch eine solche zeitliche Begrenzung bzw. Bestimmung beschreibt die fachliche Zuständigkeit auch die periodische Aufgabenerfüllung der Organisationseinheit, welche die Aufgaben wie auch diese Organisationseinheit charakterisiert. Eine Stelle kann in unterschiedlichen Zeiträumen unter den unterschiedlichen fachlichen Führungen eine oder mehrere Aufgaben ausführen und wird durch verschiedene zeitliche Begrenzungen mit den auszuführenden Aufgaben verbunden. Insofern kann eine Organisationseinheit fachlich (funktionsweise) mehreren Organisationseinheiten unterstehen. In Bezug auf die Gestaltung des disziplinarischen Leitungszusammenhangs (Liniensystem) und des fachlichen Führungszusammenhangs (Funktionssystem) wird eine umfassende Organisationsform bzw. Organisationsstruktur gebildet, welche funktionale Organisation, Stab-Linien-Organisation, Matrix-Organisation, Geschäftsorganisation und Organisation des Auslandgeschäfts oder ihre Kombination charakterisieren soll. Das zeitliche Merkmal der fachlichen Zuständigkeit und des fachlichen Führungszusammenhangs ergibt sich aus den Anforderungen der Produktivität und der Wettbewerbsfähigkeit eines Unternehmens im ganzen Marktgeschehen, welche die globale verfügbare Technologie, den innerbetrieblichen technischen Stand und nicht zuletzt qualifizierte Fachkräfte zur Voraussetzung haben. Die moderne Technologie, die sich grundsätzlich auf Produktion, Kommunikation, Disposition und Management in einem Unternehmen bezieht, hat immer stärkeren Einfluß auf die Organisationsstruktur, in der es zwangsläufig der fachlich qualifizierten Mitarbeiter und Führung der Aufgabenerfüllung bzw. der diesbezüglichen Entscheidung, Koordinierung und Kontrolle bedarf[49]. Demzufolge stellt sich natürlich dem Unternehmensleiter die wichtige und anspruchsvolle Aufgabe, die Organisation in ihrem Unternehmen hinsichtlich moderner Technologie zeitgemäß, vernünftig weiter zu planen und zu entwickeln. Diese Aufgabe läßt sich als strategisch langer und solider Prozeß in einem Unternehmen bezeichnen, da sie und die Organisation eines Unternehmens zusammengehören und sie die aussichtsreiche Organisationsentwicklung zur Steigerung der Produktivität und gleichzeitig zur Verstärkung der Wettbewerbsfähigkeit des Unternehmens bedingt. In der zeitlichen Entwicklung der Organisation eines Unternehmens bedarf es auch entsprechend befähigter Mitarbeiter und fachlich fundierter Führung, die beide die grundlegenden Voraussetzungen für die ökonomische und vorteilhafte Organisationsentwicklung in Anbetracht fachgemäßer Aufgabenerfüllung bilden.

Die fachliche Zuständigkeit und der fachliche Führungszusammenhang sind unteilbar miteinander verschmolzen. Die fachliche Zuständigkeit der Organisationseinheit für die Aufgabenerfüllung ist ausnahmslos mit der fachlichen Führung verbunden, welche eindeutig auf die Organisationseinheit (Stelle oder Höhere Organisationseinheit) ver-

---

[49] Vgl. Grochla: Technik und Organisation: in Handwörterbuch der Organisation. 1969
     Vgl. Frese: Grundlagen der Organisation: Die Organisationsstruktur der Unternehmung. 1991

weist. Die fachliche Zuständigkeit der Aufgabenerfüllung und deren fachliche Führung beziehen sich auf die gleiche Organisationseinheit, somit trägt diese Organisationseinheit nicht nur die Ausführungsaufgabe, sondern auch die Führungsaufgabe mit der sich daraus ergebenden Verantwortlichkeit, die alle auf die der Organisationseinheit zugehörigen Person oder Personengruppe übertragen werden. Andernfalls treten zwei Organisationseinheiten ein, eine ist für die Ausführungsaufgaben zuständig und die andere für die Führungsaufgaben, d.h. Entscheidung, Koordinierung und Kontrolle sowie damit gebundene Verantwortlichkeit. Hierbei umfaßt die Organisationseinheit weiterhin die Stelle wie auch die Höhere Organisationseinheit, womit sich zwei unterschiedliche Bedeutungen der fachlichen Zuständigkeit und Führung ergeben. Daraus erfolgt die Individuum- bzw. Gruppenarbeit im Sinne der Ausführung und Individuum- bzw. Gruppenführung im Sinne der Führung. Die Gruppenarbeit und -führung werden bedeutungsgleich als Teamarbeit bzw. -führung bezeichnet und zusammenhängend mit der Gruppenverantwortung der Aufgabenerfüllung (Ausführung und Führung) verknüpft. Die Höhere Organisationseinheit, der die fachlichen Führungsaufgaben zugeordnet werden, verkörpert die fachliche Teamführung und trägt gleichzeitig die Verantwortung für die Ausführung der Führungsaufgaben als Teamarbeit. Die Teamführung und die Teamarbeit erfordern die höhere Bewußtheit und Kooperationsfähigkeit der Fachkräfte (Ausführende und Führende) bei der Aufgabenerfüllung. Sie erbringen die Vorteile der Flexibilität, Effektivität und Initiative bei der zeitlichen und fachgerechten Aufgabenverteilung und -ausführung auf bzw. von den Stellen innerhalb einer Höheren Organisationseinheit (Abteilung, Gruppe usw.). Die Teamarbeit sowie die Teamführung führen allerdings zur vollen Entfaltung des gesamten Know-Hows der Fachkräfte, die zur Aufgabenerfüllung gefordert werden.

Die Kompetenzen jeder Organisationseinheit für Aufgabenerfüllung sind hinsichtlich der fachlichen Zuständigkeit durch die Ausführungsbestimmung definiert bzw. abgegrenzt, die zugleich als eine der Kontrollkriterien in Bezug auf die Aufgabenerfüllung für die fachliche Führung gelten. Unter der Ausführungsbestimmung ist ferner zu verstehen, daß sie die Rechte und Befugnisse ausdrückt, die auf den Stelleninhaber (Person) oder die Höhere Organisationseinheit (Personengruppe) übertragen werden. In einem Unternehmen sind die fachgebundene und eindeutige Vergebung und Abgrenzung der Kompetenz für jede Organisationseinheit unbedingt erforderlich, um die Verzögerung, Reibereien und sogar Mißerfolg der Aufgabenerfüllung (Ausführung und Führung) zu vermeiden. Eine wohl definierte und fachgebundene Kompetenz bewirkt die fachgerechte Entscheidung, Erfüllung der Aufgaben sowie Kontrolle und führt vor allem zu einer insgesamt erfolgreichen Aufgabenerfüllung. In einem Unternehmen kommt es auch vor, daß die Aufgaben in einer Höheren Organisationseinheit mit der entsprechenden Kompetenz wie auch Verantwortung gegenüber einer anderen Höheren Organisationseinheit erfüllt werden müssen, wobei die Aufgabenerfüllung von einer Person oder einer Personengruppe vollzogen wird. Hierbei handelt es sich eindeutig um die organisationseinheitübergreifende Aufgabenerfüllung, die vor allem in einer innerbetrieblichen Kosten- und Leistungsverrechnung zu sehen ist. Sie bildet eine kosten- und leistungsorientierte Verbindung zwischen den Höheren Organisationseinheiten, die auch als Auftragnehmende bzw. Auftraggebende innerhalb eines Unternehmens bezeichnet werden können, und stellt zugleich die sich daraus ergebende Kompetenz sowie Verantwortung zwischen ihnen dar. Es ist durchaus dabei zu bedenken, daß eine derartige Aufgabenerfüllung unter der zeitlichen Abgrenzung berücksichtigt werden soll. Diese organisationseinheitübergreifende Aufgabenerfüllung erhebt einen zusätzlichen Anspruch auf die dementsprechende Koordinierung und Führung, die die beiden Höheren Organisationseinheiten betreffen.

Die Aufgabenverteilung der Organisationseinheit mit der Ausführungsbestimmung und der Festlegung der fachlichen Führung durch zeitliche Abgrenzung beschreibt die qualitative fachliche Zuständigkeit der Organisationseinheit für die Aufgabenerfüllung, mit welcher die dazu benötigte Kompetenz und Verantwortung verbunden und durch welche gegebenenfalls die organisationseinheitübergreifende Aufgabenerfüllung dargestellt wird. Die Beschreibung der quantitativen fachlichen Zuständigkeit der Organisationseinheit für die Aufgabenerfüllung umfaßt den Belastungsgrad, die Ausführungsfrequenz, die Ausführungsdauer und das Ausführungsvolumen einzelner Aufgaben in jeder Organisationseinheit. Sie geben die quantitative Verteilung der Aufgaben in jeder Organisationseinheit wieder und finden ihren zweckmäßigen Ausdruck in der Auswertung und Kontrolle der Aufgabenverteilung sowie Aufgabenerfüllung in einzelnen Organisationseinheiten eines Unternehmens. Der Belastungsgrad präzisiert die Arbeitsverteilung der Organisationseinheit mit jeder der zugeordneten Aufgaben. Die Summe der Belastungsgrade einer Organisationseinheit für jede Aufgabe ergibt sich das gesamte Arbeitsvolumen der Organisationseinheit. Dieses quantitative Merkmal der fachlichen Zuständigkeit der Organisationseinheit für die Aufgabenerfüllung bildet die Grundlage zur sorgfältigen Bewertung des Arbeitspensums sowie der Arbeitsleistung der Organisationseinheit bei der Analyse und Bewertung. Dieses Merkmal stellt auch die quantitative und qualitative Anforderungen an die Personen, die als Stelleninhaber diese Aufgaben übernehmen und erfüllen werden, bei der Planung und Entwicklung der Organisation. Die Analyse der Aufgaben unter der Berücksichtigung der angegebenen Kategorie zeigt die Einteilung der Aufgaben in einer Organisationseinheit, welche nach den Kriterien der Ausführungsdauer, Ausführungsfrequenz oder des Ausführungsvolumens der Aufgabe ausgerichtet wird. Diese Kriterien können auch in der gleichartigen Analyse der Arbeitsobjekte verwendet werden, die von den Aufgaben (Funktionen) ver-/gebraucht oder erzeugt werden. Hierfür müssen mengenmäßige Merkmale der fachlichen Zuständigkeit der Organisationseinheit für die Aufgabenerfüllung bei Planung und Entwicklung der Organisation eindeutig festgelegt und für die nachfolgende Analyse und Bewertung der Organisation bereitgestellt werden. Im weiteren Sinne kennzeichnen diese vier Merkmale der fachlichen Zuständigkeit gemeinsam den Schwierigkeitsgrad der Arbeit jeder Organisationseinheit. Im Vergleich mit der Maschine (Produktionsmaschine) kann der Schwierigkeitsgrad ferner als der Arbeitswert der Organisationseinheit bezeichnet werden. Dieser Arbeitswert repräsentiert gewissermaßen einen objektiven Maßstab zur Bewertung der Arbeitsleistung der Organisationseinheit und verkörpert sowohl die fachliche als auch die mengenmäßige Anforderung an die Person oder Personengruppe, die sachgerecht die der Organisationseinheit zugeordneten Aufgaben erfüllen muß, bei der Planung des Organisationsaufbaus sowie bei der Definition der Stellenbesetzung. Im Zusammenhang mit der Ablauforganisation dient der Arbeitswert zur quantitativen Analyse und zur qualitativen Bewertung des Arbeitsablaufs in einer Organisationseinheit und sogar im gesamten Unternehmen. Daraus erfolgt die Erkennung der Schwachstellen im Arbeitsablauf und die hilfreiche Unterbreitung des darauf basierenden Verbesserungsvorschlags, um den gesamten Arbeitsablauf effektiv und gezielt aufrechtzuerhalten und zu vollziehen.

II.   Die Projektorganisation

In einem Unternehmen werden die Projekte neben ständig laufenden Geschäfts- und Managementfunktionen immer häufiger durchgeführt. Das Projekt ist auch stets das Ergebnis der Förderung der Innovationen von Produkt oder Prozeß, die aus der Entwicklung einer neuen Idee und deren organisatorischer Umsetzung bestehen. Zur Durchführung von solchen Innovationen eignet sich die Organisation des Projektmanagements[50]. Das Projekt hat einen einmaligen und temporären Charakter und bedarf auch der entsprechenden Aufbau- und Ablauforganisation, die beide nebst Systemkonfiguration als die Projektorganisation bezeichnet werden. Die Projektorganisation wird für eine bestimmte Zeit eingerichtet. Sie gleicht einem aufgehenden Stern, der nach einer relativ kurzen Lebenszeit wieder verglüht. In der Regel erfordert ein Projekt die Zusammenarbeit mehrerer Spezialisten aus unterschiedlichen Bereichen, weil die Projektcharaktere durch besondere Komplexität und eine interdisziplinäre Aufgabenstellung zu beschreiben sind. Darüber hinaus liegt die Zielsetzung eines Projektes in der zeitlich befristeten Bewältigung einer komplexen Aufgabe unter Einbeziehung des gesamten Know-Hows eines Unternehmens[51]. Hier wird die Projektorganisation vorwiegend als Projektaufbauorganisation mit den fachlichen Zuständigkeiten behandelt. Die Projektablauforganisation wird durch die fachlichen Zuständigkeiten der Projektorganisationseinheiten für die Erfüllung der Projektaufgaben wiedergegeben, und die Projektaufgaben werden durch das Ablauforganisationsdatenmodell beschrieben.

Zu der Höheren Projektorganisationseinheit zählen die Projektgruppen, die Arbeitskreise, die Beratungs-, die Entscheidungs- und die Lenkungsausschüsse usw. Jeder Höheren Projektorganisationseinheit wird nur eine disziplinarische Leitung zugeordnet, die zur Koordination der Erfüllung der Projektaufgaben angewiesen ist oder die Weisungsbefugnis gegenüber ihren Mitarbeitern zur Erfüllung der Projektaufgaben erhält. Außerdem ist jede Projektorganisationseinheit, z.B. Projektgruppe oder Projektstelle, nur einer Höheren Projektorganisationseinheit untergeordnet. Dies bildet die Projektstruktur und den disziplinarischen Leitungszusammenhang. Im Zusammenhang mit der fachlichen Zuständigkeit können die verschiedenen Organisationsformen des Projektmanagements beschrieben werden, wie z.B. der Beratungsausschuß, der Lenkungsausschuß oder die Matrix-Projektorganisation usw. Die Projektorganisation wird, wie die Ständige Aufbauorganisation, durch das Aufbauorganisationsdatenmodell (*AufbauOrgDatMod*) modelliert und dargestellt. Darüber hinaus wird die Projektorganisation mittels des Aufbauorganisationsdatemodells, das im vorherigen Abschnitt *3.1. Die Ständige Aufbauorganisation* beschrieben und in *Abb. 3.1. - 1* dargestellt wird, grundsätzlich durch folgende Sichtweisen gekennzeichnet:

- die Projektorganisationseinheit und der Stelleninhaber,

- die Projektstruktur und die Durchführungsreihenfolge der Projekte bzw. Teilprojekte sowie

- die projektbezogene fachliche Zuständigkeit.

Unter der Projektorganisationseinheit und dem Stelleninhaber werden die Beschreibungen einzelner Projektorganisationseinheiten, der disziplinarische Leitungszusam-

---

[50]   Vgl. Bühner: Betriebswirtschaftliche Organisationslehre. S.145. 1989
[51]   Madauss: Handbuch Projektmanagement - Mit Handlungsanleitungen für Industriebetrieb, Unternehmensberater und Behörden. S.99. 1991

menhang (die Leitung der Höheren Projektorganisationseinheit), die Besetzung der Projektstelle und die Beschreibungen der Personen behandelt. Die Projektstruktur und die Durchführungsreihenfolge der Projekte bzw. Teilprojekte beschreiben die hierarchisch strukturierten Projektorganisationseinheiten, die Aufbau- und die Ablaufbeziehungen der Projekte bzw. Teilprojekte, d.h. die zeitliche Durchführungsabhängigkeit zwischen Projekten bzw. Teilprojekten. Die projektbezogene fachliche Zuständigkeit definiert die Kompetenz und die Verantwortung der Projektorganisationseinheiten für die Erfüllung der Projektaufgaben, die fachliche Projektleitung und die organisationseinheitübergreifende Aufgabenerfüllung. Die projektbezogene fachliche Zuständigkeit findet auch ihren Ausdruck in der Verbindung zwischen Aufbauorganisation eines Projektmanagements und der Ablauforganisation. Die Verbindung zwischen Aufbauorganisation eines Projektmanagements und Systemkonfiguration bringt in erster Linie die DV-gestützte Abwicklung des Projektes zum Ausdruck.

A. Das Projekt, die Projektstruktur und der Projektablauf

Zur Durchführung eines Projekts wird eine Organisation des Projektmanagements gefordert, nämlich die Projektorganisation. Sie besitzt, wie die Ständige Organisation, eine projektbezogene Aufbau-, Ablauforganisation und Systemkonfiguration. Die Projektorganisation dient zum Aufbau und zur Beschreibung eines Projektes einerseits und zur Verwaltung des Projektes andererseits. Eine Projektorganisation muß und soll auch so gestaltet werden, daß mehrere (Teil-)Projekte parallel und/oder sequentiell durchgeführt und verwaltet werden können. Dafür bedarf es in der Projektorganisation, d.h. in ihrer Aufbau-, Ablauforganisation und Systemkonfiguration, noch der weiteren zeitlichen Ausprägung, die die Durchführungsreihenfolge und den Zustand eines Projektes oder der Teilprojekte kennzeichnet. Hier wird die Projektorganisation hauptsächlich als Projektaufbauorganisation verstanden und diskutiert.

In der Projektorganisation läßt sich die Projektorganisationseinheit auch in die Höhere Projektorganisationseinheit und die Projektstelle untergliedern. Die Höhere Projektorganisation kann sich auf mehrere Projekte oder Teilprojekte beziehen. Dadurch werden mehrere (Teil-)Projekte ihrem organisatorischen Zusammenhang zufolge miteinander verknüpft und einheitlich verwaltet. Die Projekte können nach ihrer Art, ihrem Ausmaß und organisatorischer Anforderung in ein großes Projekt zusammengefaßt oder in mehrere Teilprojekte zerlegt werden. Demzufolge weist der Aufbau der Projektorganisation grundsätzlich die Strukturbildung der Projekte auf. Die wesentliche Aufgabe bei dem Aufbau der Projektorganisation besteht darin, den disziplinarischen Leitungszusammenhang und den fachlichen Führungszusammenhang zu definieren sowie die geeigneten Fach- und Führungskräfte einzusetzen. Der fachliche Führungszusammenhang legt die fachliche Verantwortung zwischen Führungs- und Ausführungsorganisationseinheiten durch die Definition der fachlichen Zuständigkeit fest. Der disziplinarische Leitungszusammenhang bildet die Zuordnung zwischen Höherer Projektorganisationseinheit und Projektleitungsstelle. Jede Projektorganisationseinheit ist eindeutig hierarchisch einer Höheren Projektorganisationseinheit unterstellt. Zu jeglicher Höheren Projektorganisationseinheit wird nur eine disziplinarische Projektleitungsstelle zugeordnet, die auch zugleich derselben Höheren Projektorganisationseinheit unterstellt ist. Die Projektleitungsstelle ist verantwortlich für den Ablauf eines zusammengefaßten großen Projektes oder eines kleinen Teilprojektes. Ein (Teil-)Projekt wird durch eine Höhere Projektorganisationseinheit repräsentiert und somit verwaltet.

Auf diese Weise gibt die Projektorganisation eine hierarchische Baumstruktur aus disziplinarischer Sicht und eine Netzstruktur aus fachlicher Sicht wieder. Die weiteren Aufgaben bei dem Aufbau der Projektorganisation sind, die Besetzungen der Projektstellen, die Stellvertreter sowie die Stellvertretung zu bestimmen. Bedarfsweise muß der Sitz der Höheren Projektorganisationseinheit anberaumt werden. Je nach Umfang und Dauer eines Projektes kann diese räumliche Kennzeichnung den Namen des Landes, der Stadt, des Gebietes oder des Unternehmensgebäudes usw. angeben.

Die zeitliche Ablaufabhängigkeit zwischen (Teil-)Projekten fordert die strenge Reihenfolge zur Durchführung der (Teil-)Projekte und die Koordination zwischen ihnen. Diese entscheidenden Merkmale eines Projektes werden in der Projektorganisation verkörpert und bilden den Unterschied zwischen der Projektorganisation und der Ständigen Aufbauorganisation. Die Reihenfolge zur Durchführung der (Teil-)Projekte findet ihren Ausdruck in den völlig überlappenden, teilweise überlappenden, aufeinanderfolgenden - mit Zeitpuffer oder ohne Zeitpuffer - Abläufen der (Teil-)Projekte und legt auch die Dauer der diesbezüglichen Projektorganisationseinheiten fest. Schließlich bestimmt die zeitliche Ausprägung eines Projektes die Dauer seiner Organisationseinheit und den Zusammenhang mit anderen betroffenen Projektorganisationseinheiten.

B. Die Projektstelle und die Einstellung des Stelleninhabers

Unter der Projektstelle werden hier grundsätzlich die disziplinarische Projektleitungsstelle, die fachliche Projektführungsstelle und die Projektausführungsstelle verstanden. Jede Projektstelle hat gewisse Anforderungen, die die der Projektstelle zugeordneten Projektaufgaben verkörpern, an die Personen (Aufgabenträger), die entsprechende Qualifikation besitzen sollen und als Stelleninhaber auf der Projektstelle eingesetzt werden können. Die disziplinarische Projektleitungsstelle und die fachliche Projektführungsstelle weisen in der Regel die zu erfüllenden Projektaufgaben auf und sind gleichzeitig die Projektausführungsstellen.

Das Prinzip zur Einstellung einer Person auf der Projektstelle ist, den Anforderungen der Projektstelle in größtem Maße zu genügen, d.h. die Eignung einer Person läßt sich mit den Anforderungen der Projektstelle vergleichen. Normalerweise wird durch die Projektart festgelegt, welche Vergleichsmethode bei dem Verfahren zur Besetzung der Projektstelle anzuwenden ist, z.B. könnte sie sich nach Spezialbegabung und gesamter Eignung der Person orientieren. Bei der Besetzung der Projektstelle wird auch die Herkunft der Person berücksichtigt. Die Personen können im eigenen Unternehmen/Fachbereich oder von externer Seite beschafft werden. Während die Person aus dem eigenen Unternehmen als interner Mitarbeiter bezeichnet wird, stellt die Person von externer Seite den externen Mitarbeiter dar, der ein Spezialist sein kann, wie z.B. ein Berater oder technischer Support von anderen Unternehmen.

Die Besetzung der Projektstelle hängt von der Dauer des Projektes ab. Sie wird gründlich durch die zeitliche Begrenzung charakterisiert. Das ist auch ein besonderes Merkmal gegenüber der Besetzung der Stelle in der Ständigen Aufbauorganisation. Bei Bedarf kann eine Person auf mehreren Projektstellen eingesetzt werden, das bedeutet auch, daß die Person die unterschiedlichen Projektaufgaben von einem oder mehreren (Teil-)Projekten übernimmt und dafür die fachliche Verantwortung zur Erfüllung dieser Projektaufgaben trägt. Bei solchen mehrfachen Besetzungen der Projektstellen erfolgen zwei unterschiedliche Fälle, die parallele und die sequentielle Besetzung der Projektstelle. Dies läßt sich auch auf die Besetzung mehrerer Personen auf eine Projektstelle übertragen. Das heißt, eine Projektstelle kann von mehreren Personen gleichzeitig oder nacheinander besetzt werden. In diesem Fall sind die Art und das Besetzungsvolumen der Projektstelle besonders zu berücksichtigen. Durch die flexible Besetzung der Projektstelle mit der zeitlichen Ausprägung werden einerseits die Rekrutierung und die Umstellung der Personen auf den Projektstellen zur Planung und Durchführung eines Projektes unterstützt und erleichtert, andererseits der Aufwand zur Verwaltung eines Projektes erhöht.

C. Die projektbezogene fachliche Zuständigkeit und Führung

Die projektbezogene fachliche Zuständigkeit wird auch in der fachlichen Zuständigkeit definiert, die bereits im vorherigen Abschnitt *3.I.C. Die fachliche Zuständigkeit und Führung* in der Ständigen Aufbauorganisation beschrieben wurde. In erster Linie beschreibt sie die fachlich verantwortliche Ausführungsstelle und Führungsstelle sowie die Zuordnung zwischen ihnen unter Zeitangaben, mit welcher letztlich fachliche Führungszusammenhänge entstehen. Die fachliche Zuständigkeit einer Projektorganisationseinheit (Projektgruppe, Arbeitskreis, Lenkungsausschuß, Stelle usw.) für die Erfüllung der Projektaufgabe stellt auch die Verbindung zwischen Projektaufbauorganisation und Ablauforganisation dar, in der aufgrund ihrer Verbindung mit der Systemkonfiguration die Erfüllung der Projektaufgaben DV-gestützt ist. Die Träger der Projektaufgaben sind daher entweder Personen als Projektstelleninhaber oder DV-Systeme, d.h. Anwendungssysteme und Hardware.

Die projektbezogene fachliche Zuständigkeit bestimmt die Verteilung der Projektaufgaben auf die Projektorganisationseinheiten (z.B. Projektgruppen oder -stellen). Ebenfalls handelt es sich bei der Projektaufgabenverteilung um die Prinzipien der Dezentralisation und der Zentralisation. Dezentralisation bedeutet Aufgaben auf mehrere Organisationseinheiten zu übertragen. Das erfordert eine größere Zahl von qualifizierten Fachkräften, die die übertragenen Projektaufgaben mit voller Verantwortung erfüllen können. Zentralisation als Prinzip der Aufgabenverteilung ist zwangsläufig gegeben, wenn das Unternehmen nicht über genügend geeignete Fachkräfte verfügt, denen bestimmte Projektaufgaben übertragen werden können[52]. In jedem Fall bilden alle Projektaufgaben im Unternehmen den Arbeitszusammenhang. Die Erfüllung der Projektaufgaben wird stets von der fachlichen Führung geleitet. Im Zusammenhang mit den Zeitangaben wird die Projektorganisationseinheit mit der zu erfüllenden Projektaufgabe verbunden, die im allgemeinen die Lebensdauer eines (Teil-)Projektes darstellt. Allerdings ist es erforderlich, Projektaufgaben in unterschiedlichen Abwicklungsphasen eines Projektes unter verschiedenen fachlichen Führungen durchzuführen. Da die zeitliche Begrenzung ein wesentliches Projektmerkmal ist, wird die projektbezogene fachliche Zuständigkeit auch dadurch bedeutend in die Beschreibung der Projektorganisation einbezogen. Hier lassen sich die zeitlichen Angaben zusammenfassend auf zwei Arten unterscheiden:

- eine begrenzt und definiert die fachliche Führungen in unterschiedlichen Projektphasen,

- die andere legt die Lebensdauer der (Teil-)Projekte durch klare Anfangs- und Endzeiten der Aufgabenerfüllung fest.

---

[52] Vgl. Wöhe: Einführung in die Allgemeine Betriebswirtschaftslehre. S.162. 1986

Durch die zeitlichen Angaben sollten die Ablaufreihenfolge der (Teil-)Projekte und die Synchronisation der Projektphase festgelegt werden. Der Zusammenhang zwischen den (Teil-)Projekten, d.h. sie werden sequentiell oder Parallele durchgeführt, der Koordinationsbedarf und die Kontrollmöglichkeit durch die zeitlichen Kriterien ermöglichen die Bewertung und Abwicklung der Projekte. Schließlich hängt jedes (Teil-) Projekt von anderen (Teil-)Projekten ab und sie beeinflussen einander. Ganz gleich wie sie in dem gesamten Ablauf sequentiell oder parallele durchgeführt werden, bedarf es der Koordination und gegebenfalls der Kontrolle, um die Durchführung des gesamten Projektes reibungslos und erfolgreich zu gewährleisten.

Es ist auch erforderlich, die Gruppenarbeit und -führung hinsichtlich der projektbezogenen fachlichen Zuständigkeit bei der Projektabwicklung zu definieren. Die Gruppenarbeit und -führung, die auch Teamarbeit bzw. Teamführung heißt, wird verknüpft mit der Gruppenverantwortung der Aufgabenerfüllung eines Projektes gegenüber der Individuumverantwortung, welche die Zuständigkeit und die fachliche Führung auf Projektstellen zuordnet. Normalerweise ist Projektmanagement eine interdisziplinäre Aufgabenstellung, die bei größeren und komplexen Vorhaben nur durch ein Team effizient abgewickelt werden kann, und ein solches komplexes Projekt erfordert auch ein Team von sehr unterschiedlichen Mitarbeitern und Abteilungen[53].

Jede fachliche Zuständigkeit der Projektorganisationseinheit für die Erfüllung der Projektaufgaben wird weiter durch die Ausführungsbestimmung abgegrenzt und determiniert. Die Erfüllung der Projektaufgaben ist auch mit der Verantwortung der Personen, die die Projektaufgaben übernehmen, gegenüber anderen Höheren Organisationseinheiten oder Projektorganisationseinheiten verbunden. Hierbei handelt es sich ebenfalls um die organisationseinheitübergreifende Aufgabenerfüllung. Dafür ist es notwendig deutlich festzulegen und zu organisieren, für welche anderen Höheren Organisationseinheiten die Projektaufgaben in einer Höheren Projektorganisationseinheit erfüllt werden müssen. Daraus ergibt sich die organisationseinheitübergreifende Verantwortung, die eine Verbindung zwischen Höheren Organisationseinheiten im Bezug auf Auftraggebende und Auftragnehmende herstellt. In diesem Fall ist die Erfüllung der Projektaufgaben mit den Kosten verbunden. Mit der Zeitangabe zusammen wird diese zweckbestimmte Erfüllung der Projektaufgaben auch durch die zeitliche Gültigkeit charakterisiert.

In der projektbezogenen fachlichen Zuständigkeit für die Aufgabenerfüllung sind ebenfalls der Belastungsgrad, die Ausführungsfrequenz, die Ausführungsdauer und das Ausführungsvolumen einzelner Projektaufgaben für jede Projektorganisationseinheit festzulegen und zu beschreiben. Diese quantitativen Merkmale werden auch zur mengenmäßigen Analyse der Schwachstellen des Projektablaufs und der Arbeitsleistungen jeder Projektorganisationseinheit sowie zur qualitativen Kontrolle der Einhaltung der Projekttermine und der Über- oder Unterschreitung aufgrund der Vorgabezeiten der Projektleitung verwertet.

---

[53] Madauss: Handbuch Projektmanagement - Mit Handlungsanleitungen für Industriebetrieb, Unternehmensberater und Behörden. S.83. 1991

III. Die Ablauforganisation

In der Ablauforganisation werden im wesentlichen die Aufgaben behandelt, die die Sachziele eines Unternehmens bestimmen sollen. Alle Aufgaben, die in einem Unternehmen erfüllt werden, bilden zugleich das Gesamtziel des Unternehmens. Die Erreichung des Gesamtziels bedeutet in Wirklichkeit die Erfüllung der Unternehmensaufgaben, deren Leistungen allerdings auf dem Markt unterschiedlich hervorgebracht werden können. Die Leistungshervorbringung auf dem Markt hängt natürlich sehr eng mit der Wettbewerbsfähigkeit eines Unternehmens zusammen. Somit ergibt sich, daß die leistungsfähige Erreichung des Gesamtziels auf der Erfüllung jeder Aufgabe beruhen soll. Dabei ist eine sachgerechte und zweckmäßige Aufgabenanalyse und -synthese erforderlich, auf deren Ergebnissen eine leistungsbezogene Ablauforganisation eines Unternehmens gestaltet werden kann. Jedes Unternehmen umfaßt in der Regel unterschiedliche Fachbereiche (z.B. Absatz, Produktion, Beschaffung usw.), die letztendlich durch die unterschiedlichen Aufgaben gekennzeichnet werden. So wird jeder Fachbereich mit einem Sachziel identifiziert, das ebenfalls seine Anforderungen an die Gestaltung der Ablauforganisation stellt. Hierfür soll die Aufgabenanalyse und -synthese fachbezogen durchgeführt werden, woraus sich die fachentsprechende Ablauforganisation ergibt. Trotz der Unterschiede zwischen den fachbezogenen Gestaltungen der Ablauforganisation in einem Unternehmen bestehen noch die Gemeinsamkeiten, die in jeder Ablauforganisation enthalten sein und berücksichtigt werden sollen:

* Die Strukturierung der Aufgaben und der Arbeitsobjekte,

* Das I/O-Verhalten der Arbeitsobjekte bei der Aufgabenerfüllung und

* Die Reihenfolge zur Erfüllung der Aufgaben.

Die wirtschaftliche Aufgabenerfüllung setzt vor allem wohlstrukturierte Aufgaben voraus, die sich aus der Aufgabenanalyse und -synthese ergeben. Dafür können sicherlich verschiedene Gliederungsprinzipien verwendet werden. Gleichzeitig dient die Strukturierung der Arbeitsobjekte auch dazu, die Aufgabenanalyse nach Arbeitsobjekten durchführen zu können. In jedem Fachbereich werden die Arbeitsobjekte bei der Aufgabenerfüllung entweder ver-/gebraucht oder erzeugt. So wird die Input-Output-Beziehung zwischen den Arbeitsobjekten festgelegt, welche sich allerdings auf bestimmte Aufgaben bezieht. Die Reihenfolge zur Erfüllung der Aufgaben bringt den Arbeitsablauf zum Ausdruck. Dabei ist auch der Arbeitszusammenhang zwischen den Aufgaben klarzulegen. Bezogen auf die Entwicklung der Informationsverarbeitungstechnologie können die DV-Systeme, durch die die Aufgabenerfüllung effektiv und effizient unterstützt wird, bei der Aufgabenanalyse als Kriterium betrachtet werden. Heutzutage gewinnen die DV-Systeme in der Ablauforganisation immer mehr an Bedeutung. Sie sind zu einem der wichtigsten Flexibilisierungs- bzw. Wettbewerbsfaktoren im Unternehmen geworden.

In *Abb. 3.III. - 1* wird das Ablauforganisationsdatenmodell (*AblaufOrgDatMod*), das einen Bestandteil des gesamten Organisationsdatenmodells (*OrgDatMod*) ist, in einer vereinfachten Form dargestellt. Dabei sind auch zugleich die Verbindungen zur Aufbauorganisation und zur Systemkonfiguration einzubeziehen. Mit dem Ablauforganisationsdatenmodell werden die Gemeinsamkeiten beschrieben, die in der Ablauforganisation von allen Fachbereichen existieren sollen. Daraus ergeben sich die Grunddaten, die im allgemeinen die Ablauforganisation wiedergeben. So kann beim Ablauforganisationsdatenmodell auch vom Grunddatenmodell der Ablauforganisation gesprochen werden. Dieses Grunddatenmodell kann je nach Fachbereich erweitert werden, um einem Fachinformationssystem (z.B. Produktions-, Absatzinformationssystem usw.) bereitzustehen, und bildet daher die Schnittstellen zwischen ihnen.

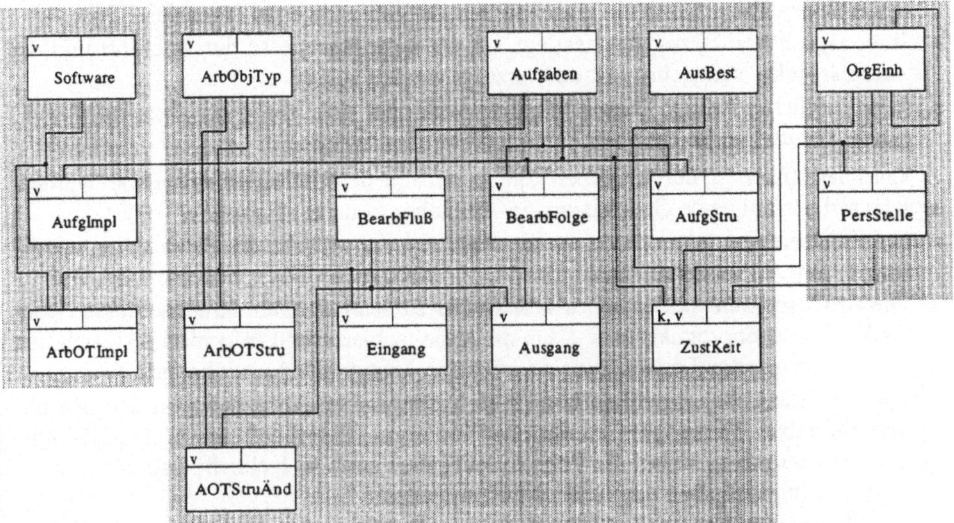

Abb. 3.III. - 1.   ***Der Ausschnitt des Ablauforganisationsdatenmodells*** [54]

A. Die Aufgabe und das Arbeitsobjekt

Die Aufgaben bilden das Kernstück der Ablauforganisation. Ihre Realisierung findet sich schließlich in den Arbeitsprozessen wieder, die entweder Geschäfts- oder Produktionsprozesse sein sollen. Die Aufgaben kennzeichnen die Sachziele eines Unternehmens oder dessen Fachbereiche. In einem Unternehmen sind sie üblicherweise durch folgende fünf Merkmale beschrieben [55]:

- Ihren Verrichtungsvorgang, der als Arbeitsprozeß auftritt und durchzuführen ist. Dabei kann er sich weiter dadurch unterscheiden, ob er geistige Tätigkeit oder geistige sowie körperliche Kombination repräsentiert.

- Ihr Arbeitsobjekt, das als Gegenstand der Aufgabe betrachtet wird. Bei der Erfüllung der Aufgaben werden die Arbeitsobjekte entweder ver-/gebraucht oder er-

---

[54] *Beschreibungen zur Kurzbezeichnung:*

OrgEinh	Organisationseinheit,	PersStelle	Personalstelle,
ZustKeit	Fachliche Zuständigkeit,		
ArbOTImpl	Arbeitsobjektimplementierung,	AufgImpl	Aufgabenimplementierung,
Hardware	Hardware,		
Aufgaben	Aufgaben,	BearbFolge	Bearbeitungsfolge,
AufgStru	Aufgabenstruktur,	ArbObjTyp	Arbeitsobjekttyp,
ArbOTStru	Arbeitsobjektstruktur,	AusBest	Ausführungsbestimmung,
BearbFluß	Bearbeitungsfluß,	Eingang	Eingang,
Ausgang	Ausgang,		
AOTStruÄnd	Änderung der Arbeitsobjektstruktur		
V	Versionsschlüssel,	K	Zeitliche Ausprägung

[55] Kosiol: Organisation der Unternehmung, S.43. 1976.

zeugt. Es kann materiell, immateriell (Informationen) oder ein Energie-Arbeitsobjekt sein.

- Die notwendigen Arbeits- oder Hilfsmittel, die der Durchführung der Arbeitsprozesse dienen. Daraus sind die maschinellen Aufgabenträger zu erkennen.
- Ihren räumlichen Bezug, der festlegt, wo die Arbeitsprozesse durchgeführt und die Arbeitsobjekte ver-/gebraucht oder erzeugt werden sollen.
- Ihren zeitlichen Bezug. Dieses Merkmal verbindet sich häufig mit den Projektaufgaben, die in einer bestimmten Zeit erfüllt werden müssen.

Zur Klassifizierung der Aufgaben können verschiedene Kriterien verwendet werden, welche sich auf folgende Gesichtspunkte[56] beziehen können:

- Die Fachbereiche, unter denen die Beschaffung, der Absatz, die Produktion, die Finanzen usw. zu verstehen sind.
- Die Arbeitsobjekte, bei denen es sich um die zu bearbeitenden Arbeitsobjekte (Rohstoffe, Zwischenprodukte usw.), um die Arbeitsobjekte von Informationssorten, um die zu erzeugenden Endprodukte oder um die Arbeitsmittel usw. handelt.
- Die Hierarchie. So unterscheiden sich die strategischen Aufgaben von den operativen Aufgaben. Ferner geht es um die Führungs- (Entscheidungs-), Ausführungs- und Stabsaufgaben, wobei die Führungsaufgaben noch in fachliche und disziplinarische Führungsaufgaben gegliedert werden können.
- Die Phasen. Hierbei ist die Reihenfolge zur Erfüllung der Aufgaben zu erkennen. Die Arbeitsprozesse der Angebotsanfrage, Angebotserstellung, Angebotsbestätigung usw. sind gleichfalls in einer bestimmten Reihenfolge durchzuführen.
- Die Zweckbeziehung. Hier werden die Aufgaben, die sich an einem Zweck orientieren, zu einer Klasse zusammengestellt. Sie wird häufig in der Planung und Abwicklung eines Projektes verwendet; z.B. umfaßt der Aufbau einer neuen Fabrik viele Arbeitsprozesse (Finanzplanung, Beschaffung der Maschinen, Personalplanung usw.), die letztendlich zu einer großen Aufgabe, nämlich einem Projekt, zusammengefaßt werden.

Nachdem die Aufgaben nach einem der oben erwähnten Gesichtspunkte gegliedert bzw. klassifiziert werden, besitzen sie auch die Besonderheit, daß von einem „Typ" gesprochen werden kann. Die Aufgabenanalyse dient im wesentlichen der Bildung der Organisationseinheit.

Die Arbeitsobjekte, die in einem Unternehmen bei der Durchführung der Arbeitsprozesse ver-/gebraucht oder erzeugt werden, besitzen auch bestimmte Merkmale. Diese Merkmale können bei der Analyse der Arbeitsobjekte als Kriterien gelten. Die Arbeitsobjekte können grundsätzlich charakterisiert werden durch:

- Ihre Sorte, mit der die Arbeitsobjekte gekennzeichnet werden, ob sie materiell, immateriell (Information) oder die Energie-Arbeitsobjekte sind.
- Ihren räumlichen Bezug. Es wird immer angegeben, wo die Arbeitsobjekte loziert werden. Dabei sind die Arbeitsobjekte außerdem mit dem Zweck verbunden, ob sie zum Lagern, zum Verbrauch usw. bereitgestellt werden.

---

[56] Vgl. Kosiol: Organisation der Unternehmung, S.49. ff. 1976.

- Ihren zeitlichen Bezug. Die Arbeitsobjekte können durch die Fristzeit gekennzeichnet werden. Sie müssen in einem Unternehmen in einer bestimmten Zeit ver-/gebraucht, vernichtet, verschrottet usw. werden.

Zur Klassifizierung der Arbeitsobjekte kann es ebenfalls verschiedene Kriterien geben, die sich in der Regel auf folgende Aspekte beziehen können:

- Die Fachbereiche, nach denen (z.B. Absatz, Beschaffung, Produktion usw.) die Arbeitsobjekte klassifiziert sind. Daraus ergeben sich die Absatz-, Beschaffungs- und Produktionsobjekte. Ein Arbeitsobjekt kann zu mehreren Fachbereichen gehören.
- Die Zweckbeziehung. Dabei handelt es sich um die zu bearbeitenden Arbeitsobjekte (Rohstoffe, Werkstoffe usw.), um die Zwischenprodukte, um die zu erzeugenden Endprodukte (Verkaufsprodukte), um die zu verarbeitenden Informationen (Kunden, Adressen usw.) und vieles mehr.
- Die zeitliche Besonderheit. Die Arbeitsobjekte können mit oder ohne (langer oder kurzer) Fristzeit verbunden sein.

Es gibt sicherlich viele weitere Kriterien, mit denen die Arbeitsobjekte in einem Unternehmen klassifiziert werden können. Aus der Klassifizierung ergibt sich auch der Typ, der die Arbeitsobjekte zu einem oder mehreren Charakteren führen soll.

B. Die Aufgabenstruktur und die Arbeitsobjektstruktur

Die Aufgaben und die Arbeitsobjekte, die nach bestimmten Kriterien analysiert und klassifiziert werden, können nach den organisatorischen und wirtschaftlichen Anforderungen zusammengestellt werden. Diese Zusammenstellung kann zur Bildung der Organisationseinheit dienen und soll zugleich die leistungsfähige Aufgabenerfüllung durch den rationalen Arbeitsablauf zustande bringen. Daraus entstehen die strukturierten Aufgaben und Arbeitsobjekte, die der Aufgabenanalyse und -synthese zugrunde liegen und nach folgenden Kriterien gebildet werden können:

- Fachbezogene Strukturbildung, die die Aufgaben zunächst nach verschiedenen Fachbereichen (Produktion, Beschaffung, Absatz, Forschung sowie Entwicklung, usw.) in die Teilaufgaben und weiter innerhalb eines Fachbereiches in die strukturierten und detaillierten Teilaufgaben bzw. Arbeitsprozesse (Maschinenwartung, Arbeitsvorbereitung, Fertigung, Montage usw.) untergliedern.
- Stufenbezogene Strukturbildung, nach der die strategischen, die operativen Führungsaufgaben, Stabsaufgaben, Ausführungsaufgaben usw. unterschieden werden.
- Arbeitsobjektbezogene Strukturbildung, die die Aufgaben je nach Art der herzustellenden oder zu bearbeitenden Arbeitsobjekte, die materielle oder immaterielle Merkmale besitzen können, oder Arbeitshilfsmittel, die der sachlichen und erfolgreichen Aufgabenerfüllung dienen, untergliedern.

Bei der Strukturbildung der Arbeitsobjekte ergeben sich auch viele unterschiedliche Kriterien, nach denen die Arbeitsobjekte in einem Unternehmen strukturiert werden können. Die Arbeitsobjektstruktur bildet die Grundlage für eine arbeitsobjektbezogene Aufgabenanalyse und -synthese. Zur Bildung der Struktur der Arbeitsobjekte sind folgende Kriterien sinnvoll:

- Arbeitsprozeßbezogene Strukturbildung, in der die Arbeitsobjekte nach den Arbeitsprozessen zusammengestellt werden. Dabei können die Arbeitsobjekte bei der Durchführung der Arbeitsprozesse bearbeitet oder hergestellt werden.

- Geschäftspartnerbezogene Strukturbildung, in der die Arbeitsobjekte nach Lieferanten und Kunden verwaltet werden.

- Produktbezogene Strukturbildung, nach der die unterschiedlichen Arbeitsobjekte bezüglich der Endprodukte oder der zu verkaufenden Zwischenprodukte zusammengefaßt werden.

- Umsatz- bzw. mengenbezogene Strukturbildung, in der eine ABC-Analyse der Arbeitsobjekte nach ihrem Umsatz oder ihrer Menge impliziert ist. Die Menge kann sich auf die hergestellten oder verkauften Produkte bzw. Arbeitsobjekte beziehen.

Von diesen unterschiedlichen Verfahren zur Bildung der Struktur der Aufgaben und der Arbeitsobjekte wird zwar in der Praxis hinsichtlich der Absatz- bzw. Beschaffungsmärkte (Konkurrenzfähigkeit) und der technischen Möglichkeiten immer ein Verfahren bevorzugt verwendet, allerdings in unterschiedlichem Maße mit den anderen Verfahren verschachtelt.

Grundsätzlich kann die Strukturbildung als Aggregation oder Disaggregation der Aufgaben und der Arbeitsobjekte bezeichnet werden. Es kann auch eine einstufige oder mehrstufige Aggregation bzw. Disaggregation gegeben, in der die Aufgaben oder die Arbeitsobjekte je nach Bedarf und Anforderung mehrfach zusammengefaßt werden. Dabei sind zwei Strukturen zu unterscheiden: die *obligatorische* und die *fakultative* Struktur, die die Aufgaben oder Arbeitsobjekte mit der UND- bzw. ODER-Verknüpfung zusammenfaßt. In einer mehrstufigen Struktur können sich auch unterschiedliche Verknüpfungen auf verschiedenen Stufen ergeben. So entsteht eine Struktur mit der MISCH-Verknüpfung. Innerhalb einer Stufe darf jedoch keine MISCH-Verknüpfung gegeben sein.

C. Das I/O-Verhalten der Arbeitsobjekte bei der Aufgabenerfüllung

Der enge Zusammenhang zwischen den Aufgaben und Arbeitsobjekten wird durch das Input-Output-Verhalten der Arbeitsobjekte bei der Aufgabenerfüllung verdeutlicht. Dabei sind grundsätzlich die quantitativen und qualitativen Zusammenhänge zu ermitteln. Die Untersuchung des quantitativen Zusammenhangs zwischen den Arbeitsobjekten bezüglich der Aufgabenerfüllung wird dem Fachinformationssystem für die Produktion angegliedert. Hier wird der Schwerpunkt auf den qualitativen Zusammenhang zwischen den Arbeitsobjekten gesetzt.

Die Arbeitsobjekte in einem Unternehmen oder dessen Fachbereichen werden als Gegenstand der Aufgaben angesehen. Sie werden bei der Aufgabenerfüllung, genau gesagt zur Durchführung der Arbeitsprozesse (Geschäfts- oder Produktionsprozesse), ver-/gebraucht oder erzeugt. Sie können natürlich auch als Hilfsmittel auftreten, die zur Durchführung der Arbeitsprozesse dienen sollen. Zur Durchführung bestimmter Arbeitsprozesse werden auch bestimmte Arbeitsobjekte benötigt (als Input) oder hergestellt (als Output). Dadurch ist schließlich das Input-Output-Verhalten zwischen den Arbeitsobjekten bezüglich eines Arbeitsprozesses bzw. einer Aufgabe festzulegen. Unter Berücksichtigung der Reihenfolge zur Erfüllung der Aufgaben, womit der Arbeitsablauf zum Ausdruck gebracht wird, ist zugleich die Bearbeitungsfolge der Arbeitsobjekte zu erkennen. Bei der Erfüllung jeder Aufgabe bzw. bei der Durchführung jedes Arbeitsprozesses wird die Beziehung zwischen den ver-/gebrauchten und erzeugten Arbeitsobjekten fest definiert. Allerdings wird bezüglich der Aggregation und Disaggregation der Aufgaben sowie der Arbeitsobjekte noch beachtet, daß sich möglicherweise eine Kombination zwischen den ver-/gebrauchten Arbeitsobjekten bei der Aufgabenerfüllung ergeben kann. Die Arbeitsobjekte können je nach den zu erzeugenden Arbeitsobjekten mit unterschiedlichen Kombinationen zum Ver-/Gebrauch eingesetzt werden. Sie müssen immer entweder zusammen oder als Kombination eingesetzt werden. Dabei sind zwei Kombinationen (UND- und ODER-Kombination) zu unterscheiden, welche unter der Betrachtung der Aggregation der Aufgaben sowie der Arbeitsobjekte von Bedeutung ist. Die zu erzeugenden Arbeitsobjekte sind hinsichtlich der technischen Verfahren zur Durchführung der Arbeitsprozesse durch die eingesetzten Arbeitsobjekte bedingt.

Es kommt auch vor, daß ein Arbeitsobjekt bei der Aufgabenerfüllung oder bei der Durchführung eines Arbeitsprozesses zunächst zum Ver-/Gebrauch eingesetzt und anschließend auch wieder erzeugt wird. Es wird unverändert verarbeitet. Aus der Sicht der Aggregation kann die Struktur dieses Arbeitsobjektes, das als aggregiertes Arbeitsobjekt gilt, nach der Aufgabenerfüllung geändert werden. So können ein oder mehrere disaggregierte Arbeitsobjekte dadurch verbraucht oder neu erzeugt werden.

D. Die Reihenfolge zur Erfüllung der Aufgaben

Der Arbeitsablauf in einem Unternehmen oder dessen Fachbereichen bringt die Reihenfolge zur Erfüllung der Aufgaben zum Ausdruck. Die Aufgaben oder ihre realisierten Arbeitsprozesse (Geschäfts- und Produktionsprozesse) sind in einer bestimmten Reihenfolge zu erfüllen bzw. durchzuführen. Dadurch entsteht ein Netz, in dem auch der Arbeitszusammenhang zwischen den einzelnen Organisationseinheiten bezüglich der fachlichen Zuständigkeit der Organisationseinheit für die Aufgabenerfüllung enthalten sein soll. Dieses Netz kann je nach der Betrachtung der Aggregation oder Disaggregation als Vorgangsnetz, Prozeßnetz oder Aufgabennetz bezeichnet werden. Festzustellen sind dabei nicht nur ihre sequentiellen Reihenfolgen, sondern auch die parallelen Reihenfolgen. Die sequentielle Reihenfolge bedeutet, daß die Aufgaben nacheinander erfüllt werden müssen. Demgegenüber steht die parallele Reihenfolge, in der die Aufgaben gleichzeitig erfüllt werden sollen. Neben der sequentiellen und parallelen Reihenfolge zur Erfüllung der Aufgaben sind noch weitere Folgebeziehungen zwischen den Aufgaben zu unterscheiden[57].

In der sequentiellen Reihenfolge können möglicherweise folgende Folgebeziehungen auftreten:

- Bedingte Erfüllung der Nachfolgeraufgaben (-prozeß). Ob die Nachfolgeraufgaben nach der Erfüllung einer Aufgabe erfüllt werden sollen, hängt von den aktuellen Bedingungen ab.
- Zwingende Erfüllung der Nachfolgeraufgaben. Dabei sind eine oder mehrere Nachfolgeraufgaben zu unterscheiden. Handelt es sich um mehrere Nachfolgeraufgaben, kann sie auch als UND-Verzweigung zur Erfüllung der Nachfolgeraufgaben bezeichnet werden. Anderenfalls wird sie als Kette bezeichnet.
- Alternative Erfüllung der Nachfolgeraufgaben. Dabei können die unterschiedlichen Nachfolgeraufgaben gemäß dem Bedarf zur Auswahl gestellt werden, falls eine Aufgabe erfüllt wird. So ergibt sich die ODER-Verzweigung zur Erfüllung der Nachfolgeraufgaben.

---

[57] Vgl. Frese: Handwörterbuch der Organisation. Sp. 19, ff. 1992

Im Gegensatz dazu ist die parallele Reihenfolge zu ermitteln, in der die Aufgaben gleichzeitig erfüllt werden müssen. Daraus ergeben sich ebenfalls unterschiedliche Folgebeziehungen:

- Totale Parallelität, in der die Aufgaben in einem bestimmten Zeitraum gleichzeitig erfüllt werden müssen.
- Partielle Parallelität, unter der verstanden wird, daß die Aufgaben zeitlich überlappend erfüllt werden sollen.
- Bedingte Parallelität wird im Zusammenhang mit der totalen und partiellen Parallelität zur Erfüllung der Aufgaben betrachtet. Ob die Aufgaben parallel erfüllt werden, hängt allerdings von den Bedingungen ab, die die Ergebnisse von der Erfüllung der Vorgängeraufgaben oder anderer Aufgaben voraussetzen.
- Unbedingte Parallelität ist ein Pendant zu der bedingten Parallelität. Dabei sollen die Aufgaben ohne Berücksichtigung der Bedingungen parallel erfüllt werden.

Bei der Erfüllung der Aufgaben können sich zwar noch weitere Folgebeziehungen ergeben, die aber grundsätzlich immer aus den oben erwähnten Folgebeziehungen kombiniert bzw. abgeleitet werden. Die Untersuchung und Formulierung der Reihenfolge bei der Aufgabenerfüllung sowie deren Folgebeziehungen soll der Rationalisierung des Arbeitsablaufs im gesamten Unternehmen oder dessen Fachbereichen dienen.

IV. Die Systemkonfiguration

Die Unternehmen lassen sich hier durch Aufbau-, Ablauforganisation und Systemkonfiguration als komplexe soziotechnische Systeme[58] kennzeichnen, welche aus technischen Bestandteilen und Menschen bestehen und vor allem die Unternehmenszwecke und -ziele durch Organisationsstrukturen, Arbeitsprozesse (Aufgaben) und klare Zuständigkeiten verfolgen. In dieser Verfolgung gehen Produktivität und Entscheidung ein, durch die die Erreichung der Unternehmensziele bewertet bzw. ihr gedient wird. Heutzutage ist immer deutlicher zu erkennen, daß die wesentlichen Probleme der Unternehmensorganisation nicht in der Bildung der Organisationseinheit und der Koordinierung zwischen Stellen zur Aufgabenerfüllung, sondern in der Zerlegung und der Verteilung von Entscheidungsprozessen liegen[59]. Dabei sind insbesondere die Entscheidungsprozesse auf der Ebene des strategischen Managements zu berücksichtigen, da es sich um die Planung und vor allem die weitere Entwicklung der Organisation eines Unternehmens handelt. Eine sachgerechte Entscheidung setzt die fundierten fachlichen Kenntnisse und die notwendigen Informationen voraus. Mit den explodierenden Informationen und zugleich der rapiden Entwicklung der Informationsverarbeitungstechnologie sind auch die Entscheidungsprozesse sehr viel anspruchsvoller bzw. rationaler geworden. Durch diese Entwicklung der Technologie werden offensichtlich das Arbeitsverhalten und nicht zuletzt das Entscheidungsverhalten beeinflußt, welche schließlich zu Änderungen der Organisationsstruktur führt. Es läßt sich deutlich erkennen, daß die Erfüllung vieler Aufgaben in Unternehmen durch DV-Systeme unterstützt wird. Somit wird auch die Verbesserung der Produktivität durch die Leistungssteigerung und gleichzeitige Kostensenkung ermöglicht und mit geringerem Aufwand realisiert. In diesem Sinne hat das DV-System in einem Unternehmen genau wie die Organisation einen dienenden Charakter und ist insofern in der Organisation als ein unentbehrlicher Bestandteil eingewachsen. In der Praxis ist auch deutlich zu sehen, daß das DV-System immer ein wichtiges Mittel zur Erreichung der Unternehmensziele ist und die Gestaltung des DV-Systems in Unternehmen als bedeutungsvolle organisatorische Aufgabe angesehen wird.

Die leistungsfähige Erreichung der Unternehmensziele stellt die Anforderungen an das DV-System, welches dadurch gekennzeichnet ist. Der Einsatz des DV-Systems verkörpert einerseits die DV-gestützten Arbeitsplätze bezüglich der Aufbauorganisation und andererseits die DV-gestützte Aufgabenerfüllung, d.h. Automatisierung der Arbeitsprozesse, bezüglich der Ablauforganisation. Somit läßt sich die Organisation vom DV-System bedienen, welches ferner in Hardware und Software gegliedert wird. Unter Hardware ist folgendes zu verstehen:

- Die zentralen und peripheren Einrichtungen, die der Ausführung der Datenverarbeitungsfunktionen dienen. Hierzu zählen Aufnahme, Ausgabe, Transformation, Übertragung und Speicherung von Daten. Daraus ergibt sich, daß die zentralen und peripheren Einrichtungen als ein integrierter Bestandteil zu konfigurieren sind.

- Die Kommunikationseinrichtungen (z.B. das Rechnernetz), die die Grundlagen für den Datenaustausch zwischen DV-Systemen bilden, durch die die Hardware kom-

---

[58] Vgl. Voßbein/Leschke: Unternehmensorganisation mit Kommunikationssystemen. S.156. 1989.

[59] Vgl. Simon: Entscheidungsverhalten in Organisation - Eine Untersuchung von Entscheidungsprozessen in Management und Verwaltung. S.317. 1981.

munikativ miteinander verbunden wird und somit räumlich entfernte Hardware als eine Ganzheit der Datenverarbeitung konfiguriert werden kann.

Gegenüber der Hardware steht die Software im Vordergrund, die die Kommunikationsschnittstellen zwischen Menschen und Maschinen zuwege bringt und unter der die Funktionen der Datenverarbeitung zu verstehen sind. Hierbei ist Software ferner auf folgende Arten aufzugliedern:

- Die Basissoftware, die solche Einrichtungen (Hardware) betreiben und steuern und mit denen die Hardware im Betrieb genommen werden kann. Gemeinsam sind Basissoftware und Hardware auch Trägersysteme zum Betrieb und zur Bereitstellung der Anwendungssysteme, die letztlich vom Benutzer bedient werden.

- Die Anwendungssysteme, die einerseits die Funktionen der Datenverarbeitung darstellen, welche bei einer bestimmten Aufgabenerfüllung effizienter unterstützen, und andererseits auch aus den zugehörigen auf Hardware gespeicherten Datenbeständen bestehen. Wie zum Beispiel das *Organisationsinformationssystem OrgIS* und die dadurch bearbeiteten und erzeugten Organisationsstrukturdaten eines Unternehmens stellen die Anwendungssysteme dar.

Hierbei läßt sich die Systemkonfiguration als System von Systemen begreifen; sie bildet die informationstechnische Infrastruktur der Benutzerorganisation und umfaßt ein breites Spektrum von Anwendungssystemen und ihren Trägersystemen[60]. Die Systemkonfiguration läßt sich durch das DV-System charakterisieren und beschreibt die Aufbaustruktur der DV-Systeme und deren arbeitsteilige Zusammenhänge in einem Unternehmen. Wichtig ist festzustellen, daß die DV-Systeme sowohl im strategischen Management als auch im operativen Management bei der Zielerreichung einsatzfähig sind und hierbei die bedeutungsvollsten Rollen spielen. In der Realität ist es also kaum vorzustellen, daß sich die Erfüllung vieler wichtiger Aufgaben in Unternehmen ohne Einsatz und Unterstützung der DV-Systeme noch vollziehen kann, um die Leistungen in Bezug auf Wettbewerbsfähigkeit hervorzubringen. Als ein integrierter Bestandteil der Organisation eines Unternehmens hat die Systemkonfiguration engere Verbindungen zu Aufbau- und Ablauforganisation.

Die Systemkonfiguration sorgt für die leistungsfähige Aufgabenerfüllung und in gleicher Weise unterstützt das strategische und operative Management der Organisationsplanung sowie -entwicklung und vor allem deren Kontrolle sowie Bewertung. Sie ist insofern auch wie die Aufbau- und Ablauforganisation im Unternehmen sorgfältig zu betrachten, das heißt, zu planen, zu entwickeln und vor allem zu analysieren sowie zu bewerten. Dazu trägt das Systemkonfigurationsdatenmodell (*SysKonfDatMod*) bei, durch das die Wirkungsbereiche der Systemkonfiguration klar und deutlich gekennzeichnet sind. Diese Wirkungsbereiche werden letztendlich durch die organisatorischen und technischen Anforderungen in einem Unternehmen bestimmt und beschreiben wiederum die DV-gestützte Organisation wie auch die technische Infrastruktur (zur Datenverarbeitung) der Organisation des Unternehmens. In *Abb. 3.IV. - 1.* wird der Ausschnitt des Systemkonfigurationsdatenmodells aus dem gesamten Organisationsdatenmodell (*OrgDatMod*) extrahiert und in einer vereinfachten Form verdeutlicht, worunter die organisatorischen und technischen Anforderungen in der Systemkonfiguration zu verstehen sind und wobei die Verbindungen des Systemkonfigurationsdatenmodells

---

[60] Steffens: *OrgIS*-Ein Organisationsinformationssystem. Grundlagen und Grundideen. S. 6. 1992.

zu dem Aufbauorganisationsdatenmodell (*AufbauOrgDatMod*) sowie Ablauforganisationsdatenmodell (*AblaufOrgDatMod*) als ein Komplex einbezogen sind.

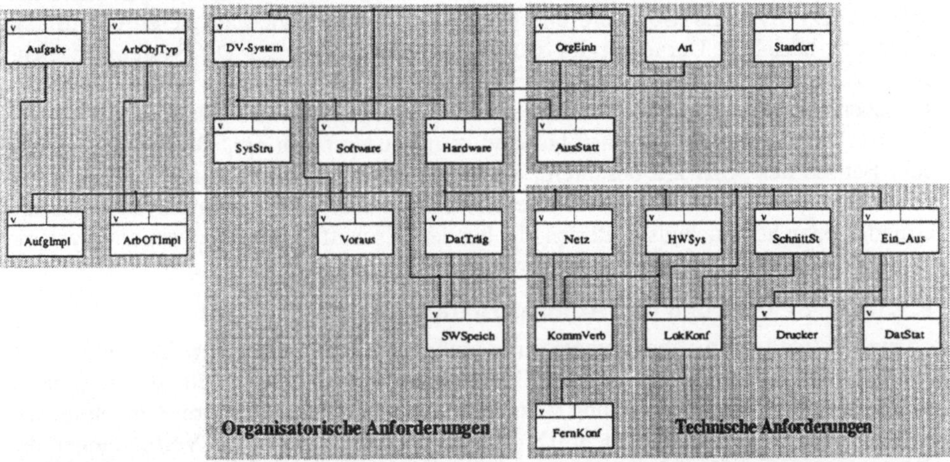

Abb. 3.IV. - 1.   *Der Ausschnitt des Systemkonfigurationsdatenmodells*[61]

Unter den organisatorischen Anforderungen wird grundsätzlich verstanden, daß die DV-Systeme in einem Unternehmen nicht nur die DV-gestützten Arbeitsplätze (Stelle) und die Unterstützung der Aufgabenerfüllung (Aufgaben- und Arbeitsobjektenimplementierung) charakterisieren, sondern auch der Zusammenhang zwischen den eingesetzten DV-Systemen und der Organisation betrachtet werden soll. Die DV-Systeme werden in diesem Sinne durch folgende Punkte näher erörtert:

- DV-Systeme und ihre Aufbaustruktur und
- Voraussetzung zum Betrieb der Software, insbesondere der Anwendungssysteme.

Die technischen Anforderungen ergeben sich aus der informationstechnischen Infrastruktur zur Datenverarbeitung, unter welcher die DV-Systeme in einem Unternehmen einheitlich betrachtet werden. Der Zusammenhang zwischen den einzelnen DV-Systemen (Hardware und Software) läßt sich durch folgende Punkte beschreiben:

- netzweite Kommunikationsverbindung zwischen DV-Systemen und
- arbeitsfähige Konfigurationen der DV-Systeme aus lokaler und ferner Sicht.

---

[61] *Beschreibungen zur Kurzbezeichnung*:

OrgEinh	Organisationseinheit,	AusStatt	DV-Ausstattung,
Aufgaben	Aufgaben,	ArbObjTyp	Arbeitsobjekttyp,
AufgImpl	Aufgabenimplementierung,	ArbOTImpl	Arbeitsobjektimplementierung
DV-System	DV-System,	Hardware	Hardware,
DatTräg	Datenträger/Hardware,	Netz	Rechnernetz/Hardware,
HWSys	Hardwaresystem/Hardware,	SchnittSt	Schnittstelle/Hardware,
Ein_Aus	I/O-Geräte/Hardware,	Drucker	Drucker/Hardware,
DatStat	Datensichtstation/Hardware,	SysStru	Systemstruktur,
Software	Software,		
Voraus	Voraussetzung zum Betrieb der Software,		
SWSpeich	Softwarespeicherung,	KommVerb	Kommunikationsverbindung,
LokKonf	Lokale Konfiguration,	FernKonf	Ferne Konfiguration,
V	Versionsschlüssel		

A. Organisatorische Anforderungen

Es ist zunächst festzulegen, daß sich die Definition des DV-Systems hier nicht nur auf reine DV-Systeme (Software und Hardware), sondern auch auf deren begriffliche Bildungen beziehen. Daraus ergibt sich die Aufbaustruktur der DV-Systeme, welche einem oberen DV-System eine Menge von unteren DV-Systemen zuordnet und anschließend die Konfigurationsstruktur, die Familienstruktur, die Klassenstruktur, die Struktur der Software-Versionsfolge usw. zum Ausdruck bringt. Die Voraussetzung zum Betrieb der Software beschreibt die notwendigen Grundlagen für die Bereitstellung und für den Betrieb der Software, insbesondere der Anwendungssysteme. Diese Grundlagen gelten auch als Kriterien, die bei der Beschaffung der Anwendungssysteme in einem Unternehmen zu berücksichtigen sind.

1. Die DV-Systeme und ihre Aufbaustruktur

Ein System ist eine abgegrenzte Anordnung von aufeinander einwirkenden Gebilden. Solche Gebilde können sowohl Gegenstände als auch Denkmethoden und deren Ergebnisse sein. Diese Anordnung wird durch eine Hüllfläche von ihrer Umgebung abgegrenzt oder abgegrenzt gedacht. Durch die Hüllfläche werden die Verbindungen des Systems mit seiner Umgebung geschnitten[62]. Daraus ergibt sich eine grundlegende Definition des Systems. Sie läßt sich auf die Beschreibung der DV-Systeme über die Systemkonfiguration anwenden und wird hierbei weiter konkretisiert. Dabei sind Software und Hardware als Gegenstände zu sehen; und unter Denkmethode und deren Ergebnisse wird die begriffliche Bildung von zusammengesetzten DV-Systemen verstanden, welche Versionsfolge der Software, Familien-, Klassenbildung und die andere organisatorische Aufbaustruktur der DV-Systeme darstellen kann. Diese versachlichte Definition des Systems läßt sich auch auf die Definition des Hardwaresystems übertragen, das jedoch durch die Aufbaustruktur der DV-Systeme verkörpert wird. Je nach betrachtetem DV-System sind die Hüllfläche und deren Umgebung unterschiedlich zu interpretieren. Die Hüllfläche kann die Verbindungen zwischen DV-Systemen durch Maschine-Maschine-Schnittstellen oder die Verbindungen zwischen Anwendern und DV-Systemen durch Mensch-Maschine-Schnittstellen kennzeichnen. Dementsprechend werden auch die unterschiedlichen Umgebungen zum Ausdruck gebracht.

T1. Hardware

In der Systemkonfiguration läßt sich die Hardware, die auch als Trägersystem der Basissoftware und der Anwendungssysteme bezeichnet wird, aufgliedern in *Netz*, *Hardwaresystem*, *Schnittstelle*, *Datenträger*, *Ein-/Ausgabegeräte* und Sonstiges. Jeder Unterteil der Hardware stellt einen Sammelbegriff für bestimmte materielle (mechanische und elektronische) Teile einer Datenverarbeitungsanlage dar und repräsentiert eine Baugruppe. Durch die rationale Zusammenstellung gewisser Baugruppen sind die Grundlagen zu bilden, auf denen die adäquate Software getragen werden und letztendlich die Datenverarbeitungsfunktionen wunschgemäß vollzogen werden können.

Das Netz wird hier auf Rechnernetz und verteilte DV-Systeme begrenzt. Es stellt die Kommunikationsverbindungen zwischen räumlich entfernten DV-Systemen her. Gemäß dem materiellen Teil ist das Netz als Netzkarte sowie -anschluß und Kabel (Lichtleitung, Koaxialkabel usw.) zu erkennen. Auf der anderen Seite soll es auch

---

[62] Schneider: Lexikon der Informatik und Datenverarbeitung. S.790. 1991.

weiter die notwendige Netzsoftware (Netzbetriebssystem) und die Kommunikations-protokolle umschließen, um die Kommunikation zwischen DV-Systemen im Sinne der Datenübertragung und -verarbeitung durchzuführen. Unter der Berücksichtigung der räumlichen Entfernung, in der die DV-Systeme kommunikativ miteinander verbunden sind, kann das Netz in lokales und fernes Netz gegliedert werden. Auf diesem Stand wird auch die adäquate Netzsoftware und deren Kommunikationsprotokolle benötigt. Zum lokalen Netz zählen bekanntlich Ethernetz, Tokenring, Novellnetz usw. Die Kommunikation zwischen weit entfernten DV-Systemen ist in der Regel über ein öf-fentliches Kommunikationsnetz, wie z.B. Telefonnetz, Satellit usw., zu verwirklichen.

Unter dem Hardwaresystem, das auch hier als ein neuer über den Rechner hinaus-gehender Begriff eingeführt werden darf, wird diejenige Hardware verstanden, die selbstverständlich Rechner im üblichen Sinne umfaßt und grundsätzlich aus mindestens einem Steuerprozessor, den Hauptspeichern und der Ein-/Ausgabensteuerung besteht. Sie verkörpert generell eine ablauffähige Konfiguration, in der diese Baugruppen (Hardware) aufeinander einwirkend durch klare Schnittstellen zusammengestellt wer-den sollen und eine selbständige Funktionseinheit aufgebaut wird, wie bekanntlicher-weise die Personalrechner (PC), Mehrbenutzerrechner (Hostrechner), Workstation (Server oder Client) usw. Darüber hinaus stellt ein Hardwaresystem begrifflich auch die Zusammenstellung der aufeinander einwirkenden Hardware dar; es kann aber nicht als eine selbständige Funktionseinheit gelten, wie zum Beispiel ein X-Terminal, ein in-telligente Datenstation usw. Sie ist nur in einer Weise dann ablauffähig, wenn sie mit einem selbständig ablauffähigen Hardwaresystem kommunikativ verbunden wird, z.B. das X-Terminals mit einer Workstation. Hierbei läßt sich so verdeutlichen, daß ein Hardwaresystem seine essentiale arbeitsfähige Konfiguration besitzen muß, welche nach einem gewissen Bauprinzip aus den Hardwarekomponenten besteht und zum Be-treiben des Hardwaresystems sowie zur Ausführung der Datenverarbeitungsfunktionen und des Datenaustausches zwischen Hardwaresystemen nötig ist. In anderen Worten ergibt sich aus dem Hardwaresystem eine Aufbaustruktur der Hardware, in welcher die Hardwarekomponenten als Baugruppen betrachtet werden können und sie durch einen Arbeitszusammenhang miteinander verknüpft werden sollen. Die wesentliche Bedeu-tung des Hardwaresystems ist durch die arbeitsfähige Konfiguration zu kennzeichnen. Allgemein wird das Hardwaresystem auch als eine begriffliche Abbildung von be-stimmten Hardwarekomponenten gesehen, welche aber eine konkrete Aufbaustruktur beschreibt und im wesentlichen die darin umschlossenen Funktionalitäten der Daten-verarbeitung sowie -übertragung darstellt. Im folgenden Abschnitt *3.IV.B.2 Die ar-beitsfähige Konfiguration der DV-Systeme aus lokaler und ferner Sicht* wird das Hardwaresystem unter dem Aspekt der arbeitsfähigen Konfiguration näher behandelt.

Die Schnittstelle, die auch als Verbindungsstelle oder Anschlußstelle der Hardware-systeme bezeichnet wird, ist logischerweise auch einen Art von Hardware. Hier wird die Schnittstelle nur auf die Art einer Maschine-Maschine-Interaktion begrenzt. Durch die Schnittstelle werden die kommunikativen Verbindungen zwischen DV-Systemen, hauptsächlich Hardware, erstellt. Die Schnittstelle besitzt zunächst ihre Funktionen, liegt zwischen zwei interagierenden DV-Systemen und ermöglicht eine leichte und re-gelgerechte Datenübertragung (-austausch) zwischen den DV-Systemen. Diese Funk-tionen können die Teilfunktionen der beiden durch die Schnittstellen und Leitungen verbundenen DV-Systeme, oder einer der beiden widerspiegeln, d.h. eine Schnittstelle kann die gemeinsamen Funktionen von den zu verbindenden DV-Systeme besitzen. In diesem Falle muß sie aber noch eine Umwandlungsfunktion besitzen, die die Konvertierung der Daten leistet, um die Datenübertragung (-austausch) zwischen beiden DV-Systemen zu ermöglichen, wie zum Beispiel die Schnittstelle zwischen Drucker und Zentraleinheit, zwischen Hauptspeicher und Festplatte. Es ist auch erkennbar, daß eine genormte und standardisierte Schnittstelle die Datenübertragung (-austausch) zwischen DV-Systemen erleichtert. So sind verschiedenen Arten standardisierter Schnittstellen zu unterscheiden, wie zum Beispiel RS-232, SCSI, IEEE-488 usw.

Der Datenträger ist eine weitere Art der Hardware in der Systemkonfiguration. Er verkörpert das besondere und geeignete physikalische Medium zur Aufnahme von Daten und Softwaresystemen und dient insbesondere der funktionskomplexen Datenerfassung, -speicherung, -transport und Sicherung sowie dem Ablauf der Softwaresysteme. Typischerweise zählen zum Datenträger RAM, ROM, Diskette, Festplatte, Magnetband, CD-ROM und andere mehr. Hierbei handelt es sich lediglich um den maschinenlesbaren Datenträger, der unentbehrlicher Bestandteil des Hardwaresystems zur Ausführung der Datenverarbeitungsfunktionen ist und eine begrenzte Speicherkapazität (Maßeinheiten: Byte, Kilobyte, Megabyte, Gigabyte usw.) besitzt. Dadurch sind die Klarschriftdatenträger[63] in einem Unternehmen, wie zum Beispiel Belege, Formulare, Berichte, Zeichnungen usw., ersetzt worden und gleichzeitig ist dadurch die effiziente Datenverarbeitung, -speicherung sowie -transport bezüglich der Schnelligkeit, Richtigkeit und Sicherheit gekennzeichnet.

Das Ein- oder Ausgabegerät kann auch als die Schnittstelle zwischen der Mensch-Maschine-Interaktion bezeichnet werden. Es dient zur Bereitstellung, Weiterverarbeitung, Pflege, Aktualisierung und Darstellung von Daten. Es visualisiert eigentlich die Bearbeitungsergebnisse der Daten durch die DV-Systeme. Ein typisches Eingabegerät ist die Tastatur, mit der die Daten erfaßt werden können. Der Bildschirm oder der Drucker ist in der Regel als Ausgabegerät zu sehen, mit dem die Darstellung bzw. Archivierung der bearbeiteten Daten zustande kommen kann. Es gibt aber auch manche Geräte, die die Funktionen sowohl der Datenausgabe als auch der Dateneingabe besitzen und als Ein- und Ausgabegeräte bezeichnet werden. Der Bildschirm und die Tastatur, möglicherweise noch die Maus, sind in der Regel immer kombiniert als eine Ganzheit zur Darstellung und Pflege der Daten zu betrachten. Zusätzlich mit einem weiteren Ausgabegerät - meistens dem Drucker - bilden sie einen typischen DV-gestützten Arbeitsplatz in einem Unternehmen. Sie sind prinzipiell die Bestandteile eines Hardwaresystems, in dem diejenigen Anwendungssysteme betrieben werden, die die unternehmerischen Aufgaben unter den Anweisungen der Menschen automatisch und leistungsfähig erfüllen können. Insofern sind der Drucker und der Bildschirm unter dem Ein- und Ausgabegerät näher zu behandeln. Diese beiden gehören zwar zum Ausgabegerät, besitzen jedoch unterschiedliche Merkmale. Zum einen sind die Ausdrucksgeschwindigkeit und die Auflösung eines Druckers, später auch dessen Farbe, von Bedeutung. Zum anderen sind die Größe, die Farbanzahl und die Auflösung eines Bildschirms von großem Interesse. Diese Merkmale verursachen einerseits die betrieblichen Kosten für die Einrichtung derartiger DV-gestützter Arbeitsplätze und spiegeln andererseits die Anforderungen wider, die gewissermaßen für die erforderliche Unterstützung zur Erfüllung der unternehmerischen Aufgaben nötig sind.

---

[63] Vgl. Schneider: Lexikon der Informatik und Datenverarbeitung. S.200 - 201. 1991.

Im Hinblick auf die schnelle Entwicklung der Informationsverarbeitungstechnologie bestehen die Möglichkeiten in der Systemkonfiguration, neu entwickelte Hardware beschreiben und gestalten zu können. Dies ist deswegen so wichtig, da die neu entwickelten DV-Systeme, hierbei auch die Hardware, die organisatorische Gestaltung und das Arbeitsverhalten der Menschen beeinflußt haben und weiter verändern werden. Sie sind vor allem in die Organisation integriert und dienen ihr auch. Dabei ist die rationelle Gestaltung der DV-Systeme im Unternehmen von großer Bedeutung, indem die betreffende und zweckmäßige Beschreibung der DV-Systeme wesentlich die Grundlage für die effiziente Planung sowie Entwicklung der Systemkonfiguration bildet. Hierbei soll die zukunftsorientierte Betrachtung der Systemkonfiguration in die gesamte Organisationsplanung und -entwicklung einbezogen werden, insbesondere bei der Überlegung der Produktivitätsverbesserung durch Rationalisierung der Geschäftsprozesse.

T2. Software

Im Gegensatz zur Hardware ist die Software vor allem als immaterieller Teil zu sehen. Sie dient zum Betreiben der Hardware und besitzt die Funktionen der Datenverarbeitung sowie die Datenstruktur. Unter betriebswirtschaftlicher Betrachtung ist die Software grundsätzlich in Basissoftware, Anwendungssystem und Datenbestand zu unterteilen. Diese Einteilung ist an den Unternehmensaufgaben ausgerichtet. Die Basissoftware, typischerweise Betriebssystem, Compiler, Entwicklungstools usw., ist einerseits erforderlich zum Betreiben eines Hardwaresystems und dient andererseits zur Entwicklung und zur Implementierung der Anwendungssysteme, die alle fachbezogenen Funktionen zur Lösung von Problemen in verschiedenen Fachbereichen eines Unternehmens besitzen, zum Beispiel das Organisationsinformationssystem *OrgIS* für die strategische Organisationsplanung und -entwicklung, Produktions- und Organisationsinformationssystem Prod*OrgIS*[64] für die Disposition und Abwicklung der Produktion. Hierbei ist durchaus deutlich zu erkennen, daß die Basissoftware und das Anwendungssystem durch die konkret zu lösenden Probleme voneinander zu unterscheiden sind. In einem betrieblichen Anwendungssystem spiegeln sich die Aufgaben eines Unternehmens wider. Den Aufgaben und deren Bearbeitungsreihenfolge entsprechen die Funktionen bzw. deren Aufbaustruktur in einem betrieblichen Anwendungssystem. Die Arbeitsobjekte sind durch die von diesen Funktionen bearbeiteten und erzeugten Daten zu kennzeichnen, welche auch zum Datenbestand zusammengefaßt werden. Der Datenbestand an sich besitzt in der Regel eine Struktur, die einen bestimmten Gegenstand (z.B. Produktionsstruktur, Organisationsstruktur usw. in einem Unternehmen) repräsentiert und stellt die zur Lösung eines Problems verfügbare Information dar.

T3. Aufbaustruktur der DV-Systeme

Die Aufbaustruktur der DV-Systeme beschreibt die Konstruktion oder die Zusammenfassung der DV-Systeme und ordnet einem Obersystem eine Menge von Untersystemen zu. Sie kann den gegenständlichen Aufbau eines DV-Systems (z.B. arbeitsfähige Konfiguration) darstellen, dessen Untersysteme als wichtige Bestandteile gelten, und auch die DV-Systeme begrifflicher Art repräsentieren, welche die Zusammensetzung der weiteren DV-Systeme verkörpern und insofern abstrakter als *Familie, Klasse*

---

[64] Prod*OrgIS* ist ein von Prof. Franz Steffens konzipiertes und ausgearbeitetes Informationssystem für die Produktionsplanung und -steuerung.
S.h.: Forschungsunterlagen und Aufsätze am Lehrstuhl von Prof. Steffens.

oder *Versionsfolge* bezeichnet werden. Bei der Aufbaustruktur der DV-Systeme wird jedoch darauf hingewiesen, daß ein DV-System, das als Obersystem zu sehen ist, aus anderen DV-Systemen bestehen kann, die dabei als Untersysteme bezeichnet werden und ihrerseits wieder als Obersysteme aufgefaßt werden können. Ein Obersystem kann durch Hardware, Software, Familie, Klasse oder Versionsfolge gekennzeichnet werden, gleiches gilt auch für das Untersystem. Die Untersysteme in einer Struktur sind logisch miteinander in der Weise verknüpft, daß sie entweder *fakultativ* oder *obligatorisch* zusammenfassend als Bestandteile des Obersystems gesehen werden. Die obligatorische Aufbaustruktur eines DV-Systems bedeutet, daß das Obersystem aus der gesamten Menge seiner Untersysteme besteht. In der fakultativen Aufbaustruktur jedoch kann das Obersystem beliebige Elemente aus der Menge seiner Untersysteme enthalten. In diesen zwei unterschiedlichen Aufbaustrukturen ist das Obersystem noch zusätzlich durch die Anzahl der gleichartigen Untersysteme näher zu beschreiben, da jedes Untersystem möglicherweise in der Aufbaustruktur mehrfach vorkommen kann. Hierbei ist besonders darauf zu achten, daß die widersprüchliche zyklische Aufbaustruktur der DV-Systeme ausgeschlossen werden muß. Das bedeutet auch, daß ein Obersystem keinesfalls in seiner Aufbaustruktur unmittelbar oder mittelbar aus sich selbst bestehen darf. Die Aufbaustruktur der DV-Systeme findet ihren Ausdruck letztendlich in den Anforderungen zur sorgfältigen Planung des DV-Einsatzes und in der flexiblen und effizienten Beschreibung sowie Verwaltung der DV-Systeme. Durch die gut Bildung der Aufbaustruktur der DV-Systeme gewinnt man auch einen Überblick über die eingesetzten DV-Systeme in einem Unternehmen und schließlich werden die Erweiterung und die Verbesserung der DV-Systeme in einem Unternehmen erleichtert.

Die Familie der DV-Systeme ist eine in der Systemkonfiguration eingeführte begriffliche Bildung der DV-Systeme. Sie repräsentiert eigentlich eine Menge von verschiedenen DV-Systemen, die sowohl gegenständliche DV-Systeme wie Hardware und Software als auch abstrakte DV-Systeme wie Familie, Klasse oder Software-Versionsfolge sein können und dabei als Untersysteme bezeichnet werden. Zwischen den Untersystemen bestehen auch die Zusammenhänge, die aus technischen oder betriebswirtschaftlichen Überlegungen abgeleitet werden können. So läßt es sich in der Tat feststellen, daß die Familie eines DV-Systems die strukturbehaftete Zusammensetzung der DV-Systeme unterschiedlicher Art impliziert und besitzt, welche sich auf datenverarbeitungstechnische oder betriebswirtschaftliche Betrachtungen erstreckt. Es kommt in der Praxis häufig vor, daß die unterschiedlichen DV-Systeme unter Berücksichtigung ihrer Kommunikation und ihres Arbeitszusammenhangs unter einem abstrakten Obersystem zusammengefaßt werden, da sich hierbei eine ersichtliche immanente Wechselbeziehung ergibt. Deutlich zu verstehen ist durch ein Beispiel, daß eine Familie aus unterschiedlichen DV-Systemen (z.B. Drucker, Monitor, Maus, CPU, Tastatur, Festplatte, Netzkarte usw.) zu einem DV-gestützten Arbeitsplatz zusammengesetzt werden kann. In diesem Falle bedeutet diese Familie der DV-Systeme einerseits die vollständigen DV-Ausstattungen eines DV-gestützten Arbeitsplatzes, andererseits verkörpert sie durch die Untersysteme der Software die zu erfüllenden Unternehmensaufgaben. Die Bildung der Familie trägt außerdem zur Senkung des Verwaltungsaufwandes der DV-Systeme bei und schafft damit einen durchschaubaren und umfassenden Überblick über die DV-Systeme und deren Zusammenhang. Dabei ist wesentlich zu bemerken, daß der Zusammenhang zwischen den DV-Systemen insbesondere bei der Planung und Kontrolle des Einsatzes der DV-Systeme berücksichtigt werden muß. Das bedeutet, daß die einer Familie zugehörigen DV-Systeme in ihrer Ganzheit betrachtet werden sollen. Die Familie der DV-Systeme ist in der Regel durch die Art der Verknüpfung zwischen deren Untersystemen zu unterscheiden und zwar danach, ob die Untersysteme fakultativ oder obligatorisch miteinander zu dieser Familie zusammengesetzt werden. Die Kombination der fakultativen und obligatorischen Bildung der Familie ist insofern von großer Bedeutung, da die vielfältige und alternative Aufbaustruktur der DV-Systeme erst dadurch ermöglicht wird. Das Unterscheidungskriterium zwischen der Familie und der Aufbaustruktur einer arbeitsfähigen Konfiguration der DV-Systeme besteht jedoch darin, daß die Familie der DV-Systeme im allgemeinen lediglich die Zusammensetzung unterschiedlicher DV-Systeme beschreibt; hingegen in der Aufbaustruktur einer arbeitsfähigen Konfiguration der DV-Systeme die ausführlichen Kommunikationsbeziehungen zwischen den Untersystemen, d.h. die genaue Art und Weise ihrer physischen Verbindungen, behandelt werden sollen. Diese Kommunikationsbeziehungen sind wichtig und auch notwendig, da die Untersysteme dadurch harmonisch und regelgerecht zusammenwirken können. Die Familie und die Aufbaustruktur einer arbeitsfähigen Konfiguration können offenbar einen sinnvollen Aufbau der DV-Systeme, aber unter organisatorischen und technischen Betrachtungen, repräsentieren.

Die zweite begriffliche Bildung der DV-Systeme wird als Klasse bezeichnet. Sie unterscheidet sich von der Familie dadurch, daß sie zwar auch eine Menge von DV-Systemen darstellt, aber ihre Untersysteme von gleicher Art sein müssen. Dabei dürfen sie wie bei der Bildung der Familie sowohl gegenständliche DV-Systeme wie Hardware und Software als auch DV-Systeme begrifflicher Art wie Klasse, Familie oder Software-Versionsfolge sein. Außerdem ist hier besonders darauf zu achten, daß die Untersysteme nur einfach nach gleicher Art unter einer Klasse zusammengefaßt werden. In dieser Weise hat die Klasse die Gemeinsamkeiten ihrer Untersysteme inne. Durch die Klasse kann die Einteilung der DV-Systeme, unter gleichzeitiger Berücksichtigung der weiteren Systemarten, nach technischen, wirtschaftlichen oder organisatorischen Überlegungen vorgenommen werden. Dafür ist das Beispiel im Unternehmen zu sehen, daß gleiche DV-Ausstattungen der DV-gestützten Arbeitsplätze unter einer Klasse zusammengefaßt werden können. Dabei wird gezeigt, daß diese Klasse bestimmten organisatorischen Stellen entspricht und vor allem die notwendigen DV-Systeme der Stellen für die Aufgabenerfüllung wiedergibt. Bei der Klasse ist ebenfalls fakultative und obligatorische Zusammensetzung der Untersysteme zu unterscheiden. Aus diesen zwei unterschiedlichen Bildungen ergeben sich die flexiblen und umfangreichen Aufbaumöglichkeiten der Klasse. Darüber hinaus ist es besonders nützlich, wenn im Zusammenhang mit der Beschreibung der Voraussetzungen zum Betrieb eines DV-Systems (Anwendungssystems) die Klassenbildung als Instrument zur Vereinfachung einer solchen Beschreibung genutzt wird.

Die Software-Versionsfolge, die hier als eine weitere begriffliche Art der DV-Systeme eingeführt und definiert wird, bezeichnet eine Reihe gleicher Software ausschließlich Datenbank (Datenbestand) mit der Ausprägung ihrer zeitlichen Entwicklung. Unter der zeitlichen Entwicklung einer Software ist zu verstehen, daß diese Software allmählich entwickelt wird, womit ihre Funktionalität erweitert oder ihre Performance verbessert wird. Darauf erfolgen möglicherweise neue Voraussetzungen zum Betrieb der verbesserten Software. Üblicherweise wird diese Ausprägung der zeitlichen Entwicklung der Software standardmäßig durch die Bezeichnung Version oder Release charakterisiert. Eigentlich ist die Software-Versionsfolge eine besondere

Klasse. Sie faßt ausschließlich die verschiedenen Versionen einer Software zusammen und verkörpert die grundlegenden Eigenschaften dieser Software. Dabei ist darauf hinzuweisen, daß die Software-Versionsfolge logischerweise nur eine Struktur zum Aufbau der Software mit verschiedenen Versionen besitzt. Hier wird verdeutlicht, daß in dieser Struktur die verschiedenen Versionen der Software alleinig obligatorisch zusammengefaßt werden sollen. Unter dem betriebswirtschaftlichen Aspekt kann die Software-Versionsfolge als ein organisatorischer Vorgang zur Leistungsverbesserung der Aufgabenerfüllung im Unternehmen gesehen werden. In diesem Falle handelt es sich in Wirklichkeit um diejenige Software, die sich ausschließlich auf betriebliche Anwendungssysteme bezieht und im wesentlichen die Erfüllung der unternehmerischen Aufgaben leistungsfähig unterstützen und sogar automatisieren kann.

2. Die Voraussetzung zum Betrieb der Software, insbesondere der Anwendungssysteme

Eine Software ist auch ein auf dem Hardwaresystem ablauffähiges Programm mit den zu bearbeitenden und zu erzeugenden Daten. Der Ablauf einer Software bedarf immer eines bestimmten Hardwaresystems und anderer Software, die gemeinsam eine Voraussetzung zum Betrieb der Software bilden. Einer betrachteten Software, im wesentlichen einem Anwendungssystem, kommt unter dieser Voraussetzung als Ausgangspunkt zentrale Bedeutung insofern zu, als daß erst durch sie Hardware, andere Software, Familie und Klasse zusammengesetzt und zu einem funktionsfähigen DV-System integriert werden. So kann auch dieses funktionsfähige DV-System als eine DV-Umgebung bezeichnet werden, in welcher die Software ablauffähig ist und ihre Funktionen zur Unterstützung sowie zur Automatisierung der Erfüllung der unternehmerischen Aufgaben ausgeführt werden können. Hierbei drücken die Voraussetzung und die DV-Umgebung einer Software gleiche Bedeutung aus. Die Bildung der Voraussetzung läßt sich auch durch obligatorische und fakultative Zusammensetzung von Hardware, anderer Software, Familie oder Klasse unterscheiden. Diese Eigenschaft der Voraussetzung einer Software gibt eine detaillierte Beschreibung einer (obligatorischen) oder mehrerer alternativer (fakultativen) DV-Umgebungen wieder. Die Bildung und Beschreibung der Voraussetzung ist deshalb von großer Bedeutung, da sich die Einsatzplanung der DV-Systeme und die Beschaffungsplanung der neuen Software nicht nur auf organisatorische und wirtschaftliche Überlegungen, sondern auch auf technische Überlegungen erstrecken. Für die technischen Überlegungen schafft die Voraussetzung eine Grundlage, in der die wichtigen und ausführlichen Betrachtungen über den Einsatz der Software angestellt werden. In der Regel ergibt die Voraussetzung eine technische Richtlinie zum Einsatz der Software.

Ein Tabu ist die Definition der zyklischen Voraussetzung. Eine Software darf weder für sich selbst noch für eine andere Software Voraussetzung sein, die wiederum Voraussetzung zum Betrieb der ersten Software ist. Wichtig ist insofern auch die Beziehung zwischen Software und Datenträger unter der Voraussetzung mitzuberücksichtigen, wobei die Kapazität des Datenträgers eine große Rolle bei der Aufnahme oder Speicherung der Software spielt. Es ist immer deutlicher zu erkennen, daß die kompletten betriebswirtschaftlichen Lösungen seitens der Entwicklung der Datenverarbeitungstechnologie zu einem größeren Anwendungssystem führen, in welchem die benutzerfreundlichen Schnittstellen zwischen Menschen und Maschinen gestaltet werden und somit die umfangreichen Aufgaben eines Unternehmens leistungsfähig erfüllt werden können. Ein derartiges Anwendungssystem bearbeitet und erzeugt eine große Menge von betrieblichen Daten. Dabei handelt es sich um den effizienten Einsatz und Ablauf des Anwendungssystems. So ergeben sich zwei alternative Einsatzmöglichkeiten des Anwendungssystems: zentrale und verteilte Datenverarbeitung. Darauf folgen allerdings die notwendigen Überlegungen über die Kapazität der Datenträger, die im wesentlichen Hauptspeicher und Festplatte sind und auf denen die Anwendungssysteme sowie die von ihnen bearbeiteten und erzeugten Daten installiert bzw. angelegt werden. Bei dieser Überlegung geht es nicht um den Installationsbedarf, sondern vielmehr um den zukünftigen Speicherbedarf, der schließlich aus Sicherheitsgründen spätere Sicherungskopien der Anwendungssysteme und die wachsenden betrieblichen Daten abdecken soll. Ähnliches drückt hierbei auch die Lozierung der Software aus, durch welche der Überblick über den Verteilungsstand der Software auf verschiedenen Datenträgern gewonnen wird.

Die Bildung der Voraussetzung einer Software dient im wesentlichen dazu, daß sie die ausführliche Unterstützung bei der Beschreibung und bei der Beschaffung einer ablauffähigen Software verstärkt. Diese bedeutungsvolle Unterstützung ist sowohl bei den Softwareherstellern durch ihre vollständigen Beschreibungen der notwendigen Ablaufumgebung der Software im Angebot als auch bei den Anwendern durch die komplette technische Beschreibung in der Einsatz- sowie Beschaffungsplanung der Software zu sehen. Dies ist letztendlich auch ein Beitrag für das Management in der Einsatzplanung der DV-Systeme in einem Unternehmen.

B. Technische Anforderungen

Der Einsatz der DV-Systeme in einem Unternehmen soll die Arbeitszusammenhänge und die dazu benötigte Kommunikation, mit anderen Worten auch Kooperation sowie Koordination, verbessern und schließlich die produktive Aufgabenerfüllung gestalten. Dazu dient die netzweite Kommunikationsverbindung zwischen DV-Systemen, welche die Kooperation zwischen DV-gestützten Stellen bei der Aufgabenerfüllung erleichtert. Durch das Netz verkürzt und verbessert sich auch der Kommunikationsweg zwischen räumlich entfernten DV-gestützten Stellen. Hierbei handelt es sich um die reibungslose Kommunikation, die natürlich funktionierende Anwendungssysteme voraussetzen muß. Die arbeitsfähige Konfiguration der DV-Systeme verkörpert die notwendige Zusammenstellung der Hardwarekomponenten, die die grundlegende Basis für den Ablauf der Software, insbesondere der betrieblichen Anwendungssysteme, schaffen. Diese arbeitsfähige Konfiguration der DV-Systeme bezieht sich im wesentlichen auf die Hardwarekomponenten und läßt sich in lokalen und fernen Aspekt unterscheiden. Die lokale Konfiguration beschreibt die Zusammenstellung der Hardwarekomponenten, die durch Schnittstellen und einfache Verbindungsmittel miteinander verbunden sind. Aus der Sicht der möglichst großen Ausnutzung der Hardwarekomponenten und der verteilten Datenhaltung sowie -verarbeitung in einem Unternehmen wird die ferne Konfiguration der DV-Systeme erstellt. Sie kennzeichnet auch die Zusammenstellung der Hardwarekomponenten, aber unter Berücksichtigung des Einsatzes der Netze. D.h. die Hardwarekomponenten sind nicht nur durch Schnittstellen und einfache Verbindungsmittel, sondern auch durch die Netze sowie erforderliche Netzbetriebssoftware mit den Kommunikationsprotokollen miteinander verbunden.

1. Die netzweite Kommunikationsverbindung zwischen DV-Systemen

In der Systemkonfiguration wird die Kommunikationsverbindung zwischen DV-Systemen geschildert. In erster Linie setzt eine solche Kommunikationsverbindung zunächst das Netz als eine Art der Hardware und die notwendige Netzbetriebssoftware mit entsprechenden Kommunikationsprotokollen als eine Art der Software voraus. Dabei handelt es sich im wesentlichen um die Hardwaresysteme, die miteinander kommunizieren und zu diesem Zweck an Netze durch bestimmte Netzkarten angeschlossen sowie zugleich mit der Netzbetriebssoftware und den verwendeten Kommunikationsprotokollen konfiguriert sein müssen. Jedes Hardwaresystem kann auf diese Art und Weise, d.h. durch Netzkarte und -betriebssoftware sowie Kommunikationsprotokolle, an ein Netz angeschlossen bzw. konfiguriert werden. Die wirkliche Kommunikation zwischen diesen Hardwaresystemen wird dann durch die entsprechende Netzbetriebssoftware sowie durch die Kommunikationsprotokolle realisiert. Durch die miteinander kommunizierenden Hardwaresysteme ist dann auch die Kommunikation zwischen derjenigen Software erst möglich, die auf diesen Hardwaresystemen ablaufen. Besonders ist dabei zu bemerken, daß diese Kommunikationsverbindung durch ein oder mehrere Netze verwirklicht werden kann. Das bedeutet letztendlich verschiedene mögliche Kommunikationsverbindungen zwischen Hardwaresystemen, wenn sie am gleichen Netz angeschlossen und mit den entsprechenden Kommunikationsprotokollen sowie der Netzbetriebssoftware konfiguriert werden oder an unterschiedlichen Netzen, die aber miteinander durch ein Hardwaresystem oder transitiv durch mehrere an den Netzen angeschlossene Hardwaresysteme erreichbar sind, angeschlossen und mit passenden Kommunikationsprotokollen sowie Netzbetriebssoftware konfiguriert werden. Auf der Grundlage einer solchen Kommunikationsverbindung kann die gemeinsame Nutzung von Datenbeständen, Anwendungssystemen und Hardware erfolgen. So ergibt sich die verteilte Datenverarbeitung.

Jedes Hardwaresystem, das am Netz angeschlossen ist, spielt eine bestimmte Rolle in dieser Kommunikation. Dabei sind die Hardwaresysteme in diesem Falle in Datei-Server, Drucker-Server, Client, Gateway usw. zu unterscheiden. Im allgemeinen koordiniert und steuert ein Server die Dienstaufträge unterschiedlicher Hardwaresysteme, zum Beispiel den Zugriff auf eine zentrale Datenbank oder Dateiausdruck auf einem leistungsfähigen Drucker. Die Auftraggeber sind in dem Falle die Clients, die immer die Dienstleistungen von einem anderen Server anfordern müssen. Ein Gateway ist grundsätzlich gleichzeitig an mehreren Netzen angeschlossen. Es besitzt die wesentlichen Funktionen, um Daten von einem Netz in das andere Netz zu übertragen.

Weiterhin zu verdeutlichen ist die Anschlußart der Hardwaresysteme an dem Netz, welches sich auch auf die Kommunikationsart übertragen läßt. Unter der Anschlußart eines Hardwaresystems an Netz sind drei Arten zu unterscheiden: *aktiv*, *passiv* und *aktiv-passiv*. In der Regel kann ein Hardwaresystem aktiv, passiv oder aktiv-passiv an einem Netz angeschlossen sein und mit Netzbetriebssoftware sowie Kommunikationsprotokollen installiert werden. Ein aktiv an dem Netz angeschlossenes Hardwaresystem ist anderen Hardwaresystemen unzugänglich. Aber ein aktives Hardwaresystem kann über ein Netz oder transitiv über mehrere Netze auf andere Hardwaresysteme zugreifen, die vor allem ihm zugänglich sind. Im Gegensatz dazu gibt es das passiv an dem Netz angeschlossene Hardwaresystem, das allerdings den anderen Hardwaresystemen zugänglich ist. Das passive Hardwaresystem kann über das Netz die Daten von anderen Hardwaresystemen empfangen, die zugleich auf das passive Hardwaresystem zugreifen können, wenn sie aktiv an Netz angeschlossen sind. Ein Hardwaresystem kann jedoch sowohl aktiv als auch passiv an einem Netz angeschlossen werden. Ein aktiv-passives Hardwaresystem besitzt offensichtlich die gemeinsamen Eigenschaften des aktiven und passiven Hardwaresystems und kann die Daten über die Netze (direkt oder transitiv) senden wie auch empfangen. Über die Netze kann das aktiv-passive Hardwaresystem nicht nur auf andere Hardwaresysteme zugreifen, sondern auch von ihnen zugegriffen werden

Unter Berücksichtigung der Anschlußart der Hardwaresysteme am Netz läßt sich auch die Kommunikationsart zwischen Hardwaresystemen unterscheiden, nämlich *unidirektionale* und *bidirektionale* Kommunikation. Die unidirektionale Kommunikation zwischen zwei Hardwaresystemen ist dadurch zu erkennen, daß ein Hardwaresystem aktiv und ein anderes passiv am Netz angeschlossen ist. Somit kann das aktive Hardwaresystem als Sender und das passive Hardwaresystem als Empfänger bezeichnet werden. Das aktive Hardwaresystem kann insofern auch über die Netze (direkt oder transitiv) auf das passive Hardwaresystem zugreifen und der Datenaustausch zwischen ihnen kann deshalb durch das aktive Hardwaresystem verwirklicht werden; diese setzt aber die entsprechende Netzbetriebssoftware und die Kommunikationsprotokolle voraus. In der bidirektionalen Kommunikation zwischen zwei Hardwaresystemen stellt man fest, daß die beiden Hardwaresysteme zunächst sowohl aktiv als auch passiv an dem Netz angeschlossen sind und dann die Netzbetriebssoftware sowie Kommunikationsprotokolle auf ihnen installiert bzw. konfiguriert sein müssen. Damit können die beiden Hardwaresysteme über die Netze (direkt oder transitiv) aufeinander zugreifen.

In der Praxis findet die Kommunikation zwischen Hardwaresystemen ihren tieferen Sinn in der Kommunikation zwischen der Software von Anwendungssystemen, die auf den an den Netzen angeschlossenen unterschiedlichen Hardwaresystemen installiert sind. Der Datenaustausch wird letztendlich von Anwendungssystemen gefordert und zugleich durch die Anwendungssysteme verwirklicht wird. Die Kommunikation zwischen Anwendungssystemen setzt zunächst die Hardwaresysteme voraus, auf denen die Anwendungssysteme installiert werden und die nach Kommunikationsbedarf ordnungsgemäß am Netz angeschlossen sind. Die Kommunikationsart zwischen Software läßt sich auch von der Kommunikationsart der Hardwaresysteme übertragen, d.h. unidirektionale und bidirektionale Kommunikation. Die netzweite Kommunikation zwischen Software findet ihren wesentlichen Ausdruck in der verteilten Datenverarbeitung und -haltung. Dies strebt die Ausnutzung aller DV-Systeme an und erleichtert vor allem die organisatorische Kooperation und Koordination bei der Aufgabenerfüllung in einem Unternehmen. In Hinsicht auf die DV-gestützten Arbeitsplätze und deren Aufgabenerfüllung ergeben die Anschlußart der Hardwaresysteme und die Kommunikationsart zwischen ihnen die Kompetenzen der Stellen, hier grundsätzlich die Informationskompetenzen. Diese sind in der Definition der DV-Ausstattung der Stellen und deren fachlicher Zuständigkeit zu berücksichtigen. So ist es auch sehr wichtig, die netzweite Kommunikation zwischen Hardwaresystemen (wie auch Anwendungssystemen) nicht nur unter technischen, sondern schwerpunktmäßig unter organisatorischen Aspekten zu betrachten und zu planen.

2. Die arbeitsfähige Konfiguration der DV-Systeme aus lokaler und ferner Sicht

Die arbeitsfähige Konfiguration bezeichnet die festgelegte Zusammenstellung der Hardwarekomponenten zur Erfüllung unterschiedlicher Funktionen der Datenverarbeitung mit einer oder mehreren Zentraleinheiten[65]. In einer derartigen Konfiguration sind die Hardwarekomponenten miteinander durch gewisse Schnittstellen kommunikativ gebunden. Daraus ergibt sich auch eine Aufbaustruktur der DV-Systeme, die völlig anders als die Struktur einer Familie, Klasse oder Software-Versionsfolge ist. Hier ist diese arbeitsfähige Konfiguration weiter unter *lokaler* und *ferner* Sicht zu unterscheiden und zu beschreiben. Der Unterschied zwischen lokaler und ferner Konfiguration der DV-Systeme besteht darin, daß eine ferne Konfiguration sich immer auf die Netze und die Netzbetriebssoftware sowie die Kommunikationsprotokolle erstreckt. Somit setzt sie auch die netzweite Kommunikation und eine lokale arbeitsfähige Konfiguration voraus. Bei der lokalen Konfiguration handelt es sich eigentlich um die kommunikative Verbindung zwischen einzelnen Hardwarekomponenten, welche durch besondere Hardwarekomponenten wie Schnittstellen verwirklicht wird.

T1. Lokale Konfiguration

Die lokale Konfiguration der DV-Systeme beschreibt die Zusammenstellung der Hardwarekomponenten und deren kommunikative Verbindung als eine arbeitsfähige Einheit - das Hardwaresystem. Dabei stellt die Zusammenstellung der Hardwarekomponenten alleinig eine Menge von denjenigen gegenständlichen Hardwarekomponenten dar, die zum Aufbau eines vollständigen und funktionierenden Hardwaresystems benötigt werden. Unter der kommunikativen Verbindung zwischen diesen Hardwarekomponenten ist die Schnittstelle von anderen Hardwarekomponenten zu unterscheiden. Hierbei ermöglicht die Schnittstelle den regelgerechten Datenaustausch zwischen den Hardwarekomponenten. Insofern ist die Hervorhebung der Schnittstelle sehr erforderlich, um die arbeitsfähige Konfiguration der DV-Systeme klar darzustellen. In der lokalen Konfiguration steht das Zusammenwirken der Hardwarekomponenten im Vordergrund, welche durch die Schnittstellen gekennzeichnet wird. So spielt die Schnittstelle eine wichtige und entscheidende Rolle, in der sie die Hardwarekomponenten miteinander verknüpft und den regelgerechten Datenaustausch zwischen ihnen ermöglicht. Dadurch sind auch die Protokolle dieses Datenaustausches implizit festgelegt. Insofern kann die lokale Konfiguration der DV-Systeme ein geschlossenes arbeitsfähiges Hardwaresystem zur Erfüllung der Datenverarbeitungsfunktion oder ein offenes arbeitsfähiges Hardwaresystem sein. Das letztere kann auch die Datenverarbeitungsfunktion erfüllen, wenn es mit dem ersteren über Netz oder durch die Schnittstelle kommunikativ verbunden ist.

T2. Ferne Konfiguration

Die ferne Konfiguration der DV-Systeme bildet die Grundlage für die gemeinsame Nutzung der Hardware und Software sowie die verteilte Datenverarbeitung. In erster Linie setzt die ferne Konfiguration die Hardware vom Netz und die Software von der Netzbetriebssoftware mit deren Kommunikationsprotokollen voraus. In der fernen Konfiguration wird die kommunikative Beziehung zwischen einem Hardwaresystem und denjenigen Hardwarekomponenten beschrieben, die als die lokalen Bestandteile der anderen Hardwaresysteme gelten. Durch die ferne Konfiguration werden außerdem die Schnittstellen zwischen ihnen klar dargestellt. Diese Netz-Schnittstellen kennzeichnen die Netze und die entsprechende Netzbetriebssoftware mit den Kommunika-

---

[65] Vgl. Schneider: Lexikon der Informatik und Datenverarbeitung. S. 442. 1991.

tionsprotokollen. Durch die Netz-Schnittstellen in der fernen Konfiguration entsteht grundsätzlich die Möglichkeit zur gemeinsamen Nutzung der Hardwarekomponenten und der Datenbestände. Wenn ein Hardwaresystem direkt über ein Netz oder transitiv über mehrere Netze auf die Hardwarekomponenten von anderen Hardwaresystemen zugreifen kann, ist dabei die Voraussetzung gegeben, daß diese Hardwarekomponenten als seine fernen Bestandteile konfiguriert werden sollten. Eine weitere Voraussetzung ist, die passende Netzbetriebssoftware mit den entsprechenden Kommunikationsprotokollen auf allen Hardwaresystemen zu installieren. Die Hardwarekomponenten, die als die fernen Bestandteile eines Hardwaresystems konfiguriert sind, können auch direkt an einem Netz angeschlossen sein.

Bei der fernen Konfiguration sind die Anschlußarten der Hardwaresysteme am Netz sowie die Kommunikationsarten zwischen Hardwaresystemen zu berücksichtigen.

- Einem Hardwaresystem, das aktiv oder aktiv-passiv an einem Netz angeschlossen ist, kann eine Hardwarekomponente von einem anderen Hardwaresystem, das am gleichen Netz passiv oder aktiv-passiv angeschlossen sein muß, als fern konfigurierte Komponente zugeordnet werden. Hierbei gewährleistet der Kommunikationsweg zwischen beiden Hardwaresystemen die Möglichkeit der fernen Konfiguration.

- Einem Hardwaresystem, das aktiv oder aktiv-passiv an einem Netz angeschlossen ist, kann ein Hardwaresystem, das auch am gleichen Netz passiv oder aktiv-passiv angeschlossen ist, als seine fern konfigurierte Komponente zugeordnet werden. Dabei wird auch ein Kommunikationsweg zwischen ihnen hervorgehoben.

- Die oben erwähnten Fälle können auch durch mehrere Netze zustande kommen. Insofern entsteht ein mehrstufiger transitiver Kommunikationsweg zwischen den Hardwaresystemen, bei dem in jeder Stufe die Anschlußarten der entsprechenden Hardwaresysteme (Gateway) an den Netzen sorgfältig beachtet werden müssen.

- Auf den Hardwaresystemen müssen geeignete Netzbetriebssoftware mit den entsprechenden Kommunikationsprotokollen installiert werden. Damit kann die Kommunikation zwischen den Hardwaresystemen verwirklicht werden.

Im Zusammenhang mit den modernen Kommunikationstechnologien sind die lokale und die ferne Konfiguration der DV-Systeme auch unter dem wirtschaftlichen und organisatorischen Aspekt berücksichtigt. Einerseits werden die Kommunikationswege zwischen räumlich entfernten DV-gestützten Stellen durch die wohlbedachten Konfigurationen der DV-Systeme rationalisiert und aber andererseits sollen die lokale und die ferne Konfiguration der DV-Systeme auf der Kosten-/Nutzenrechnung beruhen, die letztlich bei der Anschaffung wie auch beim Betrieb der DV-Systeme einen sehr wichtigen Ansatzpunkt darstellt. Nicht zuletzt sind die Überlegungen der lokalen und fernen Konfiguration der DV-Systeme bei deren flexiblen Anpassungs- und vielseitigen Einsatzfähigkeit von großer Bedeutung. Bei der Anpassungsfähigkeit der DV-Systeme handelt es sich darum, daß die Hardware-Voraussetzungen für die DV-gestützte wechselnde Aufgabenerfüllung dynamisch gegeben sein können. Die vielseitige Einsatzfähigkeit der DV-Systeme findet ihren Ausdruck darin, daß die eingesetzten DV-Systeme in einem Unternehmen nicht nur für unterschiedliche Aufgaben innerhalb einer Organisationseinheit, sondern auch in einzelnen Fachbereichen genutzt werden können. Die Koordinierung bei der Kommunikation zwischen den DV-gestützten Stellen wird insofern durch die rationalen Konfigurationen der verwendeten DV-Systeme auf den Stellen effizient unterstützt und gegebenfalls von den DV-Systemen übernommen.

V. Der Zusammenhang zwischen Aufbau-, Ablauforganisation und Systemkonfiguration

Die Organisation in einem Unternehmen wird hier in drei Teilen betrachtet, namentlich der Aufbauorganisation, der Ablauforganisation und der Systemkonfiguration. Diese drei Teile sind voneinander untrennbar, hängen vielmehr miteinander zusammen. Dieser Zusammenhang zwischen ihnen läßt sich von der organisatorischen Überlegung her nachvollziehen. Der Aufbau der Organisation soll zur leistungsfähigen Erreichung der Unternehmensziele dienen, welche allerdings nur durch die effektive und effiziente Erfüllung der Aufgaben zustande kommen kann. Somit ist der Zusammenhang zwischen der Aufbauorganisation und der Ablauforganisation durch die klare fachliche Zuständigkeit der Organisationseinheiten für die Aufgabenerfüllung zu erkennen. Dabei wird auch zugleich der fachliche Führungszusammenhang gebildet. Hinsichtlich der Aufgabenanalyse und -synthese ergibt sich dieser Zusammenhang grundsätzlich aus der Aufgabenverteilung und der Bildung der Organisationseinheit. Darüber wurde er im vorhergehenden Abschnitt *3.I.C. Die fachliche Zuständigkeit und Führung* näher beschrieben. Für die Aufgabenerfüllung sind die Personen verantwortlich, wobei sie diese Aktivitäten manuell oder maschinell wahrnehmen können. In Hinsicht auf die Entwicklung der Informationsverarbeitungstechnologie sind auch immer mehr DV-Systeme in Unternehmen eingesetzt. Die Bedeutung der DV-Systeme findet sich insbesondere in der leistungsstarken Unterstützung zur Durchführung der Geschäftsprozesse. So werden nicht nur die Aufgaben DV-gestützt erfüllt, sondern auch die Organisationseinheiten, die die Arbeitsplätze repräsentieren können, mit den DV-Systemen verbunden. In diesem Sinne werden die DV-Systeme als Aufgabenträger betrachtet. Somit wird einerseits der Zusammenhang zwischen der Ablauforganisation und der Systemkonfiguration durch die DV-gestützte Aufgabenerfüllung gekennzeichnet, und andererseits der Zusammenhang zwischen der Aufbauorganisation und der Systemkonfiguration durch die Zugangsberechtigung der Organisationseinheiten zu den DV-Systemen (hauptsächlich Hardware) bestätigt. So sind zwei Punkte bezüglich der Systemkonfiguration zu unterscheiden:

- Substitution der Personalkosten durch DV-Kosten und
- DV-gestützte Aufgabenerfüllung.

A. Substitution der Personalkosten durch DV-Kosten

Die leistungsfähige Erreichung der Unternehmensziele stellt die Anforderungen an das DV-System und ist dadurch gekennzeichnet. Der Einsatz des DV-Systems verkörpert einerseits die DV-gestützten Arbeitsplätze bezüglich der Aufbauorganisation und andererseits die DV-gestützte Aufgabenerfüllung, d.h. Automatisierung der Arbeitsprozesse bzw. der Aufgabenerfüllung, bezüglich der Ablauforganisation.

Die Planung und die Entwicklung der Systemkonfiguration sollen auf diejenigen Ziele ausgerichtet sein, die zu der besseren Gestaltung der Organisation und der leistungsfähigeren Aufgabenerfüllung in dem Unternehmen beitragen. Die Planung der Systemkonfiguration ist eigentlich auch die Einsatzplanung der besonderen Aufgabenträger, deren Vorteile im wesentlichen im Bereich der Erfüllung der Geschäftsprozesse deutlich zu sehen sind und die in höherem Maße die gesamte Produktivitätsverbesserung im Unternehmen bewirken. Es ist insofern sehr wichtig, die Gestaltung der Systemkonfiguration unter der gleichzeitigen Berücksichtigung der Gestaltung der Aufbau- und Ablauforganisation zu betrachten. Die DV-Systeme, die in einem Unternehmen oder dessen Fachbereichen zur Unterstützung der Aufgabenerfüllung eingesetzt werden, werden immer mehr als Flexibilisierungsfaktor gesehen. Sie kennzeichnen außerdem den Automatisierungsgrad der Aufgabenerfüllung in einem Unternehmen oder dessen Fachbereichen. Sie führen damit nicht nur zur Produktivitätssteigerung bei der Aufgabenerfüllung, sondern auch zur Organisationsumstellung. So sind die DV-Systeme als Aufgabenträger mit dem Aufbau der Organisation, insbesondere mit der Planung der Stellenbesetzung, gemeinsam zu betrachten. Die DV-Systeme, vor allem die Hardware, werden auch mit den Organisationseinheiten verbunden, die ihrerseits die DV-gestützten Arbeitsplätze zum Ausdruck bringen sollen. Sobald die DV-Systeme in einer Organisationseinheit eingesetzt werden, sollen grundsätzlich die Produktivität bei der Aufgabenerfüllung steigen und zugleich die Personalkosten sinken. Äußerlich wird dies durch die DV-gestützten Arbeitsplätze (DV-Ausstattung) repräsentiert, die sich hierbei auf eine Stelle oder eine Höhere Organisationseinheit beziehen können. Dafür sind gleichzeitig die organisatorischen Regelungen festzulegen, die die Zugangsberechtigung der Organisationseinheit zu den DV-Systemen zum Ausdruck bringen. Dabei dürfen eine oder mehrere Organisationseinheiten die Zugangsberechtigung zu einem oder mehreren DV-Systemen besitzen.

B. DV-gestützte Aufgabenerfüllung

Der DV-gestützten Aufgabenerfüllung liegt die Systemkonfiguration, d.h. Anwendungssoftware und Hardware, zugrunde. Dies erfordert eine Verbindung zwischen der Ablauforganisation und der Systemkonfiguration. Diese Verbindung findet ihren Ausdruck in dem Automatisierungsgrad der Aufgabenerfüllung in einem Unternehmen oder dessen Fachbereichen. Zur Automatisierung der Aufgabenerfüllung können sich viele Möglichkeiten ergeben. Durch den Einsatz der DV-Systeme, vor allem der Anwendungssysteme, kann die Erfüllung der Aufgaben voll oder teilweise automatisiert werden. Demzufolge ist es auch erforderlich, die Arbeitsobjekte, die durch die DV-gestützte Erfüllung der Aufgaben verarbeitet werden, in DV-Systemen zu speichern.

Die Erfüllung der Aufgaben kann durch verschiedene DV-Systeme (betriebliche Anwendungssysteme) unterstützt werden. Wiederum müssen die DV-Systeme in einem Unternehmen oder dessen Fachbereichen eingesetzt werden, um die Erfüllung mehrerer Aufgaben zu unterstützen. Dabei handelt es sich grundsätzlich um die Aufgabenanalyse und die Untersuchung der DV-Systeme, woraus eine organisatorische und wirtschaftliche Entscheidung getroffen werden soll:

- Welche Aufgaben sollen DV-gestützt erfüllt werden?
- Welche DV-Systeme, vor allem Anwendungssysteme, sollen zur Unterstützung der Aufgabenerfüllung gewählt und eingesetzt werden?
- Wie werden die Arbeitsobjekte der Informationssorte bezüglich der Zentralisation und Dezentralisation verteilt gespeichert?
- Soll die Organisation in Folge des Einsatzes der DV-Systeme im Unternehmen umgestellt werden? Dabei soll der Aufwand mitberücksichtigt werden.

Alle Fragen und Entscheidungen werden hierbei durch die Verbindungen zwischen der Ablauforganisation und der Systemkonfiguration dargestellt, welche letztlich die DV-gestützte Aufgabenerfüllung in einem Unternehmen oder dessen Fachbereichen klarstellen.

Viertes Kapitel
Die Architektur des verteilten Organisationsinformationssystems *OrgIS*

Eine gut konstruierte Systemarchitektur ist grundsätzlich einerseits durch die strukturierten Module des Systems und andererseits durch die wohldefinierten Schnittstellen zwischen ihnen gekennzeichnet. Daraus ergeben sich die Verständlichkeit, Erweiterbarkeit, Änderbarkeit und Wiederverwendbarkeit des Systems bzw. seiner Module. Dabei wird ein System (Organisationsinformationssystem *OrgIS*) in mehrere Module gegliedert, die wiederum in Teilmodule zerlegt werden können. Ein Teilmodul besteht normalerweise aus mehreren Funktionen oder Funktionenkomponenten und kann hier als Baustein des Systems *OrgIS* verstanden werden. Daraus entsteht eine funktionelle Hierarchie des Systems *OrgIS*, in der die Zugehörigkeit der Funktionen (Funktionenkomponenten) zu den Modulen eindeutig dargestellt wird. Dabei handelt es sich um die Bewältigung der Systemkomplexität, die durch die Zerlegung des Systems *OrgIS* in einzelne Module verringert werden soll. Die Bausteine bzw. Module sind noch durch die Schnittstellen miteinander zu koppeln, aus denen ein Funktionsnetz bestehen soll. In diesem Funktionsnetz können die Module oder Teilmodule als aggregierte Funktionen betrachtet und die unterschiedlichen Arten zur Koppelung zwischen ihnen verdeutlicht werden, wie zum Beispiel Aufrufbeziehung, ereignisgesteuerte Reihenfolge, usw. Zwischen den Modulen bzw. Teilmodulen kann es eine *Verbundenheit* geben, die allerdings bei der Zusammenstellung der Module bzw. Teilmodule zum System *OrgIS* berücksichtigt werden muß. Die Verbundenheit zwischen zwei Modulen findet ihren Ausdruck letztlich darin, daß ein Modul ins System *OrgIS* eingebunden werden kann, falls ein anderes Modul auch darin integriert wird, oder vice versa. Mit anderen Worten ein Modul setzt bei seiner Integration ins System ein anderes Modul voraus. Die Verbundenheit zwischen den Modulen bzw. Teilmodulen kann sich ferner durch einseitige und gegenseitige Voraussetzung unterscheiden. Aus dieser Verbundenheit ergibt sich neben der funktionellen Hierarchie der Module noch eine Hierarchie, in der eigentlich die Abhängigkeit zwischen den Modulen dargestellt wird. Aus der Hierarchie der Modulverbundenheit ist festzustellen, wie das System *OrgIS* durch die Zusammenstellung der unterschiedlichen Module bzw. Teilmodule zu bilden ist. Bezüglich der Modulverbundenheit kann das System *OrgIS* in der Regel aus allen Modulen oder einem Teil davon gebildet werden, die ihrer funktionellen Hierarchie zufolge die Funktionalität des Systems *OrgIS* (z.B. Planung der Projektorganisation, der Aufbauorganisation, der Ablauforganisation usw.) bestimmen. Sobald die einzelnen Module bzw. Teilmodule implementiert werden, können sie aufgrund ihrer Verbundenheit miteinander integriert werden, um das System *OrgIS* mit der erwünschten Funktionalität herzustellen. Dabei ist jedoch zu beachten, daß das System *OrgIS* immer bestimmte Module bzw. Teilmodule als minimale Menge beinhalten soll. In diesem Zusammenhang sind die Module bzw. Teilmodule zusätzlich in Basis- und Variantenmodule zu unterscheiden. Die Basismodule bilden den unentbehrlichen Bestandteil des Systems *OrgIS*, die Variantenmodule hingegen stellen die Auswahlmöglichkeit dar, aus der das System *OrgIS* mit differenzierter Funktionalität hergestellt werden kann. Im Vergleich mit der industriellen Fertigung, insbesondere mit der Herstellung der Hardware, können solche Module bzw. Teilmodule als Zwischenprodukte bzw. Funktionenkarten (Graphik-, Netzkarte usw.) aufgefaßt werden, aus denen ein Produkt bzw. Rechner mit unterschiedlicher Funktionalität bzw. Variation montiert bzw. hergestellt werden kann, wobei auch die Verbundenheit zwischen den einzelnen Teilen (Zwischenprodukten oder Funktionenkarten) beachtet werden muß.

Das Merkmal, das das Organisationsinformationssystem *OrgIS* kennzeichnet, ist durch die Benutzerschnittstellen zu erkennen, die den Dialog zwischen Mensch und Maschine ermöglichen. Jedes Softwaresystem wird für bestimmte Zwecke (Unterstützung der Organisationsplanung, der Software-Entwicklung, der Produktionsplanung usw.) entwickelt und realisiert. Der Benutzer, der das Softwaresystem für die Erledigung seiner Aufgaben anwendet, besitzt auch unterschiedliche Kenntnisse. So muß die Entwicklung eines Softwaresystems von vornherein, d.h. in der Entwurfsphase, für entsprechende Benutzergruppe speziell kreiert werden. Dies ist in dem Entwurf und der Festlegung der Benutzerschnittstellen zu verdeutlichen. Der Grundaufbau der Benutzerschnittstellen wird grundsätzlich auf der Basis der Anforderungsanalyse und -definition spezifiziert. Dadurch wird auch gleichzeitig festgelegt, wie das Softwaresystem nachher bedient werden soll. Das System *OrgIS* wird zur Unterstützung der Erfüllung der Managementaufgaben eingesetzt, die in einem Unternehmen hauptsächlich vom Unternehmensleiter oder Geschäftsführer wahrgenommen werden. So wird das Ziel der Entwicklung des Organisationsinformationssystems *OrgIS* dahingehend gesetzt, daß das System *OrgIS* über wenig Schulungsbedürfnis und mehr Benutzerfreundlichkeit verfügen soll. Zur Gestaltung der Benutzerschnittstelle sind grundsätzlich folgende drei Punkte zu berücksichtigen:

- Menüstruktur,
- Fenstertechnik und
- graphische Darstellung.

Dabei handelt es sich prinzipiell um die Gestaltung der Maske, die bei dem Entwurf des Systems *OrgIS* nicht nur eine Benutzerschnittstelle repräsentiert, sondern vielmehr ein Objekt zum Ausdruck bringen soll. In jedem Maskenobjekt werden sowohl die Funktionen als auch die Daten bzw. Attribute gekapselt definiert, wobei die Daten bzw. Attribute mit den statthaften Funktionen verarbeitet werden können. Strukturiert werden solche Funktionen durch das Menü zur Auswahl gestellt, in welchem zusätzlich die vom Benutzer gesteuerten Ereignissen (Versand der Message, Modulwechsel usw.) definiert werden und außerdem solche, die vom Benutzer ausgelöst werden können. Ein Benutzer muß je nach den zu verarbeitenden Daten bzw. Attributen gleichzeitig mit mehreren Fenstern bzw. Masken arbeiten, darum sind die Beziehungen zwischen diesen Masken festzustellen. Dabei geht es vorrangig um die Fenstertechnik. Die Masken können in unterschiedlicher Art und Weise miteinander verknüpft werden, wie zum Beispiel *Blockiert, Disponibel, Sequentiell* usw. Die Daten bzw. Attribute, die in der Maske mit den darin definierten Funktionen verarbeitet werden können, können in einer bestimmten Form (tabellarisch oder graphisch) dargestellt werden. Eine gut gestaltete Benutzerschnittstelle bzw. Maske verlangt vom Benutzer wenig Schulung, sondern bietet ihm große Bedienungsfreundlichkeit an. Dabei ist ferner zu beachten, daß die statthaften Funktionen und die Daten in jeder Maske benutzerbezogen sind. Dahinter verbirgt sich das Zugriffsrecht eines Benutzers auf die erlaubten Funktionen sowie Daten. Es werden zwar eine große Zahl von Funktionen in einer Maske definiert, aber ein Benutzer kann je nach seinem Zugriffsrecht alle definierten

Funktionen oder einen Teil davon ausführen, um die Daten bzw. Attribute in der Maske zu verarbeiten.

Die Konstruktion der Systemarchitektur muß mit dem Entwurf der Datenbank in Einklang stehen, der allerdings das Datenmodell der Organisation zugrunde liegt. Das Datenmodell der Organisation ist hierbei als erster Schritt des Entwurfs des Systems *OrgIS* gedacht, da es sich aus der Anforderungsanalyse und -spezifikation ergibt. Mit dem Datenmodell kann das gemeinsame Verständnis der Problemstellung aus der System-, der Anwendungsentwicklung und dem Fachbereich eines Unternehmens erzielt werden. Ein Datenmodell dient in erster Linie zur systematischen Strukturierung und Beschreibung der Organisationsstrukturdaten, die die Organisation eines Unternehmens oder dessen Fachbereiche wiedergeben, und bildet zugleich das Grundschema der Datenbank, in der die Organisationsstrukturdaten aufbewahrt, fortgeschrieben und dem System *OrgIS*, genauer gesagt den *OrgIS*-Funktionen, gemäß dem Zugriffsrecht des Benutzers zugänglich gemacht werden. Die Gewährleistung der Integritätsbedingungen, die den semantischen Zusammenhang zwischen den Organisationsstrukturdaten näher beschreiben, ist zwar durch das Datenmodell zu erleuchten, kann aber in unterschiedlicher Art und Weise realisiert werden. Es hängt von dem eingesetzten Datenbank-Managementsystem ab, ob die Wahrung der Integritätsbedingungen schon in dem Datenbank-Managementsystem angeboten wird oder nicht. So kann die Erstellung des Datenmodells auch als konzeptueller Entwurf der Datenbank bezeichnet werden, der im Prinzip vom logischen und physischen Entwurf der Datenbank befolgt wird. Aus dem Grundschema der Datenbank, das durch das Datenmodell geprägt wird, kann der logische Entwurf der Datenbank abgeleitet werden, in der das detaillierte - rechnergestützt interpretierbare - Schema der Datenbank zu erkennen ist. Ausgehend vom logischen Datenbankschema kann weiterhin die physische Speicherstruktur der Datenbank definiert werden, unter welcher die leistungsfähige Verarbeitung der Organisationsstrukturdaten verstanden werden soll. So kann die Datenbank der Organisation als ein Bestandteil des Systems *OrgIS* gesehen und leistungsfähig von den jeweiligen *OrgIS*-Funktionen zwecks der Datenverarbeitung zugegriffen werden. Dabei ist deutlich zu erkennen, daß das Datenmodell der Organisation nicht nur bei der Anforderungsanalyse und -spezifikation seine Wichtigkeit findet, sondern auch die Performance des Systems *OrgIS* beeinflussen kann. Ein destruktiv gebildetes Datenmodell der Organisation kann grundsätzlich zur Senkung des Leistungsverhaltens des Systems *OrgIS* führen. Dadurch kann Datenredundanz oder eine zu häufige Überprüfung der Integritätsbedingungen in der Datenbank entstehen.

Das Organisationsinformationssystem *OrgIS* ist ein datenbankgestütztes betriebliches Informationssystem, das zuerst auf dem Multi-User-Betriebssystem (UNIX) entwickelt wird. Dadurch wird zugleich gekennzeichnet, daß das System *OrgIS* gleichzeitig zur Unterstützung der Aufgabenerfüllung der Organisationsplanung und -entwicklung von mehreren Benutzern bedient werden kann. In Hinblick auf das Management bei der Delegation (dezentralisierte Erfüllung der Managementaufgaben) und den Datenschutz sowie die Datensicherheit muß im System *OrgIS* einerseits der disziplinarische Leitungszusammenhang (implizit noch der fachliche Führungszusammenhang) zwischen den Benutzern klargelegt und andererseits die Zugriffsrechte jedes Benutzers nach seiner Zuständigkeit geregelt werden. Dafür ist die Benutzerstruktur, die aus organisatorischer Sicht die Aufbauorganisation im System *OrgIS* zum Ausdruck bringt, zu bilden und demzufolge als *OrgIS*-Aufbauorganisation zu bezeichnen.

Dazu sind die Benutzerklasse und die Benutzergruppe einzuführen. Durch die Benutzerklasse werden die Benutzer im System *OrgIS* in Systemverwalter bzw. -administrator, Gruppenleiter und Sachbearbeiter gegliedert. Die Benutzer können ihrerseits aus dem Arbeitszusammenhang zu einer Benutzergruppe zusammengefaßt werden. Damit kann neben dem Zugriffsrecht des Benutzers ein gemeinsamer Datenzugriff zustande gebracht werden. Unter Berücksichtigung der Zugriffsrechte des Benutzers auf die *OrgIS*-Funktionen, mit denen der Benutzer die erlaubten Organisationsstrukturdaten als Input- oder Output-Arbeitsobjekte verarbeiten kann, ist auch der Arbeitszusammenhang zwischen den Benutzern festzustellen, welcher sich letztlich aus dem arbeitsteiligen Zusammenwirken der Module bzw. *OrgIS*-Funktionen im System *OrgIS* ergibt. So wird auch auf die Ablauforganisation des Systems *OrgIS* hingewiesen, welche hier zum Unterschied zur Organisation eines Unternehmens abgekürzt als *OrgIS*-Ablauforganisation bezeichnet wird. Das System *OrgIS* an sich ist schon ein DV-System und selbstverständlich durch die Systemkonfiguration zu beschreiben. Damit ist die *OrgIS*-Benutzerorganisation in vollem Umfang darzustellen, d.h. ihre Aufbau-, Ablauforganisation und Systemkonfiguration. Das wesentliche und entscheidende Merkmal des Systems *OrgIS* ist nicht durch die im System eingebettete *OrgIS*-Benutzerorganisation aufzuweisen, sondern vielmehr durch die zwangsläufige Verbindung zwischen der *OrgIS*-Benutzerorganisation und der Organisation eines Unternehmens oder dessen Fachbereichs, in welchem das System zur Unterstützung der Organisationsplanung und -entwicklung eingesetzt wird.

Die Architektur des Systems *OrgIS* ist weiterhin durch seine Distributions-Konstellation zu charakterisieren, die allerdings die Verteilung des Systems *OrgIS* aus der technischen sowie organisatorischen Sicht ermöglicht und sowohl die Mainframe-Konstellation als auch die Client-Server-Konstellation umfaßt. Durch die Verteilung des Systems *OrgIS* in unterschiedliche Fachbereiche eines Unternehmens kann eine echte verteilte Datenhaltung und -verarbeitung realisiert werden, wobei das System *OrgIS* mehrfach in verschiedenen Fachbereichen installiert wird und jeweils nur mit einer fachbezogenen Datenbank verbunden ist. In der jeweiligen fachbezogenen Datenbank werden aber diejenigen Organisationsstrukturdaten, die die Organisation des entsprechenden Fachbereiches wiedergeben, aufbewahrt und fortgeschrieben. Durch die Verteilung des Systems *OrgIS* kann darüber hinaus die Systemleistung bei der Verarbeitung - d.h. Verwaltung, Analyse und Auswertung - der fachbezogenen Organisationsstrukturdaten erhöht werden, obwohl das System *OrgIS* im ganzen Unternehmen oder mehreren Fachbereichen zur Unterstützung der Managementaufgaben der Organisationsplanung sowie -entwicklung eingesetzt wird. In der Verteilung des Systems *OrgIS* ist ferner die organisatorische Bedeutung zu finden, die in organisatorischer Hinsicht das in einem Unternehmen mehrfach installierte System *OrgIS* zueinander in ein komplexes und einheitliches System führt. Zwischen den mehrfach installierten Systemen (*OrgIS*), die gleichzeitig in verschiedenen Fachbereichen eines Unternehmens eingesetzt sind, bestehen natürlich Verbindungen, die allerdings über die technische Kommunikationsverbindungen zwischen den Systemen (*OrgIS*) hinaus gehen und sogar den organisatorischen Zusammenhang zwischen den in den jeweiligen Systemen (*OrgIS*) gebildeten *OrgIS*-Benutzerorganisationen ausdrücken sollen. Dieser organisatorische Zusammenhang stellt eigentlich den disziplinarischen Leitungszusammenhang zwischen den *OrgIS*-Benutzerorganisationen dar und entspricht vor allem dem disziplinarischen Leitungszusammenhang zwischen den Organisationen der jeweiligen

Fachbereiche. Aus der Verteilung des Systems *OrgIS* ist deutlich festzustellen, daß die *OrgIS*-Benutzerorganisation stufenweise erweitert werden kann. So wird eine besondere Bedeutung darin gefunden, daß die Managementaufgaben der Organisationsplanung sowie -entwicklung durch die Unterstützung des verteilten Systems *OrgIS* zentralisiert oder dezentralisiert erfüllt werden können, wobei die dezentralisierte Erfüllung der Managementaufgaben immer noch von der mittelbar oder unmittelbar übergeordneten Leitung kontrolliert werden kann.

Das Journal, in dem die von jedem *OrgIS*-Benutzer erzielten Arbeitsergebnisse protokolliert werden, können den Benutzern unterschiedlicher Benutzerklassen dienen:

- Dem Systemverwalter bzw. -administrator wird geholfen, die Ausführung der *OrgIS*-Funktionen zu kontrollieren, die von allen *OrgIS*-Benutzern direkt oder indirekt aufgerufen werden, und sich über deren quantitative Ergebnisse (z.B. Zugriffsrechtverletzung) zu informieren.

- Der Gruppenleiter wird darüber informiert, wie die Mitglieder seiner Gruppe mittels des Systems *OrgIS* ihre Managementaufgaben erfüllt haben. Durch die Ergebnisse, die bei der Ausführung der *OrgIS*-Funktionen - letztlich auch der Erfüllung der Managementaufgaben - von seinen Mitglieder bzw. *OrgIS*-Benutzer seiner Gruppe erzielt werden, kann er auch bestimmte Arbeiten kontrollieren.

- Der Sachbearbeiter kann das Journal, in dem allerdings nur die Arbeitsergebnisse der von ihm ausgeführten *OrgIS*-Funktionen protokolliert werden, zur Selbstkontrolle benutzen. Damit kann er vor allem die erlaubten Organisationsstrukturdaten durch die Ausführung der *OrgIS*-Funktionen gezielt und sachgerecht verarbeiten bzw. bewerten.

Das Journal im System *OrgIS* wird klassifiziert verwaltet. Damit können die verschiedenen *OrgIS*-Benutzer nur das erlaubte Journal zur Ansicht oder zur Verarbeitung öffnen. Hierbei ist das Journal grundsätzlich in zwei Kategorien aufzuteilen: das Systemjournal und das Benutzerjournal, wobei das Benutzerjournal nach der zugehörigen Benutzergruppe geordnet wird. So können hier die nach der Benutzergruppe zusammengestellten Benutzerjournale als das Gruppenjournal bezeichnet werden, das vom Gruppenleiter zur Ansicht geöffnet werden kann.

Die Realisierung des Systems *OrgIS*, das zunächst als ein Prototyp betrachtet werden soll, beruht auf einer objekt-/ereignisorientierten Programmiersprache der vierten Generation und einer relationalen Datenbank. Die Benutzerschnittstellen bzw. Masken werden mit der objekt-/ereignisorientierten Programmiersprache, in der die SQL-Anweisungen eingebettet werden, implementiert, womit die Zugriffe auf die relationale Datenbank ermöglicht werden. Für die Implementierung der Kommunikation zwischen dem System *OrgIS* und dem Betriebssystem (UNIX) sowie der Kommunikationsverbindung zwischen den verteilten Systemen *OrgIS* wird die herkömmliche Programmiersprache C und die objektorientierte Programmiersprache C++ eingesetzt. So ist die gesamte Entwicklung des Organisationsinformationssystems *OrgIS* mit den funktions-, daten- und objektorientierten Methoden verbunden, die in verschiedenen Phasen der Entwicklung zu finden sind.

I.   Der strukturierte Aufbau der *OrgIS*-Funktionen

Die Komplexität des verteilten Organisationsinformationssystems *OrgIS* ist durch die systematische Zerlegung des Systems zu bewältigen. Durch die Zerlegung wird die komplexe Aufgabe des Entwurfs und der Implementierung des Systems *OrgIS* in mehrere relativ abgeschlossene Teilaufgaben aufgegliedert, die allerdings viel weniger komplex sind und parallel erfüllt werden können. Dabei sind jedoch die arbeitsteiligen Zusammenhänge zwischen den einzelnen Teilaufgaben von vornherein deutlich zu definieren. Eine solche Zerlegung des Systems *OrgIS* bringt seine Modularisierung zum Ausdruck, indem das System *OrgIS* aus mehreren Modulen bestehen soll. Jedes Modul kann wiederum eine oder mehrere Funktionen beinhalten, die sich auf die System- oder Organisationsstrukturdaten von gleicher oder unterschiedlicher Art beziehen können. Aus der Zerlegung des Systems *OrgIS* ergibt sich eine funktionelle Hierarchie, die sich auf mehrere Stufen erstreckt, wobei die funktions-, daten- und objektorientierten Methoden auf unterschiedlichen Stufen der Hierarchie verwendet werden. Die Schnittstellen zwischen den Modulen bzw. Funktionen werden zum großen Teil durch die Datenbank realisiert, in der die von verschiedenen Modulen verarbeiteten System- und Organisationsstrukturdaten strukturiert aufbewahrt werden. Damit wird eine höhere Sicherheit bei der Übergabe zahlreicher Parameter zwischen den Modulen bzw. Funktionen geschaffen. Eine kleine Menge der Schnittstellen kommt hier durch die globalen Variablen zustande.

Aus der Flexibilität heraus wird auch angestrebt und realisiert, daß das System *OrgIS* je nach Bedarf und Wunsch aus bestimmten Modulen variierend hergestellt werden kann. Das heißt auch, daß das System *OrgIS* dem Anwender maßgeschneiderte Gesamtlösungen durch die Kombination einzelner Module anbietet. Bei der Kombination bzw. Integration der Module sind grundsätzlich die Basis- und Variantenmodule zu unterscheiden. Während die Basismodule unentbehrlich ins System *OrgIS* integriert werden müssen, können die Variantenmodule wahlweise mit den Basismodulen kombiniert werden. Dafür ist die Verbundenheit der Module, im wesentlichen der Variantenmodule, bei dem Entwurf des Systems *OrgIS* zu berücksichtigen und zu definieren. Bei der maßgeschneiderten Integration der Variantenmodule können sich zwei Gegebenheiten ergeben:

- Ein Variantenmodul setzt andere (ein oder mehrere) Variantenmodule voraus. Es muß mit den anderen Modulen zusammen kombiniert werden, um das System *OrgIS* nach Bedarf und Wunsch des Anwenders herzustellen. Hierbei läßt sich die Verbundenheit der Variantenmodule weiter in einseitige und gegenseitige Voraussetzung unterscheiden. Die gegenseitige Voraussetzung drückt aus, daß zwei Variantenmodule bei der Integration ins System *OrgIS* immer zusammen kombiniert werden müssen, wenn auch eines davon ausgewählt werden kann. In beiden Fällen können solche Variantenmodule als bedingte Variantenmodule bezeichnet werden.

- Ohne Berücksichtigung anderer Variantenmodule kann ein Variantenmodul einfach ins System *OrgIS* integriert werden. So können solche Variantenmodule als unabhängige Variantenmodule charakterisiert werden.

Mit der Verbundenheit der Variantenmodule kann eigentlich eine Richtlinie festgestellt werden, die bei der Integration der Module eingehalten werden muß. Die Integration der Module bringt in der Tat die Konfiguration des Systems *OrgIS* zum Ausdruck, nach welcher die bestimmte Funktionalität des Systems *OrgIS* angeboten werden kann. So muß neben der funktionellen Hierarchie noch die Hierarchie der Verbundenheit oder das Verbundnetz schon bei dem Entwurf der Module berücksichtigt werden.

Zwischen den Modulen besteht natürlich eine Verbindung, die letztlich durch die Funktionen hergestellt werden soll. Das Modul wird in der Tat als eine Abstraktion gesehen, unter der eine Menge von Funktionen gleicher oder ähnlicher Art verstanden wird. Aus den Funktionen ist auch die Funktionalität eines Moduls deutlich zu erkennen. Die Verbindung zwischen den Modulen bringt dadurch ein Funktionsnetz zum Ausdruck, in dem alle Funktionen mittels Schnittstellen miteinander verbunden sind. Die Schnittstellen zwischen den Modulen bzw. Funktionen spielen bei der Modularisierung eine große Rolle. Sie müssen möglichst minimiert werden, um die Verbindung der Module zu erleichtern. Dieses vordefinierte Funktionsnetz findet sich in den Benutzerschnittstellen, die allerdings mittels des Menüs vom Benutzer ausgewählt werden können, und bestimmt die Arbeitsweise des Benutzers. Daraus ist deutlich zu ersehen, daß der Entwurf bzw. die Zerlegung des Systems *OrgIS* in Module nicht nur die leichte Implementierung und das dazu benötigte Projektmanagement berührt, sondern auch die ästhetische Gestaltung der Benutzerschnittstellen (Masken) und zugleich die Arbeitsweise des Benutzers beeinflußt. Dabei ist die Frage zu stellen, ob das System *OrgIS* besser vom Benutzer akzeptiert werden kann.

A. Funktionenhierarchie

Das Organisationsinformationssystem *OrgIS* wird in mehrere Module zerlegt, so daß es aus den durch eine klare und einfache Struktur miteinander verbundenen Bausteinen erzeugt werden kann. Zielsetzung ist, daß das System *OrgIS* nicht nur standardmäßig aus den vordefinierten Modulen, sondern auch je nach Bedarf bzw. Wunsch des Anwenders maßgeschneidert wahlweise aus bestimmten Modulen erzeugt werden kann. So ist es bei dem Entwurf des Systems *OrgIS* erforderlich, die Module gleichzeitig aus der Sicht ihres funktionellen Aufbaus und ihres folgegerechten Ablaufs zu spezifizieren. Zum Entwurf bzw. zur Spezifizierung der Module im System *OrgIS* sind grundsätzlich folgende sieben Prinzipien[66] festzuhalten:

- Ein Modul muß abgeschlossen sein. Ein Modul soll ein abstraktes Objekt repräsentieren, in dem sowohl die Funktionen als auch die System- oder Organisationsstrukturdaten in der Weise definiert werden müssen, daß die System- oder Organisationsstrukturdaten nur durch die darin definierten Funktionen verarbeitet werden.

- Es muß nur eine eindeutige und sichtbare Schnittstelle für das Modul spezifiziert werden. Durch diese Schnittstelle kann das Modul mit den anderen Modulen kommunizieren. Hier ist das Ziel zu erreichen, daß für jedes Modul möglichst wenige Schnittstellen einerseits und schmale Schnittstellen andererseits gebildet und definiert werden sollen. Infolge der zugrunde liegenden Datenbank können die Schnittstellen zwischen den Modulen vorherrschend über die Datenbank-Tabellen bzw. Objekttypen realisiert werden. Darüber hinaus sollen die Schnittstellen somit die Parameter von relativ einfacher Datenstruktur sein und ganz wenige globale Variablen besitzen. Dadurch soll die Integration der Module vereinfacht werden.

---

[66] Pomberger/Blaschek: Software Engineering - Prototyping und objektorientierte Software-Entwicklung. S.52. ff. 1993

- Ein Modul sollte ohne große oder gar keine Änderung auf den anderen Modulen leicht erweitert oder gegen ein neues und leistungsfähigeres Modul ausgetauscht werden. Dabei ist die Anpassungsfähigkeit des Systems *OrgIS* in den Vordergrund zu stellen.

- Es ist anzustreben, die Basismodule zu spezifizieren. Damit ist immer eine minimale Funktionalität des Systems *OrgIS* festzustellen, welche letztlich die Eigenschaft des Systems kennzeichnen soll.

- Gegenüber den Basismodulen sind die Variantenmodule zu spezifizieren, die nach ihrer Verbundenheit gewählt und kombiniert werden können, so daß das später erzeugte System *OrgIS* nur die geforderte Funktionalität und nicht darüber hinaus noch weitere besitzt.

- Die Integration eines Moduls in das System *OrgIS* muß auch ohne die algorithmische Kenntnis seines inneren Funktionenablaufs durchgeführt werden können. Die implementierten Module sollen von jedem Software-Ingenieur ins System *OrgIS* integriert und anschließend getestet werden können.

- Ein Modul muß für sich allein weitgehend auf seine Korrektheit getestet werden, ohne es in das System *OrgIS* einzubetten. So kann das Modul gleich getestet werden, sobald und sogar während es implementiert wird.

Die Zerlegung des Systems *OrgIS* in Module nach diesen sieben Prinzipien beruht eigentlich auf den Qualitätskriterien, die zur Bewertung der Qualität des Systems *OrgIS* dienen können. Die Qualität des Systems *OrgIS* kann hiermit durch Verständlichkeit, Änderbarkeit (Erweiterbarkeit) und Wiederverwendbarkeit seiner Module gekennzeichnet werden.

In *Abb. 4.I.A. - 1* wird die funktionelle Hierarchie des Systems *OrgIS* dargestellt, in welcher das System *OrgIS* über fünf Stufen in einzelne Objekte gegliedert wird. Aus der funktionellen Hierarchie ist deutlich zu erkennen, daß verschiedene Methoden (daten-, funktions- und objektorientiert) zur Zerlegung bzw. zum Entwurf des Systems *OrgIS* verwendet werden, wobei die Zerlegung des Systems *OrgIS* noch in Hinblick auf die Implementierung und auf das dazu benötigte Projektmanagement berücksichtigt wird. Das System *OrgIS* wird zunächst aus zwei Datenarten (Stufe I) - System- und Organisationsstrukturdaten - in acht (Stufe II) bzw. zwölf (Stufe III) Funktionenmodule aufgeteilt, die gemeinsam eine umfassende Funktionalität des Systems *OrgIS* ausdrücken sollen. Jedes Funktionenmodul besteht wiederum aus mehreren Teilfunktionenmodulen (Stufe IV), die allerdings nach den Daten bzw. Objekten (Stufe V)[67] gegliedert werden und in kurzer Zeit von einem Software-Ingeniuer implementiert werden können. Die Implementierung der Teilfunktionenmodule bzw. einzelner Objekte ist mit dem Erreichen der persönlichen Ziele der Software-Ingenieure eng verbunden, wobei die Software-Ingeniuere sich je nach ihrer Fähigkeit und Programmstil auf die Entwicklung der Algorithmen konzentrieren können und sollen. Zur Spezifikation der Teilfunktionenmodule sind vorwiegend die Benutzerschnittstellen - auch Objekte genannt - ausführlich zu beschreiben. Die Benutzerschnittstellen stellen hier im wesentlichen die Masken bzw. Objekte dar, in denen die Daten und die Funktionen explizit und gekapselt definiert werden. So können die Daten - System- oder Organisationsstrukturdaten - jeweils nur in einer bestimmten Maske mit den vordefinierten

---

[67] S.h.: Fünftes Kapitel: Grundsätze für Entwurf und Realisierung des verteilten Systems *OrgIS*

Funktionen verarbeitet werden. Ob ein Benutzer über alle Funktionen, die in einer Maske definiert sind, verfügen darf, hängt letztlich von seinem Zugriffsrecht auf die Funktionen ab.

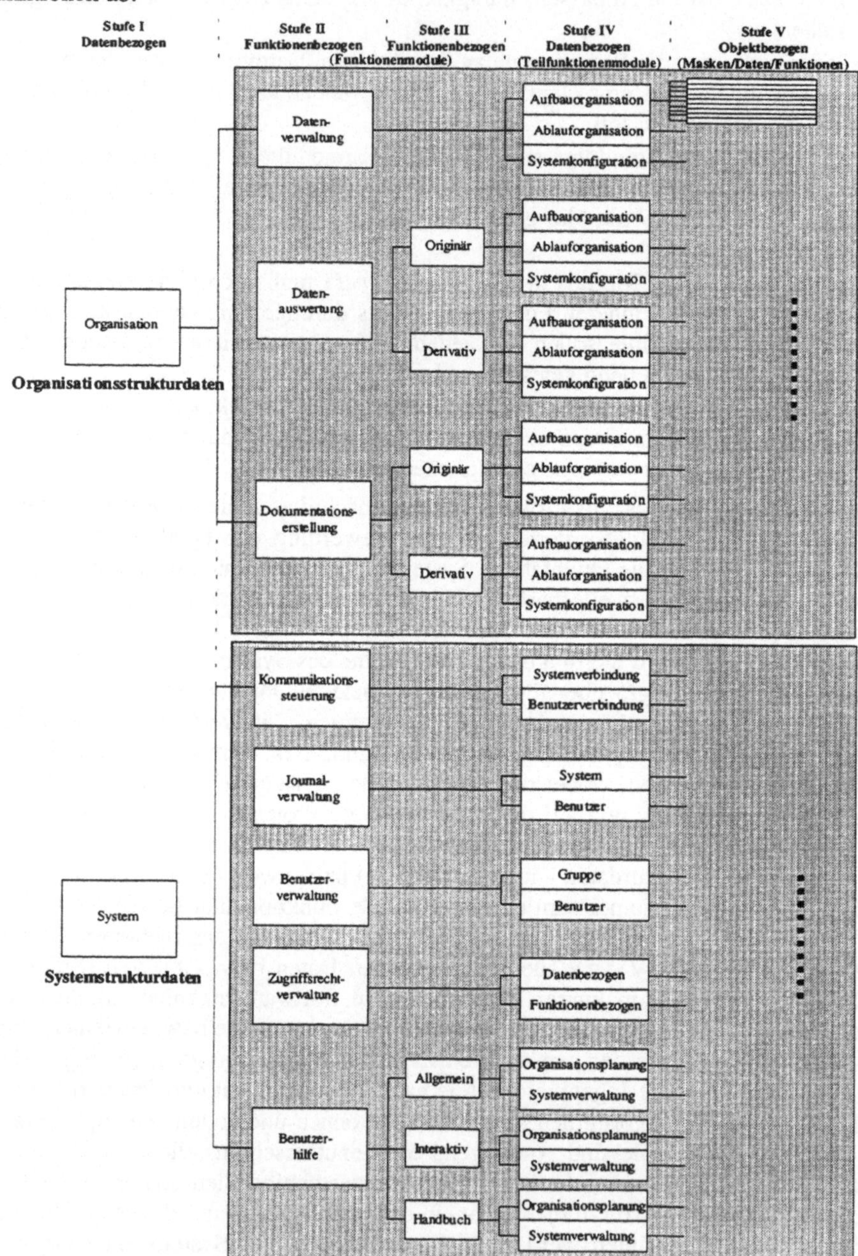

Abb. 4.I.A. - 1.   Funktionelle Hierarchie des Systems OrgIS

Zum Ziel gesetzt wird auch, daß die Funktionenmodule bzw. Teilfunktionenmodule in einem zulässigen Auswahlrahmen alternativ gewählt werden können, um ein maßgeschneidertes System *OrgIS* herzustellen. Z.B. kann das System *OrgIS* zunächst bezüglich der Performance und der Kapazität in einer Hauptabteilung zur Planung der Systemkonfiguration und der Aufbauorganisation eingesetzt werden. Dafür sollen die Teilfunktionenmodule „Systemkonfiguration" sowie „Aufbauorganisation", die sich auf die Funktionen der Datenverwaltung und je nach Bedarf bzw. Anforderung noch auf die (originäre/derivative) Datenauswertung oder (originäre/derivative) Dokumentationserstellung beziehen, und die Funktionenmodule „Zugriffsrechtverwaltung", „Benutzerverwaltung" sowie „Journalverwaltung" in das System *OrgIS* eingebettet werden. Das Funktionenmodul „Benutzerhilfe" kann in diesem Falle auch darin eingebettet werden, falls es beansprucht wird. Zu diesem Zweck werden die Funktionenmodule nach Basis- und Variantenmodule klassifiziert. Die Basismodule bilden den unentbehrlichen Bestandteil (auch Standardbaustein genannt) des Systems *OrgIS*, die Variantenmodule hingegen stellen die Auswahlmöglichkeit dar, aus der das System *OrgIS* mit differenzierter Funktionalität maßgeschneidert hergestellt werden kann. So besitzt das System *OrgIS* immer die geforderte Funktionalität und nicht darüber hinaus noch weitere.

Neben der funktionellen Hierarchie der Funktionenmodule bzw. Teilfunktionenmodule gibt es noch eine Hierarchie der Verbundenheit (oder eines Verbundnetzes), in welcher der Zusammenhang zwischen den Funktionenmodulen bzw. Teilfunktionenmodulen zu beschreiben ist. Dieser Zusammenhang gibt in der Tat eine Richtlinie wieder, die bei der variierenden Herstellung des Systems *OrgIS* eingehalten werden muß. Zur Integration der Funktionenmodule bzw. Teilfunktionenmodule in das System *OrgIS* sind normalerweise verschiedene Voraussetzungen zu erfüllen. Eine Voraussetzung davon kann sein, daß ein Funktionenmodul (z.B. Datenauswertung) unbedingt mit einem oder mehreren anderen Funktionenmodulen (z.B. Datenverwaltung) zusammen integriert werden muß, um das System *OrgIS* funktionsfähig zu bilden. So kann hier von einer Verbundenheit zwischen diesen zwei Funktionenmodulen (Datenverwaltung und -auswertung) gesprochen werden. Aus der Verbundenheit zwischen zwei Funktionenmodulen können sich zwei Gegebenheiten ergeben: *einseitige* und *gegenseitige* Voraussetzung. Diese Verbundenheit bezieht sich insbesondere auf die Variantenmodule, da sie wahlweise in das System *OrgIS* integriert werden können. Zwischen zwei Funktionenmodulen bzw. Teilfunktionenmodulen kann es auch eine *Unabhängigkeit* geben, die ihren Ausdruck darin findet, daß ein Funktionenmodul bzw. Teilfunktionenmodul in das System *OrgIS* integriert werden kann, ohne andere zu beachten.

In *Abb. 4.I.A. - 2* ist diese Verbundenheit auf der Ebene des Funktionenmoduls veranschaulicht, wobei auch die Basis- und Variantenmodule hierarchisch dargestellt werden. Hier sind die Funktionenmodule der Journal-, Benutzer- und Zugriffsverwaltung als Basismodule zu sehen, die immer mit den anderen Funktionenmodulen gemeinsam ins System *OrgIS* integriert werden müssen. Die Funktionenmodule der Benutzerhilfe sowie Kommunikationssteuerung und der Datenverwaltung, -auswertung sowie Dokumentationserstellung sind die Variantenmodule, die die zuvor erwähnten Basismodulen bei der Integration ins System *OrgIS* voraussetzen müssen. Dabei ist darauf zu achten, daß die Funktionenmodule der Benutzerhilfe und der Kommunikationssteuerung als Voraussetzungen gesehen werden, falls der sachgerechte Umgang mit dem System *OrgIS* bzw. die Verteilung dieses Systems in verschiedenen Fachbereichen (oder Abteilungen) eines Unternehmens benötigt wird. Die Funktionenmodule können jedoch weiter in Teilfunktionenmodule gegliedert werden, die wiederum aus den

Funktionen bzw. Objekten (Masken/Benutzerschnittstellen mit den Daten und Funktionen) bestehen sollen. So kann die Verbundenheit der Module weiterhin auf der Ebene der Teilfunktionenmodule oder sogar der Objekte verfeinert werden. Falls eine solche verfeinerte Verbundenheit in die Integration der Module einbezogen wird, kann eine gewaltige Steigerung der Komplexität bei Systementwurf und -spezifikation ausgelöst werden.

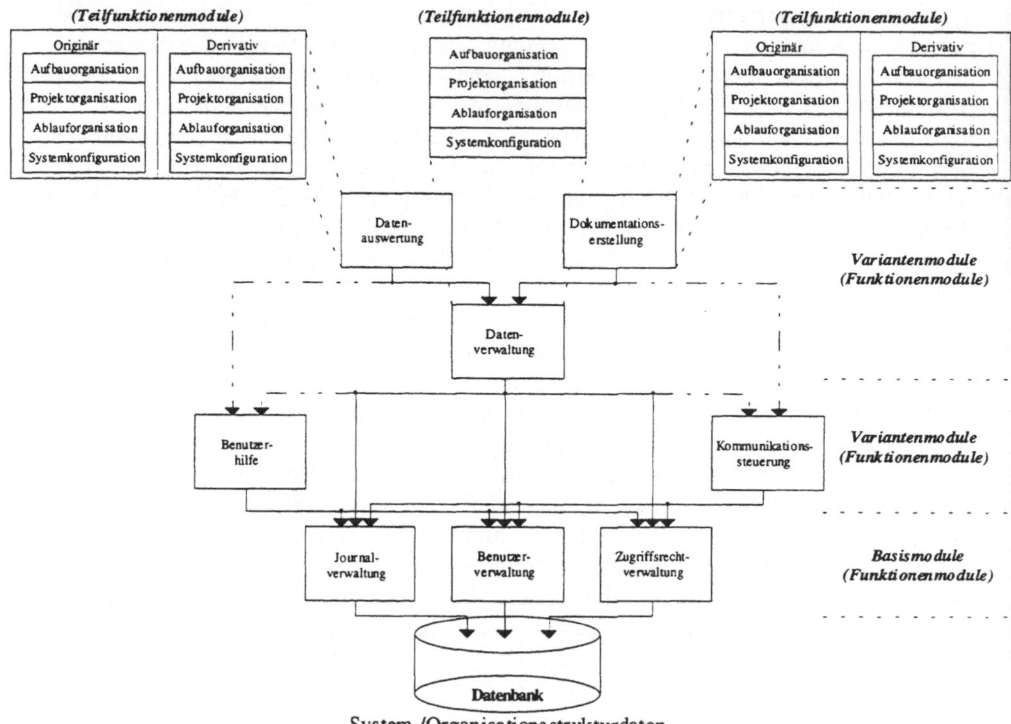

Abb. 4.I.A. - 2. *Hierarchie der Verbundenheit der Funktionenmodule im System OrgIS*

B. Schnittstellen zwischen Funktionen

Die Schnittstellen zwischen den Modulen sind letztlich durch Wechsel- bzw. Aufrufbeziehungen zwischen den Funktionen (Masken oder Prozeduren) zu erkennen, wobei die Parameter von einer aufrufenden Funktion zu einer anderen aufgerufenen Funktion übergeben werden müssen. Jede Funktion ist in einem bestimmten Funktionenmodul bzw. Teilfunktionenmodul enthalten, das hierbei als aggregierte Funktion betrachtet wird. So entstehen die Wechselbeziehungen zwischen den Funktionenmodulen. Aufgrund der Erweiterbarkeit, Änderbarkeit und Wechselbarkeit der Funktionenmodule werden die Schnittstellen zwischen ihnen im wesentlichen durch die Datenbank, die Datei und die globalen Variablen realisiert, die hier in *Abb. 4.I.B. - 1* veranschaulicht werden.

Die Daten in der relationalen Datenbank sind hier in System- und Organisationsstrukturdaten zu gliedern. Die Systemstrukturdaten beschreiben die *OrgIS*-Benutzerorganisation, die sich auf die Benutzerhierarchie, die Zuständigkeit der Benutzer (ihre

Zugriffsrechte) und den Arbeitszusammenhang zwischen ihnen beziehen, und die Journaldaten sowie die anderen Verwaltungsdaten, die von den Funktionenmodulen der Benutzerhilfe und der Kommunikationssteuerung benötigt werden. Die Datei beinhaltet die Protokolle bzw. Journale, die hier in System- und Benutzerjournale zu unterscheiden sind und in denen die Ergebnisse der Ausführung der jeweiligen Funktionen aufgezeichnet werden. Die globalen Variablen bilden hiermit eine sehr kleinen Teil der Schnittstellen und beziehen sich lediglich auf folgende Werte:

- Benutzerkennung, Benutzerklasse (Systemverwalter, Gruppenleiter oder Sachbearbeiter), Benutzerstatus (gesperrt oder aktiv),
- aktives und passives Zugriffsrecht eines Benutzers,
- Gruppenkennung und Gruppenstatus (gesperrt oder aktiv),
- aktuelles Datum und Prozeßnummer (Unix-bezogen) und
- Tabellennamen der *OrgIS*-Datenbank.

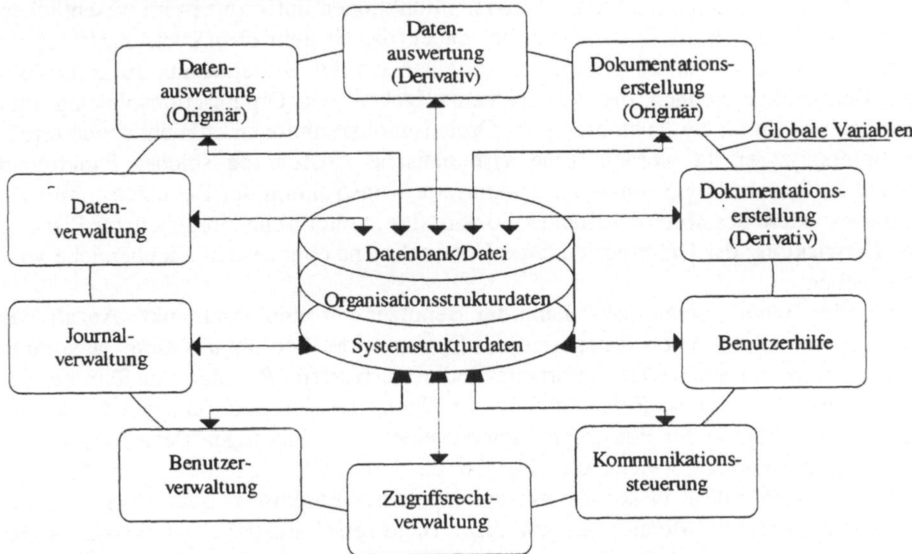

Abb. 4.I.B. - 1.   Die Schnittstellen zwischen den Funktionenmodulen

Die globalen Variablen werden unmittelbar nach dem Start des Systems *OrgIS* gemäß dem Benutzer den bestimmten Werten zugeordnet, da sie während des Systemablaufs häufig in jedem Funktionenmodul abgefragt und benötigt werden. Diese Wertzuordnung ist sehr einfach in einer Funktion bzw. Prozedur durchzuführen, die zu dem Funktionenmodul der Zugriffsrechtverwaltung gehören soll.

Die direkten Schnittstellen - Parameterübergabe - zwischen den Funktionenmodulen werden hier im System *OrgIS* grundsätzlich vermieden. Solche Schnittstellen werden eher innerhalb Teilfunktionenmodule definiert. Zum Beispiel bestehen die direkten Schnittstellen zwischen den Funktionen bzw. Prozeduren in dem Teilfunktionenmodul der Datenverwaltung der Aufbauorganisation, wobei die Parameter immer von einer Funktion zu einer anderen Funktion übergeben werden müssen, um die andere Funktion erfolgreich aufzurufen. Auf dieser Basis ist die Systemimplementierung teilfunktionenmodul-bezogen. Jedes Teilfunktionenmodul wird so spezifiziert, daß es von einem Software-Ingenieur implementiert werden kann. Dadurch bleibt jedes Teilfunktionenmodul gegenüber anderen geschlossen und kann jederzeit leichter funktionsweise erweitert, ausgetauscht werden, ohne die anderen Teilfunktionenmodule zu ändern. Hierbei ist besonders zu beachten, daß die Strukturänderung der relationalen Datenbank bzw. Tabellen der Modifizierung die betroffenen Teilfunktionenmodule zur Konsequenz haben soll.

C. Konstruktion der menügesteuerten Benutzerschnittstelle

Das System *OrgIS* verfügt hauptsächlich über zwei Kategorien der Funktionen, mit denen jeweils die System- und Organisationsstrukturdaten verarbeitet und ausgewertet werden können. Daher können sie auch entsprechend als System- und Organisationsfunktionen bezeichnet werden. Die Organisationsfunktionen sind natürlich unter den Funktionenmodulen der Datenverwaltung, -auswertung und Dokumentationserstellung zusammenzufassen. Gemeinsam bringen die anderen Funktionenmodule jedoch die Systemfunktionen zum Ausdruck. Die Systemfunktionen unterstützen im wesentlichen den *OrgIS*-Benutzer als Systemverwalter dabei, das System *OrgIS* leistungsfähig zu betreiben, zu verwalten, zu pflegen, zu verteilen und den Systemablauf zu kontrollieren. Demzufolge können die Managementaufgaben der Organisationsplanung und -entwicklung durch die Ausführung der Organisationsfunktionen effizient sowie effektiv unterstützt erfüllt werden. Eine systematische Ausführung solcher Funktionen kommt im System *OrgIS* durch die strukturierte Konstruktion der Benutzerschnittstelle, insbesondere des Menüs, zustande. So wird das methodische Vorgehen zur Planung und Entwicklung der Organisation eines Unternehmens oder dessen Fachbereiche wiedergegeben.

In jeder Benutzerschnittstelle kann der Benutzer nur eine beschränkte Anzahl der Funktionen - seien sie von Kategorien des Systems oder der Organisation - ausführen und somit bestimmte Daten verarbeiten oder auswerten. Bei der Ausführung der Funktionen ist auch eine Reihenfolge zu beachten, die sich noch in sequentielle und parallele Ausführung der Funktionen unterscheidet. Die vielseitigen Beziehungen zwischen den Funktionen, welche allerdings bei der Funktionenausführung berücksichtigt werden müssen, bilden in der Tat ein umfangreiches Funktions- oder Vorgangsnetz, das jedoch durch das Menü in der jeweiligen Benutzerschnittstelle bzw. Maske dargestellt wird. So wird auch davon gesprochen, daß eine Benutzerschnittstelle bzw. Maske nicht nur die Kapselung der Daten und der Funktionen repräsentiert, sondern auch das methodische Vorgehen zur Ausführung der Funktionen bzw. zur Verarbeitung der Daten anleitet. In *Abb. 4.I.C. - 1* wird ein Ausschnitt aus dem gesamten Funktionsnetz des Systems *OrgIS* dargestellt, worin drei Benutzerschnittstellen bzw. Masken (Stellenbesetzung, Personalverwaltung und Stellenplanung) mit den Funktionen und Daten gebildet werden. Zwischen diesen Benutzerschnittstellen besteht noch die Reihenfolge oder Aufrufbeziehung, die durch das Menü in den Masken festgestellt werden kann. Das bedeutet auch, daß ein Benutzer die im Menü gezeigten Funktionen auswählen und die bestimmten Daten verarbeiten oder auswerten kann. Nach der Ausführung einer Funktion kann der Benutzer wiederum durch die Menüauswahl in eine andere Benutzerschnittstelle wechseln, um dort die gewünschten und erlaubten Funktionen auszuführen. Ein Menü weist den Benutzer darauf hin, welche Funktionen er zuvor oder nachher ausführen kann oder muß, um die Daten für die gegebenen Funktionen bereitzustellen. Die zwingende Reihenfolge zur Ausführung der Funktionen wird im Menü erkennbar zur Auswahl gestellt. In der Reihenfolge müssen die Daten durch die Ausführung einer Vorgängerfunktion für die Ausführung ihrer Nachfolgerfunktion bereitgestellt werden.

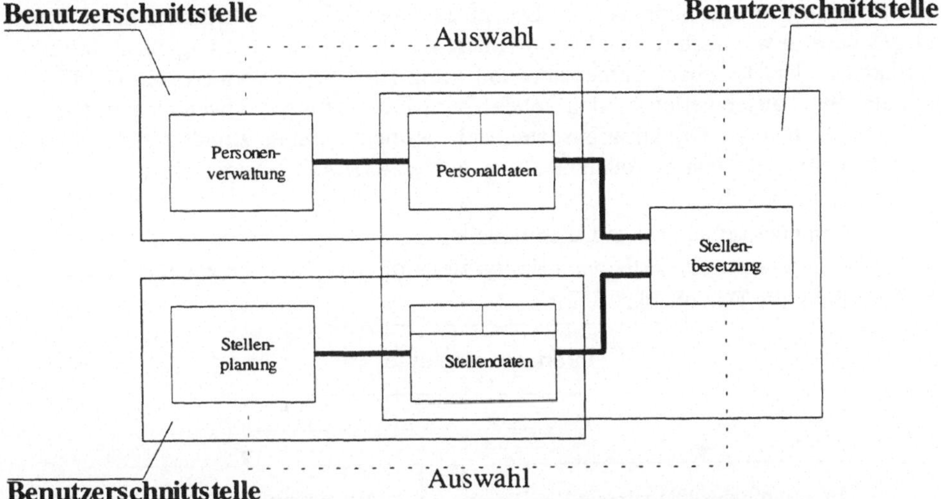

Abb. 4.I.C. - 1.   *Ausschnitt des Funktionsnetzes im System OrgIS*

Bezüglich des Zugriffsrechts des Benutzers wird die Benutzerschnittstelle bzw. Maske auch dynamisch gestaltet. In jeder Benutzerschnittstelle bzw. Maske werden die Daten - genauer gesagt die Datenfelder - und die Funktionen verarbeitet bzw. ausgeführt werden können, auf die ein Benutzer Zugriffsrechte besitzen soll. So können die Benutzerschnittstellen bzw. Masken von Benutzer zu Benutzer unterschiedlich sein, falls sie differenzierte Zugriffsrechte haben. Eine Zugriffsrechtbezogene Gestaltung der Benutzerschnittstelle legt zugleich die fachliche Zuständigkeit der Benutzer fest, aus welcher festgestellt werden kann, welche Funktion und Daten ein Benutzer ausführen bzw. verarbeiten darf oder muß. Darüber hinaus wird die Sicherheit der Daten gewährleistet, die vor allem vor unberechtigten Zugriffen geschützt werden.

II.   Das Organisationsdatenmodell von *OrgIS* und dessen Datenbank

Das System *OrgIS* ist ein datenbankgestütztes betriebliches Informationssystem. Die Struktur bzw. das Schema einer Datenbank kann auf die Performance des Systems *OrgIS* günstig wie auch nachteilig einwirken, da die System- und Organisationsstrukturdaten in der Datenbank aufbewahrt und somit letztendlich vom System *OrgIS* verarbeitet bzw. ausgewertet werden sollen. Zum Entwurf einer anwendungsbezogenen Datenbank, hier als Organisationsdatenbank bezeichnet, sind grundsätzlich folgende Schritte bzw. Aufgaben zu vollziehen (wie in *Abb. 4.III.A. - 1* dargestellt):

* Informationsanalyse,
* Erstellung des semantischen Datenmodells,
* Attributierung der Objekte (auch Entity, Relation oder Tabellen genannt) und
* Erstellung der Datenbank.

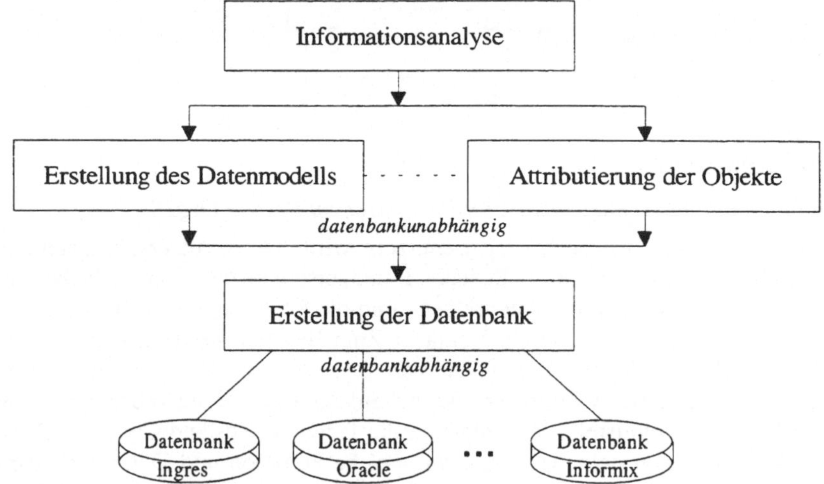

Abb. 4.II. - 1.   Vorgehen des Datenbankentwurfs

Die Analyse der Informationen, die hier die Organisation eines Unternehmens oder dessen Fachbereiche darstellen, soll zur Anforderungsspezifikation führen. In ihr werden die Informationen klassifiziert und strukturiert, d.h. nach ihrer Art in verschiedene Objekttypen gegliedert und zusammengefaßt. Diesem Analyseprozeß folgt die Erstellung des semantischen Datenmodells und die Attributierung der einzelnen Objekttypen.

Die Erstellung des semantischen Datenmodells, in dem alle Objekttypen präziser beschrieben werden und die Beziehung zwischen den Objekttypen in einem anschaulichen Darstellungsform klargelegt wird, bildet eine Grundlage zur Realisierung der Datenbank. Das semantische Datenmodell wird insofern als konzeptueller Entwurf der Datenbank betrachtet und kreiert darüber hinaus als ein Ergebnis der Informationsanalyse und der Anforderungsspezifikation die Basis für die gesamte Systemspezifikation, insbesondere für den Entwurf der Benutzerschnittstellen bzw. Masken, in denen die Funktionen und die Daten gekapselt definiert werden. Hier steht das semantische Organisationsdatenmodell im Vordergrund, da demgegenüber das semantische Systemdatenmodell nicht so stark die Performance des Systems *OrgIS* beeinflussen kann. Unabhängig ist das semantische Datenmodell weitgehend von einem konkreten Datenbank-Managementsystem. Hier wird das Objekttypennetzsystem als semantische Modellierungsmethode[68] verwendet. Ein gemeinsames Verständnis aus der Seite der Systementwicklung und des Anwendungsbereiches ist letztlich durch das semantische Datenmodell zu erzielen, in dem eine komplexe Aufgabenstellung mit Begriffen veranschaulicht und deren Bedeutung als akzeptiert vorausgesetzt und erklärt wird.

Die Attributierung der einzelnen Objekttypen präzisiert im Detail die Informationen bzw. die Anforderungen. So soll ein Datenbankschema, d.h. die Struktur jeder Tabelle, aus dem semantischen Datenmodell abgeleitet werden. In der Regel geht mit diesem Entwurfsprozeß die Erstellung des semantischen Datenmodells einher. Unter der Attributierung der einzelnen Objekttypen wird nicht nur die Festlegung des detaillierten Datenbankschemas (Struktur der einzelnen Tabelle), sondern auch die Beschreibung der Integritätsbedingungen verstanden. So werden die Informationen bzw. Daten im semantischen Datenmodell sowohl durch die klassifizierten Objekttypen mit deren Attributen und deren Beziehungen als auch durch die dafür vorgesehenen Integritätsbedingungen beschrieben und erklärt. Die Attributierung der einzelnen Objekttypen und die Beschreibung der darin enthaltenen Integritätsbedingungen sind immer noch von einem konkreten Datenbank-Managementsystem unabhängig. Hierbei wird aber zum Ziel gesetzt, daß eine Datenbank aus dem attributierten semantischen Datenmodell mit den notwendigen Integritätsbedingungen nur mittels zusätzlicher Datentypisierung erstellt werden kann. Die Integritätsbedingungen müssen bei der Datenverarbeitung durch die Funktionen der Datenverwaltung im System *OrgIS* berücksichtigt werden. Dazu können sich drei Realisierungsmöglichkeiten[69] ergeben:

- Einbettung der Integritätsbedingungen in die Funktionen der Datenverwaltung,
- Integration des Systems *OrgIS* mit dem Metainformationssystem MetaIS[70] oder
- Verwendung eines Aktiven Datenbank-Managementsystems.

Aufgrund der verwendeten relationalen Datenbank wird die Überprüfung der Integritätsbedingungen zunächst in die Funktionen der Datenverwaltung eingebettet.

Die Erstellung der Datenbank ist von dem verwendeten Datenbank-Managementsystem abhängig. Dabei werden die Objekttypen, die im semantischen Datenmodell begrifflich beschrieben werden, in die Tabellen umgesetzt, in denen die Datentypen für alle Attribute jedes Objekttypen und die Speicherstruktur genau angegeben und definiert werden sollen. Je nach verwendetem Datenbank-Managementsystem kann die semantische Beschreibung der Integritätsbedingungen in ein Aktives Datenbank-Managementsystem, in das Metainformationssystem MetaIS oder in das Funktionenmodul der Datenverwaltung integriert und dadurch realisiert werden. Die Erstellung der Datenbank kann insofern als physischer Entwurf der Datenbank bezeichnet werden. Dieser Entwurfsprozeß wird durchaus von der Spezifikation des Systems, insbesondere der Module, begleitet, da die Zugriffe auf die Daten in der Datenbank letztlich durch das System *OrgIS* bzw. die Funktionen zustande kommen sollen. So beruht die gesamte Performance des Systems *OrgIS* zum großen Teil auf der Speicherstruktur der Daten in der Datenbank. Dazu werden hier im wesentlichen noch das Datenvolumen, die Zugriffshäufigkeit und die Verarbeitungsart ermittelt.

---

[68] S.h.: Steffens: Eine Methode der Datenmodellierung. Forschungsbericht und Vorlesungsskripte ab WS89/90 am Lehrstuhl von Prof. Steffens.

[69] S.h.: Kapitel 5.I.A. Organisationsstrukturdaten und Benutzerschnittstellen.

[70] Das Metainformationssystem ist ein unter der Leitung von Prof. Steffens entwickeltes Werkzeug, dem das Objekttypennetzsystem zugrunde liegt und das die Datenmodellierung unterstützt.

Das Organisationsdatenmodell, das dem System *OrgIS* zugrunde liegt, besteht aus drei Teildatenmodellen: der Aufbau-, der Ablauforganisation und der Systemkonfiguration. Aus dem Organisationsdatenmodell ist eine Organisationsdatenbank zu erstellen, durch die die Schnittstellen zwischen den Modulen des Systems *OrgIS* gebildet werden. Die Organisationsstrukturdaten werden einerseits durch ein Modul in die Organisationsdatenbank eingefügt und andererseits von anderen Modulen ausgewertet. Sollte das Datenmodell bzw. Datenbankschema geändert werden, sind die entsprechenden Änderungen in den jeweiligen Modulen vorzunehmen. Der Entwurf des Datenmodells bzw. der Datenbank ist insofern von großer Bedeutung und kann als erster wichtiger Schritt der gesamten Systementwicklung bezeichnet werden.

III.   Die Benutzerorganisation von *OrgIS*

Das System *OrgIS* unterstützt einerseits die Organisationsplanung und -entwicklung, die letztlich als eine der wichtigsten Managementaufgaben in einem Unternehmen gilt, besitzt andererseits in sich eine Benutzerorganisation, die auch leistungsfähig gestaltet werden soll. Zur Gestaltung der *OrgIS*-Benutzerorganisation sind grundsätzlich folgende Begriffe einzuführen:

- Benutzer sowie Benutzergruppe,
- Benutzerklasse,
- funktionen- sowie datenbezogene Zugriffsrechte,
- aktives sowie passives Zugriffsrecht und
- Fern- sowie Lokal-Benutzer.

Aus der organisatorischen Sicht repräsentiert jeder *Benutzer* des Systems *OrgIS* eine Stelle in einem Unternehmen, welche von einer Fachkraft als Leiter besetzt und vor allem mit der fachlichen Zuständigkeit für die Organisationsplanung und -entwicklung definiert ist. Dadurch können diese Managementaufgaben letztlich unter der Unterstützung eines DV-Systems, namentlich des Systems *OrgIS*, effizient und effektiv erfüllt werden. Alle Benutzer im System *OrgIS* sind durch eine arbeitsteilige Erfüllung der Managementaufgaben miteinander verbunden. Dementsprechend repräsentiert jede *Benutzergruppe* eine Höhere Organisationseinheit in einem Unternehmen und besteht somit normalerweise aus mehreren Benutzern. Zwischen den Benutzergruppen existiert auch eine Beziehung, die zugleich den disziplinarischer Leitungszusammenhang zwischen den betreffenden Höheren Organisationseinheiten in einem Unternehmen oder dessen Fachbereichen zum Ausdruck bringt.

Die *Benutzerklasse* bestimmt die Rangordnung der Benutzer. Damit werden die Benutzer im System *OrgIS* in drei Klassen unterschieden: *Systemverwalter* bzw. *-administrator*, *Gruppenleiter* und *Sachbearbeiter*. Die Klasse eines Benutzers grenzt seine Zugriffsrechte auf die Funktionen und Daten ein. Der Benutzer als Systemverwalter bzw. -administrator hat die Zugriffsrechte auf alle *OrgIS*-Funktionen und Daten (System- und Organisationsstrukturdaten). Der Benutzer als Gruppenleiter besitzt in der Regel die Zugriffsrechte auf Organisationsfunktionen, die sich auf die Datenverwaltung, -auswertung oder Dokumentationserstellung beziehen und jederzeit vom Systemverwalter definiert werden können, und die Daten, die nur die fachbezogenen Organisationsstrukturdaten sowie die Systemstrukturdaten von Journalen beinhalten und von den Benutzern der gleichen Gruppe verarbeitet werden. Die Zugriffsrechte eines Benutzers als Sachbearbeiter werden innerhalb einer zugehörigen Gruppe weiter geregelt. Ein Benutzer als Sachbearbeiter kann nur die Zugriffsrechte auf die Funktionen der Datenverwaltung, -auswertung oder Dokumentationserstellung besitzen, mit denen er nicht nur eigene Daten, sondern auch die von anderen Benutzern der gleichen Gruppe verarbeiteten Daten bearbeiten und auswerten kann. Diese Daten sind schließlich fachbezogene Organisationsstrukturdaten und die Daten der eigenen Journale.

Die *funktionen-* und *datenbezogenen* Zugriffsrechte werden hauptsächlich aufgrund Datensicherheit gefordert und stellen einen doppelten Schutz gegen unberechtigte Zugriffe auf die System- und Organisationsstrukturdaten dar. Neben Benutzerklasse und Gruppenzugehörigkeit besitzt jeder Benutzer im System *OrgIS* noch konkrete Zugriffsrechte auf die Funktionen und die Daten. Durch seine Zugriffsrechte auf die Funktionen kann eindeutig festgelegt werden, welche Funktionen er im System *OrgIS* ausführen darf, um seine Managementaufgaben der Organisationsplanung und -entwicklung zu erfüllen. Bezüglich des Datenschutzes kann es erforderlich sein, daß ein Benutzer mit den erlaubten Funktionen nur begrenzte Daten verarbeiten oder auswerten soll. Dafür sind die Zugriffsrechte auf die Daten notwendig. Aus organisatorischer Sicht kann das Zugriffsrecht eines Benutzers auf die Funktionen als die fachliche Zuständigkeit und somit dessen Zugriffsrecht auf die Daten als die Ausführungsbestimmung bezeichnet werden.

Das *aktive* und *passive* Zugriffsrecht eines Benutzers dienen dazu, die Kompetenz und die Verantwortung der Benutzer als Sachbearbeiter in der gleichen Gruppe weiter zu differenzieren. Diese beiden Zugriffsrechte beziehen sich lediglich auf die datenbezogenen Zugriffsrechte der Benutzer. Wenn die Daten von einem Benutzer in die Datenbank neu eingefügt werden, wird die Zugehörigkeit dieser Daten (eigene Daten) gleichzeitig vermerkt. Die anderen Daten, die nicht von ihm in die Datenbank eingefügt sind, werden gegenüber dem Benutzer als Fremddaten bezeichnet. Das aktive Zugriffsrecht eines Benutzers gibt an, ob er nur eigene Daten oder noch die Fremddaten verarbeiten kann, wobei letztere den Benutzern der gleichen Gruppe gehören sollen. Hingegen legt sein passives Zugriffsrecht fest, ob seine Daten von anderen Benutzern der gleichen Gruppe auch verarbeitet - geändert oder nur gelesen - werden dürfen. So wird jeder Benutzer hier neben seinen funktionen- und datenbezogenen Zugriffsrechten ferner durch sein aktives und passives Zugriffsrecht gekennzeichnet.

Der *Fern-* und der *Lokal-Benutzer* sind mit der Verteilung des Systems *OrgIS* auf verschiedenen Rechnern verbunden. Das System *OrgIS* kann mit dem Funktionenmodul der Kommunikationssteuerung verteilt auf mehreren Rechnern installiert und betrieben werden. Zwischen den verteilten Systemen *OrgIS* besteht noch die Kommunikationsverbindung, die die verteilte Datenhaltung und -verarbeitung zustande bringt. Ein Lokal-Benutzer kann über einen Fern-Benutzer auf die Daten zugreifen, die allerdings in einer Datenbank auf einem anderen Rechner aufbewahrt werden. Dieser Fernzugriff auf die Daten kommt vor allem durch die Ausführung der Funktionen zustande, die im System *OrgIS* auf einem anderen Rechner gestartet und ausgeführt werden sollen. Dafür können die Lokal- und Fern-Benutzer als die *Client-* bzw. *Server-Benutzer* betrachtet werden. Die Anfrage oder Anforderung eines Lokal-Benutzers wird von einem Fern-Benutzer übermittelt. Der Fern-/Server-Benutzer wertet die Anfrage oder Anforderung aus, startet danach im Hintergrund bestimmte Prozesse (diese repräsentieren die Ausführung der Funktionen) und liefert die entsprechenden Ergebnisse zum Lokal-/Client-Benutzer zurück. Die Übertragung dieser Ergebnisse von einem Rechner zu einem anderen Rechner wird durch die Funktionen der Kommunikationssteuerung realisiert. Der Lokal-/Client-Benutzer und Fern-/Server-Benutzer sind zwar beide Benutzer im System *OrgIS*, werden aber auf zwei verschiedenen Rechnern eingerichtet. Das verteilte System *OrgIS* bringt einerseits die echte verteilte Datenhaltung und -verarbeitung in verschiedenen Datenbanken zustande und ermöglicht andererseits die Erweiterung der mehrstufigen *OrgIS*-Benutzerorganisation.

A. Der hierarchische Aufbau der *OrgIS*-Benutzer

Der Benutzer im System *OrgIS* ist zuständig für die Ausführung der Funktionen, die sich auf die System- oder Organisationsfunktionen beziehen können. Bezüglich der Zielsetzung des Systems *OrgIS* werden die Benutzer auch nach drei Klassen gegliedert, mit denen ein Benutzer als ein Systemverwalter bzw. -administrator, ein Gruppenleiter oder ein Sachbearbeiter eingestuft werden kann. Damit ist die Kompetenz und Verantwortung eines Benutzers festgelegt, welche sich vor allem auf die Zugriffsrechte auf die Funktionen und Daten im System *OrgIS* bezieht. Neben der Benutzerklasse hat jeder Benutzer noch die organisatorische Beziehung zu anderen Benutzern, welche durch die Benutzergruppe hergestellt wird und somit einen Leitungszusammenhang zwischen den Benutzern verdeutlicht. Jeder Benutzer darf nur zu einer Benutzergruppe zugeordnet werden, die ihrerseits eine oder mehrere Benutzer involvieren kann. Dabei ist anzudeuten, daß eine spezielle Benutzergruppe und ein spezieller Benutzer im System *OrgIS* vordefiniert werden. Sie gelten als systembehaftete Benutzergruppe bzw. Benutzer und werden als Administrationsgruppe bzw. Systemverwalter „*orgis*" bezeichnet. Natürlich können sie nicht vom Systemverwalter bzw. -administrator eingerichtet werden. Die Administrationsgruppe beinhaltet alle Benutzer vom Systemverwalter bzw. -administrator und alle Benutzergruppen, die nach der Installation des Systems *OrgIS* vom Systemverwalter eingerichtet werden. Daraus ergibt sich eine zweistufige Aufbauorganisation im System *OrgIS*, die in *Abb. 4.III.A. - 1* beispielsweise veranschaulicht wird.

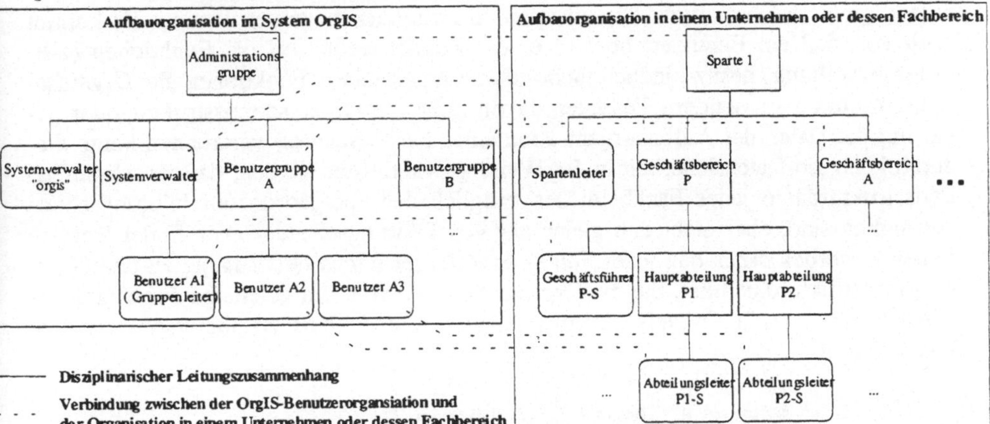

Abb. 4.III.A. - 1. **Zweistufige OrgIS-Benutzerorganisation und ihr Zusammenhang mit der Unternehmensorganisation**

Zur Einrichtung einer Benutzergruppe oder eines Benutzers wird allerdings gefordert, die Verbindung bzw. den Zusammenhang zwischen ihnen und den Organisationseinheiten in der Unternehmensorganisation herzustellen. Die Benutzergruppe und der Benutzer können jeweils bedeutungsgleich mit einer Höheren Organisationseinheit bzw. Stelle verglichen werden. Die Administrationsgruppe im System *OrgIS* soll mit der disziplinarisch höchsten Organisationseinheit eines Unternehmens oder dessen Fachbereich verbunden sein, in dem das System *OrgIS* zentralisiert oder dezentralisiert zur Unterstützung der Organisationsplanung und -entwicklung eingesetzt wird. Der Benutzer als Systemverwalter bzw. -administrator repräsentiert hierfür die Leitungsstelle dieser höchsten Organisationseinheit, welche natürlich auf einen Leiter (Unternehmens-, Sparten-, Geschäftsführer usw.) hinweist. In *Abb. 4.III.C. - 1* wird eine solche Verbindung zwischen der *OrgIS*-Benutzerorganisation und der Organisation einer Sparte dargestellt. Hier sind die Leiter für die Planung und Entwicklung ihrer Organisation zuständig. Als oberster Leiter in der Sparte verfügt er über einen Benutzer als

Systemverwalter bzw. -administrator und kann seine wesentlichen Managementaufgaben erfüllen, vor allem die Organisation der jeweiligen von ihm geleiteten Geschäftsbereiche zu kontrollieren sowie zu überwachen und über die weitere Entwicklung der Spartenorganisation zu entscheiden. Darüber hinaus legt die Verbindung zwischen den Benutzern (Benutzergruppen) und den Stellen (Höheren Organisationseinheiten) noch die Menge der Organisationsstrukturdaten in der Datenbank fest, auf welche die Benutzer zugreifen dürfen, d.h. sie ändern, auswerten und lesen.

B. Die Zugriffsrechte der *OrgIS*-Benutzer

Gekennzeichnet wird das System *OrgIS* noch durch die Zugriffsrechte der Benutzer - sie werden auch *OrgIS*-Benutzer genannt -, unter welchen allerdings die funktionen- und datenbezogenen Zugriffsrechte zu verstehen sind. Falls ein Benutzer, der Gruppenleiter oder Sachbearbeiter sein kann, die Organisationsstrukturdaten verarbeiten oder auswerten will, muß er zunächst die Zugriffsrechte auf die beanspruchten Funktionen und dann die Zugriffsrechte auf die zu verarbeitenden bzw. bewertenden Daten besitzen. Durch solche funktionen- und datenbezogenen Zugriffsrechte kann ein Benutzer genau auf bestimmte Organisationsstrukturdaten begrenzt werden. Es kommt auch vor, daß ein Benutzer, obwohl er die Zugriffsrechte auf die Funktionen (z.B. Datenverwaltung) besitzt, jedoch nicht mit diesen erlaubten Funktionen alle Organisationsstrukturdaten, sondern Teildaten davon (z.B. die Organisationsstruktur oder sogar nur die Daten der Aufbauorganisation eines Fachbereiches) verarbeiten kann. Dadurch kann die Datensicherheit in der Weise gewährleistet werden, daß die Organisationsstrukturdaten jedes Fachbereiches lediglich der übergeordneten Führungsebene zugänglich sind, aber nicht den gleichrangigen Führungsebenen. Dies findet letztlich seinen Ausdruck darin, daß jeder Führer bzw. Leiter immer den Zugang zu den Organisationsstrukturdaten hat, die die Organisation des von ihm geleiteten Fachbereiches wiedergeben, um die Organisationsplanung und -entwicklung zu überwachen und zu kontrollieren.

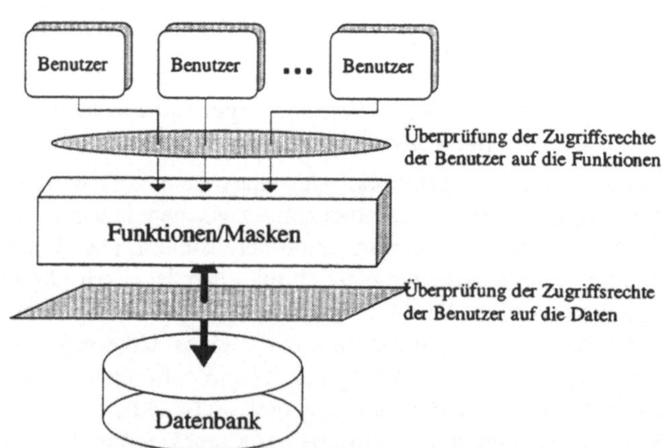

Abb. 4.III.B. - 1.   Doppelte Überprüfung der Zugriffsrechte der Benutzer auf die System- und Organisationsstrukturdaten in der Datenbank

Im System *OrgIS* werden die Zugriffsrechte eines Benutzers vor und während seiner Ausführung der Funktionen ständig geprüft. Das Vorgehen zur Überprüfung der Zugriffsrechte eines Benutzers wird in *Abb. 4.III.B. - 1* verdeutlicht, in der die doppelte Überprüfung zu erkennen ist. Die Funktionen werden in den Benutzerschnittstellen bzw. Masken definiert, über die ein Benutzer die erlaubten Funktionen ausführen und damit die System- oder Organisationsstrukturdaten verarbeiten sowie auswerten kann. Vor jedem Aufruf der Maske wird grundsätzlich geprüft, ob der Benutzer die Zugriffsrechte darauf besitzt. Falls die Maske für ihn zugänglich ist, wird sie ihm zur Operation bereitgestellt. Der Benutzer kann je nach seinen Zugriffsrechten sämtliche Funktionen, die in der Maske definiert sind und als elementare Funktionen bezeichnet werden können, oder einen Teil davon ausführen. Die unerlaubten Funktionen erscheinen zwar noch (deaktiviert) in der Maske bzw. Benutzerschnittstelle, können aber durch das Menü nicht ausgewählt werden. Die Zugriffsrechte eines Benutzers können en detail für die elementaren Funktionen definiert werden. Zum Beispiel kann ein Benutzer nur die elementaren Funktionen wie Einfügen, Modifizieren (Ändern) und Anzeigen der Funktion der Datenverwaltung in der Maske bzw. Benutzerschnittstelle ausführen, aber keine elementare Funktion wie Löschen etc.

Welche System- und Organisationsstrukturdaten der Benutzer mit den erlaubten Funktionen verarbeiten oder auswerten kann, hängt allerdings von seinen datenbezogenen Zugriffsrechten ab. Dabei sind neben der Benutzerklasse noch das passive und das aktive Zugriffsrecht eines Benutzers auf die System- oder Organisationsstrukturdaten zu unterscheiden. Das passive und aktive Zugriffsrecht hängen lediglich mit den Benutzern Sachbearbeiter zusammen, gelten jedoch innerhalb der Benutzergruppe. In dieser Hinsicht ist es notwendig, die Zugehörigkeit der Organisationsstrukturdaten zunächst zu erläutern. Werden die Organisationsstrukturdaten von einem Benutzer in die Datenbank neu eingefügt, wird er hier als Eigentümer der Organisationsstrukturdaten angesehen, die wiederum für ihn als eigene Daten bezeichnet werden. Für ihn gelten die anderen Organisationsstrukturdaten als Fremddaten. Mit den aktiven Zugriffsrechten kann festgelegt werden, auf welche Organisationsstrukturdaten ein Benutzer die Zugriffsrechte besitzt. Er darf nur eigene Daten oder kann noch Fremddaten, die aber von Benutzern der gleichen Gruppe eingefügt wurden, verarbeiten bzw. auswerten (lesen). Demgegenüber wird mit den passiven Zugriffsrechten festgestellt, von welchen Benutzern der gleichen Gruppe die eigenen Daten verarbeitet oder ausgewertet (gelesen) werden dürfen. Unter der gleichen Berücksichtigung der passiven und aktiven Zugriffsrechte aller Benutzer der gleichen Gruppe kann genau festgelegt werden, welche Organisationsstrukturdaten jeder Benutzer in einer Gruppe tatsächlich verarbeiten oder auswerten (lesen) darf. Dabei ist noch zu beachten, daß die passiven Zugriffsrechte gegenüber den aktiven Zugriffsrechten bevorzugt berücksichtigt und bewertet werden. Das heißt, daß ein Benutzer, trotzdem er die erforderlichen aktiven Zugriffsrechte besitzt, die Fremddaten doch nicht verarbeiten oder auswerten (lesen) darf, falls solche Zugriffsrechte in den passiven Zugriffsrechten der anderen Benutzer der gleichen Gruppe nicht vorgesehen sind.

C. Die Bildung der mehrstufigen Hierarchie der *OrgIS*-Benutzerorganisation

Im System *OrgIS* kann in der Regel eine zweistufige Hierarchie der Benutzerorganisation gebildet werden, in der die Administrationsgruppe als oberste Höhere Organisationseinheit betrachtet werden soll. Ihre unmittelbar unterstellten Organisationseinheiten sind einerseits die Benutzer als Systemverwalter bzw. -administrator und andererseits die Benutzergruppen, zu denen allerdings die weiteren Benutzer als Gruppenleiter und Sachbearbeiter gehören sollen. Diese zweistufige Hierarchie der Benutzerorganisation kann bezüglich der Zielsetzung des Systems *OrgIS*, mit dem die Organisationsplanung und -entwicklung in einem Unternehmen sowohl zentralisiert als auch dezentralisiert (delegiert) in mehreren Fachbereichen unter einer Kontrolle und Koordination gleichzeitig durchgeführt werden kann, auf die entsprechende Organisation eines Unternehmens oder dessen Fachbereiche übertragen werden, welche mittels des Systems *OrgIS* entwickelt werden soll. Die dezentralisierte (delegierte) Erfüllung der Managementaufgaben der Organisationsplanung und -entwicklung in einem Unternehmen oder dessen Fachbereichen wird auch entsprechend durch das Konzept des verteilten Systems *OrgIS* unterstützt. Das verteilte System *OrgIS* dient nicht nur hinsichtlich der Performance zu verteilter Datenhaltung und -verarbeitung, sondern auch zur Bildung einer mehrstufigen Hierarchie der Benutzerorganisation, die als grundsätzlich für die Erweiterung der zweistufigen Hierarchie der Benutzerorganisation erachtet wird.

Das verteilte System *OrgIS* kommt durch das Funktionenmodul der Kommunikationssteuerung zustande, bei der zwei Arten von Benutzern zu unterscheiden sind: der Lokal- und der Fern-Benutzer. Der Lokal- und der Fern-Benutzer können hier entsprechend als Client- bzw. Server-Benutzer bezeichnet werden. Wird das verteilte System *OrgIS* mehrfach auf verschiedenen Rechnern (z.B. Workstation, PC usw.) installiert, können sie über die Funktionen der Kommunikationssteuerung miteinander kommunizieren. Das verteilte System *OrgIS* arbeitet jeweils mit einer eigenen (lokalen) Datenbank, in der lediglich die System- und Organisationsstrukturdaten über eine Benutzerorganisation mit der zweistufigen Hierarchie bzw. die Organisation eines Fachbereiches aufbewahrt werden. Gemeinsam bilden die System- und Organisationsstrukturdaten in unterschiedlichen (lokalen) Datenbanken eine Benutzerorganisation mit einer mehrstufigen Hierarchie bzw. eine bereichsübergreifende Organisation in einem Unternehmen. So werden diese lokalen Datenbanken zusammengefaßt als eine verteilte Datenbank gesehen, mit der die verteilte Datenhaltung und -verarbeitung realisiert wird. Der Datenaustausch zwischen den lokalen Datenbanken kommt letztlich durch das verteilte System *OrgIS*, insbesondere durch die Funktionen der Kommunikationssteuerung, zustande. Dazu ist es notwendig, die Verbindungen auf zwei Ebenen - System und Benutzer - zwischen den verteilten Systemen *OrgIS* herzustellen. Durch die Verbindung auf der Ebene des Systems sind zwei verteilte Systeme *OrgIS* organisatorisch miteinander verbunden. In diesem Falle (wie in *Abb. 4.III.C. - 1* gezeigt) wird betrachtet, daß ein System *OrgIS*, das beispielsweise auf einer Workstation installiert ist, dem anderen System, das hingegen auf einem PC installiert sein kann, organisatorisch übergeordnet ist. Auf dieser Verbindung kann und muß eine weitere Verbindung auf der Ebene des Benutzers hergestellt werden. So werden hiermit zwei Benutzer, die jeweils in den oben genannten zwei Systemen *OrgIS* eingerichtet sind, miteinander verbunden. Einer wird als Lokal-Benutzer bezeichnet, der im organisatorisch übergeordneten System *OrgIS* eingerichtet ist, und der andere als Fern-Benutzer, der im organisatorisch unterstellten System *OrgIS* eingerichtet ist.

Nach der Herstellung dieser zwei Verbindungen kann der Lokal-Benutzer (auf Workstation) über den Fern-Benutzer (auf PC) auf die System- und Organisationsstrukturdaten zugreifen, die in einer sogenannten Fern-Datenbank (auf PC) aufbewahrt sind. Dieser Fern-Zugriff auf die System- und Organisationsstrukturdaten kann allerdings nur durch die Ausführung der geforderten Funktionen durchgeführt werden, welche auf dem anderen (Fern-) Rechner (z.B. hier PC) im Hintergrund ablaufen. Die

Anfrage oder Anforderung des Lokal-Benutzers wird vom Fern-Benutzer übermittelt. Nach seiner Auswertung dieser Anfrage oder Anforderung werden die entsprechenden Funktionen unter der Kennung des Fern-Benutzers im Hintergrund auf dem Fern-Rechner (PC) gestartet und ausgeführt. Daraus werden die gewünschten Ergebnisse vom Fern-Benutzer zum Lokal-Benutzer zurückgeliefert. In *Abb. 4.IV.A. - 1* ist deutlich zu erkennen, daß der Benutzer A3 als Lokal-Benutzer gesehen wird und der Benutzer Systemverwalter auf dem PC als Fern-Benutzer. In diesem Sinne können der Lokal- und Fern-Benutzer auch als Client- bzw. Server-Benutzer gelten. Der Client-Benutzer stellt dem Server-Benutzer die Anforderung oder Anfrage und der Server-Benutzer liefert seinerseits der Anforderung bzw. Anfrage zufolge die Ergebnisse.

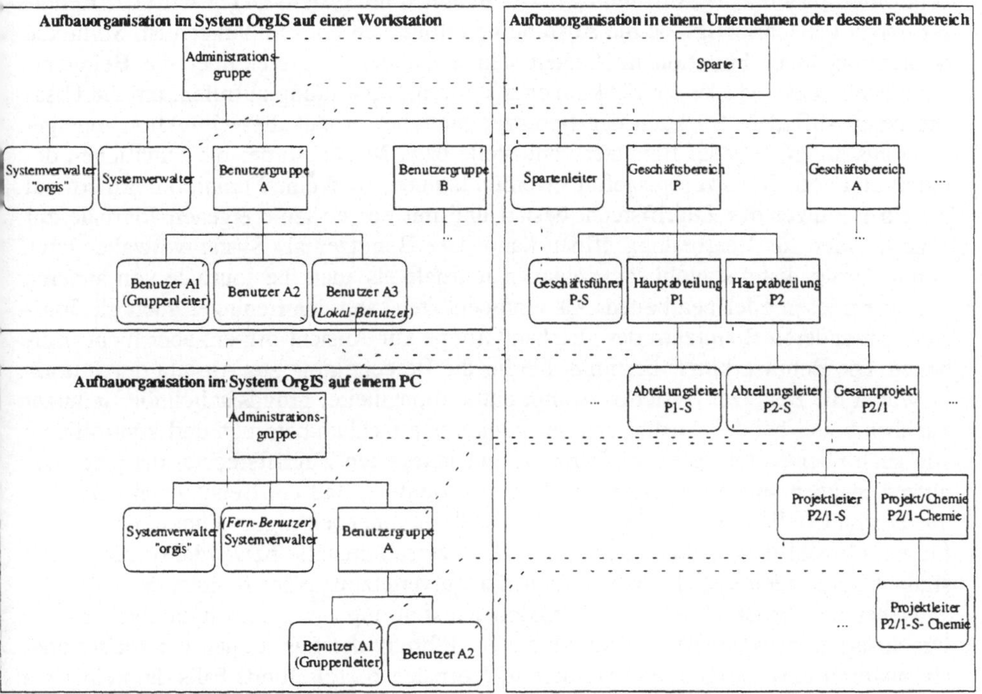

Abb. 4.III.C. - 1. Die Erweiterung der OrgIS-Benutzerorganisation durch das verteilte System OrgIS

Weiterhin wird durch *Abb. 4.III.C. - 1* der organisatorische Zusammenhang zwischen der Organisation in einem Unternehmen und der erweiterten Benutzerorganisation im verteilten System *OrgIS* verdeutlicht. Die Benutzerorganisation mit einer erweiterten mehrstufigen Hierarchie kann genau auf die Organisation eines Fachbereiches übertragen werden. Zum Ausdruck gebracht wird hier in erster Linie die dezentralisierte bzw. delegierte Erfüllung der Managementaufgaben der Organisationsplanung und -entwicklung auf verschiedenen Führungsebenen, die vor allem vom Unternehmensleiter durch das verteilte System *OrgIS* effizient und effektiv kontrolliert, überwacht und koordiniert werden können.

IV.   Das Journal als *OrgIS*-Dokumentation

Das Journal im System *OrgIS* dient einerseits zur Protokollierung der Ergebnisse der Ausführung der einzelnen Funktionen, welche hiermit vom *OrgIS*-Benutzer (Systemverwalter, Gruppenleiter oder Sachbearbeiter) wahrgenommen wird, und andererseits zur Kontrolle und Überwachung der Systemabläufe, welche allerdings als eine der wichtigsten Aufgaben für den Systemverwalter gelten sollen. Mit dem Journal wird jede Ausführung der Funktionen, die sich hier natürlich auf die Datenverwaltung, die Datenauswertung, die Dokumentationserstellung, die Benutzerverwaltung, die Kommunikationssteuerung und die Zugriffsrechtverwaltung beziehen sollen, überwacht und kontrolliert. Nach jeder Ausführung der Funktionen im System *OrgIS* wird der Benutzer immer benachrichtigt, ob die Ausführung erfolgreich oder mißlungen ist. Sollte die Ausführung einer Funktion mißlungen sein, kann der Benutzer über die Benutzerschnittstelle bzw. Maske die Funktionen der Journalverwaltung aufrufen, um die Ursache herauszufinden. So kann der Benutzer hinterher erneut diese Funktion regelgerecht ausführen. In jeder Benutzerschnittstelle bzw. Maske, in der die Funktionen definiert und vom Benutzer ausgeführt werden können, wird eine Funktion definiert, auf die ein Benutzer das Zugriffsrecht besitzt und mit der er seine eigenen Journale zur Ansicht oder zur Bearbeitung öffnen kann. Der Benutzer als Systemverwalter bzw. -administrator kann sowohl seine eigenen Journale als auch die Journale von anderen Benutzern lesen oder bearbeiten. Als Gruppenleiter kann der Benutzer auch die Journale von anderen Benutzern der gleichen Gruppe zur Ansicht öffnen, aber nicht bearbeiten. Die Benutzerklasse bestimmt hierfür die Berechtigung zur Ansicht der Journale, womit die Benutzer Systemverwalter und Gruppenleiter grundsätzlich die Benutzer Sachbearbeiter bei der Ausführung der Funktionen fachlich betreuen und kontrollieren wie auch überwachen können. Trotz der gut geregelten Zugriffsrechte, die jeder Benutzer besitzen soll, kann es immer noch vorkommen, daß ein Benutzer in einer Benutzerschnittstelle bzw. Maske versuchen will, die ungenehmigten Funktionen auszuführen, obwohl diese Funktionen in der Benutzerschnittstelle bzw. Maske deaktiviert sind. Dabei handelt es sich um eine Zugriffsrechtverletzung eines Benutzers.

Neben der Protokollierung der Funktionenausführung werden noch die System- und Organisationsstrukturdaten, die durch die Ausführung der Funktionen verarbeitet oder ausgewertet bzw. ausgedruckt werden, in Journalen protokolliert. Falls die Fehler bei der Ausführung der Funktionen auftreten, kann der Benutzer durch solche aufgezeichnete Daten die Ursache gezielt und schnell aufklären. Ebenfalls besondere Bedeutung findet eine solche Protokollierung der Daten in der Dokumentationserstellung und der Datenauswertung, da die Unternehmensdaten bezüglich Datensicherheit (neben der Zugriffsrechtregelung) mit der Kennzeichnung des bestimmten Benutzers vermerkt werden sollen. So ist dem Unternehmensleiter oder Geschäftsführer - er wird hier im System *OrgIS* durch den Benutzer Systemverwalter repräsentiert - klar, welche Mitarbeiter - sie werden hier ebenfalls durch die Benutzer Gruppenleiter oder Sachbearbeiter repräsentiert - die Unternehmensdaten in Form von Dokumenten besitzen oder ausgewertet haben. Die Zugriffsrechtregelung verbietet dem Mitarbeiter den Zugang zu Unternehmensdaten. Wenn ein Mitarbeiter Zugriffsrechte besitzt, wird auch deutlich ausgewiesen, welche Unternehmensdaten er bei sich oder ausgewertet hat.

Zur besseren Verwaltung der Journale werden sie hier in System- und Benutzerjournale klassifiziert. Die Systemjournale, in denen sämtliche Ergebnisse der Ausführung der Funktionen von allen Benutzern protokolliert werden und die somit als globale Journale bezeichnet werden können, sind lediglich dem Benutzer als Systemverwalter bzw. -administrator zugänglich. Die Benutzerjournale sind hingegen benutzerbezogen. Jeder Benutzer besitzt einen eigenen Journal, in dem nur die Ergebnisse über die Ausführung der von ihm gestarteten bzw. aufgerufenen Funktionen protokolliert werden, und darf nur den eigenen Journal zur Ansicht und zur Bearbeitung öffnen. Aber der Benutzer Gruppenleiter kann alle Benutzerjournale von seinen Gruppenmitgliedern zur Ansicht öffnen. Es kann eingestellt werden, ob ein Benutzerjournal nach der Abmeldung bzw. Logout des Benutzers jedesmal automatisch gelöscht werden soll. In diesem Sinne können die Benutzerjournale als temporäre Journale gelten, demgegenüber sind die Systemjournale als permanente Journale zu bezeichnen.

A. Das Systemjournal

In dem Systemjournal werden grundsätzlich die Vorgänge des Systemablaufs protokolliert, unter welchen die erfolgreichen wie auch mißlungenen Ausführungen der Funktionen von allen Benutzern zu verstehen sind. Das Systemjournal, das in *Abb. 4.IV.A. - 1* veranschaulicht wird, wird durch die Funktionen der Journalverwaltung aufgeteilt und in der Datenbank sowie in den Dateien unter einem Verzeichnis gespeichert. Das Systemjournal wird als permanent bezeichnet, da es nur vom Systemverwalter gelöscht werden kann. Die Inhalte bzw. die Ergebnisse, die im Systemjournal protokolliert sind, verstehen sich einerseits als die komprimierten Projektionen der Ergebnisse in den Benutzerjournalen (wie in *Abb. 4.IV.A. - 1* gezeigt), die den jeweiligen Benutzern zugeordnet sind, und beinhalten andererseits die wichtigen Daten über die Systemabläufe, welche beispielsweise folgende Informationen sein können:

- An- und Abmeldungsdatum der Benutzer,
- Benutzungs- bzw. Ablaufdauer des Systems *OrgIS*,
- Einstellungsdatum der Systemumgebung,
- Zugriffsrechtverletzung auf Funktionen und Organisationsstrukturdaten,
- Die Benutzer bzw. Organisationseinheiten/Personen mit den Kennzeichnungen der Organisationsdokumente, die von den Benutzern erstellt oder ausgedruckt werden sollten,
- Die Benutzer bzw. Organisationseinheiten/Personen mit den Kennzeichnungen der Organisationsstrukturdaten, die im Form von Tabellen von den Benutzern angezeigt oder ausgedruckt werden sollten,
- Die Benutzer bzw. Organisationseinheiten/Personen mit den Kennzeichnungen der Organisationsstrukturdaten, die systematisch von den Benutzern ausgewertet bzw. analysiert werden sollten.

Durch solche umfassenden Informationen kann ein Benutzer als Systemverwalter, der den Unternehmensleiter oder Geschäftsführer vertreten soll, die gesamten Systemabläufe kontrollieren und überwachen. Das Systemjournal wird von den Funktionen der Journalverwaltung erstellt. Sobald sich ein Benutzer beim System *OrgIS* anmeldet (login), werden die Funktionen der Journalverwaltung sofort aktiviert, um die Systemabläufe zu verfolgen und zu überwachen. Die Ergebnisse der vom Benutzer direkt ausgeführten Funktionen werden in seinem Benutzerjournal wie auch komprimiert im Systemjournal protokolliert. Das Systemjournal ist lediglich dem Systemverwalter zugänglich und kann von ihm weiter verarbeitet werden. Das heißt, daß ein Benutzer als Systemverwalter grundsätzlich das Systemjournal nicht nur löschen, sondern auch mittels der Funktionen der Journalverwaltung editieren und gegebenenfalls unter bestimmten Verzeichnissen archivieren kann. So kann ein Systemdokument dadurch entstehen, daß die historischen Ereignisse und die umfassenden Ergebnisse nachvollzogen werden.

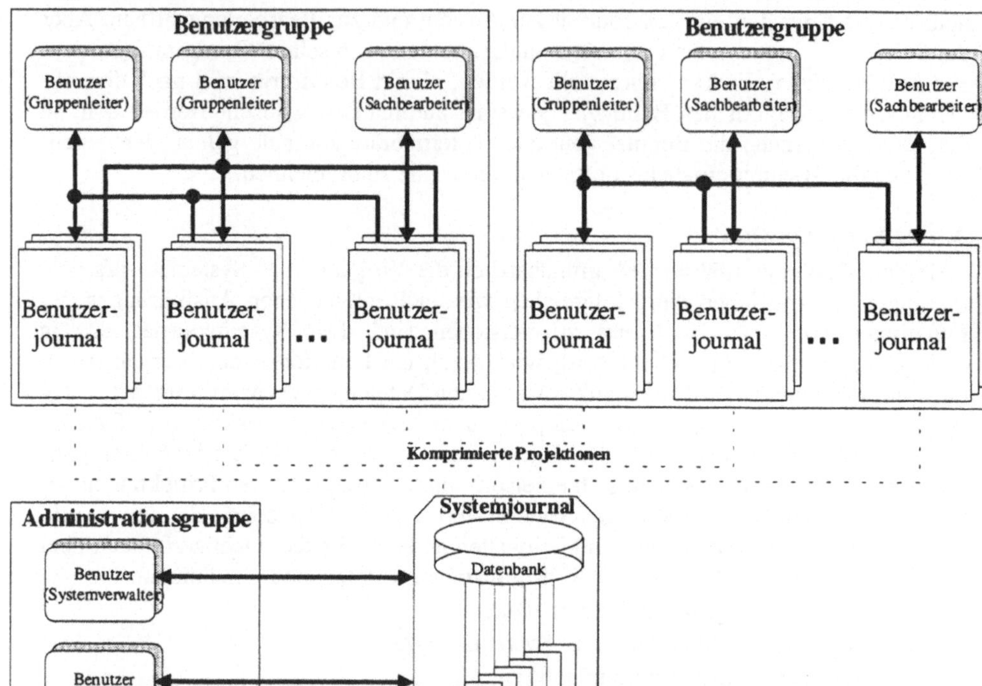

Abb. 4.IV.A. - 1.   Aufteilung des Systemjournals in Datenbank und Dateien

B. Das Benutzerjournal

Das Benutzerjournal ist benutzerbezogen und beinhaltet die Ergebnisse über die Ausführung der Funktionen, die direkt vom Benutzer aktiviert bzw. gestartet werden und sich im wesentlichen auf folgende Funktionen beziehen:

- die Datenverwaltung samt Einfügen, Modifizieren, Löschen und Lesen der Organisationsstrukturdaten,
- die Datenauswertung samt Anzeige, originärer und derivativer Auswertung der Organisationsstrukturdaten,
- die Dokumentationserstellung samt originären und derivativen Segmenten der Dokumentation der Organisation,
- Benutzerverwaltung, die nur den Benutzer als Systemverwalter betrifft.

Die Ergebnisse im Benutzerjournal stellen eigentlich die erfolgreichen oder mißlungenen Ausführungen der obigen Funktionen dar, die noch mit den System- und Organisationsstrukturdaten zusammen protokolliert werden. Dabei werden die Benutzer unterstützt, die Ursache jeder mißlungenen Ausführung der Funktionen zielgerecht und schnell zu klären. Sobald sich ein Benutzer beim System anmeldet (login), werden die Funktionen der Journalverwaltung aktiviert. Für jede Benutzerschnittstelle bzw. Maske erstellen die Funktionen der Journalverwaltung eine benutzerbezogene Datei, in der die Ergebnisse der Ausführungen der Funktionen aufgenommen werden sollen. Je nach Zugriffsrechten besitzt jeder Benutzer im allgemeinen eine Menge von solchen Dateien, die unter einem bestimmten Verzeichnis angelegt werden. Jeder Benutzer kann natürlich mittels der Funktionen der Journalverwaltung seine eigenen Benutzerjournale (Dateien) löschen oder verarbeiten oder sogar in einer Datei archivieren. Ein Benutzer Gruppenleiter kann nicht nur die eigenen Benutzerjournale verarbeiten oder löschen, sondern auch die Benutzerjournale von anderen Benutzern der gleichen Gruppe (wie in *Abb. 4.IV.B. - 1* gezeigt) zur Ansicht öffnen. Dazu ist eine zusätzliche Datei, in der ein Verweis auf die anderen Benutzerjournale seiner Gruppenmitglieder angebracht wird, unter seinem sogenannten Journalverzeichnis zu erzeugen. Normalerweise werden die Benutzerjournale nach der Abmeldung (Logout) eines Benutzers von den Funktionen der Journalverwaltung automatisch gelöscht. So werden die Benutzerjournale auch als temporäre Journale bezeichnet. Es kann aber auch vom Systemverwalter eingestellt werden, daß die Benutzerjournale von bestimmten Benutzern im System *OrgIS* verbleiben.

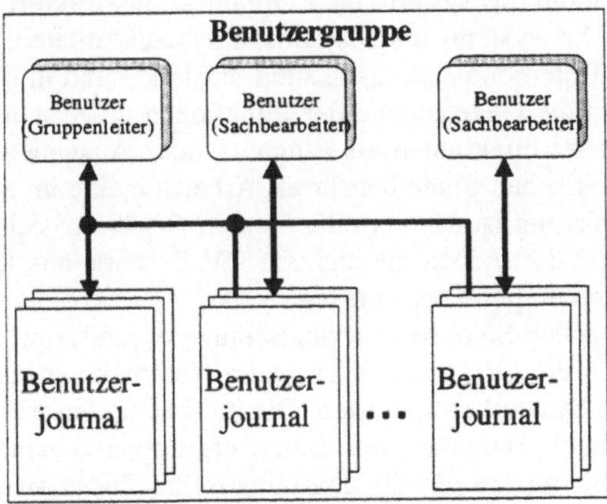

Abb. 4.IV.B. - 1.   Gruppierte Benutzerjournale in Dateien

V.   Der Zusammenhang zwischen *OrgIS*-Benutzerorganisation und Unternehmensorganisation

Das verteilte System *OrgIS* dient einerseits zur Unterstützung der Organisationsplanung und -entwicklung in einem Unternehmen und bildet andererseits in sich eine Benutzerorganisation, die als notwendige Voraussetzung zum Betreiben des verteilten Systems *OrgIS* gelten soll. In der Benutzerorganisation wird der Benutzer als kleinste organisatorische Einheit und die Benutzergruppe dementsprechend als zusammengesetzte organisatorische Einheit betrachtet, die hierbei aus einem oder mehreren Benutzern bestehen soll. Im allgemeinen können sie aus organisatorischer Sicht als Organisationseinheit der Benutzerorganisation bezeichnet werden. Die Organisationseinheit der Benutzerorganisation und die Organisationseinheit einer Unternehmensorganisation sind bedeutungsgleich. Zwischen ihnen entsteht noch eine enge Verbindung, die bei der Gestaltung der Benutzerorganisation hergestellt werden muß. Die Funktionalität des verteilten Systems *OrgIS* läßt sich durch dessen umfassende Funktionen darstellen, die im Sinne der Menüauswahl miteinander verbunden sind. Unter Berücksichtigung der Zugriffsrechte werden die Funktionen als fachliche Zuständigkeit der Benutzer gesehen, die somit die System- oder Organisationsstrukturdaten verarbeiten und auswerten können. Die System- und Organisationsstrukturdaten, die die Benutzerorganisation bzw. die Unternehmensorganisation darstellen und in der Datenbank aufbewahrt werden, bilden die Gegenstücke der Funktionen im System *OrgIS*. Sie werden bei der Ausführung der Funktionen als Eingabe- oder Ausgabedaten verarbeitet und können im organisatorischen Sinne hierfür als Arbeitsobjekte im System *OrgIS* gelten. Bezüglich der Realisierung ist das verteilte System *OrgIS* für sich ein DV-System aus Anwendungssoftware, das jedoch die anderen DV-Systeme aus Hardware und Basissoftware als Voraussetzungen zugrunde legt.

Aus der institutionellen Sicht besteht die Benutzerorganisation im verteilten System *OrgIS* gleichfalls wie die Organisation in einem Unternehmen aus der Aufbau-, Ablauforganisation und Systemkonfiguration. Die Aufbauorganisation der Benutzerorganisation läßt sich durch Benutzer und Benutzergruppen bilden und weist auf eine zweistufige Hierarchie hin, in der ihr disziplinarischer Zusammenhang allerdings von der Aufbauorganisation eines entsprechenden Unternehmens oder dessen Fachbereiche übertragen wird (wie in *Abb. 4.III.A. - 1* dargestellt). Dadurch wird die Verbindung zwischen den Organisationseinheiten (Benutzern und Benutzergruppen) der Benutzerorganisation und den Organisationseinheiten einer Unternehmensorganisation hergestellt. In *Abb. 4.V. - 1* wird abermals diese Verbindung verdeutlicht, so daß das System *OrgIS* in einem Unternehmen oder dessen Fachbereich zur Unterstützung der Organisationsplanung und -entwicklung eingesetzt werden kann. Solche Managementaufgaben werden letztlich von einem bestimmten Leiter erfüllt, der oder dessen Vertreter natürlich eine Führungs- bzw. Ausführungsstelle (als Assistenz) in dem Unternehmen oder dessen Fachbereich besitzt und der im System *OrgIS* bzw. in der Benutzerorganisation durch einen Benutzer repräsentiert wird. Diese Stellenbesetzung kann von einer Unternehmensorganisation in die Benutzerorganisation übertragen werden. Mit den Funktionen der Kommunikationssteuerung kann die Benutzerorganisation von einer zweistufigen auf eine mehrstufige Hierarchie erweitert werden, wobei zugleich eine dezentralisierte bzw. delegierte Erfüllung der Managementaufgaben der Organisationsplanung und -entwicklung realisiert werden kann.

Die fachliche Zuständigkeit der Benutzer für die Ausführung der Funktionen, die gemeinsam die Funktionalität des verteilten Systems *OrgIS* zum Ausdruck bringen, wird einerseits durch die Benutzerklasse (Systemverwalter bzw. -administrator, Gruppenleiter und Sachbearbeiter), unter der sicherlich ein fachlicher Führungszusammenhang zwischen den Benutzern verstanden werden kann, und andererseits durch das funktionenbezogene Zugriffsrecht definiert. Das datenbezogene Zugriffsrecht eines Benutzers kann hierbei aus der organisatorischen Sicht als seine Ausführungsbestimmung betrachtet werden, mit der festgelegt wird, welche System- und Organisationsstrukturdaten ein Benutzer mit den erlaubten Funktionen verarbeiten oder auswerten darf. Die Ausführung der Funktionen, welche von jedem Benutzer wahrgenommen wird, kann letztlich von dessen fachlicher Führung überwacht und kontrolliert werden, was allerdings durch die Funktionen der Journalverwaltung zustande kommt.

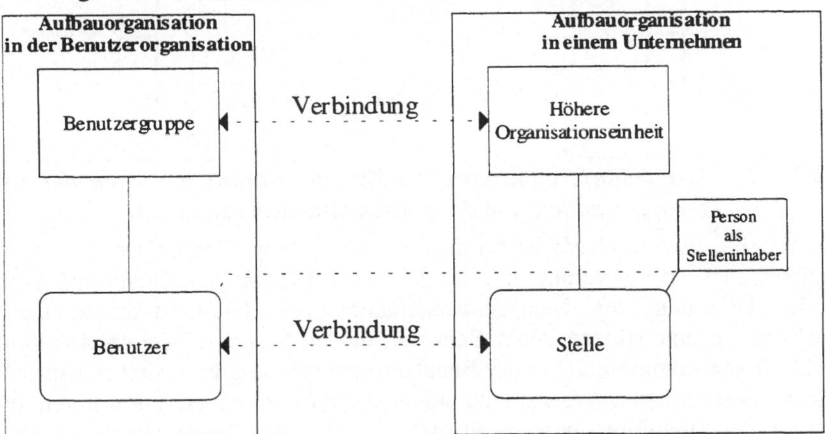

Abb. 4.V. - 1. *Der aufbauorganisatorische Zusammenhang zwischen der Benutzerorganisation und der Unternehmensorganisation*

Die Funktionen, die im verteilten System *OrgIS* realisiert werden, lassen sich ebenfalls in System- und Organisationsfunktionen unterscheiden. Die Systemfunktionen sind für die Verwaltung des regelgerechten Ablaufs des verteilten Systems *OrgIS* erforderlich und zuständig. Auf dieser Basis können die Organisationsfunktionen sachgerecht zur Unterstützung der Organisationsplanung und -entwicklung ausgeführt werden. Zwischen den Organisationsfunktionen besteht allerdings ein Zusammenhang, in dem eine Reihenfolge zur Ausführung der Organisationsfunktionen involviert wird. Diese Reihenfolge ist durch die Menüauswahl festzustellen, die in den Benutzerschnittstellen bzw. Masken zu sehen ist. Aus dieser Reihenfolge kann sich außerdem ein Funktionsnetz ergeben, in dem ein sachgerechter und rationeller Funktionenablauf gestaltet werden soll. Die Organisationsstrukturdaten sind in diesem Falle als Gegenstücke der Organisationsfunktionen zu sehen, von denen sie in der Weise verarbeitet oder ausgewertet werden, daß sie mit den zulässigen Organisationsfunktionen in den Benutzerschnittstellen bzw. Masken gekapselt definiert werden sollen. Aus organisatorischer Sicht ist die Bildung bzw. der Entwurf der Menüstruktur bedeutungsgleich mit der Gestaltung einer Ablauforganisation in der Benutzerorganisation. Unter Berücksichtigung der zugriffsrechtsgebundenen fachlichen Zuständigkeit der Benutzer spiegelt die Ablauforganisation der Benutzerorganisation in der Tat die Ablauforganisation einer Unternehmensorganisation wider, in der vor allem die Managementaufgaben der Organisationsplanung und -entwicklung und die dazu benötigten Arbeitsobjekte Informationssorte enthalten sind. In *Abb. 4.V. - 2* wird dieser ablauforganisatorische Zusammenhang zwischen der Benutzerorganisation und der Unternehmensorganisation dargestellt. Die Organisationsfunktionen werden zwar als DV-Funktionen von den Benutzern im verteilten System *OrgIS* ausgeführt, repräsentieren aber in dem Sinne die DV-gestützte Erfüllung der Managementaufgaben.

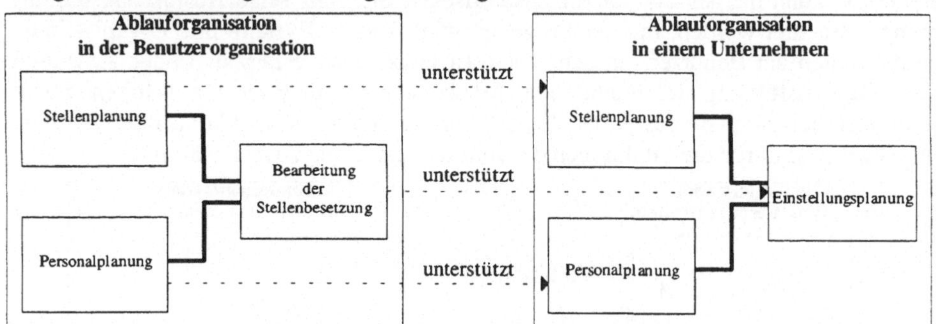

Abb. 4.V. - 2. ***Der ablauforganisatorische Zusammenhang zwischen der Benutzerorganisation und der Unternehmensorganisation***

Das verteilte System *OrgIS* ist für sich ein DV-System. Bestimmte Voraussetzungen müssen auch erfüllt werden, um das System in Betrieb zu nehmen und nicht zuletzt die Erfüllung der Managementaufgaben der Organisationsplanung und -entwicklung zu unterstützen. Jeder Benutzer, der im System eingerichtet ist und zugleich als Organisationseinheit in der Benutzerorganisation gilt, besitzt selbstverständlich einen DV-gestützten Arbeitsplatz, um die *OrgIS*-Funktionen auszuführen, die ihrerseits als DV-Funktionen gesehen werden. So ist in der Benutzerorganisation auch die Systemkonfiguration darzustellen, die jedoch mit der Ablauf- und Aufbauorganisation in engem Zusammenhang steht.

Fünftes Kapitel
Grundsätze für Entwurf und Realisierung des verteilten Organisationsinformationssystems *OrgIS*

Das verteilte Organisationsinformationssystem *OrgIS* wird den Organisationsstrukturdaten (Aufbau-, Ablauforganisation und Systemkonfiguration) sowie -funktionen und Systemstrukturdaten sowie -funktionen zufolge systematisch modularisiert. Es kann als ein offenes System mit strukturiert gegliederten Modulen und wohl definierten Schnittstellen im Hinblick auf die Erweiterung der Funktionen in dem System *OrgIS* implementiert werden. Das System *OrgIS* wird deswegen offen gehalten, damit weitere Funktionen je nach Bedarf bzw. Wunsch in das System *OrgIS* ohne Änderung der vorhandenen wesentlichen Funktionen eingebettet werden können. So kann das System *OrgIS* bei der Planung und Entwicklung der Unternehmensorganisation, nebst den dazu ausgeübten allgemeinen Managementaufgaben, die individuellen Managementaufgaben der unterschiedlichen Unternehmen oder der Fachbereiche unterstützen. Die Schnittstellen beziehen sich auf die Benutzeroberflächen zwischen dem Anwender und dem System *OrgIS* einerseits und die Kommunikationen bzw. die Aufrufbeziehungen zwischen den einzelnen gegliederten Modulen andererseits. Bei den Benutzeroberflächen handelt es sich letztendlich um die Strukturierung des Maskenaufbaus, unter dem die Grundbestandteile der Masken zunächst definiert und anschließend die Ablauflogik der Masken festgelegt werden sollen. Das komplexe verteilte System *OrgIS* soll durch die ästhetischen Bildschirmgestaltungen und die leichte Bedienbarkeit gekennzeichnet werden. Die Schnittstellen zwischen den einzelnen Modulen sowie ihren Teilmodulen werden so gebildet, daß die Module bzw. Teilmodule einerseits unabhängig parallel von mehreren Fachkräften bzw. Software-Ingenieuren implementiert werden können und andererseits separat zu pflegen, zu testen und zu erweitern sind. Dazu wird allerdings ein Projekt bzw. die Koordinierung benötigt, um die Erfüllung der Implementierungsaufgaben harmonisch, einheitlich und nicht zuletzt zielgerecht zu steuern, zu kontrollieren und zu erleichtern, obwohl die Schnittstellen zum großen Teil durch die Datenbank bzw. die Objekttypen bestimmt werden.

Das verteilte System *OrgIS* besteht grundsätzlich im informationstechnischen Sinne aus den Funktionen, die hier in zwei Arten von Funktionen, namentlich Organisations- und Systemfunktionen, gegliedert werden können. In der Tat entsprechen die Organisationsfunktionen den Managementaufgaben bzw. -funktionen zur Planung und Entwicklung der Unternehmensorganisation. Die Organisationsfunktionen werden in der Weise implementiert, daß die Planung und Entwicklung der Unternehmensorganisation in hohem Maße ziel- und sachgerecht unterstützt werden können. Aus den organisatorischen wie auch informationstechnischen Überlegungen lassen sich die Organisationsfunktionen in drei Kategorien einteilen:

- Die Funktionen der Datenverwaltung, die sich auf die versionierten Organisationsstrukturdaten beziehen und zur Unterstützung der Organisationsplanung dienen.

- Die Funktionen zur Datenauswertung, die zur Überprüfung der von den Funktionen der Datenverwaltung bearbeiteten versionierten Organisationsstrukturdaten gebraucht werden und als Hilfsmittel bei der Analyse und der Bewertung der Unternehmensorganisation gelten. Darunter ist vor allem die Erstellung der echtzeitigen Berichterstattung über die Organisation und der Entscheidungsunterlage zur Auswahl der versionierten Gestaltungen der Organisation zu verstehen.

- Die Funktionen der Dokumentationserstellung, die das Pendant (*Off-Line*) zu den Funktionen der Datenauswertung (Echtzeit „*On-Line*") bilden und im wesentlichen für die Berichterstattung und für die Entscheidungsunterstützung bei der Planung und Entwicklung der Unternehmensorganisation eingesetzt werden können.

Aus den Anforderungen der Datensicherheit, der ästhetischen Bildschirmgestaltung, der leichten Bedienbarkeit, der geregelten gemeinsamen Nutzung der verteilten Organisationsstrukturdaten und nicht zuletzt der Performance soll das verteilte System *OrgIS* eine Reihe von Systemfunktionen beinhalten, die diese Anforderungen abdecken können. Bezüglich der Software-Engineering werden die Systemfunktionen eher mit der Informationstechnologie, d.h. dem Ablauf und der Implementierung des Systems *OrgIS*, verbunden. Sie sind aber auch mit organisatorischen Überlegungen verbunden. Die Systemfunktionen gewährleisten und führen vor allem die sach- sowie privacygerechte Benutzung des Systems *OrgIS*. Strukturiert können die Systemfunktionen durch folgende fünf Kategorien repräsentiert werden:

- Die Funktionen der Journalverwaltung, die in die oben erwähnten drei Kategorien der Organisationsfunktionen eingebettet sind und die einzelnen Ablaufvorgänge des Systems *OrgIS* protokollieren. Das Journal läßt sich in System- und Benutzerjournal unterscheiden.

- Die Funktionen der Benutzerverwaltung, mit denen die *OrgIS*-Benutzerorganisation gebildet und zugleich die Zugriffsrechte einzelner Benutzer auf die Funktionen und die Organisationsstrukturdaten festgelegt werden können.

- Die Funktionen der Zugriffsrechtverwaltung, die die Sicherheit der Organisationsstrukturdaten gewährleisten. Dabei werden die funktionen- und datenorientierten Zugriffsrechte sowie die *OrgIS*-Umgebung und -Nutzung behandelt.

- Die Funktionen der Kommunikationssteuerung, mit denen das System *OrgIS* in bezug auf den disziplinarischen Leitungszusammenhang, d.h. den hierarchischen Organisationsaufbau, nicht nur zentralisiert, sondern auch dezentralisiert (verteilt) betrieben werden kann. Dabei sind die gemeinsamen Nutzungen bzw. Zugriffe der Organisationsstrukturdaten den Zugriffsrechten zufolge möglich. So kann das verteilte System *OrgIS* zugunsten der Performance auf mehreren Hardwaresystemen betrieben werden und durch Zugriffsrechte gesteuert miteinander kommunizieren.

- Die Funktionen der Benutzerhilfe geben die Hinweise bzw. die Anleitung aus, wie das verteilte System *OrgIS* betrieben und benutzt wird. Darüber hinaus werden die Anwendungsbeschreibungen vom *OrgIS* aufgrund des Vorgehens zur Planung und Entwicklung der Unternehmensorganisation anschaulich geklärt. Dadurch wird das systematische Vorgehen bzw. die Methode der Planung und Entwicklung sowie der Analyse und Bewertung der Unternehmensorganisation zum Ausdruck gebracht.

Aufgrund der Organisations- und Systemstrukturdaten sowie der Organisations- und Systemfunktionen wird das verteilte System *OrgIS* in mehrere Teile gegliedert, welche die Modularität einer Software verkörpern sollen. Unter den Organisationsstrukturdaten sind diejenigen organisatorischen Daten zu verstehen, die die Ständige Aufbauorganisation, die Projektorganisation, die Ablauforganisation und die Systemkonfiguration in einem Unternehmen oder dessen Fachbereichen beschreiben bzw. darstellen. Auf diesen Organisationsstrukturdaten beruhen die Organisationsfunktionen, die ihrerseits diese Daten verarbeiten und erzeugen sollen. Die Systemfunktionen verwalten die *OrgIS*-Benutzerorganisation einerseits und sorgen dagegen für die regelgerechten Abläufe des Systems *OrgIS* andererseits, welche vor allem von den Zugriffsrechten des jeweiligen Anwenders bestimmt und durch die Systemstrukturdaten beschrieben werden. In *Abb. 5. - 1* werden die Funktionenmodule des verteilten Systems *OrgIS* aus der Funktionensicht gegliedert und deutlich dargestellt. Das System *OrgIS* besteht grundsätzlich aus acht Funktionenmodulen. Demgegenüber kann das verteilte System *OrgIS* aus der Datensicht (Organisations- und Systemstrukturdaten) in sechs Funktionenmodule eingeteilt werden, die in *Abb. 5. - 2* verdeutlicht werden. Die Bildung der Funktionenmodule wird hier zunächst nach den Funktionen und dann nach Daten durchgeführt, woraus die Teilfunktionenmodule sich in jedem Funktionenmodul finden. So werden die Implementierung und die Pflege der einzelnen Funktionenmodule bzw. Teilfunktionenmodule, falls die Funktionenmodule mehrere große Teilfunktionenmodule (großer Implementierungsaufwand) involvieren, parallel und leichter zustande gebracht. Die Schnittstellen zwischen den Funktionenmodulen orientieren sich an den Organisations- und Systemstrukturdaten, die durch das Organisations- bzw. Systemdatenmodell beschrieben und anschließend in der Datenbank realisiert werden. Dadurch wird der Datentaustausch zwischen den Funktionenmodulen oder Teilfunktionenmodulen zum großen Teil über die Datenbank durchgeführt.

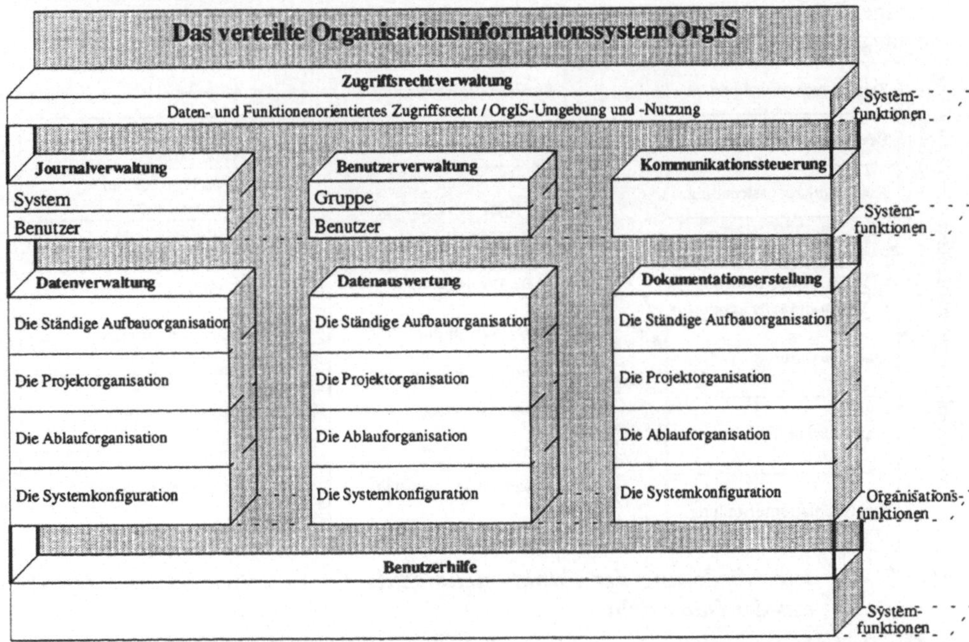

Abb. 5. - 1. Die Gliederung der Funktionenmodule des verteilten Systems OrgIS aus der Funktionensicht

Die Funktionenmodule bzw. Teilfunktionenmodule müssen auch in der Weise gebildet werden, daß sie einerseits möglichst klein und detailliert sind und andererseits die Schnittstellen zwischen ihnen noch einfach und schmal sind. Hierbei darf auch nicht vernachlässigt werden, daß die Eignungsentfaltung der Fachkräfte (Software-Ingenieure), das bedeutet zugleich die Erreichung des persönlichen Ziels, bei der Implementierung einzelner Teilfunktionenmodule als eine der wichtigen Punkte zu berücksichtigen ist. Dies führt im wesentlichen zu dem Ziel, daß die Koordination bzw. Kooperation bei der Implementierung der einzelnen Funktionenmodule und Teilfunktionenmodule durch mehrere Fachkräfte vereinfacht werden muß. Folglich werden die implementierten Funktionenmodule bzw. Teilfunktionenmodule separat getestet, womit die Änderung und die Erweiterung der Funktionenmodule von verschiedenen Fachkräften wahrgenommen werden können. Dazu sind noch einige Punkte bei der Bildung der Funktionenmodule bzw. Teilfunktionenmodule und bei deren Spezifizierung zu berücksichtigen, indem die globalen sowie modularweiten Variablen als Schnittstellen festgelegt werden sollen, da sie in allen oder in einem Funktionenmodul verwendet werden müssen. Dadurch wird auch vermieden, daß gleiche Funktionen, Objekten oder Prozeduren mehrfach in verschiedenen Funktionenmodule bzw. Teilfunktionenmodule zu definieren und zu implementieren sind, um gewisse Werte zu übergeben. Zum anderen muß die Benennung der Funktionen-, Masken-, Prozeduren-, Ereignissen-, Objektname usw. systematisch standardisiert werden. Im Falle der parallelen Implementierung der Funktionenmodule bzw. Teilfunktionenmodule durch mehrere Fachkräfte (Software-Ingenieure) könnte ansonsten immer die Gefahr bestehen, daß die Benennung der oben genannten Namen während der Zusammenstellung aller Funktionenmodule und des gesamten Systemtests zu Namenskonflikten führt. So soll die suche derartiger Fehler oder Irrtümer von Anfang an ausgeschlossen werden.

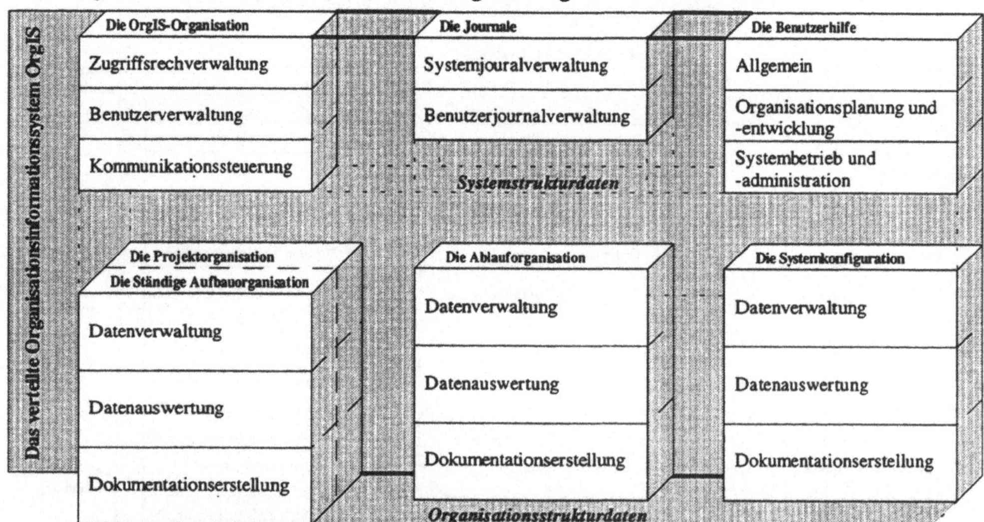

Abb. 5. - 2. Die Gliederung der Funktionenmodule des verteilten Systems OrgIS aus der Datensicht

Die Bildschirmgestaltung ist gleichermaßen als wichtiger Aspekt zu betrachten. Sie bildet in erster Linie die Benutzerschnittstellen zwischen dem Anwender und dem verteilten System *OrgIS* und stellt insofern auf den ersten Blick das verteilte System *OrgIS* dar. Die Bedienung und die Funktionalität des Systems *OrgIS* wird durch die Bildschirmgestaltung stark geprägt. Somit kann die Bildschirmgestaltung als Maskenentwurf bezeichnet werden. In jeder Maske können bestimmte Organisations- oder Systemstrukturdaten verwaltet und dargestellt werden. Aus organisatorischer Sicht kann dadurch die Organisation eines Unternehmens oder dessen Fachbereiche mit den Abläufen des Systems *OrgIS* veranschaulicht, geplant, kontrolliert und nicht zuletzt beherrscht werden. Im allgemeinen besteht jede Maske aus folgenden sechs Bausteinen, die in unterschiedlicher Weise die Systemfunktionen, Organisationsfunktionen, die Ausführung dieser Funktionen, die Organisations- und Systemstrukturdaten darstellen:

- *Titelleiste*, die zwar äußerlich die Maske beschriftet, aber eine bestimmte Organisationsfunktion (z.B. Verwaltung der Stelleninhaber) deutlich zum Ausdruck bringt.

- *Menüleiste*, in der sämtliche System- oder Organisationsfunktionen bezüglich des Zugriffsrechts des Anwenders zur Auswahl gestellt werden. Diese Funktionen sind von der dazugehörigen Maske abhängig und werden nach ihrem Typ bzw. ihrer Gemeinsamkeit strukturiert und geordnet gruppiert.

- *Versionsleiste*, die anzeigt, mit welcher versionierten Gestaltung (Ist-Zustand oder einer Planung) der Organisation sich der Anwender im Rahmen der Organisationsplanung und -entwicklung im Moment beschäftigt, d.h. sie zu verwalten, zu analysieren, zu bewerten oder darzustellen.

- *Funktionsleiste*, in der die relativ häufig benutzten System- oder Organisationsfunktionen über die Menüleiste hinaus abermals dem Anwender zur schnellen Auswahl placiert werden. Diese Funktionen sind aber hier durch Symbole bzw. Objekte dargestellt und weiterhin nach ihrem Typ gruppiert zusammengestellt.

- *Statuszeile*, in der die wichtigen Hinweise sowie Informationen über die Ausführung der System-/Organisationsfunktionen, über die System-/Organisationsstrukturdaten, über die Ergebnisse der Verarbeitung und über die Analyse dieser Strukturdaten usw. angezeigt werden können. Dadurch ist ein leichter Zugang zu dem System *OrgIS* zu finden und anderseits wird der Stand der vom Anwender wahrgenommenen Aktivität, d.h. der Ausführung der System-/Organisationsfunktionen (z.B. Einfügung der Personaldaten bzw. Planung der Personen), deutlich gezeigt, womit sich der Anwender auf seine nächsten Aktivitäten effizienter einstellen kann. Die ausführlichen Journale, die mit der Statuszeile verbunden sind, dienen hauptsächlich der genauen Angabe der Ergebnisse der Ausführung der einzelnen System-/Organisationsfunktionen. Strukturiert und in allen Einzelheiten werden die vom Anwender bestimmten und gewählten Vorgänge des Systemablaufs in den entsprechenden Journalen aufgezeichnet.

- *Arbeits-* und *Darstellungsbereich*, der die System- oder Organisationsstrukturdaten umfaßt und zur Verwaltung dieser Strukturdaten sowie zur Darstellung der darauf analysierten bzw. bewerteten Ergebnisse dient. Dieser *Arbeits-* und *Darstellungsbereich* beinhaltet normalerweise auch die sogenannte *Bildlaufleiste*, durch die die Strukturdaten bei der Verwaltung und bei der Darstellung horizontal bzw. vertikal vom Anwender hin und her geschoben werden können, falls die Strukturdaten über eine Maske weiter hinaus gehen sollen.

In *Abb. 5. - 3* werden sämtliche Bausteine verdeutlicht, mit denen die Bildschirmgestaltung bzw. die Maske des verteilten Systems *OrgIS* konstruiert und erstellt werden soll. Dabei sind die ästhetische Bildschirmgestaltung und zugleich die leichte Bedienung des Systems *OrgIS* in Betracht zu ziehen, da sie nicht nur die Organisationsfunktionen repräsentieren, sondern auch die Schnittstellen zwischen dem System *OrgIS* und dem Anwender bilden. Mittels Masken können die bestimmten System- oder Organisationsfunktionen im Hinblick auf die Systemverwaltung und die Organisationsplanung sowie -entwicklung vom Anwender (Unternehmensleiter) ausgeführt werden. Darüber hinaus ist jede Maske mit bestimmten System- oder Organisationsstrukturdaten verbunden, die durch das Objekttypennetz bzw. die Datenbank beschrieben werden und bei der Ausführung der entsprechenden Funktionen verarbeitet, analysiert und anschließend in den Masken dargestellt werden können. Diese System- und Organisationsstrukturdaten sind im Arbeits- und Darstellungsbereich der jeweiligen Maske zu erkennen. So repräsentiert jede Maske im ganzen eine bestimmte System- oder Organisationsfunktion und die diesbezüglichen System- bzw. Organisationsstrukturdaten, auf die die zulässigen Funktionen definiert werden. Daraus ist zu erkennen, daß die Funktionen und die entsprechenden Strukturdaten in jeder Maske gekapselt definiert werden. So kann die Maske in dem Sinne als ein Objekt bezeichnet werden.

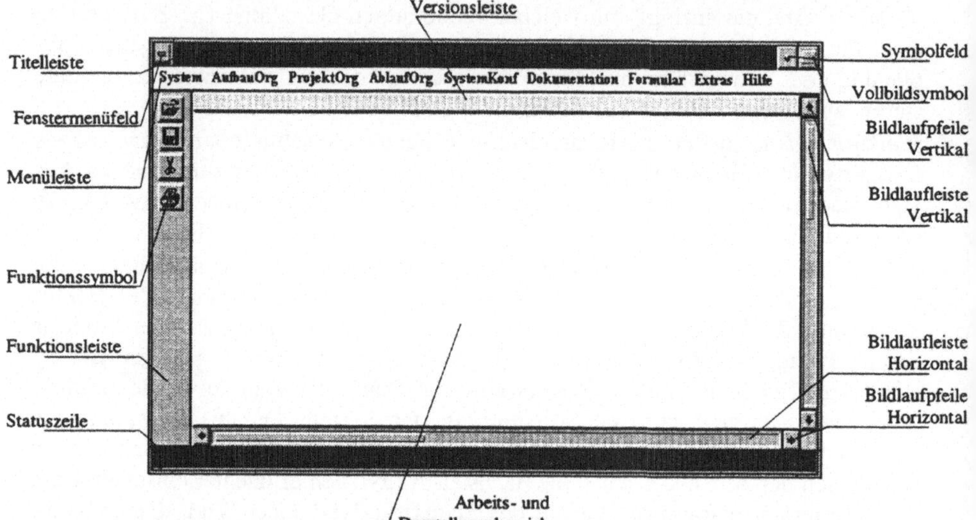

Abb. 5. - 3. Der Grundriß der Bildschirmgestaltung des verteilten Systems OrgIS

   Zwischen den Masken, in denen die bestimmten System- oder Organisationsfunktionen und die durch sie zu verarbeitenden bzw. darzustellenden System- oder Organisationsstrukturdaten gekapselt definiert sind, besteht ein Zusammenhang, unter dem der Wechsel von einer Maske zu einer anderen Maske verstanden wird. So kann er auch als Aufrufbeziehung zwischen den Masken bezeichnet werden. Diese Aufrufbeziehung bestimmt auch die Reihenfolge zum Ablauf bzw. Aufruf der Masken. Im organisatorischen Sinne bringt diese Aufrufbeziehung eine DV-gestützte Ablauforganisation zum Ausdruck, die die Ablauforganisation eines Unternehmens oder dessen Fachbereiche voll oder teils abbildet. Die Aufrufbeziehung zwischen den Masken beruht auch auf dem Objekttypennetz[71], in dem die Abhängigkeiten bzw. die Beziehungen zwischen den System-/Organisationsstrukturdaten in ihrem semantischen Zusammenhang klargelegt werden. Bei dieser Betrachtung ist die Art der Aufrufbeziehung zu unterscheiden, welche im wesentlichen von der (Existenz-)Abhängigkeit zwischen den zutreffenden Strukturdaten einerseits und dem organisatorischen Aspekt andererseits bestimmt wird. So wird das verteilte System *OrgIS* dadurch gekennzeichnet, daß der gesamte Systemablauf sich an den Strukturdaten bzw. Objekten und der Ablauforgani-

---

[71] S.h.: Steffens Forschungsunterlagen und Vorlesungsskripte von Datenmodellierung, ab WS89/90.

sation eines Unternehmens orientiert. Die Art der Aufruf- bzw. Wechselbeziehung zwischen den Masken unterscheidet sich in:

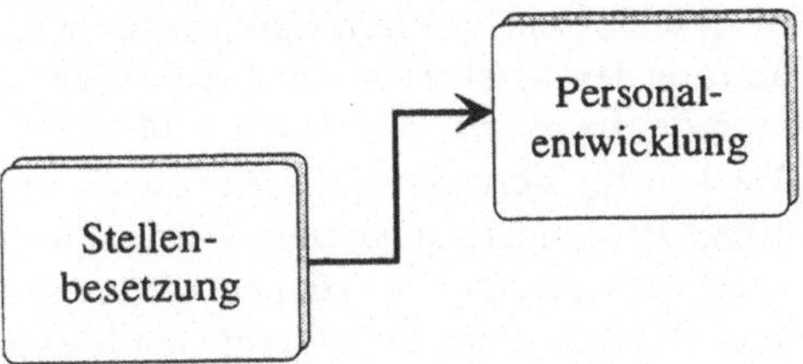

Abb. 5. - 4. Graphische Darstellung des blockierten Aufrufs zwischen zwei Masken

- *Blockierter* Aufruf, mit dem die aufrufende Maske blockiert wird, solange die aufgerufene Maske noch aktiv ist, d.h. sie noch nicht geschlossen ist. Diese Aufrufart wird insbesondere in der Verwaltung und der Darstellung der System-/Organisationsstrukturdaten in den Masken verwendet, wobei die Strukturdaten in einer aufrufenden Maske von denen in der aufgerufenen abhängig sind. Dies kann existenzabhängig bei der Verwaltung der Strukturdaten oder referenzbedürftig bei der Darstellung (Analyse und Bewertung) der Strukturdaten sein. In *Abb. 5. - 4* wird der *blockierte* Aufruf zwischen zwei Masken dargestellt. Bei der Verwaltung und Planung der Stellenbesetzung kann die Maske der Personalentwicklung aufgerufen werden, um zuvor die Personaldaten in die Datenbank einzufügen, währenddessen die Maske der Stellenbesetzung blockiert bzw. deaktiviert ist.

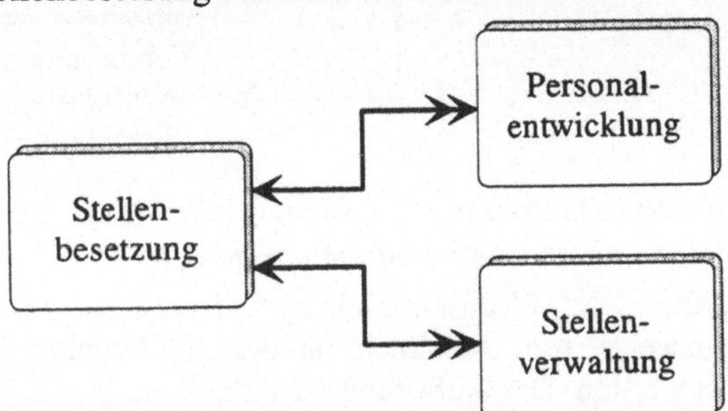

Abb. 5. - 5. Graphische Darstellung des disponiblen Aufrufs zwischen einer aufrufenden und zwei aufgerufenen Masken

- *Disponibler* Aufruf ist ein Gegensatz zu dem *blockierten* Aufruf. Mit dem *disponiblen* Aufruf können die System-/Organisationsstrukturdaten beliebig bzw. parallel in den aufrufenden und aufgerufenen Masken verwaltet und dargestellt werden. Die sinnvolle Verwendung dieser Aufrufart liegt in dem Falle vor, wenn die System-/Organisationsstrukturdaten in der aufrufenden (oder aufgerufenen) Maske verwaltet - auf der Datenbank eingefügt, modifiziert oder gelöscht - und dazu gleichzeitig in der aufgerufenen (oder aufrufenden) Maske zwecks Referenz gezeigt werden. Der disponible Aufruf zwischen einer aufrufenden und zwei aufgerufenen Masken wird in *Abb. 5. - 5* verdeutlicht. Bei der Verwaltung der Stellenbesetzung (Maske der Stellenbesetzung) können die Masken der Stellenverwaltung und der Personalentwicklung zur Anzeige der Stellen- bzw. Personaldaten aufgerufen werden.

- *Sequentieller* Aufruf bestimmt zugleich die Reihenfolge zum Aufruf der Masken. Dabei ist die Bearbeitungsfolge der System-/Organisationsfunktionen zu erkennen, die durch die jeweiligen Masken repräsentiert und ausgeführt werden können. Mit dieser Aufrufart werden die aufrufenden Masken unmittelbar nach dem Start der aufgerufenen Masken geschlossen. Insofern können die aufgerufenen Masken als die Nachfolger der aufrufenden Masken bezeichnet werden. Nach der Verwaltung der fachlichen Zuständigkeitsregelung, d.h. aus der Maske der fachlichen Zuständigkeit, können die Masken zur Verwaltung der Aufgaben, der Organisationseinheiten oder der Ausführungsbestimmung aufgerufen werden, womit diese drei Objekttypen bzw. Daten weiter verwaltet werden können. Dieser sequentielle Aufruf zwischen einer aufrufenden und drei weiteren aufgerufenen Masken wird in *Abb. 5. - 6* anschaulich dargestellt.

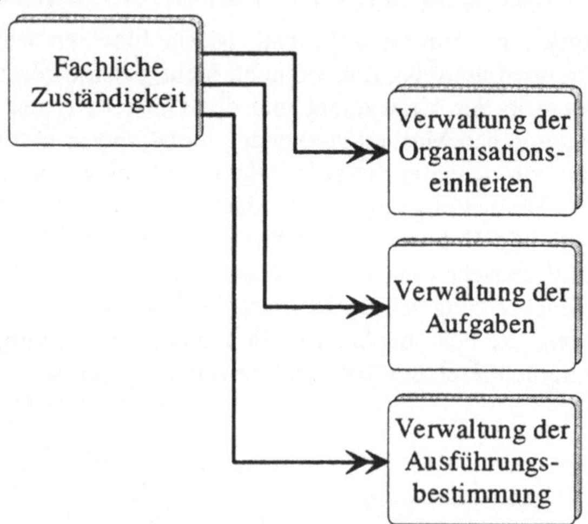

Abb. 5. - 6. Graphische Darstellung des sequentiellen Aufrufs zwischen einer aufrufenden und drei aufgerufenen Masken

Die Art der Aufruf- bzw. Wechselbeziehung zwischen den Masken bringt in Wirklichkeit die Arbeitsweise zum Ausdruck, in der die Organisationsfunktionen DV-gestützt ausgeführt werden. Der Aufruf einer Maske kann grundsätzlich in zwei unterschiedlichen Manieren gesteuert werden:

- Die *Benutzersteuerung* bedeutet, daß eine aufgerufene Maske immer durch die Auswahl des Menüs in der aufrufenden Maske vom Benutzer zur Verwaltung bzw. zur Darstellung der System-/Organisationsstrukturdaten geöffnet wird. Nachdem der Benutzer die Maske der Personalentwicklung abschließt, kann er zum Beispiel die Maske der Stellenbesetzung zur Verwaltung dieser Daten öffnen.

- Die *Ereignissteuerung* bietet die Möglichkeit an, die System-/Organisationsfunktionen und die diebezüglichen System-/Organisationsstrukturdaten zeitgerecht auszuführen bzw. zu verwalten und auch darzustellen. Fundamental sind folgende Ereignisse bei der Implementierung von *OrgIS* zu berücksichtigen:
  - *Datenbankoperation*, z.B. Einfügen, Modifizieren usw.
  - *Zeitereignisse* werden durch die Systemuhr definiert, z.B. 24:00:00 Uhr am 31. Dezember 1996.
  - *Relative Ereignisse* beziehen sich auf die anderen Ereignisse, z.B. 5 Stunden nach dem Ereignis „Abmeldung des Benutzers *OrgIS*".

- *Periodische Ereignisse* werden durch den regelmäßigen Zeitabstand definiert, z.B. monatlich um 24:00:00 am 1ten Tag.

In der Tat wird die Benutzersteuerung auch den *abstrakten Ereignissen* zugeordnet. Hier wird sie aber insofern gesondert betrachtet, da der Aufruf bzw. der Wechsel zwischen den Masken durch die Benutzersteuerung relativ unregelmäßig ist. Dies hängt einerseits vom Zugriffsrecht des jeweiligen Benutzers bzw. Anwenders auf die System-/Organisationsfunktionen sowie -strukturdaten und andererseits von dem Datenbestand in der Datenbank ab.

Aus der Funktionensicht wird das verteilte System *OrgIS* in acht Funktionenmodule gegliedert, die jedoch weiter in die Teilfunktionenmodule zerlegt werden und aufgrund der wohldefinierten Schnittstellen zwischen ihnen parallel implementiert werden können. Diese Funktionenmodule werden in nachfolgenden Abschnitten des Kapitels eingehend beschrieben und im organisatorischen Blickwinkel betrachtet:

- Das Funktionenmodul der Datenverwaltung unterstützt die Organisationsplanung.
- Das Funktionenmodul der Datenauswertung dient als Hilfsmittel bei der Analyse und der Bewertung der Unternehmensorganisation.
- Das Funktionenmodul der Dokumentationserstellung wird für die Berichterstattung und für die Entscheidungsunterstützung verwendet.
- Das Funktionenmodul der Journalverwaltung hat die Aufgabe der Protokollierung einzelner Ablaufvorgänge des verteilten Systems *OrgIS*.
- Das Funktionenmodul der Benutzerverwaltung ist speziell für die Gestaltung bzw. Bildung der *OrgIS*-Benutzerorganisation
- Das Funktionenmodul der Zugriffsrechtsverwaltung sorgt für die Sicherheit des verteilten Systems *OrgIS*.
- Das Funktionenmodul der Kommunikationssteuerung bildet die Voraussetzung für die gemeinsame Nutzung der verteilten Organisationsstrukturdaten.
- Das Funktionenmodul der Benutzerhilfe bringt die tiefere Bedeutung des verteilten Systems *OrgIS* zum Ausdruck und hilft dem Anwender bzw. Benutzer bei der sachgerechten Anwendung des Systems, wobei noch das methodische Vorgehen bei der Organisationsplanung und -entwicklung erklärt wird.

Außer den oben erwähnten acht Funktionenmodulen sind noch einige Utilities zu erläutern, die zusätzlich dem verteilten System *OrgIS* gehören und auch in *OrgIS* implementiert werden sollen. Hauptsächlich umfassen diese Utilities folgende fünf Funktionen:

- Die alltägliche Kommunikation zwischen den *OrgIS*-Benutzern, die einander die geschäftlichen Informationen bzw. Mitteilungen schicken wollen.
- Die Anzeige der unternehmensinternen Industriekalender und die Verwaltung der entsprechenden Tagesnotiz von den *OrgIS*-Benutzern.
- Die Änderung des Kennwortes, mit dem der *OrgIS*-Benutzer den ersten Zugang zu dem verteilten System *OrgIS* hat.
- Die Anzeige der aktiven *OrgIS*-Benutzer, die gleichzeitig mit *OrgIS* arbeiten.
- Der Wechsel zwischen dem verteilten System *OrgIS* und dem Betriebssystem-Shell, wie zum Beispiel UNIX-Shell, DOS-Shell usw.

I.   Datenverwaltung zur Unterstützung der Organisationsplanung

Bei der Verwaltung der Organisationsstrukturdaten, die mittels des Organisations-datenmodells die Organisation eines Unternehmens oder eines Fachbereiches beschreiben, sind in erster Linie deren Vollständigkeit und die Gültigkeit zu berücksichtigen. Die Organisationsstrukturdaten können sich hierbei auf einen Ist-Zustand oder die verschiedenen Planungen zur Gestaltung der Organisation beziehen. Im Hinblick auf die Realisierung des Organisationsdatenmodells, d.h. auch die Datenbank, sollen die Organisationsstrukturdaten in der Datenbank komplett und vollständig angelegt sein. So können sie anschließend zwecks Organisationsplanung und -entwicklung sachgemäß analysiert und bewertet werden, wobei die Funktionen der Datenauswertung im Abschnitt *5.II. Datenauswertung als Hilfsmittel bei der Analyse und Bewertung der Unternehmensorganisation* zu behandeln sind. Daraus können zugleich die Berichterstattung und die Entscheidungsunterlage entstehen, die durch die Funktionen der Dokumentationserstellung angefertigt werden sollen (ausführliche Beschreibungen im Abschnitt *5.III. Dokumentationserstellung für die Berichterstattung und für die Entscheidungsunterstützung*). Die Funktionen der Datenverwaltung können im organisatorischen Sinne als die Vorgänger der Funktionen der Datenauswertung und der Dokumentationserstellung bezeichnet werden. Nach der Ausführung der Funktionen der Datenverwaltung sind die Organisationsstrukturdaten für die Funktionen der Datenauswertung und der Dokumentationserstellung bereitgestellt. Die Richtigkeit und die Vollständigkeit der Organisationsstrukturdaten müssen absolut gewährleistet werden, da es sich um die Gültigkeit der analysierten bzw. bewerteten Ergebnisse handelt, die aus den in der Datenbank angelegten Organisationsstrukturdaten abgeleitet werden.

Hinsichtlich der modularisierten Implementierung des verteilten Systems *OrgIS* werden die Funktionen zuerst zusammengestellt, um das Funktionenmodul der Datenverwaltung zu bilden. Aus der Organisationssicht (Aufbau-, Ablauforganisation und Systemkonfiguration) wird das Funktionenmodul der Datenverwaltung weiter in vier Teilfunktionenmodule der Datenverwaltung gegliedert, welche sich auf die jeweiligen organisatorischen Aspekten beziehen:

- Das Teilfunktionenmodul der Ständigen Aufbauorganisation,
- Das Teilfunktionenmodul der Projektorganisation,
- Das Teilfunktionenmodul der Ablauforganisation und
- Das Teilfunktionenmodul der Systemkonfiguration.

Das Teilfunktionenmodul der Ständigen Aufbauorganisation und das Teilfunktionenmodul der Projektorganisation beruhen auf dem gleichen Aufbauorganisationsdatenmodell (*AufbauOrgDatMod*) bzw. auf der gleichen (Teil-)Datenbank als seine Realisierung. Unter Berücksichtigung der Zugriffsrechte des Anwenders bzw. des Benutzers auf die Organisationsstrukturdaten und die Funktionen der Datenverwaltung wird das Funktionenmodul der Zugriffsrechtverwaltung und der Journalverwaltung hierfür einbezogen und integriert, um die Kontrolle und die Steuerung der Ausführung der Funktionen sowie die Verwaltung der Organisationsstrukturdaten wahrzunehmen. Darüber hinaus werden die einzelnen Verwaltungsvorgänge, die vom Anwender bzw. Benutzer ausgewählt und durchgeführt wurden, ausführlich zwecks Kontrolle und Überprüfung protokolliert. In *Abb. 5.I. - 1* werden der Aufbau des Funktionenmoduls der Datenverwaltung und zugleich der Arbeitszusammenhang zwischen der Kontrollfunktion und den vier Teilfunktionenmodulen der Datenverwaltung veranschaulicht.

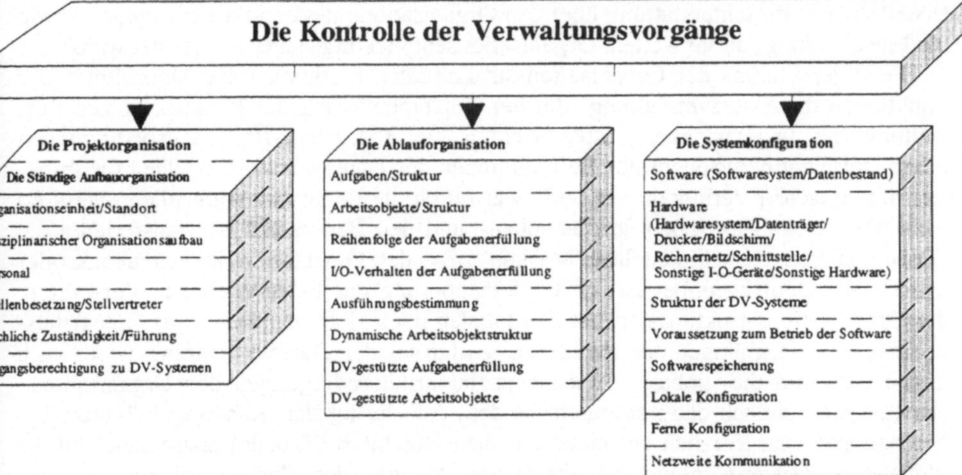

Abb. 5.I. - 1. Aufbau des Funktionenmoduls der Datenverwaltung zur Unterstützung der Organisationsplanung

Bezüglich der Funktionen der Datenverwaltung besitzen die Organisationsstrukturdaten zwei Eigenschaften: Die ungebundenen Daten und die Daten mit lokalen oder globalen Konsistenz-/Integritätsbedingungen. So sind bei der Verwaltung der letzteren Daten ihre Konsistenz-/Integritätsbedingungen zu berücksichtigen; z.B. darf eine Organisationseinheit (eine Höhere Organisationseinheit oder eine Stelle) disziplinarisch nur einer anderen Höheren Organisationseinheit unterstehen, wobei ein zyklisch disziplinarischer Leitungszusammenhang zwischen den Organisationseinheiten kategorisch verboten ist. Außerdem sind die Organisationsstrukturdaten mit einer oder mehreren Versionen der Gestaltungen der Organisation verbunden. Die Version der Gestaltung der Organisation repräsentiert einen Ist-Zustand der Organisation oder eine Planung, die für die Verbesserung und für die Entwicklung einer vorhandenen Organisation gilt. Dabei kann es unterschiedliche alternative Planungen geben, die die versionierte Organisationsplanung und -entwicklung zum Ausdruck bringen.

A. Organisationsstrukturdaten und Benutzerschnittstellen

Bei der Datenverwaltung sind grundsätzlich zwei Eigenschaften der Daten zu beachten, die ungebundenen Daten und die Daten mit lokalen oder globalen Konsistenz-/Integritätsbedingungen. Die Daten werden hier durch eine der beiden Eigenschaften charakterisiert und im wesentlichen auf die Organisationsstrukturdaten beschränkt. Die Konsistenz-/Integritätsbedingungen der Organisationsstrukturdaten repräsentieren letztendlich die organisatorischen Anforderungen, unter denen die Gestaltung der sach- und zeitgerechten Organisation zustande gekommen sein sollen. In der Regel sind diese Eigenschaften der Daten im Objekttypennetz bzw. im Datenmodell der Organisation zu erkennen. Es ist erforderlich, die Konsistenz-/Integritätsbedingungen der Organisationsstrukturdaten bei der Datenverwaltung zu überprüfen, um die vollständigen und widerspruchsfreien Organisationsstrukturdaten für die Datenauswertung und die Dokumentationserstellung bereitstellen zu können. Demzufolge kann einerseits die Analyse und Bewertung der Organisation fundiert durchgeführt, und andererseits die

Erstellung der Berichterstattung über den Organisationsstand und die Planungen sowie die Entscheidung für die weitere Organisationsentwicklung sicher unterstützt werden.

Die Eigenschaften der Organisationsstrukturdaten bestimmen die Algorithmen der Funktionen der Datenverwaltung. Bei der Implementierung der Funktionen zur Verwaltung der ungebundenen Daten werden die Konsistenz-/Integritätsbedingungen überhaupt nicht berücksichtigt. Die Funktionen der Datenverwaltung bilden die direkten und einfachen Verbindungen, und zwar durch die Benutzerschnittstellen (Masken) bzw. die Objekte, zwischen der Datenbank und den Benutzern und transferieren die Daten von Benutzerschnittstellen (Masken) bzw. den Objekten in die Datenbank oder umgekehrt. Demgegenüber ist die Implementierung der Funktionen zur Verwaltung der Organisationsstrukturdaten mit den lokalen oder globalen Konsistenz-/Integritätsbedingungen sorgfältiger durchzuführen. Aufgrund der Datenverwaltung lassen sich die lokalen und die globalen Konsistenz-/Integritätsbedingungen der Organisationsstrukturdaten einfach dadurch unterscheiden, daß die lokalen Konsistenz-/Integritätsbedingungen sich lediglich auf einen gleichen Objekttyp (Tabelle) erstrecken und die globalen Konsistenz-/Integritätsbedingungen dagegen den Zusammenhang zwischen mehreren Objekttypen (Tabellen) zum Ausdruck bringen. Im Hinblick auf die Entwicklung der Informationstechnologie und das Organisationsdatenmodell können sich dazu zwei Lösungen ergeben, denen die Implementierung bzw. die Realisierung der Funktionen der Datenverwaltung zugrunde liegen:

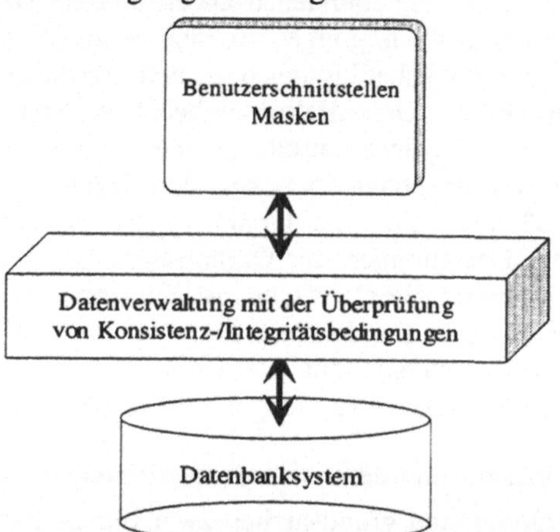

Abb. 5.I.A. - 1. *Die Implementierung der Funktionen zur Datenverwaltung mit der Überprüfung von Konsistenz-/Integritätsbedingungen*

- Die Überprüfung der Konsistenz-/Integritätsbedingungen ist in den Programmen, die die Realisierung der Funktionen der Datenverwaltung darstellen, zu integrieren. So sind die Programme von den jeweiligen zu überprüfenden Konsistenz-/Integritätsbedingungen abhängig. Demzufolge wird die Modularität eines Softwaresystems beeinträchtigt, da die Änderung der Konsistenz-/Integritätsbedingungen zur Modifikation bzw. zum Neuschreiben der Programme führt. Mit dieser Lösung kann ein normales Datenbanksystem eingesetzt werden, um die Ist-/Soll-Daten zur Gestaltung der Organisation aufzubewahren. Hierbei werden die Ist-Erhebung und die Planung der Organisationsstrukturdaten durch die Funktionen der Datenverwaltung

unterstützt, welche die Brücken zwischen der Datenbank und den Benutzerschnittstellen (Masken) bilden. In *Abb. 5.I.A. - 1* wird der Arbeitszusammenhang zwischen
den Benutzerschnittstellen (Masken), den Funktionen der Datenverwaltung und
dem Datenbanksystem deutlich gezeigt.

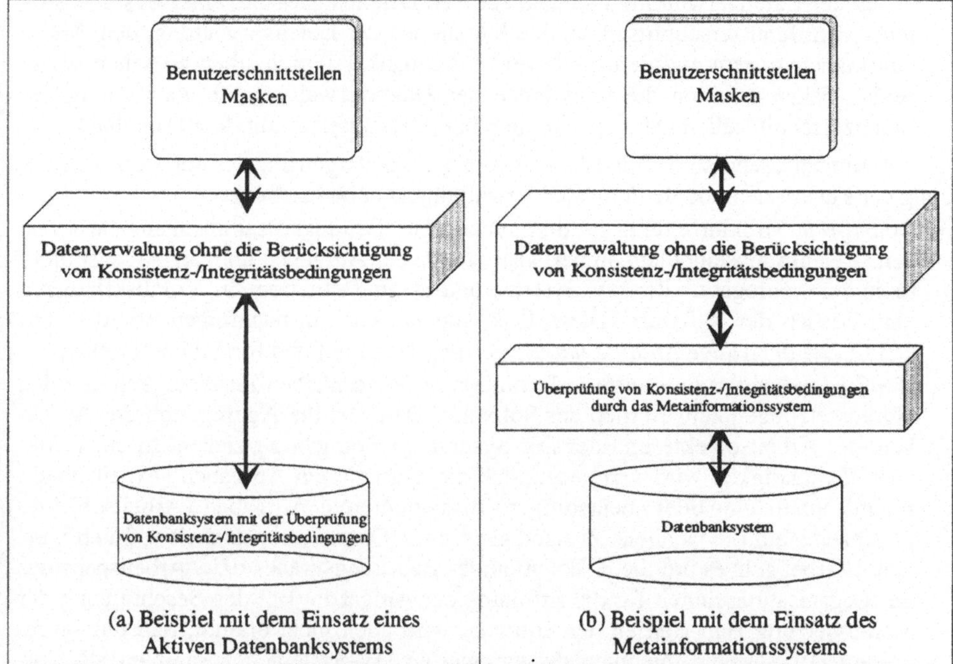

Abb. 5.I.A. - 2. ***Die Implementierung der Funktionen zur Datenverwaltung ohne
die Berücksichtigung der Konsistenz-/Integritätsbedingungen der
Organisationsstrukturdaten***

- Im Gegensatz dazu wird die Überprüfung der Konsistenz-/Integritätsbedingungen
in dem Datenmodell bzw. in seiner Realisierung als Datenbank (z.B. durch die Integration in das Metainformationssystem[72] oder durch die Aktive Datenbanksysteme[73]) ausführlich beschrieben und integriert. Dadurch wird die Modularität der
Software gewährleistet. Die Programme sind in diesem Falle von den Konsistenz-
/Integritätsbedingungen total unabhängig. Die Änderung der Konsistenz-/Integri-
tätsbedingungen hat keinen Modifikationsbedarf an den Programmen. Nach der
Definition werden die Konsistenz-/Integritätsbedingungen der Organisationsstrukturdaten automatisch überprüft und gegebenfalls die notwendigen Hinweise sichtbar
ausgegeben, falls die Organisationsstrukturdaten geändert sind. Diese Vorgänge
sind ohne einen Eingriff der Benutzer und der Programme durchzuführen. Ist der
Anwender unerläßlich über die Ist-Erhebung oder die Planung der Organisationsstrukturdaten informiert, so kann er zwecks Organisationsplanung und -entwick-

---

[72] S.h.: Steffens: Forschungsunterlagen/Vorlesungsskripte (ab WS89/90) über MetaIS.
[73] S.h.: Dayal: Active Database Management Systems. In Proceeding of the Third International
Conference on Data and Knowledge Base, S.150 - 169. 1988.

lung die weitere Verwaltung der Organisationsstrukturdaten effizienter fortsetzen. In *Abb. 5.I.A. - 2* werden diese beiden unterschiedlichen Verfahren bzw. Algorithmen zur Implementierung der Funktionen der Datenverwaltung gezeigt, wobei zugleich der Arbeitszusammenhang zwischen den Benutzerschnittstellen, den Funktionen der Datenverwaltung und dem Aktiven Datenbanksystem einerseits und zwischen den Benutzerschnittstellen, den Funktionen der Datenverwaltung, dem Metainformationssystem und dem (passiven) Datenbanksystem deutlich zu sehen ist. In beiden Fällen erstellen die Funktionen der Datenverwaltung die Verbindung der Benutzerschnittstellen (Masken) unmittelbar oder mittelbar mit dem Datenbank.

Zusammenfassend sind grundsätzlich folgende Bedingungen bei der Implementierung der Funktionenmodule der Datenverwaltung zu berücksichtigen:

- *Zyklenfreie* Strukturbildung im disziplinarischen Leitungszusammenhang zwischen den Organisationseinheiten, in der Aggregation der Aufgaben und der Arbeitsobjekte, in der Aggregation der DV-Systeme und in der Definition der Voraussetzungen zum Betrieb der Software. Diese Bedingungen wird im nachfolgenden Abschnitt *5.II.C. Die derivative Analyse und Bewertung* detailliert und formal beschrieben.

- *Konfliktlose* und *redundanzfreie* Definition in der fachlichen Zuständigkeit und den Voraussetzungen zum Betrieb der Software. Dafür ist die Aggregation der Aufgaben, der Arbeitsobjekte und der DV-Systeme in Betracht zu ziehen. In der fachlichen Zuständigkeit wird vermieden, daß die aggregierten Aufgaben (Arbeitsobjekte) mit ihren (ein- oder mehrstufigen) disaggregierten Aufgaben (Arbeitsobjekte) gleichzeitig auf die fachliche Zuständigkeit einer Organisationseinheit definiert werden. Hierbei geht es um die Kalkulation des Belastungsgrades bzw. Arbeitspensums der Organisationseinheit für die Erfüllung der Aufgaben. Bei der Beschreibung der Voraussetzung zum Betrieb der Software wird auch nicht erlaubt, daß die aggregierten DV-Systeme mit ihren disaggregierten DV-Systemen zusammen als Voraussetzung zum Betrieb eines Softwaresystems definiert werden. Anderenfalls kann dies zu redundanten Voraussetzungen führen. Hierbei sind die Arten der Aggregation zu unterscheiden, ob die Aufgaben und die DV-Systeme fakultativ oder obligatorisch aggregiert werden. Die detaillierten Beschreibungen werden im nachfolgenden Abschnitt *5.II.C. Die derivative Analyse und Bewertung (die Ablauforganisation sowie die Systemkonfiguration)* erläutert.

- *Widerspruchsfreie* ferne Konfiguration der Hardwaresysteme, welche die Kommunikationsverbindung zwischen den betreffenden Hardwaresystemen voraussetzt. Falls eine Hardware (z.B. ein Drucker) als eine fern konfigurierte Komponente eines Hardwaresystems (z.B. Workstation A) gelten soll, müssen das Hardwaresystem (Workstation A) und ein anderes Hardwaresystem (z.B. Workstation B) zugleich an dem Netz angeschlossen sein, wobei die Hardware (Drucker) lokal am Hardwaresystem (Workstation B) konfiguriert ist. Darüber hinaus ist die Anschlußart (aktiv, passiv oder aktiv-passiv) der beiden Hardwaresysteme zu beachten, da sie die Kommunikationsverbindung - sei sie über ein oder mehrere Netze - zwischen beiden Hardwaresystemen bedingt. Außerdem werden die Anschlußarten im nachfolgenden Abschnitt *5.II.B. Die originäre Analyse und Bewertung (die Systemkonfiguration)* eingehend beschrieben.

- *Mengenmäßige* Stellenbesetzung. Sie hat die Bedeutung, daß jede Stelle zwar von mehreren Personen besetzt werden kann, aber die Gesamtsumme der prozentualen

Anteile der Stellenbesetzung 100-Prozent nicht überschreiten darf. Zum Beispiel kann eine Stelle „Einkauf" von zwei Personen jeweils 50-prozentig besetzt werden.

- *Zeitliche* Konsistenz in allen Beziehungstypen der Organisationsstrukturdaten. Bilden zwei Typen der Organisationsstrukturdaten einen neuen Beziehungstyp, muß die zeitliche Überschneidung zwischen ihnen unbedingt bestehen. Zum Beispiel bei der Einrichtung der DV-gestützten Stellen bzw. Arbeitsplätze ist die zeitliche Konsistenz zwischen den Stellen und den einzusetzenden DV-Systemen daraufhin zu überprüfen, ob die Einsatz- bzw. Laufzeit der DV-Systeme (Hardware und Anwendungssystem) mit der Existenzdauer der Stellen übereinstimmt.

- *Versionskonformität* der Organisationsstrukturdaten. Dabei handelt es sich im wesentlichen um die Beziehungstypen, d.h. um die Beziehungsbildung der Organisationsstrukturdaten. Ein neuer Beziehungstyp der Organisationsstrukturdaten kann aus den Organisationsstrukturdaten von zwei unterschiedlichen Typen gebildet werden, falls sie durch eine gleiche Version (z.B. Ist-Zustand oder eine Planung) gekennzeichnet sind.

Die Organisationsstrukturdaten sind im Arbeitsbereich der jeweiligen Masken zu verwalten, welche auch die Benutzerschnittstellen zwischen den Anwendern (Benutzern) und dem Datenbanksystem repräsentieren. Mit den Masken kann der Anwender die definierten Funktionen der Datenverwaltung, d.h. Einfügen, Modifizieren, Löschen und Anzeigen der Organisationsstrukturdaten, bezüglich seiner Zugriffsrechte auf die Funktionen und die Organisationsstrukturdaten ausführen. Bei der Datenverwaltung, insbesondere bei dem Einfügen der Organisationsstrukturdaten in die Datenbank, muß der Anwender auf die Konsistenz-/Integritätsbedingungen der Organisationsstrukturdaten achten, obwohl die Überprüfung dafür von den Funktionen der Datenverwaltung oder dem Datenbanksystem übernommen wird. Nach der Überprüfung werden die Informationen, die die Ergebnisse des Datenaustausches zwischen den Benutzerschnittstellen (Masken) und der Datenbank beschreiben, sowohl in der Statuszeile der Masken gezeigt als auch ausführlich in Journalen niedergelegt. Somit kann der Anwender immer schnell und wohlgezielt die Fehlerursache feststellen, falls er bei der Verwaltung der Organisationsstrukturdaten die definierten Konsistenz-/Integritätsbedingungen versäumt. Die Organisationsstrukturdaten können den lakonischen Hinweisen und detaillierten Beschreibungen zufolge vom Anwender produktiv korrigiert werden.

B. Organisationsplanung durch Menüsteuerung

Unter der Organisationsplanung werden hier die DV-gestützte Ist-Erhebung und die darauf basierende Organisationsplanung und -entwicklung verstanden. Die Organisationsplanung kann sich insofern auf die gesamte Organisation - die Aufbauorganisation, die Ablauforganisation und die Systemkonfiguration - oder einen Teil davon beziehen, wobei der Schwerpunkt nur auf die Verbindungen (fachliche Zuständigkeit, Zugangsberechtigung zu DV-Systemen, DV-gestützte Aufgabenerfüllung usw.) zwischen den einzelnen Teilen gesetzt werden kann. Unter der Menüführung wird die Organisationsplanung wegweisend und leistungsfähig durchgeführt. In diesem Sinne wird die Organisationsplanung durch die Funktionen der Datenverwaltung repräsentiert, welche ein Funktionenmodul des verteilten Systems *OrgIS* bilden und unter dem organisatorischen Aspekt weiter in drei Teilfunktionenmodule eingeordnet werden können. Diese drei Teilfunktionenmodule entsprechen auch drei Teilen der Organisation -

Aufbauorganisation, Ablauforganisation und Systemkonfiguration. Besonders zu beachten ist die Zerlegung des Teilfunktionenmoduls der Aufbauorganisation in die Teilfunktionenmodule der Ständigen Aufbauorganisation und der Projektorganisation, da der Unterschied zwischen der Ständigen Aufbauorganisation und der Projektorganisation im wesentlichen in den zeitlichen Konsistenz-/Integritätsbedingungen liegt.

Zwischen den Teilfunktionenmodulen bestehen Schnittstellen bzw. Verbindungen. In *Abb. 5.I.B. - 1* werden die Aufrufbeziehungen zwischen einzelnen Teilfunktionenmodulen der Datenverwaltung veranschaulicht. Diese Verbindungen sind letztendlich durch die Organisationsstrukturdaten bestimmt, die von den diesbezüglichen Funktionen der Datenverwaltung verarbeitet werden. Für die Verbindungen zwischen den drei Teilen der Organisation kann im Prinzip auch ein Teilfunktionenmodul gebildet werden. Aufgrund des Implementierungsaufwandes und der wohldefinierten Schnittstellen zwischen den Teilfunktionenmodulen werden diese Verbindungen jedoch in drei Teilfunktionenmodule unterteilt. Sind die Funktionen zur Verwaltung der fachlichen Zuständigkeit und der Zugangsberechtigung zu DV-Systemen im Teifunktionenmodul der Aufbauorganisation einzuordnen, können die Funktionen zur Verwaltung der DV-gestützten Aufgabenerfüllung und Arbeitsobjekte in das Teifunktionenmodul der Ablauforganisation eingegliedert werden.

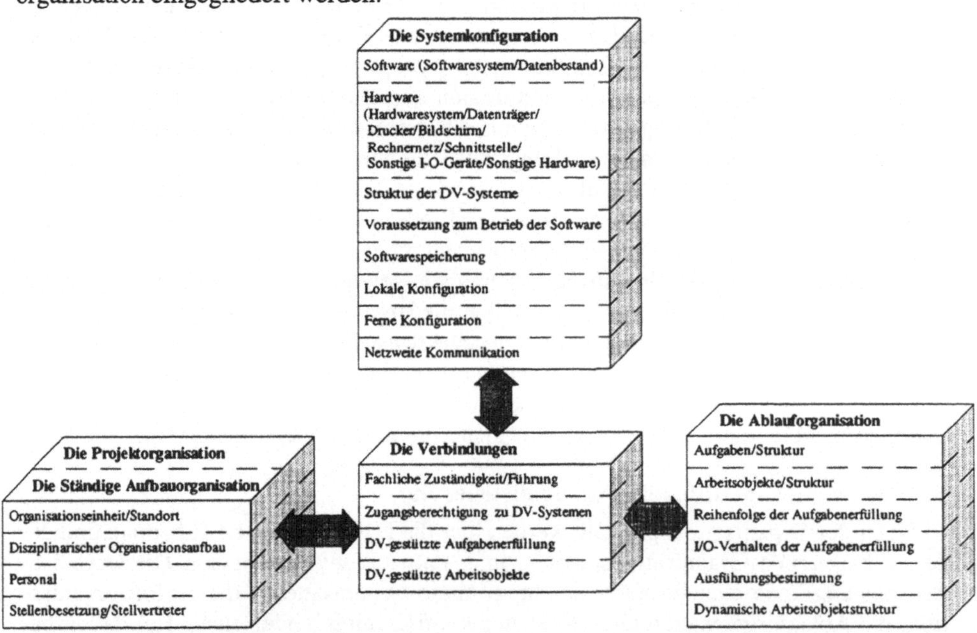

Abb. 5.I.B. - 1. **Die Aufrufbeziehungen zwischen den Teilfunktionenmodulen der Verwaltung der Organisationsstrukturdaten**

Für jede Funktion der Datenverwaltung, durch die bestimmte Organisationsstrukturdaten bearbeitet werden, ist grundsätzlich eine Maske gegeben. Von jeder Maske aus können die anderen Masken gemäß den Zugriffsrechten aufgerufen werden. Diese Aufrufbeziehungen zwischen den Masken bringen eigentlich die Reihenfolge und die Beziehung zwischen den Organisationsfunktionen für die Organisationsplanung und -entwicklung zum Ausdruck, da die Organisationsfunktionen schließlich hierbei durch die jeweiligen Masken repräsentiert werden. Die Funktionen der Datenverwaltung sind in den nachfolgenden Abschnitten unter den Teilfunktionenmodulen näher zu beschreiben, wobei sie auch zugleich unter den organisatorischen und informationstechnischen Überlegungen betrachtet werden.

1. Die Ständige Aufbauorganisation

Im Teilfunktionenmodul der Datenverwaltung der Ständigen Aufbauorganisation sind grundsätzlich sechs Funktionen bzw. Objekte enthalten, die die Managementfunktionen bei der Ist-Erhebung und bei der Planung zur Verbesserung bzw. Entwicklung der Ständigen Aufbauorganisation unterstützen können. Im Bezug auf den Implementierungsaufwand und die wohldefinierten Schnittstellen zwischen den einzelnen Funktionenmodulen werden die Funktion zur Verwaltung der fachlichen Zuständigkeit sowie des fachlichen Führungszusammenhangs, welche die Verbindung zwischen der Aufbauorganisation und der Ablauforganisation herstellt, und die Funktion zur Verwaltung der Zugangsberechtigung der Organisationseinheiten zu den DV-Systemen, welche gleichwohl die Verbindung zwischen der Aufbauorganisation und der Systemkonfiguration herstellt, umfaßt. Diese sechs Funktionen sind letztlich aus dem Teildatenmodell der Aufbauorganisation entstanden, in welchem die Daten über die Ständige Aufbauorganisation nach organisatorischer Überlegung strukturiert werden. Insofern werden die Aufrufbeziehungen zwischen den Funktionen auch vom Teildatenmodell bestimmt. Jede Funktion wird hierbei durch eine oder mehrere Benutzerschnittstellen (Masken) bzw. Objekte repräsentiert, und somit können die Managementfunktionen zur Planung und Entwicklung der Ständigen Aufbauorganisation mittels Menüsteuerung durchgeführt werden. Diese sechs Funktionen der Datenverwaltung beziehen sich auf folgende sechs Datenarten, die die Ständige Aufbauorganisation und die Verbindungen zur Ablauforganisation sowie Systemkonfiguration beschreiben:

- Die Organisationseinheit mit Standort (OES),
- Die Personen (PSN),
- Der Organisationsaufbau und der disziplinarische Leitungszusammenhang (ODL),
- Die Stellenbesetzung und die Stellvertretung bezüglich Personalentwicklung (SBV),
- Die fachliche Zuständigkeit und der fachliche Führungszusammenhang (FZF),
- Die Zugangsberechtigung der Organisationseinheit zu den DV-Systemen (ZOS).

Die Aufruf- bzw. Wechselbeziehungen zwischen den Funktionen der Datenverwaltung der Ständigen Aufbauorganisation werden in *Abb. 5.I.B.1. - 1* deutlich gezeigt, in der zugleich die Aufrufart im Zusammenhang mit dem Teildatenmodell der Aufbauorganisation betrachtet wird, da es sich hierbei letztendlich um die Implementierung der Funktionen und die Menügestaltung handelt. Drei Aufrufarten sind zu berücksichtigen: Blockierter (B), disponibler (D) und sequentieller (S) Aufruf[74]. In *Abb. 5.I.B.1. - 1* werden auch die Aufrufbeziehungen mit den Funktionen der Datenverwaltung der Systemkonfiguration und der Ablauforganisation veranschaulicht. Die möglichen Aufruf- bzw. Wechselarten zwischen den einzelnen Funktionen sind in *Tab. 5.I.B.1. - 1* beschrieben, in der die senkrecht dargestellten Funktionen/Masken nach den zulässigen Aufrufarten zu den waagerecht dargestellten Funktionen/Masken wechseln können.

---

[74] S.h.: Die Beschreibungen im vorhergehenden Abschnitt (blockiert, disponibel und sequentiell)

Natürlich werden die eigentlichen Aufrufe zwischen den Funktionen der Datenverwaltung von den Zugriffsrechten des jeweiligen Anwenders bzw. Benutzers bestimmt.

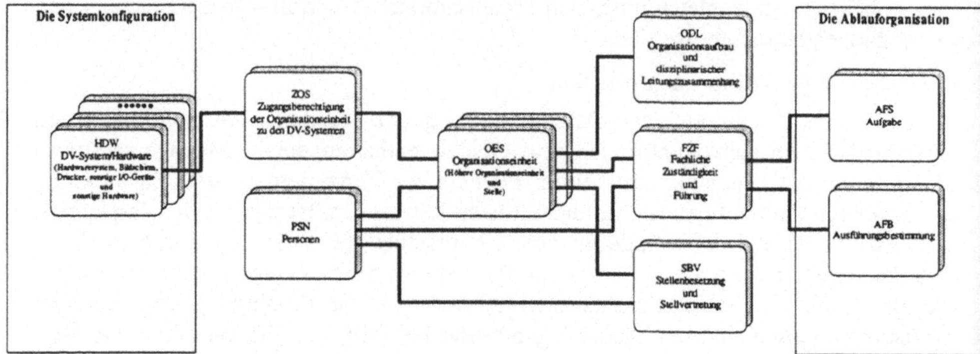

Abb. 5.I.B.1. - 1.   Die Aufrufbeziehungen zwischen den Funktionen (Masken) der Datenverwaltung im Teilfunktionenmodul der Ständigen Aufbauorganisation

Die Benutzerschnittstelle (Maske) bzw. das Objekt zur Verwaltung der Organisationseinheit umfaßt in Wirklichkeit zwei weitere Masken (hinsichtlich der Projektorganisation werden noch zwei Masken für Projektstelle und Höhere Projektorganisationseinheit bereitgehalten), die zur Verwaltung der Höheren Organisationseinheit und der Stelle dienen. Diese zwei Masken können vom Anwender flexibel und schnell gewählt werden und sind notwendig, da noch unterschiedliche Attribute zwischen der Höheren Organisationseinheit und der Stelle bestehen. Mit den Masken werden außerdem der Typ und der Standort der Organisationseinheit beschrieben und verwaltet. Für die Stelle sind insbesondere zusätzlich die Stellenanforderungen zu beschreiben und zu verwalten, welche bei der Stellenbesetzung mit der Personalqualifikation verglichen werden sollen.

→	OES	PSN	ODL	SBV	FZF	ZOS	HDW	AFS	AFB
OES		D	D/S	D/S	D/S	D/S	—	—	—
PSN	D		—	D/S	D	—	—	—	—
ODL	B/D/S	—		—	—	—	—	—	—
SBV	B/D/S	B/D/S	—		—	—	—	—	—
FZF	B/D/S	D	—	—		—	—	B/D/S	B/D/S
ZOS	B/D/S	—	—	—	—		B/D/S	—	—
HDW	—	—	—	—	—	D/S		—	—
AFS	—	—	—	—	D/S	—	—		—
AFB	—	—	—	—	D/S	—	—	—	

Tab. 5.I.B.1. - 1.   Die Aufruf- bzw. Wechselarten zwischen den einzelnen Funktionen/Masken zur Verwaltung der Ständigen Aufbauorganisation

Mit der Maske zur Verwaltung der Personen werden in erster Linie die wesentlichen Beschreibungen (z.B. Name, Titel usw.) einer Person mit der Qualifikation und der zeitlichen Bereitschaft bearbeitet und verwaltet. Die Personalqualifikation ist bei der Bearbeitung der Stellenbesetzung und bei der Analyse und Bewertung des Managements zu berücksichtigen. Daraus ergibt sich die Planung zur Personalentwicklung, wobei der Personaltyp mit einbezogen wird.

Die Maske zur Verwaltung des Organisationsaufbaus dient grundsätzlich zur Bildung des disziplinarischen Leitungszusammenhangs zwischen den einzelnen Organisationseinheiten. Dabei ist die Konsistenz-/Integritätsbedingung zu beachten, so daß jede Organisationseinheit - sei sie Höhere Organisationseinheit oder Stelle - disziplinarisch nur einer anderen Höheren Organisationseinheit unterstehen darf. Jeder Höheren Organisationseinheit wird auch zugleich eine disziplinarische Leitungsstelle zugeordnet. Die Stellvertreter werden in der Maske der Stellenbesetzung und der Stellvertretung definiert und verwaltet.

Bei der Stellenbesetzung wird die Einstellung der Personen auf bestimmten Stellen durchgeführt, wobei die Personalqualifikation und die Stellenanforderung nach einem gewünschten Verfahren miteinander verglichen werden können. Dabei ist auch die Konsistenz-/Integritätsbedingung zu beachten. Obwohl mehrere Personen auf einer Stelle eingesetzt werden können, darf die Summe des prozentualen Besetzungsanteils der jeweiligen Personen nicht 100-Prozent überschreiten. Für jede Stelle kann hiermit eine oder mehrere Stellen als Stellvertreter (vice versa Stellvertretungen) definiert und verwaltet werden, wobei die fachliche Zuständigkeit für die Aufgabenerfüllung separat verwaltet werden kann. So werden die Aufgaben bei der Abwesenheit eines Stelleninhabers immer noch von den geeignetesten Personen erfüllt. Die Verwaltung der Stellenbesetzung und der Stellvertretung wird durch eine gemeinsame Maske unterstützt.

Die Maske zur Verwaltung der fachlichen Zuständigkeit und des fachlichen Führungszusammenhangs bildet eine Brücke zwischen der Aufbauorganisation und der Ablauforganisation. Die Aggregation und Disaggregation der Aufgaben sind hierbei als vorherrschende Konsistenz-/Integritätsbedingung zu berücksichtigen. Die konfliktlose und redundanzfreie Definition der fachlichen Zuständigkeit bezüglich der Aufgaben soll gewährleistet werden. Darüber hinaus ist die zeitliche Überschneidung zwischen den Aufgaben, Organisationseinheiten (ausführende und führende) und den Ausführungsbestimmungen auch sorgfältig zu beachten.

Die Verbindung zur Systemkonfiguration ist durch die Maske zur Verwaltung der Zugangsberechtigung der Organisationseinheit zu den DV-Systemen zu erkennen. Sie bildet eine Grundlage der DV-gestützten Arbeitsplätze und hängt mit der DV-gestützten Aufgabenerfüllung zusammen.

2. Die Projektorganisation

Die Funktionen im Teilfunktionenmodul der Projektorganisation beruhen auf dem gleichen Teildatenmodell der Aufbauorganisation und lassen sich wie die Funktionen im Teilfunktionenmodul der Ständigen Aufbauorganisation gliedern. Zwischen diesen beiden liegt der Unterschied ausschließlich in den Konsistenz-/Integritätsbedingungen, wobei vor allem die zeitliche Geltung des Projektes im Vordergrund steht. Diese zeitlichen Integritätsbedingungen geben den einmaligen und temporären Charakter des Projektes wieder, mit dem die Organisation des Projektmanagements verbunden ist. Dafür können die (sechs) Funktionen (Masken) bzw. Objekte, die zur Unterstützung der Gestaltung und der Verwaltung der Ständigen Aufbauorganisation dienen, auf die Verwaltung der Projektorganisation - allerdings unter Berücksichtigung der zeitlichen

Integritätsbedingungen - übertragen werden und in analoger Weise folgende sechs Datenarten der Projektorganisation bearbeiten:

- Die Projektorganisationseinheit mit dem Standort (POS),
- Die Personen (PPN),
- Der Projektaufbau und der disziplinarische Leitungszusammenhang zwischen den Teilprojekten (POL),
- Die Besetzung der Projektstelle und die Stellvertretung (PSV),
- Die fachliche Zuständigkeit für die Erfüllung der Projektaufgaben und der damit einhergehende fachliche Führungszusammenhang (PFF)
- Die Zugangsberechtigung der Projektorganisationseinheit zu DV-Systemen (PZS).

Die Aufruf- bzw. Wechselbeziehungen zwischen den sechs Funktionen (Masken) bzw. Objekte werden auch in *Abb. 5.I.B.1. - 1* dargestellt. Dabei sind ebenfalls drei Aufrufarten zu unterscheiden: blockierter, disponibler und sequentieller Aufruf.

Die zeitlichen Angaben in jeder Maske sind als wichtige Integritätsbedingungen zu beachten. Insbesondere sind die zeitliche Überschneidung in den Masken zur Verwaltung der Beziehungstypen (z.B. des Projektaufbaus und des disziplinarischen Leitungszusammhangs, der Besetzung der Projektstelle und die Stellvertretung, der fachlichen Zuständigkeit für die Erfüllung der Projektaufgaben und des fachlichen Führungszusammenhangs sowie der Zugangsberechtigung) zu überprüfen. Die zeitliche Überschneidung zwischen der Aufgabe und der ausführenden Projektorganisationseinheit gilt hier als Bezugszeitraum. Mit diesem Zeitraum muß die zeitliche Dauer der Ausführungsbestimmung, der fachlich führenden Projektorganisationseinheit und der Projektorganisationseinheit, für die die Aufgabe erfüllt werden soll, verglichen werden.

Ein Projekt kann in mehrere kleine Teilprojekte zerlegt werden, für die die entsprechenden Organisationseinheiten zuständig sind. Solange die Teilprojekte noch nicht abgewickelt werden, existieren diese Organisationseinheiten. So werden in der Maske zur Verwaltung der Projektorganisationseinheiten die zeitlichen Angaben als wichtige Daten behandelt, durch welche die zeitliche Reihenfolge zur Abwicklung der Teilprojekte zum Ausdruck gebracht wird.

In der Maske zur Verwaltung der Personen sind außerdem noch die internen oder externen Personen zu unterscheiden, da die Abwicklung eines Projektes Spezialisten von externer Seite benötigen kann.

3. Die Ablauforganisation

Das Teilfunktionenmodul der Datenverwaltung der Ablauforganisation besteht aus sieben Funktionen, die zur Unterstützung der Ist-Erhebung und der Planung zur Verbesserung sowie zur Umstellung der Ablauforganisation verwendet werden. Die Verbindungen zur Systemkonfiguration werden hinsichtlich des Implementierungsaufwandes und der wohldefinierten (Daten-)Schnittstellen auch hier in das Teilfunktionenmodul zusammengefaßt. Diese Verbindungen bringen die DV-gestützte Aufgabenerfüllung und Arbeitsobjekte zum Ausdruck. Jede Funktion wird hierbei ebenfalls durch eine Maske bzw. ein Objekt repräsentiert, in der bestimmte Daten der Ablauforganisation bearbeitet werden können. Durch die Menüsteuerung kann der Wechsel zwischen den Funktionen (Masken) bzw. Objekten erfolgen, welche schließlich nach folgenden sieben Datenarten der Ablauforganisation gegliedert werden:

- Die Aufgaben und ihre Aufbaustruktur bezüglich der Aggregation und Disaggregation (AFS),
- Die Arbeitsobjekte und ihre Aufbaustruktur bezüglich der Aggregation und Disaggregation (AOS),
- Das Input-Output-Verhalten bei der Aufgabenerfüllung mit der zeitlichen Angabe und der Strukturänderung der Arbeitsobjekte (IOV),
- Die Reihenfolge zur Erfüllung der Aufgaben mit Bearbeitungsarten (RFG)
- Die DV-gestützte Aufgabenerfüllung (DAE),
- Die DV-gestützten Arbeitsobjekte (DAO),
- Die Ausführungsbestimmung (AFB).

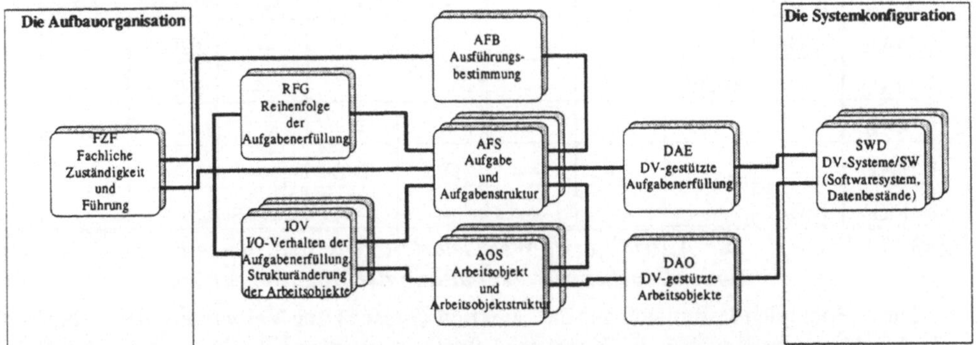

Abb. 5.I.B.3. - 1. Die Aufrufbeziehungen zwischen den Funktionen (Masken) der Datenverwaltung im Teilfunktionenmodul der Ablauforganisation

In dem Teilfunktionenmodul der Datenverwaltung der Ablauforganisation werden auch diejenigen Aufgaben und die Arbeitsobjekte verwaltet, die dem Projekt angehören und in einer bestimmten Zeit erfüllt bzw. verarbeitet werden sollen. Die Verbindungen zwischen den Teilfunktionenmodulen der Ablauforganisation und der Aufbauorganisation sowie der Systemkonfiguration werden durch die fachliche Zuständigkeit einerseits und die DV-gestützte Aufgabenerfüllung andererseits erstellt. Die Aufrufbzw. Wechselbeziehungen zwischen den einzelnen Funktionen (Masken) werden in *Abb. 5.I.B.3. - 1* verdeutlicht. Dabei geht es auch um die drei Aufrufarten: blockierter (B), disponibler (D) und sequentieller (S) Aufruf. Die Aufrufart wird im Zusammenhang mit dem Teildatenmodell der Ablauforganisation betrachtet. Die möglichen Aufruf- bzw. Wechselarten zwischen den Funktionen/Masken sind in *Tab. 5.I.B.3. - 1* beschrieben. Jedoch sind die tatsächlichen Aufruf- bzw. Wechselbeziehungen von den Zugriffsrechten des jeweiligen Anwenders bzw. Benutzers abhängig.

Die Maske zur Verwaltung der Aufgaben dient nicht nur zur allgemeinen Beschreibung der Aufgaben, sondern auch zur Bearbeitung ihrer Aufbaustruktur im Hinblick auf die Aggregation und die Disaggregation, die auch als Aufgabenanalyse und -synthese bezeichnet werden können. Die Verwaltung der Aufgaben und der Aufgabenstruktur kommt in einer Maske zustande, in der der Arbeitsbereich vom Anwender wahlweise gestaltet werden kann. Der Aufgabentyp wird hiermit bearbeitet. Bei der Strukturbildung der Aufgaben sind die obligatorische und fakultative Aggregation sowie Disaggregation zu unterscheiden. Streng verboten ist hierbei die zyklische Strukturbildung, in der eine Aufgabe sich selbst mittelbar oder unmittelbar untergeordnet wird. Es ist ferner nicht gestattet, daß zwei Aufgaben sich gegenseitig untergeordnet sind. Darüber hinaus muß zugleich die konfliktlose oder redundanzfreie Strukturbildung hinsichtlich der Aggregation und Disaggregation gleicher Aufgaben gewährleistet werden.

→	AFS	AOS	IOV	RFG	DAE	DAO	AFB	SWD	FZF
AFS		D	D/S	D/S	D/S	—	D	—	D/S
AOS	D		D/S	—	—	D/S	—	—	—
IOV	B/D/S	B/D/S		D/S	—	—	—	—	—
RFG	B/D/S	—	D/S		—	—	—	—	—
DAE	B/D/S	—	—	—		—	—	B/D/S	—
DAO	—	B/D/S	—	—	—		—	B/D/S	—
AFB	D	—	—	—	—	—		—	D/S
SWD	—	—	—	—	D/S	D/S	—		—
FZF	B/D/S	—	—	—	—	—	B/D/S	—	

Tab. 5.I.B.3. - 1.   Die Aufruf- bzw. Wechselarten zwischen den einzelnen Funktionen/Masken zur Verwaltung der Ablauforganisation

Diese Prinzipien lassen sich auf die Funktion (Maske) zur Verwaltung der Arbeitsobjekte übertragen, wobei die Konsistenz-/Integritätsbedingungen hierbei in gleicher Weise gelten.

Der Zusammenhang zwischen den Aufgaben und Arbeitsobjekten wird durch die Funktion (Maske) zur Verwaltung des Input-Output-Verhaltens bei der Aufgabenerfüllung betrachtet, welches sich sowohl auf die Aggregationsebene als auch auf die Disaggregationsebene bezieht. Dabei ist vor allem die konfliktlose oder redundanzfreie Definition des Input-Output-Verhaltens zu überprüfen. Es kann auch verwaltet werden, daß die aggregierten Arbeitsobjekte bei der Erfüllung einer Aufgabe als Input eingesetzt und wiederum als Output erzeugt werden, wobei lediglich ihre Strukturen durch diese Verarbeitung verändert werden.

Mit der Funktion (Maske) zur Verwaltung der Reihenfolge zur Erfüllung der Aufgaben wird der Schwerpunkt auf die Art und Weise gelegt, mit der die parallele (totale oder partielle), bedingte, alternative oder zwingende Aufgabenerfüllung zum Ausdruck gebracht wird. Die eigentliche Reihenfolge der Aufgabenerfüllung ergibt sich aus der Gesamtbetrachtung des Input-Output-Verhaltens bei der Aufgabenerfüllung.

Die Funktionen (Masken) zur Verwaltung der DV-gestützten Aufgabenerfüllung und Arbeitsobjekte stellen allerdings die Verbindung zur Systemkonfiguration her und dienen zur Beschreibung des Automatisierungsgrads der Aufgabenerfüllung. Dabei liegt die Konsistenz-/Integritätsbedingung in dem Automatisierungsgrad, der in Prozenten ausgedrückt und am höchstens 100-Prozent (vollautomatisiert) erreichen kann.

Die letzte Funktion (Maske) ist relativ einfach, da hier überhaupt keine Konsistenz-/Integritätsbedingung zu überprüfen ist. Sie dient zur Verwaltung der Ausführungsbestimmung, die nur in der Verwaltung der fachlichen Zuständigkeit der Organisationseinheit für die Aufgabenerfüllung und des fachlichen Führungszusammenhangs benötigt wird.

4. Die Systemkonfiguration

Das Funktionenmodul der Datenverwaltung der Systemkonfiguration umfaßt insgesamt acht Funktionen (Masken) bzw. Objekte, die auch zur Verwaltung der acht entsprechenden Datenarten dienen. Hierbei sind diese acht Datenarten, die die DV-Systeme eines Unternehmen oder dessen Fachbereiche komplett beschreiben, ferner in zwei weitere Datenarten zusammenzufassen. Diese ergeben sich aus der organisatorischen und informationstechnischen Anforderung. So können die Funktionen in gleicher Weise in zwei Gruppen gegliedert werden. Aus der organisatorischen Anforderung werden fünf Funktionen (Masken) benötigt, die zur Verwaltung der folgenden fünf Datenarten der Systemkonfiguration dienen:

- Die Software (SWD) - Softwaresysteme und Datenbanken (Datenbestände),
- Die Hardware (HDW) - Hardwaresysteme, Datenträger, Drucker, Bildschirm, Rechnernetz, Schnittstellen, Sonstige I/O-Geräte, Sonstige Hardware,
- Aufbaustruktur der DV-Systeme bezüglich der Aggregation und Disaggregation (DVS),
- Voraussetzung zum Betrieb der Software (VBS),
- Softwarespeicherung (SWS).

Demgegenüber werden aus der informationstechnischen Anforderung die anderen drei Funktionen (Masken) benötigt, um die folgenden drei Datenarten der Systemkonfiguration zu verwalten:

- Die arbeitsfähige lokale Konfiguration der Hardwaresysteme (LKH),
- Die arbeitsfähige ferne Konfiguration der Hardwaresysteme (FKH),
- Die netzweite Kommunikationsverbindung zwischen Hardwaresystemen (NKV).

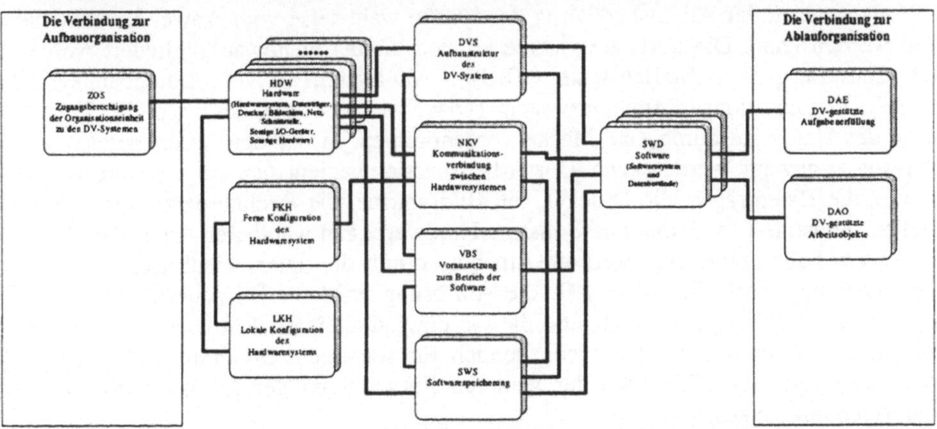

Abb. 5.I.B.4. - 1. Die Aufrufbeziehungen zwischen den Funktionen (Masken) der Datenverwaltung im Teilfunktionenmodul der Systemkonfiguration

In *Abb. 5.I.B.4. - 1* werden die Aufruf- bzw. Wechselbeziehungen zwischen den Funktionen (Masken) veranschaulicht, wobei zugleich die Verbindungen zur Aufbau- und Ablauforganisation dargestellt werden. Ferner ist ebenfalls die Art der Aufruf- bzw. Wechselbeziehung zwischen den Funktionen (Masken) zu beachten: Blockierter (B), disponibler (D) oder sequentieller (S) Aufruf. Die Art der Aufruf- bzw. Wechselbeziehung muß mit dem Teildatenmodell der Systemkonfiguration gemeinsam betrachtet werden, da sie von dem Zusammenhang der Daten der Systemkonfiguration bestimmt wird. In *Tab. 5.I.B.4. - 1* sind die Aufruf- bzw. Wechselarten zwischen den Funktionen (Masken) zur Verwaltung der Systemkonfiguration beschrieben, in der die Verbindungen zur Aufbau- und Ablauforganisation ausgelassen werden, da sie jeweils in *Tab. 5.I.B.1. - 1* und in *Tab. 5.I.B.3. - 1* beschrieben werden. Die eigentlichen Aufruf- bzw. Wechselbeziehungen zwischen den Funktionen (Masken) sind von den Zugriffsrechten des jeweiligen Anwenders abhängig.

→	SWD	HDW	DVS	VBS	SWS	LKH	FKH	NKV
SWD		—	D/S	D/S	D/S	—	—	D/S
HDW	—		D/S	D/S	D/S	D/S		D/S
DVS	B/D/S	B/D/S		S	S	—	—	—
VBS	B/D/S	B/D/S	S		S	—	—	—
SWS	B/D/S	B/D/S	S	S		—	—	S
LKH	—	B/D/S	—	—	—		D/S	—
FKH	—	—	—	—	—	B/D/S		B/D/S
NKV	B/D/S	B/D/S	—	—	S	—	D/S	—

Tab. 5.I.B.4. - 1. Die Aufruf- bzw. Wechselarten zwischen den einzelnen Funktionen/Masken zur Verwaltung der Systemkonfiguration

Mittels der Maske zur Verwaltung der Software werden die allgemeinen Beschreibungen über die Softwaresysteme und die Datenbanken (Datenbestände) dargestellt, zwischen denen der Arbeitsbereich in der Maske wahlweise vom Anwender entschieden werden kann. Die Softwaresysteme können hierbei weiter aufgegliedert werden, wie zum Beispiel in Betriebssystem (BS), CAD-System (CAD), Datenbanksystem (DBS), Organisationsinformationssystem (*OrgIS*) usw. Gleichfalls wird die Verwaltung der Hardware durch eine Maske vorgenommen, in der der Arbeitsbereich vom Anwender gewählt werden kann. Der Arbeitsbereich bezieht sich auf die Hardwaresysteme, die Datenträger, die Drucker, die Bildschirme, die Rechnernetze, die Schnittstellen, Sonstige I/O-Geräte und Sonstige Hardware. Ein wählbarer Arbeitsbereich ist in diesem Falle notwendig, weil die Attribute durch die unterschiedlichen Arten der DV-Systeme verschieden sind, z.B. die Auflösung wird für Bildschirm (1024X768) und Drucker (400 dpi) benötigt und die Geschwindigkeit für Hardwaresystem (CPU 90 Mhz) und so weiter. Der Arbeitsbereich für sonstige I/O-Geräte und Hardware richtet sich grundsätzlich nach der weiteren Entwicklung der Informationsverarbeitungstechnologie aus.

In der Maske zur Verwaltung der Aufbaustruktur der DV-Systeme werden die Konsistenz-/Integritätsbedingungen beachtet. Hier ist auch die obligatorische und fakultative Aufbaustruktur der DV-Systeme zu unterscheiden. Vor allem ist die zyklische Strukturbildung der DV-Systeme untersagt. In der Struktur darf ein DV-System (Hardware oder Software) nicht sich selbst unmittelbar oder mittelbar untergeordnet und zwei DV-Systeme dürfen sich nicht gegenseitig untergeordnet sein. Bezüglich der Strukturart (Familien-, Klassen- und Versionsfolgenbildung) wird insbesondere bei der Bildung der Klasse und Versionsfolge überprüft, ob die angegebenen DV-Systeme von gleicher Art sind. Bei der Bildung der Versionsfolge wird nur Software, genauer gesagt werden Softwaresysteme, zugelassen. So können die DV-Systeme durch die Funktion sowohl aggregiert wie auch disaggregiert betrachtet werden.

Ähnliche Konsistenz-/Integritätsbedingungen werden in der Maske zur Verwaltung der Voraussetzung zum Betrieb der Software (insbesondere der Softwaresysteme) überprüft, so daß ein Softwaresystem sich nicht selbst voraussetzen darf oder auch zwei Softwaresysteme einander nicht voraussetzen dürfen. Bei der Bearbeitung der Voraussetzung zum Betrieb der Softwaresysteme können die aggregierten oder disaggregierten DV-Systeme als Voraussetzungen angegeben werden, welche entweder obligatorisch oder fakultativ sein sollen.

Die Funktion (Maske) zur Verwaltung der Softwarespeicherung ist relativ einfach. Mit dieser Maske wird die Lozierung der Software auf den Datenträger (z.B. Festplatte, DDS usw.) verwaltet, wobei die Lozierung der Software weiterhin durch ihre Eigenschaft (Installation/Run-Time, Sicherungskopie, Original) charakterisiert wird. Die Softwarespeicherung bzw. -lozierung verkörpert eine organisatorische Maßnahme.

Die informationstechnische Anforderung ergibt sich aus der einheitlichen Betrachtung zum Einsatz der DV-Systeme eines Unternehmen oder dessen Fachbereiche. Unter dieser Betrachtung sollen die DV-Systeme bezüglich informationstechnischer Möglichkeiten in der Weise eingesetzt werden, daß sie einerseits einander zugänglich sind und andererseits durch das durchdachte Konzept der Zentralisierung und Dezentralisierung kostengünstig gestaltet und ausgenützt werden. Mit der Maske zur Verwaltung der arbeitsfähigen lokalen Konfiguration der Hardwaresysteme sind die Schnittstellen pflichtgemäß anzugeben. Die Hardware in einem Hardwaresystem ist entweder miteinander durch eine bestimmte Schnittstelle verbunden oder sie hat Schnittstellen zu Hardware in anderen Hardwaresystemen. Darüber hinaus wird die Beschaffung oder Neugestaltung eines Hardwaresystems durch diese Funktion komplett unterstützt. Als Konsistenz-/Integritätsbedingung gilt hier: Die Verwaltung der arbeitsfähigen lokalen Konfiguration eines Hardwaresystems muß nur auf der aggregierten (Familien-)Ebene durchgeführt werden, falls das Hardwaresystem zu einer Familie aggregiert ist.

Die Maske zur Verwaltung der arbeitsfähigen fernen Konfiguration der Hardwaresysteme dient zur Beschreibung der gemeinsamen Nutzung der Hardware, welche vor allem durch die Vernetzung der Hardwaresysteme verwirklicht wird. Hier sind die Konsistenz-/Integritätsbedingungen zu beachten. Falls eine Hardware fern an einem Hardwaresystem (z.B. A) konfiguriert werden soll, müssen zwei Hardwaresysteme (A und B) an dem Rechnernetz angeschlossen werden. In einem (B) von den beiden Hardwaresystemen (A und B) ist die Hardware lokal konfiguriert. Noch zu überprüfen ist, daß die Anschlußart (aktiv, passiv, aktiv-passiv) von diesen zwei Hardwaresystemen (A und B) an dem Rechnernetz übereinstimmen soll. Dies hängt allerdings auch von der fern konfigurierten Hardware ab, und zwar ob sie zum Zweck der Ausgabe, Eingabe oder Ein-/Ausgabe der Daten gebraucht wird. In *Tab. 5.I.B.4. - 2* werden die geeigneten Anschlußarten der Hardwaresysteme A und B dargestellt, wobei ein Ausgabe-Gerät (z.B. Drucker) lokal an dem Hardwaresystem B und fern an dem Hardwaresystem A konfiguriert werden soll. Hingegen werden in *Tab. 5.I.B.4. - 3* die geeigneten Anschlußarten der Hardwaresysteme A und B für ein Eingabe-Gerät dargestellt. Alle geeigneten Anschlußarten in *Tab. 5.I.B.4. - 2* und *Tab. 5.I.B.4. - 3* gelten für ein Aus-/Eingabe-Gerät als eine fern konfigurierte Hardwarekomponente. Es kann auch vorkommen, daß zwei Hardwaresysteme an verschiedenen Rechnernetzen angeschlossen sind. In diesem Falle müssen auch die transitiven Kommunikationswege zwischen ihnen über die Rechnernetze geprüft werden.

		Hardwaresystem A		
		Aktiv	Passiv	Aktiv-Passiv
	Aktiv	—	—	—
Hardwaresystem B	Passiv	✓	—	✓
	Aktiv-Passiv	✓	—	✓

Tab. 5.I.B.4. - 2. *Geeignete Anschlußarten zweier Hardwaresysteme A und B an dem Rechnernetz bezüglich ferner Konfiguration eines Ausgabe-Gerätes von B*

		Hardwaresystem A		
		Aktiv	Passiv	Aktiv-Passiv
	Aktiv	—	✓	✓
Hardwaresystem B	Passiv	—	—	—
	Aktiv-Passiv	—	✓	✓

Tab. 5.I.B.4. - 3. *Geeignete Anschlußarten zweier Hardwaresysteme A und B an dem Rechnernetz bezüglich ferner Konfiguration eines Eingabe-Gerätes von B*

Die Funktion (Maske) zur Verwaltung der netzweiten Kommunikationsverbindung zwischen den Hardwaresystemen unterstützt die Beschreibung und die Administration der Vernetzung der DV-Systeme. Hier sind nur die Softwaresysteme vom Netzbetriebssystem bzw. -anwendungssystem zuzulassen. Jedes Hardwaresystem, das an dem Rechnernetz angeschlossen ist, muß auch mindestens mit einem Netzbetriebssystem oder -anwendungssystem installiert werden. Ansonst wird es nicht als vernetztes Hardwaresystem betrachtet.

C. Die versionierte Organisationsplanung und -entwicklung

Die organisatorischen Änderungen sind immer als strategische Managementfunktion von der Unternehmensführung vorausschauend einzuplanen und rechtzeitig durchzuführen. Dabei handelt es sich im allgemeinen um die sach- und zeitgerechte Organisation des Unternehmens oder dessen Fachbereiche, welche die globale technologische Entwicklung verfolgen und sich an die veränderte Marktstruktur anpassen soll. Diese Managementfunktion ist auch durch einen langfristigen und ständigen Prozeß zur Planung und Entwicklung der Organisation gekennzeichnet. In der Praxis bestehen viele Möglichkeiten zur weiteren Entwicklung der Organisation, welche mit den Unternehmenszielen übereinstimmen und dabei die Schwerpunkte auf organisatorische, wirtschaftliche, technische, soziale oder ökonomische Überlegungen setzen. Dafür kann es unterschiedliche Planungen zur Entwicklung bzw. zur Gestaltung der Organisation geben. Diese Planungen können - je nach dem Organisationsstand, den Unternehmenszielen und der Marktstruktur - auf der Basis des Ist-Zustandes der Organisation ausgearbeitet oder ganz neu erstellt werden. Normalerweise werden die Planungen immer infolge der Erhebung der Ist-Organisationsstrukturdaten und der darauffolgenden Analyse erstellt, indem angestrebt wird, die Organisationsentwicklung durch geringeren Kostenaufwand und zugleich mit höherer Leistungshervorbringung zustande zu bringen.

Dies erfordert letztendlich die umfassende und zielgerichtete Ist-Erhebung der Organisationsstrukturdaten, dann die sorgfältige Analyse dieser Daten und anschließend als Vorschläge die Erstellung einer oder mehrerer Planungen zur Entwicklung bzw. zur Gestaltung der Organisation. Es können auch parallel zur Ist-Erhebung der Organisationsstrukturdaten gleich eine oder mehrere Planungen für die Soll-Organisation erstellt werden, wovon eine als Zielvorgabe, nämlich die „ideale" Organisation, betrachtet werden kann. Diese Zielvorgabe kann auch als Bezugsorganisation bzw. -daten gelten, mit denen die Gestaltungen der Ist- und Plan-Organisation verglichen werden sollen. Dadurch werden die fundierten Grundlagen für die Entscheidung zur Umsetzung der Planung, d.h. zur Entwicklung und Umstellung der Organisation geschaffen. Die Schritte der Ist-Erhebung, Plan-Erstellung und Umstellung der Organisation sind voneinander untrennbar und bilden zugleich eine Phase zur Entwicklung der Organisation. Diese Phase wird bei der ständigen Organisationsplanung und -entwicklung immer wiederholt, solange Verbesserungsbedarf an der Organisation vorhanden ist, und kennzeichnet hierdurch auch das *OrgIS*-Vorgehen[75]. In *Abb. 5.I.C. - 1* wird das *OrgIS*-Vorgehen graphisch verdeutlicht, wobei jeder Schritt in dem *OrgIS*-Vorgehen durch die jeweiligen Funktionen vom verteilten System *OrgIS* unterstützt wird. Während die Ist-Erhebung und Plan-Erstellung der Organisationsstrukturdaten, die zugleich die Organisation (Aufbau-, Ablauforganisation und Systemkonfiguration) wiedergeben sollen, mittels des Funktionenmoduls der Datenverwaltung unterstützt werden, können die Ist-Analyse und die Erstellung der Änderungsbilanz je nach Bedarf durch die Funktionenmodule der Datenauswertung und der Dokumentationserstellung DV-gestützt durchgeführt werden.

Bei der Verwaltung der Organisationsstrukturdaten müssen die Ist-Daten und die unterschiedlichen Plan-Daten differenziert werden. Dabei kann es auch vorkommen, daß gewisse Organisationsstrukturdaten sowohl in der Ist-Erhebung als auch in den unterschiedlichen Planungen enthalten sind, die zur Entwicklung, insbesondere zur Verbesserung, der aktuellen Organisation ausgearbeitet werden. Die Organisationsstrukturdaten, die hierfür einen Ist-Zustand oder die unterschiedlichen Planungen wiedergeben, lassen sich durch die Versionen unterscheiden. Jede Version stellt hiermit entweder einen Ist-Zustand der Organisation oder eine Planung zur Verbesserung sowie zur Entwicklung der Organisation dar. Dadurch wird nicht nur die Verwaltung der Organisationsstrukturdaten geregelt und erleichtert, die im gesamten Umfang durch die Funktionen der Datenverwaltung unterstützt durchgeführt werden, sondern auch die Analyse und Bewertung der existierenden sowie der geplanten Organisation gezielt geleistet. Die Analyse und Bewertung der Organisationsstrukturdaten läßt sich durch die Funktionen der Datenauswertung und der Dokumentationserstellung unterstützen. Somit können die unterschiedlichen Planungen und der Ist-Zustand der Organisation unter bestimmten Aspekten, d.h. mit bestimmten Kriterien, separat ausgewertet wie auch miteinander bezüglich des Ist-Zustandes oder der „idealen" (virtuellen) Organisation verglichen werden. Aus einem derartigen Vergleich ergibt sich die Änderungsbilanz zwischen ihnen, d.h. Planungen (Soll-Organisation oder ideale Organisation) und Ist-Zustand. Diese Änderungsbilanz kennzeichnet die Unterschiede und die Gemeinsamkeiten zwischen den gewählten versionierten Gestaltungen der Organisation und

---

[75] S.h. Steffens: OrgIS-Ein Organisationsinformationssystem. Grundlagen und Grundideen. S20. 1992

bildet eine fundierte Grundlage, die als Berichterstattung und als Entscheidungsgrundlage bei der Entwicklung bzw. Umstellung der Organisation dienen kann.

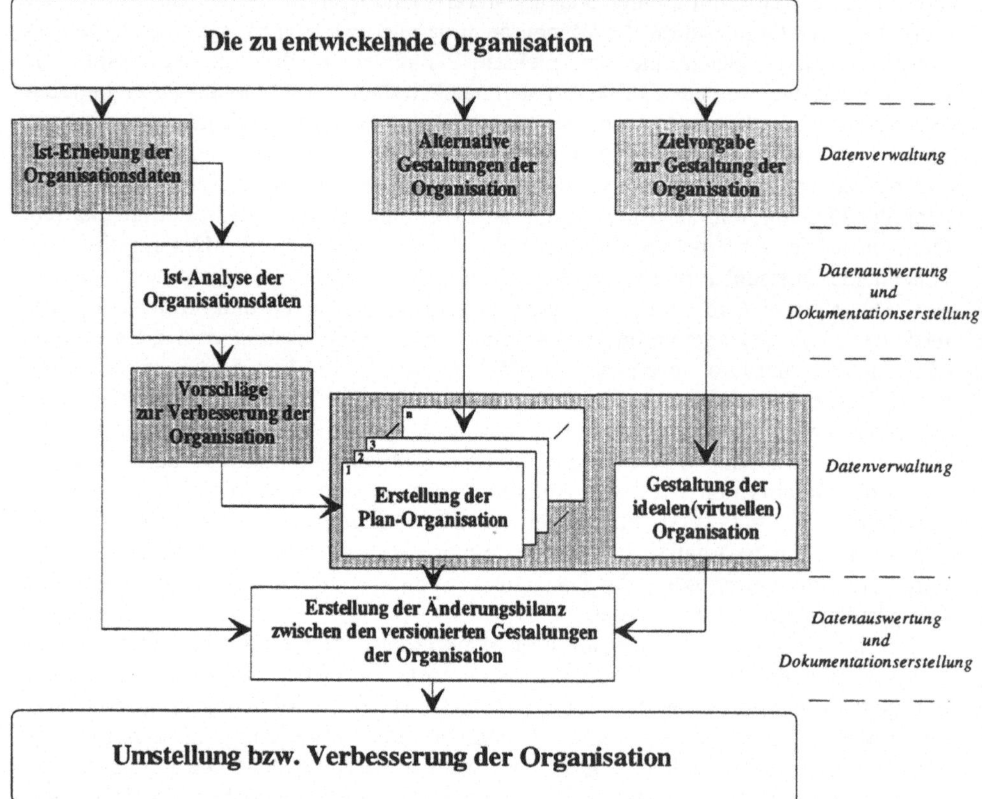

Abb. 5.I.C. - 1. *Die Veranschaulichung der versionierten Organisationsplanung und -entwicklung sowie deren Phasen*

Die Organisationsplanung und -entwicklung wird durch die Version gekennzeichnet, da sie bei der Verwaltung der Organisationsstrukturdaten pflichtgemäß angegeben werden soll. Falls Gemeinsamkeiten zwischen den versionierten Organisationsstrukturdaten bestehen, können diese gemeinsamen Organisationsstrukturdaten ausschließlich mit einer Version verknüpft und leichter durch die Duplikat-Funktion mehrfach kopiert werden. Damit kann sich der Aufwand bei der Erstellung mehrerer Plan-Konzepte zur Gestaltung der Organisation reduzieren. Darüber hinaus ist auch deutlich zu erkennen, ob die gemeinsamen Organisationsstrukturdaten überhaupt in der aktuellen Phase der Organisationsentwicklung existieren.

D. Die Protokollierung der einzelnen Planungsvorgänge

Die Ist-Erhebung und Plan-Erstellungen der Organisationsstrukturdaten werden durch die Funktionen der Datenverwaltung komplett unterstützt, so daß die sachgerechte und effiziente Planung zur Gestaltung der Organisation ermöglicht wird. Die Ausführung der Funktionen der Datenverwaltung und die Verarbeitung der Organisationsstrukturdaten mit ihnen werden jederzeit nach den Zugriffsrechten des jeweiligen

Anwenders bzw. Benutzers überwacht und kontrolliert. Die Ergebnisse der Funktionenausführung werden in zwei Kategorien protokolliert, die als System- und Benutzerjournal bezeichnet und von den Funktionen der Journalverwaltung verarbeitet werden können. Jeder Anwender besitzt das Zugriffsrecht, das für ihn angelegte Benutzerjournal zu öffnen, um es zu lesen oder zu ändern. Das Systemjournal darf nur vom Systemverwalter bzw.- administrator verarbeitet werden. Die Ergebnisse, die sich aus der Funktionenausführung zur Datenverwaltung ergeben und Hilfsinformationen für den Benutzer (wie zum Beispiel die Erfolgsmeldung, Warnung oder Fehlermeldung beim Einfügen, Löschen usw. der Organisationsstrukturdaten) sind, sind im Benutzerjournal enthalten. Dadurch wird der Anwender bei der Ist-Erhebung und den Plan-Erstellungen der Organisationsstrukturdaten, d.h. auch bei der Organisationsplanung, gezielt und effektiv unterstützt.

In *Abb. 5.I.D. - 1* wird der Prozeß zur Protokollierung der Planungsvorgänge veranschaulicht. Bei der Verwaltung der Organisationsstrukturdaten kann der Anwender bzw. Benutzer durch die Benutzerschnittstellen (Masken) die gewünschten Funktionen der Datenverwaltung starten bzw. aufrufen, um die Organisationsstrukturdaten zu bearbeiten. Dies setzt allerdings die Zugriffsrechte des Anwenders voraus. Erst nach der Überprüfung des Zugriffsrechtes werden die erlaubten Funktionen der Datenverwaltung aktiviert, mit denen die Organisationsstrukturdaten bearbeitet werden können. Während die Funktionen der Zugriffsrechtverwaltung und der Datenverwaltung ausgeführt werden, werden zugleich die Funktionen der Journalverwaltung aktiviert. Die Funktionen der Journalverwaltung verfolgen hierbei die Funktionen der Zugriffsrechtverwaltung und der Datenverwaltung und protokollieren anschließend die Ergebnisse der Ausführung der zwei Sorten von Funktionen in das System- und Benutzerjournal. Jeder Schritt zur Ausführung der Funktionen der Datenverwaltung kann je nach Wunsch des Systemverwalters - er kann dies bei der Einrichtung eines Benutzers definieren und einstellen - in dem Systemjournal niedergelegt werden. Die Ergebnisse jedes Schrittes werden immer abgelegt in dem Benutzerjournal, das auch gegenüber dem Systemjournal als temporäres Journal bezeichnet wird, da es nach dem Logoff, d.h. nach der Abschließung der *OrgIS*-Sitzung, normalerweise vom System gelöscht werden soll. Falls der Anwender das eigene Benutzerjournal für längere Zeit behalten möchte, kann er mittels der Funktionen der Journalverwaltung die entsprechenden Parameter einsetzen. Somit verbleibt das Benutzerjournal im System *OrgIS*, solange der Anwender die Parameter nicht zurücksetzt. Zu protokollieren im Benutzerjournal sind die folgenden Informationen:

- Die erfolgreiche Ausführung der Funktionen (Einfügen, Löschen, Modifizieren, Anzeigen und Ausdrucken) zur Verwaltung der Organisationsstrukturdaten.

- Die mißlungene (Fehler oder Warnung) Ausführung der Funktionen zur Verwaltung der Organisationsstrukturdaten, die mehrfach eingefügt oder noch nicht existent (beim Löschen, Modifizieren, Anzeigen sowie Ausdrucken) sind.

- Die neu eingefügten, gelöschten, modifizierten, angezeigten sowie ausgedruckten Organisationsstrukturdaten.

Dadurch wird der Anwender bestens über die erfolgreiche wie auch mißlungene (mit entsprechenden Ursachen) Ausführung der Funktionen zur Datenverwaltung informiert.

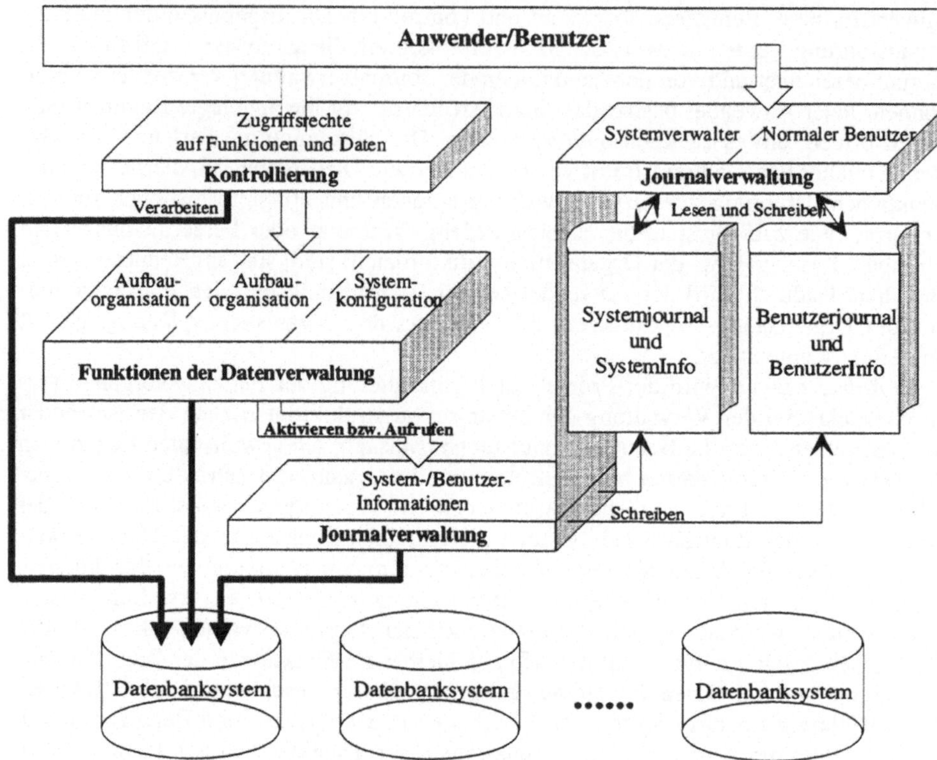

Abb. 5.I.D. - 1.   Der Prozeß zur Protokollierung der Planungsvorgänge

II. Datenauswertung als Hilfsmittel bei der Analyse und Bewertung der Unternehmensorganisation

Die Organisation eines Unternehmens soll permanent analysiert und überwacht werden, ob die organisatorischen Regelungen noch effizient sowie reibungslos sind und sachgerecht eingehalten werden und ob die gesamte organisatorische Struktur immer noch der aktuellen Marktstruktur angemessen ist. Die Analyse und Bewertung der Organisation ist erforderlich und muß sachgerecht durchgeführt werden, wenn Abweichungen von den geplanten Werten und von organisatorischen Regelungen festgestellt werden sollen. Diese Abweichungen können potentiell nicht mit den gesamten Unternehmenszielen übereinstimmen und sogar zum Rückgang der Leistungen des Unternehmens im Marktgeschehen führen. Aus der sorgfältigen Analyse und Bewertung der Organisation werden die genauen Ursachen festgestellt, ob die Abweichungen im fehlenden Management, in unqualifizierten Fachkräften, in einer unklaren fachlichen Zuständigkeit für die Aufgabenerfüllung oder in veralteten Technologien usw. liegen. So sind die Hinweise sowie das darauffolgende intelligente Reagieren auf die Veränderungen der Organisation zu geben und zu veranlassen. Dabei ist zu beachten, daß sich diese Analyse und Bewertung der Organisation nicht nur auf den Organisationsstand, sondern auch auf die unterschiedlichen Planungen zur Verbesserung sowie zur Entwicklung der aktuellen Organisation beziehen soll. In der Praxis kann es sicherlich viele Möglichkeiten zur Umgestaltung der Organisation geben, welche alle mit den Unternehmenszielen übereinstimmen; aber zwischen ihnen existieren unterschiedlichste organisatorische, wirtschaftliche und technische Betrachtungen. Hierbei geht es um die allseitigen Vergleiche zwischen den Planungen und dem aktuellen Stand der Organisation. Darauf aufbauend kann die Entscheidung getroffen werden, welche Planung für die weitere Entwicklung der Organisation gemäß ihres aktuellen Standes und der abgewandelten Marktstruktur - sei deren Änderung auch noch so gering - durchgeführt werden soll. Eine solche Entscheidung erfordert umfangreiche Sachkenntnisse desjenigen, der entscheidet, auf organisatorischen, sozialen, ökonomischen sowie technischen Gebieten und nicht zuletzt seiner beharrlichen Orientierung der strategischen Planung der Organisation an den Unternehmenszielen. Vergleiche zwischen verschiedenen Planungen, einschließlich dem aktuellen Stand der Organisation, können aus unterschiedlichen Aspekten und Kriterien zu differierenden Ergebnisse bzw. Entscheidungen führen, welche von der Analyse- und Entscheidungsfähigkeit des Entscheidenden abhängen. Dazu ist erforderlich und nützlich, daß die Managementfunktion der Organisationsentwicklung und diese Analyse- sowie Entscheidungsprozesse durch DV-Systeme unterstützt werden sollen.

Die Funktionen zur Auswertung der Organisationsstrukturdaten, die die Organisation eines Unternehmen oder dessen Fachbereiche wiedergeben und sich auf einen Organisationsstand oder die unterschiedlichen Planungen zur Entwicklung der Organisation beziehen, unterstützen in erster Linie die Analyse- und Entscheidungsprozesse der Organisationsentwicklung. Sie setzen die Funktionen der Datenverwaltung voraus, da der aktuelle Stand der Organisation und die unterschiedlichen Planungen zur Gestaltung der Organisation letztlich durch die Funktionen der Datenverwaltung im organisatorischen Sinne gemäß der Datenkonsistenz und -integrität in einer Datenbank angelegt werden. Die Funktionen zur Auswertung der Gestaltungen der Organisation werden hier grundsätzlich in drei Funktionenmodule zusammengefaßt:

- Die Anzeigefunktionen,
- Die Funktionen der originären Analyse und Bewertung sowie
- Die Funktionen der derivativen Analyse und Bewertung.

Die Anzeigefunktionen hängen sehr eng mit den Funktionen der Datenverwaltung zur Unterstützung der Organisationsplanung zusammen. Durch die Anzeigefunktionen können die Organisationsstrukturdaten, die die Organisation darstellen und mittels Funktionen der Datenverwaltung in der Datenbank abgelegt sind, am Bildschirm dargestellt werden. Die Anzeige dieser Organisationsstrukturdaten kann als einfache Auswertung bezeichnet werden. Sie dient im wesentlichen zur Kontrolle der Verwaltung der Organisationsstrukturdaten bei der Organisationsplanung und ermöglicht die schnelle Darstellung der Organisationsstrukturdaten, welche durch die Benutzerschnittstellen der Datenverwaltung zum Ausdruck gebracht wird. Diese Organisationsstrukturdaten beziehen sich immer auf eine bestimmte Version und können einen aktuellen Stand der Organisation oder die Planungen zur weiteren Entwicklung der Organisation repräsentieren.

Die Funktionen der originären sowie derivativen Analyse und Bewertung der Organisation bilden gemeinsam ein nützliches und wichtiges Instrument zur Planung und Entwicklung der Organisation. Es ist in der Praxis durchaus zweckmäßig, die regelmäßige Analyse und Bewertung der tatsächlichen Gegebenheiten der Organisation in puncto der Organisationsplanung vorzunehmen, um ständig zu kontrollieren und möglicherweise frühzeitig zu erkennen, ob die Organisation noch effizient mit den Unternehmenszielen in Einklang steht oder verbessert werden muß. Durch die Funktionen der originären Analyse und Bewertung der Organisation werden hauptsächlich die Ergebnisse des erhobenen Organisationsstandes oder der komplexen Planungen in tabellarischen und graphischen Darstellungen veranschaulicht, die in diesem Zusammenhang auch als originäre tabellarische und graphische Darstellungen bezeichnet werden. Aus diesen dargestellten Ergebnissen ist die Organisation, d.h. die Aufbauorganisation, die Ablauforganisation, die Systemkonfiguration und ihre Zusammenhänge, klar zu erkennen. Diese Veranschaulichung der Organisation wird als quantitativ und interaktiv charakterisiert. Sie bildet für die Unternehmensführung eine Grundlage zur Unterstützung des intuitiven Vergleichs zwischen den versionierten Gestaltungen der Organisation und zur Kontrolle als auch zur Überwachung der Organisation.

Demgegenüber sind die Funktionen der derivativen Analyse und Bewertung durch die quantitativen Auswertungen der versionierten Gestaltungen der Organisation gekennzeichnet. Dadurch kann die Analyse und Bewertung der versionierten Gestaltungen der Organisation nach bestimmten Kriterien und zugleich anwender- bzw. benutzerorientiert durchgeführt werden. Die dazu verwendeten Kriterien erstrecken sich auf die organisatorischen, die wirtschaftlichen und die informationstechnischen Überlegungen. Durch die anwenderorientierte Analyse und Bewertung kann der Anwender einerseits eine Bezugsversion mit den weiteren zu vergleichenden Versionen der Gestaltung der Organisation angeben und andererseits die Schwellenwerte zur Klassifizierung der einzelnen analysierten Ergebnisse definieren. Die Ergebnisse lassen sich durch tabellarische und graphische Darstellungen veranschaulichen, die als die derivativen tabellarischen und graphischen Darstellungen bezeichnet werden. Aus diesen Ergebnissen sind gleichzeitig die zum Mißerfolg führenden Schwachstellen oder die irrationalen Gestaltungen der Organisation festzustellen. Daraufhin sind Verbesserungsvorschläge zu entwickeln, mit denen deutlich geklärt wird, ob die Verbesserung zu einem aktuellen Organisationsstand erforderlich ist, d.h. die Änderung der Organisation notwendig ist, und welche Planung dazu geeignet ist. Die letztere Frage setzt eine umfassende Berücksichtigung aus der organisatorischer, wirtschaftlicher, informationstechnischer und sozialer Sicht und nicht zuletzt die Sachkenntnisse des Unternehmensleiters voraus.

Bei der Realisierung dieser drei Funktionenmodule ist auch die Funktion zur Kontrolle der Auswertungsvorgänge mitzuberücksichtigen. Diese Funktion bildet eine Basis für die interaktive Kommunikation zwischen dem Anwender (Benutzer) und den Funktionenmodulen der Datenauswertung, da diese interaktive Kommunikation zwischen den Benutzern und Funktionen infolge der Zugriffsberechtigung der Benutzer auf die Funktionen geregelt wird. In *Abb. 5.II. - 1* wird der Arbeitszusammenhang zwischen der Kontrollfunktion und diesen drei Funktionenmodulen der Datenauswertung anschaulich dargestellt. Jeder Zugriff auf die Funktionen der Datenauswertung wird von einer Kontrollfunktion gesteuert und die einzelnen Vorgänge mit den jeweiligen Funktion der Datenauswertung werden je nach Einstellung durch die Kontrollfunktion protokolliert. So kann der Anwender bei Bedarf die schon einmal durchgeführten Auswertungsvorgänge genau wiederholen. In jedem Funktionenmodul der Datenauswertung werden jeweils vier Teilfunktionenmodule realisiert, die nach der Aufbauorganisation (Ständige Aufbauorganisation und Projektorganisation), der Ablauforganisation und der Systemkonfiguration gegliedert werden. Die Funktionenmodule der Anzeige, der originären und derivativen Analyse und Bewertung sind voneinander unabhängig. Aber es bestehen die Aufrufbeziehungen zwischen den Teilfunktionenmodulen innerhalb des jeweiligen Funktionenmoduls. Diese Aufrufbeziehungen lassen sich durch die organisatorischen Zusammenhänge zwischen der Aufbauorganisation, der Ablauforganisation und der Systemkonfiguration bestimmen.

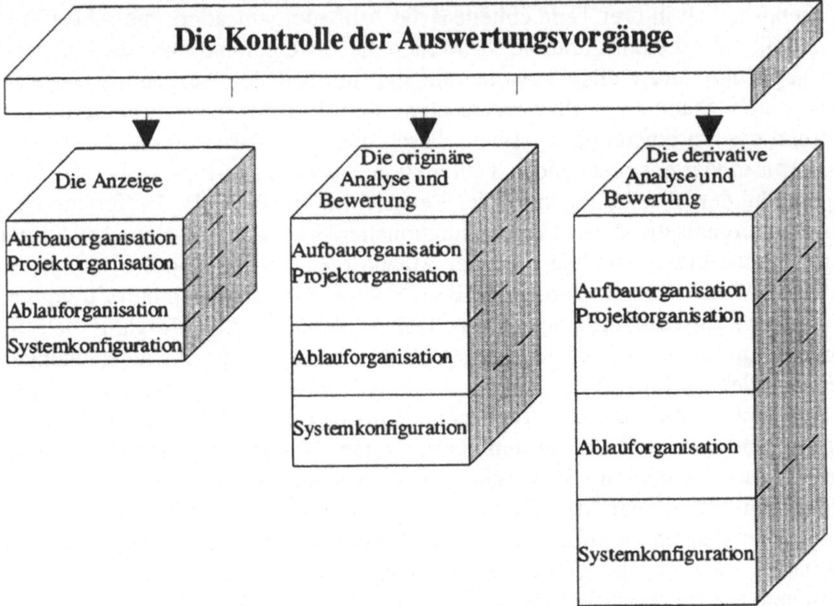

Abb. 5.II. - 1. Aufbau des Funktionenmoduls der Datenauswertung zur Unterstützung der Analyse und Bewertung der Unternehmensorganisation

A. Die Anzeige der Organisationsstrukturdaten

Die Anzeigefunktionen können hier als einfache Auswertung der Organisationsstrukturdaten bezeichnet werden, die sämtliche Ausprägungen der Organisation darstellen und sich auf die Aufbauorganisation (Ständige Aufbauorganisation und Projektorganisation), die Ablauforganisation und die Systemkonfiguration erstrecken. Die Anzeigefunktionen unterstützen in erster Linie die Kontrolle bzw. Überprüfung der Richtigkeit der Organisationsstrukturdaten im organisatorischen Sinne, die zuvor durch die Funktionen der Datenverwaltung in die Datenbank gespeichert wurden. Sie sind eigentlich mit den Funktionen der Datenverwaltung untrennbar verbunden und werden ferner als vorbereitender Vorgänger der Funktionen der originären sowie derivativen Analyse und Bewertung der Organisation angesehen. Die Konsistenz und die Integrität der Organisationsstrukturdaten werden bei den Funktionen der Datenverwaltung behandelt. Die Richtigkeit der Organisationsstrukturdaten in der Datenbank kann nur durch die Anzeige der Daten vom Unternehmensleiter geprüft und beurteilt werden. Zum Beispiel darf in einer Höheren Organisationseinheit nur eine disziplinarische Leitungsstelle definiert werden; diese Datenkonsistenz bzw. Integritätsbedingung kann bei der Organisationsplanung durch die Funktionen der Datenverwaltung gewährleistet werden. Ob eine Stelle in einer Höheren Organisationseinheit als Leitungsstelle definiert wird, wird jedoch durch die Anzeige der Organisationsstrukturdaten vom Unternehmensleiter festgelegt und überprüft. Die Anzeige der Organisationsstrukturdaten gilt in dem organisatorischen Sinne als die interaktive Konsistenzprüfung der Richtigkeit der Organisationsstrukturdaten, welche jedoch durch den Dialog zwischen dem Anwender (Unternehmensleiter) und dem System zustande kommt.

Die Organisationsstrukturdaten beschreiben die komplexe Organisation und lassen sich grundsätzlich in drei Teile einteilen: die Aufbauorganisation, die Ablauforganisation und die Systemkonfiguration. So werden die Anzeigefunktionen auch in diese drei Teile gegliedert und realisiert, wobei sie sich im Teil der Aufbauorganisation noch weiter durch Ständige Aufbauorganisation und Projektorganisation unterscheiden. Aufgrund der Verbindungen zwischen diesen drei Teilen werden die Anzeigefunktionen hierfür in vier entsprechenden Teilfunktionenmodulen zerlegt, wobei das Teilfunktionenmodul der Verbindungen bei der Realisierung in eins (z.B. Teilfunktionenmodul der Aufbauorganisation) der drei Teilfunktionenmodule, aber mit Berücksichtigung der übrigen Teilfunktionenmodule (z.B. der Ablauforganisation und der Systemkonfiguration), eingebettet werden kann. Diese Betrachtung läßt sich durch den Zusammenhang der Organisationsstrukturdaten aus drei Teilen - Aufbau-, Ablauforganisation und Systemkonfiguration - bestimmen. In *Abb. 5.II.A. - 1* werden die Aufrufbeziehungen zwischen den vier Teilfunktionenmodulen deutlich dargestellt. Daraus ist zu erkennen, daß der Aufruf zwischen den drei Teilfunktionenmodulen - der Aufbauorganisation, der Ablauforganisation und der Systemkonfiguration - mittelbar durch das Teilfunktionenmodul der Verbindung verwirklicht werden kann. Dieser Aufruf wird durch das Zugriffsrecht der Ebene der Funktionen geregelt. Insofern sind die Aufruf- bzw. Wechselbeziehungen zwischen den vier Teilfunktionenmodulen vom Zugriffsrecht des Anwenders abhängig. In jedem Teilfunktionenmodul werden die einzelnen Anzeigefunktionen wie die Datenverwaltungsfunktionen, die im *Abschnitt 5.I. Datenverwaltung zur Unterstützung der Organisationsplanung* detailliert erläutert sind, nach den organisatorischen Gegenständen, d.h. den einzelnen Managementfunktionen zur Planung und Gestaltung der Organisation, gegliedert. Eine umfassende Auswahl sowie

Kombination von Kriterien, die allerdings von einer Anzeigefunktion zu einer anderen Anzeigefunktionen verschieden sind, ermöglicht die flexible Anzeige der anwenderspezifizierten und -gewünschten Organisationsstrukturdaten. So kann der Anwender mit einer bestimmten Anzeigefunktion nach seinem Bedarf unter der Angabe der Anzeigekriterien (auch bekannt als Suchkriterien) die Organisationsstrukturdaten hinsichtlich der organisatorischen sowie informationstechnischen Aspekte genauer überprüfen und analysieren. Die Kombination von Anzeigekriterien verdeutlicht die logischen Ausdrücke.

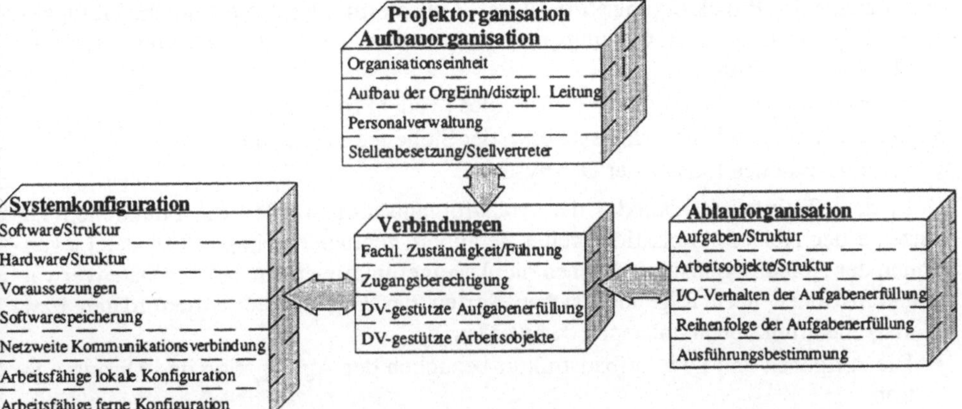

Abb. 5.II.A. - 1. *Die Aufrufbeziehungen zwischen den Teilfunktionenmodulen der Anzeige der Organisationsstrukturdaten*

Das Teilfunktionenmodul der Aufbauorganisation enthält die Funktionen zur Anzeige der Ständigen Aufbauorganisation und der Projektorganisation, die hier als die Aufbauorganisation eines Projektmanagements aufgefaßt wird. Gegenüber dem Teilfunktionenmodul der Datenverwaltung der Aufbauorganisation werden die Anzeigefunktionen in gleicher Weise gegliedert. Die Anzeigefunktionen der Ständigen Aufbauorganisation unterstützen die Planung zur Gestaltung der Ständigen Aufbauorganisation sowie die Überprüfung der Datenkonsistenz und beziehen sich auf folgende sechs Sorten der Organisationsstrukturdaten bzw. sechs Managementfunktionen:

- Verwaltung der Organisationseinheit (der Höheren Organisationseinheit und Stelle),
- Aufbau der Organisationseinheiten und der disziplinarischen Leitungszusammenhang zwischen den Organisationseinheiten,
- Personalverwaltung hinsichtlich der Qualifikation,
- der Personaleinsatz bzw. die Stellenbesetzung bezüglich der verwendeten Methode der Wertangleichung zwischen Personalqualifikation und Stellenanforderung,
- die fachliche Zuständigkeit der Organisationseinheiten für die Aufgabenerfüllung und die dafür benötigte fachliche Führung,
- die Zugangsberechtigung der Organisationseinheiten zu den DV-Systemen, insbesondere den Hardware.

Diese sechs Sorten der Organisationsstrukturdaten bzw. diese sechs Managementfunktionen entsprechen sechs Anzeigefunktionen, die diese Organisationsstrukturdaten zur Überprüfung darstellen können. Zwischen den sechs Anzeigefunktionen existieren die Aufruf- bzw. Wechselbeziehungen, die letztlich durch das Datenmodell der Aufbauorganisation sowie die Verbindungen zwischen der Aufbauorganisation, der Ablauforganisation und der Systemkonfiguration festgestellt werden.

Diese Gliederung läßt sich grundsätzlich auf die Anzeigefunktionen der Projektorganisation übertragen. Demzufolge ergeben sich auch die gleichen Aufruf- bzw. Wechselbeziehungen zwischen den Anzeigefunktionen der Projektorganisation, da beiden ein gemeinsames Datenmodell zugrunde liegt. Der wesentliche Unterschied zwischen den Anzeigefunktionen der Ständigen Aufbauorganisation und den der Projektorganisation liegt letztendlich in der Überprüfung der Datenkonsistenz und -integrität. Bei der Anzeige der Projektorganisation ist das Zeitkriterium bzw. die zeitliche Gültigkeit als eine der wichtigsten Bewertungspunkte anzusehen. Dieses Zeitkriterium findet seinen besonderen Ausdruck

- in der zeitlichen Geltung bzw. Dauer eines (Teil-) Projektes,
- in dem zeitlichen Personaleinsatz bzw. der Stellenbesetzung und
- in dem zeitlichen Einsatz der DV-Systeme.

In dem Teilfunktionenmodul der Ablauforganisation werden die Funktionen zur Anzeige der Ablauforganisation weiter detailliert gegliedert. Hinsichtlich der Gegenstände der Ablauforganisation können die Anzeigefunktionen wie bei der Datenverwaltungsfunktionen nach folgenden sieben Sorten der Organisationsstrukturdaten bzw. Managementfunktionen unterschieden werden:

- Die Aufgaben und ihre Aufbaustruktur bezüglich der Aggregation und Disaggregation,
- Die Arbeitsobjekte und ihre Aufbaustruktur bezüglich der Aggregation und Disaggregation,
- Das Input-Output-Verhalten bei der Aufgabenerfüllung hinsichtlich der zeitlichen Angabe und der Strukturänderung der Arbeitsobjekte,
- Die Reihenfolge zur Erfüllung der Aufgaben mit den Bearbeitungsarten,
- Die Ausführungsbestimmung,
- Die DV-gestützte Aufgabenerfüllung und
- Die DV-gestützten Arbeitsobjekte.

Diese sieben Sorten der Organisationsstrukturdaten repräsentieren zugleich sieben Betrachtungen, die bei der Gestaltung der Ablauforganisation einbezogen werden sollten. Die sich daraus ergebenden Anzeigefunktionen unterstützen den Anwender bei der Überprüfung dieser Organisationsstrukturdaten. Zwischen den einzelnen Anzeigefunktionen bestehen auch die Aufruf- bzw. Wechselbeziehungen, die in gleicher Weise von dem Datenmodell der Ablauforganisation sowie der Verbindung zwischen der Ablauforganisation und der Systemkonfiguration bestimmt werden.

Im Teilfunktionenmodul der Systemkonfiguration lassen sich die Anzeigefunktionen zunächst nach den organisatorischen und informationstechnischen Anforderungen gliedern. Aus den organisatorischen Anforderungen ist die Systemkonfiguration nach fünf Sorten der Systemkonfigurationsdaten gegliedert, mit denen sich auch fünf Managementfunktionen infolge der Gestaltung einer Organisation befassen:

- Die Software,
- Die Hardware,
- Die Aufbaustruktur der DV-Systeme hinsichtlich Aggregation und Disaggregation,

- Die Voraussetzungen zum Betrieb der Software, insbesondere der Anwendungssysteme und
- Die Softwarespeicherung.

Gemäß den Informationstechnischen Anforderungen kann die Systemkonfiguration, zwar mit Berücksichtigung der organisatorischen Anforderungen, auch nach drei Datensorten analysiert werden, die bei der Beschaffung oder bei dem Umbau der DV-Systeme von großer Bedeutung sind. Dazu werden drei entsprechende Managementfunktionen benötigt, um die folgenden Systemkonfigurationsdaten zu verwalten und zu planen:

- Die netzweite Kommunikationsverbindung zwischen den DV-Systemen,
- Die arbeitsfähige lokale Konfiguration der DV-Systeme und
- Die arbeitsfähige ferne Konfiguration der DV-Systeme.

Die oben erwähnten acht Sorten der Systemkonfigurationsdaten bzw. die zugehörigen Managementfunktionen stellen die acht Aspekte im organisatorischen und informationstechnischen Sinne zur Anzeige und zur Überprüfung der Gestaltung der Systemkonfiguration dar. Diese acht Aspekte bzw. Managementfunktionen werden ihrerseits durch acht Anzeigefunktionen der Systemkonfiguration repräsentiert bzw. unterstützt. Zwischen diesen acht Anzeigefunktionen bestehen ebenfalls Aufruf- bzw. Wechselbeziehungen, denen natürlich das Datenmodell der Systemkonfiguration zugrunde liegt.

B. Die originäre Analyse und Bewertung

Während der Entwicklung eines Unternehmens besteht aus Wettbewerbsgründen häufig einerseits die Forderung zur zeitgerechten Anpassung der Organisationsstruktur an die Marktstruktur und die ständige Verbesserung der vorhandenen Organisationsstruktur durch neue Technologien andererseits, da es klar und deutlich um die Position und die Fähigkeit zur Unternehmenskonkurrenz geht. Dabei handelt es sich letztendlich um die Ökonomität und Rentabilität eines Unternehmens und im strengsten Sinne um den Kampf um die weitere Existenz. Aufgrund der geänderten Marktstruktur und der neu entwickelten Technologie kann die Umstellung bzw. die Verbesserung der Organisationsstruktur in der gesamten Aufbauorganisation, Ablauforganisation und Systemkonfiguration bestehen. Dies läßt sich aus der Sicht der Aufbauorganisation, Ablauforganisation und Systemkonfiguration durch folgende sieben Aspekte erkennen:

- Die neue Definition der Aufgaben und Korrektur der Aufgabenverteilung bzw. Aufgabenerfüllung der Organisationseinheit. Diese kann zur neuen Bildung der Organisationseinheiten und ihrer Arbeitszusammenhänge führen.

- Die Bestimmung des adäquaten disziplinarischen Leitungs- sowie fachlichen Führungszusammenhangs. Sie erfordert zugleich die Angleichung des sich hierfür geeigneten Managements eines Unternehmens oder dessen Fachbereiche.

- Der Einsatz von qualifizierten Personen. Hierfür ist ein Vergleich zwischen der Stellenanforderung und der Personalqualifikation durchzuführen.

- Aus der neuen Definition der Aufgaben ist das damit einhergehende Input-Output-Verhalten hinsichtlich ver-/gebrauchter sowie erzeugter Arbeitsobjekte festzulegen.

- Damit wird die Reihenfolge zur Erfüllung der Aufgaben auch beeinflußt und neu definiert.

- Der Einsatz der DV-Systeme bezüglich DV-gestützter Arbeitsplätze und Aufgabenerfüllung ist ebenso zu berücksichtigen.
- Die Gestaltung der DV-Systeme ist zu verbessern.

Diese sieben Aspekte müssen bei der Gestaltung bzw. Umstrukturierung der Organisation einheitlich berücksichtigt werden, da sie miteinander sehr eng zusammenhängen. Allerdings führt eine neue Gestaltung bzw. Umstrukturierung der Organisation unter diesen sieben Aspekten zu dem Ziel, daß die Senkung der gesamten Unternehmenskosten und die Steigerung der gesamten Unternehmensleistung sich in einem rationalen und realistischen Verhältnis befindet. Das bedeutet zugleich die Erhöhung der Produktivität eines Unternehmens und bedingt selbstverständlich dessen Hervorbringen von Leistungen (Sachgüter und Dienste) in das Marktgeschehen[76].

Das Funktionenmodul der originären Analyse und Bewertung der Organisation dient im wesentlichen dazu, die Gestaltung der Organisation aus den oben genannten sieben Aspekten zu unterstützen. Die Unterschied zwischen dem Funktionenmodul der originären Analyse sowie Bewertung der Organisation und dem Anzeigefunktionenmodul liegt darin, daß die Ergebnisse bei der originären Analyse und Bewertung der Organisation in ihren kontextuellen und strukturierten Zusammenhängen durch die graphischen sowie tabellarischen Darstellungen veranschaulicht werden. Diese graphischen und tabellarischen Darstellungen der analysierten Ergebnisse werden immer vom Anwender spezifiziert, wobei er nach seinen Bedürfnissen sich nur auf bestimmte Organisationsgegenstände konzentrieren kann, um sie zu analysieren. So gilt die originäre Analyse und Bewertung der Organisation als anwenderbezogen. Die graphischen und tabellarischen Darstellungen repräsentieren letztendlich die qualitativen Beschreibungen der Organisation, welche sich von der derivativen Analyse und Bewertung der Organisation (sie wird in nächsten Abschnitten näher erläutert) unterscheiden können. Sie dient weiterhin zur Echtzeiterstellung der Berichterstattung über die aktuelle oder geplante Organisation. Die Planung und die Entwicklung der Organisation werden insofern durch die Funktionen der originären Analyse und Bewertung unterstützt, als der Anwender unter der Angabe einer bestimmten Version gezielt den Ist-Zustand oder eine Planung zur Gestaltung bzw. zur Verbesserung der Organisation analysieren und bewerten kann. Somit kann die intuitive Abwägung zwischen den versionierten Gestaltungen der Organisation und anschließend die Verbesserung bzw. die Auswahl einer von der abgewandelten Marktstruktur sowie der neuen Technologie geforderten Organisation sach- und zeitgerecht durchgeführt werden.

Das Funktionenmodul der originären Analyse und Bewertung der Organisation wird auch weiter in vier Teilfunktionenmodulen - der Ständigen Aufbauorganisation, der Projektorganisation, der Ablauforganisation und der Systemkonfiguration - gegliedert, wobei die Teilfunktionenmodule der Ständigen Aufbauorganisation und der Projektorganisation als ein Teilfunktionenmodul der Aufbauorganisation aufgefaßt werden können. Der Unterschied zwischen diesen beiden liegt in der zeitlichen Ausprägung, die in der Projektorganisation als wichtigstes Merkmal behandelt werden soll. Der Zusammenhang zwischen den vier Teilfunktionenmodulen wird durch die Aufrufbeziehungen gebildet. In *Abb. 5.II.B. - 1* werden diese Aufrufbeziehungen und die Gliederung der einzelnen Funktionen im jeweiligen Teilfunktionenmodul deutlich dargestellt. Jedes

---

[76] Vgl. Kosiol: Organisation der Unternehmung, S.41. ff. 1976.

Teilfunktionenmodul besteht aus wiederum den Funktionen, die als untrennbare Bestandteile im jeweiligen Teilfunktionenmodul enthalten sind. Jede Funktion repräsentiert hierfür einen Aspekt zur Darstellung der aktuellen oder geplanten Organisation im Sinne der originären Analyse und Bewertung. Dadurch kann der Anwender in hohem Maße von den relativ einfachen und langwierigen Aufgaben der Einordnung sowie Zusammenstellung der Daten über die Planungen und den Zustand der Organisation entlastet werden. Darüber hinaus wird der Anwender hinsichtlich der qualitativen, quantitativen und zeitlichen Vorzüge sehr effektiv bei der Entscheidung zur Auswahl bzw. zur Verwirklichung einer gut durchdachten Planung der Organisation unterstützt.

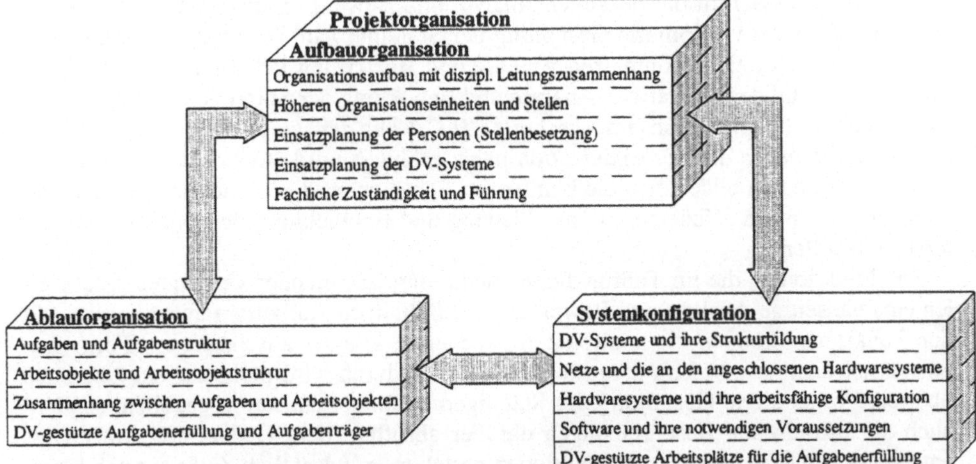

Abb. 5.II.B. - 1. Die Aufrufbeziehungen zwischen den Teilfunktionenmodulen und die Gliederung der einzelnen Funktionen der originären Analyse und Bewertung der Organisation

Die originäre Analyse und Bewertung der Organisation erfolgt grundsätzlich unter der Angabe einer Höheren Organisationseinheit, die hiermit eine Führungsebene zum Ausdruck bringt, und einer Version, die einen Ist-Zustand oder eine Planung zur Gestaltung der Organisation kennzeichnet. Welche Organisationsstrukturdaten von einem Anwender analysiert und dargestellt werden dürfen, hängt lediglich von seinen Zugriffsrechten auf die Daten und die Funktionen der originären Analyse und Bewertung ab. Die Organisationsstrukturdaten können sich hierfür auf eine Führungsebene beziehen, die letztendlich eine Höhere Organisationseinheit und die ihr disziplinarisch unmittelbar sowie mittelbar unterstellten Organisationseinheiten (Stellen und Höhere Organisationseinheiten) repräsentiert und ihrerseits die Organisation oder einen Teilbereich (z.B. Aufbauorganisation, Ablauforganisation oder Systemkonfiguration) eines (Teil-)Fachbereiches zum Ausdruck bringt. Die Zugriffsrechte eines Anwenders auf die Funktionen beschränken die Ausübung der Managementfunktionen zur Planung und Entwicklung der Organisation. So kann ein Anwender die Rechte zur Ausführung aller Funktionen der originären Analyse und Bewertung oder nur einen Teil davon besitzen.

1. Die Ständige Aufbauorganisation

Das Teilfunktionenmodul der originären Analyse und Bewertung der Ständigen Aufbauorganisation unterstützt den Anwender bei der Echtzeiterstellung der Berichterstattung der unterschiedlichen versionierten Gestaltungen der Ständigen Aufbauorganisation, d.h. aktuellen (Ist-Zustand) und geplanten Ständigen Aufbauorganisation, bei der intuitiven Abwägung zwischen den versionierten Gestaltungen der Ständigen Aufbauorganisation und bei der Verbesserung bzw. der Auswahl einer zeit- sowie sachgerechten Gestaltung der Ständigen Aufbauorganisation. Es besitzt vor allem den Charakter einer interaktiven Echtzeitdarstellung der Ständigen Aufbauorganisation und deren Berichterstattung. Hierbei ist ferner darauf hinzuweisen, daß die originäre Analyse und Bewertung der Ständigen Aufbauorganisation als originäre graphische und tabellarische Darstellung der Ständigen Aufbauorganisation bezeichnet werden kann. Sie gilt als erster Schritt der gesamten Analyse und Bewertung und gibt insofern einen Überblick über die versionierte Gestaltung der Ständige Aufbauorganisation. Der entscheidende Schritt einer komplexen Analyse und Bewertung läßt sich durch das Teilfunktionenmodul der derivativen Analyse und Bewertung der Ständigen Aufbauorganisation kennzeichnen, welches im *Abschnitt 5.II.C.1 Die derivative Analyse und Bewertung / Die Ständige Aufbauorganisation* näher erläutert wird. Aus diesen beiden Teilfunktionenmodulen bilden sich die komplexen Funktionen, die wiederum das Management sinnvoller und effizienter bei der Planung und Entwicklung der Organisation unterstützen sollen.

Die Funktionen, die im Teilfunktionenmodul eng miteinander verbunden sind, stellen eine vielseitige Analyse und Bewertung der Ständigen Aufbauorganisation dar. Mit den Funktionen können die analysierten Ergebnisse in einer anschaulichen Form graphisch wie auch tabellarisch dargestellt werden. Dadurch wird nicht nur ein Überblick über eine versionierte Gestaltung der Ständigen Aufbauorganisation gegeben, sondern auch die lakonischen Beschreibungen darüber abrufbar, dem Bedarf des Anwenders entsprechend. Zwischen diesen Funktionen bestehen grundsätzlich Aufrufbeziehungen, mit denen der Anwender - seinem Zugriffsrecht gemäß - von einer Funktion aus andere Funktionen aufrufen kann. Die Funktionen zur Planung bzw. Entwicklung und zur Analyse bzw. Bewertung der Ständigen Aufbauorganisation sollen sehr eng miteinander integriert werden. In Bezug auf den einheitlichen Arbeitszusammenhang der organisatorischen Managementfunktion sind die beiden auch sehr eng mit den Managementfunktionen Bewertung, Kontrolle und Koordinierung verknüpft, die sich gleichzeitig um den Aufbau der Organisation wie auch die Analyse deren betreffenden Marktstruktur und deren Wechselbeziehungen untereinander behandelt. Die originäre Analyse und Bewertung der Ständigen Aufbauorganisation läßt sich nach organisatorischen Aspekten wie folgt gliedern:

- Der hierarchische Organisationsaufbau mit disziplinarischem Leitungszusammenhang,
- Die Höhere Organisationseinheit und die Stelle,
- Die Einsatzplanung der Personen (Stellenbesetzung),
- Die Einsatzplanung der DV-Systeme für Organisationseinheiten,
- Die fachlichen Zuständigkeiten und Führung.

T1. Der hierarchische Organisationsaufbau (Organigramm) mit disziplinarischem Leitungszusammenhang

Der Organisationsaufbau stellt in erster Linie die komplexen Aufgaben eines Unternehmens im Sinne der Einteilung der Teilaufgaben und deren einheitlichen Zusammenhang dar und repräsentiert vor allem die Unternehmensziele. Die Einteilung der Teilaufgaben findet ihren Ausdruck im wesentlichen in der Bildung der Organisationseinheiten, die untereinander eine in sich strukturierte und organisatorische Hierarchie ergibt. Durch den einheitlichen Zusammenhang der Aufgaben sind die Verbindung zwischen den Organisationseinheiten und das harmonische Zusammenspiel bei der Erfüllung der Teilaufgaben auszudrücken, welches die fachgerechte Entscheidung, Koordinierung und Kontrolle der Aufgabenerfüllung erfordert. Diese werden letztlich auch durch den disziplinarischen Leitungszusammenhang und den fachlichen Führungszusammenhang sowie die fachliche Zuständigkeit der Organisationseinheiten festgelegt und dargestellt. Sie bilden außerdem die wichtigeren Managementfunktionen zur Bewertung und Kontrolle der Organisation eines Unternehmens.

Der disziplinarische Leitungszusammenhang beschreibt die Rangordnung der Organisationseinheiten - Höheren Organisationseinheiten (Sparte, Hauptabteilung, Abteilung usw.) und Stellen - und bestimmt deren Kompetenz, die sich weiter durch Informations- und Linienkompetenz unterscheidet. Bei der Rangordnung der Organisationseinheiten handelt es sich grundsätzlich um rangmäßige Über-, Unter- und Gleichordnungsverhältnisse (Hierarchie) zwischen den Organisationseinheiten. Hierbei bezeichnen diese Verhältnisse ferner eine Stelle in jeder Höheren Organisationseinheit, welche überwiegend die Anweisungskompetenzen besitzt, den ihr untergeordneten Organisationseinheiten die Anordnungen und Weisungen zu erteilen, die Entscheidung bei deren Aufgabenerfüllung zu treffen und anschließend die entstehende erforderliche Koordinierung wahrzunehmen. Dies ergibt sich deutlich aus der Linienkompetenz und zeigt ein Liniensystem im hierarchischen Organisationsaufbau. Im Unterschied zur Linienkompetenz bezeichnet die Informationskompetenz eine Stelle, der das Recht verliehen wurde, auf gewisse Informationen zugreifen zu können, die sich auf den Organisationsaufbau beziehen oder zur Erfüllung der Aufgaben benötigt werden. Als eine weitere unentbehrliche rangmäßige Beziehung im Organisationsaufbau ist der fachliche Führungszusammenhang zu sehen. Er setzt die fachliche Zuständigkeit der Organisationseinheit für die Aufgabenerfüllung voraus, welche hauptsächlich die Aufgabenverteilung mit den zusammengehörigen Ausführungsbestimmungen beschreibt. Bezüglich der Aufgabenerfüllung bezeichnet er eine fachliche Rangordnung der Organisation. Er gewährleistet und dient vor allem dazu, die Aufgaben fachgerecht und reibungslos zu erfüllen. Daraus folgen auch die Linien- und Informationskompetenz, die aber schwerpunktmäßig in der Entscheidung und Koordinierung der Aufgabenerfüllung liegt.

Die Größe eines Unternehmens läßt sich durch seine Aufgaben und Ziele festlegen, die letztendlich durch die Leistungen im Marktgeschehen verkörpert bzw. bewertet werden. Es ist jedoch beim Organisationsaufbau darauf zu achten, daß die Größe der Organisationseinheiten und die Tiefe der Organisationshierarchie auch in einem bestimmten Umfang die Größe des Unternehmens beeinflussen, vor allem dessen Organisationsstruktur. Diese Größenänderungen hängen grundsätzlich von der Analyse und Synthese der Aufgaben eines Unternehmens ab, durch welche die Organisationseinheiten mit Homogenität oder Heterogenität der Teilaufgaben gebildet werden, und erfordert dafür einen unterschiedlichen Leitungsaufwand bei der Koordinierung der Aufgabenerfüllung. Hierbei handelt es sich einerseits um die ausgewogenen Überlegungen zwischen der Wirtschaftlichkeit und Leistungshervorbringung und andererseits um die Technologien und die Fachkräfte, die alle Unternehmensbereiche betreffen. In der größeren Organisation sind die Organisationseinheiten deutlich durch die Homogenität der Teilaufgaben gekennzeichnet, woraus sich ein höherer Grad an Spezialisierung der

Teilaufgaben sowie der Aufgabenträger (Maschinen und Menschen), an Standardisierung der Regelungen der Aufgabenerfüllung und an Formalisierung der Beschreibung sowie an Festlegung der Teilaufgaben, der Aufgabenträger, der Regelungen der Aufgabenerfüllung und der Kommunikationsschnittstellen zwischen den Aufgabenträgern ergibt. Dies allerdings erleichtert zugleich die Koordinierung bei der Aufgabenerfüllung und zieht die Dezentralisation der Entscheidung vor[77]. Dementsprechend bedarf es geeigneter Aufgabenträger, die in großem Umfang funktionsfähige Maschinen oder spezialisierte Fachkräfte sind. Im Gegensatz zur Größe der Organisationseinheit steht die Tiefe der Organisationshierarchie. Die geringe Tiefe der Organisationshierarchie findet ihre Vorteile in der straffen Führung bei der einheitlichen Entscheidung unter den Unternehmenszielen, aber erfordert fachlich hoch qualifizierte und verantwortungsvolle Führungskräfte auf allen Managementebenen; demgegenüber wird bei einer großen Tiefe der Organisationshierarchie eine Abweichung zwischen Entscheidenden und Ausführenden durch lange Weisungs- und Informationswege entstehen, die die hoch qualifizierten Führungskräfte nur auf oberen Managementebenen und die ständige nachträgliche Koordinierung unabdingbar machen. Aus der Sicht der anschaulichen Darstellung der Organisationshierarchie läßt sie sich auch als Organigramm bezeichnen. In erster Linie ist eine organisatorische Aufbaustruktur eines Unternehmens im Organigramm zu erkennen; nunmehr im erweiterten Sinne der originären graphischen Darstellung der Ständigen Aufbauorganisation werden auch die Instanz und Stelleninhaber, die als unterste Ebene angesehen sind, darin eingefügt, um einen relativ umfassenden Überblick über den Organisationsaufbau zu verdeutlichen. Im wesentlichen stellt ein derartiges Organigramm den disziplinarischen Leitungszusammenhang in einem Unternehmen dar. Das dargestellte Organigramm ist eine wesentliche Funktion der originären graphischen Darstellung der Ständigen Aufbauorganisation.

T2. Die Höhere Organisationseinheit und die Stelle

Unter der Organisationseinheit versteht man eine Komplexteilaufgabe, die die Zusammenstellung der Teilaufgaben und deren immanente Wechselbeziehungen versachlicht. Die Erstellung und die Realisierung der funktionsfähigen Organisationseinheiten bilden die Grundlagen der sachgerechten Aufgabenerfüllung und die zielgerechte und leistungsfähige Aufgabenerfüllung der Organisationseinheiten kann lediglich durch Koordinierung und Kontrolle gewährleistet werden. In der Praxis erfolgen daraus immer häufig neue Anforderungen, die letztlich die Änderungen bei der Aufgabenerfüllung sowie bei der Organisationseinheit bewirken und die Wettbewerbsfähigkeit eines Unternehmens betreffen. Die Schwerpunkte der originären Analyse und Bewertung der Organisationseinheit sollen in deren Beschreibungen über die den zugeordneten Aufgaben sowie den räumlichen Sitz liegen. Dabei vollziehen sich die Einschätzung des Koordinationsaufwandes der Aufgabenerfüllung der Organisationseinheit und die Festlegung der Beziehung der Stellvertretung oder des Stellvertreters, welche eine organisatorische Regelung in gegensätzlichen Aspekten bezeichnet und kontinuierliche Aufgabenerfüllung sichern kann. Erfahrungsgemäß werden die Ergebnisse der originären Analyse und Bewertung der Organisationseinheit bei der Planung der Organisation genutzt. Indessen sind beide miteinander integriert und durch ihre unterschiedliche

---

[77] Vgl. Frese: Grundlagen der Organisation - Die Organisationsstruktur der Unternehmung. S.317. ff. 1988.

Schwerpunktsetzung bei der Unterstützung der organisatorischen Managementfunktionen zu unterscheiden. Das räumliche Merkmal der Organisationseinheit wird durch die geographische Verteilung der Organisation eines Unternehmens bezeichnet. Es ist deshalb sehr wichtig, daß die Hervorbringung der Leistungen eines Unternehmens immer in der Praxis regionsübergreifend oder international gestreut wird. Das spiegelt sich in großem Maßstab im Status eines wettbewerbsfähigen Unternehmens wider, wozu es natürlich einer durchdachten sowie wohl definierten Organisationsstruktur bedarf, in der insbesondere die harmonische Kooperation zwischen den Ausführenden und die sachgerechte Koordination des fachlichen Vorgesetzten in Bezug auf die klare Definition der fachlichen Zuständigkeit zu berücksichtigen sind, um die Aufgabenerfüllung gezielt und effektiv vornehmen zu können. Die räumliche Verteilung der Organisation muß sowohl bei der Planung sowie Entwicklung der Organisation als auch bei der Bewertung sowie Kontrolle der Organisation in Betracht gezogen werden.

T3. Die Einsatzplanung der Personen (Stellenbesetzung)

Die gestaltete Organisation - hier hauptsächlich Ständige Aufbauorganisation - dient immer als Instrument dazu, zuerst den Zielsetzungen, den Ordnungen, den Planungen eines Unternehmens und schließlich den dazu erforderlichen Einrichtungen sowie den Aufgabenträgern Gestalt zu verleihen und dann deren vorgegebene Ziele und aufgestellten Planungen ordnungsgemäß zu verwirklichen[78]. Dabei kann sie sich sowohl positiv als auch negativ auf das gesamte Unternehmen auswirken. Falls sie irrational gestaltet wird, d.h. sie schafft von den Zielen abweichende Ordnungen, indem sie Handeln in Entscheidungssituationen und Aufgabenerfüllung erschwert, kann das darin eingeschlossene Unternehmen rasant seine Wettbewerbsfähigkeit verlieren. Letztlich finden diese zwei konträren Auswirkungen der Organisation in der Praxis ihren Ausdruck darin, daß die Organisation im Endeffekt positiverweise einträglich zur Steigerung wie auch negativerweise abträglich zur Senkung der Produktivität eines Unternehmens führen kann. Eine funktionsfähige und wohl geregelte Organisation wird mit Synergien identifiziert. Die Produktivität eines Unternehmens ist dann höher als die Summe der Produktivität einzelner Organisationseinheiten. Solche Organisation bringt die Rahmenbedingungen für zielgerechte Entscheidung, Aufgabenerfüllung sowie deren notwendige Koordinierung zuwege. Bei der Zielerreichung und insbesondere bei diesen Synergien handelt es sich um das Zusammenwirken der Aufgabenträger, die allerdings als Menschen und Maschinen angesehen werden. Das Zusammenwirken der qualifizierten Fachkräfte setzt offensichtlich das Zusammenwirken der Maschinen und die sachgerechte personelle Besetzung der Stelle voraus. Ferner ist es notwendig, eine reifliche Einsatzplanung der Personen unter den qualitativen, quantitativen, räumlichen und zeitlichen Aspekten aufzustellen. Diese Einsatzplanung der Personen ist deshalb so wichtig, da hier die sorgfältige Auswahl fachlich geeigneter Personen für die entsprechenden Stellen durchgeführt wird, um dabei eine möglichst geringe Differenz zwischen den Handlungen der persönlichen und der unternehmerischen Ziele zu garantieren. Der glückliche Arbeiter sei auch der produktive Arbeiter[79]. Hinsichtlich der unterschiedlichen Stellen - disziplinarische Leitungsstellen, fachliche Führungsstel-

---

[78] Vgl. Gutenberg: Grundlagen der Betriebswirtschaftslehre - Die Produktion. S.234. ff. 1975.
[79] Simon: Entscheidungsverhalten in Organisationen - Eine Untersuchung von Entscheidungsprozessen in Management und Verwaltung. S.302. 1981.

len und Ausführungsstellen - müssen die eingesetzten Personen dementsprechend eingeteilt werden, nämlich nach Führungskräften und Ausführenden, die aber weiter aufgegliedert werden können. Hierbei ist es besonders wichtig und erforderlich, große Sorgfalt auf die Besetzung der Führungsstellen bzw. auf die Auswahl der Führungskräfte zu verwenden, da diese die leistungsfähige und reibungslose Aufgabenerfüllung vor allem im Falle der Entscheidung und der Koordinierung der bereichsübergreifenden Aufgabenerfüllung stark beeinflussen. Hier läßt sich nicht nur die Eignung der Führungskräfte mit den Anforderungen der Führungs- oder Leitungsstellen abgleichen, sondern vielmehr die Kompetenzen der Stellen durch die praktischen Erfahrungen der Führungskräfte und deren persönliche Fähigkeiten zur Teamarbeit abdecken. Die Einsatzplanung der Personen ist stark mit dem Zeitaspekt verbunden und muß ferner mit dem Einsatz der Maschinen - als andere Aufgabenträger gesehen - ausgewogen werden. Diese Überlegung hängt mit den betrieblichen Kosten - letztendlich auch der Wettbewerbsfähigkeit eines Unternehmens - zusammen. Die Einsatzplanung der Personen leistet außerdem die frühzeitige Einplanung der Besetzung der die zeitgemäßen Fachkenntnisse besetzenden Personen auf die richtige Stellen, welche sachgerecht die auf sie übertragenen Aufgaben erfüllen können, und zwar mit dem Weitblick auf unternehmerische produktionstechnologische Innovationen sowie global entwickelte Technologien, die die Änderung der Organisationstruktur eines Unternehmens und der gesamten Marktstruktur bewirkt. Überdies sind mehrfache und periodische Besetzungen der Stelle zu bemerken. Die mehrfache Besetzung der Stelle bedeutet die im zeitlichen Sinne parallele Besetzung einer Stelle mit mehreren Personen und läßt sich weiterhin in partielle und totale Parallelität unterscheiden, wobei die totale Parallelität bedeutet, daß die Stelle während ihrer gesamten Existenzdauer von mehr als einer Person besetzt ist, wohingegen sie bei partieller Parallelität nur in gewissen Zeiträumen mehrfach besetzt ist. In der Praxis kommt es auch vor, daß manche Stellen nur für eine bestimmte Zeit besetzt sein sollen. Diese sind durch periodische Besetzung der Stellen zu kennzeichnen, welche einen regelmäßigen oder gelegentlichen Einsatz der Personen für die vorgesehenen Zeiträume ausdrücken können.

T4. Die Einsatzplanung der DV-Systeme für Organisationseinheiten

Im engen Zusammenhang mit der Einsatzplanung der Personen steht die Einsatzplanung der DV-Systeme für die Organisationseinheiten, welche letztlich als eine andere Art von Aufgabenträger angesehen wird und die organisatorische Gestaltung in einem Unternehmen beeinflussen. Sie sind näher zu erläutern im nachfolgenden Abschnitt *5.II.B.4 Die Systemkonfiguration (Die originäre Analyse und Bewertung)*, die als einen integralen Bestandteil der Organisation des Unternehmens zu verstehen ist. Der Einsatz der DV-Systeme für die Organisationseinheiten ist heutzutage so wichtig und bedeutungsvoll, da er einerseits die Verbesserung der organisatorischen Effizienz anstrebt und andererseits den Automatisierungsgrad der Aufgabenerfüllung der Organisationseinheiten kennzeichnet. Dieser Automatisierungsgrad findet seinen Ausdruck in der Produktivität der Aufgabenerfüllung (d.h. Hervorbringung der Sachgüter oder Dienstleistungen), in der Rationalisierung von Arbeitsabläufen und nicht zuletzt in der Bedeutung von Entscheidung und Koordinierung der Aufgabenerfüllung. Hierbei ist abermals zu verdeutlichen, daß die Entscheidung und die Koordinierung auf die weitere Entwicklung der Organisation im strategischen Sinne und auf das Zusammenwirken der Aufgabenerfüllung im operativen Sinne einwirken. In der Praxis gibt es Aufgaben, deren Erfüllung informationsaustauschlos oder informationsaustauschbegleitend ist. Die schnelle Gewinnung und Verarbeitung der dienlichen und notwendigen Informationen bilden das Fundament der sachgerechten Entscheidung und Koordinierung. Im Ganzen sollen die eingesetzten DV-Systeme zur Steigerung der gesamten Produktivität eines Unternehmens beitragen. Sie repräsentieren die nutzbringende moderne Technologie und können ferner den Zugriff der Stellen auf Informationen des Unternehmens gemäß deren Informationskompetenzen wirkungsvoll regeln. Somit wird die Planung und Entwicklung der Organisation erwartungsgemäß von der Einsatzplanung der DV-Systeme für die Organisationseinheiten begleitet, welche zu analysieren und zu kontrollieren selbstverständlich eine Aufgabe der Analyse und der Bewertung der Organisation sein muß. In diesem Sinne bezieht sich die Einsatzplanung der DV-Systeme nicht nur auf diejenigen Organisationseinheiten, die bereits DV-gestützt sind, sondern auch auf diejenigen Organisationseinheiten, die weitgehend zu rationalisieren sind und schließlich mehr oder weniger die Änderung der Organisationsstruktur bewirken. Somit ist die Einsatzplanung der DV-Systeme insbesondere unter dem zukunfsorientierten Aspekt zu betrachten. So ist der Einsatz der DV-Systeme sinnvoll mit den absehbaren und festgelegten Terminen - seien sie in Abhängigkeit der Situation variabel oder lediglich durch einen größeren Zeitabschnitt gegeben - zu versehen. Dies läßt sich durch die Funktion der originären Analyse und Bewertung der Ständigen Aufbauorganisation graphisch darstellen und zugleich kann sie als komprimierte Beschaffungsplanung der DV-Systeme für bestimmte Organisationseinheiten oder ganzen Unternehmen betrachtet werden. Eine umfassend und graphisch dargestellte Einsatzplanung der Systemkonfiguration soll hierbei einen Überblick über den Automatisierungsgrad der Arbeitsprozesse geben und daraus die erforderlichen und entscheidenden Informationen gewinnen, mit denen die Unternehmensleiter ihre Entscheidung bei der Planung und Entwicklung der Organisation sachgerecht treffen können, insbesondere hier bei der Überlegung und Planung der zu rationalisierenden Arbeitsprozesse und der effizienten sowie leistungsfähigen Aufgabenerfüllung. Insofern läßt sich dieser Managementprozeß deutlich durch die DV-Systeme unterstützen. Eine umfassende und übersichtliche Einsatzplanung der Systemkonfiguration für die Organisationseinheiten soll folgende Inhalte umschließen:

- Software,
- Hardware,
- erforderliche Voraussetzungen zum Betrieb der Software
- Konfigurationsplan der Hardware und
- Vernetzungsmöglichkeit der Hardware in den Organisationseinheiten.

In einer derartigen Einsatzplanung der Systemkonfiguration für die Organisationseinheiten handelt es sich hauptsächlich um die DV-gestützten Stellen, d.h. die mit DV-Systemen ausgestatteten Arbeitsplätze, sowie deren Zusammenspiel bei der Aufgabenerfüllung und deren Zugangsberechtigungen zu DV-Systemen oder auf die Daten. Im allgemeinen kennzeichnen die DV-Systeme die Ausstattungen der Organisationseinheiten in einem Unternehmen, mit denen auch das Eigentum, die Bewahrungskompetenz oder das Benutzungsrecht der Organisationseinheiten dargestellt werden können. Sie weist klar und deutlich darauf hin, in welchen Organisationseinheiten die Arbeitsprozesse durch DV-Systeme gestützt und welche Organisationseinheiten mit welchen Informationskompetenzen gebunden sind oder werden. Die weitere Kompetenz und

Verantwortlichkeit der Organisationseinheiten für die Aufgabenerfüllung werden logischerweise in der fachlichen Zuständigkeit definiert.

T5. Die fachliche Zuständigkeit und Führung

Die fachliche Zuständigkeit ist hier durch zwei Blickwinkel einzeln zu betrachten, die fachliche Zuständigkeit der Stelle bzw. der Höheren Organisationseinheit (Sparte, Hauptabteilung, Abteilung usw.). Diese zwei Betrachtungen beruhen in der Praxis auf zwei unterschiedlichen Arten von Aufgabenerfüllung, durch welche die Teamarbeit und die Individualarbeit gekennzeichnet werden. Die Teamarbeit gibt die gemeinsamen Kompetenzen und Verantwortlichkeiten bei der Erfüllung der Aufgaben wieder und kann sich auf Führungs- wie auch Ausführungsaufgaben beziehen. Dagegen handelt es sich bei der Individualarbeit um die Definition der fachlichen Zuständigkeit der Aufgabenerfüllung für die Stelle. In Bezug auf eine langfristige Planung und Entwicklung der Organisation ist aber die fachliche Zuständigkeit der Organisationseinheit für die Aufgabenerfüllung - seien sie sowohl als Teamarbeit als auch als Individualarbeit - zu definieren, zu planen und zu kontrollieren. Die Teamarbeit ergibt grundsätzlich flexible und effiziente Aufgabenverteilung und -erfüllung innerhalb einer Höheren Organisationseinheit (Abteilung, Arbeitsgruppe usw.), in der die zur Aufgabenerfüllung benötigten Kompetenzen den Stellen verliehen und die dazugehörigen Verantwortlichkeiten von allen Stellen gemeinsam getragen oder vorherrschend von der disziplinarischen Leitungsstelle übernommen werden. In der Teamarbeit können die fachlichen Kenntnisse und Fähigkeiten der Fachkräfte bei der Aufgabenerfüllung in höchstem Maß zur Entfaltung gebracht werden, und andererseits kann es sich ergeben, daß die Aufgabenerfüllung in konkreten Fällen immer von den dafür geeignetsten Fachkräften wahrgenommen wird. Hierbei sind anspruchsvolle Anforderungen an die Leitungsstellen zu stellen, die höhere Qualifikation und umfassende Sachkenntnis zur Koordinierung und Bewertung der Aufgabenerfüllung besitzen sollen. Außerdem wird an den Führungskräften gefordert, die an den Leitungsstellen eingesetzt sind, die Stärken ihrer Mitarbeiter zu kennen, sie jederzeit zur Initiative bei der Aufgabenerfüllung zu ermuntern, die Aufgaben mit den benötigten Kompetenzen den Stellen/Mitarbeiter richtig zuzuordnen, die Aufgabenerfüllung sachgerecht zu koordinieren sowie zu kontrollieren und schließlich die Verantwortung unabweislich zu übernehmen. Die Führungskräfte sollen mit Ausbildung, praktischer Erfahrung und der komplexen Fähigkeit zu derartiger Führung der Teamarbeit ausgestattet werden. Dementsprechend sollen die Fachkräfte sicherlich aktiv, selbständig und kooperationsbereit bei der Aufgabenerfüllung sein. Die Individualarbeit beruht auf einer gut gegliederten Aufgabenstruktur, in der die Aufgaben ausführlich zerlegt und jede einzelne Teilaufgabe mit den dazugehörigen Kompetenzen sowie Verantwortlichkeiten den Stellen zugeordnet werden. Dies garantiert die Erfüllung der einzelnen Teilaufgaben zu einem gemeinsamen Ziel zu führen. Hierbei dient die originäre graphische Darstellung als eine Funktion von Analyse und Bewertung der Ständigen Aufbauorganisation zur Unterstützung der Planung bei der Aufgabenverteilung in der Weise, die fachliche Zuständigkeit der Organisationseinheiten zu analysieren und die Ergebnisse den Unternehmensleitern darzustellen. In erster Linie sind die Arbeitsbelastungen der Stellen und deren Kompetenzen sowie Verantwortlichkeiten zu berücksichtigen. Die Kompetenzen und die Verantwortlichkeiten für jede Stelle sollen gleichmäßig sein. Im Fall der Teamarbeit soll die festgelegte Arbeitsbelastung der Stelle (des Mitarbeiters als Stelleninhaber) weniger als 100% sein, da sie noch ein Arbeitsvolumen von der dazugehörigen Höheren Organisationseinheit übernehmen muß, an welcher die fachliche Zuständigkeit definiert ist. Durch die Arbeitsbelastung der Organisationseinheit für die Erfüllung einzelner Aufgaben werden die Aufgaben eingeteilt, damit wird die Wichtigkeit der Aufgaben für jede Organisationseinheit zum Ausdruck gebracht. In der Praxis kommt es auch häufig vor, daß die Aufgabenerfüllung bereichsübergreifend ist, das heißt, daß bestimmte Aufgaben für andere Organisationseinheiten (Projektgruppe, Abteilung usw.) erfüllt werden. In der Definition der fachlichen Zuständigkeit der Organisationseinheit für die Aufgabenerfüllung ist auch zu kontrollieren, ob eine fachliche Führung dauernd oder periodisch bestimmte Ausführungsstellen betreut, oder eine Ausführungsstelle auf zeitliche Dauer immer von einer oder mehreren fachlichen Führungen geführt wird. Der fachliche Führungszusammenhang ist mit Zeitangaben genau zu beschreiben, da es um die fachgerechte und effiziente Aufgabenerfüllung geht und daraus die Synergie zum Ausdruck gebracht wird, d.h. die positive Mitwirkungen aller Beteiligten und hauptsächlich der Erfahrungszusammenschluß der ausgedehnten fachlichen Kenntnisse der Beteiligten. In diesem fachlichen Führungszusammenhang sind auch noch die Team- und Individualführung zu unterscheiden. Die Teamführung weist darauf hin, daß eine Stelle bei der Aufgabenerfüllung von einer Höheren Organisationseinheit (Arbeitsgruppe) statt einer fachlichen Führungsstelle betreut oder geführt werden kann. Zuletzt ist ein gesamter Überblick über die fachliche Zuständigkeit der Höheren Organisationseinheit für die Aufgabenerfüllung zu geben, in welcher die wirklichen Teamarbeiten und die zusammengestellten Individualarbeiten strukturiert eingeordnet werden, um die Unternehmensleiter bei der weiteren Planung zu unterstützen und entscheiden, ob die Aufgaben derzeitiger Individualarbeiten in Teamarbeit gefaßt werden sollen oder nicht.

2. Die Projektorganisation

Unter der originären Analyse und Bewertung der Projektorganisation wird die kontextuelle und strukturierte Zusammenstellung des Projektaufbaus, -ablaufs sowie -stands verstanden. Unter Berücksichtigung der unterschiedlichen Planungen zum Aufbau eines Projektes bzw. zur Abwicklung des Projektes, wofür die Aufbauorganisation des Projektmanagements benötigt und gestaltet werden muß, sollten sie im Sinne der originären graphischen Darstellung parallele und vergleichsweise aufgeführt werden. Die unterschiedlichen Planungen zur Gestaltung einer Aufbauorganisation des Projektmanagements werden auch durch die Versionen bezeichnet. Die Versionen geben die alternativen Gestaltungen und Abläufe eines Projektes oder seiner zerlegten Teilprojekte wieder und beschreiben zugleich die möglichen Durchführungen und Abwicklungen des Projektes. Aufgrund des aktuellen Projektstandes - sei die Abwicklung des Projektes länger - bestehen immer die Forderungen zur Veränderung bzw. zur Verbesserung der zuvor erstellten Pläne, d.h. Umstrukturierung des Projektaufbaus, Umorganisieren des Projektablaufs und anschließend Anpassung des entsprechenden Projektmanagements, um das Projekt unter Einsatz geringster Mittel gezielt, effizient, erfolgreich und vor allem zeitgerecht durchzuführen. Hierfür unterstützt die originäre graphische Darstellung den Prozeß zur Berichterstattung eines Projektes, zum intuitiven Vergleich zwischen den versionierten Gestaltungen der Aufbauorganisation des Projektmanagements und zur Auswahl einer von neuestem Projektstand geforderten Projektorganisation. Dies gibt dem Projektleiter sowie Unternehmensleiter den Überblick und die Auskunft über die laufende und die zu verbessernde Projektorganisationen und vor allem fungiert als ein Hilfsmittel der DV-gestützten interaktiven Echtzeitdarstellung der Projektorganisation und der Berichterstattung des Projektes für das Projektmanagement.

Die Beschreibung einer Projektorganisation und die Erstellung der Berichterstattung des Projektes bilden die wesentlichen Funktionen der originären Analyse und Bewertung der Projektorganisation (die auch als originäre graphische Darstellungen bezeichnet werden) und erleichtern dem Projektleiter und Unternehmensleiter bei der Entscheidung über die Auswahl und die Koordinierung der Projektplanungen bzw. -abläufe. Die Funktionen der originären graphischen Darstellungen der Projektorganisation bilden insofern das Teilfunktionenmodul der originären Analyse und Bewertung der Projektorganisation. Zwischen den Funktionen bestehen die Aufrufbeziehungen, mit denen der Anwender - seinem Zugriffsrecht gemäß - von einer Funktion aus andere Funktionen aufrufen kann. Das Teilfunktionenmodul der originären Analyse und Bewertung der Projektorganisation besteht aus folgenden fünf Funktionen:

- Der Projektaufbau bzw. die Projektstruktur,
- Die Einsatzplanung der Personen (Besetzung der Projektstelle)
- Der Projektablauf,
- Die Einsatzplanung der DV-Systeme für Projektorganisationseinheiten und
- Die fachliche Zuständigkeit sowie Führung.

T1. Der Projektaufbau bzw. die Projektstruktur

In der Regel wird ein Projekt in mehrere Teilprojekte gegliedert, die nach gewissen Prinzipien die Zerlegung und die Zusammenfassung der Projektaufgaben voraussetzen und die Grundelemente des Organisationsaufbaus eines Projektes - oftmalig auch als Projektaufbau bezeichnet - bilden. Die Teilaufgaben des Projektes wird untereinander hierarchisch strukturiert und deren Zusammenhang durch den disziplinarischen Leitungszusammenhang ganzheitlich gehalten. Die gezielte und fachgerechte Erfüllung der Projektaufgaben wird durch den fachlichen Führungszusammenhang gewährleistet. In einem derartigen Projektaufbau ist wichtig, die Kompetenz zu definieren, die auch weiter in Informations- und Linienkompetenz gegliedert wird. Aus dem disziplinarischen Leitungszusammenhang und dem fachlichen Führungszusammenhang können die verschiedenen Projektmanagements, wie z.B. das Einfluß-Projektmanagement, das reine Projektmanagement und das Matrix-Projektmanagement[80], gebildet und dargestellt werden.

Beim Projektaufbau ist zu berücksichtigen, daß die Projektorganisation so klein wie möglich gehalten wird und zugleich die wichtigen Managementfunktionen nicht vernachlässigt werden sollen. Der Aufbau der Projektorganisation setzt die Analyse und Synthese der Projektaufgaben voraus und ergibt sich aus der Bildung der Projektstruktur, bei der es sich um die Zusammenfassung mehrerer Projekte in ein großes Projekt oder die Zerlegung eines Projektes in mehrere Teilprojekte handelt. Die Projektaufgabe ist in Einzelfunktionen aufzugliedern, die wiederum eine in sich geschlossene Aufgabe darstellen, einer entsprechenden Projektstelle zugeordnet werden und bei der Stellenbesetzung die fachlichen Anforderungen an die Stelleninhaber stellen. Darum verbindet jede Projektstelle entsprechende Kompetenzen, die sich aus den auf der

---

[80] Grochla: Projektmanagement - Organisatorische Gestaltungsmöglichkeiten, ZfU-Managementseminar. S.4. 1980.

Stelle definierten Projektaufgaben ergeben und sich als Verantwortungen auf den Stelleninhaber übertragen lassen. Der disziplinarische Leitungszusammenhang ist grundsätzlich so zu verstehen und so gebildet, daß jede Projektorganisationseinheit (Projektgruppe, Lenkungsausschuß, Projektstelle usw.) nur einer Höheren Projektorganisationseinheit unterstellt und normalerweise mehreren Projektorganisationseinheiten übergeordnet werden darf. Dabei wird auch eine Projektleitungsstelle einer Höheren Projektorganisationseinheit zugeordnet. Eine derartige Beschreibung und Darstellung ist eine der wesentlichen Funktionen der originären graphischen Darstellung, die allerdings zur Analyse der Projektstruktur gebraucht wird.

Die weitere Beschreibung der Projektorganisation ist auch wichtig und sogar hilfreich, um dem Unternehmensleiter und Projektleiter die vollständigen Informationen über ein Projekt sowie die Projektaufbaustruktur anzubieten und dabei das Projektmanagement zu unterstützen. Die dazu beigetragenen Beschreibungen beziehen sich auf Projektorganisationseinheit, Projektstelleninhaber und die Stellvertretung. Die Projektorganisationseinheit soll durch das räumliche Merkmal gekennzeichnet werden, wobei die räumlichen Verteilungen der Projektorganisationseinheiten für ein Projekt ausgewertet werden können. Ein Projekt kann aber auch über ein Unternehmen hinausgehen, d.h. ein Projekt kann mehrere Unternehmen betreffen. Für die Abwicklung des Projektes sind die Merkmale der räumlichen Verteilung der Projektorganisationseinheiten bei der Planung wie auch bei der Kontrolle zu berücksichtigen. Hierbei lassen sich bereichsbezogene und bereichsübergreifende Projekte unterscheiden[81].

T2. Die Einsatzplanung der Personen (Besetzung der Projektstellen)

Die Erstellung und Realisierung einer funktionsfähigen Projektorganisation ist ein erster und wichtiger Schritt für die effiziente Projektabwicklung. Genau so wichtig ist aber auch die qualifizierte personelle Besetzung der Projektstelle. Dafür muß eine durchdachte Einsatzplanung der Personen vor und während der Projektabwicklung aufgestellt werden. Hier handelt es sich um die sorgfältige Auswahl der richtigen Personen, die in Führungskräfte und Ausführende aufgegliedert werden. Bei der Besetzung der Projektstelle, insbesondere Führungsstelle, ist große Sorgfalt erforderlich. Hierbei sollen fachliche Kompetenz, praktische Erfahrung und persönliche Fähigkeit zur Teamarbeit erwägt werden. Die ausgewählten qualifizierten Personen können aus dem eigenen (intern) oder einem fremden (extern) Unternehmen rekrutiert werden, wie z.B. Berater oder Technische Supporter aus Dienstleistungsunternehmen. Im Gegensatz zu der Ständigen Aufbauorganisation wird die Besetzung der Projektstelle durch die zeitliche Abgrenzung charakterisiert. Dabei ist zu analysieren und zu überwachen, ob eine mehrfache Besetzung der Projektstelle vorliegt. Der Überblick über die Eignungen der Personen, die Eigenschaften der Projektstellen und das harmonische Zusammenspiel sowie die Koordinationsanforderung zwischen Projektstellen ist der Projektleitung gegeben. Aus kompletten Beschreibungen der Projektorganisation wird auch die Organisationsform zum Projektmanagement aufgeführt.

T3. Der Projektablauf

Im Grunde ist der Projektablauf ein Prozeß zur Verwirklichung der Pläne und zur Abwicklung der Projekte. Er stellt auch immer öfter die Anforderungen für Änderun-

---

[81] Bühner: Betriebswirtschaftliche Organisationslehre. S.161. 1989.

gen der entsprechenden Projektorganisation und erfordert eine neue Planung der Projektabwicklung, wie z.B. Verlängerung oder Verkürzung der Durchführung der Projekte, Veränderung der Abwicklungsreihenfolge der Projekte, notwendige Umstrukturierung der Projektorganisation und eventuelle Umbesetzung der geeigneten und qualifizierten Fachkräfte auf Projektleitungs- oder -ausführungsstellen.

Die Analyse und Bewertung der Projektabläufe ist hier gleichbedeutend mit der graphischen Darstellung der Terminplanung der Einzelteilprojekte, deren Abwicklungsreihenfolge, deren Abwicklungsstandes und nicht zuletzt der Einsatzplanung der DV-Systeme für Projektorganisationseinheiten. Die Terminplanung der Einzelteilprojekte ist ein essentieller Schritt der gesamten Projektabwicklung und dient zur Projektsteuerung, da bei gründlicher Planung die zeitlich nacheinander abgewickelten Teilprojekte festgelegt und die zeitlich aufeinander abgestimmten Teilprojekte übersichtlich dargestellt und kontrollfähig zusammengefaßt sind. Sie bildet außerdem das Fundament für eine detaillierte Einsatzplanung der DV-Systeme für Projektorganisationseinheiten im Sinne der DV-gestützten Projektabwicklung. Die Abwicklungsreihenfolge der Teilprojekte heißt auch Ablaufplanung des Projektes. Durch die Terminplanung wird auch die zeitliche Reihenfolge zur Durchführung der Einzelteilprojekte abgestimmt. Dabei ist es auch sinnvoll, einen übersichtlichen Balkengraph in der originären graphischen Darstellung des gesamten Projektablaufs zu erstellen. Ferner kann die originäre graphische Darstellung auch auf ein Einzelteilprojekt ausgerichtet werden, um die Koordination zwischen ihm und den Einzelteilprojekten zu analysieren. Hierbei unterscheidet man die informationsaustauschlose und -begleitende Abwicklung zwischen den Einzelteilprojekten. Der Informationsaustausch zwischen Einzelteilprojekten legt den Kooperationsbedarf fest und spielt eine wichtige Rolle bei der Abwicklung des gesamten Projektes. Hinsichtlich der informationsaustauschbegleitenden Abwicklung und Terminplanung werden diese Einzelteilprojekte sequentiell oder parallel durchgeführt. Der Informationsaustausch zwischen Einzelteilprojekten differenziert sich in Lieferung, Annahme und Kommunikation. Daraus ergeben sich auch verschiedene Kooperationsweisen bei der Durchführung der Einzelteilprojekte:

- ein Teilprojekt benötigt nur die Informationen von anderen Teilprojekten,
- ein Teilprojekt liefert die benötigten Informationen an andere Teilprojekte und
- die Teilprojekte tauschen die Informationen miteinander in Form von Hand-Shake oder Senden-Empfangen aus.

Hier wird die von der Informationsaustauschsart abhängige Kooperation zwischen Einzelteilprojekten durch den Balkengraph mit den detaillierten Beschreibungen sowie den definierten Informationskompetenzen graphisch dargestellt. Dieses Instrument soll dem Unternehmensleiter und Projektleiter dabei helfen, die Termin- und Ablaufplanung des Projektes bedarfsweise leichter zu revidieren und den darauffolgenden Aufwand annähernd abzuschätzen.

T4. Die Einsatzplanung der DV-Systeme für Projektorganisationseinheiten

Bei der Projektabwicklung bringt die Systemkonfiguration der Organisation große Vorteile. Sie ist ein effizientes Mittel zum Zweck des Managements und der Abwicklung des Projektes. Die DV-gestützte Projektabwicklung erbringt höhere Leistung, erleichtert das Projektmanagement und reduziert den Kontrollaufwand. Hierfür sollte die Ausstattung jedoch auch auf natürlicher Weise im Sinne der Analyse und Bewertung der Projektabwicklung dargestellt werden, um teils anzugeben, ob Projektstellen bei der Ausführung der Projektaufgaben durch DV-Systeme gestützt werden, und anderteils darauf hinzuweisen, wenn Projektstellen nicht DV-gestützt sind und dennoch unter Berücksichtigung des Zusammenspiels mit den DV-gestützten Projektstellen und der leistungsfähigen Projektabwicklung mit den DV-Systemen ausgestattet werden sollten. Die Einsatzplanung der DV-Systeme steht auch gleichermaßen im Vordergrund des Geschehens und sollte jedoch wie Termin- und Ablaufplanung in die Analyse und Bewertung einbezogen und graphisch dargestellt werden. In gewissem Maße gibt eine derartige graphisch dargestellte Einsatzplanung der DV-Systeme für Projektorganisationseinheiten auch den Automatisierungsgrad der Projektabwicklung wieder. Insofern kann sie einerseits als die Grundlage zur Bewertung des Automatisierungsgrades der Projektabwicklung und andererseits als der benötigte und komprimierte Beschaffungsplan der DV-Systeme für die Projektabwicklung gelten, welcher von der effizienten Projektabwicklung angefordert wird. Die Einsatzplanung der DV-Systeme hat folgende Elemente zum Inhalt:

- Software,
- Hardware,
- erforderliche Voraussetzungen zum Betrieb der Software
- Konfigurationsplan der Hardware und
- Vernetzungsmöglichkeit.

Die Einsatzplanung der DV-Systeme ist zu dem Zweck erstellt worden, eine Zusammenstellung der Anforderungen der leistungsfähigen und automatisierten Projektabwicklung, d.h. DV-gestüzter Erfüllung der Projektaufgaben, zu beinhalten. Die Erfüllung der Projektaufgaben wird durch die Definition der fachlichen Zuständigkeit der Projektstelle und -gruppe klar und eindeutig festgelegt. Aus der Zuständigkeit geht auch die Verantwortlichkeit und die Vollmacht der beteiligten Projektorganisationseinheiten (Lenkungsausschuß, Projektgruppe, Projektstelle usw.) deutlich hervor. Ein Projekt kann nur erfolgreich und reibungslos abgewickelt werden, wenn die Zuständigkeiten, die Verantwortlichkeiten und die Vollmachten der Projektorganisationseinheiten für die Erfüllung der Projektaufgaben zuerst sachgerecht und klar definiert sind und nicht zuletzt die Managementfunktion zur Kontrolle der Projektabwicklung zielstrebig durchgeführt wird. Diese Managementfunktion ist hier ein Bestandteil der Analyse und Bewertung der Projektorganisation und soll durch DV-Systeme unterstützt werden.

T5. Die fachliche Zuständigkeit sowie Führung

Die projektbezogene fachliche Zuständigkeit läßt sich auch (wie in Ständiger Aufbauorganisation) von zwei Aussichten auffassen, die Zuständigkeit der Projektstelle und die der Höheren Projektorganisationseinheit. Hier ist ebenfalls zu unterscheiden, ob ein Gesamt- oder Teilprojekt durch eine Teamarbeit oder Individualarbeiten abgewickelt werden soll oder kann. Die Teamarbeit kann der Aufgabenstruktur und dem Projektbedarf zufolge die Führungsaufgaben oder die Ausführungsaufgaben oder die Kombination beider umfassen. In erster Linie handelt es sich hierbei um die flexible sowie effiziente Aufgabenverteilung und -durchführung innerhalb einer Arbeitsgruppe. Die Unterschiede zwischen der fachlichen Zuständigkeit sowie Führung einer Projektorganisationseinheit und einer Ständigen Organisationseinheit liegen lediglich in den Zeitangaben und in der Einstellung der Leiter. Es ist notwendig, die Führungskraft mit Integrationsfähigkeit von Fachbereichen und Führungseigenschaften sowie ausgewogenen Sachkenntnissen von technischen, wirtschaftlichen und administrativen Bereichen für die oberste Projektleitung des Gesamtprojektes auszuwählen. Die fachliche Zuständigkeit jeder Projektorganisationseinheit und der fachliche Führungszusammenhang zwischen den Projektorganisationseinheiten werden immer mit Zeitangaben (Anfangs- und Enddatum) genau beschrieben. Hierbei handelt es sich um die unverzügliche und fachgerechte Erfüllung der Projektaufgaben, die positive Mitwirkung aller Beteiligten und vorwiegend um das Genießen der ausgedehnten fachlichen Kenntnisse der Beteiligten zur effizienten Erfüllung der Projektaufgaben. Der fachliche Führungszusammenhang soll sich für die termin- und fachgerechte Abwicklung eines Projektes entscheiden und den Projekterfolg gewährleisten. Hierbei trägt die originäre graphische Darstellung als eine Funktion der Analyse und Bewertung der Projektabwicklung zur Unterstützung der Planung der Projektabwicklung in der Weise bei, daß sie die projektbezogene fachliche Zuständigkeit und der dafür benötigte fachliche Führungszusammenhang analysiert und die Ergebnisse den Projektleitern als Kontrollprämissen graphisch darstellt.

3. Die Ablauforganisation

In der originären Analyse und Bewertung der Ablauforganisation werden eigentlich die Daten der Ablauforganisation, welche durch das Teilfunktionenmodul der „Datenverwaltung"[82] der Ablauforganisation verarbeitet werden, in ihrem organisatorischen Zusammenhang übersichtlich zusammengestellt und mit Schaubildern verdeutlicht. So wird sie hier auch als originäre graphische und tabellarische Darstellung der Ablauforganisation bezeichnet. Dabei handelt es sich auch um die versionierten Gestaltungen der Ablauforganisation. Die originäre graphische Darstellung der Ablauforganisation stellt in der Tat die analysierten bzw. bewerteten Ergebnisse dar, die sich nach bestimmten Kriterien ergeben sollen. Auf der Basis der dargestellten Ergebnisse kann der Anwender (Unternehmensleiter oder Geschäftsführer) die versionierten Gestaltungen der Ablauforganisation daraufhin miteinander intuitiv vergleichen, ob die laufende Ablauforganisation verbessert werden soll oder die geplante Gestaltung der Ablauforganisation zur laufenden Ablauforganisation beitragen kann. Der Entscheidung, die bei der Planung und Entwicklung zur Gestaltung der Ablauforganisation benötigt wird, liegen einerseits umfassenden Informationen und andererseits fundierte fachliche Kenntnisse zugrunde. Der Anwender kann beim Vergleich oder bei der Entscheidung die versionierten Gestaltungen der Ablauforganisation miteinander abwägen und mit eigenen Erfahrungen und fachlichen Kenntnissen beurteilen. Darüber hinaus ist diese originäre graphische Darstellung der Ablauforganisation als die echtzeitige Berichterstattung vorzusehen. Insofern wird der Managementprozeß der Planung und Entwicklung der Ablauforganisation bei der Delegation deutlich unterstützt.

Die Beschreibung der Ablauforganisation und die Erstellung der Berichterstattung sowie der Entscheidungsunterlagen drücken somit die Kontrollfunktion aus, mit der der Unternehmensleiter ständig seine Ablauforganisation überwachen bzw. beherrschen und sie immer weiter verbessern soll. Die originäre Analyse und Bewertung der Ablauforganisation ist hierbei durch das Teilfunktionenmodul der Ablauforganisation ausgezeichnet, welches aus einer Reihe der Funktionen zur Analyse und Bewertung (wie auch zur Darstellung) der Ablauforganisation besteht. Jede Funktion verkörpert

---

[82] S.h. den Abschnitt: 5.I.B.3. Organisationsplanung durch Menüsteuerung (Die Ablauforganisation)

eine Managementfunktion, die bei der Gestaltung der Ablauforganisation von Unternehmensleiter oder Geschäftsführer ausgeübt werden soll. Zur Realisierung dieser Funktionen werden grundsätzlich die Aufrufbeziehungen zwischen den Funktionen im Hinblick auf ihren organisatorischen Zusammenhang berücksichtigt und festgelegt. Die Funktionen zur Unterstützung der originären Analyse und Bewertung der Ablauforganisation lassen sich aus folgenden Aspekten spezifizieren und realisieren:

* Die Aufgaben und die Aufgabenstruktur,
* Die Arbeitsobjekte und die Arbeitsobjektstruktur,
* Der Zusammenhang zwischen den Aufgaben und den Arbeitsobjekten und
* Die DV-gestützte Aufgabenerfüllung und der Aufgabenträger.

T1. Die Aufgaben und die Aufgabenstruktur

Die Aufgaben bilden das Kernstück der Ablauforganisation. Im Prinzip kennzeichnen sie die Sachziele eines Unternehmens oder dessen Fachbereiche. Jeder Fachbereich in einem Unternehmen wird auch durch die Aufgaben bestimmt, deren Realisierung im allgemeinen die Geschäfts- oder Produktionsprozesse verkörpert. Neben den ständig zu erfüllenden Aufgaben werden die Projekte häufig durchgeführt, die stets das Ziel der Förderung der Produkt- oder Prozeßinnovationen verfolgen. Daraus ergeben sich die Aufgaben, die in einer bestimmten Zeit erfüllt werden sollen. Solche unterschiedlichen Arten von Aufgaben müssen auch bei der originären Analyse und Bewertung klargelegt und graphisch dargestellt werden. Es ist auch erforderlich, daß die Analyse und Bewertung der Aufgaben auf der Aggregations- und Disaggregationsebene durchgeführt wird. Die Aggregation sowie die Disaggregation der Aufgaben stellt eigentlich ein Top-Down-Vorgehen zur Betrachtung der Aufgaben dar und ergibt sich aus der Aufgabenanalyse bzw. -synthese. Sie wird hier durch die Aufgabenstruktur wiedergegeben, in der die Aufgaben auf mehreren Ebenen aggregiert bzw. disaggregiert werden können. Die Aggregation bzw. Disaggregation der Aufgaben soll dabei unter der fakultativen und obligatorischen Struktur berücksichtigt werden.

Zur Erfüllung der Aufgaben wird die Ausführungsbestimmung benötigt. Aus der Sicht der Aufbauorganisation wird die Kompetenz der zuständigen Organisationseinheiten für die Aufgabenerfüllung durch die Ausführungsbestimmung definiert und abgegrenzt. So werden hierfür auch die zuständigen Organisationseinheiten (Höhere Organisationseinheiten oder Stellen) berücksichtigt und analysiert bzw. bewertet. Dadurch ist erkennbar, ob eine Aufgabe in einer oder mehreren Organisationseinheiten erfüllt wird. Aus der Sicht der Ablauforganisation sind die Aufgaben weiter durch die Ausführungsbestimmung gekennzeichnet, so daß die Variation zur Erfüllung der Aufgaben wiedergegeben wird. Darunter kann auch eine weitere Zerlegung der Aufgaben verstanden werden. So können die Aufgaben, die mit gewissen Ausführungsbestimmungen verknüpft sind, auch als aggregierte Aufgaben betrachtet werden.

Aus der Aufgabenerfüllung ist grundsätzlich die Reihenfolge zu analysieren, in der die Aufgaben sequentiell oder parallel erfüllt werden sollen. Durch diese Reihenfolge wird einerseits der Zusammenhang zwischen den Aufgaben gebildet, welcher weiter in verschiedene Arten gegliedert werden soll, und andererseits stellt diese Reihenfolge zugleich den gesamten Ablauf der Arbeitsprozesse (Produktions- oder Geschäftsprozesse) eines Unternehmens oder dessen Fachbereiche dar. Die Arten des Zusammenhangs zwischen den Aufgaben lassen sich durch sequentielle und parallele Erfüllung der Aufgaben kennzeichnen. Aus der sequentiellen Erfüllung der Aufgaben sind die

Vorgänger- und Nachfolgeraufgaben zu unterscheiden, zwischen denen folgende Gegebenheiten entstehen können:

- *Alternative Erfüllung*: sie drückt aus, daß mehrere mögliche Nachfolgeraufgaben nach der Erfüllung der Vorgängeraufgabe erfüllt werden können, oder umgekehrt.
- *Bedingte Erfüllung* heißt, daß die Erfüllung der Nachfolgeraufgaben von den Ergebnissen der Erfüllung der Vorgängeraufgaben abhängt.
- *Zwingende Erfüllung* steht im Gegensatz zur Alternativen und Bedingten Erfüllung. Sie bezeichnet eine wahllose und unbedingte Erfüllung der Nachfolgeraufgaben nach der Erfüllung der Vorgängeraufgaben.

In der parallelen Erfüllung der Aufgaben sind ferner die *Totale* und *Partielle* Parallelität zur Erfüllung der Aufgaben zu unterscheiden, wobei sich auch die *Bedingte* oder *Zwingende* Parallelität bei der Erfüllung der Aufgaben ergeben kann.

T2. Die Arbeitsobjekte und die Arbeitsobjektstruktur

Die Arbeitsobjekte sind das Pendant der Aufgaben bzw. der Aufgabenerfüllung. Sie werden bei der Aufgabenerfüllung ver-/gebraucht oder erzeugt. Die Stellenbildung kann auch arbeitsobjektbezogen durchgeführt werden. Hierzu muß die Aufgabenanalyse nach Arbeitsobjekten untersucht werden, wobei die Arbeitsobjekte zu diesem Zweck strukturiert analysiert werden sollen. Zur Analyse und Bewertung der Arbeitsobjekte können sie ebenfalls auf der Aggregations- oder Disaggregationsebene durchgeführt werden. Dabei sind auch die fakultative und die obligatorische Aggregation der einzelnen Arbeitsobjekte zu beachten. Darüber hinaus werden die Arbeitsobjekte hier im allgemeinen nach ihrer Sorte, die ad hoc Informations- oder Materialcharakter haben können, analysiert bzw. bewertet.

Aus der Erfüllung der Aufgaben wird der Zusammenhang zwischen den Arbeitsobjekten festgelegt, welcher letztlich die Input-Output-Beziehung der Arbeitsobjekte bezüglich ihrer Aufgaben zum Ausdruck bringt. Aus der Input-Output-Beziehung ist deutlich zu erkennen, welche Arbeitsobjekte ver-/gebraucht werden müssen, um die anderen Arbeitsobjekte zu erzeugen. Dieser Zusammenhang zwischen den ver-/gebrauchten und erzeugten Arbeitsobjekten im Hinblick auf die Aufgabenerfüllung kann auch weiterführend verdeutlicht werden:

- *Variierender Einsatz* bedeutet, daß es mehrere Kombinationen von den Arbeitsobjekten geben kann, um die anderen Arbeitsobjekten zu erzeugen oder herzustellen.
- *Konstante Beziehung* ist eigentlich das Pendant zum Variierenden Einsatz und stellt eine feste Relation zwischen ver-/gebrauchten und erzeugten Arbeitsobjekten dar.
- *Bedingte Erzeugung* gibt an, daß verschiedene oder mehrere Arbeitsobjekte unter dem Einsatz gleicher Arbeitsobjekte erzeugt werden können, falls die Bedingungen bei der Erfüllung der entsprechenden Aufgabe unterschiedlich sind.

Durch eine derartige Analyse und Bewertung der Input-Output-Beziehung der Arbeitsobjekte wird ein gesamtes Material- bzw. Informationsflußnetz erstellt. Aus dem Material- bzw. Informationsflußnetz ist deutlich festzustellen, welche Arbeitsobjekte ver-/gebraucht werden können, um die anderen Arbeitsobjekte zu erzeugen. Die Darstellung dieses Material- bzw. Informationsflußnetzes wird insofern auch vom Anwender spezifiziert. Es können auch einzelne Abschnitte vom Material- bzw. Informationsnetz eines Unternehmens oder eines Fachbereichs aufgeführt werden.

Die Arbeitsobjekte werden von den Organisationseinheiten ver-/gebraucht oder erzeugt. Dadurch sind die Arbeitsobjekte im Hinblick auf die fachliche Zuständigkeit mit den Organisationseinheiten verknüpft. Aus dieser Auswertung wird die Information gewonnen, ob ein Arbeitsobjekt in einer oder mehreren Organisationseinheiten ver-/gebraucht bzw. erzeugt wird. So läßt sich erwägen, ob einige Arbeitsobjekte nur in bestimmten Organisationseinheiten ver-/gebraucht bzw. erzeugt werden sollen. Natürlich setzt diese Entscheidung grundsätzlich organisatorische, wirtschaftliche und informationstechnische Überlegungen voraus. Vor allem bewirkt sie die erneute Aufgabenanalyse bzw. -synthese und fachliche Zuständigkeit der Organisationseinheiten für die Aufgabenerfüllung.

T3. Der Zusammenhang zwischen den Aufgaben und den Arbeitsobjekten

Der Darstellung der Reihenfolge zur Erfüllung der Aufgaben, welche als Ganzes ein Kommunikationsnetz auf der Ebene der Aufgaben (Vorgangsnetz) zum Ausdruck bringt, und der Darstellung des Material- bzw. Informationsflußnetzes hinsichtlich der Arbeitsobjekte liegt im Grunde das Input-Output-Verhalten der Aufgabenerfüllung zugrunde. Durch das Input-Output-Verhalten der Aufgabenerfüllung werden die Aufgaben und die Arbeitsobjekte miteinander verbunden, wobei die Arbeitsobjekte durch die Erfüllung bestimmter Aufgaben ver-/gebraucht oder erzeugt werden und weiterhin die Input-Output-Beziehung zwischen den Arbeitsobjekten festgelegt werden soll. Das Input-Output-Verhalten der Aufgabenerfüllung kann bezüglich Aggregation und Disaggregation der Aufgaben und der Arbeitsobjekte analysiert und ausgewertet werden. Aus der Sicht der Aggregation können die ver-/gebrauchten (aggregierten) Arbeitsobjekte nach der Verarbeitung bzw. der Erfüllung der Aufgaben unverändert wieder erzeugt werden, aber die ihr zugehörigen disaggregierten Arbeitsobjekte können dadurch geändert werden, das heißt, daß ein disaggregiertes Arbeitsobjekt während der Verarbeitung von diesem aggregierten Arbeitsobjekt verbraucht/entzogen oder neu hinzugefügt/erzeugt werden kann. Diese detaillierte Änderung wird aus der disaggregierten Sicht deutlich. Die Analyse und Auswertung des Input-Output-Verhaltens der Aufgabenerfüllung aus diesen zwei Sichten bildet die Grundlage für eine integrierte Betrachtung zur Analyse und Synthese der Aufgaben und gleichzeitig der Arbeitsobjekte im Hinblick auf die Aufbau- und Ablauforganisation.

Zur Analyse und Auswertung des Input-Output-Verhaltens der Aufgabenerfüllung sind zugleich mögliche Verknüpfungen, die die Input-Output-Beziehung der Arbeitsobjekte bezüglich bestimmter Aufgaben festlegen sollen, zu verdeutlichen und darzustellen. Darunter wird verstanden, daß die unterschiedlichen Arbeitsobjekte bei der Erfüllung einer Aufgabe - sei sie aggregiert oder disaggregiert - ver-/gebraucht werden können und dadurch die entsprechenden Arbeitsobjekte erzeugt werden können. Aus der aufgabenbezogenen Betrachtung, z.B. unter Berücksichtigung der Erfüllung einer gleichen Aufgabe, werden diese Verknüpfungen zwischen den Arbeitsobjekten durch folgende Fälle dargestellt:

- Ein Arbeitsobjekt kann alternativ für die Erzeugung der verschiedenen Arbeitsobjekte ver-/gebraucht werden.

- Die verschiedenen Arbeitsobjekte können alternativ für die Erzeugung eines Arbeitsobjektes ver-/gebraucht werden.

- Durch die unterschiedlichen Kombinationen der ver-/gebrauchten Arbeitsobjekte werden auch unterschiedliche Arbeitsobjekte erzeugt.

Aus der arbeitsobjektbezogenen Betrachtung, z.B. unter Berücksichtigung des Ver-/Gebrauchs und der Erzeugung eines Arbeitsobjektes, werden auch die Verknüpfungen zwischen den Aufgaben beschrieben:

- Das Arbeitsobjekt wird durch die Erfüllung einer Aufgabe (Output-Aufgabe) erzeugt und kann weiter bei der Erfüllung einer oder mehrerer Aufgaben (Input-Aufgaben) ver-/gebraucht werden.

- Das Arbeitsobjekt kann durch die Erfüllung mehrerer Aufgaben (Output-Aufgaben) erzeugt werden, wird aber bei der Erfüllung nur einer Aufgabe (Input-Aufgabe) ver-/gebraucht.

- Das Arbeitsobjekt wird durch die Erfüllung mehrerer Aufgaben (Output-Aufgaben) erzeugt und zugleich auch durch die Erfüllung weiterer Aufgaben (Input-Aufgaben) ver-/gebraucht.

T4. Die DV-gestützte Aufgabenerfüllung und der Aufgabenträger

Die Erfüllung der Aufgaben kann manuell oder automatisch erfolgen. Diese zwei Arten der Aufgabenerfüllung werden auch ausgewertet und dargestellt. Während die manuelle Erfüllung der Aufgaben sich auf den Aufgabenträger der Personen bezieht, bringt die automatische Erfüllung der Aufgaben die DV-Systeme zum Ausdruck, die vor allem die Anwendungssysteme und die benötigten Datenbestände (zum Speichern der Arbeitsobjekte von Informationssorte) repräsentieren. Zur Analyse und Auswertung der DV-gestützten Aufgabenerfüllung sind hierbei drei Fälle zu unterscheiden:

- Vollautomatisierte Aufgabenerfüllung kennzeichnet in der Regel die leistungsfähige Erfüllung der Aufgaben durch den Einsatz der DV-Systeme bzw. der Anwendungssysteme, die den Aufgabenträger repräsentieren sollen.

- Teilautomatisierte Aufgabenerfüllung bedeutet, daß die Funktionalität der eingesetzten DV-Systeme die organisatorischen Anforderungen bei der Aufgabenerfüllung nicht voll und ganz abdecken können. So wird der Aufgabenträger dafür durch die Personen und DV-Systeme gemeinsam repräsentiert.

- Manuelle Aufgabenerfüllung stellt den Aufgabenträger der Personen dar.

Aus den zwei Arten der Aufgabenerfüllung - manuell und (voll- und teil-) automatisch - sind auch entsprechend zwei Arten zum Speichern der Arbeitsobjekte zu unterscheiden: manuell und DV-gestützt. Die DV-gestützten Arbeitsobjekte sind grundsätzlich durch die Datenbestände (Datenbank oder Datei), die von Anwendungssystemen verarbeitet werden, in den DV-Systemen gekennzeichnet. Sie können auch teils oder total in den DV-Systemen (z.B. in den Datenbanken) aufbewahrt und fortgeschrieben werden. Nebst Betrachtung der DV-gestützten Aufgabenerfüllung kennzeichnen die (teils oder total) DV-gestützten Arbeitsobjekte den Automatisierungsgrad bzw. die leistungsfähige Aufgabenerfüllung in den Organisationseinheiten. Die originäre Analyse und Bewertung der DV-gestützten Aufgabenerfüllung dient hauptsächlich zum einen dazu, daß die eingesetzten DV-Systeme (Anwendungssysteme) in dem Unternehmen oder einem Fachbereich deutlich klargelegt werden sollen, und zum anderen bildet die Grundlage für Entscheidungen, ob die noch manuell und teilautomatisiert zu erfüllenden Aufgaben sowie die dadurch ver-/gebrauchten bzw. erzeugten Arbeitsobjekte unter Berücksichtigung der automatisierten Erfüllung der Aufgaben sowie der Input-Output-Beziehung zwischen den ver-/gebrauchten und erzeugten Arbeitsobjekten DV-gestützt sein sollen.

4. Die Systemkonfiguration

In der originären Analyse und Bewertung der Systemkonfiguration werden vor allem die eingesetzten DV-Systeme sowie die Einsatzplanungen der Systemkonfiguration miteinander verglichen und dargestellt. So kann die originäre Analyse und Bewertung der Systemkonfiguration ebenfalls als eine originäre graphische Darstellung der versionierten Gestaltungen der Systemkonfiguration benannt werden. Die Systemkonfigurationsdaten werden im Hinblick auf die organisatorischen wie auch informationstechnischen Zusammenhänge zusammengestellt und graphisch sowie tabellarisch dargestellt. Mit der Bezeichnung der Version der Systemkonfiguration können die unterschiedlichen Planungen und der Ist-Zustand der Systemkonfiguration parallel aufgeführt werden. Daraus ergibt sich in der originären graphischen Darstellung der Systemkonfiguration ein Überblick über die existierende und die eingeplante Gestaltung der Systemkonfigurationen und nicht zuletzt die Unterschiede zwischen ihnen. Sie unterstützt den Unternehmensleiter bei der echtzeitigen Berichterstattung der unterschiedlich versionierten Gestaltungen der Systemkonfiguration, welche Ist-Zustand und alternative Planungen der Systemkonfiguration umfassen. Dabei wird auch die intuitive Abwägung zwischen den versionierten Gestaltungen der Systemkonfiguration ermöglicht. So wird die Verbesserung und die Auswahl einer gegenwärtigen bzw. zukünftigen Gestaltungsmöglichkeit der Systemkonfiguration erleichtert, in welcher die Fähigkeiten der Mitarbeiter berücksichtigt werden und insbesondere die organisatorischen sowie informationstechnischen Anforderungen erfüllt werden sollen. Die originäre graphische Darstellung der Systemkonfiguration besitzt die Eigenschaft der menschlich-maschinellen interaktiven Echtzeitdarstellung der Systemkonfiguration und deren Berichterstattung. Die Systemkonfigurationsdaten können auch insofern jederzeit nach den Wünschen des Anwenders (Unternehmensleiters) gezeigt werden.

Die originäre graphische Darstellung der Systemkonfiguration gilt als erster Schritt der komplexen Analyse und Bewertung der Systemkonfiguration, in welcher die derivative graphische Darstellung der Systemkonfiguration umschlossen wird. Diese zwei Funktionen setzen auch unterschiedliche Schwerpunkte in der qualitativen bzw. quantitativen Analyse und Bewertung der Systemkonfiguration und unterstützen das Management bei der Planung und Entwicklung der Systemkonfiguration. Die originäre graphische Darstellung der Systemkonfiguration ist auch als Teilfunktionenmodul zu definieren. In diesem Teilfunktionenmodul ist eine Reihe von Funktionen zu realisieren bzw. zu implementieren. Zwischen diesen Funktionen bestehen Aufrufbeziehungen, mit denen der Anwender von einer Funktion aus seinem Zugriffsrecht zufolge die anderen Funktionen aufrufen kann. Die Bildung des Teilfunktionenmoduls der originären Analyse und Bewertung der Systemkonfiguration und die Gliederung der einzelnen Funktionen lassen sich durch folgende Aspekte kennzeichnen:

- Die DV-Systeme und ihre Strukturbildung,
- Die Netze und die daran angeschlossene Hardware,
- Die Hardware und ihre Konfiguration,
- Die Software und ihre notwendigen Voraussetzungen,
- Die DV-gestützten Arbeitsplätze für die Aufgabenerfüllung.

T1. Die DV-Systeme und ihre Strukturbildung

Die allgemeinen technischen Beschreibungen der DV-Systeme geben einen gesamten Überblick über die DV-Systeme, die in einem Unternehmen sowohl bereits eingesetzt als auch für die Zukunft geplant sind. Die Beschreibungen der DV-Systeme werden nicht nur nach der Art der DV-Systeme, sondern auch bezüglich ihrer Version (Ist-Zustand oder eine Planung) aufgeteilt. Die Aufteilung der DV-Systeme erfolgt nach Software, Hardware und begrifflich gebildeten DV-Systemen. Weiterhin ist die Software als Basissoftware, Anwendungssoftware und Datenbestände zu sehen. Aber unter der Hardware ist eine Menge von denjenigen gegenständlichen elektronischen und mechanischen Komponenten zu verstehen, die hier grundsätzlich Netz, Hardwaresystem, Schnittstelle, Datenträger, Ein-/Ausgabegeräte (Bildschirm, Drucker usw.) und Sonstiges repräsentieren. Die begrifflich gebildeten DV-Systeme spiegeln in einem Unternehmen in der Regel die informationstechnischen und organisatorischen Überlegungen wider. Sie besitzen die Aufbaustruktur, in der eine Menge von Untersystemen einem Obersystem zugeordnet wird. So können in einer Familie im Hinblick auf die organisatorische Zweckmäßigkeit bestimmte DV-Systeme (Hardware oder Software) als Untersysteme zusammengefaßt werden. Eine Klasse verkörpert eine Menge der DV-Systeme, die gleiche Eigenschaften und Funktionalitäten besitzen sollen. Die Versionsfolge der Software bezeichnet die Entwicklung einer Software, deren Funktionalität erweitert und verbessert wird. Durch die begrifflichen DV-Systeme gewinnt man einen klaren und systematischen Überblick über die gegenständlichen DV-Systeme und den Zusammenhang zwischen ihnen. Außerdem ergibt eine allgemeine Aufbaustruktur der DV-Systeme die vereinfachte Konstruktion, z.B. die Konfiguration der DV-Systeme, in der die Untersysteme als erforderliche Bestandteile des Obersystems gelten. Normalerweise repräsentiert ein derartiges Obersystem eine Baugruppe oder ein Trägersystem, auf dem bestimmte Software getragen werden kann bzw. ablauffähig ist. Der Zusammenhang zwischen Untersystemen in einer Struktur ist auch expliziert dargestellt: Sie sind entweder fakultativ oder obligatorisch miteinander zusammengefaßt, um ihr Obersystem zu charakterisieren. Die Untersysteme können wiederum auch begriffliche DV-Systeme (Familie, Klasse oder Versionsfolge) sein. Somit sind die strukturbehafteten DV-Systeme schwerpunktmäßig zu analysieren und zu überwachen, ob derartige Strukturbildungen unter informationstechnischen und organisatorischen Berücksichtigungen sinnvoll sind. In den Beschreibungen der DV-Systeme verbirgt sich die Gemeinsamkeit derjenigen Stellen, deren Aufgabenerfüllung durch DV-Systeme gestützt wird. Bei der Analyse und der Bewertung der Systemkonfiguration verschmelzen immer auch informationstechnische, organisatorische und wirtschaftliche Überlegungen. Dabei werden die vorhandenen und geplanten DV-Systeme in der originären graphischen Darstellung vergleichbar aufgeführt.

T2. Die Netze und die daran angeschlossene Hardware

Die Netze, hauptsächlich hier die Rechnernetze, bilden die Grundlage der Integration und der Kommunikation der verschiedenen Hardwaresysteme. Eine derartige Integration der Hardwaresysteme ist auch dadurch gekennzeichnet, daß die an den Rechnernetzen angeschlossene Hardware ein integriertes und leistungsfähiges DV-System bilden kann. In diesem integrierten DV-System erfolgt die gemeinsame Nutzung der Daten sowie der Hardware-Ressourcen und die ideale Aufgabenverteilung auf adäquate Hardwaresysteme. Durch dieses integrierte DV-System wird die Kommunikation zwischen Hardwaresystemen besser gestaltet, was letztlich zur Erfüllung der verschiedenen Aufgaben durch die organisatorischen Stellen, genauer gesagt durch die Stelleninhaber, erforderlich ist. Die Gestaltung des integrierten DV-Systems erstreckt sich auf informationstechnische, organisatorische und wirtschaftliche Aspekte. Die funktionsfähigen Verbindungen der individuellen Hardwaresysteme in diesem integrierten DV-System setzen die Rechnernetze und ihre Kommunikationsprotokolle sowie die Netzbetriebssoftware voraus. Die Analyse und die Bewertung des integrierten DV-Systems, d.h. einzelner Hardwaresysteme und -komponenten, werden durch die Netzorientierung geprägt. So sind die Netze und die Kommunikationsprotokolle sowie die Netzbetriebssoftware als Ausgangspunkte zu behandeln, von denen aus die Konstruktion eines benutzerdefinierten integrierten DV-Systems ermöglicht wird. Die netzorientierte Analyse und Bewertung der Systemkonfiguration sind von immer größerer Bedeutung. Sie spiegeln nicht nur die Erfüllung der individuellen Aufgaben, sondern vielmehr die Zusammenhänge zwischen ihnen wider. In diesem Sinne kann ein gut konstruiertes und integriertes DV-System die Produktivität in allen Fachbereichen eines Unternehmens positiv beeinflussen. In der Regel soll die Konstruktion des integrierten DV-Systems organisationseinheitsübergreifend und auch zweckmäßigerweise fachbezogen sein. Dabei sind zunächst die Leistungen und die Funktionen des DV-Systems unter Berücksichtigung der zu erfüllenden Aufgaben und der dazu erforderlichen Kommunikationen klarzustellen; nicht zu vernachlässigen ist dann auch, daß wirtschaftliche Überlegungen bezüglich informationstechnischer Möglichkeiten über die gemeinsame Nutzung der Daten und der Hardware-Resoursscen angestellt werden sollen. Die fachbezogene Konstruktion des integrierten DV-Systems erfordert die Koordination zwischen verschiedenen Fachbereichen (Produktion, Absatz, Technisch usw.) und die klare Definition deren Schnittstellen. Diese Konstruktion ist auch hier durch die originäre Analyse und Bewertung der Systemkonfiguration zu unterstützen, welche durch eine anschauliche graphische Darstellung der an den Netzen angeschlossenen Hardware und ihrer zur Kommunikation benötigten Kommunikationsprotokolle und Netzbetriebssysteme repräsentiert werden.

Durch die netzorientierte graphische Darstellung der Systemkonfiguration wird ein klarer Überblick über die Vernetzung der DV-Systeme eines Unternehmens oder dessen Fachbereiche oder sogar dessen Organisationseinheiten geschaffen. In dieser originären graphischen Darstellung werden die Rechnernetze und die an ihnen angeschlossene Hardware sowie Software analysiert:

- Durch welche Kommunikationsprotokolle und Netzbetriebssoftware werden die Rechnernetze betrieben?

- Welche Hardware wird an den Rechnernetzen angeschlossen und mit welchen Netzbetriebssoftware werden sie betrieben?

- In welchen Arten (passiv, aktiv oder passiv-aktiv) werden die Hardware an den Rechnernetzen angeschlossen?

- In welchem Zusammenhang werden die Hardware durch die Rechnernetze miteinander gebunden?

Diese vier Fragen sind durch die netzorientierte originäre graphische Darstellung zu klären und zu analysieren. Weiterhin wird auch diejenige Hardware (z.B. Terminals) analysiert und gezeigt, die zwar nicht direkt an den Rechnernetzen angeschlossen ist; sie ist aber als ein Bestandteil der direkt an die Rechnernetze angeschlossene Hardware zu betrachten. Hierbei werden sie auch als *lokale Konfigurationskomponenten* der Hardwaresysteme bezeichnet. Die lokalen Konfigurationskomponenten können auch über die Rechnernetze als *ferne Konfigurationskomponenten* der anderen Hardwaresysteme gelten. Dies findet allerdings seinen Ausdruck in der gemeinsamen Nutzung der Hardware-Ressourcen. Die Analyse der gemeinsamen Nutzung der Hardware-Ressourcen setzt zuerst die Schwerpunkte auf die Anschlußarten der entsprechenden Hardware an die Rechnernetze. Der Kommunikation zwischen der betrachteten Hardware ihre Anschlußart zugrunde liegt. Dann wird die Kommunikation zwischen den betreffenden Organisationseinheiten sowie ihre Zugangsberechtigung zur Hardware analysiert. Darüber hinaus wird auch durch die Kommunikationsart zwischen Organisationseinheiten die Eigenschaft der Organisationseinheit klar dargestellt. Dabei sind nicht nur informationstechnische Überlegungen, sondern auch organisatorische Überlegungen bei der Gestaltung der Rechnernetze und der daran angeschlossenen Hardware anzustellen. Die ausgewogene Kombination zwischen ihnen erfordert komplexe Kenntnisse über die DV-Technik und Organisation. Dies ist letztlich die Voraussetzung für den sinnvollen und treffenden Einsatz der DV-Systeme.

T3. Die Hardware und ihre Konfiguration

Durch Rechnernetze wird die Integration der einzelnen Hardwaresysteme ermöglicht. Diese Integration schafft ein leistungsfähiges DV-System, dessen Aufbaustruktur unter Berücksichtigung der Wirtschaftlichkeit, Organisation und DV-Technik benutzerorientiert und fernkonfigurierbar ist. Sie setzt die Funktionsfähigkeit einzelner Hardwaresysteme und Rechnernetze voraus. Die Fern-Konfiguration eines DV-Systems beruht auf den dazu benötigten Rechnernetzen und funktionsfähigen Hardwaresystemen, die durch die Lokal-Konfiguration verkörpert werden. Die technische Analyse und Untersuchung der Hardware liegt wesentlich in ihrer arbeitsfähigen Konfiguration, die nicht nur die Zusammenstellung einzelner Hardwarekomponenten, sondern vielmehr den Zusammenhang zwischen ihnen, d.h. ihren Verbindungsarten, darstellt. So wird die originäre graphische Darstellung über den funktionsfähigen Aufbau der Hardware hier auch als Hardwareorientierung bezeichnet. Die hardwareorientierte Analyse der Systemkonfiguration dient grundsätzlich zur Beschreibung der DV-gestützten Arbeitsplätze. Sie ist auch insofern wichtig, als diese Beschreibung bei der Organisationsplanung und -entwicklung berücksichtigt werden muß. Dabei geht es auch um die Rationalisierung und die Umgestaltung der Organisation. In Bezug auf die organisatorischen Anforderungen werden die Beschaffung der neuen Hardware oder die Umstrukturierung der vorhandenen Hardware durch diese technische Analyse und Untersuchung unterstützt. In der hardwareorientierten Analyse der Systemkonfiguration wird auch die Software einbezogen, die als ein wichtiger Faktor bei der Beschaffung und Umstrukturierung der Hardware behandelt wird. Bei der Analyse und Untersuchung der Hardware sind folgende Punkte zu beachten:

- Die Erweiterungsmöglichkeit der arbeitsfähigen Lokal-Konfiguration der Hardware,
- Die Anschlußarte der Hardware an das Netz,
- Die Kommunikation zwischen Hardware über Netz und
- Die organisatorischen Anforderungen zur Erfüllung der Aufgaben.

Diese vier verschiedenen Analysen und Darstellungen der Hardware bezeichnen die Eigenschaften und den Sinn der Hardware im Zusammenhang mit der Organisation. Unter der Erweiterungsmöglichkeit der arbeitsfähigen Lokal-Konfiguration der Hardware sind die Schnittstellen besonders zu berücksichtigen, die die Hardwarekomponenten verbinden und ein arbeitsfähiges Hardwaresystem bilden. Diese Schnittstellen sollen auch den flexiblen Ausbau des Hardwaresystems ausdrücken. Im Zusammenhang mit der Integration der DV-Systeme und der gemeinsamen Nutzung der Hardware-Ressourcen sowie der verteilten Datenhaltung/-verarbeitung sind die Anschlußarten der Hardware am Netz zu analysieren. Mitzuberücksichtigen ist dabei die Lokal-Konfiguration der Hardware. Die Kommunikation zwischen Hardware über Netze bedeutet eigentlich die Kooperation und die Koordination zwischen DV-gestützten Arbeitsplätzen. Dabei sind Kommunikationsprotokolle und Netzbetriebssoftware unter benutzerfreundlichen und sicheren Aspekten in Betracht zu ziehen. Diese stehen allerdings eng mit den organisatorischen Anforderungen zur Erfüllung der Aufgaben zusammen. Zugleich übertragen sich diese Anforderungen auf die arbeitsfähige Lokal- oder Fern-Konfiguration der Hardware. Dies stellt letztlich die Ausstattung von Organisationseinheiten mit DV-Systemen dar.

T4. Die Software und ihre notwendigen Voraussetzungen

Die Anwendungssoftware steht unmittelbar mit der Aufgabenerfüllung zusammen. So sollte sich eine Analyse und Bewertung der Systemkonfiguration auf die Software erstrecken. Hierbei sind die Voraussetzungen zum Betrieb der Softwaresysteme als Schwerpunkt zu behandeln. Zu berücksichtigen sind dabei die zwei unterschiedlichen Arten von Voraussetzungen, nämlich fakultative und obligatorische Voraussetzungen. Die fakultativen Voraussetzungen ergeben die alternativen Ablaufumgebungen einer Software, welche bei der Beschaffung oder beim Einsatz dieser Software mit den organisatorischen und wirtschaftlichen Aspekten abgeglichen werden müssen. Nicht zu vernachlässigen sind auch die vorhandenen DV-Systeme im Unternehmen, insbesondere die Softwaresysteme. Insofern bedarf es umfassender und sachgerechter Kenntnisse, um die richtige Entscheidung bei der Auswahl der Voraussetzungen und bei dem Einsatz der Anwendungssysteme zu treffen. Demgegenüber stehen die obligatorischen Voraussetzungen, die eine notwendige Umgebung zum Betrieb eines Anwendungssystems bilden. Die Voraussetzungen, ob sie fakultativ oder obligatorisch sind, beziehen sich nicht nur auf die Software, sondern auch auf die Hardware. Zur Bewertung und zur Darstellung derartiger komplexer Voraussetzungen dient die softwareorientierte Analyse der Systemkonfiguration als die wichtigste Funktion. Somit unterstützt sie auch die Entscheidung bei der Planung zur Beschaffung und zum Einsatz der DV-Systeme, genauer gesagt der betrieblichen Anwendungssysteme.

Eine weitere Funktion der softwareorientierten Analyse der Systemkonfiguration ist im wesentlichen als organisatorische Funktion zu sehen. Sie analysiert die Datenbestände, die hier als ein besonderer Typ von Software gelten und natürlich allein in diesem Sinne keine Voraussetzungen benötigen. Allerdings sind ihre Voraussetzungen zum Speichern in der Beschreibung und der Darstellung der Voraussetzungen der Softwaresysteme impliziert. Über die Datenbestände sind grundsätzlich ihre Lozierung auf den Datenträgern und ihre Arten zu analysieren. Die Lozierung der Datenbestände auf den Datenträgern ergibt eine physische Verteilung der implementierten Arbeitsobjekte, die hierbei durch die Arten der Datenbestände klar ausgedrückt werden. Im Zusammenhang mit den DV-Ausstattungen von Organisationseinheiten kann diese physische Verteilung der Datenbestände die Zuständigkeiten wie auch das Tagesgeschäft der Organisationseinheiten und den Zustand der Datenhaltung sowie ihrer Verwaltung widerspiegeln. Weiterhin sind auch die Arbeitsdaten und die Sicherungsdaten zu erkennen, wobei letztere als Sicherheitsmaßnahme die Sicherungskopie der ersteren sind.

Hierbei ist darauf hinzuweisen, daß die Lozierung der Datenbestände selbstverständlich auf die Softwaresysteme übertragen werden kann. Die Lozierungen der Software auf den Datenträgern findet ihren Ausdruck darin, ob die Software im Hardwaresystem, das diesen Datenträger als seinen Bestandteil beinhaltet, installiert und/oder auf dem Datenträger als Sicherungskopie gespeichert wird. Die Lozierungen der Software erstreckt sich mittelbar auf die Aufbau- und die Ablauforganisation. Hierzu ist die DV-gestützte Aufgabenerfüllung und Arbeitsplätze zu analysieren.

T5. Die DV-gestützten Arbeitsplätze für die Aufgabenerfüllung

Die originäre Analyse und Darstellung der DV-gestützten Aufgabenerfüllung und Arbeitsplätze ist hier als Organisationsorientierung der Analyse und Bewertung der Systemkonfiguration zu kennzeichnen. Sie ergibt sich aus dem Zusammenhang zwischen Systemkonfiguration und Aufbau- sowie Ablauforganisation. Der Zusammenhang zwischen Systemkonfiguration und Ablauforganisation findet seinen Ausdruck in der DV-gestützten Aufgabenerfüllung, wobei die eingesetzte Software die Aufgaben und die von ihnen verarbeiteten und erzeugten Arbeitsobjekte klar repräsentieren. Der Zusammenhang zwischen Systemkonfiguration und Aufbauorganisation läßt sich durch die DV-Ausstattungen der Organisationseinheiten klar darstellen. Diese bezeichnen eigentlich die DV-gestützten Arbeitsplätze und auch die Zugangsberechtigungen der Organisationseinheiten zu den DV-Systemen. Zusammen mit den fachlichen Zuständigkeiten, in denen die Zugriffsberechtigungen der Organisationseinheiten zur Ausführung der Software explizit und eindeutig definiert und hergestellt werden, werden die Berechtigungen der Organisationseinheiten - Zugriff auf Software und Zugang zu Hardware - vollständig geregelt. Die DV-gestützten Arbeitsplätze und die damit auszuführenden Aufgaben werden dadurch vereinheitlicht. Bei der DV-Ausstattung der Organisationseinheiten ist darauf zu achten, daß sie die Hardware von den Datenträgern oder von den Hardwaresystemen betreffen können. Wenn die DV-Ausstattung einer Organisationseinheit aus Datenträgern besteht, stellt sie impliziert ferner die fachliche Zuständigkeit der Organisationseinheit dar, die die Aufgaben zur Aufbewahrung der originalen Software (Softwaresystem und/oder Datenbestände) und der Sicherungskopie übernimmt. So wird auch ein Überblick über die organisatorischen Aufgaben, die besonders die Verwaltung der Softwaresysteme und der Datenbestände beschreiben, und über die genaue Lozierung der Software in den Organisationseinheiten gegeben.

Aus der organisationsorientierten Analyse und Bewertung der Systemkonfiguration gewinnt man die eingehenden Kenntnisse der eingesetzten DV-Systeme und deren organisatorischen Zwecken. Sie dienen dem Unternehmensleiter bei der Einsatzplanung der DV-Systeme und bei der Nachbesserung der eingesetzten DV-Systeme, um zur produktiven Aufgabenerfüllung beizutragen. Es wird auch immer deutlicher, daß die DV-Systeme in einem Unternehmen als einer der wichtigsten Faktoren angesehen werden, welche die Wettbewerbsfähigkeit des Unternehmens und die Rationalisierung der Geschäftsprozesse kennzeichnen.

C. Die derivative Analyse und Bewertung

Im Vergleich zur originären Analyse und Bewertung der Organisation werden die Schwerpunkte der derivativen Analyse und Bewertung der Organisation auf die quantitative Charakterisierung der Organisation - der Ständigen Aufbauorganisation, der

Projektorganisation, der Ablauforganisation sowie der Systemkonfiguration - und dadurch auf die Erstellung der Änderungsbilanz zwischen den versionierten Gestaltungen der Organisation hingesetzt, welche einen Ist-Zustand oder die verschiedenen Planungen zur Verbesserung bzw. zur weiteren Entwicklung der Organisation kennzeichnen können. Die quantitative Charakterisierung der Organisation ist grundsätzlich auf einen synthetischen Zusammenhang von Fakta, Stand und Trend der Organisation angewiesen. Diese drei Blickwinkel liegen einer sachgerechten, ausgewogenen und optimalen Entscheidung zur Nachbesserung sowie zur Umgestaltung der Organisation zugrunde und lassen sich hierbei als einen integrierten Teil behandeln. So wird diese quantitative Charakterisierung der Organisation nach umfassenden Kriterien durchgeführt, die letztendlich organisatorische und wirtschaftliche Sichten involvieren. Jedes Kriterium, das zur Charakterisierung der Organisation dienen soll, bildet im Sinne der Realisierung eines Anwendungssystems eine Funktion, die organisatorischen Aspekten zufolge mit anderen Funktionen gleicher Art verbunden ist. Das heißt auch, daß die Aufrufbeziehung zwischen diesen Funktionen existieren soll. Zum Beispiel verbindet die Funktion zur Klassifizierung der Aufgaben nach dem Kriterium „*Ausführungsfrequenz*" bezüglich der Charakterisierung der Höheren Organisationseinheit im Rahmen der Ständigen Aufbauorganisation mit den Funktionen zur Klassifizierung der Höheren Organisationseinheiten nach den Kriterien „*Ausführungsdauer*", „*Gesamter Zeitaufwand*" und „*Belastungsgrad*". Diese Charakterisierung der Organisation kann immer nur unter der Angabe der Version zustande kommen.

Durch die quantitative und sachgerechte Analyse und Bewertung der Organisation kann der Unternehmensleiter frühzeitig erkennen, ob der aktuelle Stand der Organisation oder die Planungen zur Gestaltung der Organisation noch zur Stärkung der Wettbewerbsfähigkeit des Unternehmens beitragen. Darüber hinaus kann der Unternehmensleiter insbesondere durch den quantitativen Vergleich zwischen den versionierten Gestaltungen der Organisation - selbstverständlich mittels ihrer organisatorischen, wirtschaftlichen und technischen Fachkenntnisse - die fundierte Entscheidung zur weiteren Entwicklung der Organisation treffen. Daraus ergibt sich, ob die Gesamt- oder Teilorganisation umgestellt werden soll, um die Senkung der Produktivität des Unternehmens zu vermeiden und schließlich das Erreichen der Unternehmensziele nachhaltig zu erleichtern. So werden im wesentlichen die Gemeinsamkeiten sowie die Unterschiede zwischen den versionierten Gestaltungen der Organisation gemäß den Kriterien in der Änderungsbilanz durch die graphischen und tabellarischen Darstellungen verdeutlicht. Die graphischen und tabellarischen Darstellungen können anwenderbezogen erstellt werden, womit sich der Anwender je nach Bedarf auf bestimmte Daten bzw. organisatorische Gegenstände (z.B. bestimmte Abteilungen mit den ausgewählten Stellen im Rahmen der Aufbauorganisation) konzentrieren kann. Mit anderen Worten finden die anwenderbezogene graphische sowie tabellarische Darstellung der analysierten wie auch verglichenen Ergebnisse über die Organisation auch ihren Ausdruck darin, daß sie den Analysebedürfnissen des Anwenders folgen. Demgegenüber ist die automatische Erstellung der graphischen Darstellungen der analysierten bzw. verglichenen Ergebnisse über die Organisation, welche je nach der Aufbau-, Ablauforganisation und Systemkonfiguration in unterschiedlichen Formen erstellt und letztlich in den folgenden Abschnitten im Einzelnen beschrieben werden. Dazu sind die tabellarischen Darstellungen, in denen die entsprechenden Gegenstände in den graphischen Darstellungen weitergehend verdeutlicht und in Detail quantifiziert werden, immerhin anwenderbezogen, da sie aus der Sicht der Flexibilität und der interaktiven Eigenschaft vom Anwender ausgewählt und aufgerufen werden sollen. Ein weiteres Merkmal der derivativen Analyse und Bewertung der versionierten Gestaltungen der Organisation läßt sich dadurch kennzeichnen, daß der Anwender bei der Analyse bzw. bei dem Vergleich zwischen den versionierten Gestaltungen der Organisation bezüglich der Kriterien die Schwellenwerte angeben kann, die zur Klassifizierung der analysierten bzw. verglichenen Gegenstände (z.B. Aufgaben, Organisationseinheiten, Software usw.) dienen und die Ergebnisse in der graphischen sowie tabellarischen Darstellungen veranschaulichen. Die Schwellenwerte können vor oder nach den graphischen und tabellarischen Darstellungen der analysierten sowie verglichenen Ergebnisse vom Anwender spezifiziert werden, da diese Darstellungen interaktiv erstellt werden.

Die Funktionen, die zur Unterstützung der derivativen Analyse und Bewertung der Organisation dienen, werden zunächst aus der Sicht der Aufbauorganisation, der Ablauforganisation und der Systemkonfiguration in vier Funktionenmodule gegliedert, wobei die Ständige Aufbauorganisation und die Projektorganisation unter der Aufbauorganisation zusammengefaßt werden. Allerdings sollen die Funktionen der derivativen Analyse und Bewertung der Ständigen Aufbauorganisation und Projektorganisation teils separat implementiert werden, da die Schwerpunkte bei der Projektorganisation im wesentlichen auf Zeitkriterien gesetzt werden müssen. Die Aufrufbeziehungen zwischen den Funktionenmodulen werden in *Abb. 5.II.C. - 1* verdeutlicht. Dadurch wird gezeigt, daß ein Zugang von einem Funktionenmodul zu einem anderen besteht. Ein solcher Zugang wird letztlich durch bestimmte Funktionen zustande gebracht, so z.B. kann die Funktion zur Charakterisierung einer Höheren Organisationseinheit nach dem Kriterium des Durchschnittswertes des Belastungsgrad für die Aufgabenerfüllung von der Funktion zur Charakterisierung und Darstellung des Kommunikationsnetzes der Ebene der Höheren Organisationseinheit aufgerufen werden. Solche Zugänge bzw. Aufrufbeziehungen zwischen den Funktionenmodulen, genauer gesagt zwischen den einzelnen Funktionen im jeweiligen Funktionenmodul, sind schließlich vom Anwender bzw. Benutzer abhängig, ob er das Zugriffsrecht auf die Funktion besitzt oder nicht.

In *Abb. 5.II.C. - 1* ist ferner zu erkennen, daß jedes Funktionenmodul der derivativen Analyse und Bewertung der Organisation - Aufbauorganisation (Ständige Aufbau- und Projektorganisation), Ablauforganisation und Systemkonfiguration - weiter aus zwei Teilfunktionenmodulen besteht. Eines dient zur Analyse und Bewertung der Organisation im Sinne der Charakterisierung der Organisation nach vorgegebenen Kriterien, und das andere erstellt die Änderungsbilanz zwischen einer Bezugsversion und den zu vergleichenden Versionen zur Gestaltung der Organisation. Je nach Organisationsteil - Aufbau-, Ablauforganisation oder Systemkonfiguration - werden die jeweiligen Teilfunktionenmodule gemäß den Kriterien, die hiermit aus den vielfältigen Betrachtungen auf die Charakterisierung der Organisation hinweisen, durch ihre einzelnen Funktionen wiedergegeben. Die Funktionen zur Erstellung der Änderungsbilanz zwischen den versionierten Gestaltungen der Organisation beruhen auf den gleichen Kriterien, die für die Funktionen zur Charakterisierung der Organisation definiert sind. Demzufolge ist jede Funktion der derivativen Analyse und Bewertung der Organisation grundsätzlich mit einem Kriterium verbunden. Die Kriterien bzw. die daraus abgeleiteten Funktionen werden im Prinzip gegenüber den Funktionen der Dokumentationserstellung, die zur Erstellung des entsprechenden derivativen Segments der Dokumentation realisiert und ausführlich im *Abschnitt 5.III.C. Die Erstellung des deriva-*

tiven Segments der Dokumentation beschrieben werden, als *interaktive Funktionen* bezeichnet werden. Auf den gleichen Prinzipien beruht die Realisierung der Funktionen der Dokumentationserstellung und der interaktiven Funktionen.

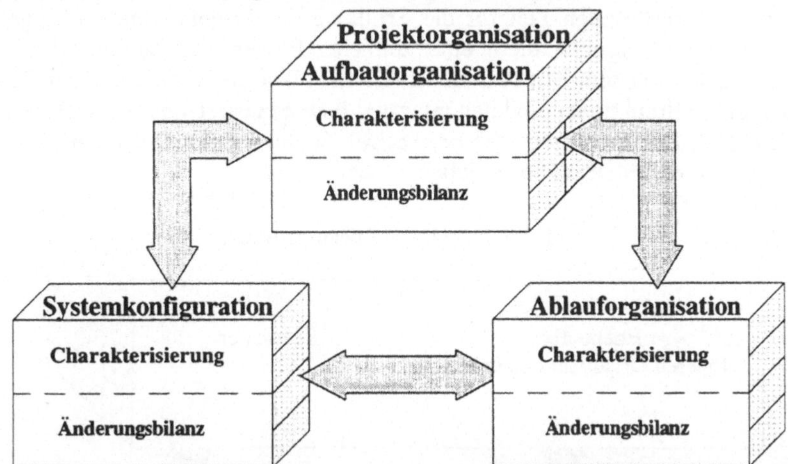

Abb. 5.II.C. - 1. Die Aufrufbeziehungen zwischen den Teilfunktionenmodulen der derivativen Analyse und Bewertung der Organisation

In der derivativen Analyse und Bewertung der Ständigen Aufbauorganisation sind die Funktionen der Charakterisierung dadurch zu unterscheiden - Charakterisierung der Höheren Organisationseinheit und der Stelle. Demzufolge sind auch zwei Teilfunktionenmodule zu bilden, in denen jeweils die zu realisierenden Funktionen die entsprechenden Kriterien repräsentieren. Diese Kriterien drücken gemeinsam die vielfältigen organisatorischen, wirtschaftlichen und informationstechnischen Betrachtungen aus, die auch in den zu realisierenden Funktionen integriert sind. Diese Kriterien lassen sich auf ein weiteres Teilfunktionenmodul übertragen, das die Funktionen zur Erstellung der Änderungsbilanz zwischen den versionierten Gestaltungen der Ständigen Aufbauorganisation umfaßt und zugleich in zwei Ebenen - der Höheren Organisationseinheit und der Stelle - gegliedert wird. In *Abb. 5.II.C. - 2* wird ersichtlich, daß einerseits die Aufrufbeziehungen zwischen den drei Teilfunktionenmodulen entstehen und andererseits die verwendeten Kriterien im jeweiligen Teilfunktionenmodul deutlich zum Ausdruck gebracht werden. Während sechs Funktionen zur Charakterisierung der Höheren Organisationseinheit zu realisieren sind, werden drei Funktionen zur Charakterisierung der Stelle benötigt. Grundsätzlich verkörpern diese Funktionen sechs Kriterien, nach denen die Funktionen zur Erstellung der Änderungsbilanz gegliedert und realisiert werden sollen. Die Beschreibungen über diese sechs Kriterien werden im *Abschnitt 5.III.C.1. Die Erstellung des derivativen Segments der Dokumentation / Die Ständige Aufbauorganisation* ausführlich erläutert.

Die Funktionen zur Unterstützung der derivativen Analyse und Bewertung der Projektorganisation im Sinne der Aufbauorganisation sind zum großen Teil gleich mit den Funktionen der Ständigen Aufbauorganisation. Sie werden auch in drei Teilfunktionenmodule - Charakterisierung der Höheren Projektorganisationseinheit, Charakterisierung der Projektstelle und die Erstellung der Änderungsbilanz zwischen den versionierten Gestaltungen der Aufbauorganisation eines Projektmanagements - gegliedert. Der Unterschied zwischen ihnen liegt in dem Kriterium der zeitlichen Geltung, welche bei der Charakterisierung der Projektorganisation von großer Bedeutung ist. Das Kriterium der zeitlichen Geltung bezieht sich auf die Projektorganisationseinheiten, die in einer bestimmten Zeit für die Erfüllung der Projektaufgaben eingerichtet sind, und die Projektaufgaben, die in einer zeitlichen Reihenfolge parallel oder sequentiell erfüllt werden müssen. Mit diesem Kriterium sollen die entsprechenden Funktionen in den drei Teilfunktionenmodulen integriert bzw. realisiert werden, welche im *Abschnitt 5.III.C.2. Die Erstellung des derivativen Segments der Dokumentation / Die Projektorganisation* im Detail beschrieben werden.

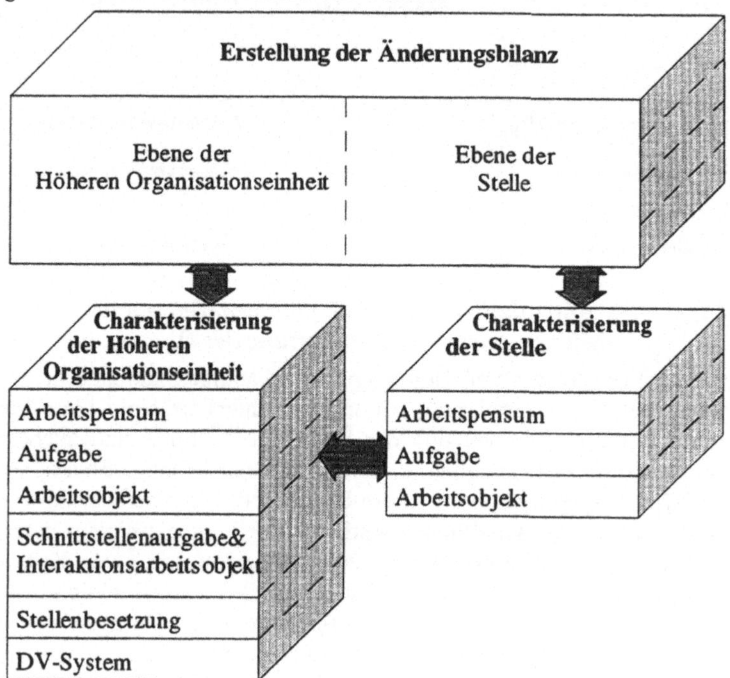

Abb. 5.II.C. - 2. Der Aufbau und die Gliederung der Funktionen in der derivativen Analyse und Bewertung der Ständigen Aufbauorganisation

Die Funktionen der derivativen Analyse und Bewertung der Ablauforganisation lassen sich in vier Teilfunktionenmodule gliedern, welche hierfür als die Erstellung der Änderungsbilanz, die Charakterisierung des Kommunikationsnetzes, die Charakterisierung des Informations- bzw. Materialflußnetzes und die Charakterisierung der DV-gestützten Aufgabenerfüllung bezeichnet werden. Diese vier Teilfunktionenmodule ergeben sich letztlich aus sechs Kriterien, mit denen die Ablauforganisation aus einer vielfältigen Sicht analysiert und bewertet werden kann. Im Teilfunktionenmodul der Erstellung der Änderungsbilanz zwischen den versionierten Gestaltungen der Ablauforganisation sind noch drei weitere Teile zu unterscheiden, die den anderen drei Teilfunktionenmodulen der Charakterisierungen entsprechen. Zwischen den vier Teilfunktionenmodulen bestehen auch Aufrufbeziehungen, mit denen der Anwender je nach Bedarf von einer Funktion (in einem Teilfunktionenmodul) aus eine andere Funktion (in einem anderen Teilfunktionenmodul) starten bzw. aufrufen kann. In *Abb. 5.II.C. - 3* werden der Aufbau der einzelnen Teilfunktionenmodule und deren Aufrufbeziehungen anschaulich dargestellt. Das Teilfunktionenmodul der Charakterisierung des Kommunikationsnetzes befaßt sich mit drei Kriterien - dem Kommunikationsnetz auf der Ebene der Höheren Organisation, der Stelle und der Aufgabe, die ihrerseits den drei zu realisierenden Funktionen entsprechen sollen. Das Teilfunktionenmodul der Charakterisierung des Informations- bzw. Materialflußnetzes wird durch eine zu realisierende Funktion verkörpert, die auch ein Kriterium der Durchlaufzeit zwischen den Arbeitsobjekten zum Ausdruck bringt. Die Kriterien, die im Zusammenhang mit der Systemkonfiguration stehen sollen und als Automatisierungskomplexität sowie -grad aufgefaßt werden, sind im Teilfunktionenmodul der Charakterisierung der DV-gestützten Aufgabenerfüllung wiederzufinden. Die Beschreibungen über diese Kriterien sind im *Abschnitt 5.III.C.3. Die Erstellung des derivativen Segments der Dokumentation / Die Ablauforganisation* zu finden.

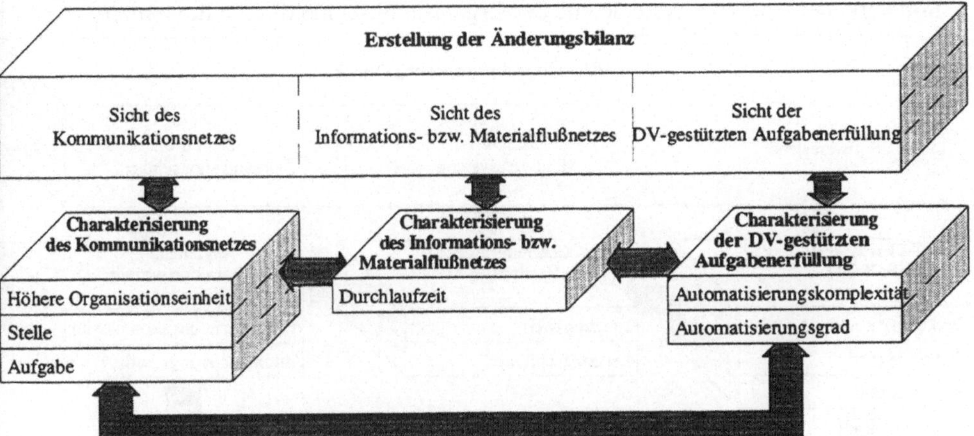

Abb. 5.II.C. - 3. Der Aufbau und die Gliederung der Funktionen in der derivativen Analyse und Bewertung der Ablauforganisation

Zur Unterstützung der derivativen Analyse und Bewertung der Systemkonfiguration werden auch die Funktionen aus drei Sichten der Charakterisierung - der Software, der Hardwaresysteme und der Organisationseinheiten - in vier Teilfunktionenmodule gegliedert, von denen jede dieser drei Sichten die Funktionen zur Erstellung der Änderungsbilanz zwischen den versionierten Gestaltungen der Systemkonfiguration umfassen soll. Die anderen drei Teilfunktionenmodule entsprechen den oben genannten drei Sichten der Charakterisierung der Gestaltung der Systemkonfiguration. Bei jeder zu realisierenden Funktion handelt es sich um ein bestimmtes Kriterium, das auch seinerseits organisatorische, wirtschaftliche oder informationstechnische Überlegung widerspiegelt. Die Kriterien, die speziell zur derivativen Analyse und Bewertung der Gestaltung der Systemkonfiguration dienen und hierfür als Maßstäbe vorgesehen werden, lassen sich insgesamt unter sieben Aspekten auffassen. Diese sieben Kriterien sind auch in *Abb. 5.II.C. - 4* anschaulich dargestellt, in dem zugleich die Aufrufbeziehungen zwischen diesen vier Teilfunktionenmodulen geregelt werden. Diese Aufrufbeziehungen bilden die Grundlagen, mit denen der Anwender je nach Bedarf eine bestimmte Gestaltung der Systemkonfiguration interaktiv analysieren und bewerten kann, falls er die dafür benötigten Zugriffsrechte besitzt. Im Teilfunktionenmodul der Charakterisierung der Software enthalten drei zu realisierende Funktionen, mit denen die Charakterisierung der Software mit drei Kriterien - *Deckungsbereich*, *Deckungsgrad* und *Nutzungsgröße* - durchgeführt werden kann. Demgegenüber steht das Teilfunktionenmodul der Charakterisierung der Hardwaresysteme, in welchem die zwei Funktionen mit den Kriterien von *Nutzungswert* und *Leistungsumfang* der Hardwaresysteme realisiert werden müssen. Aus der organisatorischen Sicht sollen im Teilfunktionenmodul der allgemeinen Charakterisierung der DV-Systeme zwei Funktionen mit den Kriterien der *Automatisierungskomplexität* und des *Automatisierungsgrades* der Organisationseinheit zustande kommen. Diese sieben Kriterien werden logischerweise im Teilfunktionenmodul der Erstellung der Änderungsbilanz zwischen den versionierten Gestaltungen der Systemkonfiguration wiedergegeben und im *Abschnitt 5.III.C.4. Die Erstellung des derivativen Segments der Dokumentation / Die Systemkonfiguration* detailliert beschrieben. So kann die Änderungsbilanz ebenfalls nach drei Sichten - der Software, der Hardwaresysteme und der Organisationseinheit - erstellt werden.

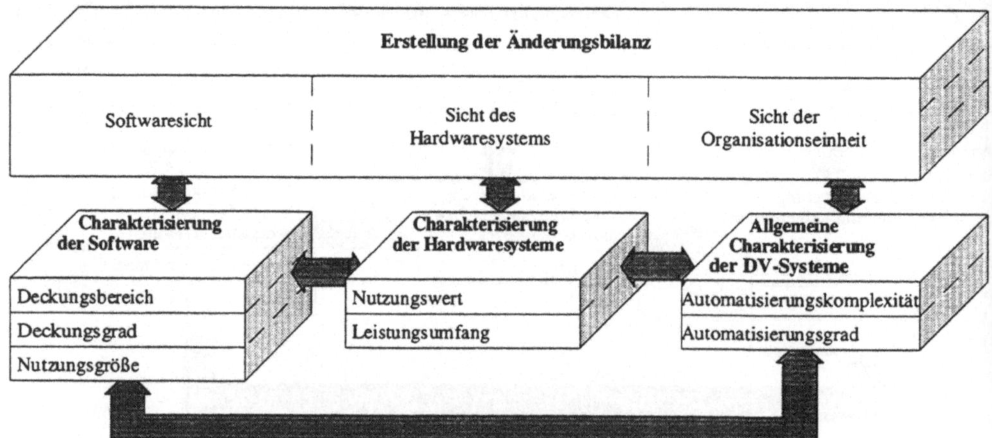

Abb. 5.II.C. - 4. Der Aufbau und die Gliederung der Funktionen in der derivativen Analyse und Bewertung der Systemkonfiguration

1. Die Ständige Aufbauorganisation

Die Managementaufgabe der Analyse und Bewertung der Ständigen Aufbauorganisation wird durch die Funktionen der derivativen Analyse und Bewertung der Ständigen Aufbauorganisation unterstützt, welche die quantitative Ergänzung zu den Funktionen der originären Analyse und Bewertung der Ständigen Aufbauorganisation ist. Die derivative Analyse und Bewertung der Ständigen Aufbauorganisation setzt die Schwerpunkte in der quantitativen Analyse und Bewertung des Organisationsstandes und deren Entwicklung. Hierbei werden in erster Linie die Aufgaben und deren Verteilungsstand in jeder Organisationseinheit (Sparte, Hauptabteilung, Abteilung, Stelle usw.) geordnet bzw. festgestellt, um die Essenz einer Organisationseinheit übersichtlich darstellen zu können und deren Arbeitsvolumen sowie Zuständigkeit detailliert bewerten zu können. Die analysierten Ergebnisse werden anschaulich und graphisch dargestellt und auf zwei Ebenen durchgeführt - der Höheren Organisationseinheit (Hauptabteilung, Abteilung usw.) und der Stelle. Unter diesen beiden Aspekten sind die Analysen und Bewertungen der Organisationseinheiten vor allem nach den Kriterien - Ausführungsfrequenz und Belastungsgrad - zu bewerten, welche in der fachlichen Zuständigkeit eindeutig zu sehen sind.

Zuerst sind folgende endlichen Mengen zu bilden und zu definieren:

$H := \{h_1, h_2, \ldots, h_n\}$:   eine endliche Menge von Höheren Organisationseinheiten,

$S := \{s_1, s_2, \ldots, s_n\}$:   eine endliche Menge von Stellen mit $H \cap S = \varnothing$,

$O := H \cup S$:   eine endliche Menge von Organisationseinheiten.

Die oben definierten endlichen Mengen (S, H und O) beinhalten nicht nur die Ständigen Organisationseinheiten, sondern auch Projektorganisationseinheiten. Da ein Unternehmen zum großen Teil von den Ständigen Organisationseinheiten beeinflußt wird, werden diese drei endlichen Mengen im hier vorliegenden Abschnitt grundsätzlich für die Ständigen Organisationseinheiten verwendet. Das wird darüber hinaus die Beschreibungen und die nachfolgende Diskussion vereinfachen. Auf diesen endlichen Mengen kann auch die hierarchische und disziplinarische Beziehung zwischen Höheren Organisationseinheiten leichter durch die Abbildung

$$\Phi_H : H \setminus \{h_1\} \to H \quad \text{mit } \forall\, n \in IN,\, h \in H \setminus \{h_1\} \Rightarrow \Phi_H^n (h) \neq h$$

definiert werden, wobei angenommen wird, daß h_1 die oberste Organisationseinheit in einem Unternehmen ist, wie z.B. Vorstand. $\Phi_H (h_2)=h_1$ bedeutet, daß h_2 disziplinarisch unmittelbar h_1 unterstellt ist. Die disziplinarische Beziehung zwischen Höheren Organisationseinheiten und Stellen läßt sich durch die Abbildung

$$\Phi_S : S \to H$$

darstellen. Hierbei gibt $\Phi_S (s_1)=h_1$ an, daß die Stelle s_1 disziplinarisch unmittelbar der Höheren Organisationseinheit h_1 zugeordnet ist.

Diese zwei Abbildungen Φ_H und Φ_S stellen gemeinsam ein Einliniensystem der Organisation dar. Jede Organisationseinheit, außer der obersten Höheren Organisationseinheit eines Unternehmens, ist eindeutig nur einer Höheren Organisationseinheit untergeordnet. Insofern läßt sich anschließend der hierarchische und disziplinarische Organisationsaufbau in einem Unternehmen durch folgende allgemeine Abbildung

$$\Phi : S \cup H \setminus \{h_1\} \to H \quad \text{mit} \quad \Phi(x) := \begin{cases} \Phi_H(x), \text{ falls } x \in H \setminus \{h_1\} \\[2mm] \Phi_S(x), \text{ falls } x \in S \end{cases}$$

darstellen.

Darauf folgen die Definitionen der zwei weiteren Mengenabbildungen:

$$\Psi_H : H \to 2^H, \quad \Psi_H(h) := \{h' \in H \mid \Phi_H(h') = h\}$$

bildet die endliche Menge aller Höheren Organisationseinheiten eines Unternehmens, die der Höheren Organisationseinheit h disziplinarisch unmittelbar unterstellt sind.

$$\Psi_S : H \to 2^S, \quad \Psi_S(h) := \{s' \in S \mid \Phi_S(s') = h\}$$

bildet die endliche Menge aller der Höheren Organisationseinheit h disziplinarisch unmittelbar untergeordneten Stellen, die Ausführungsstellen, fachliche Führungsstellen oder disziplinarische Leitungsstellen sind.

Ein derartiger disziplinarischer Organisationsaufbau, Einliniensystem der Organisation, läßt sich in *Abb. 5.II.C.1. - 1* anschaulich und graphisch darstellen, in welcher das Organigramm einer Teilorganisation eines Fertigungsunternehmens und der disziplinarischer Leitungszusammenhang zwischen den Organisationseinheiten durch die Abbildungen Ψ_H und Ψ_S deutlich zu erkennen ist. Diese Abbildungen Ψ_H und Ψ_S liegen der fundierten quantitativen Analyse und Bewertung der Ständigen Aufbauorganisation zugrunde.

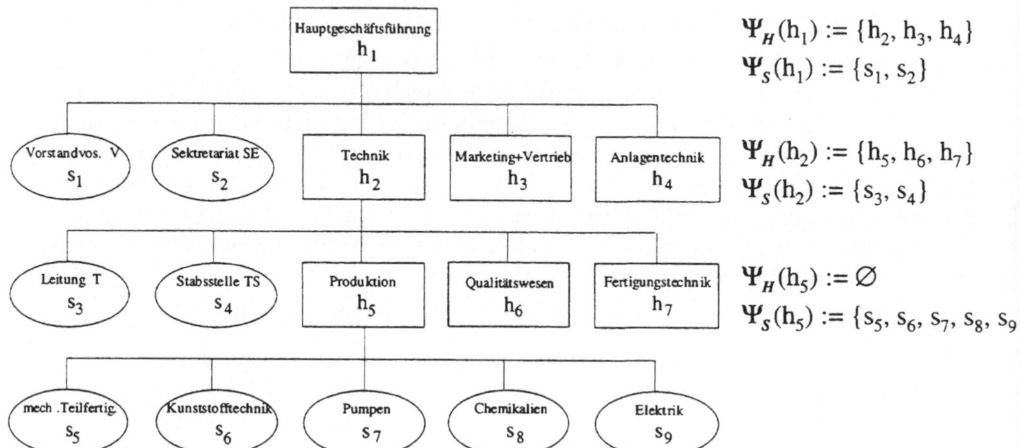

$$\Psi_H(h_1) := \{h_2, h_3, h_4\}$$
$$\Psi_S(h_1) := \{s_1, s_2\}$$

$$\Psi_H(h_2) := \{h_5, h_6, h_7\}$$
$$\Psi_S(h_2) := \{s_3, s_4\}$$

$$\Psi_H(h_5) := \varnothing$$
$$\Psi_S(h_5) := \{s_5, s_6, s_7, s_8, s_9\}$$

Abb. 5.II.C.1. - 1. Die Abbildung Ψ angewandt auf ein Beispielorganigramm eines Unternehmens

$$SM_{af} = \begin{array}{c} \\ f_1 \\ f_2 \\ f_3 \\ \\ f_n \end{array} \begin{array}{cccc} s_1 & s_2 & s_3 & s_m \\ \begin{bmatrix} af_{11} & af_{12} & af_{13} & \cdots & af_{1m} \\ af_{21} & af_{22} & af_{23} & \cdots & af_{2m} \\ af_{31} & af_{32} & af_{33} & \cdots & af_{3m} \\ & M & & & \\ af_{n1} & af_{n2} & af_{n3} & \cdots & af_{nm} \end{bmatrix} \end{array}$$

$$SM_{bg} = \begin{array}{c} \\ f_1 \\ f_2 \\ f_3 \\ \\ f_n \end{array} \begin{array}{cccc} s_1 & s_2 & s_3 & s_m \\ \begin{bmatrix} bg_{11} & bg_{12} & bg_{13} & \cdots & bg_{1m} \\ bg_{21} & bg_{22} & bg_{23} & \cdots & bg_{2m} \\ bg_{31} & bg_{32} & bg_{33} & \cdots & bg_{3m} \\ & M & & & \\ bg_{n1} & bg_{n2} & bg_{n3} & \cdots & bg_{nm} \end{bmatrix} \end{array}$$

Abb. 5.II.C.1. - 2. Die Matrizen von Ausführungsfrequenz und Belastungsgrad der Stellen für die Aufgabenerfüllung in einer Höheren Organisationseinheit

Weiter definiert sei:

$F = \{f_1, f_2, \ldots, f_n\}$, eine endliche Menge von Aufgaben.

So stellt folgende Abbildung

$$\gamma : O \to 2^F$$

die endliche Menge von Aufgaben dar, die als fachliche Zuständigkeit den Stellen (individuelle Arbeiten) oder den Höheren Organisationseinheiten (Teamarbeiten) zugeordnet sind. Zum Beispiel findet die endliche Menge von $\gamma(s) := \{f_1, f_2, f_3, \ldots, f_n\}$ ihren Ausdruck darin, daß die Aufgaben f_i ($i \in \{1, 2, \ldots, n\}$) für die Stelle s als fachliche Zuständigkeit (individuelle Arbeiten) definiert werden; und die endliche Menge von $\gamma(h) := \{f_1, f_2, f_3, \ldots, f_m\}$ bedeutet die Teamarbeiten, die die fachliche Zuständigkeit der Höheren Organisationseinheit **h** für die Erfüllung der Aufgaben f_i ($i\in \{1, 2, \dots, m\}$) repräsentieren. Die gesamte endliche Menge der Aufgaben einer Höheren Organisationseinheit, welche auf den Stellen als fachliche Zuständigkeit eindeutig definiert werden, ergibt sich aus der Abbildung:

$$\Gamma : H \rightarrow 2^F \qquad \text{mit } \Gamma(h) := \bigcup_{s\in\Psi_s(h)} \gamma(s)$$

Aus diesen Definitionen ergeben sich zuerst zwei Matrizen $SM_{af}=(af_{ij})$ und $Sm_{bg}=(bg_{ij})$, Ausführungsfrequenz- bzw. Belastungsgradmatrix, die die Ausführungsfrequenzen und Belastungsgrade der Stellen für deren zu erfüllende Aufgaben in einer Höheren Organisationseinheit darstellen.

Wobei bg_{ij} und af_{ij} ($i\in \{1, 2, \dots, n\}$, $j\in \{1, 2, \dots, m\}$) in *Abb. 5.II.C.1. - 2* darauf hinweisen, daß die Stelle s_j (auch der Stelleninhaber) sich mit der Aufgabe f_i mit dem Belastungsgrad (einem Prozentsatz des gesamten Arbeitsvolumens) von bg_{ij} ($bg_{ij}\in [0, 1]$) beschäftigt und zugleich diese Aufgabe von der Stelle mit der Frequenz af_{ij} ausgeführt wird. Dabei gelten die Bedingungen

$$s\in \Psi_S(h):=\{s_1, s_2,\dots, s_m\} \text{ und } f\in \Gamma(h):=\{f_1, f_2,\dots, f_n\}$$

in beiden Matrizen. Aus der Summe

$$SW_j^{bg} = \sum_{i=1}^{n} bg_{ij} \qquad \text{mit } SM_{bg}= (bg_{ij})$$

ergibt sich deutlich der gesamte Belastungsgrad der Stelle s_j. Dieser gesamte Belastungsgrad SW_j^{bg} kann letztendlich von dem Unternehmensleiter zur Bewertung des Arbeitspensums der Stelle genutzt werden und soll andererseits als ein Kriterium bei der weiteren Aufgabenverteilung sowie bei der Rationalisierung der Organisation herangezogen werden. $SW_j^{bg} = 1$ gibt an, daß ein 100-prozentiges Arbeitspensum für die Stelle s_j definiert ist. Wenn es $SW_j^{bg} < 1$ auftritt, gibt es zwei Fälle zu unterscheiden, entweder die Stelle s_j ist in einer Teamarbeit einbezogen oder sie ist mit insuffizientem Arbeitspensum definiert. Daraus ist zu erkennen, daß einerseits die Teamarbeit eine flexible Aufgabenverteilung für die Stellen verkörpert und vor allem die größte Entfaltung der Fähigkeiten sowie der Initiativen der Fachkräfte bei der Aufgabenerfüllung wiedergibt, und andererseits das mangelhafte Management in der Aufgabenverteilung oder in der Bildung der Organisationseinheit (Stelle, Abteilung, Hauptabteilung usw.) offengelegt wird.

Für die Teamarbeit werden auch zwei entsprechende Matrizen definiert, namens $HM_{af}=(af_{ij})$ für Ausführungsfrequenz der Aufgaben und $HM_{bg}=(bg_{ij})$ für den Belastungsgrad der Höheren Organisationseinheit der Aufgabenerfüllung, welche in *Abb. 5.II.C.1. - 3* dargestellt werden und in denen die Voraussetzungen

$$\Psi_H(h_1):=\{h_2, h_3,\dots, h_m\} \text{ und } f\in \bigcup_{h_i\in\Psi_H(h_1)} \gamma(h_i)\cup\gamma(h_1):=\{f_1, f_2,\dots, f_n\}$$

gegeben sein müssen. Die Höheren Organisationseinheiten ($h_2, h_3, \dots, h_m$) müssen disziplinarisch unmittelbar der Höheren Organisationseinheit h_1 unterstellt sein. Hier gilt auch, daß die Summe

$$HW_j^{bg} = \sum_{i=1}^{n} bg_{ij} \quad \text{mit } HM_{bg} = (bg_{ij})$$

den gesamten Belastungsgrad der Höheren Organisationseinheit h_j für die Erfüllung der Aufgaben angibt.

$$
\begin{array}{c}
\quad h_1 \quad\ h_2 \quad\ h_3 \qquad\quad h_m \\
\begin{array}{c} f_1 \\ f_2 \\ f_3 \\ \\ f_n \end{array}
\left[
\begin{array}{ccccc}
af_{11} & af_{12} & af_{13} & \cdots & af_{1m} \\
af_{21} & af_{22} & af_{23} & \cdots & af_{2m} \\
af_{31} & af_{32} & af_{33} & \cdots & af_{3m} \\
\multicolumn{5}{c}{M} \\
af_{n1} & af_{n2} & af_{n3} & \cdots & af_{nm}
\end{array}
\right]
\qquad
\begin{array}{c} f_1 \\ f_2 \\ f_3 \\ \\ f_n \end{array}
\left[
\begin{array}{ccccc}
bg_{11} & bg_{12} & bg_{13} & \cdots & bg_{1m} \\
bg_{21} & bg_{22} & bg_{23} & \cdots & bg_{2m} \\
bg_{31} & bg_{32} & bg_{33} & \cdots & bg_{3m} \\
\multicolumn{5}{c}{M} \\
bg_{n1} & bg_{n2} & bg_{n3} & \cdots & bg_{nm}
\end{array}
\right] \\
\qquad\quad HM_{af} \hspace{6cm} HM_{bg}
\end{array}
$$

Abb. 5.II.C.1. - 3. Die Matrizen von Ausführungsfrequenz und Belastungsgrad der Höheren Organisationseinheiten für die Aufgabenerfüllung (Teamarbeit)

Der Belastungsgrad einer Höheren Organisationseinheit für die Aufgabenerfüllung und deren Ausführungsfrequenz können sich zwar aus vier Matrizen - $HM_{af} = (af_{ij})$, $HM_{bg} = (bg_{ij})$, $SM_{af} = (af_{ij})$ und $SM_{bg} = (bg_{ij})$ - errechnen, ergeben es sich jedoch unterschiedliche Bedeutungen. Für eine Höhere Organisationseinheit, wie z.B. h_1, soll der gesamte Durchschnittswert des Belastungsgrades für alle in ihr erfüllten Aufgaben sich aus

$$HW_{1D}^{bg} = \sum_{j=1}^{m} SW_j^{bg} / m + HW_1^{bg} \quad \text{mit } \Psi_s(h_1) := \{s_1, s_2, \ldots, s_m\},$$

ergeben, wobei $HW_1^{bg} \neq 0$ die Summe des gesamten Belastungsgrades der Höheren Organisationseinheit h_1 für alle in ihr erfüllten Aufgaben ist, welche noch nicht definitiv für bestimmte Stellen vergeben werden oder aus dem Grund der leistungsfähigen Aufgabenerfüllung als die Teamarbeit gelten sollen. Der gesamte Durchschnittswert $HW_{1D}^{bg} = 1$ bedeutet, daß das gesamte Arbeitsvolumen in der Höheren Organisationseinheit h_1 zumindest hinreichend und einigermaßen befriedigend definiert ist; und die Zuteilung der als Teamarbeit geltenden Aufgaben sowie die Erfüllung der Aufgaben auf bzw. für die der Höheren Organisationseinheit h_1 zugehörigen Stellen $(s_1, s_2, \ldots, s_m)$ durch das Management verwaltet wird. Im Fall von $HW_{1D}^{bg} \neq 1$ soll das Management bei der Aufgabendefinition und -verteilung verbessert und verstärkt werden und muß wahrscheinlich die Umstrukturierung der Organisation vornehmen, was letztlich eine neue Organisationsplanung bewirkt. Hier ist insbesondere anzumerken, daß in der Matrix $HM_{bg} = (bg_{ij})$ normalerweise nur diejenigen Aufgaben $(bg_{i1} \neq 0$, $i \in \{1, 2, \ldots, n\})$, die allerdings sehr geeignet als Teamarbeit erfüllt werden können, in der fachlichen Zuständigkeit der Höheren Organisationseinheit definiert werden. Hierbei handelt es sich grundsätzlich um die reifliche Überlegung bei der flexiblen Aufgabenverteilung für die Stellen nach den Fähigkeiten der Stelleninhaber. In Bezug auf den Durchschnittswert des Belastungsgrades können der Einsatzstand und der Einsatzplan der Arbeits- und Fachkräfte in einer Höheren Organisationseinheit für die Aufgabenerfüllung objektiv und richtig bewertet werden. Ein Durchschnittswert des Belastungsgrades für die Erfüllung der Aufgabe f_i in der Höheren Organisationseinheit h_1 wird dadurch berechnet:

$$SA_{iD}^{bg} = SA_i^{bg} + HA_i^{bg} \qquad \text{mit } \Psi_S(h_1) := \{s_1, s_2,..., s_m\}, \text{ wobei}$$

$$SA_i^{bg} = \sum_{j=1}^{m} bg_{ij}/m \qquad \text{mit } SM_{bg} = (bg_{ij}) \text{ bezüglich } s_a \, (a \in \{1, 2,..., m\}) \text{ und}$$

$$HA_i^{bg} = bg_{il} \qquad \text{mit } HM_{bg} = (bg_{il}) \text{ bezüglich } h_1.$$

Aus dem Wert $SA_{iD}^{bg} \in [0, 1]$ ergibt sich, ob sich die Arbeits- und Fachkräfte in der Höheren Organisationseinheit h_1 überwiegend, mäßig oder wenig mit der Aufgabe f_i befassen. Mit anderen Worten läßt es sich durch den Wert SA_{iD}^{bg} verdeutlichen, ob die Aufgabe f_i in der Höheren Organisationseinheit h_1 als sehr wichtig angesehen wird oder nicht. In dem Sinne sollen die Aufgaben in jeder Höheren Organisationseinheit nach dem Wert SA_{iD}^{bg} eingeteilt werden, da dadurch deren Priorität zur Bearbeitung und die dafür eingesetzten Arbeitskräfte (verhältnismäßig) eindeutig geordnet und dargestellt werden können. Dies hebt offensichtlich die wichtigen Aufgaben in einer Höheren Organisationseinheit hervor und charakterisiert zugleich diese Höhere Organisationseinheit. Die geordneten Aufgaben lassen sich nach dem Bewertungsgegenstand unterscheiden, ob sie zur Bewertung der Aufgaben von einer Höheren Organisationseinheit oder von einer Stelle verwendet wird. Dabei ist die Bewertung der Aufgaben weiter zu detaillieren, d.h. die gesamte und spezielle Bewertung. Die gesamte Bewertung bedeutet Rechnen des Wertes von SA_{iD}^{bg} und die darauffolgende Einteilung aller Aufgaben in einer Organisationseinheit. Die spezielle Bewertung findet ihren Ausdruck darin, daß nur diejenigen Aufgaben, die als Teamarbeit geeignet und definiert oder in einer Höheren Organisationseinheit noch nicht genau festgelegt sind.

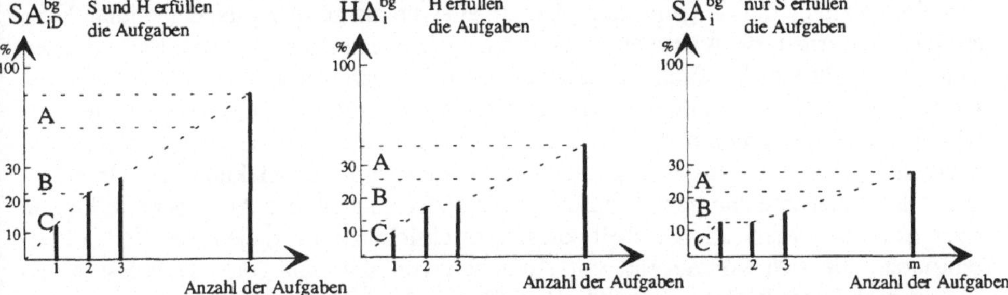

Abb. 5.II.C.1. - 4. Geordnete Aufgaben nach drei Werten des Belastungsgrades

Beispielsweise werden in *Abb. 5.II.C.1. - 4* die geordneten Aufgaben in einer Höheren Organisationseinheit nach drei unterschiedlichen Aspekten zur Bewertung der Belastungsgrade graphisch und anschaulich dargestellt. In Bezug auf die flexible und sachgerechte Analyse der Aufgaben sollen die Aufgaben unter verschiedenen Kategorien eingeordnet werden, welche hier durch A, B und C gekennzeichnet werden. Die Kategorie kann vom Benutzer vorgegeben bzw. definiert werden. Die unterschiedlichen Kategorien sind im Prinzip durch die vorgegebenen *Schwellenwerte* Ss zu unterscheiden, deren Anzahl wunschgemäß vom Benutzer determiniert wird. Die in *Abb. 5.II.C.1. - 4* graphisch dargestellten Aufgabeneinteilungen sind letztendlich die Ergebnisse, die mit den Abgrenzungskriterien der Kategorie ermittelt wurden.

	SA_{iD}^{bg}	HA_{i}^{bg}	SA_{i}^{bg}
Kategorie A	$SA_{iD}^{bg} \geq S_A^D$	$HA_i^{bg} \geq S_A^H$	$SA_i^{bg} \geq S_A^S$
Kategorie B	$S_A^D > SA_{iD}^{bg} \geq S_B^D$	$S_A^H > HA_i^{bg} \geq S_B^H$	$S_A^S > SA_i^{bg} \geq S_B^S$
Kategorie C	$S_B^D > SA_{iD}^{bg}$	$S_B^H > HA_i^{bg}$	$S_B^S > SA_i^{bg}$

Tab. 5.II.C.1. - 1. Abgrenzungskriterien für die Einteilung der Aufgaben

In *Tab. 5.II.C.1. - 1* werden diesbezügliche Abgrenzungskriterien gezeigt, die hier beispielsweise aus drei Sätzen von den *Schwellenwerten* (S_A^D, S_B^D), (S_A^H, S_B^H) und (S_A^S, S_B^S) zum Befund der Kategorie definiert werden. Die Schwellenwerte und deren Anzahl sind hierfür benutzerorientiert, d.h. sie werden vom Benutzer (Unternehmensleiter) vorgegeben. Es ist darauf zu achten, daß die Schwellenwerte und die entsprechenden zu vergleichenden Belastungsgrade möglichst gleich dimensioniert werden. Sollten sie different dimensioniert sein, muß dafür der Maßstab zwischen unterschiedlichen Dimensionen vom Benutzer angegeben werden. So können die different dimensionierten Werte auch zutreffend verglichen werden. Mit diesen benutzerorientierten Schwellenwerten können alle Aufgaben in einer Höheren Organisationseinheit (Abteilung, Hauptabteilung, Sparte usw.) bedarfsweise nach drei (A, B und C) oder mehreren Kategorien eingeteilt werden, z.B. die Aufgaben von der Kategorie A sind sehr wichtig für die entsprechende Höhere Organisationseinheit und kennzeichnen deren wesentliche Funktionen und Merkmale. Dazu wird auch der Großteil der Arbeitskräfte in dieser Höheren Organisationseinheit eingesetzt. Im Gegensatz dazu sind die Aufgaben von Kategorie B und C weniger wichtig oder servicebezogen. Diese Einteilung der Aufgaben in der Höheren Organisationseinheit ist nützlich und für die Planung und Entwicklung der Organisation. Durch eine derartige Aufgabeneinteilung kann festgestellt werden, ob Aufgaben in unterschiedlichen Höheren Organisationseinheiten mehrfach erfüllt worden sind, was letztlich einen Rationalisierungsprozeß zur Verbesserung der Aufgabenverteilung sowie zur Umstrukturierung des Organisationsaufbaus erfordert. Die Festlegung und die Durchführung dieses Rationalisierungsprozesses sind wesentliche Aufgaben des Managements zur Planung und Entwicklung der Organisation. Die Managementaufgabe zur Bewertung und Kontrolle der Aufgabenerfüllung in einer Höheren Organisationseinheit soll sich offensichtlich auf diejenigen Stellen konzentrieren, die sich vorwiegend mit Aufgaben von der Kategorie A befassen. Es kommt auch in der Praxis vor, daß die Aufgaben in einer Höheren Organisationseinheit zwar nicht überwiegend erfüllt werden, d.h. sie nicht zur Kategorie A der Aufgaben zählen, sie aber dennoch sehr hohe wirtschaftliche Leistungen bei jeder Ausführung hervorbringen können. In diesem Fall dürfen diese Aufgaben bei der derivativen Analyse und Bewertung nicht vernachlässigt werden. Nähere Beschreibungen der originären und derivativen Analyse und Bewertung der Aufgaben werden in den Abschnitten *5.II.B.3 Die originäre Analyse und Bewertung / Die Ablauforganisation und 5.II.C.3 Die derivative Analyse und Bewertung / Die Ablauforganisation* gesondert behandelt.

Neben dem Belastungsgrad der Organisationseinheit für die Aufgabenerfüllung bildet sich auch die Ausführungsfrequenz der Aufgaben der Organisationseinheit. Im wesentlichen bevorzugt der Belastungsgrad der Organisationseinheit für die Aufgabenerfüllung eine qualitative Bewertung der Aufgaben in einer Organisationseinheit, deren Ergebnisse durch die Einteilung der Aufgaben in die entsprechenden vom Benutzer vorgegebenen Kategorien repräsentiert werden sollen. Durch die Ausführungsfrequenz der Aufgaben der Organisationseinheit ist eine quantitative Bewertung der Aufgaben gegeben. Hierbei ist besonders darauf zu achten, daß die Bewertung sowie Einteilung der Aufgaben nach deren Ausführungsfrequenz gegenüber dem Kriterium des Belastungsgrades eher aufgabenbezogene Eigenschaft besitzt. Dabei sind einige Werte zu definieren und zu rechnen; ähnlich wie beim Belastungsgrad errechnet die durchschnittliche Ausführungsfrequenz der Aufgaben f_i von der Organisationseinheit h_1 sich wie folgt:

$$SA_{iD}^{af} = SA_i^{af} + HA_i^{af} \qquad \text{mit } \Psi_S(h_1) := \{s_1, s_2, ..., s_m\}, \text{ wobei}$$

$$SA_i^{af} = \sum_{j=1}^{m} af_{ij}/m \qquad \text{mit } SM_{af} = (af_{ij}) \text{ bezüglich } s_a \ (a \in \{1, 2, ..., m\}),$$

$$HA_i^{af} = af_{i1} \qquad \text{mit } HM_{af} = (af_{ij}) \text{ bezüglich } h_1$$

Der Wert $SA_{iD}^{af} \in [0, 1]$ ergibt einen gesamten Durchschnittswert der Ausführungsfrequenz der Aufgabe f_i in der Höheren Organisationseinheit h_1. Dabei bringt der Wert $HA_i^{af} \neq 0$ zum Ausdruck, daß die Aufgabe f_i hierbei eindeutig und konkret für die Teamarbeit definiert wird. Es ist auch zu erkennen, daß die Stellen $(s_1, s_2, ... , s_m)$ disziplinarisch unmittelbar der Höheren Organisationseinheit h_1 unterstellt sind und der Wert SA_i^{af} einen Durchschnittswert der Ausführungsfrequenz der Aufgabe f_i in der Höheren Organisationseinheit h_1 wiedergibt. Beispielsweise wird in *Abb. 5.II.C.1. - 5* ebenfalls durch das Schaubild deutlich gezeigt, daß die Aufgaben nach drei unterschiedlichen Werten von Ausführungsfrequenzen der Aufgaben, nämlich SA_{iD}^{af}, SA_i^{af} und HA_i^{af}, geordnet sind. Die Einteilung der Aufgaben in die Kategorien, die hier beispielsweise durch die Kennzeichnungen A, B und C mit den dazu benötigten Schwellenwerten S_A und S_B ausgelegt werden, gibt einen klaren Überblick über die Ausführungshäufigkeit der einzelnen Aufgaben und bildet die Grundlage zur Analyse der Arbeitsobjekte, die von und durch die Aufgaben bearbeitet bzw. erzeugt werden.

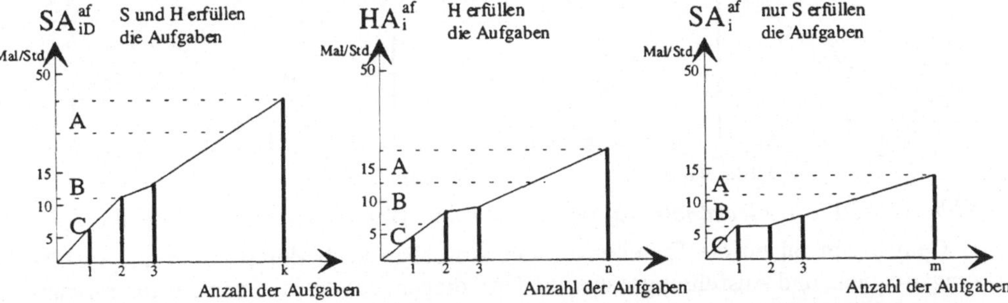

Abb. 5.II.C.1. - 5. Geordnete Aufgaben nach drei Werten der Ausführungsfrequenz

Im Zusammenhang mit dem zusätzlichen Kriterium Ausführungsdauer, das den zeitlichen Aufwand zur Erfüllung der Aufgaben beschreibt, wird der genaue Zeitaufwand der Organisationseinheit bei der Aufgabenerfüllung analysiert und bewertet. Durch das Zusammenrechnen der Ausführungsfrequenz und -dauer der Aufgaben werden sowohl der gesamte Zeitaufwand der Organisationseinheit bei der Erfüllung aller Aufgaben als auch der Zeitaufwand der Organisationseinheit bei der Erfüllung einzelner Aufgaben dargestellt. Die Ausführungsdauer gibt den Charakter der Aufgabe wieder und bleibt insofern eine Konstante, d.h. sie hängt überhaupt nicht von der Ausführungsstelle ab. Dabei wird die Ausführungsdauer der Aufgabe f_i als ad_i definiert. Der Zeitaufwand zur Erfüllung der Aufgaben läßt sich aus folgenden Formeln berechnen:

$$SA_{iD}^{ad} = SA_i^{ad} + HA_i^{ad} \qquad \text{mit } \Psi_S(h_1) := \{s_1, s_2, ..., s_m\}, \text{ wobei}$$

$$SA_i^{ad} = (\sum_{j=1}^{m} af_{ij}/m) \times ad_i \qquad \text{mit } SM_{af} = (af_{ij}) \text{ bezüglich } s_a \ (a \in \{1, 2, ..., m\}),$$

$$HA_i^{ad} = af_{i1} \times ad_i \qquad \text{mit } HM_{af} = (af_{i1}) \text{ bezüglich } h_1$$

Der Wert SA_{iD}^{ad} bezeichnet einen gesamten durchschnittlichen Zeitaufwand zur Erfüllung der Aufgaben f_i in der Höheren Organisationseinheit h_1. Der Wert SA_i^{ad} entspricht dem durchschnittlichen Zeitaufwand zur Erfüllung der Aufgaben f_i, die aber hier angenommen von allen Stellen in der Höheren Organisationseinheit h_1 durchgeführt werden. Hier ist besonders der Wert HA_i^{ad} zu bemerken, der den Zeitaufwand zur Erfüllung der Aufgabe f_i bestimmt, die als Teamarbeit in der Höheren Organisationseinheit h_1 definiert ist. In *Abb. 5.II.C.1. - 6* werden die Aufgaben analogerweise in die Kategorien A, B und C mit den jeweils angegebenen Schwellenwerten S_A und S_B eingeteilt. Sie werden nach dem Kriterium des Zeitaufwandes zur Erfüllung der Aufgaben durchgeführt. Ferner werden sie unter drei Aspekten behandelt. Diese Einteilung der Aufgaben veranschaulicht den Kostenaufwand in einer Höheren Organisationseinheit und dient selbstverständlich dazu, den Unternehmensleiter beim Vergleich von Kosten und Leistungen in der Höheren Organisationseinheit informatorisch zu unterstützen.

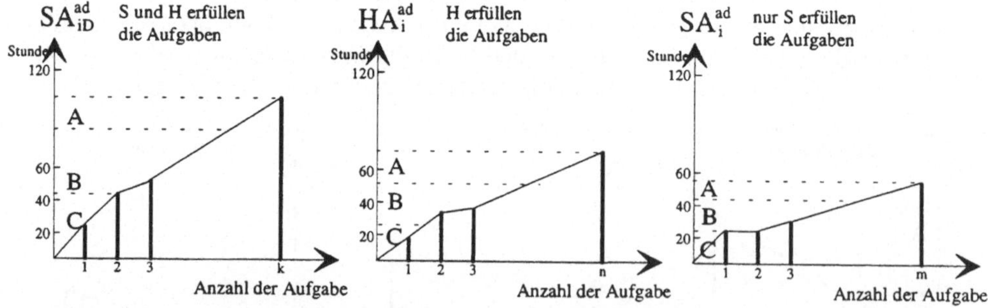

Abb. 5.II.C.1. - 6. Geordnete Aufgaben nach drei Werten der Ausführungsdauer

Gemeinsam bilden die Einteilungen der Aufgaben nach Belastungsgrad, Ausführungsfrequenz und Ausführungsdauer die Grundlagen, auf denen einerseits der Organisationsstand deutlich und klar dargestellt wird und andererseits die genaue mengenmäßige Analyse und Kontrolle der Aufgabenverteilung sowie -erfüllung in einzelnen

Organisationseinheiten (Stelle, Abteilung, Hauptabteilung usw.) sachgerecht und gezielt wahrgenommen werden kann. Dies dient letztlich zur Planung und Entwicklung der Organisation und unterstützt dabei das Management, in dem die aussichtsreiche Planung der Organisation und Bewertung deren Entwicklung als die wesentlichen und wichtigsten Aufgaben umschließen.

Die Analyse der Aufgaben einer Organisationseinheit bringt auch die von und durch Aufgaben bearbeiteten bzw. erzeugten Arbeitsobjekte zur Sprache. Aus dem Input-Output-Verhalten der Arbeitsobjekte durch die Aufgaben ergeben sich die entsprechenden Einteilungen der Arbeitsobjekte, welche nach den Kriterien von Belastungsgrad, Ausführungsfrequenz und Ausführungsdauer durchgeführt werden. Durch diese Einteilung der Arbeitsobjekte läßt sich feststellen, ob die Arbeitsobjekte in einer Organisationseinheit vorwiegend, wenig oder gelegentlich bearbeitet werden. Hierbei ist besonders zu verdeutlichen, daß die Analyse der Arbeitsobjekte nur sinnvoll ist, wenn sie im Zusammenhang mit der Analyse der Aufgaben steht, da eine derartige Analyse der Arbeitsobjekte eine Analyse der Aufgaben voraussetzt. Die Analyse der Arbeitsobjekte findet ihren Ausdruck darin, daß die Arbeitsobjekte in einzelnen Organisationseinheiten nach deren Wichtigkeit und Bearbeitungshäufigkeit geordnet werden und dadurch die Schwerpunkte der Koordinierung bei der Aufgabenerfüllung gesetzt werden. Hierbei geht es bei den geordneten Arbeitsobjekten einerseits um die Priorität der Koordinierung der Aufgabenerfüllung, die des Arbeitsobjektaustausches zwischen den Stellen bedarf, und andererseits um die rechtzeitige Beschaffung und Bereitstellung der Arbeitsobjekte, insbesondere der Informationen, die die erfolgreiche und gezielte Aufgabenerfüllung gewährleisten und die Hervorbringung der Leistungen wiedergeben. In diesem Sinne ermöglicht die Analyse der Arbeitsobjekte dem Unternehmensleiter gezielt und effizient seine Schwerpunkte bei der Beschaffung sowie Bereitstellung der Arbeitsobjekte, beim Einsatz der Instrumentarien (DV-Systeme, Maschinen usw.) und bei der Aufgabenerfüllung zu setzen und vor allem die Koordinationsaktivitäten auf wichtige und entscheidende Schnittstellen zu konzentrieren. Diese Einteilung der Arbeitsobjekte wird genauso wie die Einteilung der Aufgaben mit den angegebenen Schwellenwerten unter den gewünschten Kategorien durchgeführt und läßt sich übersichtlich wie die Einteilung der Aufgaben graphisch darstellen.

Natürlich besitzt das Arbeitsobjekt an sich auch die Eigenschaft, welches in einem Unternehmen vor allem durch

- materielle Objekte (z.B. Rohstoffe, Werkstoffe, Vor- und Zwischenerzeugnisse, Verkaufserzeugnisse, Handelswaren, Dokumentation, Aufträge, usw.),
- immaterielle Objekte (z.B. DV-gestützte Informationen, Auftraggeber, Auftragnehmer, Lieferant, Abnehmer, Absatzbezirk, Kreditarten, usw.) und
- Arbeitshilfsmittel (als Objekt der Bearbeitung oder Verwaltung auftreten, z.B. Betriebsmittel, DV-Geräte, usw.)

zu unterscheiden ist[83].

Die Arbeitsobjekte, die materiell oder immateriell (informationell) oder gemischt sein können, liegen der organisationseinheitbezogenen und -übergreifenden Kommunikation zwischen Stellen bei der Aufgabenerfüllung zugrunde und bilden den Arbeitszusammenhang zwischen den Stellen. Die organisationseinheitbezogene Kommunikation läßt sich so verstehen, daß sie den Arbeitszusammenhang zwischen Stellen innerhalb

---

[83] Vgl. Kosiol: Organisation der Unternehmung, S.50. 1976.

einer Höheren Organisationseinheit beschreibt. Im Gegensatz dazu steht die organisationseinheitübergreifende Kommunikation, die den Arbeitszusammenhang zwischen den Höheren Organisationseinheiten im Unternehmen kennzeichnet. In Wirklichkeit aber wird diese Kommunikation von den entsprechenden Stellen durchgeführt. Die Kommunikation zwischen Stellen bei der Aufgabenerfüllung bedarf einerseits der Kooperationsfähigkeit der Aufgabenträger, hier hauptsächlich Personen, und andererseits der sachgerechten Koordinierung der fachlichen Führung. Eine reibungslose und zügige Kommunikation gewährleistet die erfolgreiche und effiziente Aufgabenerfüllung und setzt zugleich eine sachgerechte und eine prioritätsbezogene Koordinierung der fachlichen Führung voraus. Dabei entspricht die Priorität der Koordinierung der Einteilung der Aufgaben sowie der zu bearbeitenden und zu erzeugenden Arbeitsobjekte nach Belastungsgrad, Ausführungsfrequenz und Ausführungsdauer.

Es gibt auch eine andere Art von organisationseinheitübergreifender Kommunikation bei der Aufgabenerfüllung, in welcher die entsprechende organisationseinheitübergreifende Verantwortlichkeit entsteht. Es kommt in der Praxis vor, daß Aufgaben von den Stellen nicht für deren dazugehörige Höhere Organisationseinheit (Abteilung, Hauptabteilung usw.) sondern für andere Höhere Organisationseinheiten erfüllt werden. Dazu ist eine derartige Aufgabenerfüllung in der fachlichen Zuständigkeit eindeutig definiert und daraus ergeben sich die fremdbezogenen Arbeitspensa in Höheren Organisationseinheiten. Dabei handelt es sich einerseits um die organisationseinheitübergreifende Verantwortlichkeit bei der Aufgabenerfüllung und andererseits um die kurz- und mittelfristige Planung der Einsetzung der Arbeits- und Fachkräfte für fremde Organisationseinheiten. Es folgt möglicherweise eine innerbetriebliche Kosten- und Leistungsverrechnung. Daraus erkennt man, daß die fremdbezogenen Arbeitspensa, die sich auf andere Organisationseinheiten beziehen, gut analysiert und dargestellt werden sollen. Hierbei geht es nicht nur um die Kommunikation bei der Aufgabenerfüllung, sondern vielmehr um Kompetenz, Verantwortlichkeit und Koordinierung, die sich letztlich an den gesamten Unternehmenszielen orientieren. Für jede Höhere Organisationseinheit ist es allerdings wichtig und hilfreich hinsichtlich innerbetrieblicher Kosten- und Leistungsverrechnung, eine statistische und übersichtliche Tabelle über alle fremden Organisationseinheiten zu erstellen, für welche die Fachkräfte zur Erfüllung von bestimmten Aufgaben eingesetzt sind und welche entsprechenden Arbeitspensa sie dort haben. Sie werden Unternehmensleiter oder Geschäftsführer dabei helfen, die Verteilung der gesamten Arbeitspensa in einer Höheren Organisationseinheit besser zu verwalten, die Fachkräfte planmäßiger einzusetzen und nicht zuletzt hinfällige Tätigkeiten frühzeitig zu erkennen.

Im engeren Zusammenhang mit der Aufgabenerfüllung steht der Aufgabenträger, der sowohl eine Person oder eine Maschine sein kann und der letztendlich die Kommunikation betreibt. Hier wird hauptsächlich die Person behandelt, die in der Ständigen Aufbauorganisation als Stelleninhaber definiert ist. Die Fachkraft und der Mitarbeiter sind identisch mit Stelleninhaber. Hierfür ist eine statistische Tabelle gegeben, die den Personalstand mit der absoluten und proportionalen Zahl für jede Höhere Organisationseinheit gegenüber der unmittelbar übergeordneten Höheren Organisationseinheit und dem Unternehmen darstellt. In Bezug auf die Überlegung der Produktivitätssteigerung bei Kostensenkung im gesamten Unternehmen sind diese Informationen und Beschreibungen für die Unternehmensführung sehr von Interesse, da der Personalstand den Leistungen und auch den Kosten entspricht. Die Produktivitätsteigerung bei Kostensenkung ist dann sinnvoll, wenn eine ausgewogene Berücksichtigung der fachlichen Qualifikation der Fachkräfte und der sozialen Faktoren in die Senkung der Personalkosten einbezogen wird. Die Senkung der Personalkosten bewirkt die Umstrukturierung der Organisation, die als die wichtigste Aufgabe des Managements zur Planung und Entwicklung der Organisation bezeichnet wird.

In der derivativen Analyse und Bewertung der Ständigen Aufbauorganisation entsteht eine weitere dienliche Funktion, die in hohem Maße das Management der Organisationsplanung und -entwicklung unterstützt. Sie dient dem Unternehmensleiter dazu, die Abweichung sowie die Änderungsbilanz zwischen den versionierten Gestaltungen der Ständigen Aufbauorganisation zu vergleichen und zu bewerten. Die versionierten Gestaltungen der Ständigen Aufbauorganisation sind allgemein an unterschiedliche Leistungen und Kosten gebunden, welche bei der Aufgabenerfüllung und bei dem Erreichen der Unternehmensziele deutlich zum Ausdruck gebracht werden. Die Erstellung der Änderungsbilanz bzw. der Vergleich zwischen den versionierten Gestaltungen der Ständigen Aufbauorganisation besitzt das wesentliche Merkmal dieser Funktion und wird nach folgenden Kriterien durchgeführt:

- Der Belastungsgrad der Organisationseinheit für die Aufgabenerfüllung,
- Die Aufgabeneinteilung nach deren Ausführungsfrequenz in der Organisationseinheit,
- Die Aufgabeneinteilung nach deren Ausführungsdauer in der Organisationseinheit,
- Die Art der zu bearbeitenden und zu erzeugenden Arbeitsobjekte in der Organisationseinheit,
- Die organisationseinheitbezogene und -übergreifende Kommunikation (Festlegung der Schnittstellen) bei der Aufgabenerfüllung,
- Die organisationseinheitübergreifende Aufgabenerfüllung und
- Der Personalstand sowie die fachliche Qualifikation der Personen.

Es ist notwendig und flexibel, daß eine derartige Änderungsbilanz immer unter dem Angaben einer Bezugsversion und der weiteren zu vergleichenden Versionen zur Gestaltung der Ständigen Aufbauorganisation vom Anwender/Benutzer erstellt wird. Die analysierten bzw. verglichenen Ergebnisse werden graphisch sowie tabellarisch anschaulich aufgeführt. Sie weisen auf potentielle Mißstände bei einem Organisationsaufbau hin und anschließend werden dementsprechend die Verbesserungsvorschläge erstellt. Dadurch werden die nachträglichen Verbesserungs- und Entscheidungsprozess zum Aufbau der Organisation unterstützt. Hierfür sind die Prinzipien zur Analyse und Bewertung der versionierten Gestaltungen der Ständigen Aufbauorganisation wie bei der Erstellung des derivativen Segments der Dokumentation der Ständigen Aufbauorganisation, welche im *Abschnitt 5.III.C.1. Die Erstellung des derivativen Segments der Dokumentation / Die Ständige Aufbauorganisation* näher erläutert wird.

2. Die Projektorganisation

Die sachgerechte Analyse und Bewertung des Projektstandes und der Aufbauorganisation eines Projektmanagements ist auf einen synthetischen Blickwinkel von Terminen, Fakta und Folgen angewiesen. Integrierend bilden diese Kriterien die grundlegende Prämisse einer vollständigen, ausgewogenen und optimalen Entscheidung zur Nachbesserung der Projektabwicklung. Der termgerechte Ablauf eines Projektes ist ein entscheidendes Merkmal des Projektes und legt neben Anfangs- und Endendatum die klare und eindeutige Zieldefinition des Projektes fest. Die Fakta beziehen sich auf den aktuellen, erwarteten und auch unerwarteten Erfüllungsstand einzelner Projektaufgaben und geben den sachlichen Abwicklungsstand eines Projektes wieder. Sie können positive oder negative Wirkungen auf den weiteren Ablauf des Projektes ausüben. Es ist äußerst wichtig, daraus den Trend rechtzeitig zu erkennen, ob er zu einem ungünstigen Ablauf führt und somit auf einen möglichen Mißstand hinweist, worauf dann rechtzeitig Revisionsmaßnahmen zum positiven und planmäßigen Ablauf eingeleitet werden können. Die Managementfunktion zur Analyse und Bewertung der Projektabwicklung setzt die Projektplanung und den Erfüllungsstand der Projektaufgaben voraus und wird insbesondere dadurch geprägt, daß sie dem Unternehmensleiter und dem Projektleiter eine frühzeitige und gezielte Erkennung eines potentiellen Mißstandes und des planwidrigen Trends eines Projektablaufs ermöglicht. Sie soll vornehmlich auch zur quantitativen und qualitativen Analyse der Ursachen und anschließend zur anschaulichen und graphischen Darstellung der analysierten Ergebnisse, d.h. derivative graphische Darstellung des aktuellen Abwicklungsstandes eines Projektes, dienen.

Im Mittelpunkt der Beurteilung des Abwicklungsstandes eines Projektes oder Teilprojektes steht die Erfüllung der Projektaufgaben. In erster Linie ist es sehr wichtig und nützlich, daß die Projektaufgaben nach gewissen Aspekten geordnet werden müssen, da sie in einzelnen Projektorganisationseinheiten (Projektstelle, Projektgruppe, Lenkungsausschuß, Beratungsausschuß usw.) mit unterschiedlicher Arbeitsbelastung definiert werden können, um die Essenz einer Projektorganisationseinheit einsichtig darzustellen und den Verteilungsstand der gekennzeichneten Projektaufgaben zu bewerten. Die Analyse und Bewertung der Projektaufgaben wird nach den Kriterien Ausführungsfrequenz und Belastungsgrad durchgeführt und läßt sich hier auf zwei Ebenen der Höheren Projektorganisationseinheit (Arbeitsgruppe, Beratungsausschuß usw.) und der Projektstelle vollziehen.

Zuerst werden folgende endlichen Mengen wie in der Ständigen Aufbauorganisation gebildet und definiert:

$\mathbf{PH} := \{ph_1, ph_2, \ldots, ph_n\}$: eine endliche Menge von Höheren Projektorganisationseinheiten mit $\mathbf{PH} \subset \mathbf{H}$,

$\mathbf{PS} := \{ps_1, ps_2, \ldots, ps_n\}$: eine endliche Menge von Projektstellen mit $\mathbf{PH} \cap \mathbf{PS} = \emptyset$ und $\mathbf{PS} \subset \mathbf{S}$,

$\mathbf{PO} := \mathbf{PH} \cup \mathbf{PS}$: eine endliche Menge von Projektorganisationseinheiten mit $\mathbf{PO} \subset \mathbf{O}$.

Die weiteren Definitionen bzw. Formalbeschreibungen der Projektorganisation entsprechen denjenigen der Ständigen Aufbauorganisation. Die Vorgehensweise erfolgt analog. So wie in der Analyse und Bewertung der Ständigen Aufbauorganisation sind auch hier für die Projektabwicklung die übersichtlichen Graphen und statistischen Tabellen über

- den hierarchischen und disziplinarischen Organisationsaufbau eines Projektes,
- die verschiedenen Werte des Belastungsgrades der Höheren Projektorganisationseinheit,
- die verschiedenen Ausführungsfrequenzen der Projektaufgaben,
- den Zeitaufwand zur Erfüllung der Projektaufgaben,
- den Personalstand,
- die Arbeitsobjekte und

* die organisationseinheitübergreifenden fachlichen Zuständigkeiten

zu erstellen.

Durch die derivative Analyse und Bewertung der Projektorganisation wird die Analyse der Abweichungen bzw. der Änderungsbilanz zwischen den Projektplanungen unterstützt, die die verschiedenen möglichen Abwicklungsarten eines Projektes kennzeichnen und hier als Versionen bezeichnet werden können. Die versionierten Planungen zum Aufbau der Organisation des Projektmanagements können unterschiedliche Leistungen und Erfolge bei der Projektabwicklung bewirken. Insofern ist zuvor der Vergleich zwischen den versionierten Planungen zum Aufbau der Organisation des Projektmanagements von großer Bedeutung. Die analysierten und verglichenen Ergebnisse werden graphisch sowie tabellarisch dargestellt und bilden wesentliche Inhalte der Änderungsbilanz. Dadurch ist auch das wesentliche Merkmal der derivativen Analyse und Bewertung der Projektorganisation repräsentiert. Nach den Kriterien, die auch in der derivativen Analyse und Bewertung der Ständigen Aufbauorganisation benötigt werden, wird die Projektorganisation ebenfalls analysiert und bewertet. Jedoch werden die Schwerpunkte bei der Projektorganisation im wesentlichen auf Zeitkriterien gesetzt. Die Unterschied zwischen ihnen liegt letztendlich in dem Kriterium der zeitlichen Geltung, welche bei der Charakterisierung der Projektorganisation von großer Bedeutung ist. Das Kriterium der zeitlichen Geltung bezieht sich auf die Projektorganisationseinheiten, die in einer bestimmten Zeit für die Erfüllung der Projektaufgaben eingerichtet sind, und die Projektaufgaben, die in einer zeitlichen Reihenfolge parallel oder sequentiell erfüllt werden müssen.

Die Änderungsbilanz wird immer unter den angegebenen Versionen zur Planung der Organisation des Projektmanagements durchgeführt, wovon eine Version als Bezugsversion und die anderen als die zu vergleichenden Versionen zu betrachten sind. Durch die graphischen und tabellarischen Darstellungen veranschaulichen die analysierten bzw. verglichenen Ergebnisse Unterschiede sowie Gemeinsamkeiten zwischen den versionierten Planungen zum Aufbau der Organisation des Projektmanagements. Es ist auch dabei zu bemerken, daß sie auf potentielle Schwachstellen bei einer Projektabwicklung hinweisen können, die möglicherweise zur Kostensteigerung und sogar zum Mißerfolg führen können. In diesem Fall sind die entsprechenden Verbesserungsvorschläge erwartungsgemäß erwünscht, die allerdings durch Kennzeichnungen in den analysierten Ergebnissen klar und deutlich dargestellt, womit die nachträglichen Verbesserungs- und Entscheidungsprozess zum Aufbau und zur Abwicklung eines Projektes unterstützt sind. Dazu müssen geeignete Maßnahmen vom Unternehmensleiter und Projektleiter ergriffen werden. Die Prinzipien zur Analyse und Bewertung der versionierten Planungen zum Aufbau der Organisation des Projektmanagements werden in der Erstellung des derivativen Segments der Dokumentation der Projektorganisation detailliert beschrieben, welche im *Abschnitt 5.III.C.2. Die Erstellung des derivativen Segments der Dokumentation / Die Projektorganisation* nachzulesen ist.

3. Die Ablauforganisation

Die derivativen graphischen Darstellungen der Ablauforganisation veranschaulichen die quantitativ analysierten sowie bewerteten Ergebnisse der Ablauforganisation, die sich auf einen Ist-Zustand oder bestimmte Planungen zur Verbesserung der existierenden Ablauforganisation beziehen. Die Verbesserung und die Entwicklung der Ablauforganisation sind ein ständiger Managementprozeß, der letztlich die wichtige Aufgabe eines Unternehmensleiters kennzeichnet. Die Verbesserung und die Entwicklung der Ablauforganisation setzt die frühe Erkennung eines möglichen Mißstandes im Arbeitsablauf voraus, welche der sorgfältigen Analyse und Bewertung des Arbeitsablaufs zugrunde liegt und zugleich die fundierten Sachkenntnisse des Unternehmensleiters fordert. Der Mißstand des Arbeitsablaufs ist grundsätzlich durch die längere Durchlaufzeit, niedrige Auslastung der Kapazität der Aufgabenträger, mangelnde Führungsqualität in der Aufgabenerfüllung oder durch die fehlenden Fachkenntnisse in der Aufgabenerfüllung zu erkennen. Ob ein aktueller Zustand der Ablauforganisation rationalisiert bzw. verbessert werden soll, muß im Zusammenhang mit der globalen Marktstruktur und Technologie betrachtet werden, die zur Steigerung der Produktivität in der Durchführung der Arbeitsprozesse (Produktions- oder Geschäftsprozesse) beitragen kann. Die ziel- und sachgerecht gestaltete Ablauforganisation ist letztendlich durch größere Marktanteile zu erkennen, die gleichwohl in einem Unternehmen oder dessen Fachbereichen mit der kostengünstigen Aufgabenerfüllung und der kürzeren Durchlaufzeit der Arbeitsprozesse identifiziert wird. Der ständige Managementprozeß zur Verbesserung und Entwicklung der Ablauforganisation läßt sich hierfür durch die derivative Analyse und Bewertung der Ablauforganisation unterstützen, wobei die quantitativ analysierten und bewerteten Ergebnisse in ihren organisatorischen Zusammenhängen durch die graphischen Darstellungen zu veranschaulichen sind. In den graphischen Darstellungen werden nicht nur die quantitativ analysierten sowie bewerteten Ergebnisse eines aktuellen Standes, sondern auch die bestimmten Planungen zur Verbesserung der Ablauforganisation dargelegt. Durch Einbeziehung des Fachwissens des Unternehmensleiters kann festgelegt werden, ob ein aktueller Stand der Ablauforganisation noch produktiv ist oder die Planung zur Verbesserung des Arbeitsablaufs zur Steigerung der Wettbewerbsfähigkeit des Unternehmens führen kann. Der aktuelle Stand und die verschiedenen Planungen zur Verbesserung der Ablauforganisation werden hier mit der Version ausgeprägt. Durch den Vergleich der versionierten Gestaltungen der Ablauforganisation kann weiter festgestellt werden, welche Planung umgesetzt werden soll.

Die derivative Analyse und Bewertung der Ablauforganisation setzt die Schwerpunkte auf die quantitative Auswertung der Aufgaben und der Arbeitsobjekte sowie ihres Zusammenhanges. Dabei sind auch die Verbindungen mit der Aufbauorganisation bezüglich fachlicher Zuständigkeit der Organisationseinheiten für die Aufgabenerfüllung und der Systemkonfiguration bezüglich der DV-gestützten Aufgabenerfüllung zu analysieren und zu bewerten. Die Analyse und Bewertung der einzelnen Aufgaben kann hierbei zur Bildung der Organisationseinheiten und zur Planung der DV-gestützten Aufgabenerfüllung dienen. Demzufolge sind selbstverständlich die Arbeitsobjekte, die bei der Aufgabenerfüllung ver-/gebraucht oder erzeugt werden sollen, zu analysieren und zu bewerten. In Anbetracht der DV-gestützten Aufgabenerfüllung werden die Arbeitsobjekte dahingehend aus der Sicht der Systemkonfiguration analysiert und bewertet, ob die Arbeitsobjekte noch durch die DV-Systeme bzw. Datenbank-Systeme verwaltet werden sollen. Diese Beurteilung läßt sich durch die umfassende Analyse und Bewertung des gesamten Vorgangsnetzes feststellen. Dieses Vorgangsnetz (Arbeitsablauf) kann auf der Ebene der Organisationseinheit (Höheren Organisationseinheit und Stelle) und der Aufgabe sowie des Arbeitsobjektes bewertet werden, das letztere soll als Material- bzw. Informationsflußnetz bezeichnet werden. Die Analyse und Bewertung der Ablauforganisation erfolgt auch immer unter einer Führungsebene, die durch eine Höhere Organisationseinheit repräsentiert wird und die ihre disziplinarisch mittelbar sowie unmittelbar unterstellten Organisationseinheiten (Höheren Organisationseinheiten und Stellen) umfassen. So lassen sich die analysierten und bewerteten Ergebnisse der Ablauforganisation bezüglich der derivativen graphischen Darstellungen als On-Line Berichterstattung und Entscheidungsunterlage bezeichnen.

Zur Analyse und Bewertung der Ablauforganisation sind zuvor zwei endliche Mengen von Aufgaben und Arbeitsobjekten als Ausgangspunkt zu deklarieren:

$\mathbf{F} := \{\, f_1, f_2, \dots , f_n \,\}$:   eine endliche Menge von Aufgaben und

$\mathbf{E} := \{\, e_1, e_2, \dots , e_n \,\}$:   eine endliche Menge von Arbeitsobjekten.

Unter Berücksichtigung des Projektes, das in einer bestimmten Zeit abgewickelt werden soll und für das die Organisation des Projektmanagements benötigt wird, ist auch eine Teilmenge der Projektaufgabe zu definieren. Diese Teilmenge der Projektaufgaben wird in der Analyse und Bewertung der Projektorganisation benutzt:

$\mathbf{PF} = \{\, pf_1, pf_2, \dots , pf_n \,\} \subset \mathbf{F}$:   eine Teilmenge der Projektaufgaben.

Der Zusammenhang zwischen den Aufgaben und den Arbeitsobjekten läßt sich durch die Input- und Output-Funktionen beschreiben und darstellen, da die Arbeitsobjekte bei der Aufgabenerfüllung ver-/gebraucht oder erzeugt werden:

$\mu_i : \mathbf{F} \to 2^{\mathbf{E}} \setminus \{\emptyset\}$ für den Ver-/Gebrauch der Arbeitsobjekte bei der Aufgabenerfüllung,

$\mu_o : \mathbf{F} \to 2^{\mathbf{E}} \setminus \{\emptyset\}$ für die Erzeugung der Arbeitsobjekte bei der Aufgabenerfüllung.

Die hier definierten Input-/Output-Funktionen sollen grundsätzlich auf eine qualitative Beschreibung abgegrenzt werden, da sie für die strategische Planung und Entwicklung der Ablauforganisation hinreichend sind[84].

Aus diesen zwei Funktionen μ_i und μ_o ergeben sich die dualen Funktionen N_i bzw. N_o, die sich auf die Arbeitsobjekte beziehen:

$N_i : \mathbf{E} \to 2^{\mathbf{F}} \setminus \{\emptyset\}$ $N_i(e) := \{\, f \in \mathbf{F} \mid e \in \mu_i(f) \,\}$,

$N_o : \mathbf{E} \to 2^{\mathbf{F}} \setminus \{\emptyset\}$ $N_o(e) := \{\, f \in \mathbf{F} \mid e \in \mu_o(f) \,\}$

Durch die Funktionen N_i bzw. N_o ist deutlich beschrieben und dargelegt, ob die Arbeitsobjekte in einer Höheren Organisationseinheit bei der Erfüllung der verschiedenen Aufgaben ver-/gebraucht oder erzeugt werden.

Aus den Input-/Output-Funktionen (μ_i und μ_o) und ihren dualen Funktionen (N_i und N_o) kann die Reihenfolge zur Erfüllung der Aufgaben beschrieben werden. Die Reihenfolge der Aufgabenerfüllung wird durch zwei weitere Funktionen, namentlich Vorgänger- (ε_V) bzw. Nachfolger-Funktion (ε_N), definiert und verdeutlicht:

$\varepsilon_V : \mathbf{F} \to 2^{\mathbf{F}}$ $\varepsilon_V(f) := \{\, f_j \in N_o(e) \mid e \in \mu_i(f) \,\}$ und

$\varepsilon_N : \mathbf{F} \to 2^{\mathbf{F}}$ $\varepsilon_N(f) := \{\, f_j \in N_i(e) \mid e \in \mu_o(f) \,\}$.

Die Vorgänger- und Nachfolgerfunktionen finden ihren Ausdruck in der Praxis darin, daß jede Aufgabe als ein Element in der endlichen Menge $\varepsilon_V(f)$ vor der Erfül-

---

[84] S.h. Steffens: Betriebsmodell in *Kleines Lexikon der Informatik* S.39. ff. 1995.

lung der Aufgabe f durchgeführt werden soll; demgegenüber jede Aufgabe aus der endlichen Menge $\mathcal{E}_N(f)$ nach der Erfüllung der Aufgabe f.

Die Zerlegung und Zusammenstellung der Aufgaben und der Arbeitsobjekte liegen der Bildung der Organisationseinheiten zugrunde. Dadurch können die Aufgaben und die Arbeitsobjekte unter dem Aspekt der Aggregation und Disaggregation analysiert und bewertet werden. Unter dieser Aggregation und Disaggregation wird hier die Strukturbildung der Aufgaben sowie der Arbeitsobjekte verstanden. Eine Struktur der Aufgaben und Arbeitsobjekte kann die Klasse, Familie usw. der Aufgaben bzw. der Arbeitsobjekte zum Ausdruck bringen. Zur Beschreibung und Darstellung dieser Struktur der Aufgaben und der Arbeitsobjekte werden zwei weitere Funktionen τ_F und τ_E, definiert:

$$\tau_F : F \rightarrow 2^F \qquad \text{mit der Bedingung } T_F,$$

wobei die Bedingung T_F bedeutet, daß die zyklische Strukturbildung der Aufgaben nicht vorkommen darf. Sie läßt sich dadurch ausdrücken:

$$T_F : 2^F \rightarrow 2^F \qquad \text{mit } T_F(F') = \underset{f \in F'}{Y} \tau_F(f) \text{ und } \forall\, f \in F,\, n \in IN \Rightarrow f \notin T_F^n(F).$$

Die endliche Menge $\tau_F(f) = \{f_1, f_2, \dots, f_n\}$ gibt an, daß alle Aufgaben $f_i \in \tau_F(f)$ zu der Aufgabe f - sie sei auch eine Aufgabenklasse - gehören; diese Klassenbildung wird durch die Funktion T_F klargelegt, so daß die zyklische Klassenbildung hierbei ausgeschlossen ist. Die Strukturbildung der Aufgaben ist weiter durch zwei Arten zu unterscheiden: die *fakultative* ($\tau_F^{\ddagger}$) und die *obligatorische* (τ_F^{*}) Struktur. Im Fall der fakultativen Struktur der Aufgaben wird dargestellt, daß eine aggregierte Aufgabe f (z.B. eine Aufgabenklasse) eine oder mehrere disaggregierte Aufgaben $f_i \in \tau_F(f)$ beinhalten kann. Die disaggregierten Aufgaben f_i werden auch insofern durch die aggregierte Aufgabe f repräsentiert. Demgegenüber findet die obligatorische Struktur der Aufgaben ihren Ausdruck darin, daß eine aggregierte Aufgabe f die Menge ihrer disaggregierten Aufgaben $f_i \in \tau_F(f)$ repräsentiert. Die *fakultative* und *obligatorische* Struktur der Aufgaben gilt in gleicher Weise für die Projektaufgaben.

Diese zwei Funktionen zur Beschreibung und Darstellung der Strukturbildung der Aufgaben werden auch auf die Arbeitsobjekte übertragen. Die Analyse und Bewertung der Arbeitsobjekte bildet im wesentlichen die Grundlage für die arbeitsobjektbezogene Aufgabenanalyse. Die Arbeitsobjekte besitzen in der Regel auch ihre Struktur, die beispielsweise durch die Familie, Klasse usw. verkörpert werden kann. In der Struktur unterscheiden sich die Arbeitsobjekte durch zwei Arten: aggregierte und disaggregierte Arbeitsobjekte. So können die Arbeitsobjekte in dem Sinne durch die Strukturbildung auf der Ebene der Aggregation und Disaggregation analysiert und bewertet werden. Die Strukturbildung der Arbeitsobjekte läßt sich ebenfalls durch zwei Funktionen darstellen:

$$\tau_E : E \rightarrow 2^E \qquad \text{mit der Bedingung } T_E,$$

wobei die Bedingung T_E, sofern es die zyklische Strukturbildung der Arbeitsobjekte verbietet, in gleicher Weise (wie in der Strukturbildung der Aufgaben) ausgedrückt wird durch:

$$T_E : 2^E \rightarrow 2^E \qquad \text{mit } T_E(E') = \underset{e \in E'}{Y} \tau_E(e) \text{ und } \forall\, e \in E,\, n \in IN \Rightarrow e \notin T_E^n(E),$$

Durch diese zwei Funktionen wird die Strukturbildung der Arbeitsobjekte klar beschrieben. Die endliche Menge $\tau_E(e) = \{e_1, e_2, \dots, e_m\}$ stellt eine Struktur der Arbeitsobjekte dar, in welcher alle disaggregierten Arbeitsobjekte $e_i \in \tau_E(e)$ zu dem aggregierten Arbeitsobjekt e (z.B. eine Familie der Arbeitsobjekte) gehören. Es wird allerdings mit der Funktion T_E angedeutet, daß die zyklische Familienbildung in der Struktur nicht auftreten darf. Gleichwohl ist die Struktur der Arbeitsobjekte auch durch zwei Arten zu unterscheiden: die *fakultative* (τ_E^+) und die *obligatorische* (τ_E^-) Strukturbildung.

Die Definition und die Festlegung der Ausführungsdauer, die die zeitliche Dauer (mit oder ohne Pufferzeit) zur Erfüllung der Aufgaben kennzeichnet, bildet den Ausgangspunkt zur Analyse und Bewertung der Ablauforganisation. Diese Ausführungsdauer zur Erfüllung der Aufgabe $f_i \in F$ wird durch d_i präzisiert, dessen Dimension sich auf Sekunde, Minute, Stunden usw. beziehen kann. Aus der Reihenfolge zur Erfüllung der Aufgaben und dem Input-Output-Verhalten der Arbeitsobjekte bei der Aufgabenerfüllung kann die gesamte Durchlaufzeit berechnet werden, die die Ausführungsdauer zur Erfüllung von einer Aufgabe bis hin zu einer anderen Aufgabe summiert und die gesamte Zeit zur Erzeugung eines Arbeitsobjektes durch den Einsatz der bestimmten Arbeitsobjekte repräsentiert. Diese Durchlaufzeit wird hier in der derivativen graphischen Darstellung durch das Kommunikationsnetz oder Material- bzw. Informationsflußnetz veranschaulicht, wobei das Kommunikationsnetz sich durch die Ebene der Höheren Organisationseinheit, der Stelle und der Aufgabe unterscheidet. Das Material- bzw. Informationsflußnetz bezieht sich dabei auf die Arbeitsobjekte.

Das Kommunikationsnetz auf der Ebene der Höheren Organisationseinheit und der Stelle drückt eine Sichtweise der Aggregationsdarstellung des Kommunikationsnetzes aus. In dem Kommunikationsnetz wird der Arbeitsablauf zwischen den Organisationseinheiten deutlich dargestellt. Der Arbeitszusammenhang zwischen Organisationseinheiten wird selbstverständlich durch die Arbeitsobjekte hergestellt, welche hier als die *Interaktionsarbeitsobjekte* bezeichnet werden. Dementsprechend sind auch die *Schnittstellen-* sowie die *Verbindungsaufgaben* zu definieren, um diese zu erfüllen, werden die Interaktionsarbeitsobjekte ver-/gebraucht oder erzeugt. Die Schnittstellen- und Verbindungsaufgaben drücken eigentlich die gleichen Aufgaben aber aus zwei unterschiedlichen Sichtweisen aus, welche sich auf die betrachtete Organisationseinheit beziehen. Die Aufgaben, die in einer Höheren Organisationseinheit (beispielsweise durch h bezeichnet) als fachliche Zuständigkeit definiert werden und erfüllt werden müssen, werden durch folgende Menge klar dargestellt:

$$F_h = \underset{s \in \Psi_s(h)}{Y} \gamma(s) \, Y \gamma(h),$$

und die entsprechenden Arbeitsobjekte, die in der Höheren Organisationseinheit h bei der Aufgabenerfüllung ver-/gebraucht oder erzeugt werden, lassen sich repräsentieren durch die Menge:

$$E_h = \underset{f_j \in F_h}{Y} \mu_i(f_j) \, Y \underset{f_j \in F_h}{Y} \mu_o(f_j).$$

Aus der endlichen Menge E_h kann wiederum eine endliche Menge F_E von allen Aufgaben abgeleitet werden, um diese zu erfüllen, sollen die Arbeitsobjekte aus der endlichen Menge $\mathbf{E_h}$ ver-/gebraucht bzw. erzeugt werden. Diese endliche Menge wird offenbar gebildet durch:

$$\mathbf{F_E} = \underset{e_j \in E_h}{\mathbf{Y}} N_i(e_j) \, Y \underset{e_j \in E_h}{\mathbf{Y}} N_o(e_j)$$

So beinhaltet die endliche Menge

$$\overline{\mathbf{F}}_h = \mathbf{F_E} \backslash \mathbf{F_h}$$

diejenigen Aufgaben, die hierfür als die *Verbindungsaufgaben* gegenüber der Höheren Organisationseinheit **h** bezeichnet werden, da die Kommunikation der Höheren Organisationseinheit **h** mit den anderen Höheren Organisationseinheiten letztendlich durch das Zusammenwirken zwischen den Schnittstellenaufgaben einerseits und den Verbindungsaufgaben andererseits verwirklicht werden kann. So lassen sich die Schnittstellenaufgaben in der Höheren Organisationseinheit **h** feststellen durch:

$$\mathbf{F_h^{ss}} = \mathbf{F_h} \, I \underset{f_i \in \overline{F}_h}{\mathbf{Y}} \varepsilon_V(f_i) \, I \underset{f_i \in \overline{F}_h}{\mathbf{Y}} \varepsilon_N(f_i)$$

Aus den endlichen Mengen $\mathbf{F_h^{ss}}$ und $\overline{\mathbf{F}}_h$ können die Interaktionsarbeitsobjekte, die die Kommunikation zwischen der Höheren Organisationseinheit **h** und den anderen Organisationseinheiten zustande bringen, festgestellt werden durch:

$$\mathbf{E_h^{IA}} = \Big(\underset{f_j \in \overline{F}_h}{\mathbf{Y}} \mu_i(f_j) \, Y \underset{f_j \in \overline{F}_h}{\mathbf{Y}} \mu_o(f_j) \Big) I \Big(\underset{f_k \in F_h^{ss}}{\mathbf{Y}} \mu_i(f_k) \, Y \underset{f_k \in F_h^{ss}}{\mathbf{Y}} \mu_o(f_k) \Big).$$

An dieser Stelle können die Interaktionsarbeitsobjekt, Schnittstellen- und Verbindungsaufgaben in gleicher Weise festgestellt werden. Zum Beispiel werden sie entsprechend von der Stelle **s** dargestellt dadurch:

$\mathbf{F_s^{ss}}$ die Schnittstellenaufgaben von der Stelle **s**,

$\overline{\mathbf{F}}_s$ die Verbindungsaufgaben für die Stelle **s** und

$\mathbf{E_s^{IA}}$ die Interaktionsarbeitsobjekte an der Stelle **s**.

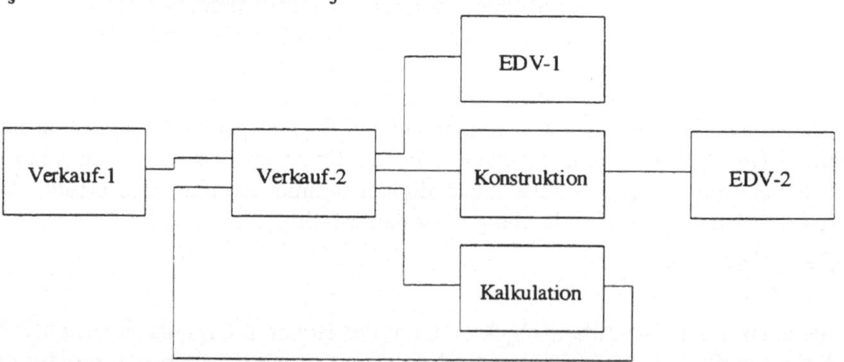

Abb. 5.II.C.3. - 1. Gesamtes Kommunikationsnetz der Ebene der Stelle

Hinter den Darstellungen des Kommunikationsnetzes auf der Ebene der Organisationseinheit verbirgt sich eigentlich der Zusammenhang zwischen der Aufbau- und Ablauforganisation, welcher grundsätzlich durch die fachliche Zuständigkeit der Organisationseinheiten für die Aufgabenerfüllung zu erkennen ist. Das Kommunikationsnetz der Ebene der Organisationseinheit bezieht sich in der Regel auf eine Führungsebene, die durch eine Höhere Organisationseinheit repräsentiert wird und die ihr disziplinarisch mittelbar sowie unmittelbar unterstellten Organisationseinheiten umfaßt. Diese Führungsebene bzw. die Höhere Organisationseinheit wird vom Anwender angegeben, um das Kommunikationsnetz darzustellen. Zur Darstellung des Kommunikationsnetzes der Ebene der Organisationseinheit können ferner zwei Formen - gesamtes und anwenderbeschränktes Kommunikationsnetz - als Alternative gestaltet werden. In dem gesamten Kommunikationsnetz werden alle Organisationseinheiten, die disziplinarisch mittelbar oder unmittelbar unter einer angegebenen Höheren Organisationseinheit (Führungsebene) unterstellt sind, automatisch in ihrem Arbeitszusammenhang aufgeführt. In *Abb. 5.II.C.3. - 1* wird beispielsweise ein gesamtes Kommunikationsnetz der Ebene der Stelle mit allen Stellen gezeigt. In dem Schaubild ist der Arbeitszusammenhang zwischen den Stellen deutlich zu erkennen. Die weiteren quantitativen Beschreibungen einzelner Stellen über die Kommunikationshäufigkeit, die Anzahl der Art der Interaktionsarbeitsobjekte und die Anzahl der kommunizierenden Stellen kann durch die Schaubilder (wie in *Abb. 5.III.C.1. - 4* gezeigt) klargelegt werden, in denen die Stellen nach ihren entsprechenden Werten aufsteigend geordnet sind.

Im anwenderbeschränkten Kommunikationsnetz wird immer ein Ausschnitt aus dem gesamten Kommunikationsnetz erstellt, welches die Auswahl des Anwenders verfolgt. Mit diesem Ausschnitt kann sich der Anwender schwerpunktmäßig auf den Arbeitszusammenhang zwischen bestimmten Organisationseinheiten konzentrieren. Die Organisationseinheiten, die im Ausschnitt dargestellt sind, sind einer gleichen Führungsebene disziplinarisch unterstellt. In *Abb. 5.II.C.3. - 2* wird beispielsweise ein Ausschnitt aus dem gesamten Kommunikationsnetz gezeigt, das in *Abb. 5.II.C.3. - 1* dargestellt ist, wobei der Anwender von der Stelle „*Verkauf-1*" ausgeht und die Stellen „*Verkauf-2*" sowie „*Konstruktion*" gewählt hat.

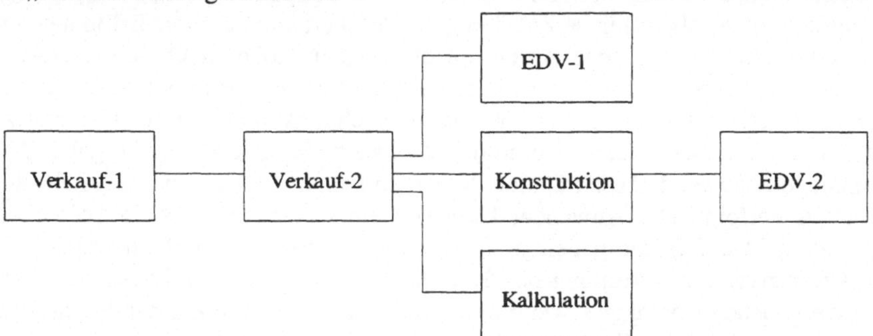

Abb. 5.II.C.3. - 2. Anwenderbeschränktes Kommunikationsnetz der Ebene der Stelle

Im gesamten oder anwenderbeschränkten Kommunikationsnetz der Ebene der Organisationseinheit wird auch weiter die Kommunikationshäufigkeit einzelner Organisationseinheiten, die Anzahl der Art der aggregierten Interaktionsarbeitsobjekte und die Anzahl der kommunizierenden Organisationseinheiten analysiert und bewertet. Hinter dieser quantitativen Analyse und Bewertung verbirgt sich eigentlich der Koordinations- und Kooperationsbedarf bei der organisationseinheitübergreifenden Aufgabenerfüllung. Die analysierten Ergebnisse lassen sich durch die Schaubilder (wie in *Abb. 5.III.C.1. - 4* gezeigt) veranschaulichen, in dem die Organisationseinheiten nach den entsprechenden Werten (Kommunikationshäufigkeit, Anzahl der Art der Interaktionsarbeitsobjekte und Anzahl der kommunizierenden Organisationseinheiten) aufsteigend geordnet werden. Zur Klassifizierung der Organisationseinheiten nach den oben genannten Werten kann der Anwender die Schwellenwerte angeben, mit denen die Organisationseinheiten noch übersichtlich in Schaubildern aufgeführt werden.

Das Kommunikationsnetz der Ebene der Aufgaben kann auch als Vorgangsnetz bezeichnet werden und sich auf Geschäfts- sowie Produktionsprozesse beziehen. Das Kommunikationsnetz der Ebene der Aufgaben ergibt sich aus der Vorgängerfunktion $(\mathcal{E}_V)$ und der Nachfolgerfunktion $(\mathcal{E}_N)$. Aus dem Kommunikationsnetz der Ebene der Aufgaben ist die Reihenfolge zur Erfüllung der Aufgaben festzustellen. In dem Kommunikationsnetz der Ebene der Aufgabe wird der Zusammenhang zwischen den Aufgaben danach dargestellt, ob sie parallel oder sequentiell erfüllt werden müssen. Unter der sequentiellen Erfüllung der Aufgaben sind noch drei Arten zu unterscheiden, *Alternative*, *Bedingte* oder *Zwingende* Erfüllung. Die im Kommunikationsnetz darzustellenden Aufgaben müssen als team- oder individuumbezogene fachliche Zuständigkeit in den Organisationseinheiten definiert werden und werden dargestellt durch:

$$\mathbf{F_H} = \mathbf{Y}\,\mathbf{F_{H_i}}\ \mathbf{Y}\,\mathbf{F_h} \qquad \text{mit } \mathbf{h}_i \in \Psi_H(\mathbf{h}),$$

wobei die Höhere Organisationseinheit **h** als die oberste Instanz von den Höheren Organisationseinheiten ($\mathbf{h}_i$) gesehen wird und eine Führungsebene repräsentiert. So entsteht der disziplinarische Leistungszusammenhang zwischen diesen Organisationseinheiten. Durch die graphische Darstellung des Kommunikationsnetzes der Ebene der Aufgabe wird der Arbeitsablauf dargelegt. Zur Darstellung dieses Kommunikationsnetzes können ebenfalls zwei Formen - gesamtes und anwenderbeschränktes Kommunikationsnetz - vom Anwender als Alternative gestaltet werden. Im gesamten Kommunikationsnetz der Ebene der Aufgabe werden die Aufgaben, die auf einer angegebenen Führungsebene als fachliche Zuständigkeit definiert sind, in ihrer Erfüllungsreihenfolge dargestellt. So wird der Arbeitsablauf in einer Höheren Organisationseinheit, durch die eine Führungsebene bezeichnet wird, und in den ihr mittelbar sowie unmittelbar unterstellten Organisationseinheiten überschaubar aufgeführt. Demgegenüber steht das anwenderbeschränkte Kommunikationsnetz der Ebene der Aufgabe, daß die Erstellung des anwenderbeschränkten Kommunikationsnetzes von der Auswahl des Anwenders verfolgt. Der Anwender kann von einer bestimmten Aufgabe ausgehend die weiteren Nachfolgeraufgaben je nach seinem Analysenbedarf auswählen. Diese zwei Alternativen zur Erstellung des Kommunikationsnetzes der Ebene der Aufgabe haben die gleichen Charaktere wie die des Kommunikationsnetzes der Ebene der Organisationseinheit. Unter Berücksichtigung der Aggregation und Disaggregation der Aufgaben kann das Kommunikationsnetz auf Aggregations- und Disaggregationsebene erstellt und dargestellt werden. Der Wechsel zwischen den aggregierten und disaggregierten Kommunikationsnetzen der Ebene der Aufgabe wird vom Anwender gesteuert. Je nach Bedarf kann der Anwender das Kommunikationsnetz der Ebene der Aufgabe bzw. den Arbeitsablauf aggregiert oder disaggregiert analysieren und bewerten.

Aus dem graphisch dargestellten (aggregierten oder disaggregierten) Kommunikationsnetz der Ebene der Aufgabe können auch die weiteren quantitativen Beschreibungen einzelner Aufgaben über ihre Arbeitsobjekte, die bei der Aufgabenerfüllung ver-/gebraucht oder erzeugt werden, und die kommunizierenden Aufgaben durch die tabellarischen (wie in *Tab. 5.III.C.3. - 1* gezeigt) und graphischen Darstellungen (wie in *Abb. 5.III.C.1. - 8* gezeigt) verdeutlicht werden. In diesen sind die Aufgaben nach ihrer

Aggregation zusammengestellt und in der Aggregation nach ihren Werten - Anzahl der kommunizierenden Aufgaben und Anzahl der ver-/gebrauchten sowie erzeugten Arbeitsobjekte - aufsteigend geordnet. Zur Klassifizierung der Aufgaben nach den oben genannten Werten kann der Anwender auch die entsprechenden Schwellenwerte angeben, mit denen die Aufgaben in den graphischen Darstellungen noch übersichtlich und wunschgemäß veranschaulicht werden.

Aus dem Kommunikationsnetz der Ebene der Aufgabe, welches auch die aufgabenbezogene Analyse und Bewertung des Arbeitsablaufs zum Ausdruck bringt, wird das Informations- bzw. Materialflußnetz abgeleitet, in dem die Input-Output-Beziehung zwischen den Arbeitsobjekten deutlich dargestellt wird. Das Informations- bzw. Materialflußnetz bildet somit die Grundlage für die arbeitsobjektbezogene Analyse und Bewertung des Arbeitsablaufs. In erster Linie ist deutlich im graphisch dargestellten Informations- bzw. Materialflußnetz festzustellen, welche Arbeitsobjekte ver-/gebraucht werden müssen, um die anderen Arbeitsobjekte zu erzeugen. Dabei sind drei Fälle zu unterscheiden - *Variierender Einsatz, Konstante Beziehung* und *Bedingte Erzeugung*, die auch in der graphischen Darstellung verdeutlicht werden. Gleichwohl läßt sich das Informations- bzw. Materialflußnetz ebenfalls durch zwei Formen darstellen - gesamtes und anwenderbeschränktes Informations- bzw. Materialflußnetz. Im gesamten Informations- bzw. Materialflußnetz werden alle Arbeitsobjekte durch die Schaubilder (wie in *Abb. 5.II.C.3. - 1* gezeigt) graphisch dargestellt. Die Arbeitsobjekte müssen in den Organisationseinheiten, von denen eine Höhere Organisationseinheit (z.B. **h**) als die oberste Instanz betrachtet wird, bei der Erfüllung der Aufgaben ver-/gebraucht oder erzeugt werden. In rekursiver Weise ergeben sich die Aufgaben in den Organisationseinheiten, zwischen denen der disziplinarische Zusammenhang entsteht, aus:

$$\mathbf{F_H} = Y \mathbf{F_{H_i}} \, Y \mathbf{F_h} \qquad \text{mit } \mathbf{h_i} \in \Psi_H(\mathbf{h}),$$

wobei die Höheren Organisationseinheiten $\mathbf{h_i}$ disziplinarisch unmittelbar der Höheren Organisationseinheit **h** unterstellt sind. So werden die Arbeitsobjekte, die in der Höheren Organisationseinheit **h** und den ihr disziplinarisch unmittelbar sowie mittelbar unterstellten Organisationseinheiten bei der Aufgabenerfüllung ver-/gebraucht oder erzeugt werden, bezüglich Input-Output-Funktionen (μ_i und μ_o) festgestellt durch:

$$\mathbf{E_H} = Y \mu_i(\mathbf{f_j}) \, Y Y \mu_o(\mathbf{f_j}) \qquad \text{mit } \mathbf{f_j} \in \mathbf{F_H}.$$

So ergibt sich das Material- bzw. Informationsflußnetz aus der Menge $\mathbf{E_H}$, wobei ein gesamtes und ein anwenderbeschränktes Material- bzw. Informationsflußnetz als Alternative zur Darstellung der Durchlaufzeit zwischen den Arbeitsobjekten benötigt wird. Mit dem anwenderbeschränkten Material- bzw. Informationsflußnetz kann der Anwender seinen Schwerpunkt auf bestimmte Arbeitsobjekte setzten, ihre Input- sowie Output-Arbeitsobjekte und die Durchlaufzeit zwischen ihnen genau analysieren und bewerten. Aus den graphischen Darstellungen des gesamten und anwenderbeschränkten Material- bzw. Informationsflußnetzes ist auch deutlich zu erkennen, ob die alternativen Aufgaben erfüllt werden können, um ein Arbeitsobjekt zu erzeugen. Somit kann der Anwender paarweise zwei Arbeitsobjekte wählen, zwischen denen eine Input-Output-Beziehung (ver-/gebraucht und erzeugt) entstehen soll, um die Durchlaufzeit zwischen ihnen zu berechnen. Die berechneten Ergebnisse werden hierbei durch die tabellarische Darstellung verdeutlicht, in der die Erfüllung der benötigten oder alternativen Aufgaben zusätzlich gedeutet wird. Darüber hinaus können die aggregierten und disaggregierten Arbeitsobjekte je nach Wunsch des Anwenders im Material- bzw. Informationsflußnetz integriert werden. Hierbei wird das Material- bzw. Informationsflußnetz gekennzeichnet durch:

- *Aggregiertes* Material- bzw. Informationsflußnetz, in dem nur die aggregierten Arbeitsobjekte dargestellt sind;

- *Disaggregiertes* Material- bzw. Informationsflußnetz, in dem nur die disaggregierten Arbeitsobjekte aufgetreten sind und

- *Gemischtes* Material- bzw. Informationsflußnetz, in dem sowohl die aggregierten als auch die disaggregierten Arbeitsobjekte dem Wunsch des Anwenders entsprechend integriert dargestellt sind.

Unter Berücksichtigung der Aufbauorganisation und der Systemkonfiguration sollen die derivative Analyse und Bewertung der Ablauforganisation sowie ihre graphischen Darstellungen über die Ablauforganisation - Aufgaben und Arbeitsobjekte sowie ihre Zusammenhänge - hinausgehen. Das heißt, daß die derivative Analyse und Bewertung der Ablauforganisation mit der derivativen Analyse und Bewertung der Aufbauorganisation und der Systemkonfiguration verbunden werden soll. Die Analyse und Bewertung der Kommunikationsnetze der Ebene der Organisationseinheit bringt deutlich den Zusammenhang der Ablauf- und Aufbauorganisation zum Ausdruck.

Die DV-Systeme können in einer Organisationseinheit eingesetzt werden, so daß die Erfüllung der bestimmten Aufgaben voll- oder teilautomatisiert wird. Dabei ist grundsätzlich zu analysieren, wie hoch oder niedrig die Automatisierungskomplexität und der Automatisierungsgrad einzelner Aufgaben sind. Aus den analysierten und bewerteten Ergebnissen ist klar zu erkennen, welche DV-Systeme für die Unterstützung der Aufgabenerfüllung in den Organisationseinheiten eingesetzt werden. Darüber hinaus ist zugleich festzustellen, ob die Erfüllung der bestimmten Aufgaben in den Organisationseinheiten weitgehend DV-gestützt werden sollen. Dabei handelt es sich einerseits um die leistungsfähige Aufgabenerfüllung, und andererseits um die kostengünstige Aufgabenerfüllung, wobei die Personalkosten durch die Kapitalkosten (DV-Kosten) substituiert werden.

Als weiteres Merkmal der derivativen Analyse und Bewertung der Ablauforganisation ist die Änderungsbilanz zwischen den versionierten Gestaltungen der Ablauforganisation zu erstellen. Dabei ist es flexibel und notwendig, daß der Anwender zunächst eine Bezugsversion (z.B. Ist-Zustand) und die weiteren zu vergleichenden Versionen (verschiedene Planungen) zur Gestaltung der Ablauforganisation angeben muß, um die Gemeinsamkeiten sowie die Unterschiede zwischen Bezugsversion und den zu vergleichenden Versionen nach bestimmten Kriterien zu analysieren und zu bewerten. Die analysierten Ergebnisse lassen sich durch die graphischen Darstellungen veranschaulichen sowie durch die tabellarischen Darstellungen präzisieren. Unter der Angabe der Schwellenwerte, welche zur Klassifizierung der Aufgaben und der Arbeitsobjekte in bezug auf bestimmten Kriterien (z.B. Kommunikationsnetz auf der Ebene der Stelle, Material- bzw. Informationsflußnetz usw.) dienen, werden die analysierten bzw. verglichenen Ergebnisse über die versionierten Gestaltungen der Ablauforganisation noch deutlicher und strukturiert in den graphischen und tabellarischen Darstellungen gezeigt. Diese Änderungsbilanz zwischen der Bezugsversion und den zu vergleichenden Versionen der Gestaltungen der Ablauforganisation wird auch anwenderbezogen erstellt, so daß der Anwender immer seinem Bedürfnis entsprechend einige gewünschte Aufgaben sowie Arbeitsobjekte in der Änderungsbilanz darstellen kann. So ist der

Anwender stets in der Lage, schnellst möglich die Ablauforganisation mit der Versionsausprägung sach- und zielgerecht zu analysieren und miteinander zu vergleichen. Dadurch wird grundsätzlich die Entscheidung zur Gestaltung bzw. zur Rationalisierung der Ablauforganisation fundiert unterstützt. Die Änderungsbilanz wird in der Weise nach folgenden Kriterien durchgeführt:

- Die Kommunikationshäufigkeit der Organisationseinheiten (Stellen und Höheren Organisationseinheiten), die Anzahl der ver-/gebrauchten sowie erzeugten Arbeitsobjektarten und die Anzahl der kommunizierenden Organisationseinheiten im Rahmen der Analyse und der Bewertung des Kommunikationsnetzes auf der Ebene der Organisationseinheit,

- Die Anzahl der kommunizierenden Aufgaben bezüglich der Analyse und der Bewertung des Kommunikationsnetzes auf der Ebene der Aufgabe,

- Die Durchlaufzeit zwischen den Arbeitsobjekten aufgrund der Analyse und der Bewertung des Material- bzw. Informationsflußnetzes und

- Die Automatisierungskomplexität bzw. der Automatisierungsgrad der Erfüllung der Aufgaben in Anbetracht der DV-gestützten Aufgabenerfüllung.

Die Grundprinzipien zur derivativen Analyse und Bewertung der versionierten Gestaltungen der Ablauforganisation lassen sich auf die Erstellung des derivativen Segments der Dokumentation der Ablauforganisation übertragen, welches im *Abschnitt 5.III.C.3 Die Erstellung des derivativen Segments der Dokumentation / Die Ablauforganisation* ausführlich beschrieben ist und hier nicht nochmals geklärt wird.

4. Die Systemkonfiguration

Während die originäre Analyse und Bewertung der Systemkonfiguration auf eine qualitative Auswertung der DV-Systeme hinweist, setzt die derivative Analyse und Bewertung der Systemkonfiguration ihren Schwerpunkt auf die quantitative Auswertung der DV-Systeme. Daraus ergibt sich auch die derivative graphische Darstellung der Systemkonfiguration in präziser und übersichtlicher Form, in der ein Komplex vom Einsatz der DV-Systeme eines Unternehmens oder dessen Fachbereichs aufgewiesen wird. Dieser Komplex vom Einsatz der DV-Systeme bekundet einen synthetischen Zusammenhang nicht nur im informationstechnischen, sondern auch im organisatorischen Sinne. Dies ist für den Unternehmensleiter bei der Planung des Einsatzes der DV-Systeme von großer Bedeutung. In erster Linie dient der Einsatz der DV-Systeme der Organisation und bewirkt folglich im allgemeinen die Umstellung der Organisation. Die DV-Systeme bilden schließlich die technische Infrastruktur zur Verarbeitung der Informationen[85], die als ein Produktions- und Wettbewerbsfaktor[86] des Unternehmens gekennzeichnet werden. Demzufolge muß die Gestaltung der DV-Systeme eine ganzheitliche Sicht verlangen, in der die Aufbau- und die Ablauforganisation der Informationsverarbeitung insbesondere einbezogen werden müssen. So setzt die Einsatzplanung der DV-Systeme einerseits grundsätzlich die Analyse der einzelnen DV-Systeme und ihres gesamten Standes voraus, andererseits muß sie unter der Berücksichtigung und der Begleitung der notwendigen Organisationsplanung durchgeführt werden. Die Gestaltung der Systemkonfiguration, die eine Integration einzelner DV-Systeme zu-

---

[85] Steffens: OrgIS-Ein Organisationsinformationssystem: Grundlagen und Grundideen. S.6. 1992.
[86] Lehner: Informatik Strategie - Entwicklung, Einsatz und Erfahrungen. S.32 ff. 1993.

stande bringt, hat ihr Hauptziel darin, die Produktivität und die Erträge des gesamten Unternehmens zu verbessern.

Erkannt wird zunächst durch die Analyse des gesamten Standes der DV-Systeme, ob die aktuelle Systemkonfiguration den organisatorischen Anforderungen, d.h. die produktive Aufgabenerfüllung, noch genügt oder zur Senkung der Produktivität des Unternehmens führt. Frühzeitige Erkennung der negativen Auswirkung der Systemkonfiguration auf das Zielerreichen des Unternehmens ist eine der wichtigsten Managementfunktionen für den Unternehmensleiter, welche ferner die Analyse und Bewertung sowie die Planung und Entwicklung der Systemkonfiguration unter der informationstechnischen und organisatorischen Betrachtung als ständige Managementaufgaben des Unternehmensleiters umschließen. Diese Managementfunktionen veranlassen den Unternehmensleiter dazu, die komplexen Kenntnisse über die Informationstechnologie, die Organisation und nicht zuletzt die Fachbereiche (z.B. Produktion, Absatz, Finanzen usw.) innezuhaben. Dafür kann es auch eine Alternative geben, welche die Zusammenarbeit der verschiedenen Fachkräfte darstellt. In diesem Falle müssen die Fachkräfte über die für ihre Fachbereiche benötigten Kenntnisse verfügen und die Führungsqualität (Organisieren) besitzen. Dies allerdings bedarf der sachgerechten Koordination zwischen ihnen und vor allem der ausgewogenen Entscheidung zum Einsatz und zur Umgestaltung der DV-Systeme.

Die derivative Analyse und Bewertung der Systemkonfiguration werden darin gesehen, den Stand der Systemkonfiguration des Unternehmens genau zu analysieren, den potentiellen Engpaß bei der Aufgabenerfüllung frühzeitig festzustellen, die DV-Systeme mit niedrigem Verwertungsgrad - unrationellem Einsatz - zu untersuchen und vor allem die Verbesserungsvorschläge, d.h. die Hinweise, zur ausgeglichenen Ausnutzung der eingesetzten DV-Systeme und der ausgearbeiteten Einsatzplanung der Systemkonfiguration zu erstellen. Diese Funktionen hängen insofern auch mit den organisatorischen Betrachtungen zusammen. Die Systemkonfiguration zur Verarbeitung der Informationen und letztlich zur Unterstützung der Aufgabenerfüllung ist ein wichtiger Einflußfaktor[87] und zugleich eine entscheidend dienende Rolle für die Organisation, in der ihrerseits auch eine besondere Organisation geschaffen werden muß, um die Ziele und die Ordnung der Systemkonfiguration Gestalt werden zu lassen.

Die derivative Analyse und Bewertung der Systemkonfiguration setzen ihre quantitative Beschreibung voraus. Dabei sind zuerst drei endliche Mengen zu bilden und zu definieren:

$\mathbf{SW} := \{ sw_1 , sw_2 , sw_3 , ... , sw_n \}$:   eine endliche Menge von Software,

$\mathbf{HW} := \{ hw_1 , hw_2 , hw_3 , ... , hw_n \}$:   eine endliche Menge von Hardware, dann

$\mathbf{DVS} := \mathbf{SW} \cup \mathbf{HW}$:   eine endliche Menge von DV-Systemen mit der Bedingung $\mathbf{SW} \cap \mathbf{HW} = \emptyset$.

Zu definieren sind vier Funktionen und die daraus hergeleiteten Begriffe[88]:

$\varphi_F : \mathbf{SW} \to 2^F$, $\varphi_F(sw_i) := \{ f \in F \mid sw_i$ unterstützt die Erfüllung der f $\}$,

$\varphi_E : \mathbf{SW} \to 2^E$, $\varphi_E(sw_i) := \{ e \in E \mid$ Arbeitsobjekt e in sw_i gespeichert $\}$,

---

[87]   Vgl. Heilmann: Organisation und Management der Informationsverarbeitung im Unternehmen. In: Karl Kurbel/Horst Strunz: Handbuch Wirtschaftsinformatik. S.683 - 719. 1990.
[88]   S.h.: 5.II.C.3. Die derivative Analyse und Bewertung der Ablauforganisation.

wobei die Funktion $\varphi_F(sw_i)$ eine *Deckungsgröße* der Software sw_i ausdrückt, das heißt auch, daß diese Software (hauptsächlich betriebliche Anwendungssysteme) die Erfüllung der in der endlichen Menge dargestellten Aufgaben unterstützt. Die Funktion $\varphi_E(sw_i)$ bringt aber eine *Nutzungsgröße* der Software sw_i (hauptsächlich eines Datenbank-Systems oder ähnliches) zum Ausdruck, in der die Arbeitsobjekte der Informationssorte gespeichert und DV-gestützt verarbeitet werden. Die anderen zwei Funktionen sind[89]:

$$\varphi_S : SW \to 2^S, \qquad \varphi_S(sw_i) := \{ s \in S \,|\, sw_i \text{ unterstützt die Aufgabenerfüllung von } s \},$$

$$\varphi_H : SW \to 2^H, \qquad \varphi_H(sw_i) := \{ h \in H \,|\, sw_i \text{ unterstützt die Aufgabenerfüllung von } h \}.$$

Dabei stellen die Funktionen $\varphi_S(sw_i)$ und $\varphi_H(sw_i)$ einen *Deckungsbereich* der Software sw_i dar, welcher die DV-gestützten Stellen (Arbeitsplätze) bzw. Höheren Organisationseinheiten, und zwar durch diese Software sw_i (hauptsächlich betriebliche Anwendungssystem), zum Ausdruck bringt.

Aus den Funktionen φ_F, φ_E, φ_S und φ_H ergeben sich die dualen Funktionen ϑ_F, ϑ_E, ϑ_S bzw. ϑ_H:

$$\vartheta_F : F \to 2^{SW}, \qquad \vartheta_F(f) := \{ sw \in SW \,|\, f \in \varphi_F(sw) \},$$

$$\vartheta_E : E \to 2^{SW}, \qquad \vartheta_E(e) := \{ sw \in SW \,|\, e \in \varphi_E(sw) \},$$

$$\vartheta_S : S \to 2^{SW}, \qquad \vartheta_S(s) := \{ sw \in SW \,|\, s \in \varphi_S(sw) \} \text{ und}$$

$$\vartheta_H : H \to 2^{SW}, \qquad \vartheta_H(h) := \{ sw \in SW \,|\, h \in \varphi_H(sw) \}.$$

Durch die Funktionen ϑ_F und ϑ_E ist auch deutlich zu sehen, wie die Erfüllung der Aufgabe f bzw. die DV-gestützte Verarbeitung der Arbeitsobjekte e der Informationssorte durch Software unterstützt wird. Die Funktion ϑ_S drückt eine ähnliche Bedeutung aus; sie bezieht sich aber auf die Stellen (Arbeitsplätze). Dabei ist darauf zu achten, daß die Funktion ϑ_H sich auf diejenigen Höheren Organisationseinheiten bezieht, auf denen die Aufgaben als teambezogene fachliche Zuständigkeiten definiert sind. Aus den Funktionen ϑ_F, ϑ_S und ϑ_H wird der Begriff *Automatisierungskomplexität* hergeleitet, womit sich diese Funktionen auf die Aufgaben bzw. die Organisationseinheiten (Stellen und Höheren Organisationseinheiten) beziehen. Mit dieser Automatisierungskomplexität kann ein Überblick gewonnen werden, ob eine Aufgabe oder eine Organisationseinheit durch die Verwendung einer oder mehrerer Software erfüllt bzw. unterstützt wird. Demzufolge vereinigt sie auch diejenigen Aufgaben und Organisationseinheiten in sich, deren Erfüllung in keiner Weise DV-gestützt ist, d.h. die noch manuell sind. In der Praxis ist diese Automatisierungskomplexität sehr nützlich für die Analyse und die Bewertung der Systemkonfiguration. In erster Linie schafft sie einen klaren Ansatzpunkt, um leichter zu erkennen und weiter zu ergründen, ob die Erfüllung der Aufgaben wirklich durch eine oder mehrere Software automatisiert werden soll.

Manche Aufgaben lassen sich komplett unter der Verwendung der Software automatisieren, wohingegen andere nur teilweise automatisierbar sind. Dabei ist natürlich die Frage aufzuwerfen, in welchem Umfang die Erfüllung der Aufgaben durch bestimmte Software unterstützt wird. Dazu ist hier der Begriff - *Deckungsgrad* - zu bestimmen. Der Deckungsgrad beschreibt die Ausdehnung der Software zur Unterstüt-

---

[89] S.h.: 5.II.C.1. Die derivative Analyse und Bewertung der Ständigen Aufbauorganisation.

zung der Erfüllung einzelner Aufgaben mit einem Prozentsatz. Dafür ist eine Matrix zu bilden, um den anschaulichen Überblick über den Deckungsgrad aller DV-gestützten Aufgaben in einer Höheren Organisationseinheit darzustellen.

Somit gibt der Deckungsgrad $\mathbf{dg}_{ij}$ ($i \in \{1, 2, \ldots, k\}$, $j \in \{1, 2, \ldots, n\}$) in *Abb. 5.II.C.4. - 1* an, daß die Software $\mathbf{sw}_i$ die Erfüllung der Aufgabe $\mathbf{f}_j$ mit einem Prozentsatz von $\mathbf{dg}_{ij}$ ($dg_{ij} \in [0, 1]$) unterstützt. Es ist auch darauf zu achten, daß die Matrix $\mathbf{SWM_{SF}} = (dg_{ij})$ mit den Bedingungen

$$f \in \Gamma(\mathbf{h_1}) := \{f_1, f_2, \ldots, f_n\} \text{ und } sw \in \underset{f_i \in \Gamma(h_1)}{Y} \vartheta_F(f_i) \text{ mit } i \in \{1, 2, \ldots, n\}$$

und die Matrix $\mathbf{SWM_{HF}} = (dg_{ij})$ mit den Bedingungen

$$h_i \in \Psi_H(\mathbf{h_1}) := \{h_2, h_3, \ldots, h_m\}, f \in \Gamma_H(\mathbf{h_1}) := \underset{h_i \in \Psi_H(h_1)}{Y} \gamma(h_i) \cup \gamma(h_1) := \{f_1, f_2, \ldots, f_l\} \text{ und}$$

$$sw \in \underset{f_i \in \Gamma_H(h_1)}{Y} \vartheta_F(f_i) \text{ mit } i \in \{1, 2, \ldots, l\}$$

betrachtet werden. Die Einführung dieser Bedingungen, die in beiden Matrizen ($\mathbf{SWM_{SF}}$ und $\mathbf{SWM_{HF}}$) vom Deckungsgrad der Software erfüllt werden sollen, kennzeichnet eine derartige Orientierungsbetrachtung, die sich auf eine Stelle bzw. eine Höhere Organisationseinheit $\mathbf{h_1}$ bezieht. Die Automatisierung der Aufgabenerfüllung wird in jeder Höheren Organisationseinheit durch die entsprechenden Matrizen $\mathbf{SWM_{HF}}$ detailliert und quantitativ dargestellt. In der Matrix $\mathbf{SWM_{SF}}$ ist deutlich zu sehen, wie die Software die Stellen (Arbeitsplätze) bei der Erfüllung einzelner Aufgaben unterstützt und auch wie jede Aufgabe DV-gestützt von den Stellen erfüllt wird. Dabei ist auch darauf hinzuweisen, daß die in der Matrix $\mathbf{SWM_{HF}}$ dargestellten Aufgaben sich grundsätzlich als Teamarbeit erweisen. Sie sind insofern als fachliche Zuständigkeit der Höheren Organisationseinheit $\mathbf{h_1}$ definiert.

<table>
<tr><td colspan="6" align="center">Deckungsgrad bei Aufgaben
bezüglich Höherer Organisationseinheiten</td><td colspan="6" align="center">Deckungsgrad bei Aufgaben
bezüglich Stellen</td></tr>
<tr><td></td><td>f_1</td><td>f_2</td><td>f_3</td><td>f_l</td><td></td><td>f_1</td><td>f_2</td><td>f_3</td><td>f_n</td></tr>
<tr><td>sw_1</td><td>dg_{11}</td><td>dg_{12}</td><td>dg_{13}</td><td>$\cdots$ dg_{1l}</td><td>sw_1</td><td>dg_{11}</td><td>dg_{12}</td><td>dg_{13}</td><td>$\cdots$ dg_{1n}</td></tr>
<tr><td>sw_2</td><td>dg_{21}</td><td>dg_{22}</td><td>dg_{23}</td><td>$\cdots$ dg_{2l}</td><td>sw_2</td><td>dg_{21}</td><td>dg_{22}</td><td>dg_{23}</td><td>$\cdots$ dg_{2n}</td></tr>
<tr><td>sw_3</td><td>dg_{31}</td><td>dg_{32}</td><td>dg_{33}</td><td>$\cdots$ dg_{3l}</td><td>sw_3</td><td>dg_{31}</td><td>dg_{32}</td><td>dg_{33}</td><td>$\cdots$ dg_{3n}</td></tr>
<tr><td></td><td colspan="4" align="center">M</td><td></td><td colspan="4" align="center">M</td></tr>
<tr><td>sw_k</td><td>dg_{k1}</td><td>dg_{k2}</td><td>dg_{k3}</td><td>$\cdots$ dg_{kl}</td><td>sw_k</td><td>dg_{k1}</td><td>dg_{k2}</td><td>dg_{k3}</td><td>$\cdots$ dg_{kn}</td></tr>
<tr><td colspan="6" align="center">SWM_{HF}</td><td colspan="6" align="center">SWM_{SF}</td></tr>
</table>

Abb. 5.II.C.4. - 1. Die Matrizen vom Deckungsgrad der Software zur Unterstützung der Aufgabenerfüllung

Aus den Matrizen

$$\mathbf{SWM_{SF}} = (dg_{ij}) \quad (i \in \{1, 2, \ldots, k\}, j \in \{1, 2, \ldots, n\}) \text{ und}$$
$$\mathbf{SM_{bg}} = (bg_{ij})^{90} \quad (i \in \{1, 2, \ldots, n\}, j \in \{1, 2, \ldots, m\})$$

wird eine weitere Matrix

---

[90] S.h.: 5.II.C.1. Die derivative Analyse und Bewertung der Ständigen Aufbauorganisation.

$$\mathbf{SWM_S} := \mathbf{SWM_{SF}} * \mathbf{SM_{bg}} = (db_{ij}) \quad (i \in \{1, 2, \dots, k\}, j \in \{1, 2, \dots, m\})$$

abgeleitet.

Die Matrix $\mathbf{SWM_S} = (db_{ij})$ drückt die gleiche Bedeutung wie der Deckungsgrad der Software ($\mathbf{SWM_{SF}} = (dg_{ij})$) aus, welcher sich hier aber auf die Stellen bezieht. So zeigt die Matrix $\mathbf{SWM_S} = (db_{ij})$ den Deckungsgrad der Software zur Unterstützung der Stellen für die Aufgabenerfüllung.

Hierbei sollen in der Matrix $\mathbf{SM_{bg}}$ die Bedingungen

$$s \in \Psi_S(h_1) := \{s_1, s_2, \dots, s_m\} \text{ und } f \in \Gamma(h_1) := \{f_1, f_2, \dots, f_n\} \text{ gelten sowie}$$

in der Matrix $\mathbf{SWM_{SF}}$ die Bedingungen

$$f \in \Gamma(h_1) := \{f_1, f_2, \dots, f_n\} \text{ und } sw \in \bigvee_{f_i \in \Gamma(h_1)} \vartheta_F(f_i) \text{ mit } i \in \{1, 2, \dots, n\}$$

erfüllt werden. Diese Bedingungen werden auch selbstverständlich in der Matrix $\mathbf{SWM_S}$ widergespiegelt.

$$
\begin{array}{c}
\begin{array}{cccccc}
 & s_1 & s_2 & s_3 & & s_m
\end{array} \\
\begin{array}{c}
sw_1 \\ sw_2 \\ sw_3 \\ \\ sw_k
\end{array}
\begin{bmatrix}
db_{11} & db_{12} & db_{13} & \cdots & db_{1m} \\
db_{21} & db_{22} & db_{23} & \cdots & db_{2m} \\
db_{31} & db_{32} & db_{33} & \cdots & db_{3m} \\
 & M & & & \\
db_{k1} & db_{k2} & db_{k3} & \cdots & db_{km}
\end{bmatrix}
\end{array}
$$

$$\mathbf{SWM_S}$$

Abb. 5.II.C.4. - 2. Die Matrix vom Deckungsgrad der Software zur Unterstützung der Stellen für die Aufgabenerfüllung

Der Wert jedes Deckungsgrades db_{ij} ($i \in \{1, 2, \dots, k\}$, $j \in \{1, 2, \dots, m\}$) in *Abb. 5.II.C.4. - 2* ergibt sich aus der folgenden Summe:

$$db_{ij} = \sum_{x=1}^{n} dg_{ix} * bg_{xj} \qquad \text{mit } \mathbf{SWM_{SF}} = (dg_{ij}) \text{ und } \mathbf{SM_{bg}} = (bg_{ij})$$

und mit den abgeleiteten Bedingungen:

$$s \in \Psi_S(h_1) := \{s_1, s_2, \dots, s_m\} \text{ und } sw \in \bigvee_{f_i \in \Gamma(h_1)} \vartheta_F(f_i) := \{sw_1, sw_2, \dots, sw_k\}$$

Durch diese Bedingungen ist leichter zu erkennen, daß die Matrix $\mathbf{SWM_S}$ sich zunächst auch auf eine Höhere Organisationseinheit bezieht. In der Matrix weist der Deckungsgrad db_{ij} darauf hin, wie die Stelle s_j ganzheitlich durch die Unterstützung der Software sw_i ihre Aufgaben wahrnimmt. Dabei ist auch darauf zu achten, daß die Erfüllung mancher Aufgaben der Stelle s_j komplett DV-gestützt ist, mancher teilweise oder sogar noch manuell ist. Insofern spielt der Deckungsgrad dg_{ix} der Software sw_i zur Unterstützung der Erfüllung der Aufgabe f_x hier die Rolle eines *Koeffizienten* des DV-Förderungsgrades, welcher die präzise Übertragung des Deckungsgrades von Aufgaben auf Stellen bestmöglich gewährleistet.

Außer denjenigen Aufgaben, die auf den Stellen in einer Höheren Organisationseinheit als fachliche Zuständigkeit eindeutig definiert sind, gibt es diejenigen Aufgaben, die auf den Höheren Organisationseinheiten als teambezogene fachliche Zuständigkeit abgestimmt sind oder noch nicht gezielt auf bestimmten Stellen festgelegt wurden. Dies verkörpert letztendlich die freie Verteilung der Aufgaben innerhalb einer Höheren Organisationseinheit (z.B. Arbeitsgruppe). In beiden Fällen ergibt sich auch eine Matrix $\mathbf{SWM_H}$, die aus den Matrizen $\mathbf{SWM_{HF}} = (dg_{ij})$ ($i \in \{1, 2, \dots, k\}$, $j \in \{1, 2, \dots, l\}$) und $\mathbf{HM_{bg}} = (bg_{ij})^{91}$ ($i \in \{1, 2, \dots, l\}$, $j \in \{1, 2, \dots, m\}$) hergeleitet wird:

$$\mathbf{SWM_H} := \mathbf{SWM_{HF}} * \mathbf{HM_{bg}}$$

In der Matrix $\mathbf{HM_{bg}}$ gelten die Bedingungen

$$h_i \in \psi_H(h_1) := \{h_2, h_3, \dots, h_m\} \text{ und } f \in \bigvee_{h_i \in \Psi_H(h_1)} \gamma(h_i) \cup \gamma(h_1) := \{f_1, f_2, \dots, f_l\}$$

in der Matrix $\mathbf{SWM_{HF}}$ sind die Bedingungen

$$h_i \in \psi_H(h_1) := \{h_2, h_3, \dots, h_m\}, \ f \in \Gamma_H(h_1) := \bigvee_{h_i \in \Psi_H(h_1)} \gamma(h_i) \cup \gamma(h_1) := \{f_1, f_2, \dots, f_l\} \text{ und}$$

$$sw \in \bigvee_{f_i \in \Gamma_H(h_1)} \vartheta_F(f_i) := \{sw_1, sw_2, \dots, sw_k\}$$

erfüllt, wobei angenommen wird, daß die Höheren Organisationseinheiten h_i ($i \in \{2, 3, \dots, m\}$) unmittelbar der Höheren Organisationseinheit h_1 disziplinarisch unterstehen sollen.

So werden diese Bedingungen in die Matrix $\mathbf{SWM_H} = (db_{ij})$ ($i \in \{1, 2, \dots, k\}$, $j \in \{1, 2, \dots, m\}$) übertragen:

$$h_i \in \psi_H(h_1) := \{h_2, h_3, \dots, h_m\} \text{ und } sw \in \bigvee_{f_i \in \Gamma(h_1)} \vartheta_F(f_i) := \{sw_1, sw_2, \dots, sw_k\}$$

Der Wert des Deckungsgrades db_{ij} ($i \in \{1, 2, \dots, k\}$, $j \in \{1, 2, \dots, m\}$) in *Abb. 5.II.C.4. - 3* läßt sich durch folgenden Ausdruck errechnen:

$$db_{ij} = \sum_{x=1}^{n} dg_{ix} * bg_{xj} \quad \text{mit } \mathbf{SWM_{HF}} = (dg_{ij}) \text{ und } \mathbf{HM_{bg}} = (bg_{ij}).$$

$$
\begin{array}{c}
\begin{array}{ccccc}
\mathbf{h_1} & \mathbf{h_2} & \mathbf{h_3} & & \mathbf{h_m}
\end{array} \\
\begin{array}{c}
sw_1 \\ sw_2 \\ sw_3 \\ \\ sw_k
\end{array}
\left[
\begin{array}{ccccc}
db_{11} & db_{12} & db_{13} & \dots & db_{1m} \\
db_{21} & db_{22} & db_{23} & \dots & db_{2m} \\
db_{31} & db_{32} & db_{33} & \dots & db_{3m} \\
M & & & & \\
db_{k1} & db_{k2} & db_{k3} & \dots & db_{km}
\end{array}
\right] \\
\mathbf{SWM_S}
\end{array}
$$

Abb. 5.II.C.4. - 3. Die Matrix vom Deckungsgrad der Software zur Unterstützung der Erfüllung der den Höheren Organisationseinheiten zugeordneten Aufgaben

Die Matrix $\mathbf{SWM_H}$ stellt hierbei den Deckungsgrad der Software zur Unterstützung der Aufgabenerfüllung in einer Höheren Organisationseinheit dar. Diese Aufgaben sind allerdings nur auf der Höheren Organisationseinheit h_1 und auf den ihr unmittelbar

---

[91]   S.h.: 5.II.C.1. Die derivative Analyse und Bewertung der Ständigen Aufbauorganisation.

unterstellten Höheren Organisationseinheiten h_i ($i \in \{2, 3, ... , m\}$) als fachliche Zuständigkeit definiert. Sinnvoll ist es demzufolge, daß es sich in der Matrix SWM_H nur um die teambezogenen Aufgaben handelt. So kennzeichnet jeder Deckungsgrad db_{ij} den gesamten Umfang der DV-gestützten (Software sw_i) Erfüllung der teambezogenen Aufgaben einer Höheren Organisationseinheit h_j. Mit dem *Koeffizient* des DV-Förderungsgrades dg_{ix} kann der Deckungsgrad präziser die Unterstützung der Software zur Erfüllung der Aufgaben der Höheren Organisationseinheit darstellen.

Die Matrizen SWM_{SF}, SWM_{HF}, SWM_S und SWM_H für die Ständige Aufbauorganisation lassen sich analog auf die Projektorganisation übertragen. So ergeben sich vier entsprechende Matrizen SWM_{PSF}, SWM_{PHF}, SWM_{PS} und SWM_{PH}, in denen der *Deckungsgrad* der Software sich jeweils auf Projektaufgaben, Projektstellen und Höhere Projektorganisationseinheiten bezieht. Die nachfolgend beschriebene Analyse der DV-Systeme ist in dem Sinne auch auf die Projektorganisation übertragbar.

Für jede Höhere Organisationseinheit eines Unternehmens können die Aufgaben nach dem Belastungsgrad und der Ausführungsfrequenz der Stellen eingeteilt werden. Aus dieser geordneten Einteilung der Aufgaben und den Matrizen SWM_{SF} und SWM_{HF} werden die Werte des Deckungsgrades jeder Software zur Unterstützung der Aufgabenerfüllung klassifiziert. Für das Management bei der Planung der Systemkonfiguration ist diese Informationen von großer Bedeutung, da daraus besser zu erkennen ist, ob die DV-Systeme immer noch dienlich für die Erfüllung der wichtigen Aufgaben in einer Höheren Organisationseinheit eingesetzt sind. Hierbei wird auch festgestellt, welche DV-Systeme bei der weiteren Einsatz- und Beschaffungsplanung besonders berücksichtigt werden. So ist einerseits diejenige Software zu bevorzugen, die vor allem die volle oder teilweise Automatisierung der entscheidenden Aufgaben in einer Höheren Organisationseinheit wiedergeben, und andererseits wird eine Grundlage gegeben, die für die weitere Überlegung und Planung zum Einsatz der DV-Systeme von großer Bedeutung ist. Dabei handelt es sich zugleich um die Korrektur des mangelnden Managements bei der früheren Planung und bei dem Einsatz der DV-Systeme. Das Ziel zum Einsatz der DV-Systeme soll grundsätzlich danach ausgerichtet werden, daß die DV-Systeme zunächst die Automatisierung der kennzeichnenden Aufgaben (die Erhöhung der Produktivität) unter wirtschaftlicher und organisatorischer Berücksichtigung unterstützen. Die Deckungsgröße der Software, vorwiegend der Anwendungssysteme, soll möglichst unter gleichen Kosten ihren maximalen Wert erreichen. Sie gilt auch als ein Kriterium für die Auswahl der Anwendungssysteme. Im Bezug auf zwei unterschiedliche fachliche Zuständigkeiten, die sich auf individuum- und teambezogene Erfüllung der Aufgaben beziehen, kann die Deckungsgröße der Software unterschiedlich betrachtet werden. Diese zwei Werte der Deckungsgröße sind auch in den Matrizen SWM_{SF} und SWM_{HF} mit darzustellen.

Unter der Deckungsgröße sind zwei weitere durchschnittliche Werte des Deckungsgrades der Software sw_i zu berechnen:

$$SWSF_i := \sum_{j=1}^{n} dg_{ij}/n \qquad \text{mit } SWM_{SF} = (dg_{ij}) \text{ und}$$

$$SWHF_i := \sum_{j=1}^{l} dg_{ij}/l \qquad \text{mit } SWM_{HF} = (dg_{ij}).$$

Aus den Werten $\mathbf{SWSF_i}$ und $\mathbf{SWHF_i}$ ergibt sich ein gesamter Durchschnittswert des Deckungsgrades der Software $\mathbf{sw_i}$:

$$\mathbf{SWOF_i} := (\mathbf{SWSF_i} + \mathbf{SWHF_i})/2.$$

In *Abb. 5.II.C.4. - 4* werden alle Software in einer Höheren Organisationseinheit nach ihrem durchschnittlichen Deckungsgrad dargestellt. Dadurch ist die Software übersichtlich gegliedert, indem sich eine Einteilung der Software nach den angegebenen Schwellenwerten ergibt, die flexibel den unterschiedlichen Aufgaben und Automatisierungsanforderungen zufolge vom Anwender fixiert werden können. Die Ergebnisse einer derartigen Einteilung der Software können insofern als wichtige Grundlage für die Beschaffung weiterer DV-Systeme, z.B. die Verstärkung der Hardwareleistung oder den Einsatz der neuen Anwendungssysteme, betrachtet werden.

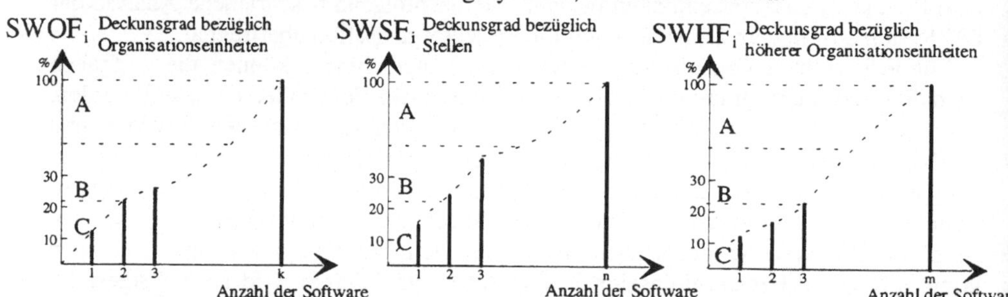

Abb. 5.II.C.4. - 4. Einteilung der Software nach ihrem Deckungsgrad infolge der Aufgab

Gleichwohl kann sich der Deckungsgrad jedes Anwendungssystems $\mathbf{sw_i}$, welcher sich aus den Matrizen $\mathbf{SWM_S}$ und $\mathbf{SWM_H}$ ergibt, auf die Organisationseinheit - Stelle und Höhere Organisationseinheit - beziehen:

$$\mathbf{SWSG_i} := \sum_{j=1}^{n} \mathbf{db_{ij}}/\mathbf{n} \qquad \text{mit } \mathbf{SWM_S} = (db_{ij}) \text{ bezüglich Stelle,}$$

$$\mathbf{SWHG_i} := \sum_{j=1}^{l} \mathbf{db_{ij}}/\mathbf{l} \qquad \text{mit } \mathbf{SWM_H} = (db_{ij}) \text{ bezüglich Höherer Organisa-}$$

tionseinheit und

$$\mathbf{SWOG_i} := (\mathbf{SWSG_i} + \mathbf{SWHG_i})/2 \quad \text{gesamter Durchschnittswert des Deckungsgrades}$$

in einer Höheren Organisationseinheit.

Der Belastungsgrad bzw. die quantitative Aufgabenverteilung der Organisationseinheiten wird in den Werten impliziert. Ferner wird die individuumbezogene ($\mathbf{SWSG_i}$) bzw. teambezogene ($\mathbf{SWHG_i}$) Aufgabenerfüllung in den Werten berücksichtigt. Diese drei Werte des Deckungsgrades repräsentieren im Durchschnitt das Arbeitspensum, das DV-gestützt ist, in einer Organisationseinheit hinsichtlich des Deckungsbereichs der Software $\mathbf{sw_i}$. Diese drei Werte des Deckungsgrades der gesamten Software in einer Höheren Organisationseinheit werden veranschaulicht (wie in *Abb. 5.II.C.4. - 4* gezeigt) aufgeführt. Aus dieser graphischen Darstellung ist auch leichter zu erkennen, welche Software für die produktive Aufgabenerfüllung sehr wichtig ist. Durch die Angabe der Schwellenwerte kann auch eine klare Einteilung der Software gegeben werden. So werden die entsprechenden Kategorien der Software gebildet, durch welche die wesentliche Software von unwesentlicher oder weniger wesentlicher hervorgehoben und differenziert werden kann. Somit sollte sie bei der weiteren Planung des Einsatzes der DV-Systeme, d.h. die Beschaffung der Hardware und weiterer Software sowie die daraus verursachte notwendige Organisationsumstellung, in Betracht gezogen werden.

Bei der Betrachtung des Deckungsbereichs der Software ist besonders darauf zu achten, daß einerseits eine Software aus wirtschaftlicher Sicht möglichst den größten Deckungsbereich besitzen soll, d.h. die Erfüllung der Aufgaben in mehreren Bereichen unterstützen soll, und andererseits die dazu benötigte Koordination sowie Kooperation zwischen den Organisationseinheiten zur Aufgabenerfüllung aus organisatorischer Sicht leichter durchführbar sein soll. Eine Software soll mit geringen Kosten und größeren Leistungen (z.B. freundlichen Benutzerschnittstellen, mehreren Funktionen, pflegeleicht, wenig Schulungsbedarf usw.) zur Unterstützung mehrerer Arbeitsplätze entwickelt und eingesetzt werden. Dies trägt offenbar auch die Überlegung in sich, möglichst wenig Software einzusetzen und zugleich viele Arbeitsplätze zu automatisieren. Damit sollte auch der Verwaltungsaufwand für Software auf allen Ebenen (des strategischen, operativen Managements, der Disposition usw.) gesenkt werden. Daraus ergeben sich höhere Anforderungen an Koordination und Kooperation bei der DV-gestützten Aufgabenerfüllung. Darauf folgt die notwendige Organisationsumstellung, wenngleich sie sehr gering ist. So sind die Kosten in dem Sinne zu berechnen, daß sie sich auf die Software und gleichzeitig auf den zum Einsatz der Software benötigten organisatorischen Aufwand erstrecken. Der größere Deckungsbereich der Software ist bei der Planung zum Einsatz der DV-Systeme - Gestaltung der Systemkonfiguration - als wichtiges Kriterium zu sehen.

Durch den Einsatz der DV-Systeme wird die Erfüllung der Aufgaben sicherlich in den Organisationseinheiten - Stellen und Höheren Organisationseinheiten - in unterschiedlichem Maße leistungsfähig unterstützt bzw. automatisiert. Die DV-gestützte Aufgabenerfüllung in einer Organisationseinheit kann durch den Einsatz eines oder mehrerer DV-Systeme verwirklicht werden. Dabei ist der *Automatisierungsgrad* bzw. die *Automatisierungskomplexität* der Organisationseinheiten zu betrachten. Dieser Automatisierungsgrad läßt sich aus den Matrizen $\mathbf{SWM_S}$ und $\mathbf{SWM_H}$ ersehen:

$$\mathbf{SWSK_j} := \sum_{i=1}^{k} \mathbf{db_{ij}}/\mathbf{k} \qquad \text{mit } \mathbf{SWM_S} = (db_{ij}) \text{ bezüglich Stelle und}$$

$$\mathbf{SWHK_j} := \sum_{i=1}^{m} \mathbf{db_{ij}}/\mathbf{m} \qquad \text{mit } \mathbf{SWM_H} = (db_{ij}) \text{ bezüglich Höherer Organisationseinheit.}$$

Dabei handelt es sich offenbar um die Stelle s_j und die Höhere Organisationseinheit h_j. Diese zwei Werte kennzeichnen im Durchschnitt den Automatisierungsgrad bzw. die *Automatisierungskomplexität* einer Organisationseinheit. Unter dem Automatisierungsgrad der Organisationseinheit wird das DV-gestützte Arbeitspensum der Organisationseinheiten verstanden, wogegen die Automatisierungskomplexität der Organisationseinheit den Umfang der DV-Systeme zum Ausdruck bringt, die die Aufgabenerfüllung in der Organisationseinheit unterstützen bzw. automatisieren. Dadurch wird auch ein Überblick darüber gewonnen, wie die Erfüllung der Aufgaben von einzelnen Organisationseinheiten durch DV-Systeme unterstützt wird. Bei der weiteren Verbesserung der Aufgabenerfüllung sind hier diejenigen gering DV-gestützten Organisationseinheiten zu berücksichtigen, ob deren Aufgabenerfüllung durch DV-Systeme produktiv gestaltet werden soll. In *Abb. 5.II.C.4. - 5* werden die Organisationseinheiten nach ihren DV-gestützten Arbeitsvolumen geordnet dargestellt. Dabei sind alle Organisationseinheiten einer Höheren Organisationseinheit unterstellt. So gibt dies auch deutlich die organisationseinheitbezogene Analyse und Bewertung der Systemkonfiguration wieder.

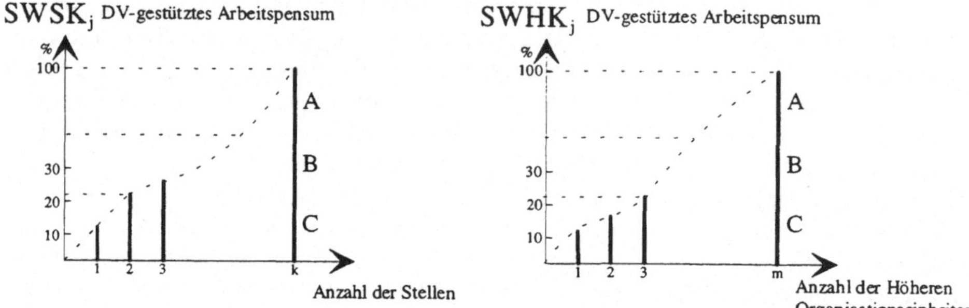

Abb. 5.II.C.4. - 5. Einteilung der Organisationseinheiten nach ihrem Automatisierungsgrad (DV-gestütztes Arbeitspensum)

Aus den Durchschnittswerten $SWSF_i$, $SWHF_i$, $SWOF_i$, $SWSG_i$, $SWHG_i$, $SWOG_i$, $SWSK_j$, $SWHK_j$ und den endlichen Menge $\vartheta_F(f)$, $\vartheta_H(h)$ sowie $\vartheta_S(s)$ (mit $s \in \psi_S(h)$) ergeben sich die vielseitigen Analyseergebnisse der DV-gestützten Aufgabenerfüllung in jeder Organisationseinheit. Diese Analyseergebnisse stellen nicht nur die endliche Menge der Software - $\vartheta_F(f)$, $\vartheta_H(h)$ sowie $\vartheta_S(s)$ -, die zur Unterstützung bei der Aufgabenerfüllung dient, sondern vielmehr die quantitativen Bewertungen der Software aus umfassenden Gesichtspunkten dar - der Deckungsgröße bzw. dem Deckungsbereich der Anwendungssysteme, dem Deckungsgrad bezüglich Organisationseinheit ($SWSG_i$, $SWHG_i$ und $SWOG_i$) und Aufgabe ($SWSF_i$, $SWHF_i$ und $SWOF_i$) sowie dem Automatisierungsgrad bzw. der Automatisierungskomplexität der Organisationseinheiten ($SWSK_j$ und $SWHK_j$).

Die Automatisierungskomplexität bzw. der Automatisierungsgrad der Organisationseinheiten bezieht sich im wesentlichen auf die Anwendungssysteme, die natürlich hierbei für die Unterstützung der leistungsfähigen Aufgabenerfüllung in den Organisationseinheiten beschafft und eingesetzt werden. Infolge der Verwendung der DV-Systeme entsteht weiterhin der Zusammenhang zwischen Organisationseinheiten, welcher über den organisatorischen Arbeitszusammenhang hinausgeht und direkt durch die Software (Datenbanken) gebildet wird. Im Gegenteil befindet sich die eingesetzte Software (Anwendungssysteme) auch in einer Wechselbeziehung, die gemeinsam die Automatisierung der Aufgabenerfüllung einer Organisationseinheit unterstützt. Somit ist es sehr wichtig, diese Zusammenhänge von einem integrierten Gesichtspunkt aus zu betrachten. Dies läßt sich auch von der gesamten Organisationsplanung und -entwicklung beanspruchen. Der integrierte Gesichtspunkt ist so zu verstehen, daß die Anwendungssysteme mit der benötigten Hardware (genauso wie Personen - Stelleninhaber) als Aufgabenträger und gleichzeitig ihre Kommunikationsbeziehungen (Arbeitszusammenhänge) behandelt werden sollen. Dazu ist es auch notwendig, eine gesamte Organisationsentwicklung unter den organisatorischen und informationstechnischen Aspekten einzuplanen. Das bedeutet zugleich die Substitution der Personalkosten durch die Kapitalkosten, um die Produktivität zu verbessern sowie die Wettbewerbsfähigkeit eines Unternehmens beizubehalten.

Unter diesem integrierten Gesichtspunkt sind die Beschaffungsplanung und die Gestaltung der DV-Systeme mit seiner Organisationsplanung als Gesamtheit zu betrachten. In die Analyse und Planung der Anwendungssysteme, die weitgehend zur effektiven Unterstützung der Aufgabenerfüllung der Organisationseinheit eingesetzt sein bzw. werden sollen, müssen die notwendigen Voraussetzungen für die Inbetriebnahme der Anwendungssysteme einbezogen werden. Dabei weisen diese Voraussetzungen auf eine weitere Analyse und Planung zur Beschaffung und zur Gestaltung der Hardware und Basissoftware hin. So werden diejenigen Organisationseinheiten, die DV-gestützt sind, besonders in der Analyse und Planung mitberücksichtigt, da völlig neue Arbeitszusammenhänge zwischen diesen Organisationseinheiten entstehen könnten. Durch die gemeinsame Nutzung der Datenbestände (Datenbanken), die die Arbeitsobjekte der Informationssorte wiedergeben, läßt sich die Kommunikationsbeziehung zwischen den Organisationseinheiten bilden. Entscheidend ist dafür, ein Gesamt-Konzept zu erstellen, das sowohl die wirtschaftlichen als auch die organisatorischen Überlegungen in sich bergen soll. Die Kostensenkung durch den Einsatz der DV-Systeme eines Unternehmens soll auf keinen Fall zur unangemessenen Erhöhung des organisatorischen Aufwands führen.

Aus der Analyse der Anwendungssysteme und den durch sie unterstützten Aufgaben sowie Organisationseinheiten sind die Arbeitsobjekte der Informationssorte zu erkennen, ob sie durch eine Datenbank (die Datenbestände) verkörpert werden. Die Daten in der Datenbank besitzen eine Struktur, die die Beziehungen zwischen Arbeitsobjekten darstellen soll, und werden von Anwendungssystemen verarbeitet. Aufgrund der Informationsverarbeitungstechnologie können sich verschiedene Methoden zum Aufbau der Daten in DV-Systemen ergeben, wie zum Beispiel zentrale und dezentrale (verteilte) Datenhaltungen sowie -verarbeitung. Die angewandte Methode soll sich nicht nur allein auf die Kosten, sondern auch auf organisatorische Überlegungen erstrecken. Dabei sind die Kommunikationen auf zwei Ebenen zu berücksichtigen, welche für die gemeinsame Nutzung - die *Nutzungsgröße* - der Datenbanken (Datenbestände) benötigt werden und sicherlich der Koordination und der Kooperation bei der DV-gestützten Aufgabenerfüllung der Organisationseinheiten bedürfen. Die Kommunikation zwischen Organisationseinheiten soll möglicherweise durch DV-Systeme übernommen werden; dazu sind gut geregelte Anwendungssysteme notwendig, in denen die Benutzer und ihre zu erfüllenden Aufgaben sowie zu erzeugenden/verarbeitenden Informationen eine Organisation abbilden können. Die Kommunikation zwischen verschiedenen Anwendungssystemen ist auch entscheidend für die Integration der Fachbereiche eines Unternehmens. Diese Kommunikation wird im wesentlichen durch den Datenaustausch dargestellt, unter dem die unterschiedlichen Funktionen von Anwendungssystemen miteinander verbunden sind. Insofern sind die Schnittstellen, die diese Kommunikation ermöglichen, unter der Zusammenarbeit der Fachkräfte aus verschiedenen Fachbereichen zu definieren. Dazu muß die Organisationsplanung in Hinblick auf das Erreichen der gesamten Unternehmensziele festgehalten werden. So kann die Beschaffung und Gestaltung der DV-Systeme gezielt und effektiv erfolgen.

Die DV-gestützten Organisationseinheiten werden äußerlich durch Hardware repräsentiert, welche die Ausstattungen der Organisationseinheiten kennzeichnen. Die Ausstattungen der Organisationseinheiten können Hardwaresysteme, Terminals, Drucker oder sonstige Hardware sein. Im Bezug auf die organisatorische Kommunikation zwischen Organisationseinheiten bei der Aufgabenerfüllung sollten die Ausstattungen miteinander im Zusammenhang stehen. Dies läßt sich durch Software, im wesentlichen durch die betrieblichen Anwendungssysteme, in Form von Vernetzung oder Multi-User-Systemen realisieren. So ist die Ausstattung selbst ein Hardwaresystem oder verbindet sich mit einem Hardwaresystem. In diesem Sinne findet die Analyse der Ausstattung der Organisationseinheiten ihren Ausdruck in der Analyse der betrachteten Hardwaresysteme. Im Zusammenhang mit den Anwendungssystemen, die auf den Hardwaresystemen installiert sind und zur Unterstützung der Organisationseinheiten für die Aufgabenerfüllung dienen, werden die Belastungen der Hardwaresysteme analysiert und bewertet. Für das Hardwaresystem kann sich hier eine endliche Menge von Anwendungssystemen, welche auf diesem Hardwaresystem installiert sind und direkt zur Erfüllung der Aufgaben verwendet werden, und eine andere endliche Menge von allgemeiner Software ergeben, welche als Voraussetzungen für das Betreiben der Anwendungssysteme betrachtet werden, wie zum Beispiel die Datenbank-Systeme. In Bezug auf die Betrachtung dieser zwei endlichen Mengen der Software und der Funktionen $\varphi_S(sw)$ und $\varphi_H(sw)$ wird sich eine neue endliche Menge ergeben, in welcher die DV-gestützten Organisationseinheiten als ihre Elemente gesehen werden. Dadurch wird eine Zuordnung zwischen den Hardwaresystemen und den direkt von ihnen gestützten Organisationseinheiten klar dargestellt. So ergibt sich einerseits für jedes Hardwaresystem eine endliche Menge der durch ihn gestützten Organisationseinheiten und andererseits für jede Organisationseinheit eine endliche Menge der sie stützenden Hardwaresysteme. Dies spiegelt vorwiegend eine quantitative Belastung jedes Hardwaresystems hinsichtlich der Anzahl der DV-gestützten Organisationseinheiten und der Anzahl der darauf laufenden Anwendungssysteme wider.

Eine weitere quantitative Analyse der Belastung jedes Hardwaresystems steht im Zusammenhang mit der Belegung des Speichers - Hauptspeicher und externer Speicher (z.B. Festplatte) -. In erster Linie findet eine derartige Analyse ihren Ausdruck in der technischen Beschreibung der Anwendungssysteme und auch in der frühzeitigen Erkennung einer möglichen Schwachstelle bei der Unterstützung der automatischen Aufgabenerfüllung, welche zur übermäßigen Belastung des Hardwaresystems und letztlich zur Senkung der Leistung des gesamten Systems - Hardware und Software - führen kann. Diese negative Konsequenz kann sich zweifellos auf die Aufgabenerfüllung der Organisationseinheiten übertragen. In diesem Sinne ist deutlich zu erkennen, daß der Belegungsstand des Speichers eines Hardwaresystems nicht nur die Leistung zur Durchführung der Anwendungssysteme mit den dazugehörenden Datenbanken (Datenbeständen) bestimmt, sondern viel mehr die Effektivität der Aufgabenerfüllung beeinflußt. Die quantitative Belegungsanalyse des Speichers in Hardwaresystemen weist darauf hin, daß die Leistung der schwer belasteten Hardwaresysteme durch die adäquate Verteilung der Anwendungssysteme - verteiltes System - auf mehrere Hardwaresysteme oder durch die Erweiterung des Speichers und den Ausbau der leistungsfähigen Hardwarekomponenten verbessert werden kann. Dies beruht allerdings auf der lokalen und fernen Konfiguration der Hardwaresysteme, da sie im wesentlichen die Bearbeitungsfähigkeit eines Hardwaresystems beschreiben.

Die Verteilung der Anwendungssysteme auf mehrere Hardwaresysteme oder der Ausbau der Hardwaresysteme kann nur sinnvoll festgestellt und durchgeführt werden, wenn eine minuziöse Untersuchung über die Konfiguration der betreffenden Hardwaresysteme unter Berücksichtigung ihrer gestützten Organisationseinheiten vorgenommen wird. Daraus sind zwei Ergebnisse zu gewinnen: eines stellt die Möglichkeit der Vernetzung der Hardwaresysteme und der Neuverteilung der Anwendungssysteme sowie ihrer Datenbanken (Datenbestände) auf den Hardwaresystemen dar; und das andere kann auf den Aufbau der Hardwaresysteme verweisen, was zugleich eine Planung für die Beschaffung der neuen Hardware bedeutet. Die gemeinsame Nutzung sowie Verarbeitung der Daten erstreckt sich auf die Kommunikationsbedürfnisse zwischen Organisationseinheiten bei der DV-gestützten Aufgabenerfüllung. Die Analyse der lokalen und fernen Konfiguration der Hardwaresysteme soll immer wieder mit der Einbeziehung der organisatorischen Überlegungen vorgenommen werden. Dies fordert einerseits die Fachkräfte aus verschiedenen Bereichen, die die Kenntnisse über die Informationsverarbeitungstechnologie, Organisation usw. besitzen sollen, und andererseits vor allem die qualifizierten Führungskräfte, die sachgerecht die verschiedenen Einstellungen auswiegen bzw. die Erfüllung dieser komplexen Aufgaben zwischen den Fachkräften koordinieren können. Dabei dient die Analyse der lokalen und fernen Konfiguration der Hardwaresysteme dazu, die Führungskräfte von der langwierigen quantitativen Bewertung der Hardwaresysteme zu befreien und die komplexen Analyseergebnisse aus technischen und organisatorischen Überlegungen zu erzielen, womit sie die Schwerpunkte auf die rationale und optimale Entscheidung zur Gestaltung der DV-Systeme hinsichtlich dieser reichhaltigen Analyseergebnisse setzen können.

Unter der gemeinsamen Nutzung und Verarbeitung der Daten von verschiedenen Organisationseinheiten sind grundsätzlich zwei Punkte zu berücksichtigen: Vereinfachung der Kommunikation zwischen DV-gestützten Organisationseinheiten und Gewährleistung des Zugangs der Organisationseinheiten auf berechtigte Daten. Diese zwei Aspekte stellen die Anforderungen an den Einsatz der DV-Systeme einerseits und zugleich an die Entwicklung der DV-Systeme andererseits. Dafür sind die lokale und ferne Konfiguration der Hardwaresysteme von großer Bedeutung, wobei die ferne Konfiguration der Hardwaresysteme aufgrund ihrer lokalen Konfiguration benutzerbezogen ist. So kennzeichnet die Gestaltung der fernen Konfiguration der Hardwaresysteme auch eine wichtige Aufgabe für das Management. Die ferne Konfiguration der Hardwaresysteme soll in einem Unternehmen ertragreich durchgeführt werden. Dabei ist darauf zu achten, daß die einzusetzenden Anwendungssysteme die lokale und ferne Konfiguration der Hardwaresysteme zugrunde legen. In diesem Sinne soll die Auswertung und Planung der lokalen und fernen Konfiguration der Hardwaresysteme unter Berücksichtigung der Verwendung sowie des Einsatzes der Anwendungssysteme zustande gebracht werden. Sie bildet insofern eine Brücke, durch die die Zusammenarbeit und das fachliche Verständnis zwischen Fachkräften aus verschiedenen Bereichen erleichtert und weiterhin der der Organisation produktiv dienende Einsatz der DV-Systeme ermöglicht wird. Außerdem kann dadurch auch die Lücke zwischen Anwendern und Systementwicklern geschlossen werden.

Die Aufgaben, die nach einer bestimmten Bearbeitungsreihenfolge erfüllt werden und die Arbeitsobjekte verarbeiten sowie herstellen, können gegebenenfalls teilweise DV-gestützt und teilweise noch manuell erfüllt werden. So sind sicherlich die Fragen aufzuwerfen, ob die DV-gestützte Erfüllung der Aufgaben weiter verbessert werden oder die noch manuelle Erfüllung der Aufgaben durch die DV-Unterstützung zu automatisieren sein soll. Die erste Frage beruht letztlich auf der Analyse und der frühzeitigen Erkennung der Überlastung der Hardwaresysteme, auf denen die Aufgaben automatisch erfüllt werden. Dazu ist der Ausbau, d.h. die Steigerung der Leistung, der Hardwaresysteme notwendig, oder die Anwendungssysteme sind gleichmäßig auf den Hardwaresystemen zu verteilen, um die Belastung gewisser Hardwaresysteme zu erleichtern. Die Lösung der zweiten Frage setzt die Analyse der Bearbeitungsreihenfolge der Aufgaben voraus, nach der die Aufgaben sequentiell oder parallel erfüllt und die Verbindungen zwischen ihnen durch ihre zu verarbeitenden sowie zu erzeugenden Arbeitsobjekte hergestellt werden. Ausdrücklich unterscheiden diese Arbeitsobjekte die Vorgängeraufgaben von deren Nachfolgeraufgaben. Die Vorgänger-Nachfolger-Beziehung bildet eine mögliche Basis, auf der die Aufgaben bewertet werden können, ob deren Erfüllung auch DV-gestützt sein soll, wenn ihre Vorgängeraufgaben oder Nachfolgeraufgaben bereits automatisiert sind.

Die derivativen Analyse und Bewertung der Systemkonfiguration dient auch dazu, die Differenz sowie Änderungsbilanz zwischen versionierten Gestaltungen der DV-Systeme quantitativ zu vergleichen bzw. zu bewerten. Daraus kann auch deutlich erkannt werden, welche versionierten Gestaltungen der DV-Systeme der Organisation vorherrschend dienen. Der Anwender kann eine Bezugsversion und die zu vergleichenden Versionen zur Gestaltung der DV-Systeme angeben, um die Änderungsbilanz wunschgemäß durchführen zu können. Jede versionierte Gestaltung der DV-Systeme ist unter der Hervorbringung der Leistung und zugleich der Kosten vorzusehen. So hat die Analyse der Änderungsbilanz zwischen der Bezugsversion und den zu vergleichenden Versionen das Hauptziel, die Leistungen sämtlicher DV-Systeme hinsichtlich ihrer Kosten zu bewerten, wobei sich die Kosten nicht nur auf DV-Systeme, sondern auch auf die dazu notwendige Organisationsumstellung beziehen.

Die Analyse dieser Änderungsbilanz kennzeichnet charakteristisch die Funktionalität der derivativen Analyse und Bewertung der Systemkonfiguration. Sie wird auch unter den angegebenen Versionen und nach oben erwähnten Kriterien vergleichenderweise durchgeführt. So wird eine flexible Interaktion zwischen dem Anwender und dem System OrgIS gewährleistet, mit welcher die Abweichung zwischen der Bezugsversion und den zu vergleichenden Versionen zur Gestaltung der DV-Systeme nach dem Bedürfnis des Anwenders graphisch sowie tabellarisch dargestellt werden kann. Insofern weisen diese analysierten Ergebnisse auch auf die mögliche potentielle unwirtschaftliche Gestaltung der DV-Systeme eines Unternehmens hin. Demzufolge sind die Verbesserungsvorschläge danach zu erstellen, wo die Schwachstellen sind, wie die Organisationsumstellung bewirkt wird und anschließend wie hoch die einzelnen sowie gesamten Kosten der einzusetzenden DV-Systeme sind. Auf dieser Basis werden die Verbesserungs- und Entscheidungsprozesse leichter und sachgerechter unterstützt, welche die Planung und Entscheidung zum Einsatz der DV-Systeme als ständige Managementfunktion widerspiegeln. Diese umfassende Änderungsbilanz umschließt die informationstechnischen, organisatorischen und wirtschaftlichen Überlegungen balancierend. Das wesentliche Vorgehen zur Analyse und Bewertung der versionierten Gestaltungen der DV-Systeme, woraus die Ergebnisse die Inhalte der Änderungsbilanz bilden, ist gleich wie bei der Erstellung des derivativen Segments der Dokumentation der Systemkonfiguration, welches im *Abschnitt 5.III.C.4. Die Erstellung des derivativen Segments der Dokumentation / Die Systemkonfiguration* detailliert geklärt wird.

D. Die Kontrolle der einzelnen Auswertungsvorgänge

Die Auswertungsvorgänge, die von einem Anwender bzw. Benutzer gestartet werden und die Schritte bei der Analyse und Bewertung der Organisationsstrukturdaten repräsentieren, werden grundsätzlich vom System überwacht und kontrolliert. Der Anwender muß zunächst die Zugriffsrechte auf die Funktionen der Datenauswertung und zugleich auf die Organisationsstrukturdaten besitzen, um die Analyse und Bewertung der versionierten Gestaltungen der Organisation DV-gestützt durchzuführen. Dies bringt eigentlich die Sicherheit der Organisationsstrukturdaten zum Ausdruck. Die zugelassenen Anwender bzw. Benutzer haben mittels erlaubter Funktionen der Datenauswertung den Zugang zu bestimmten Organisationsstrukturdaten. Falls ein Anwender die Zugriffsrechte besitzt, kann auch jeder Schritt zur Ausführung der Funktionen der Datenauswertung verfolgt und im Systemjournal protokolliert werden. Das Systemjournal wird von den Funktionen der Journalverwaltung erzeugt, kann aber je nach Bedarf vom Systemverwalter bzw. -administrator weiter bearbeitet werden.

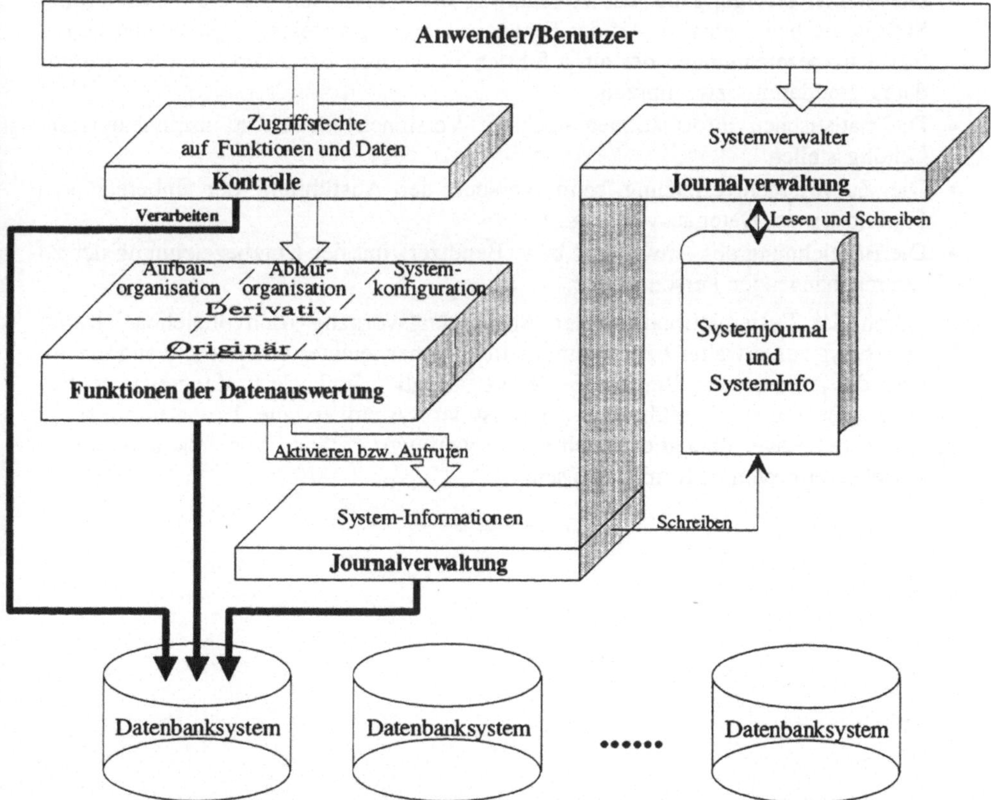

Abb. 5.II.D. - 1.   Der Prozeß zur Kontrolle und zur Protokollierung der Auswertungsvorgänge

In *Abb. 5.II.D. - 1* wird der Prozeß zur Kontrolle und zur Protokollierung des Vorgangs bei der Analyse und Bewertung der Organisation dargestellt. Zur Analyse und Bewertung der versionierten Gestaltungen der Organisation sowie zur Erstellung der Änderungsbilanz zwischen ihnen kann der Anwender bzw. Benutzer durch die Benutzerschnittstellen (Masken) die gewünschten Funktionen der Datenauswertung - z.B. derivative Analyse und Bewertung der Ablauforganisation - wählen und weiterhin die benötigten Daten - z.B. Versionen, eine Organisationseinheit oder eine Leitungsstelle - angeben. Sobald die Funktionen der Datenauswertung zum Laufen gebracht werden, werden die Funktionen der Zugriffsrechtverwaltung zur Überprüfung des Zugriffsrechtes gestartet. Dabei werden auch die Funktionen der Journalverwaltung aktiviert. Die Funktionen der Journalverwaltung verfolgen hierbei die Ausführung der Funktionen der Datenauswertung und der Zugriffsrechtverwaltung und protokollieren anschließend die Ergebnisse der Ausführung der beiden Arten von Funktionen in das Systemjournal. Jeder Schritt zur Ausführung der Funktionen der Datenauswertung kann je nach Wunsch des Systemverwalters - er kann dies bei der Einrichtung eines Benutzers definieren und einstellen - im Systemjournal abgelegt werden. Die Ergebnisse der Auswertungsvorgänge sind dabei nicht im Benutzerjournal zu sehen. Zu protokollieren im Systemjournal sind die folgenden Informationen:

- Die Schrittverfolgung bei der Ausführung der Funktionen der Datenauswertung: Startdatum bzw. -uhrzeit, Art der Datenauswertung (Anzeige, originär oder derivativ), Kurzbezeichnungen der ausgeführten Funktionen bzw. Organisationsstrukturdaten, Enddatum bzw. -uhrzeit.

- Die statistischen Informationen über die Versionen, Organisationseinheiten oder Leitungsstellen.

- Die Zugriffsrechtverletzung beim Versuch der Ausführung der unberechtigten Funktionen der Datenauswertung.

- Die Bezeichnung des Anwenders bzw. Benutzers mit der Kurzbezeichnung der zusammenhängenden Personalstelle.

Durch das Systemjournal ist der Auswertungsvorgang nachvollziehbar. Daraus kann der Systemverwalter bzw. -administrator ferner leichter erkennen, wann ein Anwender die Analyse und Bewertung der Organisation und wie umfangreich er diese Datenauswertung durchgeführt hat. Somit ist der Systemverwalter bzw. -administrator immer in der Lage, über die einzelnen Auswertungsvorgänge von jedem Anwender bzw. Benutzer bestens informiert zu sein.

III. Dokumentationserstellung für die Berichterstattung und für die Entscheidungsunterstützung

Gegenüber der interaktiven Analyse und Bewertung der Organisationsplanung und -entwicklung ist die umfassende und systematische Zusammenfassung der Organisationsstrukturdaten mit Versionsausprägung als eine notwendige Ergänzung zu sehen. Kontextweise stellt diese Zusammenfassung den Organisationsstand sowie die entwickelten Planungen in Form einer Dokumentation - einer Art von Berichterstattung - dar. Sie dient auch als Entscheidungsunterlage für den Unternehmensleiter bei der Planung und Entwicklung der Organisation. Für Entscheidungen stehen heute eine Vielzahl von Informationen, die den Entscheidungsgegenstand repräsentieren, zur Verfügung. Infolge des Einsatzes der immer zahlreicheren und leistungsfähigeren DV-Systeme werden diese Informationen und Daten über den Entscheidungsgegenstand leichter und schneller durch DV-Systeme erfaßt, verarbeitet und nicht zuletzt analysiert. Die Entscheidung wird dadurch aus einer rationalen Sicht heraus getroffen wird. Die rationale Entscheidung zur Entwicklung der Organisation beruht auf systematisch geordneten Informationen oder Berichten über Organisation. Grundsätzlich sind dabei irrationale Entscheidungen zu vermeiden, welche aus einem ungewissen Gefühl heraus getroffen werden[92]. Sie sind mit sehr hohem Risiko behaftet, können aber zugleich große Gewinne bringen. Allerdings sind sie heute auf verschiedenen Ebenen des Managements unzumutbar. Die rationale und treffsichere Entscheidung zur Verbesserung und Umstrukturierung der Organisation kennzeichnet auf allen Ebenen in verschiedenen Fachbereichen eines Unternehmens die Wettbewerbsfähigkeit.

Die Entscheidung zur Verbesserung und Umstrukturierung der Organisation setzt letztendlich die umfangreichen Informationen voraus, die jedoch zunächst durch DV-Systeme methodisch erfaßt, verarbeitet und ausgewertet werden sollen. So werden diese Informationen in großem Umfang in Kategorien eingeteilt und zusammengefaßt. Sie können im wesentlichen auf zwei Arten analysiert werden, die in originäre und derivative Analyse zu unterscheiden sind. Durch diese zwei Analysen wird auch der entsprechende Gesamtüberblick über den Organisationszustand und die unterschiedlichen Planungen verschafft, so daß das Management bei der Entscheidung zur Verbesserung und Umstrukturierung der Organisation vernünftig und sachgerecht operieren kann. Die originäre Analyse der Organisation ist durch qualitative Bewertung der Organisation gekennzeichnet. Sie gibt den Organisationszustand und die bearbeiteten Planungen unverändert in Form einer Dokumentation wieder, in der die Organisation eines Unternehmens systematisch und übersichtlich dargestellt wird. In der derivativen Analyse der Organisation dagegen wird der Schwerpunkt auf quantitative Bewertung der Organisation gesetzt. Aus dieser Bewertung ergibt sich die Charakterisierung der Organisation, welche das Leistungsmerkmal der Organisation kennzeichnet. Die derivative Analyse der Organisation kann den Unternehmensleiter besser bei seiner Organisationsplanung und -entwicklung unterstützen, da sie im wesentlichen durch die mengenmäßige Analyse der Organisation auf mögliche Mißstände sowie Schwachstellen hinweist. Vor allem können die Analyseergebnisse sich auf die Änderungsbilanz zwischen den Organisationsplanungen und dem Organisationszustand beziehen und durch eine ausdrucksvolle Form (graphisch bzw. tabellarisch) in der Dokumentation aufgeführt werden.

---

[92] Vgl. Linnert: Handbuch Organisation. S.286 - 288. 1975.

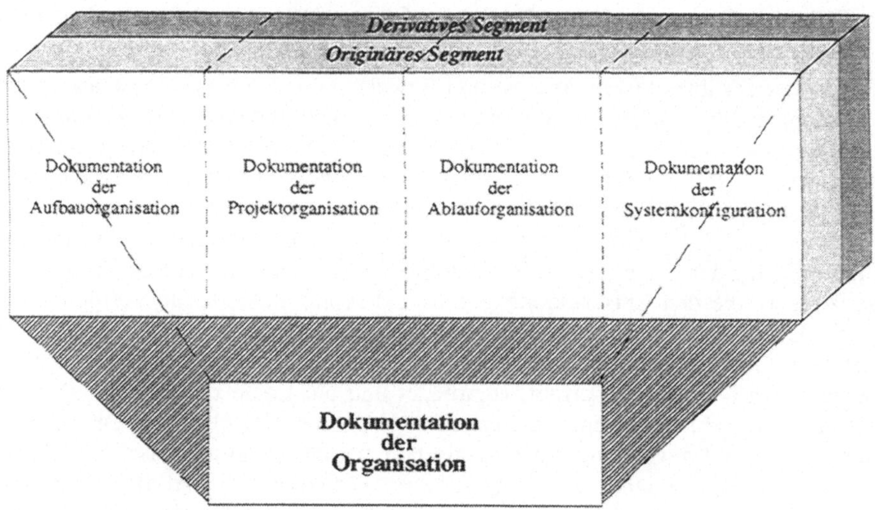

Abb. 5.III. - 1. Dokumentation der Organisation

Die Dokumentation der Organisation wird hier als das Management unternehmens-interner Dokumente gesehen[93], welche aus der Sicht ihrer logischen Struktur, Layout-struktur und inhaltlichen (semantischen) Struktur als Handbücher der Organisation be-zeichnet werden können. Im Zusammenhang mit betriebswirtschaftlich ausgerichteter Organisationsplanung und -entwicklung läßt sie sich in die folgenden Teildokumenta-tionen unterteilen:

- Dokumentation der Aufbauorganisation,
- Dokumentation der Projektorganisation,
- Dokumentation der Ablauforganisation und
- Dokumentation der Systemkonfiguration

So wird deutlich durch *Abb. 5.III. - 1* zum Ausdruck gebracht, daß die gesamte Organisation in dieser Weise durch die vier Teildokumentationen komplett repräsen-tiert werden kann. Die unterschiedlichen Schwerpunkte der Darstellungsgegenstände der Organisation spiegeln sich in den einzelnen Teildokumentationen wider, insofern wird jede Teildokumentation durch ihre Inhalte ausgeprägt. Jedoch ist jede Teildoku-mentation expressis verbis als Bestandteil der originären und derivativen Analyse und Bewertung der Organisation aufzufassen. Die Organisationsstrukturdaten, die unver-ändert oder verarbeitet in den Dokumentationen erfaßt sind, sollen die gewonnenen und grundlegenden Fakta und Stände der Organisation sowie ihre Zusammenhänge ausdrücken, die alle in hohem Maß die analysierten Ergebnisse aus den vielseitigen Betrachtungsweisen darstellen und schließlich die Organisation einleuchtend präzisie-ren. Die Dokumentation legt einerseits die historische Entwicklung der Organisation eines Unternehmens oder dessen Fachbereiche nieder und andererseits dient sie für das (strategische) Management bei der Organisationsplanung und -entwicklung als Ent-scheidungsunterlage oder als Berichterstattung.

---

[93] Vgl. Frese: Handwörterbuch der Organisation. Sp.521. - 530. 1992.

Üblicherweise ist die Dokumentation der Organisation grundsätzlich durch eine logische Struktur, eine Layoutstruktur und eine semantische (inhaltliche) Struktur zu erkennen[94], mit denen die Dokumentation nach den darzustellenden Inhalten und im organisatorischen Sinne übersichtlich gegliedert wird. Im Sinne der originären Analyse und Bewertung ist die Dokumentation der Organisation eine systematisierte Schilderung der verwirklichten oder der zu entwickelnden Organisation. Unter der derivativen Analyse und Bewertung der Organisation wird die Dokumentation weiterhin so verstanden, daß sie in großem Umfang die realisierte oder geplante Organisation quantitativ charakterisiert.

Zwischen der interaktiven Analyse und Bewertung der Organisation und der Dokumentation der Organisation bestehen Zusammenhänge, wobei die Dokumentation eigentlich ein Sammelwerk der kompletten Ergebnisse der interaktiven Analyse und Bewertung der Organisation ist. Die Analyse und Bewertung der Organisation verbirgt sich hinter der Erstellung der Dokumentation. Insofern stehen sie zueinander wie ein Prozeß (Vorgang) und ein entsprechendes Verarbeitungsobjekt. Unter dem Aspekt des Managements zur Entwicklung und Planung der Organisation werden sie beide prinzipiell untrennbar kombiniert, um die hierzu benötigten Entscheidungsprozesse in der benutzergeführten (On-Line) bzw. vorgegebenen (Off-Line) Weise effektiv und effizient handhaben zu können.

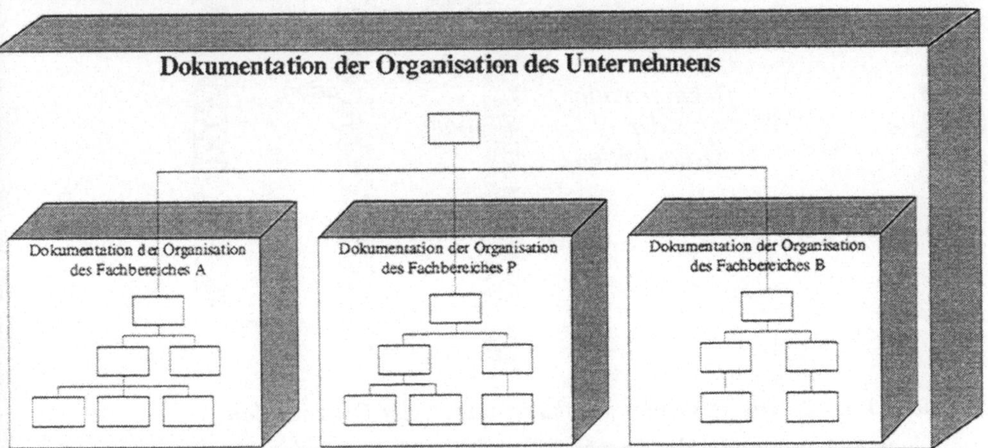

Abb. 5.III. - 2. Zentralisation und Dezentralisation der Dokumentation der Organisation

Die Dokumentation der Organisation ist ferner durch ihre Orientierung an der Organisationseinheit als Merkmal gekennzeichnet, wobei die Dokumentation im Bezug auf die Organisationshierarchie und ihre Entscheidungsträger vom strategischen Management auf die entsprechenden nächsten Führungsebenen delegiert werden kann. So ergibt sich eine Kombination von zentralisierter und dezentralisierter Dokumentation[95], da sich die Dokumentation auf jeder delegierten Führungsebene lediglich auf die Organisation des entsprechenden Fachbereichs eines Unternehmens bezieht, deren Dokumentation von der Führung als Berichterstattung für die obere Führungsebene (das

---

[94] Vgl. Frese: Handwörterbuch der Organisation. Sp.521. - 530. 1992

[95] Vgl. Mertens/Schrammel: Schriften zur wirtschaftswissenschaftlichen Forschung - Band 123: Betriebliche Dokumentation und Information. S.56. ff. 1977.

strategische Management) oder als ihre Informations- und Entscheidungsunterlagen erstellt wird. Die organisatorische Gestaltung des Fachbereichs eines Unternehmens, welche in der Dokumentation der Organisation widergespiegelt wird, ist auch eine der wichtigsten Führungsaufgaben. Der Unternehmensleiter oder die Leiter eines Fachbereiches (z.B. Sparte Chemische Technik, Zentraleinkauf usw.) soll ständig und konsequent die von ihm geführte Organisation, d.h. Aufbau- und Ablauforganisation sowie Systemkonfiguration, planen und entwickeln. Angesichts dieser Führungsebene wird die Dokumentation der Organisation vom Unternehmensleiter zentralisiert verarbeitet und verwertet. Das harmonische Zusammenspiel zwischen der Organisationsplanung der Fachbereichsleiter und der Organisationsplanung und -entwicklung des Unternehmensleiters, d.h. des gesamten Unternehmens, ist überhaupt die wichtigste Aufgabe der obersten Führungsebene. Bezüglich des Delegationsprinzips der Führungsaufgaben wird die Dokumentation der Organisation, welche als Informations- und Entscheidungsunterlage für die Organisationsplanung und -entwicklung von großer Bedeutung ist, auf verschiedenen Führungsebenen angewendet. Insofern ist die Dokumentation der Organisation, wie in *Abb. 5.III. - 2* beispielsweise dargestellt, im Sinne der delegierten Führungsaufgaben in Zentralisation und Dezentralisation zu unterscheiden.

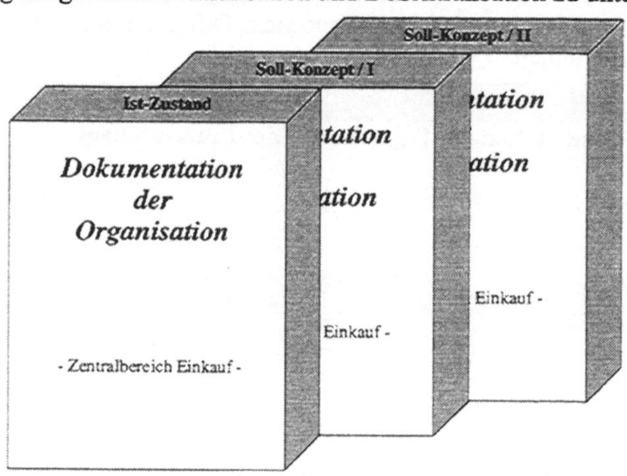

Abb. 5.III. - 3. Die versionierte Dokumentation der Organisation

Jede Dokumentation der Organisation wird auch durch eine Version gekennzeichnet, die entweder einen Ist-Zustand der Organisation oder eine geplante Organisation verkörpert. Diese Eigenschaft der Version läßt sich auf die Dokumentation der Organisation übertragen, aus welcher sich die versionierte Dokumentation der Organisation ergeben kann. Somit hat die Dokumentation der Organisation im Sinne der originären Analyse und Bewertung der Organisation die Ausprägung einer Version der Organisation inne. Darüber hinaus wird die versionierte Dokumentation der Organisation durch eine weitere Eigenschaft gekennzeichnet, indem sie hinsichtlich der derivativen Analyse und Bewertung der Organisation die komparativ bewerteten Ergebnisse zwischen verschiedenen Versionen der Organisation enthalten kann. In diesem Falle steht die Dokumentation der Organisation um so mehr mit mehreren Versionen der Organisation in engem Zusammenhang, deren bewertete Leistungsmerkmale als Inhalte in der Dokumentation schlüssig dargelegt werden. In *Abb. 5.III. - 3* wird die versionierte Dokumentation der Organisation gezeigt, wobei jede versionierte Dokumentation der

Organisation sich logischerweise einerseits in ein originäres sowie ein derivatives Segment und andererseits in die Dokumentation der Aufbau- und Ablauforganisation sowie Systemkonfiguration zerlegen läßt.

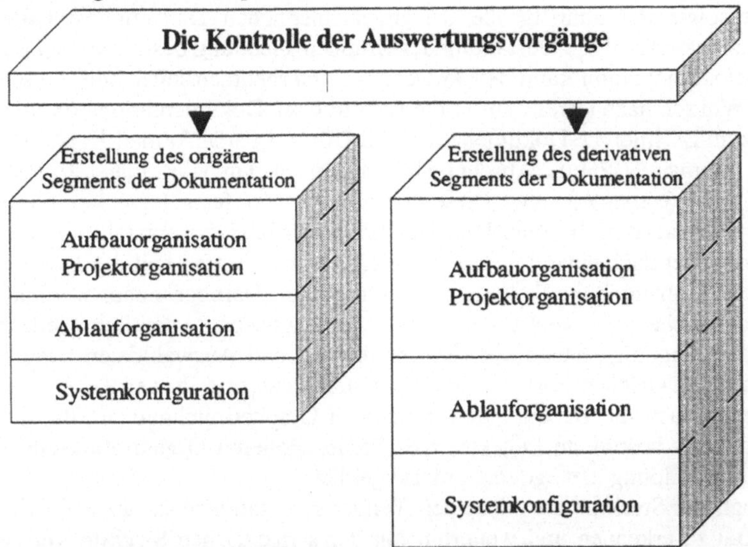

Abb. 5.III. - 4. Aufbau des Funktionenmoduls der Dokumentationserstellung für die Berichterstattung und für die Entscheidungsunterstützung

Das Funktionenmodul der Dokumentationserstellung besteht aus sechs Teilfunktionenmodulen, die jeweils für die Erstellung des originären und derivativen Segments der vier Teile der Organisation zuständig sind, namentlich der Ständigen Aufbauorganisation, der Projektorganisation, der Ablauforganisation und der Systemkonfiguration. Dabei ist zu beachten, daß die Funktionenmodule der Ständigen Aufbauorganisation und der Projektorganisation zum großen Teil gemeinsame Funktionen beinhalten, da der Unterschied zwischen ihnen eigentlich in der zeitlichen Ausprägung der Projektorganisation liegt. Die Vorgänge zur Erstellung der Dokumentation werden allerdings unter der Kontrolle des Teilfunktionenmoduls der Zugriffsrechtverwaltung und der Journalverwaltung vollzogen. In *Abb. 5.III. - 4* wird der Zusammenhang zwischen dem Funktionenmodul der Dokumentationserstellung und dem der Zugriffsrechtverwaltung verdeutlicht. Durch das Funktionenmodul der Journalverwaltung werden die Auswahl (Organisationseinheit, Kapitel, Dokumentationsformat usw.), die vom Anwender zur Erstellung der Dokumentation angegeben wird, und die Erfolgs- sowie Fehlermeldungen bei der Erstellung der Dokumentation ausführlich protokolliert. Somit kann der Anwender einerseits die Dokumentation mit gleichen Inhalten mehrfach anfertigen und andererseits die Ursache der fehlerhaften Erstellungsvorgänge klären.

A. Die Dokumentationsformate

Als zweckdienliche und wichtige Unterlage für das Management bei der Organisationsplanung und -entwicklung wird die Dokumentation der Organisation mit unterschiedlichen Schwerpunkten und Beschreibungsgegenständen erstellt. Die vier Teildokumentationen (der Ständigen Aufbauorganisation, der Projektorganisation, der Ablauforganisation und der Systemkonfiguration) haben eine gemeinsame Layoutstruktur aufzuweisen, die üblicherweise das Format des Dokuments (z.B. DIN A4, A5 usw.), den Darstellungsbereich auf einer Seite (linker, rechter, oberer und unterer Rand), die Schriftart sowie die Schriftgröße der unterschiedlichen Darstellungsinhalte (Überschrift, Text usw.) und die Gestaltung der Graphenzeichnung bestimmt. Bei der Erstellung der Dokumentation kann der Anwender (Unternehmensleiter oder Geschäftsführer) dem Wunsch nach jeweils zuvor die Layout bzw. Dokumentationsformate definieren, wie zum Beispiel die Dokumentation mit DIN A4 Papierformat, Kapitelüberschrift in Times Roman / 12/Fett, Abschnittsüberschrift in Times Roman / 9/ Fett/Kursiv, Text in Times Roman / 8 usw. Dieses vom Anwender festgelegte komplette Dokumentationsformat, d.h. die einzelnen Beschreibungsdaten zur Erstellung einer Dokumentation, bildet auch einen wichtigen obligatorischen Bestandteil der Dokumentation und wird als Anhang in die Dokumentation integriert. Darüber hinaus werden auch die Auswahldaten, die die ausgewählten Kapitel sowie Abschnitte deutlich wiedergeben, in den Anhang eingefügt. Mit diesen Beschreibungs- und Auswahldaten kann eine Dokumentation im gleichen Format leichter wiederholend erstellt werden. In diesem Anhang werden auch die Bedeutungen derjenigen Graphenzeichnungen, die in der Dokumentation als bestimmte Objekte, z.B. Stelle, Höheren Organisationseinheit, Software, Strukturbildung usw. gelten, präzise geklärt.

Die logische Struktur der einzelnen Teildokumentationen ist auch deutlich durch ihre Kapitel zu erkennen und weiterhin mit der semantischen Struktur verbunden. Je nach Beschreibungsgegenstand besitzt jede Teildokumentation der Organisation unterschiedliche logische und semantische Strukturen. Mit der logischen Struktur wird die Teildokumentation der Organisation, die den entsprechenden Teil der Organisation beschreibend wiedergibt, im organisatorischen Sinne systematisch gegliedert. Daraus ergibt sich auch das Top-Down-Vorgehen zur Beschreibung der Organisation, welches durch die organisatorische Überlegung stark geprägt ist. In jedem Kapitel wird die Organisation aus unterschiedlichen Ansichten behandelt und dargestellt. Dabei ist die Organisation (Aufbau-, Ablauforganisation und Systemkonfiguration) auch umfassend und vielseitig beschrieben. Innerhalb jedes Kapitels, das letztlich eine semantische Struktur (den inhaltlichen Zusammenhang) umschließt, werden die einzelnen Beschreibungsgegenstände der Organisation nach ihren organisatorischen Zusammenhängen einheitlich betrachtet und dargestellt. Hierbei wird detailliert auf jede Einzelheit der Organisation eingegangen. So wird z.B. im Rahmen der Aufbauorganisation nicht nur die grobe Organisationsstruktur erfaßt, sondern auch einzelne Stellen und deren fachlicher Führungszusammenhang sowie deren disziplinarischer Leitungszusammenhang.

Die logische Struktur der Dokumentation kennzeichnet den Zusammenhang zwischen den einzelnen Kapiteln bzw. Beschreibungsgegenständen. Dieser Zusammenhang beruht letztendlich auf den organisatorischen oder technischen Grundlagen, mit denen die Abhängigkeit zwischen den Kapiteln zum Ausdruck gebracht wird. Zum Beispiel in der Dokumentation (originäres Segment) der Aufbauorganisation wird das Kapitel *Stellenbeschreibung* immer mit dem Kapitel *Beschreibung der Höheren Organisationseinheit* zusammen erstellt, da diese zwei Kapitel in der Dokumentation auch eine semantische Struktur, d.h. einen disziplinarischen Zusammenhang, bilden. In diesem Falle ist das Kapitel *Stellenbeschreibung* abhängig vom Kapitel *Beschreibung der Höheren Organisationseinheit*. Bei der Abhängigkeit zwischen den Kapiteln sind zwei Fälle zu unterscheiden: *Totale* und *Partielle* Abhängigkeit. Die Totale Abhängigkeit zwischen zwei Kapiteln bedeutet, daß sie voneinander abhängig sind. Dagegen drückt die Partielle Abhängigkeit aus, daß ein Kapitel von einem anderen abhängig ist, aber nicht umgekehrt. Diese Abhängigkeit zwischen den Kapiteln wird in jeder Dokumentation der Organisation festgelegt. Ferner sind die Kapitel auch durch zwei Arten, *fakultativ* oder *obligatorisch*, zu erkennen. Beim fakultativen Kapitel kann wunschgemäß vom Anwender gewählt werden, ob es bei der Erstellung der Dokumentation angefertigt werden soll. Das obligatorische Kapitel soll immer in der Dokumentation erstellt werden. Unter diesen Aspekten - Totale sowie Partielle Abhängigkeit zwischen Kapiteln einerseits und fakultatives sowie obligatorisches Kapitel andererseits - kann die Dokumentation der Organisation so flexibel erstellt werden, daß nur die gewünschten Kapitel bzw. Inhalte gewählt bzw. beschrieben werden. Für alle Dokumentationen sind die Kapitel Inhaltsverzeichnis und Referenz obligatorisch. Diese zwei Kapitel werden bei der jeweiligen Erstellung der Dokumentation zwingend angefertigt.

Nr.	Kapitel	Art	Abhängigkeit
1	Inhaltsverzeichnis	obligatorisch	X
2	Organigramm	fakultativ	X
3	Beschreibung der Höheren Organisationseinheit	fakultativ	X
4	Stellenbeschreibung	fakultativ	3
5	DV-Ausstattung	fakultativ	X
6	Telefonliste	fakultativ	X
7	Personalreferenz	obligatorisch	X

Tab. 5.III.A. - 1. Logische Struktur des originären Segments der Ständigen Aufbauorganisation

In *Tab. 5.III.A. - 1* wird die Art der einzelnen Kapitel im originäres Segment der Ständigen Aufbauorganisation aufgezeigt, wobei die die *Kapitel „1. Inhaltsverzeichnis"* und *„7. Personalreferenz"* obligatorisch sind, das *Kapitel „4. Stellenbeschreibung"* abhängig vom *Kapitel „3. Beschreibung der Höheren Organisationseinheit"* ist, jedoch nicht umgekehrt. So entsteht in diesem Falle eine Partielle Abhängigkeit zwischen den *Kapiteln 3* und *4*. Ähnlich wird die Art der einzelnen Kapitel im originäres Segment der Projektorganisation durch *Tab. 5.III.A. - 2* deutlich geklärt. Diese zwei Dokumentationen (originäres Segment) besitzen die gleiche logische Struktur und eine ähnliche semantische Struktur, in der der Unterschied durch die zeitlichen Ausprägungen der Projektorganisation zu erkennen ist.

Nr.	Kapitel	Art	Abhängigkeit
1	Inhaltsverzeichnis	obligatorisch	X
2	Projektstruktur	fakultativ	X
3	Beschreibung der einzelnen Projekte	fakultativ	X
4	Beschreibung der Projektstelle	fakultativ	3
5	DV-Ausstattung	fakultativ	X
6	Telefonliste	fakultativ	X
7	Personalreferenz	obligatorisch	X

Tab. 5.III.A. - 2. Logische Struktur des originären Segments der Projektorganisation

In *Tab. 5.III.A. - 3* wird die Art der einzelnen Kapitel im originäres Segment der Ablauforganisation deutlich dargestellt, welche voneinander unabhängig sind. Der Anwender kann bei der jeweiligen Erstellung der Dokumentation seinem Bedarf und Wunsch nach separat einzelne Kapitel anfertigen, um sich schwerpunktmäßig auf einige zu betrachtende Gegenstände konzentrieren zu können.

Nr.	Kapitel	Art	Abhängigkeit
1	Inhaltsverzeichnis	obligatorisch	X
2	Aufgabenstruktur	fakultativ	X
3	Arbeitsobjektstruktur	fakultativ	X
4	Beschreibung der Aufgaben	fakultativ	X
5	Beschreibung der Arbeitsobjekte	fakultativ	X
6	Referenz	obligatorisch	X

*Tab. 5.III.A. - 3. **Logische Struktur des originären Segments der Ablauforganisation***

Gleichwohl wird in *Tab. 5.III.A. - 4* dargelegt, welche Kapitel im originäres Segment der Systemkonfiguration obligatorisch oder fakultativ sind. Sie sind voneinander unabhängig.

Nr.	Kapitel	Art	Abhängigkeit
1	Inhaltsverzeichnis	obligatorisch	X
2	Struktur der DV-Systeme	fakultativ	X
3	Beschreibung der Software	fakultativ	X
4	Beschreibung der Hardware	fakultativ	X
5	Beschreibung der Rechnernetze	fakultativ	X
6	Lokale Konfiguration	fakultativ	X
7	Ferne Konfiguration	fakultativ	X
8	Referenz	obligatorisch	X

*Tab. 5.III.A. - 4. **Logische Struktur des originären Segments der Systemkonfiguration***

Jedes Kapitel besteht aus einer Grundbeschreibung, die die Beschreibungsgegenstände charakterisiert, und weiteren Abschnitten, falls die Beschreibungsgegenstände aus anderer Sicht näher betrachtet werden sollen. Grundsätzlich werden auch mehrere Abschnitte in einzelnen Kapiteln der Dokumentation benötigt. Diese Abschnitte sind insofern erforderlich, um die entsprechenden Einzelheiten systematisch gliedern zu können, wobei die organisatorischen und technischen Überlegungen zum Ausdruck gebracht werden. Jeder Abschnitt in den einzelnen Kapiteln verkörpert einen Blickwinkel, unter dem die Beschreibungsgegenstände noch detaillierter und mit anderen Beschreibungsgegenständen zusammenhängend ausgelegt werden. Bei der jeweiligen Erstellung der Dokumentation werden die Abschnitte auch ihrer Art zufolge nach dem Wunsch des Anwenders angefertigt. So besteht zum Beispiel das *Kapitel „3. Stellenbeschreibung"* in der Dokumentation (originäres Segment) der Ständigen Aufbauorganisation aus einer Grundbeschreibung und fünf weiteren Abschnitten:

1. Stelleninhaber

2. Stellvertreter

3. Stellvertretung

4. DV-Ausstattung

5. Fachliche Zuständigkeit

In diesem Falle ist der *Abschnitt „1. Stelleninhaber"* als obligatorischer Abschnitt definiert; die anderen vier Abschnitte sind fakultativ. Diese werden auch bei der jeweiligen Erstellung der Dokumentation dem Anwender zur Wahl gestellt.

Die Festlegung der Art und Abhängigkeit der einzelnen Kapitel sowie deren Abschnitte determiniert die mögliche Auswahl zur Erstellung der Dokumentation, die vor allem die organisatorischen und technischen Zusammenhänge in den Vordergrund stellt und zugleich dem Wunsch des Anwenders (Unternehmensleiters oder Geschäftsführers) entspricht. Die Auswahl der Kapitel und deren Abschnitte läßt sich nicht nur im originären Segment, sondern auch im derivativen Segment erkennen, wobei letzteres in *„5.III.C. Die Erstellung des derivativen Segments der Dokumentation"* unter der Ständigen Aufbauorganisation, Projektorganisation, Ablauforganisation und Systemkonfiguration gesondert und näher beschrieben wird.

Aus der organisatorischen Sicht wird die Informationskompetenz der Organisationseinheiten neben der Linienkompetenz deutlich festgelegt. Sie stellt fest, welche Informationen bzw. Daten für die Organisationseinheiten zugänglich sind. Diese Zugangsberechtigungen bzw. Zugriffsrechte der Organisationseinheiten ist auch im System *OrgIS* zu erkennen. Durch die regelgerechte Verwaltung der *OrgIS*-Benutzer, die eine bestimmte Führungsebene verkörpern und die mit den organisatorischen Stellen die Beziehung der Stellenbesetzung eingehen, wird die Informationskompetenz klar und sachgerecht definiert. So kann der Anwender nur auf diejenigen organisatorischen Daten, die die seiner Verantwortung unterstehende Organisation beschreiben, zugreifen und die entsprechende Dokumentation für seinen Zweck erstellen. Dafür wird die Dokumentation der Organisation auch durch die Orientierung der Höheren Organisationseinheit - sei sie auch ein Fachbereich oder dessen Teil - gekennzeichnet. Das bedeutet zugleich, daß die Dokumentation der Organisation einerseits die Beschreibungen der Organisation eines Fachbereichs oder dessen Teils umfaßt, in dem die angegebene Höhere Organisationseinheit als oberste Instanz betrachtet wird, und andererseits die notwendigen Beschreibungen der Organisation der anderen Fachbereiche oder deren Teile. Diese notwendigen Beschreibungen kennzeichnen die organisatorischen oder technischen Zusammenhänge mit der angegebenen Höheren Organisationseinheit. Sie werden als alternativ in die Dokumentation mit einbezogen und vor allem erkennbar beschrieben bzw. dargestellt. Zum Beispiel bei der Erstellung der Dokumentation (originäres Segment) der Systemkonfiguration von einer Höheren Organisationseinheit soll eine Festplatte erkennbar beschrieben und dargestellt werden, da diese Festplatte eine lokal konfigurierte Komponente in einem Hardwaresystem ist, das aber zur Ausstattung einer anderen Höheren Organisationseinheit gehört. Unter der Orientierung der Höheren Organisationseinheit wird hierbei prinzipiell verstanden, daß die Dokumentation der Organisation immer für eine angegebene Führungsebene erstellt wird.

B. Die Erstellung des originären Segments der Dokumentation

Das originäre Segment der Dokumentation umfaßt im wesentlichen die qualitativen Beschreibungen der Organisation und wird auch als ein Gegenstück der originären Analyse und Bewertung der Organisation gesehen, welche die interaktive Berichterstattung und Zusammenstellung der Organisationsstrukturdaten kennzeichnet. Im originären Segment der Dokumentation werden die Organisationsstrukturdaten, die durch die Datenverwaltungsfunktionen in der Datenbank erfaßt und aufbewahrt werden, in ihren organisatorischen sowie technischen Zusammenhängen zusammengestellt und übersichtlich dargestellt. Die Organisationsstrukturdaten werden in vier Teile - die Ständige Aufbauorganisation, Projektorganisation, Ablauforganisation und System-konfiguration - gegliedert, zwischen denen organisatorische und technische Zusammenhänge entstehen. So läßt sich das originäre Segment der Dokumentation auch als die entsprechenden vier Segmente verstehen, die jedoch gegenseitig die zusammenhängenden Organisationsstrukturdaten umschließen.

Das originäre Segment der Ständigen Aufbauorganisation wird unter folgenden Aspekten erstellt:

- Organigramm, mit dem eine organisatorische Aufbaustruktur mit dem disziplinarischen Leistungszusammenhang zwischen den Organisationseinheiten durch das übersichtliche Schaubild dargestellt wird.

- Beschreibung der Höheren Organisationseinheit, durch die die disziplinarische Leitungsstelle der Höheren Organisationseinheit, die disziplinarisch unmittelbar über- sowie untergeordneten Organisationseinheiten, die DV-Ausstattungen und der Aufgabenumfang zu erkennen sind.

- Stellenbeschreibung, die den Charakter der Stelle, den Stelleninhaber, die Beziehung des Stellvertreters, die DV-Ausstattung, die fachliche Zuständigkeit für Aufgabenerfüllung und den fachlichen Führungszusammenhang wiedergibt.

- DV-Ausstattung, unter der die eingesetzten DV-Systeme für die Aufgabenerfüllung und die DV-gestützten Arbeitsplätze offenbart werden.

Das originäre Segment der Projektorganisation wird unter den gleichen Aspekten wie bei der Ständigen Aufbauorganisation erstellt, wobei diese beide anhand der zeitlichen Ausprägungen der Projektorganisation zu unterscheiden sind. Dieser Unterschied ist auch in der Beschreibung der Höheren Projektorganisationseinheit, die in der Regel ein Projekt oder ein Teilprojekt verkörpert, und in der Beschreibung der Projektstelle zu erkennen. Neben den Beschreibungen, die die Ständige Aufbauorganisation wiedergeben sollen, werden noch folgende Beschreibungen im originären Segment der Projektorganisation für notwendig erachtet:

- Die zeitliche Geltung der Höheren Projektorganisationseinheiten und die Reihenfolge (z.B. Vorgänger-, Nachfolgerprojekte, Totale oder Partielle Parallelität) zur Abwicklung der einzelnen Projekte müssen im Kapitel *Beschreibung der Projekte* dargelegt werden.

- Die zeitliche Geltung der Projektstellen und deren Besetzung werden ebenfalls als wichtige Daten im Kapitel *Beschreibung der Projektstellen* aufgenommen, wobei auch die Besetzungsart der Projektstellen erklärt wird. Dabei handelt es sich um externe oder interne Personen, die für die Projektabwicklung auf den Projektstellen eingesetzt sind. Dahinter verbirgt sich die zeitliche Einsatzplanung der Personen.

- Die zeitliche Geltung der DV-Systeme wird im Kapitel *DV-Ausstattung* beschrieben, aus der auch eine Einsatzplanung der DV-Systeme hergeleitet werden kann. Der Einsatz der DV-Systeme soll allerdings im Hinblick auf die Unterstützung der Aufgabenerfüllung berücksichtigt werden, d.h. die eingesetzten DV-Systeme, falls sie neu beschafft werden müssen, sollen aus wirtschaftlicher Sicht nicht nur allein für die Abwicklung eines Projektes, sondern auch für die weitere Unterstützung der Aufgabenerfüllung gedacht sein.

Im originären Segment der Ablauforganisation werden hauptsächlich die Aufgaben und die Arbeitsobjekte beschrieben, die beide auch im Zusammenhang mit der Ständigen Aufbau-, Projektorganisation sowie Systemkonfiguration stehen. Zu beachten ist noch, daß die Referenz im originären Segment der Ablauforganisation mehrere Teile umfaßt, die sich auf Aufgaben, Arbeitsobjekte, Organisationseinheiten und DV-Systeme beziehen. Dieses Segment wird unter den folgenden Aspekten betrachtet:

- Die Aufgabenstruktur beschreibt den strukturierten Aufbau der Aufgaben, in dem die Aufgaben systematisch und hierarchisch gegliedert werden. Durch die Aufgabenstruktur werden auch die Ergebnisse der Aufgabenanalyse und -synthese veranschaulicht. So können die Aufgaben aus aggregierter oder disaggregierter Sicht behandelt werden, wobei sie durch die obligatorische oder fakultative Aggregation zu unterscheiden sind.

- In gleicher Weise beschreibt die Arbeitsobjektstruktur den strukturierten Aufbau der Arbeitsobjekte, in welchem die aggregierten und disaggregierten Arbeitsobjekte dargestellt werden. Die obligatorische und fakultative Aggregation der Arbeitsobjekte ist hierbei auch zu berücksichtigen.

- Beschreibung der Aufgaben, in der der Arbeitszusammenhang (z.B. aggregierte und disaggregierte Aufgaben, Vorgänger- und Nachfolgeraufgaben) zwischen den Aufgaben und die durch die Erfüllung der Aufgaben ver-/gebrauchten sowie erzeugten Arbeitsobjekte detaillierter gedeutet werden. Im Zusammenhang mit der Ständigen Aufbauorganisation, der Projektorganisation und der Systemkonfiguration werden zugleich die Organisationseinheiten, die die Aufgaben aufgrund ihrer fachlichen Zuständigkeit erfüllen müssen, und die eingesetzten DV-Systeme - hauptsächlich Software - für die Unterstützung der Aufgabenerfüllung wiedergegeben.

- Beschreibung der Arbeitsobjekte, in der ebenfalls die aggregierten sowie disaggregierten Arbeitsobjekte, der Zusammenhang mit den Aufgaben (z.B. ver-/gebraucht oder erzeugt) und der Zusammenhang zwischen den Arbeitsobjekten (Input-Output-Verhalten) eingehend dargelegt werden. Dabei ist auch in Hinblick auf die Ständige Aufbauorganisation, die Projektorganisation und die Systemkonfiguration Rücksicht zu nehmen, so daß die Organisationseinheiten, in denen die Arbeitsobjekte ver-/gebraucht oder erzeugt werden sollen, und die eingesetzten DV-Systeme - im wesentlichen die Datenbanken (Datenbestände) - im Speicher der Arbeitsobjekte der Informationssorte beschrieben werden.

Die semantische (inhaltliche) Struktur der einzelnen Kapitel im originären Segment der Systemkonfiguration ist komplizierter als die semantische Struktur in den originären Segmenten der Ständigen Aufbauorganisation, der Projektorganisation und der Ablauforganisation. Ein Kapitel kann mehrere Unterkapitel umfassen, falls die zusätzlichen Daten für die Beschreibung der unterschiedlichen DV-Systeme benötigt werden. so beinhaltet zum Beispiel das *Kapitel „3. Beschreibung der Software"* eigentlich zwei Unterkapitel *„Beschreibung der Softwaresysteme"* und *„Beschreibung der Datenbanken (Datenbestände)"*, die durch ihre Grundbeschreibungen und weitere Abschnitte zu unterscheiden sind. Aus der organisatorischen und technischen Sicht wird die Systemkonfiguration unter folgenden Aspekten beschrieben und im originären Segment der Systemkonfiguration dargestellt:

- Struktur der DV-Systeme, in der der strukturierte Aufbau der DV-Systeme deutlich dargelegt wird. Diese Aufbaustruktur kann sich auf eine Familien- bzw. Klassenbildung der DV-Systeme oder Versionsfolge der Softwaresysteme sowie auf andere

Strukturen beziehen. Bei der Aufbaustruktur sind wiederum die obligatorische und fakultative Struktur zu unterscheiden.

- Beschreibung der Software, in der die Beschreibung der Softwaresysteme und die Beschreibung der Datenbanken (Datenbestände) zu unterscheiden sind. Grundsätzlich werden die DV-gestützten Arbeitsobjekte bezüglich der Datenbanken (Datenbestände) sowie der Aufgaben bezüglich der Softwaresysteme aus organisatorischer Sicht beschrieben. Die technische Beschreibung enthält die belegten Datenträger, die Systemvoraussetzungen sowie die bearbeiteten Datenbanken (Datenbestände) bezüglich der Softwaresysteme und die bearbeitenden Softwaresysteme hinsichtlich der Datenbanken (Datenbestände).

- Beschreibung der Hardware, in der die Hardwaresysteme, Schnittstellen, die Datenträger, die Drucker und die Bildschirme je nach ihren Eigenschaften unterschiedlich dargelegt werden. Diese sind durch ihre unterschiedlich benötigten Abschnitte gekennzeichnet, jedoch immerhin aus organisatorischer wie auch technischer Sicht klargelegt.

- Beschreibung der Rechnernetze, die aus dem *Kapitel „4. Beschreibung der Hardware"* herausgezogen wird und ein eigenes Kapitel bildet. In der Beschreibung der Rechnernetze wird die netzweite Kommunikationsmöglichkeit zwischen einzelnen Hardwaresystemen dargestellt, wobei die Anschlußart (z.B. passiv, aktiv oder passiv-aktiv) der Hardwaresysteme an den Rechnernetzen und die verwendeten Kommunikationsprotokolle offenbart werden.

- Lokale Konfiguration, aus der nicht nur die Zusammenstellung der Komponenten der DV-Systeme offengelegt, sondern vielmehr das Zusammenwirken sowie die Verbindungsart bezüglich der Schnittstellen zwischen den einzelnen Hardwarekomponenten und nicht zuletzt die Rolle der Software deutlich beschrieben wird. Bei der lokalen Konfiguration handelt es sich um die arbeitsfähigen sowie funktionskomplexen Hardwaresysteme und deren Aufbauarchitektur.

- Ferne Konfiguration, die sich auch auf die Hardwaresysteme bezieht, dabei jedoch die Rechnernetze voraussetzt. Bei der fernen Konfiguration werden einerseits die gemeinsame Nutzung der DV-Systeme und andererseits die Arbeitszusammenhänge zwischen DV-gestützten Arbeitsplätzen sowie der Aufgabenerfüllung verkörpert.

1. Die Ständige Aufbauorganisation

Die Dokumentation der Ständigen Aufbauorganisation ist eine der beiden Teildokumentationen der Aufbauorganisation, welche noch die Dokumentation der Projektorganisation umfaßt. Im originären Segment der Ständigen Aufbauorganisation wird ein komplexer Organisationsaufbau beschrieben, der sich nicht nur auf den Ist-Zustand der Organisation, sondern auch auf die verschiedenen Planungen der Organisation, die durch Versionen ausgeprägt sind, bezieht. Dabei sind grundsätzlich durchzunehmen: Die Organisationshierarchie, die Instanz der Organisationseinheit, die Stelle sowie deren Stellenbesetzung, d.h. der Stelleninhaber, die fachliche Zuständigkeit der Organisationseinheit und die fachliche Führung. Diese darzustellenden organisatorischen Gestaltungen prägen im wesentlichen die Dokumentation der Ständigen Aufbauorganisation. Unter Berücksichtigung der DV-gestützten Arbeitsplätze, die eine wichtige Rolle bei der Steigerung der Produktivität des Unternehmens spielen, werden die DV-Systeme, die zur Automatisierung der Aufgabenerfüllung eingesetzt sind, in die Dokumentation der Ständigen Aufbauorganisation einbezogen. Zusammenfassend läßt sich die logische Struktur der Dokumentation der Ständigen Aufbauorganisation kapitelweise durch folgende Bestandteile konkretisieren, welche ein Top-Down-Vorgehen zur Beschreibung der Ständigen Aufbauorganisation repräsentieren:

- Organisationshierarchie/Organigramm,
- Beschreibung der Höheren Organisationseinheit,
- Stellenbeschreibung,
- DV-Ausstattung,
- Telefonliste und
- Personalreferenz.

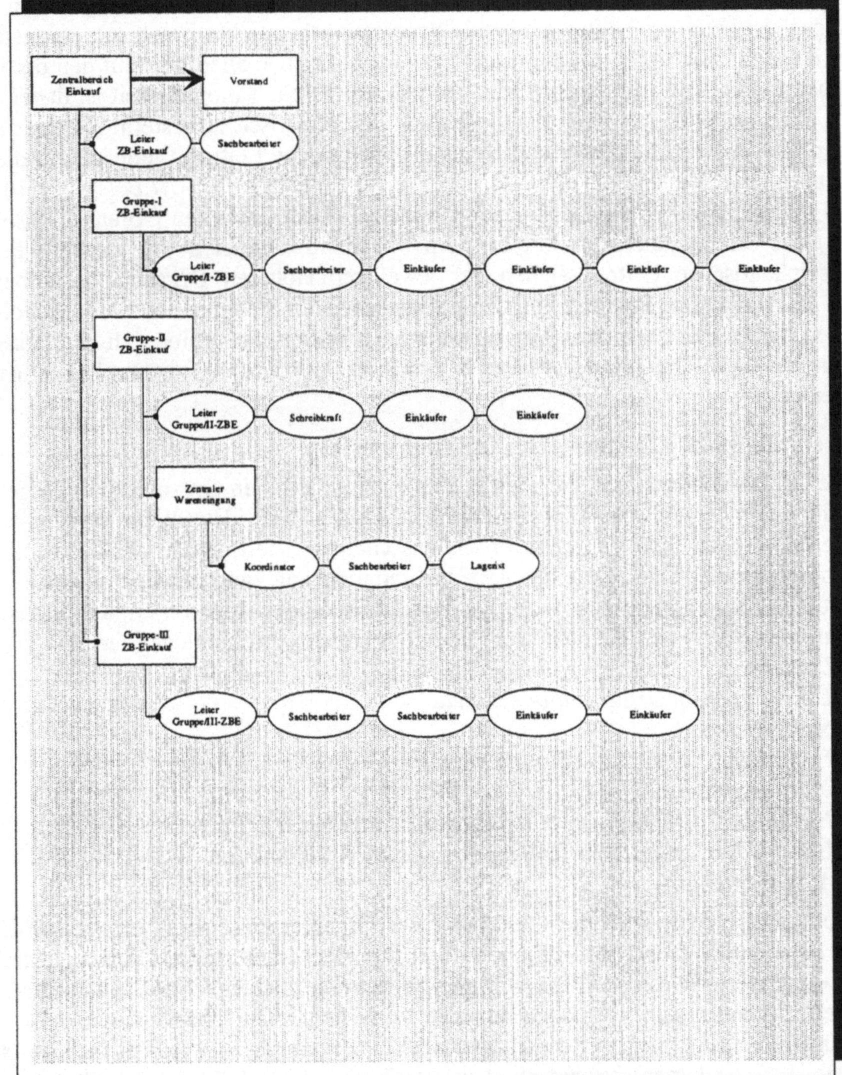

Abb. 5.III.B.1. - 1. Organigramm eines Fachbereichs „Zentralbereich Einkauf"

❏ Organisationshierarchie/Organigramm

Die Organisationshierarchie drückt einen organisatorischen Unternehmensaufbau aus. Hinter dieser Organisationshierarchie verbergen sich auch die Ergebnisse der Analyse und Synthese der Unternehmensaufgaben, die nach Verwendung bestimmter Gliederungsprinzipien, wie zum Beispiel fachbezogener, stufenbezogener, arbeitsobjektbezogener Aufgabengliederungen oder einer Kombination davon, zustande gekommen sein sollten. Aus den Resultaten derartiger Zerlegung und Zusammenfassung der Aufgaben erfolgt die Bildung der Organisationseinheit, die im Grunde unter der Höheren Organisationseinheit (z.B. Abteilung, Hauptabteilung, Sparte usw.) und der Stelle (kleinste Organisationseinheit) zu verstehen ist. Hier in der Dokumentation der Ständigen Aufbauorganisation wird die Organisationshierarchie graphisch dargestellt, wobei dieser hierarchisch strukturierte Organisationsaufbau allerdings auf den disziplinarischen Leitungszusammenhang bezogen ist. Jede Organisationseinheit ist dabei eindeutig nur einer Höheren Organisationseinheit disziplinarisch unterstellt. Darüber hinaus wird die Instanz, die diesbezüglich als disziplinarische Leitungsstelle gilt, in dieser überschaubaren Graphendarstellung deutlich aufgeführt. In *Abb. 5.III.B.1. - 1* wird ein Organigramm eines Fachbereichs gezeigt, welches in der gesamten Organisationshierarchie eines Unternehmens unmittelbar dem "Vorstand" unterstellt ist. Hierbei werden die disziplinarischen Leitungsstellen der jeweiligen Höheren Organisationseinheiten immer durch die erste Position von den dazugehörenden Stellenreihen hervorgehoben, in denen die Stellen nach dem Typ geordnet sein sollten. So ergibt sich ein Gesamtüberblick über die Organisationshierarchie im Sinne des disziplinarischen Leistungszusammenhangs.

❏ Beschreibung der Höheren Organisationseinheit

Jede Organisationseinheit, die eben in dem disziplinarischen Organigramm dargelegt wird, läßt sich weiter schriftlich beschreiben. Durch diese detaillierte Beschreibung wird grundsätzlich jede Organisationseinheit charakterisiert, wodurch der fachliche Führungszusammenhang sowie der Arbeitszusammenhang zwischen den einzelnen Organisationseinheiten klargelegt wird. Die Beschreibung der Höheren Organisationseinheit wird innerhalb eines Kapitels weiter durch folgende Abschnitte gegliedert:

1. Leitung,
2. Übergeordnete Organisationseinheit,
3. Stellvertreter,
4. Unmittelbar unterstellte Stellen ohne Personalverantwortung,
5. DV-Ausstattung,
6. Fachliche Zuständigkeit (teambezogene Aufgabenerfüllung),
7. Unmittelbar unterstellte Höhere Organisationseinheit und
8. Aufgabenumfang.

Wichtig ist hierbei, daß die Gestaltung der Organisationseinheit im wesentlichen immer dem Zweck dient, die Aufgaben überhaupt oder im Bezug auf das angestrebte Ziel produktiver erfüllen zu können. Dieses angestrebte Ziel jeglicher Organisation des Fachbereichs leitet sich vor allem aus den wirtschaftlichen Überlegungen, also der Gewinnmaximierung, her. Um dieses Ziel effektiv zu erreichen, bedarf es insbesondere in jeder Höheren Organisationseinheit der Zielharmonie und -identität zwischen verschiedenen Stellen[96], die sich mit unterschiedlichen Aufgaben befassen. Dazu ist besonders erforderlich, eine eindeutige und kompetenzgerechte disziplinarische Leitungsstelle in der Höheren Organisationseinheit klar zu definieren, die die Koordinations- und Entscheidungsaufgaben wahrnehmen soll. Insofern kann die zielharmonische Aufgabenerfüllung durchgehend gewährleistet und auf das gemeinsame Ziel ausgerichtet werden. Mit Blick auf klare Kompetenz und zugleich damit getragene Verantwortung wird genau festgelegt, daß jeder Höheren Organisationseinheit nur eine disziplinarische Leitungsstelle zugeordnet ist. Dies kennzeichnet einerseits eine hierarchische Beziehung zwischen Stellen in einer Höheren Organisationseinheit und andererseits auch die gleichrangige Arbeitsbeziehung zwischen den Stellen, welche die Kommunikation der Stellen bei der Aufgabenerfüllung verdeutlicht. Überdies ist weiterhin darauf zu achten, daß die Arbeitsbeziehung sich auch auf die Stellvertretung bezieht, wodurch die Aufgabenerfüllung, insbesondere bei der Erfüllung der Leitungsaufgaben, erfolgreich wahrgenommen und fortgesetzt werden kann, falls der Leiter oder ein zuständiger Stelleninhaber wegen Krankheit, Urlaub usw. ausfallen sollte. Die Aufgaben in einer Höheren Organisationseinheit, wie z.B. einem Fachbereich "Zentraleinkauf", werden grundsätzlich in zwei Klassen, also nach der Gesamtheit und nach dem Eigenbeitrag, geordnet, wenn dieser Höheren Organisationseinheit noch weitere Höhere Organisationseinheiten unterstellt sind. Zu der Klasse der Gesamtheit zählen sämtliche Aufgaben, die sowohl direkt in dieser Höheren Organisationseinheit als auch delegiert in den ihr disziplinarisch unterstellten Höheren Organisationseinheiten erfüllt werden müssen. Zur anderen Klasse des Eigenbeitrags werden nur diejenigen Aufgaben zusammengestellt, die direkt in der ermittelten Höheren Organisationseinheit erfüllt werden und die Sachziele dieser Höheren Organisationseinheit spezifizieren. Durch eine derartige Einteilung der Aufgaben offenbart sich die Zielbeziehung zwischen der übergeordneten Höheren Organisationseinheit und den ihr unterstellten Höheren Organisationseinheiten. Daraus wird leichter entdeckt, ob sich eine Organisationseinheit im Ganzen mit fachgerechten Aufgaben befaßt und ihre Aufgabenverteilung mit dem gesamten Unternehmensziel übereinstimmt.

Nicht zu vernachlässigen ist auch der Einsatz der DV-Systeme, die zur Unterstützung der Aufgabenerfüllung in der Höheren Organisationseinheit beitragen sollen. Die eingesetzten DV-Systeme kennzeichnen in einem gewissen Maße den Automatisierungsgrad der Aufgabenerfüllung in einer Organisationseinheit. Hierzu ist besonders die Hardware zu berücksichtigen, die als DV-Ausstattung bezeichnet wird. Diese DV-Ausstattung findet ihren Ausdruck vor allem bei DV-gestützten Arbeitsplätzen.

In *Abb. 5.III.B.1. - 2* wird die logische und semantische Struktur beispielhaft dargestellt, die die Höhere Organisationseinheit (Zentralbereich Einkauf) übersichtlich und komplett beschreibt. In dieser Struktur wird eine Organisationseinheit in großem Umfang durch diese acht Punkte ausgeprägt. Unter der Angabe des Stellvertreters (im *Abschnitt „3. Stellvertreter"*) kann es möglicherweise mehrere stellvertretende Stellen geben, die allerdings nach einer bestimmten Priorität mit ihren Stelleninhabern geordnet aufgelistet werden. Diese Priorität bedeutet eine festgelegte Verpflichtung und Verantwortung, mit denen der betreffende Stellvertreter, also der Stelleninhaber, bei der Abwesenheit des Leiters und gegebenenfalls des vorrangigen Stellvertreters die Leitungsaufgaben zu übernehmen hat. Dabei zu bemerken sind noch diejenigen Stellen,

---

[96] Vgl. Reese: Theorie der Organisationsbewertung. S.21. ff. 1989.

die als unmittelbar (disziplinarisch) der Leitungsstelle unterstellte Stellen ohne Personalverantwortung (laut *Abschnitt „4. Unmittelbar unterstellte Stellen ohne Personalverantwortung"*) bezeichnet werden. Diese Stellen verfügen über keine Leitungsaufgaben im Gegensatz zu anderen gleich unmittelbar unterstellten Stellen, die aber verantwortlich für weitere Höhere Organisationseinheiten sein sollen.

Organisationseinheit

Bezeichnung: Zentralbereich Einkauf (ZB/EK)
Standort: Rattingen / D
Firma: System Technologie AG

......

1. Leitung
   Leiter Zentralbereich Einkauf (EK)   Herr Dr. Leitermann, Helmut
   <u>Seit:</u> 12. Juli 1991

2. Übergeordnete Organisationseinheit
   Unternehmensgruppe ST (UG/ST)   Herr Dr. Vorstandmann, Heinrich

3. Stellvertreter
   - Leiter Gruppe I/ZB-E (EKG1)   Herr Gruppenmann, Peter
    <u>von:</u> 12. Juli 1991   <u>bis:</u> 31. Dezember 1995

4. Unmittelbar unterstellte Stellen ohne Personalverantwortung
   - Sachbearbeiter/Vorzimmer (EKSV)   Frau Mustermann, Renée

5. DV-Ausstattung
   - Siemen Pentium / U1001 (DOS)   PC-586
   - HP9000/755 / T7023 (UNIX)   Workstation
   - HP700/RX-A1097C / T7050   X-Terminal

6. Fachliche Zuständigkeit (teambezogene Aufgabenerfüllung)
   - Keine

7. Unmittelbar unterstellte Organisationseinheit
   - Gruppe-I zentralbereich Einkauf (ZB/EKG1)   EK-GL1   Herr Gruppenmann
   - Gruppe-II zentralbereich Einkauf (ZB/EKG2)   EK-GL2   Herr Weissmann
   - Gruppe-III zentralbereich Einkauf (ZB/EKG3) EK-GL3   Herr Schwarzkopf

8. Aufgabenumfang
   A. Eigene Aufgaben
     - Statistik (ZB/EK-FSTK)   - Einzelbestellung Prod.-A (ZB/EK-FBSTE/PA)
     - Managementfunktion (ZB/EK-FMNG)   - Beschaffungsmarketing (ZB/EK-FBM)
     - Statistik u. Berichtswesen (ZB/EK-FSB)   ......

   B. Gesamte Aufgaben
     - Anfr./Angebbearb. Typ A (ZB/EK-FAB/TA)   - Reklamationsbearb. Typ A (ZB/EK-FRB/TA)
     - Bestellabwicklung Typ B (ZB/EK-FBA/TB   ......

Abb. 5.III.B.1. - 2. Ein Beispiel der logischen und semantischen Struktur zur Beschreibung der Höheren Organisationseinheit

Die Aufgaben werden in einer Organisationseinheit nicht immer detailliert auf der Stellenebene definitiv festgelegt, das heißt, daß die Aufgaben als fachliche Zuständigkeiten der Höheren Organisationseinheit definiert werden, oder diese Aufgaben bei fehlendem Management noch nicht deutlich als fachliche Zuständigkeiten für bestimmte Stellen vergeben werden können. Im ersten Falle handelt es sich eindeutig um die teambezogene Aufgabenerfüllung, wobei sich eine flexible Aufgabenverteilung auf den Stellen und sicherlich zugleich eine mögliche Entfaltung der Kreativität sowie der Fähigkeit der Mitarbeiter (insbesondere der Fachkräfte) ergibt. Eine unklare fachliche Zuständigkeit soll in jeder Organisationseinheit kategorisch vermieden werden, da sie unausweichlich zur Senkung der Produktivität und sogar zum Zielkonflikt führt. So soll diese positive wie auch negative Aufgabenverteilung in der Organisationseinheit unter der fachlichen Zuständigkeit der Höheren Organisationseinheit (laut *Abschnitt „6. Fachliche Zuständigkeit (Teambezogene Aufgabenerfüllung)"*) gut gegliedert und übersichtlich vorgestellt werden, damit ein klarer Überblick geschaffen werden kann, um das Management bei der Organisationsplanung und -entwicklung zu unterstützen. Es soll dadurch frühzeitig erkannt werden, ob die Aufgabenverteilung in einer Organisationseinheit sachgerecht und kompetenzgerecht durchgeführt wird. Darüber hinaus wird dadurch klargelegt, ob eine Organisationseinheit sich auf die teambezogene oder die individuumbezogene Aufgabenerfüllung oder eine Kombination davon bezieht.

Das Teilziel einer Höheren Organisationseinheit (z.B. Zentralbereich Einkauf, Gruppe-I Zentralbereich Einkauf usw.) und das gesamte Ziel der Organisation, in der diese Höhere Organisationseinheit sich als oberste disziplinarisch rangierende Einheit eines Fachbereichs (z.B. Zentralbereich Einkauf im Ganzen) abzeichnet, soll durch differenzierte Aufstellung der Aufgaben wiederzuerkennen. Die Aufgaben werden unter diesen zwei Betrachtungsweisen, die in eigene und gesamte Aufgaben der Organisationseinheit (laut *Abschnitt „8. Aufgabenumfang"*) zu unterscheiden sind, klar und separat dargestellt. Daraus soll die Kenntnis gewonnen werden, ob die Führungsaufgaben von oben nach unten delegiert sind.

❑ Stellenbeschreibung

Als weitere Entscheidungsunterlage soll die Stellenbeschreibung dazu dienen, das Ziel, die Aufgaben, die Anforderung, den Stelleninhaber sowie dessen Eignung, die Kompetenz der Stelle und anderes mehr kompakt zu konkretisieren. Aufgrund des Unterschieds zwischen den Unternehmen wird hier auch eine allgemeine Beschreibung der Stelle geschaffen[97], in welcher die wesentlichen beschreibenden Inhalte und Umfänge der Stelle involviert werden sollen. Eigentlich ist jede Stelle ein Synonym für die Zusammenstellung der Teilaufgaben des Unternehmens und sie ist durch die zur Erfüllung der Teilaufgaben benötigten Anforderungen charakterisiert. Diese Anforderungen sind bei der Einstellung der Personen auf die Stellen sorgfältig, also unter ökonomischen, sozialen und fachlichen Aspekten, zu berücksichtigen. Die Diskrepanz zwischen den fachlichen Qualifikationen der Personen und den Anforderungen der Stellen soll nach der Verwendung einer Methode zur Stellenbesetzung möglichst minimiert werden. Das Stellenbesetzungsprinzip muß die Zielharmonie und -identität zwischen den persönlichen Zielen der Mitarbeiter und den betriebswirtschaftlichen Zielen des Unternehmens anstreben. Daran wird auch erkannt, ob eine Organisation personen- oder sachbezogen ist[98]. Es wird immer versucht, die Organisation, insbesondere bei der Einstellung der Personen auf die Stellen, durch möglichst verschiedene Maßnahmen hinsichtlich personen- und sachbezogener Aspekte zu gestalten, wie z.B. durch Schulung, ständige Ausbildung usw. der Mitarbeiter einerseits und Änderung der Aufgabenstellung der Stelle andererseits. Genau so wichtig bei der Stellenbeschreibung sind auch die zeitlichen und räumlichen Ausprägungen der Stelle, welche bei der Planung der Stellenbesetzung und der Stellvertretung sowie bei der Festlegung des Arbeitszusammenhangs (der zur Aufgabenerfüllung benötigten Kommunikation) zwischen Stellen von großer Bedeutung sind. Damit enger zusammenhängend ist in zeitlicher Hin-

---

[97] Vgl. Knebel/Schneider: Die Stellenbeschreibung mit Speziallexikon. S.12. ff. 1993.

[98] Vgl. Tenckhoff: Analytische Stellenbewertung, Anforderungsprofile, Leistungsbeurteilung - bei einer Führung mit Delegation von Verantwortung. S.34. ff. 1973.

sicht auf die Stellenbesetzung in gleicher Weise Bezug zu nehmen. Die Bildung und die Besetzung der Stelle hängen im Grunde mit der Aufgabenstrukturierung sowie -verteilung und der Personalplanung zusammen. Insofern soll die Stellenbeschreibung vorwiegend auf die Stellenanforderungen, die Fähigkeit der Stelleninhaber (Mitarbeiter, Fachkräfte, Führungskräfte usw.) und auf die der Stelle zugeordneten Aufgaben (Pflichten, Verantwortung, Kompetenz, Befugnis usw.) konzentriert werden. Die Stellenbesetzung erfordert im Unternehmen, also bei der Gestaltung der Organisation, eine sachgerechte Planung des Personaleinsatzes. Außerdem gibt es in der Stellenbeschreibung noch Stellvertreter, Stellvertretung und DV-Ausstattung, die für die gesamte fortlaufende Aufgabenerfüllung aus der Sicht der Ablauforganisation zu beachten und auch für die produktive Aufgabenerfüllung von Bedeutung sind. Die oben erwähnten Einzelheiten werden im Kapitel der Stellenbeschreibung weiter durch folgende Abschnitte klar gegliedert und beschrieben:

1. Stelleninhaber,

2. Stellvertreter,

3. Stellvertretung,

4. DV-Ausstattung und

5. Fachliche Zuständigkeit.

In *Abb. 5.III.B.1. - 3* wird die Stellenbeschreibung durch eine logische und semantische Struktur präzisiert. Darüber sind insofern Bemerkungen zu machen, als daß die Abschnitte des Stellvertreters sowie der Stellvertretung noch zusätzlich mit der fachlichen Zuständigkeit verbunden werden. Bei den mehrfachen Stellvertretern und Stellvertretungen geht es darum, daß der Stelleninhaber bei Krankheit, Urlaub oder Weiterbildung von mehreren Personen vertreten wird beziehungsweise der Stelleninhaber die Aufgaben von mehreren Stellen während der Abwesenheit der zuständigen Stelleninhaber auszuführen hat. Diese mehrfachen Stellvertreter und Stellvertretungen können zeitlich parallel oder sequentiell sein. Weiterhin ergeben sich Voll- und Teilstellvertreter bzw. -stellvertretung, die letztlich eine flexible und effektive Wahrnehmung von Aufgaben zum Ausdruck bringen. Vollstellvertreter bedeutet, daß alle Aufgaben einer Stelle von einer anderen Stelle (bzw. dem Stelleninhaber) wahrgenommen werden sollen, falls deren Stelleninhaber aus gewissen Gründen seine Aufgaben nicht ausführen kann. Im Gegensatz dazu steht Teilstellvertreter, worunter zu verstehen ist, daß die Aufgaben einer Stelle gleichzeitig von mehreren Stellen (bzw. den Stelleninhabern) übernommen werden sollten, während deren Stelleninhaber ausfällt. Analog bedeuten die Voll- und Teilstellvertretung, daß eine Stelle (ihr Stelleninhaber) sämtliche bzw. einige Aufgaben einer anderen Stelle ausführen muß, falls deren Stelleninhaber nicht in der Lage ist, seine Aufgaben wahrzunehmen. Der Teilstellvertreter oder die Teilstellvertretung besagt in Wirklichkeit eine gemeinsame Wahrnehmung von Aufgaben durch mehrere Stellen (Stelleninhaber), unter deren Zusammenstellung eine organisatorische Einheit (Stelle) zu verstehen ist. Kooperation und Koordination sind bei solch einer gemeinsamen Wahrnehmung von Aufgaben durchaus erforderlich.

In der logischen und semantischen Struktur der Stellenbeschreibung wird zum großen Teil die fachliche Zuständigkeit der Stelle behandelt, welche nicht nur im *Abschnitt „5. Fachliche Zuständigkeit"*, sondern auch in den *Abschnitten „2. Stellvertreter"* und *„3. Stellvertretung"* mit unterschiedlichen Details beschrieben werden. Hierbei werden nicht nur die konkreten Aufgaben einer Stelle dargelegt, sondern vielmehr die Kompetenz, die Verantwortung, der Zweck und die Befugnis der Stelle anschaulich dargelegt, welche sich normalerweise im Falle eines Stellvertreters und einer Stellvertretung auf die ausführende Stelle übertragen lassen. Der fachliche Führungszusammenhang zwischen den Stellen ist logischerweise in der fachlichen Zuständigkeit der Stelle für die Aufgabenerfüllung zu erkennen. Sie sind in der Praxis miteinander identisch. Auf diese Weise ist die fachliche Führung, also die fachliche Führungsstelle, einleuchtend erklärt, wobei sie sogar durch zeitliche Merkmale ausgeprägt wird. Weiterhin werden die einzelnen Aufgaben mit ausdrücklichen Angaben, wie die Arbeitsbelastung (als Prozentsatz) für die Stelle, Ausführungsfrequenz, Ausführungsvolumen sowie Ausführungsdauer je nach Stelle usw., bezüglich der fachlichen Zuständigkeit detailliert beschrieben.

<u>Stellenbeschreibung</u>

Bezeichnung: Leiter Gruppe-I Zentralbereich Einkauf (EK-GL1)   **Tel.:** 4879
Ort der Stelle: EK/201   **Eingerichtet seit:**   8. August 1989
Art: D/F
Anforderungen:

1. Stelleninhaber
Herr Gruppenmann, Peter   Vollbeschäftigt   <u>Berechtigung:</u>
<u>von:</u> 12. Juli 1991   <u>bis:</u> 31. Dezember 1995
<u>Eignungen:</u>

<u>Bewertung:</u>

2. Stellvertreter
  - Einkäufer ZB/G1 (EK-G10)   Herr Kaufmann, Michael
    <u>von:</u> 25. September 1990   <u>bis:</u> 31. Juli 1993
    • Marktforschung (ZB/EK-FMS)   <u>Belastung:</u> 30 %
    • Reklamationsbearb. Typ A (ZB/EK-FRB/TA) <u>Belastung:</u> 25 %

  - Einkäufer ZB/G1 (EK-G11)   Herr Weissmann, Wolfgang
    <u>von:</u> 7. März 1991   <u>bis:</u> 31. April 1994
    • Leasing, Mietkauf (ZB/EK-FLMK)   <u>Belastung:</u> 15 %
    • Anfr./Angebbearb. Typ B (ZB/EK-FAA/TB) <u>Belastung:</u> 10 %
    • Reklamationsbearb. Typ B (ZB/EK-FRB/TB) <u>Belastung:</u> 5 %

3. Stellvertretung
  - Leiter Zentralbereich Einkauf (ZB/EK)   Herr Dr. Leitermann, Helmut
    <u>von:</u> 12. Juli 1991   <u>bis:</u> 31. Dezember 1995

  - Einkäufer ZB/G1 (EK-G10)   Herr Kaufmann, Michael
    <u>von:</u> 12. Juli 1991   <u>bis:</u> 31. Dezember 1995
    • Anfr./Angebbearb. Typ A (ZB/EK-FAA/TA) <u>Belastung:</u> 20 %
    • Reklamationsbearb. Typ A (ZB/EK-FRB/TA) <u>Belastung:</u> 10 %
    • Einzelbestellung Typ A (ZB/EK-FEB/TA)   <u>Belastung:</u> 10 %

4. DV-Ausstattung
  - Siemens PCD-3M / U901 (DOS)   PC-386
  - HP700/RX-A1097 / T7051   X-Terminal

5. Fachliche Zuständigkeit
  - Anfr./Angebbearb. Typ B (ZB/EK-FAA/TB) <u>Belastung:</u> 20 %
    (-20.000,-- DM; BC-Lief.)   Für Gruppe-I Zentralbereich Einkauf (ZB/EKG1)
    <u>Fachlich geführt von:</u> Dr. Leitermann (EK)   <u>seit:</u> 12. Juli 1991

  - Marktforschung (ZB/EK-FMS)   <u>Belastung:</u> 20 %
    <u>Fachlich geführt von:</u> Dr. Leitermann (EK)   <u>seit:</u> 12. Juli 1991

  - Leasing, Mietkauf (ZB/EK-FLMK)   <u>Belastung:</u> 20 %
    <u>Fachlich geführt von:</u> Dr. Leitermann (EK)   <u>seit:</u> 12. Juli 1991

Abb. 5.III.B.1. - 3.   ***Ein Beispiel der logischen und semantischen Struktur der Stellenbeschreibung***

Allein ausgehend von der logischen und semantischen Struktur der Stellenbeschreibung ist der disziplinarische Leitungszusammenhang in keiner Weise festzustellen. Dieser Zusammenhang läßt sich lediglich durch die logische Struktur der gesamten Dokumentation der Aufbauorganisation wiedergeben, das heißt zugleich, daß die Beschreibungen der Stellen und der Höheren Organisationseinheit insofern sinnvoll und konsistent sind, wenn sie zusammen unter einer logischen Struktur vereinheitlicht betrachtet werden.

❏ DV-Ausstattung

Die DV-Ausstattung der Organisationseinheit, d.h. der Höheren Organisationseinheit und der Stelle, prägt die technische Infrastruktur des Arbeitsplatzes, die wiederum ihrerseits produktiv die Aufgabenerfüllung in der Organisationseinheit automatisiert. In der Dokumentation der Aufbauorganisation wird allerdings nur ein Gesamtüberblick über die eingesetzten DV-Systeme in der Weise geschaffen, daß die Angaben in der logischen und semantischen Struktur zur Aufstellung der DV-Systeme aus der organisatorischen Überlegung notwendig sind. Diese erforderlichen Angaben sind die Bezeichnung sowie die Art des DV-Systems und geographische sowie organisatorische Lozierung, welche zusammenfassend als DV-gestützte Leistungsstelle eines Unternehmens interpretiert werden kann. Die weiteren Beschreibungen der DV-Systeme, wie z.B. der Kommunikationszusammenhänge zwischen ihnen, die detaillierten technischen Beschreibungen, finden sich in der Dokumentation der Systemkonfiguration.

❏ Telefonliste

Die semantische Struktur der Telefonliste ist in der Weise gebildet, daß die Telefonnummer mit dem Personalnamen, der entsprechenden Stellenbezeichnung und deren geographischem Ort identifiziert wird, zwischen denen ein organisatorischer Zusammenhang bestehen soll. Durch diese Prägnanz wird eine primäre Grundlage für den Personalstand in einer Höheren Organisationseinheit (z.B. einer Hauptabteilung) erstellt, in welcher die Zuordnung zwischen Stellen und Personen (als Stelleninhaber) sowie ihr geographischer Arbeitsort in einer kompakten Form dargestellt wird. Zusammen mit der Telefonnummer dient diese Grundlage im allgemeinen als ein Hilfsmittel für die schnelle und zügige Kommunikationsverbindung, die immerhin bei der effektiven Aufgabenerfüllung von Stellen, gleichermaßen bei der dafür benötigten Kooperation sowie Koordination, als unentbehrlich aufzufassen ist.

❏ Personalreferenz

Die Personalreferenz besitzt eine einfache semantische Struktur, die äußerlich die Namen der Personen und die Seitennummer in der Dokumentation verbindet. Eigentlich bedeutet diese semantische Struktur einen Verweis auf die Seite, auf der die Personen mit ihren besetzten Stellen, ihren auszuführenden Aufgaben, ihrer Kompetenz, ihrer Befugnis usw. umfassend beschrieben werden. Ein weiteres besonderes Merkmal der Dokumentation der Organisation läßt sich durch eine strukturierte Seitennumerierung kennzeichnen, welche zweckdienlich aus zwei Teilen besteht. Einer ist wie ein übliches Buch mit natürlichen Zahlen durchnumeriert; der andere verfügt über eine Konstruktion, in der die einzelnen Bestandteile, also jedes Kapitel (z.B. Organigramm, Organisationseinheitbeschreibung, Stellenbeschreibung usw.), der Dokumentation der Aufbauorganisation durch unterschiedliche Kennzeichnungen nuanciert werden. Diese unterschiedlichen Kennzeichnungen lassen sich weiter in zwei Komponenten gliedern, im allgemeinen in die Kapitelzeichnung und in die Numerierung, deren Geltungsbereich allerdings innerhalb desselben Kapitels liegt. Im Falle der Stellenbeschreibung ist darauf zu achten, daß die Kapitelzeichnung der Beschreibung der Organisationseinheit mit Numerierung der entsprechenden Organisationseinheit (numerierte Organisationseinheit) und die Kapitelzeichnung der Stellenbeschreibung mit der Numerierung der Stelle (numerierte Stelle) in dieser Konstruktion der Seitennumerierung unbedingt kombiniert werden. Hierdurch wird eine logische und semantische Verbindung zwischen Stellen und deren angehörenden Höheren Organisationseinheiten dargestellt. Letztendlich spiegelt dies einen einstufigen Aufbau der Organisationseinheit wider.

2. Die Projektorganisation

Die Organisation des Projektmanagements trägt einmaligen und temporären Charakter und besitzt auch Aufbau-, Ablauforganisation und Systemkonfiguration. Ein Projekt erfordert im wesentlichen die Zusammenarbeit der Spezialisten aus unterschiedlichen Bereichen, da es sich im Prinzip um die besondere Komplexität und interdisziplinarische Aufgabenstellung handelt. Die zeitlich befristete Bewältigung der komplexen Aufgaben prägt das essentielle Merkmal eines Projektes aus. Hierbei wird die Projektorganisation auf die Aufbauorganisation eines Projektes abgegrenzt, welche auch die Inhalte der Dokumentation der Projektorganisation bildet. Der substantielle Unterschied zwischen der Dokumentation der Ständigen Aufbauorganisation und der der Projektorganisation liegt in der zeitlichen Ausprägung. Die Dokumentation der Projektorganisation kann auch auf einer bestimmten Führungsebene als Entscheidungsunterlage oder Berichterstattung erstellt werden, welche Zwischen- oder Endergebnisse eines Projektablaufs und die Organisation des Projektmanagements umfassen kann. Auf dieser Führungsebene werden eine disziplinarische Aufbaustruktur eines Projektes oder Teilprojektes und dessen komplexe Aufgabenstellung repräsentiert. So wird in erster Linie in der Dokumentation der Projektorganisation eine Aufbaustruktur eines Projektes beschrieben, in welcher grundsätzlich der disziplinarische Leitungszusammenhang zwischen den Projektorganisationseinheiten abgebildet ist.

Das originäre Segment der Projektorganisation besitzt eine ähnliche logische Struktur wie das originäre Segment der Ständigen Aufbauorganisation und läßt sich auch kapitelweise durch folgende Bestandteile darstellen, die im wesentlichen ein Projekt aus der organisatorischen Sicht komplett beschreibt. Eine derartige logische Struktur der Dokumentation beinhaltet ein Top-Down-Vorgehen, das von einer groben Übersicht über ein Projekt bis in die einzelnen Details führt:

- Projektstruktur,
- Beschreibung der einzelnen Projekte,
- Beschreibung der Projektstelle,
- DV-Ausstattung,
- Telefonliste und
- Personalreferenz.

❏ Projektstruktur

Unter der Projektstruktur wird auch grundsätzlich der disziplinarische Leitungszusammenhang zwischen den Projektorganisationseinheiten verstanden, denen bestimmte Teilprojekte entsprechen sollen. Der disziplinarische Leitungszusammenhang findet seinen Ausdruck darin, daß ein Teilprojekt eindeutig nur einem weiteren Teilprojekt disziplinarisch unterstellt und ferner durch eine disziplinarische Leitungsstelle beschrieben werden kann. Eine solche disziplinarische Projektstruktur wird durch einen Graphen (wie in *Abb. 5.III.B.1. - 1* dargestelltes Organigramm) veranschaulicht, in dem auch die disziplinarischen Leistungsstellen der jeweiligen Projektgruppen erkennbar als erste Position in der Stellenreihe, in der die Stellen nach Typ geordnet und durch Ellipsen dargestellt sind, verdeutlicht werden. Daraus wird die Organisation eines Projektmanagements veranschaulicht, indem die Projektstruktur mit dem disziplinarischen Leitungszusammenhang übersichtlich dargestellt wird.

```
Projekt

Bezeichnung:      Projektgruppe Chemie (JGVT/PG_CHE)
Standort:         Rattingen / D
Firma:            System Technologie AG
......


1. Leitung
   Leiter Chemiegruppe (PG_CHE)        Herr Leitermann, Klaus
   von: 12. Juli 1991                  bis: 30. September 1992

2. Übergeordnetes Projekt
   Gesamtvertrieb (JGVT)               Herr Kaufmann, Renè

3. Stellvertreter
   - Leiter Gasgruppe (PG_GAS)         Herr Gruppenmann, Peter
     von: 12. Juli 1991                bis: 31. September 1992

4. Unmittelbar unterstellte Projektstellen ohne Personalverantwortung
   - Sachbearbeiter/Vorzimmer (EKSV)   Frau Mustermann, Renée
   - Sachbearbeiter/Vorzimmer (EKSV)   Frau Mustermann, Renée
   - Sachbearbeiter/Vorzimmer (EKSV)   Frau Mustermann, Renée
   - Sachbearbeiter/Vorzimmer (EKSV)   Frau Mustermann, Renée

5. DV-Ausstattung
   - Siemens Pentium / U1001 (DOS)     PC-586
   - HP9000/755 / T7023 (UNIX)         Workstation
   - HP700/RX-A1097C / T7050           X-Terminal

6. Fachliche Zuständigkeit (teambezogene Aufgabenerfüllung)
   - Keine

7. Unmittelbar unterstellte Projekte
   - Keine

8. Umfang der Projektaufgaben
   A. Eigene Aufgaben
      - Statistik (ZB/EK-FSTK)              - Einzelbestellung Prod.-A (ZB/EK-FBSTE/PA)
      - Managementfunktion (ZB/EK-FMNG)     - Beschaffungsmarketing (ZB/EK-FBM)
      - Statistik u. Berichtswesen (ZB/EK-FSB)   ......

   B. Gesamte Aufgaben
      - Anfr./Angebbearb. Typ A (ZB/EK-FAB/TA) - Reklamationsbearb. Typ A (ZB/EK-FRB/TA)
      - Bestellabwicklung Typ B (ZB/EK-FBA/TB  ......

9. Vorgängerprojekte
   - Keine

10. Nachfolgeprojekte
    - Keine

11. Parallele Projekte
    - Keine
```

Abb. 5.III.B.2. - 1. Ein Beispiel der logischen und semantischen Struktur zur Beschreibung eines (Teil)Projektes

❏ **Beschreibung der einzelnen Projekte**

Die Beschreibung einzelner Projekte, die vor allem in dieser graphisch dargestellten Projektstruktur aufgeführt sind, läßt sich zum großen Teil von der Beschreibung der Höheren Organisationseinheit übertragen. Sie wird auch hierbei durch folgende Abschnitte gegliedert beschrieben:

1.   Leitung,
2.   Übergeordnetes Projekt,
3.   Stellvertreter,
4.   Unmittelbar unterstellte Projektstellen ohne Personalverantwortung,

5. *DV-Ausstattung,*

6. *Fachliche Zuständigkeit (teambezogene Aufgabenerfüllung),*

7. *Unmittelbar unterstellte Projekte,*

8. *Umfang der Projektaufgaben,*

9. *Vorgängerprojekt,*

10. *Nachfolgeprojekte* und

11. *Parallele Projekte.*

Eine zeitliche Abhängigkeit entsteht zwischen den einzelnen Projekten, welche insbesondere bei der Abwicklung der Projekte oder Teilprojekte von großer Bedeutung ist. Die zeitliche Abhängigkeit legt auch die Reihenfolge zur Abwicklung der einzelnen Projekte oder Teilprojekte fest. Sie gibt an, ob die Projekte oder die Teilprojekte parallel oder sequentiell abgewickelt werden sollen, wobei die parallele Abwicklung der (Teil-)Projekte weiter in totale und partielle Parallelität und die sequentielle Abwicklung in mit und ohne Zeitpuffer bzw. -verschiebung zu unterscheiden ist. Die Abwicklung eines Projektes bestimmt auch die zeitliche Existenz der dazu gestalteten Organisation des Projektmanagements.

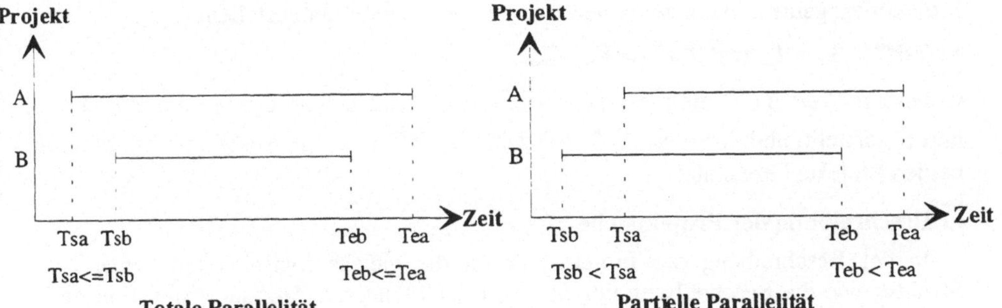

Abb. 5.III.B.2. - 2. *Zwei verschiedene Parallelitäten zur Abwicklung zweier Projekte*

In *Abb. 5.III.B.2. - 1* wird die Beschreibung eines (Teil-)Projektes (z.B. einer Projektgruppe für die Abwicklung und Durchführung der Projektaufgaben) beispielhaft gezeigt. Die Unterschiede zur Beschreibung der Ständigen Höheren Organisationseinheit sind einerseits durch die *Abschnitte „9. Vorgängerprojekte", „10. Nachfolgerprojekte"* und *„11. Parallele Projekte"* dargestellt, in denen die zeitliche Abhängigkeit zwischen dem (Teil-)Projekt (z.B. Projektgruppe Chemie: Projekt für die Konstruktion und Herstellung der chemischen Anlage) und anderen (Teil-)Projekten beschrieben wird, falls dieser Zusammenhang besteht, und andererseits durch eine schriftliche Beschreibung laut Kopfabschnitt zu erkennen. In den *Abschnitten „9. Vorgängerprojekte"* und *„10. Nachfolgerprojekte"* werden diejenigen Projekte angegeben, die in der zeitlichen Hinsicht vor bzw. nach der Abwicklung des Projektes für die Konstruktion und Herstellung der chemischen Anlage durchgeführt werden müssen. Bei dieser sequentiellen Abwicklung der Projekte werden auch die Zeitpuffer bzw. -verschiebungen zwischen diesen Projekten deutlich dargelegt, falls sie notwendig sind. Die parallelen Projekte (laut *Abschnitt „11. Parallele Projekte"*) sollen mit dem Projekt für die Konstruktion und Herstellung der chemischen Anlage gleichzeitig abgewickelt werden, wobei die totale und partielle Parallelität zu unterscheiden ist. Die totale und partielle Parallelität zur Abwicklung der Projekte läßt sich durch *Abb. 5.III.B.2. - 2* mit zwei Projekten A (hierfür die Konstruktion und Herstellung der chemischen Anlage) und B (im allgemeinen) verdeutlichen. In dieser Abbildung soll das Projekt A in dem Zeitraum vom Start- (T_{sa}) bis Enddatum (T_{ea}) abgewickelt werden, und das Projekt B muß in dem Zeitraum zwischen dem Start- (T_{sb}) und Enddatum (T_{eb}) parallel zum Projekt A durchgeführt werden. Die Abwicklung dieser zwei Projekte kann als totale Parallelität bezeichnet werden, sofern die Bedingung erfüllt ist:

$$T_{sa} \leq T_{sb} \wedge T_{ea} \geq T_{eb},$$

wohingegen die folgende Bedingung die partielle Parallelität zum Ausdruck bringt:

$$T_{sa} > T_{sb} \wedge T_{ea} > T_{eb}.$$

Die Bedingung $T_{sa} \leq T_{sb} \wedge T_{ea} \geq T_{eb}$ für die totale Parallelität bedeutet, falls das Projekt A früher als oder gleichzeitig wie das Projekt B gestartet ist, soll es aber später als oder gleichzeitig wie das Projekt B abgewickelt werden. Die andere Bedingung $T_{sa} > T_{sb} \wedge T_{ea} > T_{eb}$ für die partielle Parallelität findet ihren Ausdruck jedoch darin, daß, wenn das Projekt A später als das Projekt B durchgeführt werden muß, es auch später als das Projekt B abgewickelt werden soll. Außerdem kann die zeitliche Differenz zwischen den parallel abzuwickelnden Projekten genau berechnet werden, um das Projektmanagement in der zeitlichen Hinsicht noch besser darzustellen:

$$Td_s^{ab} = T_{sa} - T_{sb} \text{ und } Td_e^{ab} = T_{ea} - T_{eb},$$

wobei der Wert Td_s^{ab} die zeitliche Differenz der beiden Starttermine der Projekte A und B darstellt, und der Wert Td_e^{ab} die zeitliche Differenz der Abschlußzeitpunkte der beiden Projekte bezeichnet.

❑ Beschreibung der Projektstelle

In der Beschreibung der Projektstelle ist die gleiche logische und semantische Struktur wie die Beschreibung der Stelle in der Ständigen Aufbauorganisation gegeben. Auf dem Abschnitt des Stelleninhabers ist besonders hinzuweisen, weil es sich bei der Projektabwicklung um die spezielle und interdisziplinarische Aufgabenstellung handelt, so daß die Spezialisten aus unterschiedlichen Bereichen, häufig auch von externer Seite (aus anderen Unternehmen) in die Projektabwicklung einbezogen werden müssen. Während die Person aus dem eigenen Unternehmen als interner Mitarbeiter oder interne Fachkraft bezeichnet wird, ist die Person von externer Seite als externer Mitarbeiter oder Spezialist zu bezeichnen, wie z.B. der Berater oder der technische Supporter aus anderen Unternehmen. Diese unterschiedlichen Stellenbesetzungen bei der Projektabwicklung sollen sicherlich in diesem Abschnitt erkennbar beschrieben und dargestellt werden. Noch wichtig ist die zeitliche Begrenzung, die im wesentlichen die Projektstelle und zugleich deren Besetzung sowie die Festlegung der Stellvertretung charakterisiert. So wird diese zeitliche Ausprägung auch hier im jeweiligen Abschnitt zwingend und klar beschrieben. In den Abschnitten des Stelleninhabers, des Stellvertreters und der Stellvertretung werden die Personen mit den besetzten Stellen nach Datum geordnet, falls mehrfache Stellenbesetzung und Stellvertretung bestehen.

❑ DV-Ausstattung

Es wird auch immer häufig gefordert, daß die Abwicklung des Projektes durch DV-Systeme unterstützt wird. Hier wird aber im wesentlichen die Hardware bezüglich der Aufbauorganisation eines Projektes berücksichtigt, wobei die Hardware einerseits als Arbeitsmittel im Sinne der Substitution von Personen bezeichnet werden kann und andererseits eine effektive und produktive Projektabwicklung kennzeichnet. Aus der Sicht der Aufbauorganisation eines Projektmanagements wird wie in der Ständigen Aufbauorganisation nur die eingesetzte Hardware beschrieben, deren Art, geographische und organisatorische Lozierung hierbei wesentlich behandelt werden sollen.

❏ **Telefonliste und Personalreferenz**

Eine Telefonliste und eine Personalreferenz werden als zusätzlich dienende Unterlagen gesehen, die im allgemeinen als ein Hilfsmittel für die zügige Kommunikationsverbindung bei der notwendigen Koordination und für das schnelle Verschaffen von Informationen über die Personen, deren besetzten Projektstellen, die zu erfüllenden Aufgaben und anderes mehr dient. In dem originären Segment der Projektorganisation besitzen diese Telefonlisten und Personalreferenzen die gleiche logische Struktur wie die im originären Segment der Ständigen Aufbauorganisation.

Das originäre Segment der Projektorganisation ist durch die umfangreichen und wesentlichen Beschreibungen mit einer Aufbauorganisation des Projektmanagements identifiziert, indem es im wesentlichen als eine Berichterstattung oder eine vorbehaltliche Entscheidungsunterlage für das Projektmanagement aufzufassen ist. In der Dokumentation der Projektorganisation wird auch im kleinen Maße die Ablauforganisation ausgewiesen, die die Projektaufgaben umfaßt und durch die fachliche Zuständigkeit der Projektgruppe oder Projektstelle für die Erfüllung der Projektaufgaben gedeutet wird. Die Dokumentation der Projektorganisation wird immer für eine bestimmte Führungsebene erstellt, z.B. für die Leitung eines gesamten Projektes oder eines Teilprojektes. Die Versionsausprägung findet ihren Ausdruck grundsätzlich in den unterschiedlichen Projektplanungen, die die Möglichkeit zur Gestaltung einer Organisation des Projektmanagements und zur Abwicklung eines Projektes verkörpern. Behandelt die versionierte Dokumentation der Projektorganisation die Beschreibung eines laufenden Projektes, kann sie als eine Berichterstattung über den Projektstand und das Projektmanagement gelten. Beschreibt diese Dokumentation die Planungen zur Gestaltung einer Projektorganisation, kann sie bei der Auswahl der Organisationsgestaltung eines Projektmanagements als Entscheidungsunterlage benutzt werden, wobei allerdings in diesem Falle sowohl das originäre als auch das derivative Segment der Projektorganisation in ihrer Ganzheit zu erfassen sind.

3. Die Ablauforganisation

Im originären Segment der Ablauforganisation werden hauptsächlich die Aufgaben und die Arbeitsobjekte, aber auch im Zusammenhang mit der Aufbauorganisation und der Systemkonfiguration, beschrieben. Dieses originäre Segment bildet eine Grundlage für die Entscheidung zur Planung und Entwicklung der Ablauforganisation und dient der Berichterstattung für eine bestimmte Führungsebene. Die Realisierung der Aufgaben in unterschiedlichen Fachbereichen eines Unternehmen wird durch unterschiedliche Prozesse verkörpert, wie zum Beispiel die Produktionsprozesse im Produktionsbereich und die Geschäftsprozesse im Vertriebs- oder Beschaffungsbereich. Hier werden die allgemeinen Beschreibungen im originären Segment der Ablauforganisation repräsentiert. Die Aggregation und Disaggregation der Aufgaben sowie der Arbeitsobjekte sind die wichtigen Betrachtungspunkte, die unter der Aufgaben- und Arbeitsobjektstruktur beschrieben werden. Die Reihenfolge zur Erfüllung der Aufgaben stellt die komplexen Arbeitszusammenhänge dar, in denen auch das Input-Output-Verhalten der Arbeitsobjekte festgestellt wird, da die Arbeitsobjekte bei der Erfüllung der Aufgaben ver-/gebraucht oder erzeugt werden müssen. Für die Erfüllung der Aufgaben sind die Organisationseinheiten, d.h. Höhere Organisationseinheiten und Stellen, zuständig. Diese Aufgaben bestimmen auch die Ziele der Organisationseinheiten, welche manuell oder durch DV-Systeme unterstützt erreicht werden können.

Die Aufgaben und Arbeitsobjekte werden auch im Hinblick auf die Ständige Aufbauorganisation und Projektorganisation betrachtet. Dieser Unterschied wird auch durch die Angabe der Führungsebene klargelegt, für die das originäre Segment der Ablauforganisation als Berichterstattung oder Entscheidungsunterlage erstellt werden soll. Falls eine Höhere Organisationseinheit eines Projektes angegeben ist, werden auch im originären Segment die Projektaufgaben sowie die entsprechenden Arbeitsobjekte beschrieben. Ansonst werden die Aufgaben und die Arbeitsobjekte von einer Ständigen Aufbauorganisation dargelegt.

Zusammenfassend wird die logische Struktur des originären Segments der Ablauforganisation kapitelweise durch folgende Teile dargestellt, in denen die organisatorischen und technischen Aspekte integriert sein sollen:

- Aufgabenstruktur,
- Arbeitsobjektstruktur,
- Beschreibung der Aufgaben,
- Beschreibung der Arbeitsobjekte und
- Referenz.

❏ Aufgabenstruktur und Arbeitsobjektstruktur

Die Aufgaben- und Arbeitsobjektstruktur beschreiben die Zusammenfassung und die Zerlegung der Aufgaben bzw. der Arbeitsobjekte. Die Aufgabenstruktur ordnet einer aggregierten Aufgae eine Menge von disaggregierten Aufgaben zu. Sie kann eine Klasse oder eine Famiie der Aufgaben repräsentieren. Unter einer solchen Strukturbildung sind auch fakulative und obligatorische Aufgabenstrukturen zu unterscheiden. Diese zwei unterchiedlichen Strukturen werden auch im *Kapitel „I. Aufgabenstruktur"* des originären Segments der Ablauforganisation deutlich dargestellt. In *Abb. 5.III.B.3. - 1* werden beispielsweise zwei Aufgabenstrukturen veranschaulicht, wobei die aggregierte Aufgabe „*Auftragbearbeitung*" durch eine obligatorische Strukturbildung aus ihren fünf disaggregierten Aufgaben repräsentiert wird, und die aggregierte Aufgabe „*Anfragebearbeitung*" eine fakultative Struktur besitzt. Diese zwei Aufgabenstrukturen sind hier allerdings einstufig. Die Darstellung der Aufgabenstruktur kann je nach Struktur mehrere Stufen umfassen, in denen auch unterschiedliche Strukturarten (fakultativ und obligatorisch) enthalten sein können.

Gleichwohl wird die Strukturbildung der Arbeitsobjekte auch in fakultative und obligatorische Strukturen unterschieden. Im weiteren Sinne kann die Arbeitsobjektstruktur zur Beschreibung und Darstellung der Konfiguration der Arbeitsobjekte verwendet werden. Die Arbeitsobjektstruktur wird im *Kapitel „II. Arbeitsobjektstruktur"* vom originären Segment der Ablauforganisation graphisch veranschaulicht. Die Darstellung der Arbeitsobjektstruktur ist gleich wie bei der Aufgabenstruktur.

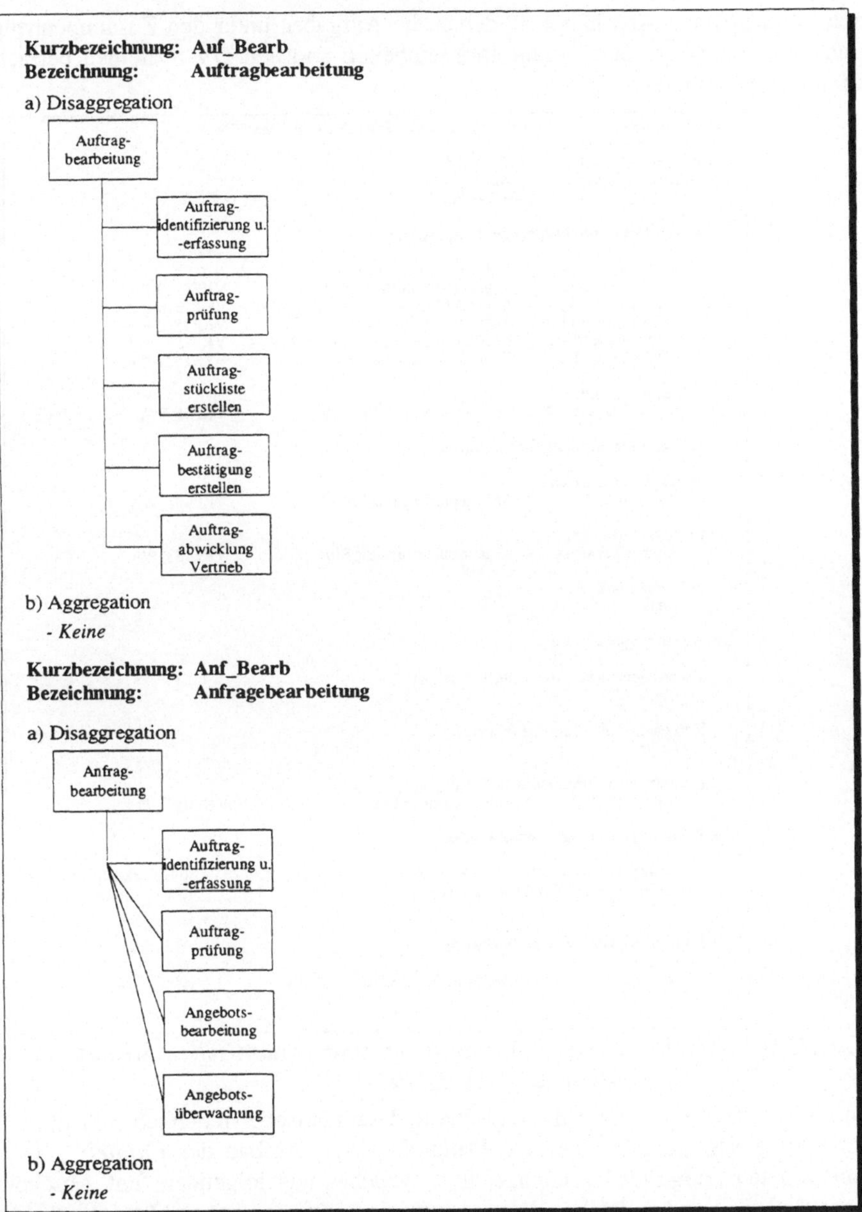

Abb. 5.III.B.3. - 1. Die fakultative und obligatorische Aufgabenstruktur

❏ Beschreibung der Aufgaben

Jede Aufgabe in einem Unternehmen bestimmt ein kleines Sachziel einer Organisationseinheit. Je nach Aufgabenart werden die Aufgaben durch unterschiedliche Daten (Abschnitte), die wahlweise vom Anwender bestimmt werden können, charakterisiert und beschrieben. Im originären Segment der Ablauforganisation werden die Aufgaben durch eine Grundbeschreibung, die die allgemeinen Eigenschaften der Aufgaben wiedergibt, und mehrere Abschnitte, in denen die Aufgaben unter den Zusammenhängen mit anderen Aufgaben, den Organisationseinheiten und den DV-Systemen betrachtet werden sollen, dargelegt.

```
Bezeichnung:          Angebotsbearbeitung Prod. A (Angb_Bearb/P-A)
Ausführungsfrequenz: 3 Mal/Tag
Ausführungsvolumen:  2 Anfrage / Mal
Ausführungsdauer:    1,5 Std.
Art:                  VKF152-P/A
......
1. Aggregierte und disaggregierte Aufgaben

   a) Aggregation
      - (*) Angb_Erstell/P-A   Angebotserstellung Prod. A            VKF1520-P/A
      - (*) Angb_Frei/P-A      Angebot freigeben u. versenden Prod. A VKF1520-P/A
      - (*) Auft_Bearb/P-A     Auftragbearbeitung Prod. A            VKF1522-P/A
      - (*) K_Ausarb/P-A       Kaufmännische Ausarbeitung Prod. A    VKF1523-P/A
      - (*) T_Ausarb/P-A       Technische Ausarbeitung Prod. A       VKF1527-P/A

   b) Disaggregation
      - (+) Anf_Bearb/P-A      Anfragbearbeitung Prod. A             VKF15_P/A

2. Reihenfolge der Aufgabenerfüllung

   a) Vorgängeraufgaben
      - Anf_Prüf/P-A           Anfrageprüfung Prod. A                VKF151_P/A

   b) Nachfolgeraufgaben
      - Angb_Überw/P-A         Angebotsüberwachung Prod. A           VKF153_P/A

   c) Parallele Aufgaben
      - Keine

3. Arbeitsobjekte

   a) Ver-/Gebrauchte Arbeitsobjekte (Input)
      - Keine

   b) Erzeugte Arbeitsobjekte (Output)
      - Keine

   c) Verarbeitete Arbeitsobjekte (Input-Output)
      - Angb_Map/P-A           Angebotsmappe Prod. A                 VKO15/3_P/A

4. Zuständige Organsiationseinheiten

   - P_Offert111.01 Offertabteilung Pumpen    Kaufmann, Karl    30%    Stelle
   - P_Offert111.02 Offertabteilung Pumpen    Sachmann, Dieter  40%    Stelle
   ......

5. Eingesetzte DV-Systeme (Software)

   - AbsIS_V3.2     Absatzinformationssystem V3.2/Unix         100%   BIS/Vertrieb
```

Abb. 5.III.B.3. - 2. Ein Beispiel der logischen und semantischen Struktur zur Beschreibung einer Aufgabe

In *Abb. 5.III.B.3. - 2* wird die logische und semantische (inhaltliche) Struktur zur Beschreibung der Aufgaben gezeigt. Dadurch ist der Aufbau des *Kapitels „III. Beschreibung der Aufgaben"* gekennzeichnet, welches aus folgenden fünf Abschnitten besteht, wobei diese bei der Erstellung des originären Segments wahlweise angegeben werden können:

1. Aggregierte und disaggregierte Aufgaben,

2. Reihenfolge der Aufgabenerfüllung,

3. Arbeitsobjekte,

4. Zuständige Organisationseinheiten und

5. Eingesetzte DV-Systeme (Software).

Im *Abschnitt „1. Aggregierte und disaggregierte Aufgaben"* werden die Aggregation und Disaggregation einer Aufgabe unter der *fakultativen* (+) und *obligatorischen* (*) Betrachtung beschrieben. Unter der Aggregation werden alle disaggregierten Aufgaben dargestellt, die als Aggregationselemente der beschriebenen Aufgabe zugeordnet sind. Diese beschriebene Aufgabe kann wiederum als ein Aggregationselement, d.h. eine disaggregierte Aufgabe, einer weiteren aggregierten Aufgabe aufgefaßt werden. Die aggregierten und disaggregierten Aufgaben werden durch ihre Bezeichnungen und Arten prägnant wiedergegeben. Die Aggregation sowie die Disaggregation der Aufgabe wird hier lediglich auf eine Stufe beschränkt.

Die Reihenfolge zur Erfüllung der Aufgaben bildet den Arbeitszusammenhang zwischen den einzelnen Aufgaben, die durch die ver-/gebrauchten sowie erzeugten Arbeitsobjekte miteinander verbunden sind. So werden im *Abschnitt „2. Reihenfolge der Aufgabenerfüllung"* die Vorgänger- und Nachfolgeraufgaben mit ihren Bezeichnungen und Arten beschrieben. Ferner kann diese Reihenfolge noch detailliert behandelt werden, wie z.B.: Parallele (Totale oder Partielle) Aufgabenerfüllung, Bedingte Reihenfolge usw. Diese unterschiedlichen Zusammenhänge zwischen den einzelnen Aufgaben werden grundsätzlich auch in diesem Abschnitt klargelegt. Mit diesem Abschnitt hängt der *Abschnitt „3. Arbeitsobjekte"* eng zusammen. In diesem Abschnitt werden alle Arbeitsobjekte, die bei der Erfüllung der beschriebenen Aufgabe ver-/gebraucht oder erzeugt werden sollen, auch mit ihren Bezeichnungen und Arten veranschaulicht. Hierbei unterscheiden sich die Arbeitsobjekte im Falle der Aufgabenerfüllung durch:

a) *nur ver-/gebraucht,*

b) *neu erzeugt oder*

c) *verarbeitet*, d.h. ver-/gebraucht und zugleich als Ergebnis erzeugt.

Im Zusammenhang mit der Ständigen Aufbauorganisation und der Projektorganisation werden die zuständigen Organisationseinheiten durch ihre Bezeichnungen, Arten, Belastungsgrad und Stelleninhaber (oder Leiter der Höheren Organisationseinheit) im *Abschnitt „4. Zuständige Organisationseinheiten"* dargelegt. Daraus wird ein anschaulicher Überblick geschaffen, ob eine Aufgabe in einer oder mehreren Organisationseinheiten erfüllt wird. Darüber hinaus wird auch erkannt, ob diese Aufgabe in einer Höheren Organisationseinheit als teambezogene Aufgabe definiert ist. Die Aufgabe in einer Organisationseinheit kann manuell oder DV-gestützt erfüllt werden. Diese Kenntnisse sind im *Abschnitt „5. Eingesetzte DV-Systeme"* zu erhalten. Es kommt auch vor, daß die Erfüllung einer Aufgabe durch mehrere DV-Systeme (Software), die aber durch einen unterschiedlichen Deckungsgrad ausgezeichnet sind, unterstützt werden kann. So werden alle DV-Systeme in diesem Abschnitt durch ihre Bezeichnungen, Arten und Deckungsgrade repräsentiert. Daraus ergeben sich einerseits die Automatisierungskomplexität und andererseits der Automatisierungsgrad jeder Aufgabe.

❏ Beschreibung der Arbeitsobjekte

Die Beschreibung der Arbeitsobjekte wird durch eine ähnliche logische und semantische (inhaltliche) Struktur wie der Aufgaben klargelegt, wobei die Arbeitsobjekte ebenfalls im Zusammenhang mit der Aufbauorganisation und der Systemkonfiguration betrachtet werden. Hier werden die Arbeitsobjekte im *Kapitel „IV. Beschreibung der Arbeitsobjekte"* des originären Segments der Ablauforganisation durch eine Grundbeschreibung, die allgemein die Arbeitsobjekte (z.B. ihre Bezeichnung, Art, Belegnummer usw.) attribuiert, und fünf weitere Abschnitte, in denen die Arbeitsobjekte aus organisatorischer Sicht umfassend behandelt werden und die immerhin wahlweise vom Anwender bei der Erstellung des originären Segments determiniert werden können, beschrieben. Diese fünf Abschnitte repräsentieren jeweils einen Aspekt, der gekennzeichnet wird durch:

1. *Aggregierte und disaggregierte Arbeitsobjekte,*
2. *Input-Output-Verhalten der Arbeitsobjekterzeugung,*
3. *Aufgaben,*
4. *Organisationseinheiten* und
5. *Eingesetzte DV-Systeme (Datenbanken).*

Im *Abschnitt „1. Aggregierte und disaggregierte Arbeitsobjekte"* werden ebenfalls zwei unterschiedliche Arten - *fakultativ* (+) bzw. *obligatorisch* (*) - zur Aggregation sowie Disaggregation der Arbeitsobjekte betrachtet. Im *Abschnitt „2. Input-Output-Verhalten der Arbeitsobjekterzeugung"* wird der Zusammenhang zwischen den Arbeitsobjekten klargelegt. Durch diesen Zusammenhang wird einerseits festgestellt, welche Arbeitsobjekte benötigt werden, um das beschriebene Arbeitsobjekt zu erzeugen, und andererseits beschrieben, welche weiteren Arbeitsobjekte aus diesem Arbeitsobjekt erzeugt bzw. hergestellt werden können. Diese zwei unterschiedlichen Sorten der Arbeitsobjekte werden mit ihren Bezeichnungen und Arten separat unter dem jeweiligen Punkt erörtert:

a) *Benötigte Arbeitsobjekte* und
b) *Herzustellende Arbeitsobjekte.*

Die Arbeitsobjekte werden immer bei der Erfüllung der Aufgaben eingesetzt (als Input) oder erzeugt (als Output). Aus dem Gesichtspunkt der Vollständigkeit wird das Input-Output-Verhalten der Arbeitsobjekte unter Berücksichtigung der Aufgabenerfüllung betrachtet. Somit steht auch der *Abschnitt „2. Input-Output-Verhalten der Arbeitsobjekterzeugung"* mit dem *Abschnitt „3. Aufgaben"* in engem Zusammenhang, in dem die Aufgaben bezüglich des beschriebenen Arbeitsobjektes auch unter drei Aspekten mit ihren Bezeichnungen und Arten darzustellen sind:

a) *Input-Aufgaben,*
b) *Output-Aufgaben* und
c) *Verarbeitungsaufgaben.*

Bei der Erfüllung der Aufgaben wird das beschriebene Arbeitsobjekt ver-/gebraucht oder erzeugt. Unter *„a) Input-Aufgaben"* sollen diejenige Aufgaben erörtert werden, bei denen das Arbeitsobjekt ver-/gebraucht wird, oder das Arbeitsobjekt durch die Erfüllung der Aufgaben, die unter *„b) Output-Aufgaben"* geklärt sind, erzeugt wird. Das Arbeitsobjekt kann auch durch die Erfüllung der Aufgaben unverändert verarbeitet werden. Diese Aufgaben werden unter *„c) Verarbeitungsaufgaben"* gesehen.

Abschnitt „4. Organisationseinheiten" stellt den Zusammenhang zwischen Arbeitsobjekten (aus der Sicht der Ablauforganisation) und Organisationseinheiten (aus der Sicht der Aufbauorganisation) dar. So werden die Organisationseinheiten, in denen das Arbeitsobjekt ver-/gebraucht oder erzeugt wird, mit ihren Bezeichnungen, Arten und den zuständigen Personen prägnant beschrieben. Die Art kennzeichnet die Höheren Organisationseinheiten und die Stellen in der Ständigen Aufbauorganisation oder in der Projektorganisation. Unter den zuständigen Personen werden die Stelleninhaber oder die Leiter erwähnt, falls die Art auf eine Höhere Organisationseinheit hinweist. Vor allem werden die Organisationseinheiten nach ihrer Art geordnet dargestellt, wobei auch vermerkt wird, ob das Arbeitsobjekt in einer Organisationseinheit nur ver-/gebraucht (--), erzeugt (++) oder verarbeitet (+-) wird.

Durch den *Abschnitt „5. Eingesetzte DV-Systeme (Datenbanken)"* wird auf die DV-gestützte Aufgabenerfüllung hingewiesen, bei der die ver-/gebrauchten oder erzeugten Arbeitsobjekte in den DV-Systemen abgelegt werden. Diese Arbeitsobjekte werden durch die Datei oder Datenbank auf den Datenträgern verkörpert. In diesem Abschnitt sind die Datei, die Datenbank usw. durch ihre Bezeichnungen und Arten festzustellen.

❑ **Referenz**

Im originären Segment der Ablauforganisation werden vier Referenzen benötigt, die allerdings zusammen als ein obligatorisches Kapitel definiert werden. Sie besitzen die gleiche semantische Struktur, in der die entsprechenden Kurzbezeichnungen, Art und Seitennummer nach den Kurzbezeichnungen geordnet dargestellt werden, und beziehen sich auf die Aufgaben, die Arbeitsobjekte, die Organisationseinheiten und die DV-Systeme (Datenbanken), die alle in vorherigen Kapiteln des originären Segments erörtert werden. So wird vor allem ein anschaulicher Überblick über die Aufgaben, die Arbeitsobjekte, die Organisationseinheiten und die DV-Systeme (Datenbanken) geschaffen, welche sich alle auf eine bestimmte Führungsebene erstrecken, da das originäre Segment der Ablauforganisation durch die Angabe einer Höheren Organisationseinheit oder einer Leitungsstelle erstellt wird.

4. Die Systemkonfiguration

Im originären Segment der Systemkonfiguration werden die eingesetzten DV-Systeme in ihren technischen und organisatorischen Zusammenhängen klar und übersichtlich dargestellt werden. Diese Dokumentation dient insofern auch einerseits als Berichterstattung über die eingesetzten DV-Systeme und andererseits als die entscheidungsunterstützende Grundlage bei der Planung zum Einsatz der DV-Systeme, welche im Rahmen der gesamten Organisationsplanung und -entwicklung aufgestellt und durchgeführt werden soll. So können im originären Segment der Systemkonfiguration nicht nur der Ist-Zustand der eingesetzten DV-Systeme, sondern auch die Planungen zur Verbesserung der technischen Infrastruktur der Informationsverarbeitung eines Unternehmens klargelegt werden. Infolgedessen wird auch die Dokumentation der Systemkonfiguration wie die anderen drei Dokumentationen - Ständige Aufbauorganisation, Projektorganisation und Ablauforganisation - je nach Zugriffsberechtigung bzw. Kompetenz (d.h. Linien- oder Informationskompetenz) auf einer bestimmter Führungsebene erstellt werden, die zugleich auf die Unternehmensführung oder Geschäftsleitung hinweist. Die logische Struktur dieses originären Segments der Systemkonfiguration wird kapitelweise durch folgende Bestandteile veranschaulicht, welche die technischen und organisatorischen Überlegungen beinhalten sollen:

- Struktur der DV-Systeme,
- Beschreibung der Software,
- Beschreibung der Hardware,
- Beschreibung der Rechnernetze,
- Lokale Konfiguration,
- Ferne Konfiguration und
- Referenz.

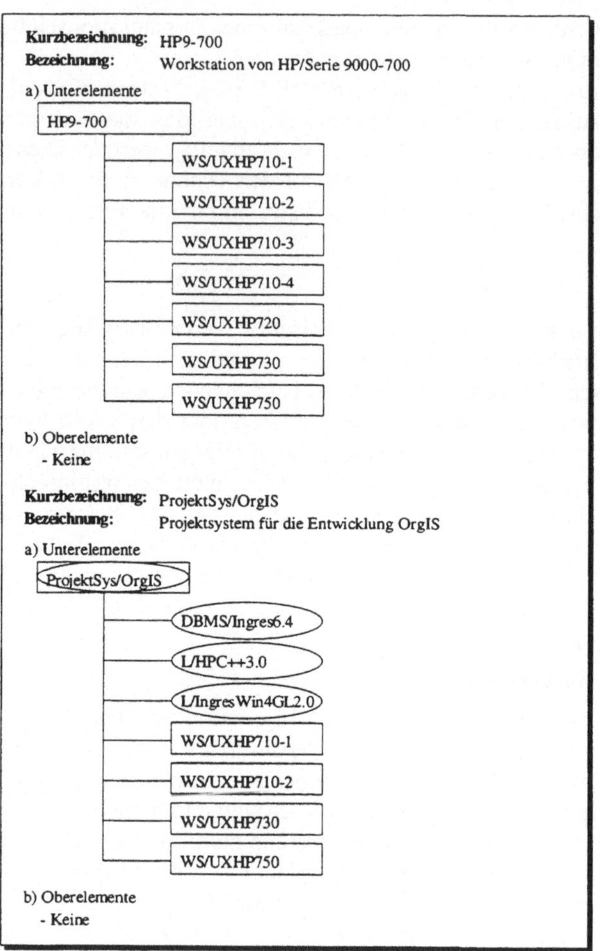

Abb. 5.III.B.4. - 1. Eine Beispielstruktur der DV-Systeme in einem Unternehmen

❏ Struktur der DV-Systeme

Die Struktur[99] der DV-Systeme bildet den Zusammenhang zwischen den DV-Systemen und kennzeichnet die begrifflichen DV-Systeme gegenüber den gegenständlichen DV-Systemen wie Hardware und Software. Eine Struktur der DV-Systeme kann sich auf die Versionsfolge der Software, Familien-, Klassenbildung und andere organisatorische Aufbaustrukturen der DV-Systeme beziehen. Die unterschiedlichen Strukturen der DV-Systeme lassen sich auch durch die differenzierten Symbole veranschaulichen, mit denen weiterhin die fakultative und obligatorische Aufbaustruktur der DV-Systeme zu erkennen ist. In *Abb. 5.III.B.4. - 1* werden zwei obligatorische Aufbaustrukturen der DV-Systeme gezeigt: Eine, die auf die Klassenbildung der Hardware (HP-Workstation) hinweist und die andere, die die Familienbildung der DV-Systeme darstellt, die in der Tat die benötigten DV-Systeme - Hardware und Software - zur

---

[99] S.h.: 3.IV.A.1. Die DV-Systeme und ihre Aufbaustruktur.

Entwicklung eines Prototyps von *OrgIS* bekundet. Da die Dokumentation für eine bestimmte Führungsebene erstellt wird, so bildet die organisatorische Gestaltung, für die der entsprechende Leiter zuständig ist, die wesentlichen Inhalte der Dokumentation. Diejenigen DV-Systeme, für die der Leiter nicht zuständig ist, werden zwar bezüglich ihrer Ganzheit auch dargestellt, sie sind aber erkennbar markiert. Unter den Oberelementen sind diejenigen DV-Systeme zu verstehen, deren Struktur weiterhin die Klasse *HP9-700* bzw. Familie *ProjektSys/OrgIS* enthält.

```
Bezeichnung:          Organisationsinformationssystem V2.0 (OrgIS2.0)
Version:              2.0/E
Sprache:              Deutsch
Netzwerkfähig:        Ja
Lizenz:               32
Anschaffungsdatum:    01.01.1992
Hersteller:           XMS Institut/GmbH
Garantie/Wartung:     1 Jahr
Finanzierungstyp:     Leasing
Status:               Intakt


1. Systemvoraussetzungen
   a) erforderliche Familien
      - Keine

   b) erforderliche Hardware
      - (+) WS/UXHP720      Workstation HP9000/720-66                    Workstation
      - (+) WS/UXHP730      Workstation HP9000/730-80                    Workstation
      - (+) WS/UXHP750      Workstation HP9000/750-80                    Workstation

   c) erforderliche Klasse
      - Keine

   d) erforderliche Software
      - (*) DBMS/Ingres6.4     Datenbank Management System - Ingres V6.4/04   DBMS
      - (*) L/IngresWin4GL2.0  Windows4GL - Ingres V2.0/02                    4GL
      - (*) L/UX9.0            Betriebssystem - HP Unix 9.0                   BS


2. Belegte Datenträger
   - HD 500        HP-Festplatte 1 GB          Festplatte   10%    Installation
   - DDS/OrgIS-A   DDS 2.4GB/OrgIS-Anwendung   DDS          6%     Sicherungskopie
   ......

3. Bearbeitete Datenbanken (Datenbestände)
   - OrgIS-DB              Organisationsdatenbank/OrgIS

4. Unterstützte Aufgaben
   - OrgPlan       Organisationsplanung            SL1.0   Geschäftsleitung           Stelle
   - DV-Bericht    Berichterstattung der DV-Systeme SB1.1  Assistent/Gechäftsleitung  Stelle
   ......
```

Abb. 5.III.B.4. - 2. *Ein Beispiel der logischen und semantischen Struktur zur Beschreibung eines Softwaresystems*

❏ Beschreibung der Software

Eine Software wird in einem Unternehmen entweder direkt oder indirekt zur Unterstützung der Aufgabenerfüllung eingesetzt, wobei letztere als die Voraussetzung zum Betreiben der anderen Software betrachtet wird. Grundsätzlich setzt das Anwendungssystem auch weitere DV-Systeme voraus, auf denen es lauffähig ist. Es gibt auch alternative vorausgesetzte DV-Systeme, die in obligatorische (*) und fakultative (+) Voraussetzungen zu unterscheiden sind. Aus der Sicht des technischen Zusammenhangs der DV-Systeme und der organisatorischen Zweckmäßigkeit können die gegenständlichen wie auch die begrifflichen (Familie und Klasse) DV-Systeme als vorausgesetzte DV-Systeme angegeben werden. Während der Laufzeit verarbeitet die eingesetzte Software, insbesondere die Anwendungssysteme (z.B. *OrgIS*, Prod*OrgIS* usw.) bestimmte Daten (Organisations-, Produktionsstrukturdaten usw.), die allerdings auf einem Datenträger (z.B. einer Festplatte) in Form einer Datenbank oder Datei abgelegt werden. Dies stellt letztendlich einen Zusammenhang zwischen den Anwendungssystemen und ihren Daten her. Bei der räumlichen Verwaltung der eingesetzten Software sind Installation und Sicherungskopie zu unterscheiden, wobei die belegte Kapazität der Software auf dem jeweiligen Datenträger angedeutet werden soll. Daraus wird erkannt, ob ein Software komplett auf einem oder mehreren Datenträgern installiert oder gesichert ist. Zum Einsatz der Software, insbesondere der Anwendungssysteme, steht in erster Linie die Frage, welche Aufgaben produktiver unterstützt und erfüllt werden sollen. Hinsichtlich der fachlichen Zuständigkeit und Kompetenz werden auch die Organisationseinheiten mit den jeweiligen DV-gestützten Aufgaben zusammen dargestellt. So werden die DV-gestützten Arbeitsplätze impliziert.

In *Abb. 5.III.B.4. - 2* wird eine logische und semantische Struktur zur Beschreibung der Software dargestellt. Die Beschreibung der Software kann je nach Bedarf detailliert in Einzelheiten, d.h in die Art der Software (z.B. Basissystem, Datenbank-System, Datenbestand, Betriebliche Informationssysteme, CAD usw.) gegliedert werden, die durch die Subtitel (z.B. Datenbank-Systeme) des Kapitels „*Beschreibung der Software*" im originären Segment der Systemkonfiguration zu erkennen ist.

Softwaresysteme	**Datenbanken (Datenbestände)**
1. Systemvoraussetzungen - Kbez Bez	Kein
2. Belegte Datenträger - Kbez Bez Art Belegung BelegArt	1. Belegte Datenträger - Kbez Bez Art Belegung BelegArt
3. Bearbeitete Datenbanken (Datenbestände) - Kbez Bez	2. Bearbeitende Softwaresysteme - Kbez Bez Art
4. Unterstützte Aufgaben - Kbez Bez Art (OrgEinh)Kbez Bez Art	3. Beschriebene Arbeitsobjekte - Kbez Bez Art

Tab. 5.III.B.4. - 1. Der Unterschied zwischen Beschreibungen der Softwaresysteme und den der Datenbanken in der logischen und semantischen Struktur

Bei der Beschreibung der Datenbanken (Datenbestände) sind einige Abschnitte in der logischen und semantischen Struktur anders als bei der Beschreibung der Softwaresysteme[100]. Diese Unterschiede werden in *Tab. 5.III.B.4. - 1* verdeutlicht. Die Datenbanken (Datenbestände) benötigen überhaupt keine Systemvoraussetzungen. In dem *Abschnitt „4. Unterstützte Aufgaben"* werden die Aufgaben bei der Beschreibung der Softwaresysteme nicht nur durch ihre Kurzbezeichnung, Bezeichnung und Art, sondern auch durch die dafür zuständigen Organisationseinheiten gekennzeichnet. Alternativ dazu sind die Arbeitsobjekte bei der Beschreibung der Datenbanken (Datenbestände) in dem „*Abschnitt 3*" nur durch ihre Kurzbezeichnung, Bezeichnung und Art zu erkennen. In dem „*Abschnitt 2*" wird angegeben, von welchen Softwaresystemen die entsprechende Datenbank (Datenbestand) verarbeitet wird. Die Softwaresysteme können von verschiedener Art sein, wie zum Beispiel PPS, FiBu, *OrgIS*, CAD usw. Die gebrauchten Datenträger sind bei beiden Beschreibungen identisch.

Die allgemeinen Daten, die auf die Benutzung und die kaufmännische Verwaltung der Software hinweisen, gelten sowohl für die Softwaresysteme als auch für die Datenbanken (Datenbestände). Sie sind hinsichtlich des Datenaustausches mit den anderen Anwendungssystemen nicht zu vernachlässigen. Sie bilden schließlich die Schnittstellen zu anderen betrieblichen Informationssystemen.

---

[100] S.h.: 3.IV.A.1. Die DV-Systeme und ihre Aufbaustruktur.

❏ Beschreibung der Hardware

Gleichwohl wird die Beschreibung der Hardware auch durch eine ähnliche logische und semantische Struktur klargelegt, wobei sie die organisatorischen Bedeutungen der Hardware und die Zusammenhänge zwischen verschiedener Hardware zum Ausdruck bringt. Aus der organisatorischen Sicht wird die Hardware grundsätzlich als die DV-Ausstattung der Organisationseinheiten betrachtet, die in dem *Abschnitt „1. Zugangsberechtigung/Ausstattungen"* beschrieben werden. Insofern kennzeichnen sie auch die DV-gestützten Arbeitsplätze. Bezüglich unterschiedlicher Arten (z.B. Hardwaresystem, Datenträger, Netz[101] usw.) der Hardware werden sie auch durch verschiedene Abschnitte ausführlich dargestellt. Hier wird jede Hardware im wesentlichen in das Hardwaresystem, die Schnittstelle, den Datenträger, den Drucker, den Bildschirm (Datensichtstation), andere Ein-/Ausgabengeräte oder sonstige Hardware untergliedert:

- Das Hardwaresystem stellt eine ablauffähige Konfiguration dar, in der andere Hardware als Baugruppe aufeinander einwirkend durch klare Schnittstellen zusammengesetzt werden soll und selbständige Funktionseinheiten aufgebaut werden. Hinsichtlich der Vernetzung der DV-Systeme läßt sich die Konfiguration der Hardwaresysteme aus der lokalen und fernen Sicht[102] betrachten. So wird die Hardware je nach Konfiguration jeweils in dem entsprechenden Abschnitt in ihren technischen Zusammenhängen geklärt. In *Abb. 5.III.B.4. - 3* wird die logische und semantische Struktur zur Beschreibung eines Hardwaresystems dargestellt. In dieser Beschreibungsstruktur werden die gesonderten technischen Eigenschaften des Hardwaresystems und seine technischen Zusammenhänge mit anderer Hardware deutlich ausgelegt durch die Abschnitte:
  2. *Bestandteile der lokalen Konfiguration,*
  3. *Bestandteile der fernen Konfiguration,*
  4. *Kommunikationsmöglichkeit.*

  In den *Abschnitten „2. Bestandteile der lokalen Konfiguration"* und *„3. Bestandteile der fernen Konfiguration"* wird diejenige Hardware mit ihren Bezeichnungen und Arten dargestellt, die die Bestandteile in der jeweiligen lokalen oder fernen Konfiguration des Hardwaresystems bildet. Durch den *Abschnitt „4. Kommunikationsmöglichkeit"* werden zunächst drei Kommunikationsarten[103], mit denen die *aktive,* die *passive* und die *aktiv-passive* Kommunikation eines Hardwaresystems über Netz mit den Partnern (anderen Hardwaresystemen) zum Ausdruck kommen, näher und klar beschrieben. Hierbei wird auch weiterhin die Kommunikationsart der Partner (andere Hardwaresysteme) mit deren Bezeichnungen und Arten ausgelegt, wobei die die Hardwaresysteme verbindenden Netze mit geklärt werden.

- Die Schnittstelle bildet die kommunikativen Verbindungen zwischen den DV-Systemen. Sie besitzt bestimmte Funktionen, liegt zwischen zwei integrierenden Hardware und ermöglicht eine leichte und regelgerechte Datenübertragung und -austausch zwischen den DV-Systemen. In der Tat wird sie als eine der wichtigsten Konfigurationsteile in einem Hardwaresystem angesehen und kennzeichnet in diesem Maße die Verbindungs- oder Anschlußstelle eines Hardwaresystems mit anderer Hardware. Die Schnittstelle wird durch folgenden Abschnitt geklärt,

---

[101] S.h.: 3.IV.A.1. Die DV-Systeme und ihre Aufbaustruktur.
[102] S.h.: 3.IV.B.2. Die arbeitsfähige Konfiguration der DV-Systeme aus lokaler und ferner Sicht.
[103] S.h.: 3.IV.B.1. Die netzweite Kommunikationsverbindung zwischen DV-Systemen.

2.　Verbindungen der Hardwaresysteme mit der Hardware.

Dabei sind die Hardwaresysteme mit ihren Bezeichnungen einerseits und die Hardware mit ihren Bezeichnungen sowie Arten andererseits darzustellen; so wird erkannt, welche Rolle die betrachtete Schnittstelle in der Systemkonfiguration, bzw. in der Konfiguration der Hardwaresysteme, spielt.

```
Bezeichnung:         Workstation HP9000/720-66 (WS/UXHP720)
Standort:            O253
Anschaffungsdatum:   18.07.1991
Hersteller:          Hewlett Packard
Garantie/Wartung:    6 Monate
Finanzierungstyp:    Leasing
Status:              Intakt
Prozessor:           RISC
Takt:                66 MHz
Gehäuse:             Tower


1. Zugangsberechtigung / Ausstattung
   - DVR12            DV - Rechenzentrum              HO


2. Bestandteile der lokalen Konfiguration
   - DDS - 1          DDS 2,4GB                       DDS
   - HD 500/20        HP Festpallte 1 GB              Festplatte
   - HD 1000/20       HP Festplatte 1,2 GB            Festpaltte
   - HD 1200/20       HP Festplatte 2,0 GB            Festplatte
   - T-121R/A1097C    Konsole HPA1097C/121R           Terminal
   ......
3. Bestandteile der fernen Konfiguration
   - D-LJ3SI          HP LaserJet IIIsi               Drucker
   - D-DJ560C         HP DeskJet 560C                 Drcuker
   - HD 1200/30       HP Festpallte 2,0 GB            Festplatte
   ......
4. Kommunikationsmöglichkeit
   - Über das Netz    NT ETH           Lokalnetz                Ethernet
     erreicht:        - keine

     erreichbar von: - PC/486-R11      Personalrechner 80486    PC     P
                     - PC/Pentium-R11  Personalrechner Pentium  PC     P
                     ......
     kommuniziert:   - WS/UXHP710      Workstation HP9000/710-66  WS   A+P
                     - WS/UXHP730      Workstation HP9000/730-80  WS   A+P
                     - WS/UXHP750      Workstation HP9000/750-80  WS   A+P
                     ......
```

Abb. 5.III.B.4. - 3.　*Ein Beispiel der logischen und semantischen Struktur zur Beschreibung eines Hardwaresystems*

- Der Datenträger stellt das physikalische Medium zur Aufnahme von Daten und Softwaresystemen dar und ist ein unentbehrlicher Bestandteil des Hardwaresystems zur Durchführung der Datenverarbeitungsfunktionen, da er der funktionskomplexen Datenerfassung, -speicherung, -transport und -sicherung sowie dem Ablauf der Softwaresysteme dient. Dafür werden die Beschreibungen in zwei weiteren Abschnitten vorgenommen:

　2.　Gespeicherte Software (Systeme oder Datenbanken),

　3.　Konfigurationsbestandteile in Hardwaresystemen.

Hierbei ist diejenige Software, die sich auf dem betrachteten Datenträger zur Sicherung, zur Verarbeitung oder zum Ablauf abgelegt ist, in dem *Abschnitt „2. Gespeicherte Software (Systeme oder Datenbanken)“* mit ihren Bezeichnungen nach ihrer Art geordnet und übersichtlich darzustellen. Mit dem *Abschnitt „3. Konfigurationsbestandteile in Hardwaresystemen“* kann festgestellt werden, ob dieser betrachtete Datenträger in einem oder mehreren Hardwaresystemen, die prägnant durch ihre Bezeichnungen verdeutlicht werden, konfiguriert ist, wobei er weiter in einen lokalen und fernen Konfigurationsbestandteil zu unterscheiden ist.

- Der Drucker und der Bildschirm sind die Ausgabegeräte, die die Ergebnisse der Datenverarbeitung durch die Hardwaresysteme visualisieren und mit denen die Archivierung bzw. die Darstellung der verarbeiteten Daten zustande kommen kann. Sie werden in der Regel als Konfigurationsbestandteile der Hardwaresysteme betrachtet, wobei der Bildschirm immer nur als lokaler Konfigurationsbestandteil eines Hardwaresystems gelten kann. Bei der Archivierung bzw. Darstellung der verarbeiteten Daten handelt es sich um die Datenübertragung zwischen den Hardwaresystemen und dem Drucker (dem Bildschirm), welche durch die Verwendung der bestimmten Schnittstellen ordnungsgemäß ermöglicht werden kann. So werden diese zwei Ausgabegeräte durch zwei weitere Abschnitte präziser beschrieben:

  2. *Konfigurationsbestandteile in Hardwaresystemen,*

  3. *Verwendete Schnittstellen.*

Es wird in dem „*Abschnitt 2*" erkannt, in welchen Hardwaresystemen ein Drucker oder ein Bildschirm konfiguriert ist, wobei der Drucker dadurch zu unterscheiden ist, ob er einen lokalen oder fernen Konfigurationsbestandteil eines oder mehrerer Hardwaresysteme bildet. Die verwendeten Schnittstellen werden in dem „*Abschnitt 3*" nach ihren Bezeichnungen und Arten geordnet und deutlich dargestellt.

Gegenüber dem Ausgabegerät steht das Eingabegerät, das zur Bereitstellung, Weiterverarbeitung und Pflege von Daten dient. Es gibt auch manche Geräte, die die Funktionen des Eingabe- wie auch des Ausgabegerätes besitzen und Ein-/Ausgabegeräte genannt werden. Die Eingabegeräte und Ein-/Ausgabegeräte werden hier unter sonstigen Ein- und Ausgabegeräten zusammengefaßt und durch die Abschnitte wie bei den Ausgabegeräten (Drucker oder Bildschirm) näher beschrieben.

❏ Beschreibung der Rechnernetze

Eine andere Art der Hardware ist das Rechnernetz. Es wird aber hier gesondert mit einem Kapitel im originären Segment der Systemkonfiguration beschrieben, da es in einem Unternehmen eine dominierende Rolle spielt. Das Rechnernetz ermöglicht nicht nur die Kommunikation zwischen den DV-Systemen und den verteilten DV-Systemen, sondern bildet vielmehr die effektiven und reibungslosen Arbeitszusammenhänge zwischen den Organisationseinheiten, in denen die Aufgabenerfüllung durch die DV-Systeme unterstützt bzw. automatisiert wird. In bezug auf die DV-gestützten Arbeitsplätze werden die Koordination sowie Kooperation zwischen ihnen bei der Aufgabenerfüllung durch den Einsatz des Rechnernetzes erheblich erleichtert, obwohl diese DV-gestützten Arbeitsplätze organisatorischen Überlegungen zufolge eher räumlich verteilt bzw. entfernt sein können. In der logischen und semantischen Struktur zur Beschreibung des Rechnernetzes ist außer der Grundbeschreibung (ähnlich wie die Grundbeschreibung der Software und Hardware) noch ein Abschnitt

1. Angeschlossene Hardwaresysteme und verwendeten Kommunikationsprotokolle enthalten, in dem die an dem Rechnernetz angeschlossenen Hardwaresysteme (z.B. Workstation, PC usw.) und die darauf installierte Netzbetriebssoftware bzw. Kommunikationsprotokolle (z.B. Ethernet, Novellnet, X.400 usw.) mit ihren Bezeichnungen und Arten erörtert werden. Dadurch wird die netzweite Kommunikationsverbindung zwischen den Hardwaresystemen und deren Kommunikationsweise in einem Unternehmen bzw. in einer Höheren Organisationseinheit veranschaulicht. Daraus wird auch erkannt, ob die Kommunikationsverbindung zwischen Softwaresystemen entstehen kann, die auf den Hardwaresystemen installiert sind. Bezüglich der Zugriffsrechte des

Anwenders und der angegebenen Höheren Organisationseinheit werden einerseits die für sie ausgestatteten bzw. zugangsberechtigten Hardwaresysteme dargestellt und andererseits diejenigen Hardwaresysteme, mit denen andere Höhere Organisationseinheiten ausgestattet sind, je nach Bedarf als alternativ erkenntlich gemacht werden können.

❏ Lokale Konfiguration

Die Beschreibungen der lokalen Konfiguration bezieht sich im wesentlichen auf das Hardwaresystem, in dem die verschiedenen Hardwarekomponenten der kommunikativen Verbindung zufolge miteinander zusammengestellt werden und eine funktionskomplexe sowie arbeitsfähige Einheit bilden. Zum Aufbau der kommunikativen Verbindung zwischen den Hardwarekomponenten werden die Schnittstellen, die die Datenübertragung und den Datenaustausch zwischen den Hardwarekomponenten ermöglichen, und die Software benötigt, die zum Betreiben der Hardwarekomponente dient und die Funktionen der Datenverarbeitung sowie die Datenstruktur besitzt. Hinsichtlich der netzweiten Kommunikation zwischen den DV-Systemen sind auch die Rechnernetze zu berücksichtigen, an denen die betrachteten Hardwaresysteme angeschlossen sind. Die logische und semantische Struktur (ähnlich wie die Beschreibung der Software und Hardware) zur Beschreibung der lokalen Konfiguration der Hardwaresysteme läßt sich durch die Bezeichnungen der beschriebenen Hardwaresysteme in drei weitere Abschnitte differenzieren:

1. *Konfigurationskomponente,*
2. *Installierte Software,*
3. *Rechnernetze.*

Unter den Konfigurationskomponenten - „*Abschnitt 1*" - werden alle Hardwarekomponenten (z.B. Prozessor, Speicher, Festplatte usw.), die zum Aufbau eines funktionskomplexen und arbeitsfähigen Hardwaresystems benötigt werden, zusammen mit den gekoppelten Schnittstellen (z.B. RS232, SCSI usw.) geklärt, wobei sie durch ihre Bezeichnungen und Arten dargestellt werden. Die Schnittstellen drücken Datenübertragung bzw. -austausch zwischen den Hardwarekomponenten aus und weisen darauf hin, durch welche Anschlußarten ein Hardwaresystem an andere Hardware (z.B. Drucker) angeschlossen werden kann. Die installierte Software, die in dem „*Abschnitt 2*" dargestellt werden soll, dient mit ihren Bezeichnungen und Arten als zusätzliche Information und deutet darauf hin, welche Funktionen und Umfang das Hardwaresystem tatsächlich besitzt. Die netzweiten Kommunikationsmöglichkeiten des Hardwaresystems werden durch den „*Abschnitt 3*" auch in der Weise ausgelegt, daß die Rechnernetze mit ihren Bezeichnungen und Arten lapidar geklärt werden. So wird auch festgestellt, über welche Möglichkeiten das Hardwaresystem grundsätzlich verfügt, Datenübertragung bzw. -austausch mit anderen DV-Systemen durchführen zu können.

❏ Ferne Konfiguration

Die ferne Konfiguration eines Hardwaresystems bringt in Wirklichkeit die Erweiterung der lokalen Konfiguration zum Ausdruck. Die ferne Konfiguration der Hardwaresysteme wird durch die gemeinsame Nutzung der Hardware, die als lokale Komponente in anderen Hardwaresystemen konfiguriert ist, und der Software gekennzeichnet, die auf anderen Hardwaresystemen installiert ist. Sie setzt somit die Rechnernetze mit Netzbetriebssoftware voraus. Durch die ferne Konfiguration der Hardwaresysteme kann die große Menge von DV-Systemen in einem Unternehmen kostengünstig genutzt werden. Die leistungsfähige ferne Konfiguration der Hardwaresysteme beruht auf fundierten technischen, organisatorischen und wirtschaftlichen Kenntnissen. Dazu dienen die Beschreibungen der fernen Konfiguration der Hardwaresysteme. Sie bilden die Grundlage für die Darstellung und die Entscheidungsunterstützung der Gestaltung der fernen Konfiguration. Die logische und semantische Struktur zur Beschreibung der fernen Konfiguration der Hardwaresysteme läßt sich durch die Bezeichnungen der zu beschreibenden Hardwaresysteme und den Abschnitt:

1. Fern konfigurierte Hardwarekomponente mit ihren Hardwaresystemen
klarlegen. In diesem Abschnitt werden die fern konfigurierten Hardwarekomponenten mit ihren lokalen Hardwaresystemen nicht nur durch ihre Bezeichnungen und Arten beschrieben, sondern auch durch die graphischen Darstellungen veranschaulicht. In diese Darstellungen werden auch die jeweiligen betroffenen Rechnernetze sowie die anderen Hardwaresysteme einbezogen, mit denen die über mehrere Rechnernetze geleiteten Kommunikations- bzw. Zugriffswege zwischen dem betrachteten Hardwaresystem und seinen fern konfigurierten Hardwarekomponenten ausführlich aufgeschlüsselt werden. Darüber hinaus deuten die Linien durch Pfeile die Richtung der Datenübertragung an. Dabei kommt es auf die Anschlußarten der Hardware, ob sie passiv, aktiv oder aktiv-passiv mit Schnittstellen ausgestattet oder an den Rechnernetzen angeschlossen sind, an. In *Abb. 5.III.B.4. - 4* werden die Beschreibungen der fernen Konfiguration durch ein Beispiel - Hardwaresystem einer Workstation mit der Bezeichnung *Workstation HP9000/750-80 <WS/UXHP759>* - anschaulich repräsentiert. Diese Workstation besitzt zwei fern konfigurierte Hardwarekomponenten: Einen Laserdrucker mit der Bezeichnung *HP LaserJet IIIsi <D-LJ3SI>*, der in einer anderen Workstation (Hardwaresystem mit der Bezeichnung *Wokstation HP9000/710-66 <WS/UXHP710-1>*) als eine lokale Komponente konfiguriert ist, und eine Festplatte, die in einer weiteren Workstation (Hardwaresystem mit der Bezeichnung *Workstation HP9000/730-80 <WS/UXHP730>*) als eine lokale Komponente konfiguriert ist. Ferner ist festzustellen, daß es zwei Datenübertragungswege vom Hardwaresystem *<WS/UXHP750>* nach der Hardwarekomponente *<D-LJ3SI>* gibt: Einen unmittelbar über das Rechnernetz *<NTETH>* und einen mittelbar über mehrere Netze *<NTNOVE>* und *<NTETH>* führenden Weg. Die letzte Verbindung wird letztlich durch das lauffähige Hardwaresystem mit der Bezeichnung *<WS/UXHP730>* hergestellt.

❏ Referenz

Im originären Segment der Systemkonfiguration werden zwei Referenzen benötigt: Referenz der Organisationseinheiten und Referenz der DV-Systeme. Diese beiden Referenzen besitzen eine identische semantische Struktur, in der die Kurzbezeichnungen der Organisationseinheiten und der DV-Systeme mit den entsprechenden Seitennummern zusammenhängend und geordnet dargestellt werden. Sie schaffen den Überblick über die DV-gestützten Organisationseinheiten (Höheren Organisationseinheiten und Stellen) einerseits und die eingesetzten DV-Systeme in einer Höheren Organisationseinheit oder in einem Fachbereich andererseits. So ist leichter festzustellen, welche Organisationseinheiten mit den DV-Systemen im Zusammenhang stehen und welche DV-Systeme in der betrachteten Höheren Organisationseinheiten eingesetzt werden. Durch diese Referenzen wird zugleich ein Verweis auf die Seiten vorgenommen, auf denen die betreffenden Organisationseinheiten und DV-Systeme unter unterschiedlichen Aspekten beschrieben werden. Die strukturierte Seitennumerierung in der Dokumentation ist in zwei Teile rubriziert: Einer ist geprägt von den durchnumerierten natürlichen Zahlen innerhalb der gesamten Dokumentation und der andere verfügt über eine Konstruktion aus der Kombination der Kapitelbezeichnung (z.B. SW für Beschreibung der Software) und den durchnumerierten natürlichen Zahlen innerhalb des Kapitels. Daraus kann bei den betrachteten Organisationseinheiten und DV-Systemen umgehend erkannt werden, unter welchen Aspekten (z.B. Systemstruktur, Hardware, lokale Konfiguration der Hardwaresysteme usw.) sie in diesem originären Segment der Systemkonfiguration beschrieben werden. Auf die ausführlichen Beschreibungen der einzelnen DV-Systeme sowie Organisationseinheiten kann durch derartige Verweise der Seitennummer schneller zugegriffen werden.

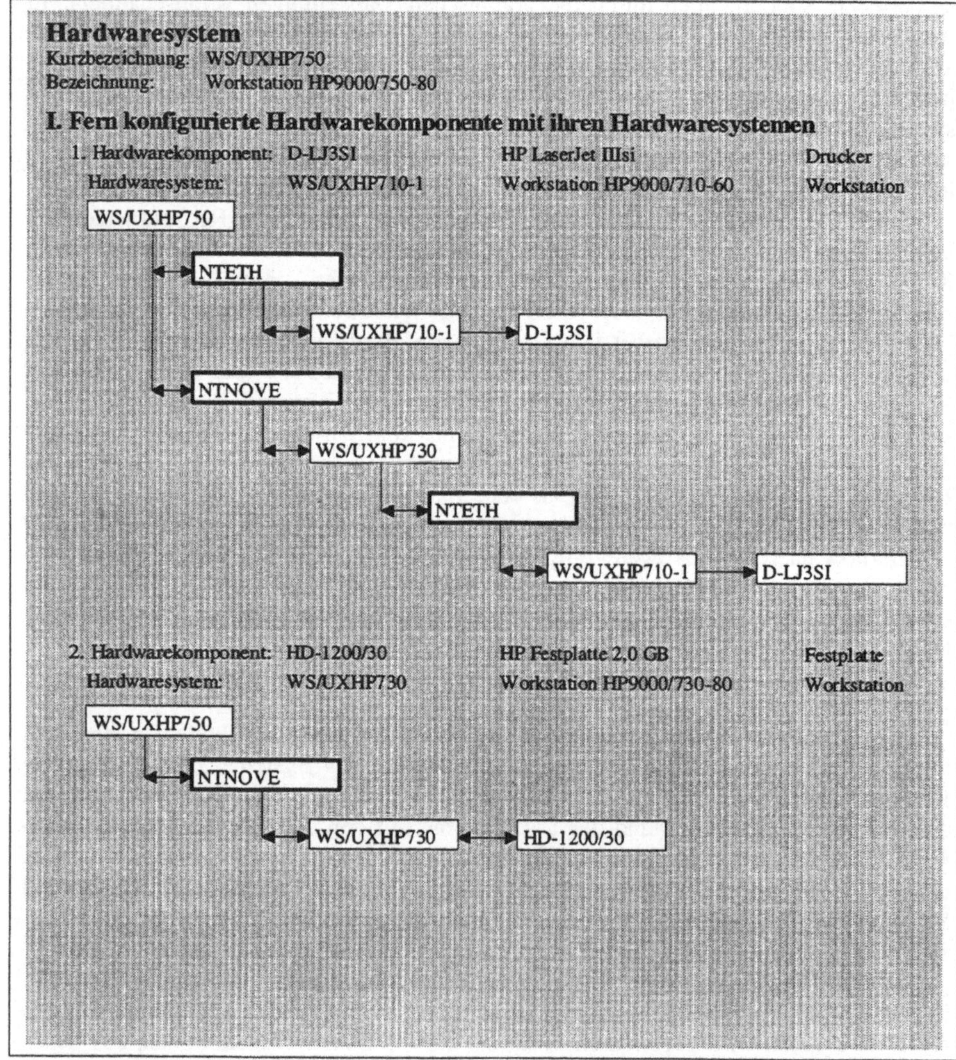

Abb. 5.III.B.4. - 4. **Ein Beispiel der logischen und semantischen Struktur zur Beschreibung der fernen Konfiguration eines Hardwaresystems**

C. Die Erstellung des derivativen Segments der Dokumentation

Gegenüber der derivativen Analyse und Bewertung der Organisation, welche die interaktive Funktionalität zur Unterstützung der Organisationsplanung und -entwicklung besitzt, wird das derivative Segment der Dokumentation der Organisation als „Off-Line"-Analyse und -Bewertung der Organisation bezeichnet. Das derivative Segment der Organisation kennzeichnet die besondere Berichterstattung, in der nicht nur die quantitativ und präzise bewerteten Ergebnisse einer Organisation - sei sie Ständige Aufbauorganisation, Projektorganisation, Ablauforganisation und Systemkonfiguration - repräsentiert, sondern auch die Änderungsbilanz zwischen den versionierten Gestaltungen der Organisation (z.B. Ist-Zustand und unterschiedliche Planungen für die Verbesserung der Organisation) deutlich durch Graphen und prägnante Beschreibungen anschaulich dargestellt werden. Im derivativen Segment der Dokumentation wird daher die Organisation eines Unternehmens oder dessen Fachbereiche mit den Kriterien charakterisiert, die wunschgemäß vom Anwender ausgewählt werden. Darüber hinaus setzt das derivative Segment der Dokumentation seinen Schwerpunkt im Vergleich zum originären Segment der Dokumentation auf die Verdichtung und Bewertung der Organisationsstrukturdaten.

Bei der jeweiligen Erstellung des derivativen Segments der Dokumentation können je nach Bedarf nur bestimmte Kriterien ausgewählt werden. Demzufolge entstehen auch unterschiedlich bewertete Ergebnisse im derivativen Segment der Dokumentation. Jedes Kriterium repräsentiert ein Kapitel oder dessen Abschnitt; somit bedeutet die Auswahl der Kriterien auch Selbstgestaltung der logischen bzw. semantischen (inhaltlichen) Struktur des derivativen Segments. In diesem Sinne kennzeichnet dies eine benutzerdefinierte bzw. -bezogene Erstellung der Dokumentation (derivatives Segment). Die Kriterien bzw. die Kapitel sind im derivativen Segment auch in obligatorische und fakultative Arten zu unterscheiden. So können nur die fakultativen Kriterien bzw. Kapitel bei der Erstellung des derivativen Segments der Dokumentation vom Anwender ausgewählt werden. Die obligatorischen Kapitel werden immer im derivativen Segment der Dokumentation angefertigt. Hier werden Inhaltsverzeichnis und Referenz als die obligatorischen Kapitel definiert. Zwischen den einzelnen Kapiteln im derivativen Segment kann auch die Abhängigkeit bestehen, die hier als hinweisende Abhängigkeit bezeichnet werden. Bezüglich der Eigenschaften des derivativen Segments - Charakterisierung und Änderungsbilanz - können die Hinweise als Vorschlag bei der Auswahl der Kriterien bzw. Kapitel bezeichnet werden, wird zum Beispiel im derivativen Segment der Ständigen Aufbauorganisation ein Kriterium *„Vergleich zwischen Stellen nach Belastungsgrad"* für die Änderungsbilanz ausgewählt, wird auch auf das Kriterium *„Charakterisierung der Stellen nach Belastungsgrad"* als Vorschlag zur Auswahl hingewiesen.

Bei jeder Auswahl der Kriterien können ferner auch die Schwellenwerte, die zur Klassifizierung der einzelnen Organisationsobjekte (z.B. Höhere Organisationseinheit, Stelle, Aufgaben usw.) in den entsprechenden Kategorien dienen sollen, vom Anwender angegeben werden. Unter Berücksichtigung der Änderungsbilanz zwischen den einzelnen versionierten Gestaltungen der Organisation müssen auch eine Bezugsversion und die zu vergleichenden Versionen bei der jeweiligen Erstellung des derivativen Segments angegeben werden. Falls keine zu vergleichenden Versionen angegeben sind, wird das Kapitel *„Änderungsbilanz"* auch nicht im derivativen Segment angefertigt. Jedes derivative Segment der Dokumentation, welches in vier Teile - die Ständige

Aufbauorganisation, die Projektorganisation, die Ablauforganisation und die System-konfiguration - gegliedert wird, besteht grundsätzlich aus zwei quantitativen Beschrei-bungen, nämlich die Charakterisierung einer angegebenen versionierten Gestaltung der Organisation - sie sei als Bezugsversion genommen - und die Änderungsbilanz in be-zug auf andere angegebene versionierte Gestaltungen der Organisation. Die bewerte-ten Ergebnisse bzw. die Änderungsbilanz werden bei den graphischen und tabellari-schen Darstellungen immer an der angegebenen Bezugsversion ausgerichtet.

Die Charakterisierung einer versionierten Organisation wird zwar in einem be-stimmten Rahmen, d.h. mit den vordefinierten Kriterien, durchgeführt, aber mittels der flexiblen Auswahl der Kriterien gestaltet. Durch die Angabe der Schwellenwerte wer-den Organisationsobjekte (z.B. Stelle, Aufgabe, Arbeitsobjekt usw.) unter den jeweili-gen Kriterien wunschgemäß und anschaulich klassifiziert. So entspricht das derivative Segment der Dokumentation immer der Absicht und dem Bedarf des Anwenders für die Organisationsplanung und -entwicklung. Mit der Änderungsbilanz, die die Ergeb-nisse aus dem Vergleich zwischen den versionierten Gestaltungen der Organisation mit den Kriterien darstellt, werden fundierte Kenntnisse gewonnen, die eine nützliche Grundlage für die Organisationsverbesserung bzw. -umstellung bildet. Die Ände-rungsbilanz weist auf die Unterschiede und die Gemeinsamkeiten zwischen einer Ge-staltung der Organisation, welche hier als die Bezugsversion ausgeprägt ist, und den anderen versionierten Gestaltungen hin, falls sie bei der Erstellung des derivativen Segments vom Anwender angegeben wurden.

Nr.	Kapitel	Art	Abhängigkeit
I	Inhaltsverzeichnis	obligatorisch	x
II	Charakterisierung der Höheren Organisationseinheit	fakultativ	x
A	Arbeitspensumbezogene Kriterien	fakultativ	x
B	Aufgabenbezogene Kriterien	fakultativ	x
C	Arbeitsobjektbezogene Kriterien	fakultativ	x
D	Schnittstellenaufgaben und Interaktionsarbeitsobjekte	fakultativ	x
E	Stellenbesetzungsbezogene Kriterien	fakultativ	x
F	DV-Systembezogene Kriterien	fakultativ	x
III	Charakterisierung der Stelle	fakultativ	x
A	Arbeitspensumbezogenes Kriterium	fakultativ	x
B	Aufgabenbezogene Kriterien	fakultativ	x
C	Arbeitsobjektbezogene Kriterien	fakultativ	x
IV	Änderungsbilanz	fakultativ	x
A	Vergleich zwischen den Höheren Organisationseinheiten	fakultativ	II
B	Vergleich zwischen den Stellen	fakultativ	III
V	Referenz	obligatorisch	x

Tab. 5.III.C. - 1. Logische und semantische Struktur des derivativen Segments der Ständigen Aufbauorganisation

In *Tab. 5.III.C. - 1* werden die Arten der drei Kapitel sowie der weiteren Unter-kapitel und deren Abhängigkeit, die hier aber nicht als zwingende Zusammengehörig-keit, sondern im wesentlichen als Empfehlung gelten soll, dargestellt. Dabei wird fest-gelegt, welche Kapitel oder Unterkapitel vom Anwender je nach seinem Bedarf bzw. Wunsch als alternativ selektiert oder aus dem derivativen Segment herausgenommen werden dürfen. Ferner werden auch die Abschnitte, die die Bestandteile der Kapitel oder die Unterkapitel bilden, unter dem Aspekt der benutzerspezifizierten Dokumentationserstellung fakultativ gestaltet.

Bei der Charakterisierung der Höheren Organisationseinheit werden die Arbeitspensumbezogenen Kriterien zuerst verwendet, welche zwei Durchschnittswerte des Belastungsgrads - gesamter und teambezogener Belastungsgrad - für die Aufgabenverteilung sowie -erfüllung kennzeichnen. Die Aufgabenbezogenen Kriterien lassen sich durch folgende vier Aspekte konkretisieren, die letztendlich vier Abschnitte in diesem Unterkapitel bilden:

1. *Ausführungsfrequenz,*
2. *Ausführungsdauer,*
3. *Gesamter Zeitaufwand* und
4. *Belastunsgrad.*

Diese vier Abschnitte stellen alle in der versionierten Höheren Organisationseinheit erfüllten Aufgaben systematisch dar und werden als fakultativ definiert und je nach Bedarf bzw. Wunsch vom Anwender im derivativen Segment angefertigt.

Die Arbeitsobjektbezogenen Kriterien werden gleichfalls in vier weitere Kriterien gegliedert, die ebenfalls als fakultativ festgelegt und durch folgende vier Abschnitte in diesem Unterkapitel verkörpert werden:

1. *Ver-/Gebrauchshäufigkeit,*
2. *Erzeugungshäufigkeit,*
3. *Durchschnittliche Erzeugungsdauer* und
4. *Durchschnittliche Erzeugungskapazität.*

Im Unterkapitel „*Schnittstellenaufgaben und Interaktionsarbeitsobjekte*" werden die gleichen Kriterien verwendet, die aber nur auf die Schnittstellenaufgaben bzw. Interaktionsarbeitsobjekte einwirken. So werden die folgenden Abschnitte, die jedoch fakultativ sind, für erforderlich gehalten:

1.1. *Ausführungsfrequenz,*
1.2. *Ausführungsdauer,*
1.3. *Gesamter Zeitaufwand,*
1.4. *Belastungsgrad,*
2.1. *Ver-/Gebrauchshäufigkeit,*
2.2. *Erzeugungshäufigkeit,*
2.3. *Durchschnittliche Erzeugungsdauer* und
2.4. *Durchschnittliche Erzeugungskapazität.*

Die Stellenbesetzungbezogenen und die DV-Systembezogenen Kriterien werden hier nicht weiter gegliedert.

Zur Charakterisierung der Stellen wird in gleicher Weise das Arbeitspensumbezogene Kriterium in erster Linie eingesetzt, wobei nur das gesamte Arbeitspensum bzw. der gesamte Belastungsgrad für die Aufgabenverteilung bzw. -erfüllung bewertet und als wahlweise angesehen wird. Die weiteren Unterkapitel sind mit den aufgabenbezogenen und arbeitsobjektbezogenen Kriterien identifiziert, wobei sie gegenüber der Charakterisierung der Höheren Organisationseinheiten zusätzlich unter Berücksichtigung der Aggregation und Disaggregation der Aufgaben bzw. Arbeitsobjekte durchgeführt werden. Die aufgabenbezogenen Kriterien werden unter folgenden drei Aspekten betrachtet und jeweils in drei fakultative Abschnitte eingeteilt:

1. Ausführungsfrequenz,

2. Belastunsgrad und

3. Gesamter Zeitaufwand.

Die arbeitsobjektbezogenen Kriterien werden hingegen unter folgenden vier Aspekten in Betracht gezogen, aus denen sich vier fakultative Abschnitte in dem Unterkapitel „Arbeitsobjektbezogene Kriterien" ergeben sollen:

1. Ver-/Gebrauchshäufigkeit,

2. Erzeugungshäufigkeit,

3. Durchschnittliche Erzeugungsdauer und

4. Durchschnittliche Erzeugungskapazität.

Die Änderungsbilanz bildet ein selbständiges Kapitel in dem derivativen Segment der Ständigen Aufbauorganisation und wird in zwei Ebenen - Höhere Organisationseinheit und Stelle - gegliedert, aus denen auch zwei entsprechende Unterkapitel entstehen. Konkretisiert werden diese zwei Unterkapitel durch folgende Abschnitte, die auch den Unterkapiteln der *Kapitel „Charakterisierung der Höheren Organisationseinheit"* und *„Charakterisierung der Stelle"* entsprechen:

A. Vergleich zwischen den Höheren Organisationseinheiten

   1. Arbeitspensumbezogene Kriterien,

   2. Aufgabenbezogene Kriterien,

   3. Arbeitsobjektbezogene Kriterien,

   4. Schnittstellenaufgaben und Interaktionsarbeitsobjekte,

   5. Stellenbesetzungbezogene Kriterien,

   6. DV-Systembezogene Kriterien sowie

B. Vergleich zwischen den Stellen

   1. Arbeitspensumbezogene Kriterien,

   2. Aufgabenbezogene Kriterien und

   3. Arbeitsobjektbezogene Kriterien.

Das derivative Segment der Projektorganisation besitzt eine identische logische Struktur wie die Ständige Aufbauorganisation und wird in gleicher Weise durch folgende drei Kapitel erstellt:

II.   Charakterisierung der Höheren Projektorganisationseinheit,

III. Charakterisierung der Projektstellen und

IV. Änderungsbilanz.

Aber die semantische bzw. inhaltliche Struktur der beiden derivativen Segmente unterscheidet sich durch die zeitlichen Beschreibungen bzw. Geltungen der Projektorganisation. In der Charakterisierung der Höheren Projektorganisationseinheit bildet ein neues Kriterium zur Bewertung der zeitlichen Geltung der Höheren Projektorganisationseinheit ein Unterkapitel:

G. Zeitliche Geltung der Höheren Projektorganisationseinheit,
wobei die Besetzung der Projektstellen (*Unterkapitel „E. Stellenbesetzungsbezogene Kriterien"*) und der Einsatz der DV-Systeme (*Unterkapitel „F. DV-Systembezogene Kriterien"*) auch im wesentlichen mit zeitlichen Aspekten bewertet werden. Dadurch sollen die Einsatzplanungen der Personen und der DV-Systeme für die Projektabwicklung unterstützt werden.

Bei der Charakterisierung der Projektstelle ist im Vergleich zur der Stelle in der Ständigen Aufbauorganisation auch ein Unterkapitel mehr gegeben, das allerdings durch das Kriterium der zeitlichen Geltung der Projektstelle ausgezeichnet wird:

D. Zeitliche Geltung der Projektstelle,

wobei das Kriterium der zeitlichen Geltung auch auf die Bewertung der Projektaufgaben übertragen wird. So werden die aufgabenbezogenen Kriterien durch das Kriterium ergänzt, welches durch einen neuen Abschnitt im *Unterkapitel „B. Aufgabenbezogene Kriterien"* gekennzeichnet wird.

Die oben erwähnten Kriterien können auch in der Änderungsbilanz zwischen den versionierten Gestaltungen der Projektorganisation, wobei eine Gestaltung als Bezugsversion angegeben werden muß, enthalten sein. Diese Kriterien werden auch jeweils in zwei Unterkapitel „*A. Vergleich zwischen den Höheren Projektorganisationseinheiten"* und „*B. Vergleich zwischen den Projektstellen"* wiedergegeben, die die Kapitel „*Charakterisierung der Höheren Projektorganisationseinheit"* bzw. „*Charakterisierung der Projektstelle"* im derivativen Segment der Projektorganisation entsprechen.

Nr.	Kapitel	Art	Abhängigkeit
I	Inhaltsverzeichnis	obligatorisch	x
II	Kommunikationsnetz	fakultativ	x
A	Ebene der Höheren Organisationseinheit	fakultativ	x
B	Ebene der Stelle	fakultativ	x
C	Ebene der Aufgabe	fakultativ	x
III	Informations- bzw. Materialflußnetz	fakultativ	x
IV	DV-gestützte Aufgabenerfüllung	fakultativ	x
A	Automatisierungskomplexität	fakultativ	x
B	Automatisierungsgrad	fakultativ	x
V	Änderungsbilanz	fakultativ	x
A	Kommunikationsnetz	fakultativ	II
B	Informationsfluß- bzw. Materialflußnetz	fakultativ	III
C	DV-gestützte Aufgabenerfüllung	fakultativ	IV
VI	Referenz	obligatorisch	x

Tab. 5.III.C. - 2. Logische und semantische Struktur des derivativen Segments der Ablauforganisation

Das derivative Segment der Ablauforganisation besteht aus sechs Kapiteln, die in *Tab 5.III.C. - 2* dargestellt sind, wobei die Art der Kapitel und die hinweisende Abhängigkeit zwischen den Kapiteln auch deutlich festgelegt sind. Durch die *Kapitel II, III* und *IV* wird die Ablauforganisation unter verschiedenen Kriterien charakterisiert, die auch durch jeweilige Unterkapitel konkretisiert werden. Unter dem Kapitel „*II. Kommunikationsnetz"* wird grundsätzlich der Arbeitszusammenhang bei der Aufgabenerfüllung verstanden, welcher auf drei Ebenen, nämlich der Ebene der Höheren Organisationseinheit, der Stelle und der Aufgabe, bewertet werden soll und durch drei entsprechende Unterkapitel repräsentiert wird. Die Unterkapitel „*A. Ebene der Höheren Organisationseinheit"* und „*B. Ebene der Stelle"* lassen sich durch folgende drei Aspekte präzisieren, die auch jeweils drei Abschnitte bilden sollen:

1. Häufigkeit,

2. Anzahl der Arbeitsobjektart und

3. Anzahl der Organisationseinheit (Höheren Organisationseinheit und Stelle).

Bei der Aufgabenerfüllung ist die Kommunikation zwischen den Organisationseinheiten besonders erforderlich. Diese Kommunikation wird letztendlich durch den Austausch der Arbeitsobjekte (Interaktionsarbeitsobjekte) verwirklicht. Wie häufig und mit welchen Organisationseinheiten eine Organisationseinheit kommunizieren soll, hängt von den zu erfüllenden Aufgaben (Schnittstellenaufgaben) ab. Diese drei Aspekte bringen den Aufwand zur Koordination und Kooperation zwischen den Organisationseinheiten bei der Aufgabenerfüllung zum Ausdruck. In dem Unterkapitel „*C. Ebene der Aufgabe*" wird das Kommunikationsnetz lediglich zwischen den Aufgaben bewertet, so daß eigentlich die Reihenfolge zur Erfüllung der Aufgaben mit der Anzahl der Vorgänger- und Nachfolgeraufgaben klar dargestellt wird.

Das Kapitel „*III. Informations- bzw. Materialflußnetz*" beschreibt die Durchlaufzeit zwischen zwei Arbeitsobjekten. Diese Durchlaufzeit kann den idealen Zeitaufwand mit oder ohne Liegezeit repräsentieren. Die Arbeitsobjekte, von denen immer eines ver-/gebraucht und das andere erzeugt werden soll, müssen paarweise vom Anwender angegeben werden, um dieses Kapitel anzufertigen, da die Durchlaufzeit immer zwischen zwei Arbeitsobjekten berechnet bzw. bewertet wird.

Das Kapitel „*IV. DV-gestützte Aufgabenerfüllung*" charakterisiert die einzelnen Aufgaben durch zwei Kriterien, aus denen sich zwei Unterkapitel ergeben:
  A. Automatisierungskomplexität und
  B. Automatisierungsgrad.

Die Automatisierungskomplexität einer Aufgabe kennzeichnet die Anzahl der Software (Anwendungssysteme), die die Erfüllung der Aufgabe unterstützen kann. Der Automatisierungsgrad einer Aufgabe gibt an, ob die Erfüllung der Aufgabe voll- oder teilautomatisiert ist.

Das Kapitel „*V. Änderungsbilanz*" umfaßt die bewerteten bzw. verglichenen Ergebnisse zwischen den versionierten Gestaltungen der Ablauforganisation unter den gleichen Aspekten wie Kapiteln *II, III* und *IV*, die hier als Unterkapitel betrachtet werden:
  A. Kommunikationsnetz
     1. Ebene der Höheren Organisationseinheit,
     2. Ebene der Stelle,
     3. Ebene der Aufgabe,
  B. Informations- bzw. Materialflußnetz,
  C. DV-gestützte Aufgabenerfüllung,
     1. Automatisierungskomplexität und
     2. Automatisierungsgrad.

Im Kapitel „*VI. Referenz*" werden die Aufgaben, die Arbeitsobjekte und die DV-Systeme geordnet auf bestimmte Seite verwiesen.

Im derivativen Segment der Systemkonfiguration werden die DV-Systeme unter einem integrierten Gesichtspunkt analysiert und bewertet, so daß die Anwendungssysteme mit der benötigten Hardware als Aufgabenträger (wie Personen) und zugleich ihre Kommunikationsbeziehungen (Arbeitszusammenhänge) betrachtet werden können. So kann die gesamte Organisationsentwicklung sowie -planung unter organisatorischen, informationstechnischen und wirtschaftlichen Aspekten durchgeführt werden. Dies läßt sich auch durch die logische Struktur des derivativen Segments erkennen, welches aus fünf Kapiteln besteht. In *Tab. 5.III.C. - 3* wird diese logische Struktur dargestellt, wobei die Art der einzelnen Kapitel und die hinweisende Abhängigkeit zwischen ihnen festgelegt werden. Grundsätzlich kann das derivative Segment in zwei große Teile gegliedert werden: Charakterisierung der DV-Systeme aus der organisatorischen Sicht und die Änderungsbilanz zwischen den versionierten Gestaltungen der DV-Systeme zur Unterstützung der Aufgabenerfüllung. Das Kapitel „*II. Charakterisierung der Software*" befaßt sich mit drei Kriterien, die auch hier drei entsprechende Abschnitte bilden:

A. *Deckungsbereichbezogenes Kriterium,*

B. *Deckungsgradbezogenes Kriterium* und

C. *Nutzungsgrößenbezogenes Kriterium.*

Nr.	Kapitel	Art	Abhängigkeit
I	Inhaltsverzeichnis	obligatorisch	x
II	Charakterisierung der Software	fakultativ	x
A	Deckungsbereichbezogenes Kriterium	fakultativ	x
B	Deckungsgradbezogenes Kriterium	fakultativ	x
C	Nutzungsgrößenbezogenes Kriterium	fakultativ	x
III	Charakterisierung der Hardwaresysteme	fakultativ	x
A	Nutzungswertbezogenes Kriterium	fakultativ	x
B	Leistungsumfangbezogenes Kriterium	fakultativ	x
IV	Allgemeine Charakterisierung der DV-Systeme	fakultativ	x
A	Automatisierungskomplexität bzw. -grad der Organisationseinheit	fakultativ	x
V	Änderungsbilanz	fakultativ	x
A	Softwaresicht	fakultativ	II
B	Sicht des Hardwaresystems	fakultativ	III
C	Sicht der Organisationseinheit	fakultativ	IV
V	Referenz	obligatorisch	x

Tab. 5.III.C. - 3. Logische und semantische Struktur des derivativen Segments der Systemkonfiguration

Aus der Bewertung des Deckungsbereichs bzw. der Deckungsgröße einer Software (eines Anwendungssystems) wird die Information gewonnen, welche Organisationseinheiten oder Aufgaben durch dieses Anwendungssystem gestützt werden. Weiterhin ist aus dem Deckungsgrad eines Anwendungssystems festzustellen, wie stark sie die Organisationseinheiten - Höheren Organisationseinheiten und Stellen - im Durchschnitt bei der Aufgabenerfüllung unterstützen können. Daraus ist auch zu erkennen, ob die Funktionen von einzelnen beschafften Anwendungssystemen die organisatorischen Anforderungen voll oder teils abdecken können. Die Nutzungsgröße der Datenbanken (Datenbestände) bringt einerseits die gemeinsame Nutzung der Datenbanksysteme und andererseits die koordinationslose und kooperationslose Kommunikation zwischen den Anwendungssystemen im Sinne der DV-gestützten Aufgabenerfüllung zum Ausdruck.

Unter dem Kapitel „*III. Charakterisierung der Hardwaresysteme*" werden zwei Kriterien berücksichtigt, mit denen vor allem die Hardwaresysteme bewertet bzw. charakterisiert werden sollen:

A. *Nutzungswertbezogenes Kriterium* und

B. *Leistungsumfangbezogenes Kriterium.*

Ein Hardwaresystem wird in der Regel zur Unterstützung mehrerer Organisationseinheiten (hauptsächlich Stellen) bei der Aufgabenerfüllung beschafft und eingesetzt. Die Anzahl der Organisationseinheiten kennzeichnet den Nutzungswert des Hardwaresystems einerseits und zugleich seine Performance andererseits. Der Leistungsumfang eines Hardwaresystems bezieht sich auf die Anwendungssysteme, die auf dem Hardwaresystem installiert und lauffähig sind, und die Aufgaben, die durch den Einsatz der Anwendungssysteme DV-gestützt erfüllt werden sollen. Das Kriterium beruht auf informationstechnischen und organisatorischen Aspekten.

Im Kapitel „*IV. Allgemeine Charakterisierung der DV-Systeme*" wird im wesentlichen die Wirkung auf die Organisation, welche durch den Einsatz der DV-Systeme ausgelöst wird, nach zwei Kriterien bewertet. Im allgemeinen charakterisieren diese Kriterien die DV-Systeme bei der Unterstützung der Aufgabenerfüllung. Sie bilden hierfür ein Unterkapitel:

A. Automatisierungskomplexität bzw. -grad der Organisationseinheit.

Die Automatisierungskomplexität bzw. der Automatisierungsgrad einer Organisationseinheit kennzeichnet einerseits das DV-gestützte Arbeitspensum einer Organisationseinheit und andererseits den Umfang der DV-Systeme, durch die die Aufgabenerfüllung in der Organisationseinheit unterstützt wird. Aus diesen zwei Aspekten wird auch deutlich erkennbar, ob die Aufgabenerfüllung in einer Organisationseinheit voll oder teilweise DV-gestützt wird und welche Anwendungssysteme dafür eingesetzt sind. So wird die DV-gestützte Aufgabenerfüllung in einer Organisationseinheit quantitativ wie auch qualitativ bewertet.

Die Charakterisierung der Software und Hardware, d.h. Hardwaresysteme, wird auch im Kapitel „*IV. Änderungsbilanz*" wiedergegeben, in dem die bewerteten bzw. verglichenen Ergebnisse zwischen versionierten Gestaltungen der DV-Systeme klargelegt werden. Das Kapitel wird durch drei Unterkapitel, die den Kapiteln *II, III* und *IV* entsprechen, mit den jeweiligen Kriterien gekennzeichnet:

A. Softwaresicht
   1. Deckungsbereichbezogenes Kriterium,
   2. Deckungsgradbezogenes Kriterium,
   3. Nutzungsgrößenbezogenes Kriterium,
B. Sicht des Hardwaresystems
   1. Nutzungswertbezogenes Kriterium,
   2. Leistungsumfangbezogenes Kriterium,
C. Sicht der Organisationseinheit
   1. Kriterium der Automatisierungskomplexität bzw. des *Automatisierungsgrads.*

Im Kapitel „*V. Referenz*" werden die DV-Systeme (Software und Hardware), die Organisationseinheiten, die Aufgaben und die Arbeitsobjekte geordnet auf bestimmte Seiten verwiesen.

1. Die Ständige Aufbauorganisation

Weitergehend ist nun das derivative Segment der Aufbauorganisation zu behandeln. In diesem Segment soll die quantitative Analyse des Ist-Zustands oder der Planungen der Aufbauorganisation und die analysierten Ergebnisse zwischen den versionierten Gestaltungen (Ist-Zustand oder Planung) der Aufbauorganisationen erstellt werden. Mit diesem derivativen Segment, das im Sinne der Organisationsplanung und -entwicklung als eine elementare Entscheidungsgrundlage mit den quantitativen Beschreibungen der Aufbauorganisation zu sehen ist, kann das Management bei der Planung und Entwicklung der Aufbauorganisation gezielt und effektiv unterstützt werden. Die Kriterien, nach denen die Abweichung sowie die Änderungsbilanz zwischen den versionierten Gestaltungen der Aufbauorganisation bewertet wird, ergeben sich aus den wirtschaftlichen und technischen Überlegungen, aufgrund denen auch Leistung und Kosten einer Aufbauorganisation zu ermitteln sind. Hierbei ist der Begriff „Leistung" und „Kosten" selbstverständlich in bezug auf Ablauforganisation und Systemkonfiguration als zusammenhängende Komponente zu verstehen. Eine derartige Auswertung, die nach bestimmten Kriterien erstellt wird, ist durch quantitative Analyse und Bewertung der Aufbauorganisation geprägt. Die Ergebnisse lassen sich als Charakterisierung einer Aufbauorganisation interpretieren. Die Kriterien lassen sich nach folgenden Aspekten aufgliedern:

- Der Belastungsgrad (Arbeitsvolumen) der Organisationseinheit für die Aufgabenerfüllung.
- Die Einteilung der Aufgaben nach Belastungsgrad, Ausführungsfrequenz, -dauer und Zeitaufwand.
- Die Einteilung der Arbeitsobjekte nach Ver-/Gebrauchshäufigkeit, Erzeugungshäufigkeit und Kapazität.
- Die organisationseinheitübergreifende Erfüllung der Aufgaben.
- Der organisationseinheitübergreifende Austausch der Arbeitsobjekte.
- Der Personalstand und die fachliche Qualifikation der Mitarbeiter, die Anforderung der Stelle sowie die Stellenbesetzung.
- Der Einsatz der DV-Systeme zur Unterstützung bzw. zur Automatisierung der Aufgabenerfüllung.

Aus diesen sechs Aspekten ergeben sich entsprechende Kapitel des derivativen Segments der Dokumentation der Aufbauorganisation, in denen die analysierten Ergebnisse graphisch und klar strukturiert präsentiert werden. Diese Kapitel sind gekennzeichnet durch:

- Charakterisierung der Organisationseinheit
- Charakterisierung der Stelle
- Änderungsbilanz zwischen versionierten Gestaltungen der Aufbauorganisation
  - Vergleich zwischen den Höheren Organisationseinheiten
  - Vergleich zwischen den Stellen

T1. Charakterisierung der Höheren Organisationseinheit

❑ Höhere Organisationseinheiten nach dem Durchschnittswert des Belastungsgrades für die Aufgabenerfüllung

Der Belastungsgrad der Organisationseinheit (Stelle, Abteilung, Hauptabteilung usw.) für die Aufgabenerfüllung ist auch unter dem Arbeitspensum zu verstehen. Dabei sind zwei Werte des Belastungsgrades zu unterscheiden: Der durchschnittliche Wert des Belastungsgrades der Höheren Organisationseinheit und der Stelle. Diese zwei Werte ergeben sich aus:

$$HW_{1D}^{bg} = \sum_{j=1}^{m} SW_{j}^{bg}\Big/m \; + \; HW_{1}^{bg} \qquad \text{mit } \Psi_{S}(h_{1}) := \{s_{1}, s_{2},..., s_{m}\}^{104}.$$

$$SW_{j}^{bg} = \sum_{i=1}^{n} bg_{ij} \qquad \text{mit } SM_{bg} = (bg_{ij})$$

Gemäß der Organisationshierarchie kann ein gesamter durchschnittlicher Belastungsgrad jeder Höheren Organisationseinheit, z.B. *h₀*, analogerweise rekursiv durch die oben beschriebenen Formeln errechnet werden:

$$GHW_{0D}^{bg} = \sum_{j=1}^{m} SW_{j}^{bg}\Big/m \; + \; HW_{0}^{bg} + \sum_{i=1}^{k} HW_{iD}^{bg}\Big/k$$

mit den Bedingungen $\Psi_{S}(h_{0}) := \{s_{1}, s_{2},..., s_{m}\}$ und $\Psi_{h}(h_{0}) := \{h_{1}, h_{2},..., h_{k}\}$.

Der Belastungsgrad der Höheren Organisationseinheit stellt im wesentlichen die Grundinformationen dar, die einerseits angibt, ob das Arbeitsvolumen einer Höheren Organisationseinheit effektiv definiert ist, und andererseits zeigt, ob eine Höhere Organisationseinheit (z.B. Arbeitsgruppe) schwerwiegend für die teambezogene Aufgabenerfüllung eingerichtet ist. Für die Werte HW_{iD}^{bg} und HW_{i}^{bg} kann der Anwender die Schwellenwerte angeben, die zur Klassifizierung der Höheren Organisationseinheit dienen sollen. Weiterhin können die Höheren Organisationseinheiten in gleicher Weise nach ihrem Wert GHW_{iD}^{bg} unter der Angabe der Schwellenwerte eingeordnet werden. Solche Einteilungen der Höheren Organisationseinheiten können sich sowohl auf gleichrangige als auch auf nicht gleichrangige organisatorische Ebenen beziehen und lassen sich unverändert auf die Einteilungen der Stellen übertragen, die einer gleichen Höheren Organisationseinheit disziplinarisch unterstehen.

❑ **Aufgaben nach Ausführungsfrequenz, Ausführungsdauer, gesamtem Zeitaufwand und Belastungsgrad**

Der Belastungsgrad einer Höheren Organisationseinheit für die Aufgabenerfüllung charakterisiert ein gesamtes Arbeitspensum. Mit welchen Aufgaben sich im wesentlichen eine Höhere Organisationseinheit befaßt, läßt sich durch die detaillierte Analyse und Bewertung einzelner Aufgaben in der Höheren Organisationseinheit ermitteln. Dadurch wird festgestellt, welche Aufgaben in der Höheren Organisationseinheit sehr wichtig (Häufigkeit und Zeitaufwand) oder weniger wichtig sind.

Durch die Aufgabenklassifizierung nach dem durchschnittlichen Belastungsgrad (SA_{iD}^{bg}), der Ausführungsfrequenz (SA_{iD}^{af}) und -dauer (SA_{iD}^{ad}) wird ein Überblick über die Tätigkeit in einer Höheren Organisationseinheit geschaffen, hinter der sich die Leistungen und Kosten einer Höheren Organisationseinheit verbergen[105]. Der Belastungsgrad (SA_{iD}^{bg}) kennzeichnet in Wirklichkeit das durchschnittliche Arbeitsvolumen für die Erfüllung der Aufgabe f_{i} in einer Höheren Organisationseinheit. Die Ausführungsfrequenz (SA_{iD}^{af}) beschreibt die Häufigkeit der Erfüllung der Aufgaben f_{i} in der Höheren

---

[104] S.h.: 5.II.C.1. Die derivative Analyse und Bewertung der Ständigen Aufbauorganisation.
[105] S.h.: 5.II.C.1. Die derivative Analyse und Bewertung der Ständigen Aufbauorganisation.

Organisationseinheit. Die Ausführungsdauer (SA_{iD}^{ad}) bezeichnet den gesamten durchschnittlichen Zeitaufwand zur Erfüllung der Aufgaben f_i in einem bestimmten Rahmen (z.B. wöchentlich, monatlich, vierteljährlich usw.). Dieser Zeitaufwand bezieht sich allerdings auf die Ausführungsstellen in dieser Höheren Organisationseinheit und liegt weitgehend den Kosten der Aufgabenerfüllung und zugleich den dabei hervorgebrachten Leistungen zugrunde. Diese Art der Aufgabenklassifizierung ergibt eine Kosten- bzw. Leistungsorientierte Einteilung der Aufgaben in einer Höheren Organisationseinheit. So kann zugleich von einer organisationseinheitbezogenen Aufgabenklassifizierung gesprochen werden. Aufgrund unterschiedlicher Anforderungen sollte auch die Aufgabenklassifizierung flexibel durchgeführt werden, wobei die Schwellenwerte und ihre Anzahl vom Anwender angegeben bzw. definiert werden sollten. So können sich beispielsweise die Aufgaben einer höheren Organisationseinheit in die vier Kategorien **A**, **B**, **C** und **D** klassifizieren lassen und durch die Schwellenwerte S_A, S_B, und S_C determiniert werden.

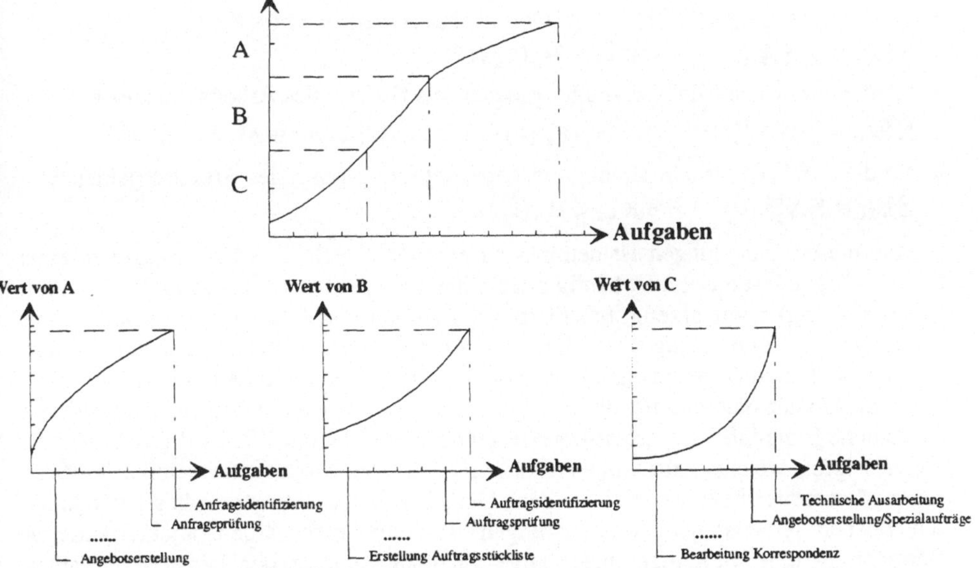

Abb. 5.III.C.1. - 1. **Eine graphische Beispieldarstellung zur Einteilung der Aufgaben in einer Höheren Organisationseinheit**

Mit den oben erwähnten Werten und unter Berücksichtigung der angegebenen Schwellenwerte werden entsprechende graphische Darstellungen im derivativen Segment der Dokumentation der Aufbauorganisation erstellt, wobei eine graphische Darstellung Gesamtüberblick über die Einteilung der Aufgaben sowie der Höheren Organisationseinheiten verschafft und eine weitere Darstellungsweise sich detailliert auf die einzelnen Klassen bezieht. In *Abb. 5.III.C.1. - 1* werden die beiden Darstellungsarten veranschaulicht, die für alle drei oben erörterten Werte (Belastungsgrad, Ausführungsfrequenz, Ausführungsdauer/Zeitaufwand) und Aufgaben sowie die Höheren Organisationseinheiten gelten.

❑ **Arbeitsobjekte nach Ver-/Gebrauchshäufigkeit, Erzeugungshäufigkeit, durchschnittlicher Erzeugungsdauer und durchschnittlicher Erzeugungskapazität**

In engem Zusammenhang mit der Aufgabenklassifizierung steht logischerweise die Arbeitsobjektklassifizierung, die nach der Erzeugungshäufigkeit und -dauer mit Blick auf die die Arbeitsobjekte verarbeitenden bzw. erzeugenden Aufgaben durchgeführt wird. Verständlicherweise wird das I/O-Verhalten der Arbeitsobjekte bei der Aufgabenerfüllung betrachtet, wenn die ver-/gebrauchten Arbeitsobjekte bezüglich ihrer Erzeugungshäufigkeit (z.B. 5 mal/Tag) und die erzeugten Arbeitsobjekte bezüglich ihrer Erzeugungsdauer wie auch -häufigkeit untersucht werden sollten. Die Klassifizierung der Arbeitsobjekte beruht auf der Basis der Aufgabenklassifizierung und ist durch die Input-/Output-Funktionen μ_i und μ_o sowie ihre dualen Funktionen N_i und N_o gegeben[106]. Daraus werden analog drei unterschiedliche Einteilungen der Arbeitsobjekte in einer Höheren Organisationseinheit hergeleitet, und zwar durch folgende Formeln:

- für die Ver-/Gebrauchshäufigkeit (als Input) des Arbeitsobjektes e_x:

$$SE_{xD}^{if} = \sum SA_{jD}^{af} \qquad \text{mit } f_j \in N_i(e_x),$$

- für die Erzeugungshäufigkeit (als Output) des Arbeitsobjektes e_x:

$$SE_{xD}^{of} = \sum SA_{jD}^{af} \qquad \text{mit } f_j \in N_o(e_x),$$

- für die durchschnittliche Erzeugungsdauer (als Output) des Arbeitsobjektes e_x:

$$SE_{xD}^{d} = \sum SA_{jD}^{ad}/m \qquad \text{mit } N_o(e_x)=\{f_1, f_2, \ldots, f_m\} \text{ und } j \in \{1, 2, \ldots, m\},$$

- für die durchschnittliche Erzeugungskapazität (als Output) des Arbeitsobjektes e_x:

$$SE_{xD}^{v} = SA_{jD}^{bg} \qquad \text{mit } e_x \in \mu_o(f_j).$$

Aus diesen Einteilungen ist deutlich zu erkennen, welche Arbeitsobjekte in einer Höheren Organisationseinheit häufig oder selten ver-/gebraucht (als Input bei der Aufgabenerfüllung) sowie erzeugt (als Output der Aufgabenerfüllung) werden und welche Arbeitsobjekte zeitlich länger oder kürzer bearbeitet werden. Weiterhin wird durch den durchschnittlichen Belastungsgrad der Höheren Organisationseinheit, d.h. der Prozentsatz des Arbeitsvolumens für die Erfüllung der einzelnen Aufgaben, gleichzeitig eine zusätzliche Einteilung der Arbeitsobjekte gegeben, welche mit Blick auf das Arbeitsvolumen angibt, welche Arbeitsobjekte in einer Höheren Organisationseinheit vorherrschend bearbeitet bzw. erzeugt werden. Gemeinsam repräsentieren diese vier unterschiedlichen Arbeitsobjektklassifizierungen im Sinne einer arbeitsobjektorientierten Betrachtung eine vielseitige quantitative Charakterisierung der Höheren Organisationseinheit, welche im weiteren Sinne die Kosten und zugleich die Leistungen einer Höheren Organisationseinheit beinhaltet. In Wirklichkeit werden diese analysierten Arbeitsobjekte ähnlich wie in *Abb. 5.III.C.1. - 1* durch die graphische Darstellung im derivativen Segment der Aufbauorganisation plausibel interpretiert.

❑ **Die organisationseinheitübergreifende Aufgabenerfüllung und die dazu benötigten Interaktionsarbeitsobjekte**

Aus der organisatorischen Sicht kann die Produktivität einer Höheren Organisationseinheit (Abteilung, Arbeitsgruppe usw.) und vor allem des gesamten Unternehmens durch eine koordinierte und effiziente Aufgabenerfüllung erhöht werden, welche

---

[106] S.h.: 5.II.C.3. Die derivative Analyse und Bewertung der Ablauforganisation.

jedoch die reibungslose Kommunikation zwischen den Organisationseinheiten voraussetzt. Diese Kommunikation vollzieht sich unter zwei Gesichtspunkten, d.h. in zwei Ebenen kann unterschieden werden, namentlich die Ebene der Höheren Organisationseinheit (Abteilung, Arbeitsgruppe usw.) und der Stelle. Die Kommunikation auf der Ebene der Stelle findet ihren Ausdruck darin, daß der Austausch der Arbeitsobjekte zwischen den Stellen bei der Aufgabenerfüllung sich lediglich innerhalb einer Höheren Organisationseinheit vollzieht. Im Gegensatz dazu bedeutet die Kommunikation auf der Ebene der Höheren Organisationseinheit den Austausch der Arbeitsobjekte zwischen den Höheren Organisationseinheiten. Dieser Austausch der Arbeitsobjekte wird letztlich auch durch die Aufgabenerfüllung der Stellen in den jeweiligen Höheren Organisationseinheiten realisiert. Daraus ergeben sich zugleich zwei Arten von Aufgabenerfüllung: Sie ist entweder organisationseinheitbezogen oder organisationseinheitübergreifend. Hier wird die organisationseinheitübergreifende Aufgabenerfüllung mit den Arbeitsobjekten substantiell behandelt, die ja als Medium zur Kommunikation zwischen Höheren Organisationseinheiten dienen. Insofern ist es notwendig, zunächst die *Schnittstellenaufgaben* festzustellen, durch die die Kommunikation im Sinne des Arbeitszusammenhangs zwischen Höheren Organisationseinheiten verwirklicht wird und unter denen einerseits die Erstellung von Arbeitsobjekten als Input für eine Höhere Organisationseinheiten und andererseits die Bearbeitung von Arbeitsobjekten als Output aus anderen Höheren Organisationseinheiten verstanden werden.

Hierfür sind abermals einige endliche Mengen zu deuten, um die Schnittstellenaufgaben in einer Höheren Organisationseinheit $\mathbf{h}$ darzustellen:

$$F_h := \bigcup_{s \in \Psi_s(h)} \gamma(s) \cup \gamma(h),$$

eine endliche Menge von allen Aufgaben, die in der Höheren Organisationseinheit $\mathbf{h}$ erfüllt werden.

$$E_h := \bigcup_{f_j \in F_h} \mu_i(f_j) \cup \bigcup_{f_j \in F_h} \mu_o(f_j),$$

eine endliche Menge von allen Arbeitsobjekten, die in der Höheren Organisationseinheit $\mathbf{h}$ ver-/gebraucht oder erzeugt werden.

Aus der endlichen Menge E_h kann wiederum eine endliche Menge F_E von allen Aufgaben, die die Arbeitsobjekte aus der endlichen Menge E_h bearbeiten bzw. erzeugen kann, abgeleitet werden. Diese endliche Menge wird wie folgt gebildet:

$$F_E := \bigcup_{e_j \in E_h} N_i(e_j) \cup \bigcup_{e_j \in E_h} N_o(e_j)$$

So beinhaltet die endliche Menge

$$\overline{F}_h = F_E \setminus F_h$$

diejenigen Aufgaben, die hier als die *Verbindungsaufgaben* für die Höhere Organisationseinheit $\mathbf{h}$ gekennzeichnet werden, da die Kommunikation der Höheren Organisationseinheit $\mathbf{h}$ mit den anderen Höheren Organisationseinheiten letztendlich durch das Zusammenwirken zwischen den Schnittstellenaufgaben einerseits und den Verbindungsaufgaben andererseits verwirklicht werden kann. So lassen sich die Schnittstellenaufgaben der Höheren Organisationseinheit $\mathbf{h}$ feststellen durch [107]:

---

[107] S.h.: 5.II.C.3. Die derivative Analyse und Bewertung der Ablauforganisation.

$$F_h^{ss} = F_h \cap \bigcup_{f_i \in \overline{F}_h} \varepsilon_V(f_i) \cap \bigcup_{f_i \in \overline{F}_h} \varepsilon_N(f_i)$$

Aus der endlichen Menge F_h^{ss} ergibt sich einerseits die organisationseinheitübergreifende Aufgabenerfüllung und andererseits die Stellen, auf denen die Personen als Stelleninhaber eingesetzt werden. Diese Stelleninhaber nehmen die notwendige Kommunikation bei der Aufgabenerfüllung wahr. Für die Schnittstellenaufgaben soll zusätzlich die Einteilung bzw. Analyse nach durchschnittlichem Belastungsgrad der Aufgabenerfüllung (Arbeitspensum) in einer Höheren Organisationseinheit, Ausführungsfrequenz, -dauer, gesamtem Zeitaufwand sowie den ver-/gebrauchten bzw. erzeugten Arbeitsobjekten, die im Sinne des Arbeitszusammenhangs als *Interaktionsarbeitsobjekte* bezeichnet werden, durchgeführt werden. Die Interaktionsarbeitsobjekte ergeben sich aus folgender Mengenbildung:

$$E_h^{IA} = \left(\bigcup_{f_j \in \overline{F}_h} \mu_i(f_j) \cup \bigcup_{f_j \in \overline{F}_h} \mu_o(f_j) \right) \cap \left(\bigcup_{f_k \in F_h^{SS}} \mu_i(f_k) \cup \bigcup_{f_k \in F_h^{SS}} \mu_o(f_k) \right).$$

So können Analyse und Bewertung der Interaktionsarbeitsobjekte ebenfalls nach ihrer Ver-/Gebrauchshäufigkeit, ihrer Erzeugungshäufigkeit, ihrer durchschnittlichen Erzeugungsdauer und der durchschnittlichen Erzeugungskapazität in der Höheren Organisationseinheit **h** durchgeführt werden. Die analysierten und bewerteten Ergebnisse, die sich auf die Schnittstellenaufgaben und die Interaktionsarbeitsobjekte beziehen, charakterisieren eine Höhere Organisationseinheit und dienen als weitere Entscheidungsgrundlage mit Blick auf den Koordinationsaufwand. Sie werden gleichermaßen wie die anderen Aufgaben und Arbeitsobjekte im derivativen Segment der Dokumentation der Ständigen Aufbauorganisation unter der organisationseinheitübergreifenden Aufgabenerfüllung graphisch dargestellt, wobei die Schwellenwerte zwecks Klassifizierung vom Anwender angegeben werden können.

❏ **Die Stellenbesetzung nach Wertangleichung zwischen Stellenanforderung und Personalqualifikation**

Ein weiterer wichtiger Faktor, der Einfluß auf die Aufgabenerfüllung ausübt, sind die Personen mit den erforderlichen fachlichen Qualifikationen. Dabei sind zwei Elemente zu betrachten: Die Anforderungen der Personalstellen und die Qualifikationen der Personen. Hierzu soll grundsätzlich eine bildliche Darstellung über den Personalstand und die Stellenanforderungen im derivativen Segment der Ständigen Aufbauorganisation eingeführt werden. Unter dem Personalstand werden die Anzahl und die Qualifikationen der Personen einer Höheren Organisationseinheit verstanden. Die Anzahl der Personen in einer Höheren Organisationseinheit (z.B. Hauptabteilung) läßt sich der Anzahl aller ihr mittelbar und unmittelbar unterstellten Höheren Organisationseinheiten (z.B. Abteilungen, Gruppe usw.) summieren. Daraus ergibt sich die relative Personalmenge jeder Abteilung oder Gruppe gegenüber der gesamten Personalmenge der Hauptabteilung bzw. der Abteilung. So wird intuitiv erkannt, ob die Personalkosten in einer Höheren Organisationseinheit (z.B. Abteilung) ihren hervorgebrachten Leistungen entsprechen. Dieser Personalmenge zufolge werden die Personalqualifikationen und die Anforderungen der besetzten Stellen weiter analysiert. Es seien zwei Sorten des Grades dafür definiert, nämlich der *Qualifikationsgrad* **Qg** mit dem Wertbereich **(0, 100]** und der *Anforderungsgrad* **Ag** mit dem Wertbereich **(0, 100]**. Gemäß diesen zwei Sorten des Grades kann die Stellenbesetzung in einer Höheren Organisationseinheit bewertet werden[108].

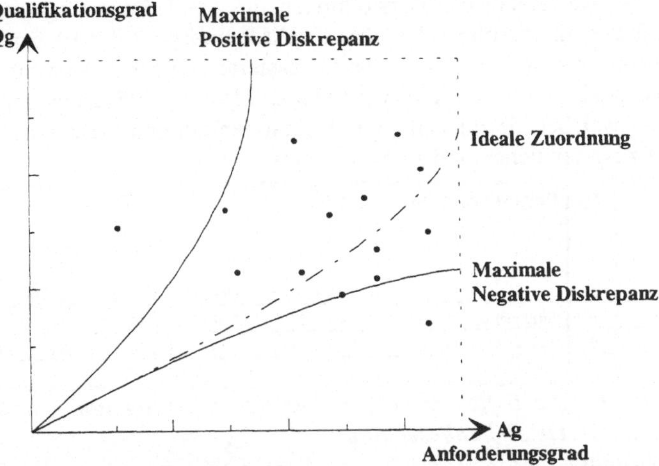

Abb. 5.III.C.1. - 2. Schaubild über den Personalstand und die Stellenbesetzung

In *Abb. 5.III.C.1. - 2* wird beispielsweise dargestellt, wie die Personalqualifikation und die Stellenanforderung sowie die Stellenbesetzung in einer Höheren Organisationseinheit verteilt bzw. realisiert werden. Die maximale positive und negative Diskrepanz stellen die Abweichungskriterien zwischen Personalqualifikations- und Stellenanforderungsgrad dar, welche zur Bewertung der Stellenbesetzung dienen und vom Anwender vorgegeben werden. Sie geben an, wie weit eine überqualifizierte bzw. eine unterqualifizierte Person auf einer Stelle eingesetzt werden kann. Dazwischen steht die ideale Zuordnung zwischen Person und Stelle, welche also eine wunschgemäße Stellenbesetzung zum Ausdruck bringt. In Anbetracht der unterschiedlichen Stellenbesetzungen, die möglicherweise unterschiedliche Diskrepanzen zwischen Anforderungs- und Qualifikationsgrad aufweisen, sollen die maximale positive und negative Diskrepanz sowie die ideale Zuordnung auch nicht-linear angegeben werden. Die Diskrepanz hiervon variiert je nach dem Qualifikations- und Anforderungsgrad. In *Abb. 5.III.C.1. - 2* werden diese drei Werte beispielhaft durch drei quadratische Funktionen in Form von $Qg = a*Ag^2 + b*Ag$ gegeben, wobei **a** und **b** die Konstanten darstellen und die Funktionen monoton sein müssen. Diese Funktionen lassen sich flexibel von dem Anwender definieren. Die schwarzen Punkte im Schaubild repräsentieren einzelne Stellenbesetzungen, wobei deutlich zu erkennen ist, ob eine Person (Fachkraft) in einer Höheren Organisationseinheit unter bestimmten Aspekten effizient und wunschgemäß auf einer oder mehreren Stellen eingesetzt ist.

Aufgrund der unterschiedlichen Arten der Stellen kann die Darstellung der Stellenbesetzung im Schaubild nur auf die bestimmte Art der Stelle eingeschränkt werden, in-

---

[108] Die ausführlichen Definitionen und Festlegungen des Qualifikations- und Anforderungsgrades werden hier nicht eingehend behandelt und diskutiert. Es werden auch unterschiedliche Methoden beschrieben, wie der Qualifikationsgrad der Person und der Anforderungsgrad der Stelle festzustellen sind. Auf dieser Basis wird hier in OrgIS hauptsächlich eine Funktion angeboten, mit der der Anwender (Unternehmensleiter) die Stellenbesetzung bewerten und kontrollieren kann.

dessen soll die Stellenbesetzung gemäß der Personalqualifikation und der Stellenanforderung auf der gleichen Basis besser und minuziöser analysiert und dargestellt werden. So ergeben sich zwei graphische Darstellungen für jede Höhere Organisationseinheit; eine verschafft Gesamtüberblick über den Qualifikationsgrad der Personen sowie den Anforderungsgrad der Stellen und die darauf basierte Stellenbesetzung in der Höheren Organisationseinheit, und die andere wird hierfür als der stellenartbezogene Überblick bezeichnet, mit welcher die Einstellung der Personen auf den Stellen von gleicher Art vorzugsweise zu untersuchen und zu bewerten ist.

Stellen-bezeichnung	Ag	Personenname	Qg	Differenz					
				Ideal		Positiv		Negativ	
				Ag^i-Ag	Qg-Qg^i	Ag-Ag^p	Qg^p-Qg	Ag^n-Ag	Qg-Qg^n
Leiter Gruppe I/ZB-E	76,3	Gruppenmann, Peter	38,7	2,99	5,26	2,65	5,89	9,7	13,62
Einkäufer ZB/G1	69	Kaufmann, Michael	23,5	1,11	1,65	2,98	5,63	6,5	7,11
. . . .									

Tab. 5.III.C.1. - 1. Die Differenzen zwischen Anforderung und Qualifikation bei der Stellenbesetzung

Zu dem Schaubild wird ergänzend eine ausführlichere Beschreibung über die Differenz zwischen Stellenanforderung und Personalqualifikation in einer Höheren Organisationseinheit gegeben. Diese Beschreibung läßt sich durch die Tabelle veranschaulichen, wobei in *Tab. 5.III.C.1. - 1* beispielhaft gezeigt wird, wie die einzelnen Personen auf den Stellen eingesetzt werden. Hierbei werden beispielhaft die ideale Zuordnung zwischen Stelle und Person, die maximale positive sowie negative Diskrepanz durch folgende Funktionen dargestellt:

$$Qg = \chi_i(Ag) = (Ag^2 - 50*Ag)/60, \qquad \text{für die ideale Zuordnung,}$$

$$Qg = \chi_p(Ag) = (Ag^2 - 50*Ag)/45, \qquad \text{für die maximale positive Diskrepanz und}$$

$$Qg = \chi_n(Ag) = (Ag^2 - 50*Ag)/80, \qquad \text{für die maximale negative Diskrepanz.}$$

Dadurch wird festgelegt, daß der minimale Anforderungsgrad **Ag** aller Stellen in der Höheren Organisationseinheit größer als der Wert von 50 ist. In dieser Tabelle wird deutlich darauf hingewiesen, ob eine Person auf der passenden Stelle eingesetzt ist oder vice versa eine Stelle von einer akzeptablen Person besetzt wird. Weiterhin wird die jeweilige Differenz der Stellenbesetzung zur idealen Zuordnung und zu den maximalen positiven sowie negativen Diskrepanzen durch die Spalte „*Differenz*" aufgezeigt, in der ersichtlich wird, wie möglicherweise die Annäherung an die ideale Stellenbesetzung zu realisieren ist und welcher Spielraum bei der Planung der Stellenbesetzung zur Verfügung steht. Die Minusdifferenz unter den Spalten von „*Positiv*" sowie „*Negativ*" zeigt deutlich die unerwünschte Stellenbesetzung, die umgehend revidiert werden sollte. Die Minusdifferenz unter der Spalte „*Ideal*" bedeutet, daß eine Stelle von einer weniger qualifizierten Person besetzt ist. Aus organisatorischer Sicht stellt dies eigentlich die Frage, wie die Aufgaben von jeder Stelle, d.h. von der bestimmten Person (oder Fachkraft), erfüllt werden können.

❑ **Die DV-Systeme zur Unterstützung bzw. zur Automatisierung der Aufgabenerfüllung**

Im engen Zusammenhang mit dem Personaleinsatz steht der Einsatz der DV-Systeme, die auch als Aufgabenträger gesehen werden und die organisatorische Gestaltung beeinflussen. Die DV-Systeme repräsentieren eigentlich die Substitution der Personalkosten und zugleich die Produktivität bei der informationsverarbeitenden Aufgabenerfüllung. Ob die DV-Systeme in einer Höheren Organisationseinheit zur Automatisierung der Aufgabenerfüllung eingesetzt werden sollen, hängt vor allem von reiflichen Überlegungen unter organisatorischen, wirtschaftlichen und informationstechnischen Aspekten ab. Hierbei wird die Automatisierungskomplexität schwerpunktmäßig analysiert, die sich auf die Aufgaben und die Organisationseinheiten (Stellen und Höhere Organisationseinheiten) bezieht und kennzeichnet, durch welche Software (hauptsächlich Anwendungssysteme) die Aufgaben in einer Höheren Organisationseinheit und die Organisationseinheiten bei der Aufgabenerfüllung (team- oder individuumbezogen) DV-gestützt erfüllt werden. Diese Automatisierungskomplexität wird auch dargestellt durch[109]:

$$\vartheta_F : F \rightarrow 2^{SW} , \quad \vartheta_F(f) := \{ \, sw \in SW \mid f \in \varphi_F(sw) \, \},$$

$$\vartheta_S : S \rightarrow 2^{SW} , \quad \vartheta_S(s) := \{ \, sw \in SW \mid s \in \varphi_S(sw) \, \} \text{ und}$$

$$\vartheta_H : H \rightarrow 2^{SW} , \quad \vartheta_H(h) := \{ \, sw \in SW \mid h \in \varphi_H(sw) \, \},$$

wobei die dualen Funktionen $\varphi_F(sw)$, $\varphi_S(sw)$ und $\varphi_H(sw)$ die Deckungsgröße der Software bezüglich Aufgaben, Stellen und Höherer Organisationseinheiten zum Ausdruck bringen.

In einer Höheren Organisationseinheit (z.B. h_x) werden alle disziplinarisch unmittelbar unterstellten Stellen s_i ($i \in \{1, 2 ..., n\}$) beschrieben durch:

$$s_i \in \Psi_S(h_x) := \{s_1, s_2, ..., s_n\}.$$

So werden die Aufgaben f_j ($j \in \{1, 2 ..., m\}$), die in dieser Höheren Organisationseinheit h_x individuum- oder teambezogen erfüllt werden, dargestellt durch:

$$f_j \in \gamma(h_x) \cup \Gamma(h_x) := \{f_1, f_2, ..., f_m\} \text{ und } \Gamma(h_x) := \bigcup \gamma(s_i) \text{ mit } s_i \in \Psi_S(h_x),$$

wobei die Abbildung $\gamma(h_x)$ eine endliche Menge teambezogener Aufgaben darstellt und die Abbildung $\Gamma(h_x)$ eine endliche Menge aller individuumbezogenen Aufgaben bildet. Aus diesen zwei Mengen kann eine endliche Menge von den Anwendungssystemen bzw. der Software sw_i ($i \in \{1, 2 ..., k\}$), die zur Unterstützung der Erfüllung der Aufgaben f_j in der Höheren Organisationseinheit h_x eingesetzt werden sollen, ermittelt werden:

$$sw_i \in \bigcup \vartheta_F(f_j) := \{sw_1, sw_2, ..., sw_k\} \text{ mit } f_j \in \gamma(h_x) \cup \Gamma(h_x).$$

Auf dieser Basis kann ein Überblick geschaffen werden, welche Software in der Höheren Organisationseinheit eingesetzt wird. Die Anzahl der in einer Höheren Organisationseinheit (z.B. h_x) eingesetzten Software läßt sich durch $\mathbf{SWAZ}_x$ darstellen. Hinter der Menge der eingesetzten Software verbergen sich auch gewissermaßen die Kosten, deren entsprechende Leistungen in der Höheren Organisationseinheit hervorgebracht werden sollen. Die graphische Darstellung, die die mit dem Wert analysierten Ergebnisse veranschaulicht und in der die Höheren Organisationseinheiten nach dem Wert $\mathbf{SWAZ}_x$ aufsteigend geordnet sind, gibt einen klaren Überblick. Diese Analyse und Bewertung kann auch durch die vom Anwender angegebenen Schwellenwerte durchgeführt werden, wobei die Ergebnisse mit der Klassifizierung der Höheren Or-

---

[109] S.h.: 5.II.C.4. Die derivative Analyse und Bewertung der Systemkonfiguration

ganisationseinheit noch übersichtlich und umfassend aufgeführt werden. Die graphische Darstellung läßt sich ähnlich wie in *Abb. 5.III.C.1. - 3* repräsentieren, wobei eine SWFH-Achse und eine Achse der Höheren Organisationseinheiten zu erkennen sind.

Jede Aufgabe wird in der Regel entweder durch ein Anwendungssystem, das allerdings für die Unterstützung der Erfüllung mehrerer Aufgaben eingesetzt wird, DV-gestützt oder noch manuell erfüllt. Dabei kann ein *Automatisierungsgrad* (ein Prozentsatz) einer Höheren Organisationseinheit bezüglich der Aufgabenerfüllung ($f_j \in \gamma(h_x) \cup \Gamma(h_x)$) dargestellt werden durch:

SWFH$_x$ = Anzahl der DV-gestützten Aufgaben / Anzahl der gesamten Aufgaben.

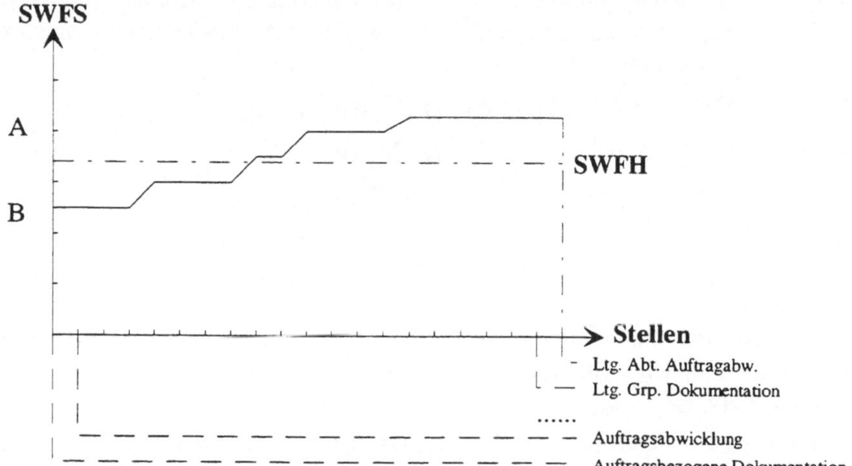

Abb. 5.III.C.1. - 3. Eine Beispieldarstellung der Klassifizierung der Stellen bezüglich des Automatisierungsgrades

Dieser *Automatisierungsgrad* läßt sich auch auf die Stelle (s_x) übertragen, wobei die Aufgaben als die fachliche Zuständigkeit auf der Stelle s_x ($f \in \gamma(s_x)$) definiert werden:

SWFS$_x$ = Anzahl der DV-gestützten Aufgaben / Anzahl der gesamten Aufgaben.

Die mit diesen zwei Werten durchgeführte Analyse und Bewertung der Höheren Organisationseinheiten charakterisiert die Höheren Organisationseinheiten in der Weise, ob die DV-gestützte Aufgabenerfüllung gleichmäßig auf den Stellen realisiert wird. Diese analysierten Ergebnisse können auch durch eine graphische Darstellung, in der die Stellen nach ihrem Automatisierungsgrad aufsteigend geordnet und der Automatisierungsgrad der Höheren Organisationseinheit als ein Maßstab (Durchschnittswert) aufgeführt werden, veranschaulicht werden. Für die Klassifizierung der Stellen nach ihrem Automatisierungsgrad können die Schwellenwerte vom Anwender angegeben werden. Sie bildet eine Grundlage zur Entscheidung, ob der Automatisierungsgrad von manchen Stellen noch weitergehend erhöht werden soll. In *Abb. 5.III.C.1. - 3* wird eine Beispieldarstellung gezeigt.

T2. Charakterisierung der Stelle

❑ **Stellen nach gesamtem Belastungsgrad für die Aufgabenerfüllung**

Entsprechend lassen sich die Analysenmethoden bzw. Kenntnisse, die die Höheren Organisationseinheiten charakterisieren können, auch auf die Charakterisierung der einzelnen Stellen übertragen. Die Charakterisierung der Stellen, die gleichrangig oder ungleichrangig sein können und von gleicher Art sind, bezieht sich immer auf die gleiche Höhere Organisationseinheit. Bei der Analyse und Bewertung der Stellen, die unmittelbar oder mittelbar einer Höheren Organisationseinheit disziplinarisch unterstellt sind, wird der Belastungsgrad der Stellen für die Aufgabenerfüllung als Hauptkriterium vorgesehen, wobei die detaillierten mengenmäßigen Angaben über die Aufgabenverteilung auf einzelne Stellen durch den Belastungsgrad ausgezeichnet werden. Aus dem Belastungsgrad der Stelle kann ein Überblick darüber gewonnen werden, wie das Arbeitspensum der einzelnen Stellen für die Aufgabenerfüllung in einer Höheren Organisationseinheit von dem jeweiligen Leiter definiert wird.

Belastungsgrad

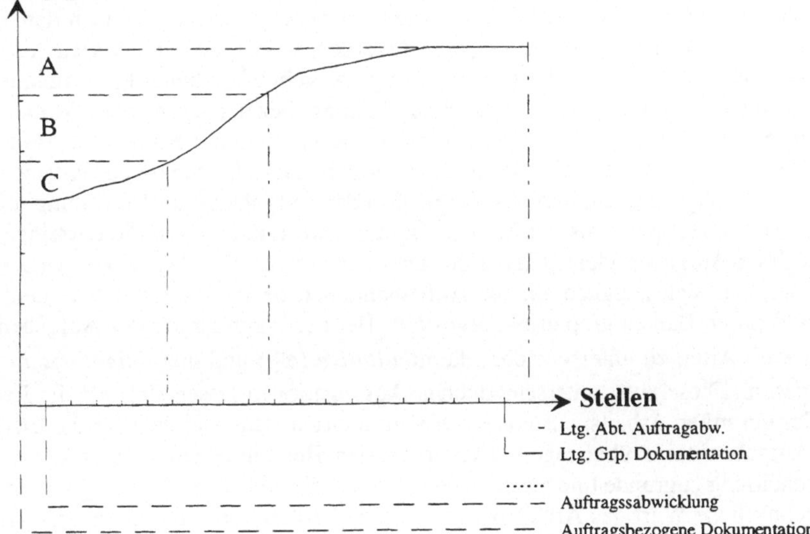

Abb. 5.III.C.1. - 4. Eine Beispieldarstellung zur Klassifizierung der Stellen bezüglich des gesamten Belastungsgrades

Der gesamte Belastungsgrad jeder Stelle für die Aufgabenerfüllung läßt sich ableiten aus:

$$SW_j^{bg} = \sum_{i=1}^{n} bg_{ij} \qquad \text{mit } SM_{bg} = (bg_{ij}) \text{ und } j \in \{1, 2, \dots, m\}.$$

Mit dem Wert von SW_j^{bg} können die Stellen bezüglich ihres Arbeitspensums analysiert bzw. bewertet und zwar nach den vom Anwender angegebenen Schwellenwerten klassifiziert werden. Die Ergebnisse werden durch ein Schaubild übersichtlich dargestellt, mit welchem ein Gesamtüberblick über die Verteilung des Arbeitspensums der Stellen für die Aufgabenerfüllung gewonnen wird. In *Abb. 5.III.C.1. - 4* wird beispielhaft eine solche graphische Darstellung gezeigt, wobei vor allem die Stellen nach ihrem Belastungsgrad aufsteigend geordnet sind. Daraus wird deutlich, ob die Aufgabenverteilung von bestimmten Stellen noch verbessert oder korrigiert werden soll. Handelt es sich um die teambezogene Aufgabenerfüllung in einer Höheren Organisationseinheit, könnte das Arbeitspensum der Stellen durch die flexible Angabe der Schwellenwerte bewertet werden, da das Arbeitspensum der teambezogenen Aufgabenerfüllung von einer Höheren Organisationseinheit zu einer anderen unterschiedlich sein könnte.

❑ **Aufgaben bezüglich Aggregation und Disaggregation nach Belastungsgrad, Ausführungsfrequenz und Zeitaufwand**

Weiterhin wird die stellenorientierte Analyse so eingehend vertieft, daß der Belastungsgrad der Stellen detailliert auf individuelle verteilte Aufgaben ermittelt wird. Der Belastungsgrad der Stelle s_j für die Erfüllung der Aufgabe f_i läßt sich durch das Element $\mathbf{bg_{ij}}$ von der Matrix $\mathbf{SM_{bg}} = (bg_{ij})$ ermitteln. Bei der graphischen Darstellung wird es notwendig, daß alle von einer Stelle erfüllten Aufgaben zunächst nach angegebenen Klassen, also Aggregation der Aufgaben, geordnet sind. In *Abb. 5.III.C.1. - 5* wird gezeigt, wie die Aufgaben innerhalb einer Aggregationsstufe wiederum nach den fallenden Werten des Belastungsgrades gegliedert werden, wobei die aggregierten Aufgaben von I, II, III und IV als Auftragsbearbeitung, Angebotsbearbeitung, Vorgangsteuerung-Auftragsabwicklung und Anfragenbearbeitung bezeichnet werden können. So wird diese Darstellung durch die Integration der Klasse und der Feinheit der Aufgaben ausgeprägt. Das bedeutet auch zwei unterschiedliche Gesichtspunkte auf unterschiedlichen Ebenen - Aggregation und Disaggregation der Aufgaben - zur Ermittlung und zur Analyse des Arbeitspensums der Stellen. Daraus wird erkannt, wie die einzelnen Stellen mit ihren Aufgaben identifiziert sind. Darüber hinaus wird das Arbeitspensum der Stelle, welches sich lediglich auf die Aufgabenklasse bezieht, zusätzlich in dem gleichen Bild durch Balken graphisch dargestellt. Bei der Aggregation der Aufgaben sind hierbei zwei Arten zu unterscheiden, die *fakultative* (τ_F^+) und die *obligatorische* (τ_F^*) Aggregation. Diese zwei unterschiedlichen Aggregationen lassen sich auf die Berechnung des gesamten Arbeitspensums der Höheren Organisationseinheit für die Erfüllung jeder Aufgabenklasse übertragen. Den folgenden Berechnungen liegt insofern diese Unterscheidung zugrunde und sie beziehen sich auf die Matrix $\mathbf{SM_{bg}} = (bg_{ij})$, wobei der durchschnittliche Wert das Arbeitspensum für die Erfüllung der fakultativ aggregierten Aufgabenklassen repräsentiert :

$$\bullet \quad SW_I^{bg} = \begin{cases} \displaystyle\sum_{i=1}^{n} bg_{ij} \quad , f_i \in \tau_F^*(f_I) \\[2em] \displaystyle\sum_{i=1}^{n} bg_{ij}/n \, , f_i \in \tau_F^+(f_I) \end{cases} , \quad \text{für die Aufgabenklasse I}$$

$$\bullet \quad SW_{II}^{bg} = \begin{cases} \displaystyle\sum_{i=1}^{n} bg_{ij} \quad , f_i \in \tau_F^*(f_{II}) \\[2em] \displaystyle\sum_{i=1}^{n} bg_{ij}/n \, , f_i \in \tau_F^+(f_{II}) \end{cases} , \quad \text{für die Aufgabenklasse II}$$

$$\bullet \ SW_{III}^{bg} = \begin{cases} \sum_{i=1}^{n} bg_{ij} & , f_i \in \tau_F^*(f_{III}) \\ \sum_{i=1}^{n} bg_{ij}/n & , f_i \in \tau_F^+(f_{III}) \end{cases} \quad , \quad \text{für die Aufgabenklasse III}$$

$$\bullet \ SW_{IV}^{bg} = \begin{cases} \sum_{i=1}^{n} bg_{ij} & , f_i \in \tau_F^*(f_{IV}) \\ \sum_{i=1}^{n} bg_{ij}/n & , f_i \in \tau_F^+(f_{IV}) \end{cases} \quad , \quad \text{für die Aufgabenklasse IV}$$

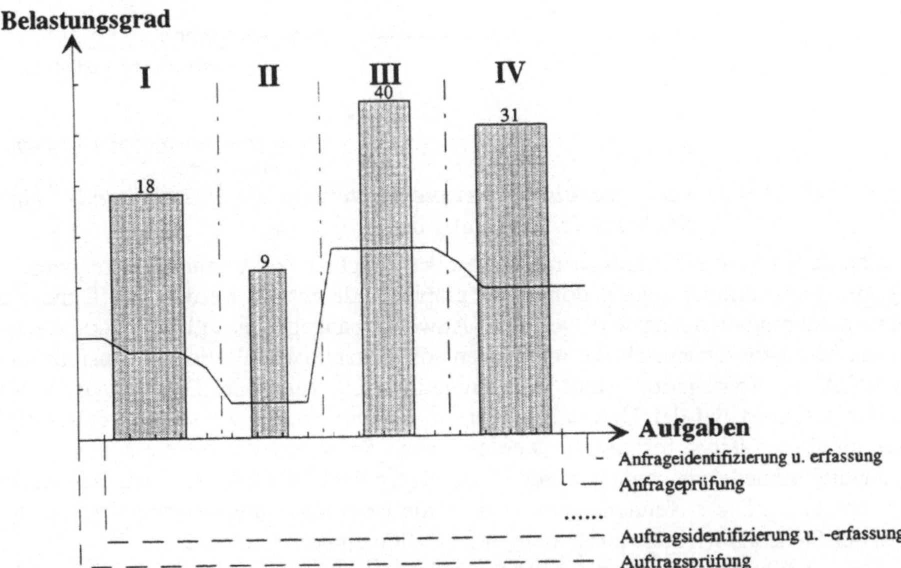

Abb. 5.III.C.1. - 5. Eine graphische Beispieldarstellung des Arbeitspensums einer Stelle mit der Aggregation der Aufgaben

Ferner ist es aus dieser graphischen Darstellung anschaulich festzustellen, wie umfangreich die Stelle mit den Aufgaben befaßt ist und welche Aufgaben entscheidend für die Stelle sind. Diese Informationen über die Stelle sind insofern bei der Rationalisierung der Aufgabenverteilung bzw. -erfüllung besonders nützlich.

In ähnlicher Weise können die Aufgaben, die auf einer Stelle als ihre fachliche Zuständigkeit definiert sind, nach ihrer Ausführungsfrequenz und -dauer analysiert werden. Hierbei handelt es sich ebenfalls um die Aggregation und Disaggregation der Aufgaben. Bei der Aggregation sind auch die *fakultative* und die *obligatorische* Bildung der Aufgaben zu berücksichtigen. Die Ausführungsfrequenz der Stelle s_j für die Erfüllung der Aufgabe f_i läßt sich durch den Wert af_{ij} von der Matrix SM_{af} angeben.

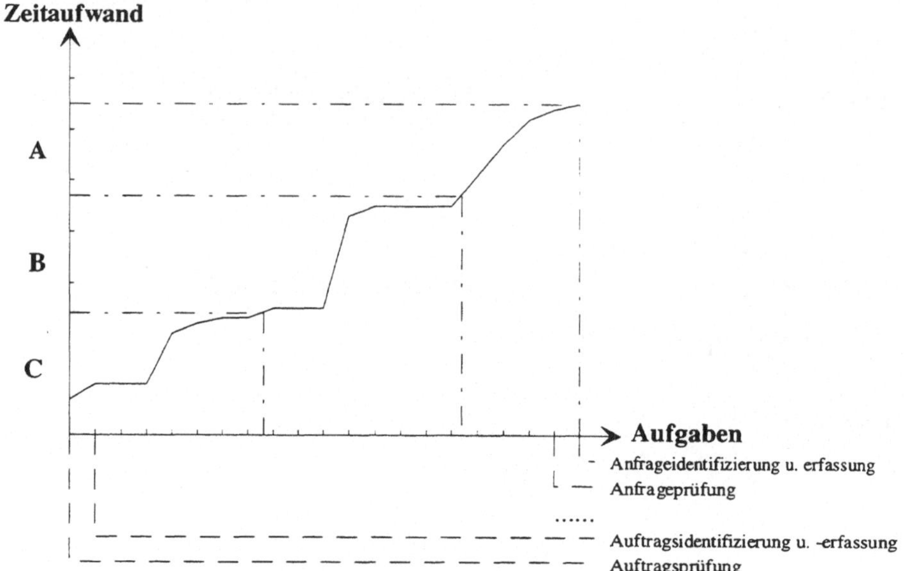

Abb. 5.III.C.1. - 6. Eine graphische Beispieldarstellung des Zeitaufwandes einer Stelle bei der Erfüllung der Aufgaben

Ebenfalls können die Aufgaben einer Stelle bezüglich der Ausführungsfrequenz auf Aggregations- und Disaggregationsebene graphisch dargestellt werden. Die Dimension der Ausführungsfrequenz wird von dem Anwender angegeben und ihrer Skala liegen an der Ordinate dynamisch die maximalen sowie minimalen Werte der Ausführungsfrequenz aus Aggregations- und Disaggregationssicht zugrunde. Das Schaubild wird so dargestellt, damit der Unterschied der Ausführungsfrequenz zwischen den Aufgaben möglichst leicht festgestellt werden kann. So kann die Kenntnis aus diesem Schaubild schneller gewonnen werden, wie häufig die Stelle mit den einzelnen Aufgaben befaßt ist. Diese Kenntnis kann auch in die Bewertung der Leistung und der Kosten der Stelle als wichtige zusätzliche Information einbezogen werden.

Die Ausführungsdauer der Aufgabenerfüllung ist in der Regel mit der Aufgabe zusammengebunden. Sie ist auch eine der wichtigsten Eigenschaft der Aufgabe. Hiervon kann für jede Stelle der Zeitaufwand zur Erfüllung der Aufgabe durch die Ausführungsfrequenz und -dauer berechnet werden:

$$\mathbf{SA}_i^Z = \mathbf{af}_{ij} \times \mathbf{ad}_i \qquad \text{mit } \mathbf{SM}_{af} = (af_{ij}),$$

wobei $\mathbf{ad}_i$ die Ausführungsdauer der Aufgabe f_i ist und der Wert $\mathbf{SA}_i^Z$ den Zeitaufwand der Stelle s_j bei der Erfüllung der Aufgabe f_i ausdrückt. Aus diesen Werten ergibt sich ein klares Schaubild, in dem die Aufgaben nach ihrem Zeitaufwand geordnet dargestellt sind.

In *Abb. 5.III.C.1. - 6* wird der Zeitaufwand aller Aufgaben, die von einer Stelle als ihre fachliche Zuständigkeit erfüllt werden, graphisch klargelegt, wobei die Aufgaben einerseits nach dem Wert des Zeitaufwandes aufsteigend geordnet und andererseits nach den angegebenen Schwellenwerten klassifiziert werden. Die Dimension (z.B. Stunde, Minute usw.) zur Beschreibung des Zeitaufwandes kann auch vom Anwender festgelegt werden.

Natürlich kann sich der gesamte Zeitaufwand auch auf die Aggregation der Aufgaben beziehen. Mit dem Zeitaufwand bezüglich Aggregation der Aufgaben kann ebenfalls ein Schaubild erstellt werden, in dem die Stelle auf der höheren Betrachtungsebene gezeigt wird.

❑ **Arbeitsobjekte bezüglich Aggregation und Disaggregation nach Ver-/Gebrauchshäufigkeit, Erzeugungshäufigkeit, durchschnittliche Erzeugungsdauer und durchschnittliche Erzeugungskapazität**

Die einheitliche Betrachtung unter dem Belastungsgrad, der Ausführungsfrequenz und dem gesamten Zeitaufwand der Stelle bei der Aufgabenerfüllung bildet eine entscheidungsunterstützenden Grundlage für die sachgerechte Planung der Stelle im Rahmen der Organisationsplanung und -entwicklung. Die Charakterisierung der Stelle kennzeichnet unter diesen drei Aspekten auch eine aufgabenbezogene Analyse und Bewertung der Stelle, woraus die arbeitsobjektbezogene Analyse und Bewertung der Stelle hergeleitet werden kann, da ein natürlicher Zusammenhang zwischen den Aufgaben und den Arbeitsobjekten, die während der Aufgabenerfüllung ver-/gebraucht oder erzeugt werden sollen, unter derartigem Input-Output-Verhalten der Arbeitsobjekte besteht. Eine übergreifende und umfassende Grundlage für die Unterstützung der Stellenplanung läßt sich grundsätzlich aus der Integration der aufgaben- und arbeitsobjektbezogenen Analyse und Bewertung der Stellen herstellen. Die arbeitsobjektbezogene Analyse und Bewertung der Stelle wird hier so abgegrenzt, daß die Erzeugungshäufigkeit, -dauer und Erzeugungskapazität der Arbeitsobjekte im wesentlichen analysiert werden. Hierbei können die Arbeitsobjekte, die von einer Stelle bei der Aufgabenerfüllung ver-/gebraucht oder erzeugt werden müssen, in bezug auf die Klassifizierung der Aufgaben, d.h. durch die Input-Output-Funktionen μ_i und μ_o sowie ihre dualen Funktionen N_i und N_o, in ähnlicher Weise eingeteilt werden. Muß eine Stelle (z.B. s_j) die Aufgaben ($f_1, f_2, f_3, ..., f_n$) als ihre fachliche Zuständigkeit erfüllen, wird die arbeitsobjektbezogene Analyse und Bewertung dieser Stelle zunächst durch folgende Formeln präzisiert:

- für die Ver-/Gebrauchshäufigkeit (als Input) des Arbeitsobjektes e_x:

$$SE_x^{if} = \sum af_{ij} \qquad \text{mit } f_i \in N_i(e_x) = \{f_1, f_2, ..., f_n\},$$

- für die Erzeugungshäufigkeit (als Output) des Arbeitsobjektes e_x:

$$SE_x^{of} = \sum af_{ij} \qquad \text{mit } f_i \in N_o(e_x) = \{f_1, f_2, ..., f_n\},$$

- für die durchschnittliche Erzeugungsdauer (als Output) des Arbeitsobjektes e_x:

$$SE_x^{d} = \sum af_{ij}/m \qquad \text{mit } f_i \in N_o(e_x) = \{f_1, f_2, ..., f_n\},$$

- für die durchschnittliche Erzeugungskapazität (Belastungsgrad) des Arbeitsobjektes e_x:

$$SE_x^{v} = \sum bg_{ij}/l \qquad \text{mit } e_x \in \mu_o(f_i) \text{ und } i \in \{1, 2, 3, \ , l\},$$

Unter diesen vier arbeitsobjektbezogenen Aspekten wird für jede Stelle klargelegt, wie sie mit den Arbeitsobjekten zusammengebunden ist. Die daraus gewonnenen Kenntnisse über die Stelle können in gewissem Sinne bei der Leistungsbewertung der Stelle als intuitive Referenz zur Information genommen werden. Es wird leichter feststellbar, welche Arbeitsobjekte und wie häufig sie von einer Stelle ver-/gebraucht (Input) bzw. erzeugt (Output) werden; wie lange es bei einer Stelle dauert, um ein Arbeitsobjekt zu bearbeiten bzw. zu erzeugen. Darüber hinaus wird auch ermittelt, wie die Arbeitskapazität von einer Stelle (ein Prozentsatz von ihrem gesamten Arbeitspensum) für die Bearbeitung einzelner Arbeitsobjekte aufgeteilt wird. Durch die Angabe der Schwellenwerte, die zur Einteilung der Arbeitsobjekte einer Stelle dienen, werden die Arbeitsobjekte einer Stelle systematisch klassifiziert, wobei die Arbeitsobjekte nach den vier oben erwähnten Hinsichten gegliedert dargestellt werden. Die Arbeitsobjektklassifizierung findet ihren Ausdruck im wesentlichen in der Unterstützung der Stellenplanung bzw. -bildung, d.h. auch der Aufgabenanalyse, ob die gelegentlich bearbeiteten Arbeitsobjekte von mehreren Stellen für ein Stelle als ihre fachliche Zuständigkeit zusammengestellt und definiert werden sollen. Dies erfordert gegebenenfalls die feine Zerlegung der Aufgaben, die solche Arbeitsobjekte als ihre Inputs oder Outputs haben. Die darauf basierte Stellenbildung repräsentiert insofern eine arbeitsobjektorientierte Ausprägung. Diese Aufgabenklassifizierung läßt sich auch durch die graphische Darstellung (wie in *Abb. 5.III.C.1. - 1*). Ebenfalls ist diese graphische Darstellung zur Klassifizierung der Arbeitsobjekte in zwei Ebenen zu unterscheiden, Aggregation und Disaggregation. Einerseits müssen die Arbeitsobjekte nach ihrem Aggregationszusammenhang geordnet sein und andererseits sollen die aggregierten sowie disaggregierten Schaubilder über die Klassifizierungen der Arbeitsobjekte integriert sein. So werden sie wie die Aufgaben in *Abb. 5.III.C.1. - 5* (Belastungsgrad) und *Abb. 5.III.C.1. - 6* (Ausführungsfrequenz) dargestellt.

In bezug auf die Aggregation der Arbeitsobjekte sind hier ebenfalls zwei unterschiedliche Arten (*fakultativ* τ_E^+ und *obligatorisch* τ_E^*) zu berücksichtigen, wobei die Häufigkeit der ver-/gebrauchten bzw. erzeugten Arbeitsobjekte, die Erzeugungsdauer der Arbeitsobjekte und das durchschnittliche Arbeitsvolumen zur Bearbeitung, d.h. zur Erzeugung, der Arbeitsobjekte von einer Stelle unter diesen zwei Hinsichten berechnet werden sollen.

T3. Änderungsbilanz zwischen den versionierten Gestaltungen der Aufbauorganisation

Für das Erreichen der Unternehmensziele kann eine Organisation eines Unternehmens oder dessen Fachbereiche mit verschiedenen Strukturen bzw. Formen gestaltet werden, die jedoch die Hervorbringung der Leistungen im Marktgeschehen in unterschiedlichem Maße fördern. Die Unterstützung zur Planung der Aufbauorganisation sowie zur Entscheidung über deren Gestaltung kann nur zweckvoller durch den Vergleich unterschiedlicher versionierter (geplanter oder vorhandener) Gestaltungen der Aufbauorganisation verkörpert werden, wobei die wirtschaftlichen, technischen und sozialen Überlegungen nicht vernachlässigt werden sollen. Die Ergebnisse aus einem derartigen Vergleich veranschaulichen die Zusammenhänge zwischen unterschiedlichen Planungen und dem Ist-Zustand der Aufbauorganisation, welche sowohl ihre Gemeinsamkeiten als auch die Unterschiede aufzeigen. Es ist vor allem sehr konstruktiv für den Unternehmensleiter, dessen Entscheidung zur fundierten Auswahl einer gewinnbringenden Gestaltung der Aufbauorganisation unterstützt wird. Die Darstellung solcher verglichenen Ergebnisse zwischen verschiedenen (versionierten) Planungen der Aufbauorganisation, welche hier prägnant Änderungsbilanz genannt wird, beruht durchgreifend auf den charakterisierten Organisationseinheiten, d.h. den Höheren Organisationseinheiten und den Stellen. Der Vergleich der verschiedenen Planungen wie auch des aktuellen Stands der Aufbauorganisation kann auf der Ebene der Höheren Organisationseinheit und der Stelle durchgeführt werden. Dieser Vergleich bzw. diese

Analyse kann sich sowohl unter den Planungen der Aufbauorganisation als auch zwischen den Planungen und dem Ist-Zustand vollziehen .

❏ **Vergleich zwischen den Höheren Organisationseinheiten**

Unter der versionierten Gestaltungen der Aufbauorganisation (z.B. eines Zentralbereichs Einkauf) sind allgemein zwei Gegebenheiten zu berücksichtigen, die versionierten Gestaltungen der *strukturgleichen* und *strukturverschiedenen* Aufbauorganisation. Die strukturgleichen Gestaltungen der Aufbauorganisation werden im wesentlichen durch die gleichen disziplinarischen Aufbaustrukturen der Höheren Organisationseinheiten und deren gleichen organisatorischen Zusammenhänge verkörpert. Der Unterschied zwischen den strukturgleichen Gestaltungen der Aufbauorganisation liegt in der unterschiedlichen Stellenbildung, die die Aufgabenverteilung wiedergibt. Im Gegensatz dazu sind die strukturverschiedenen Gestaltungen der Aufbauorganisation zu sehen, welche durch grundverschiedene disziplinarische Aufbaustrukturen der Organisationseinheiten (Höheren Organisationseinheiten und Stellen) identifiziert werden können. Dies hängt allerdings auch mit der Aufgabenverteilung zusammen. Insofern vollzieht sich der Vergleich zwischen den versionierten Gestaltungen der Aufbauorganisation hauptsächlich auf der Bewertung deren Aufgabenverteilung, obwohl die versionierten Gestaltungen der Aufbauorganisation strukturgleich oder strukturverschieden sind. Zunächst ist die Frage aufzuwerfen, wie die Gestaltungen der Aufbauorganisation als strukturgleich oder strukturverschieden bewertet werden. Dafür sind entscheidend zwei Kriterien anzuwenden, die Hierarchietiefe der organisatorischen Aufbaustruktur und die Anzahl der Höheren Organisationseinheiten der jeweiligen gleichrangigen Hierarchie. Aus diesen zwei Kriterien kann festgestellt werden, ob die versionierten Gestaltungen der Aufbauorganisation einer gleichen Aufbauhierarchie oder den unterschiedlichen Aufbauhierarchien innewohnen. Die Aufbauhierarchie, die zunächst die Stellen ausschließt, läßt sich durch folgende Funktion[110] beschreiben:

$$\Psi_H : H \rightarrow 2^H, \quad \Psi_H(h) := \{ h' \in H \mid \Phi_H(h') = h \}$$

wobei $\Phi_H(h)=\varnothing$ bedeutet, daß die Höhere Organisationseinheit **h** eine disziplinarisch oberste Instanz ist. So werden die ihr unmittelbar unterstellten Höheren Organisationseinheiten (z.B. h_1, h_2, h_3 und h_4) wie folgt dargestellt:

$$\Psi_H(h) := \{ h_1, h_2, h_3, h_4 \}.$$

Mit der Funktion Ψ_H kann leichter und präziser bewertet werden, ob die versionierten Gestaltungen der Aufbauorganisation durch eine gleiche Aufbauhierarchie repräsentiert werden.

Je nach den bewerteten Ergebnissen kann der Vergleich zwischen den versionierten Gestaltungen der Aufbauorganisation weiter durchgeführt werden. Der darauffolgende Vergleich bezieht sich im wesentlichen auf die Aufgaben bzw. deren Verteilung in jeder Höheren Organisationseinheit. Die verglichenen Ergebnisse, die als die Änderungsbilanz zwischen den versionierten Gestaltungen der Aufbauorganisation bezeichnet werden, werden gründlich nach folgenden Aspekten erstellt, die erkennbar eine aufgabenbezogene sowie arbeitsobjektbezogene Analyse und Charakterisierung der Höheren Organisationseinheiten ausprägen sollen:

---

[110] S.h.: 5.II.C.1. Die derivative Analyse und Bewertung der Ständigen Aufbauorganisation.

- dem Stand der Aufgabenverteilung bezüglich des durchschnittlichen Belastungsgrades,
- den Aufgaben unter Berücksichtigung ihrer Ausführungsfrequenz, -dauer, ihres gesamten Zeitaufwands und ihres Belastungsgrades,
- den Arbeitsobjekten hinsichtlich ihrer Ver-/Gebrauchshäufigkeit (Input), Erzeugungshäufigkeit (Output), der durchschnittlichen Erzeugungsdauer und ihrer Erzeugungskapazität in einer Höheren Organisationseinheit,
- den Schnittstellenaufgaben auch unter Berücksichtigung ihrer Ausführungsfrequenz, -dauer, ihres gesamten Zeitaufwands und ihres durchschnittlichen Belastungsgrades,
- den Interaktionsarbeitsobjekten auch in Anbetracht ihrer Ver-/Gebrauchshäufigkeit (Input), Erzeugungshäufigkeit (Output), ihrer durchschnittlichen Erzeugungsdauer und ihrer Erzeugungskapazität in einer Höheren Organisationseinheit,
- der Stellenbesetzung hinsichtlich der Optimalen Wertangleichung zwischen dem Anforderungsgrad der Stelle und dem Qualifikationsgrad der Person (Mitarbeiter),
- Die DV-Systeme zur Unterstützung bzw. zur Automatisierung der Aufgabenerfüllung.

Zur Bewertung der Aufgabenverteilung in einer Höheren Organisationseinheit, welche dem durchschnittlichen Wert des Belastungsgrades für die Aufgabenerfüllung zugrunde liegt, sind zunächst zwei Arten des Belastungsgrades zu unterscheiden, ein durchschnittlicher Belastungsgrad ($\mathbf{HW}_{iD}^{bg}$) und ein teambezogener Belastungsgrad ($\mathbf{HW}_{i}^{bg}$). Diese Bewertung schafft praktisch einen Gesamtüberblick über die Aufgabenverteilung in einzelnen Höheren Organisationseinheiten. Aufgrund der Organisationsstruktur wird auf jeder Hierarchiestufe, d.h. für jeden Leiter der übergeordneten Höheren Organisationseinheiten, ein Schaubild erstellt, in dem sich der gesamte durchschnittliche Belastungsgrad ($\mathbf{GHW}_{iD}^{bg}$) jeder unmittelbar unterstellten Höheren Organisationseinheit selbst mit dem Belastungsgrad der ihr unterstellten Höheren Organisationseinheiten summiert. Je nach der Anforderung des Unternehmensleiters oder Geschäftsführers können die derartigen Schaubilder mit benötigten tabellarischen Beschreibungen für die gewünschte Organisationshierarchie (Führungsebene) erstellt werden. Diese Flexibilität zur Erstellung der Schaubilder im derivativen Segment der Aufbauorganisation geht letztendlich auf die organisatorische Überlegung zurück, gemäß welcher jeder Leiter verantwortlich und zuständig für die Aufgabenverteilung in seinen unterstellten Höheren Organisationseinheiten sein soll; das heißt auch, daß der Leiter die Aufgabendefinition und -verteilung für die ihm unterstellten Abteilungsleiter in einem gewissen Umfang festlegen soll. Die Schaubilder unterstützen insofern den Leiter auf einer bestimmten Organisationshierarchie dabei, die Planung für die Aufgabenverteilung einerseits oder den Stand der Aufgabenverteilung andererseits zu analysieren bzw. zu überwachen. Weiterhin können die Schwellenwerte bezüglich Belastungsgrades, welche hierfür als Abgrenzungskriterien zur Klassifizierung der Höheren Organisationseinheiten nach ihrem Belastungsgrad aufgefaßt werden, vom Anwender angegeben werden. Somit kann der Anwender die Aufgabenverteilung in jeder Höheren Organisationseinheit sowie deren Änderungsbilanz zwischen den versionierten Gestaltungen der Aufbauorganisation gezielt analysieren bzw. bewerten.

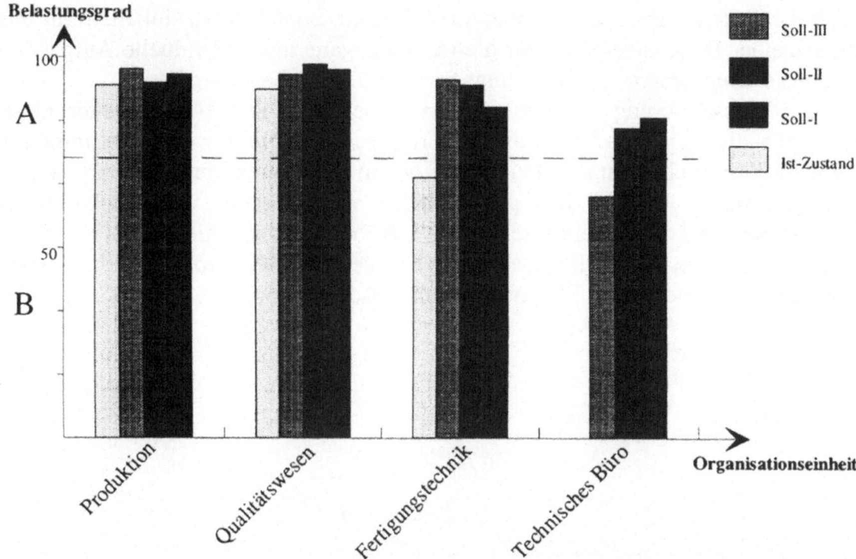

Abb. 5.III.C.1. - 7. Vergleich zwischen den Höheren Organisationseinheiten auf einer Hierarchie bezüglich des durchschnittlichen Belastungsgrades

Beispielsweise wird in *Abb. 5.III.C.1. - 7* ein Schaubild mit vier versionierten Gestaltungen der Aufbauorganisation von einer Hierarchie (z.B. von der übergeordneten Höheren Organisationseinheit „Technik") gezeigt, wobei zu beachten ist, daß die drei Soll-Gestaltungen der Aufbauorganisation in dem Falle strukturgleich sind und eine Höhere Organisationseinheit (z.B. Technisches Büro) im Ist-Zustand der gleichen Aufbauorganisation fehlt. Hier werden die Höheren Organisationseinheiten nach ihrem Belastungsgrad unter einem angegebenen Schwellenwert in die entsprechenden Kategorien (z.B. Klasse A oder B) geordnet. In dieser Abbildung wird nur der gesamte durchschnittliche Belastungsgrad der jeweiligen Höheren Organisationseinheiten (Produktion, Qualitätswesen, Fertigungstechnik und Technisches Büro) dargestellt. Natürlich birgt dieser Belastungsgrad auch den teambezogenen Belastungsgrad in der jeweiligen Höheren Organisationseinheit in sich. Falls die teambezogene Aufgabenverteilung in den Höheren Organisationseinheiten überhaupt definiert wird, soll auch der teambezogene Belastungsgrad für die Aufgabenerfüllung gegeben werden. In dem Falle kann ein ähnliches Schaubild, in dem lediglich der Belastungsgrad für die teambezogene Aufgabenerfüllung in den jeweiligen Höheren Organisationseinheiten dargestellt werden, nach Analysen- bzw. Bewertungsbedarf erstellt werden. In gleicher Weise können die gezeigten Höheren Organisationseinheiten durch die vom Anwender angegebenen Schwellenwerte wunschgemäß klassifiziert werden. Daraus gewinnt der Anwender die Kenntnisse bei der Entscheidung zu einer effektiven Gestaltung der Aufbauorganisation, ob die teambezogene Aufgabenerfüllung in einer Höheren Organisationseinheit (z.B. Fertigungstechnik) aus wirtschaftlichen, technischen, organisatorischen und sozialen Überlegungen überhaupt erfolgversprechend und lohnend ist; daraufhin soll sie noch mehr oder weniger erweitert bzw. verringert werden. Die notwendigen ausführlichen und zusätzlichen Beschreibungen, d.h. auch die Änderungsbilanz zwischen den versionierten Höheren Organisationseinheiten, zu jedem Schaubild werden wohlgeordnet durch die Tabellen ergänzt, in denen die Höheren Organisationseinheiten mit ihren Werten einzelner Belastungsgrade für die teambezogene und individuelle Aufgabenerfüllung sowie deren gesamtem Belastungsgrad wiedergegeben werden.

Nach der Klassifizierung der versionierten Höheren Organisationseinheiten bezüglich ihres Belastungsgrades können die weiteren Bewertungen für eine bestimmte Höhere Organisationseinheit unter den angegebenen Versionen durchgeführt werden. Solche Bewertungen können sich grundsätzlich auf Aufgaben, Arbeitsobjekte und Stellen beziehen, mit denen eine versionierte Höhere Organisationseinheit vielseitig charakterisiert werden kann. Hiermit lassen sich die aufgabenbezogene, arbeitsobjektbezogene und stellenbezogene Bewertung zum Ausdruck bringen.

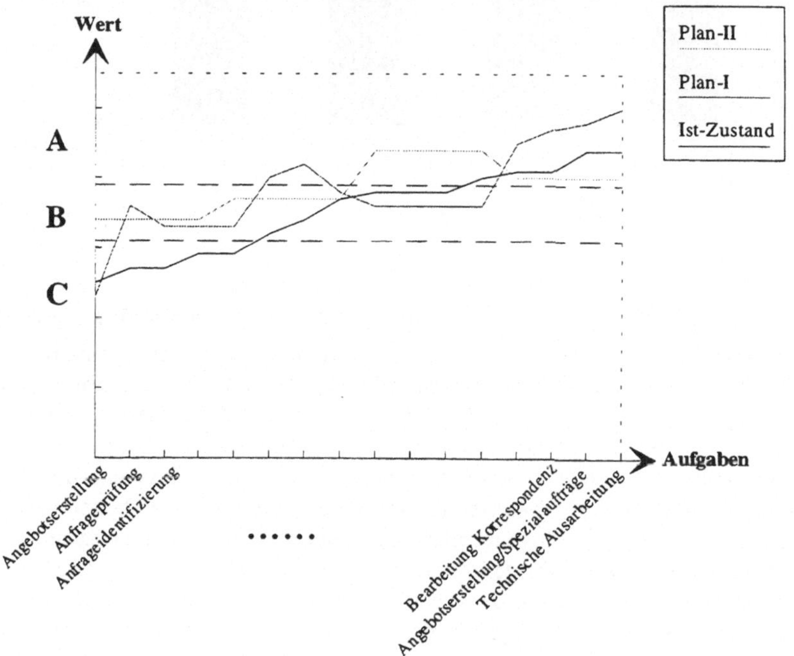

Abb. 5.III.C.1. - 8. Vergleich der Aufgaben in einer Höheren Organisationseinheit mit Versionsausprägung nach gewünschtem Wert

Die essentielle Bewertung der versionierten Höheren Organisationseinheiten ist aufgabenbezogen. Sie setzt die folgenden vier Werte von Aufgaben voraus:

- die Ausführungsfrequenz $(\mathbf{SA}_{iD}^{af})$,

- die Ausführungsdauer $(\mathbf{SA}_{iD}^{ad})$,

- den gesamten Zeitaufwand $(\mathbf{SA}_{iD}^{z})$ und

- den Belastungsgrad $(\mathbf{SA}_{iD}^{bg})$.

Derartige Bewertungen gewinnen insbesondere die Bedeutung von Entscheidungsunterstützung zur Planung und Gestaltung der Aufbauorganisation, da die Ergebnisse der Bewertungen übersichtlich graphisch dargestellt und außerdem die Änderungsbilanz zwischen den angegebenen Versionen einer Höheren Organisationseinheit präziser bzw. detaillierter tabellarisch beschrieben werden. In *Abb. 5.III.C.1. - 8* werden drei

Versionen (Ist-Zustand, Plan-I und II) einer Höheren Organisationseinheit miteinander verglichen und gezeigt, wobei die Aufgaben zufolge einer Version (z.B. Ist-Zustand) nach ihren Werten aufsteigend geordnet werden können. So orientiert sich die Kurvendarstellung in *Abb. 5.III.C.1. - 8* an der Version des Ist-Zustands, die auch Bezugsversion genannt wird. Diese Darstellung wird flexibel und anwenderbezogen konstruiert; da es jederzeit vom Anwender bestimmt wird, an welcher Version (Kurve) sich diese graphischen Darstellung orientieren soll. Der Wert kann in dieser Abbildung von Ausführungsfrequenz, -dauer, gesamtem Zeitaufwand oder Belastungsgrad sein. Unter jedem Aspekt, d.h. mit diesen vier Werten, kann jeweils ein entsprechendes Schaubild erstellt werden. Zu jedem Schaubild wird die Änderungsbilanz, hoc est die Unterschiede wie auch die Gemeinsamkeiten, zwischen den Versionen einer Höheren Organisationseinheit zusätzlich durch die Tabelle präziser beschrieben. Von großer Bedeutung sind die Unterschiede, die unter dem jeweiligen Aspekt die mengenmäßige Differenz zwischen den betrachteten Versionen einer Höheren Organisationseinheit kennzeichnen, da sie vorwiegend als die Grundlage für die Planung der Aufbauorganisation sowie den dazu benötigten Entscheidungen dienen soll.

Neben der Anordnung der Aufgaben nach ihren steigenden Werten (Ausführungsfrequenz, -dauer, gesamten Zeitaufwand oder Belastungsgrad) in *Abb. 5.III.C.1. - 8* können die Aufgaben zusätzlich nach ihrer Aggregation (z.B. Familien- oder Klassenbildung) geordnet werden. Die disaggregierten Aufgaben werden zunächst der Aggregation (z.B. einer gleichen Klasse) zufolge nebeneinander zusammengestellt, indessen sie nach ihren Werten aufsteigend geordnet werden sollen. Auf der Aggregationsebene werden die aggregierten Aufgaben (z.B. die Klassenbildung) weitergehend nach den minimalen Werten ihrer jeweiligen disaggregierten Aufgaben aufsteigend sortiert. Es wird vom Anwender bestimmt, an welcher Version sich diese Sortierung in dem Schaubild orientieren soll. In *Abb. 5.III.C.1. - 9* wird eine mögliche Darstellung nach derartigem Bedürfnis erstellt. In diesem Schaubild werden die Aufgaben in einer Höheren Organisationseinheit mit drei gekennzeichneten Versionen in vier Klassen (I, II, III und IV) aggregiert, die gleichwohl durch die angegebenen Schwellenwerte in drei erwünschte Kategorien (A, B und C) eingegliedert und analysiert werden. Sowohl auf der Aggregationsebene als auch auf der Disaggregationsebene orientiert sich hier die Sortierung der Aufgaben an dem Ist-Zustand der Höheren Organisationseinheit.

Die bewerteten und analysierten versionierten Höheren Organisationseinheiten lassen sich nicht nur durch ihre Aufgaben, sondern auch durch ihre Arbeitsobjekte repräsentieren, da die Aufgaben und die Arbeitsobjekte in engem Zusammenhang stehen, wobei die Arbeitsobjekte als Bearbeitungsgegenstände oder Ergebnisse (Input oder Output) der Aufgabenerfüllung betrachtet werden. Im Zusammenhang mit der Bewertung und Analyse der Aufgaben werden die Arbeitsobjekte mit der Versionsausprägung unter den folgenden vier Aspekten miteinander verglichen und bewertet:

- die Ver-/Gebrauchshäufigkeit (als Input) SE_{xD}^{if},

- die Erzeugungshäufigkeit (als Output) SE_{xD}^{of},

- die durchschnittliche Erzeugungsdauer (als Output) SE_{xD}^{d} und

- die durchschnittliche Erzeugungskapazität (als Output) SE_{xD}^{v}.

Mit diesen vier Werten, die eine Höhere Organisationseinheit aus der Sicht der Arbeitsobjekte charakterisieren, können auch die entsprechenden Schaubilder erstellt werden, in welchen die Arbeitsobjekte unter die angegebenen Schwellenwerte in die jeweilige Kategorie eingeordnet werden. Selbstverständlich werden die Arbeitsobjekte von unterschiedlich betrachteten Versionen einer Höheren Organisationseinheit zusammen in einem Schaubild (wie in *Abb. 5.III.C.1. - 10* gezeigt) dargestellt. So wird erkannt, wie groß die Differenz der Arbeitsobjekte von den betrachteten Versionen einer Höheren Organisation gegenüber den von einer Bezugsversion ist. Zu jedem Schaubild wird auch eine Tabelle mit den wohlgeordneten bewerteten Ergebnissen nachgetragen, die präziser und quantitativ die Gemeinsamkeiten sowie die Unterschiede der Arbeitsobjekte von unterschiedlichen Versionen einer Höheren Organisationseinheit beschreiben.

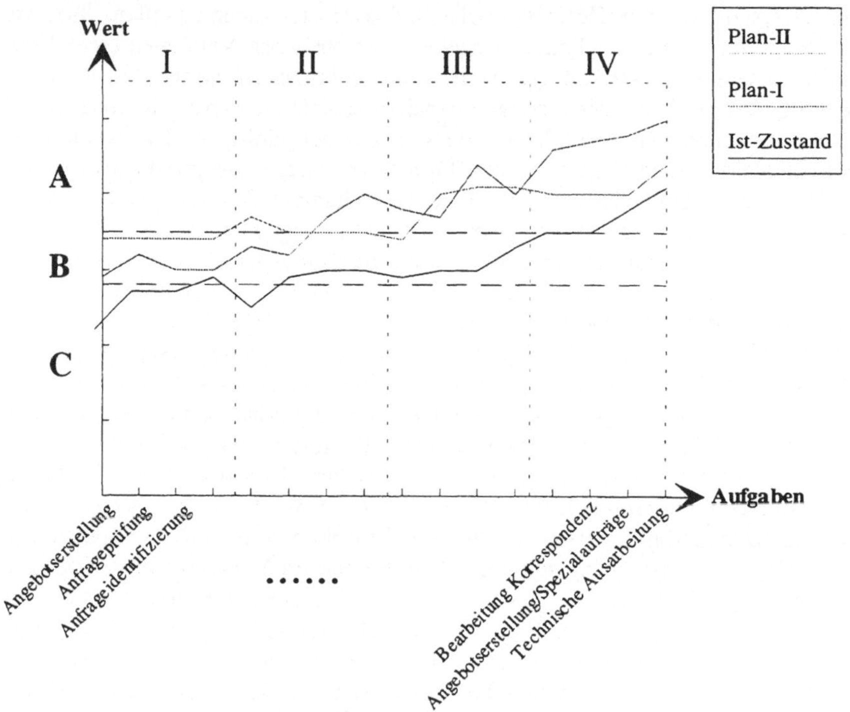

Abb. 5.III.C.1. - 9. Vergleich der aggregierten Aufgaben in einer Höheren Organisationseinheit mit Versionsausprägung nach gewünschtem Wert

Unter Berücksichtigung der Aggregation (z.B. Familien- oder Klassenbildung) der Arbeitsobjekte können die Schaubilder erstellt werden, in denen die Arbeitsobjekte (disaggregiert und aggregiert) wie die Aufgaben (wie in *Abb. 5.III.C.1. - 9*) bezüglich einer erwünschten Bezugsversion geordnet werden.

Eingehend kann die Änderungsbilanz zwischen den versionierten Höheren Organisationseinheiten sich speziell auf die Schnittstellenaufgaben und deren Arbeitsobjekte beziehen, die im Sinne der organisationseinheitübergreifenden Aufgabenerfüllung als die Interaktionsarbeitsobjekte gekennzeichnet werden. Dabei wird der Vergleich und die Bewertung der betrachteten versionierten Höheren Organisationseinheiten schwerpunktmäßig auf die organisationseinheitübergreifenden Aufgabenerfüllung gesetzt. Die Analyse der Schnittstellenaufgaben (dargestellt durch die endliche Menge $\mathbf{F_h^{ss}}$) und deren Interaktionsarbeitsobjekte (dargestellt durch die endliche Menge E_h^{IA}) impliziert letztendlich aus der wirtschaftlichen und organisatorischen Sicht die Untersuchung des Aufwands der Koordination bei der Aufgabenerfüllung. Gleichwohl werden die Bewertung und der Vergleich der Schnittstellenaufgaben aus den betrachteten versionierten Höheren Organisationseinheiten unter den folgenden Aspekten durchgeführt:

- dem durchschnittlichen Belastungsgrad (SA_{iD}^{bg}),

- der Ausführungsfrequenz (SA_{iD}^{af}),

- der Ausführungsdauer (SA_{iD}^{ad}) und

- dem gesamten Zeitaufwand (SA_i^{Z}).

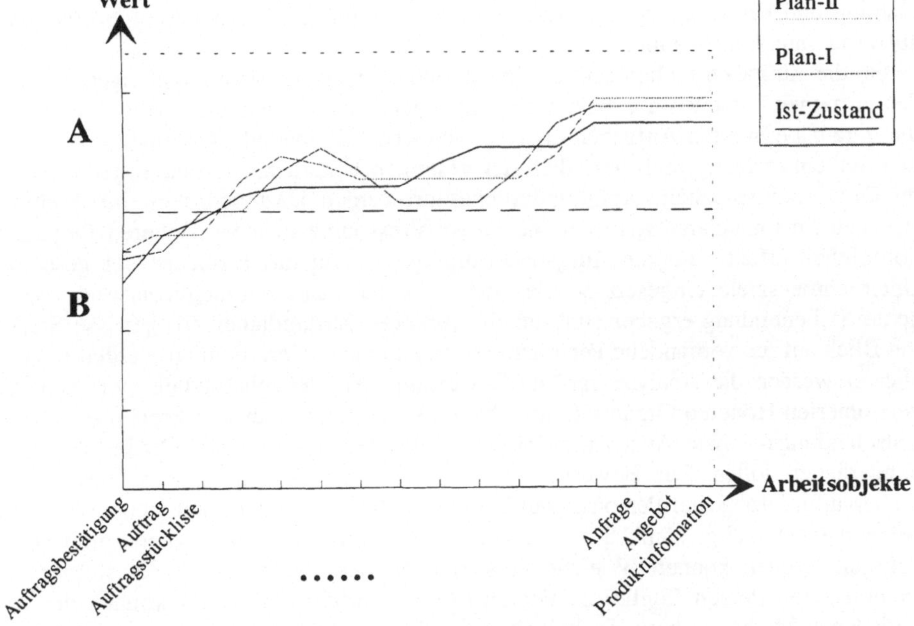

Abb. 5.III.C.1. - 10. *Vergleich der Arbeitsobjekte in einer Höheren Organisationseinheit mit Versionsausprägung nach gewünschtem Wert*

Unabhängig davon können die Interaktionsarbeitsobjekte in versionierten Höheren Organisationseinheiten in gleicher Weise unter den folgenden Aspekten bewertet und verglichen werden:

- der Ver-/Gebrauchshäufigkeit (SE_{xD}^{if}),

- der Erzeugungshäufigkeit (SE_{xD}^{of}),

- der durchschnittlichen Erzeugungsdauer (SE_{xD}^{d}) und

- der durchschnittlichen Erzeugungskapazität (SE_{xD}^{v}).

Demzufolge können die Schnittstellenaufgaben und deren Interaktionsarbeitsobjekte durch die dynamisch angegebenen Schwellenwerte in die jeweiligen Kategorien eingegliedert und analysiert werden. Außerdem können sie zugleich auf der Ebene der Aggregation wie auch der Disaggregation miteinander verglichen werden. Daraus ergibt sich die Änderungsbilanz mit der Ausprägung verschiedenartiger Aggregationsstufen. Die bewerteten und verglichenen Ergebnisse charakterisieren unter den umfangreichen Aspekten in bezug auf die Schnittstellenaufgaben und Interaktionsarbeitsobjekte eine Höhere Organisationseinheit mit der Versionsausprägung, desweiteren kennzeichnen sie präziser bzw. deutlicher die Unterschiede sowie die Gemeinsamkeiten zwischen den betrachteten versionierten Höheren Organisationseinheiten. Diese Ergebnisse werden in gleicher Weise integriert durch graphische und tabellarische Darstellungen präsentiert, wobei die Bezugsversion einer Höheren Organisationseinheit in den graphischen Darstellungen vom Anwender bestimmt wird. Gewissermaßen bildet die Änderungsbilanz zwischen den betrachteten versionierten Höheren Organisationseinheiten mit der Einschränkung auf die Schnittstellenaufgaben und deren Interaktionsarbeitsobjekte eine Entscheidungsgrundlage, die den Unternehmensleiter bei der Planung und Entwicklung der Aufbauorganisation mit Blick auf den Koordinationsaufwand unterstützen kann.

Ob die Aufgaben sachgerecht und zielgerichtet erfüllt werden, hängt eigentlich von den einzelnen Personen ab, die auf den entsprechenden Stellen eingestellt werden und die darauf definierten Aufgaben als ihre fachlichen Zuständigkeiten ausführen sollen. Die Stellenbesetzung muß bezüglich der gesamten Unternehmensziele in jeder Höheren Organisationseinheit sorgfältig durchgeführt werden. Dazu bedarf es einer kontinuierlichen Personalplanung, in der die Personalressource in jeder Höheren Organisationseinheit effektiv für die Aufgabenerfüllung, d.h. für das Erreichen der gesamten Unternehmensziele, eingesetzt werden soll[111]. Daraus kann sich möglicherweise die erneute Stellenbildung ergeben, mit der die fachliche Zuständigkeit für gewisse Stellen mit Blick auf die vorhandene Personalressource umdisponiert definiert werden könnte. Hierfür werden die Analyse und die Bewertung der Stellenbesetzung zwischen den versionierten Höheren Organisationseinheiten so gestaltet, daß ihre Ergebnisse als die Entscheidungs- sowie Auswahlunterlage für das Management der Organisationsplanung dienen sollen. Zur Bewertung und Analyse der Stellenbesetzung werden die Stellenanforderung und Personalqualifikation als Ausgangspunkt betrachtet, wobei sie beide mengenmäßig, nämlich als Anforderungs- (**Ag**) und Qualifikationsgrad (**Qg**), definiert werden können. Wie die Personen auf den Stellen eingesetzt werden, ist eventuell von Person (Stelle) zu Person (Stelle) verschieden. Dafür können die verschiedenen Methoden bzw. Techniken, die sich z.B. auf Spezialbegabung, Allgemeinbildung usw. beziehen, verwendet werden. Hiervon ist letztendlich die Frage aufzuwerfen, wie groß die Differenz zwischen Anforderungsgrad der Stelle **Ag** und Qualifikationsgrad der Person **Qg** bei der Stellenbesetzung maximal sein darf. Dafür wird die maximale Diskrepanz vom Anwender vorgegeben, welche weitergehend durch maximale *positive* und *negative* Diskrepanz zu unterscheiden ist. Die maximale positive und negative Diskrepanz legen also fest, wie weit eine über- bzw. unterqualifizierte Person auf einer Stelle eingesetzt werden darf. Unter diesen Rahmenbedingungen kann normalerweise die Differenz zwischen Anforderungs- und Qualifikationsgrad bei der

---

[111] Die ausführlichen Informationen über die Personen werden im Personalinformationssystem (PersIS) verwaltet. Hier werden hauptsächlich nur die wesentlichen Informationen (z.B. Qualifikationsgrad) benötigt, um die Stellenbesetzung quantitativ bewerten zu können. Es ist möglich und notwendig, die Schnittstellen zwischen OrgIS und PersIS durch eine Datenbank, zu bilden, mit der der Datenaustausch zwischen den beiden Systemen zustande kommen kann.

Stellenbesetzung entstehen. Im allgemeinen charakterisiert diese Differenz den Personalstand und den Stand der Aufgabenerfüllung der Stellen sowie der einzelnen Höheren Organisationseinheiten, da sie in gewissem Maße den Einsatz der Personen in einer Höheren Organisationseinheit repräsentiert, obwohl die Personen sachgerechter oder sachwidriger eingesetzt werden. Die Beziehung zwischen dem Anforderungs- und dem Qualifikationsgrad kann präziser vom Anwender durch eine Funktion, die linear oder nicht-linear ist, aber monoton sein muß, abgebildet werden. Insgemein können drei solche Funktionen zum Zweck der profunden Bewertung und Analyse der Stellenbesetzung vom Anwender als die Kriterien festgelegt werden; eine beschreibt die ideale Kongruenz zwischen dem Anforderungs- und Qualifikationsgrad bei der Stellenbesetzung, und die anderen zwei sollen die maximale positive sowie negative Diskrepanz festlegen. Damit können die Stellenbesetzung und der Personalstand von den betrachteten versionierten Höheren Organisationseinheiten verstandesmäßig miteinander verglichen werden. Dementsprechend sind drei Arten von Durchschnittswerten zu diskutieren, die die Differenz zwischen dem Anforderungsgrad der Stellen und dem Qualifikationsgrad der Personen bezüglich drei vom Anwender festgelegter Funktionen repräsentierten und zugleich die Stellenbesetzung und den Personalstand in einer Höheren Organisationseinheit charakterisieren:

- Differenz zur maximalen positiven Diskrepanz,
- Differenz zur maximalen negativen Diskrepanz und
- Differenz zur idealen Kongruenz.

Diese drei Differenzen sind in bezug auf die Höhere Organisationseinheit unter den Durchschnittswerten zu verstehen und werden detailliert durch jeweils zwei weitere Werte veranschaulicht, die Differenz zum Anforderungsgrad $\mathbf{Ag^D}$ bei gleichbleibendem Qualifikationsgrad und gegensätzlich die Differenz zum Qualifikationsgrad $\mathbf{Qg^D}$ bei gleichbleibendem Anforderungsgrad. Die Berechnung dieser drei Differenzen setzt folgende Funktionen voraus, die vom Anwender als die Kriterien zur Bewertung der Stellenbesetzung definiert werden:

- für die ideale Kongruenz bei der Stellenbesetzung,

$$Qg = \chi_i(Ag) \quad \text{und ihre duale Funktion} \quad Ag = X_i(Qg);$$

- für die maximale positive Diskrepanz bei der Stellenbesetzung,

$$Qg = \chi_p(Ag) \quad \text{und ihre duale Funktion} \quad Ag = X_p(Qg)$$

- für die maximale negative Diskrepanz bei der Stellenbesetzung,

$$Qg = \chi_n(Ag) \quad \text{und ihre duale Funktion} \quad Ag = X_n(Qg)$$

Jede Stelle in einer Höheren Organisationseinheit ist durch den Anforderungsgrad ($\mathbf{Ag}$) gekennzeichnet und wird auch von einer oder mehreren Personen mit bestimmtem Qualifikationsgrad besetzt. So kann die Besetzung der Stelle von Personen durch ein oder mehrere Tupel (Ag, Qg) dargestellt werden. Auf dieser Stelle soll idealerweise die passende Person mit dem Qualifikationsgrad $\mathbf{Qg^i}$ besetzt werden:

$$Qg^i = \chi_i(Ag);$$

oder die Person mit dem Qualifikationsgrad $\mathbf{Qg}$ soll am besten auf einer anderen Stelle mit dem Anforderungsgrad $\mathbf{Ag^i}$ eingesetzt werden:

$$Ag^i = X_i(Qg).$$

Daraus ergeben sich zwei Differenzen gegenüber idealer Kongruenz:

$$Ag^{iD} = Ag^{i} - Ag \quad \text{und} \quad Qg^{iD} = Qg - Qg^{i},$$

wobei die Minuswerte von $\mathbf{Ag^{iD}}$ und $\mathbf{Qg^{iD}}$ ausdrücken, daß eine höher angeforderte Stelle von einer unterqualifizierten Person besetzt ist.

In der gleichen Weise können die Differenzen zur maximalen positiven und negativen Diskrepanz berechnet werden. Hierbei wird ausdrücklich gezeigt, in welchem Rahmen eine Stelle mit dem Anforderungsgrad $\mathbf{Ag}$ von einer überqualifizierten ($\mathbf{Qg^{p}}$) oder unterqualifizierten ($\mathbf{Qg^{n}}$) Person besetzt werden darf:

$$Qg^{p} = \chi_{p}(Ag) \quad \text{und} \quad Qg^{n} = \chi_{n}(Ag);$$

oder es wird in anderen Worten gesagt, wie hoch ($\mathbf{Ag^{p}}$) oder wenig ($\mathbf{Ag^{n}}$) eine angeforderte Stelle von einer Person mit dem Qualifikationsgrad $\mathbf{Qg}$ besetzt werden darf:

$$Ag^{p} = X_{p}(Qg) \quad \text{und} \quad Ag^{n} = X_{n}(Qg).$$

Daraus ergeben sich die folgenden Differenzen:

$$Ag^{pD} = Ag - Ag^{p} \quad \text{und} \quad Qg^{pD} = Qg^{p} - Qg;$$
$$Ag^{nD} = Ag^{n} - Ag \quad \text{und} \quad Qg^{nD} = Qg - Qg^{n}.$$

Falls die Differenzwerte von Ag^{pD}, Ag^{nD}, Qg^{pD} und Qg^{nD} negativ sind, muß die Stellenbesetzung von (Ag, Qg) nach angegebenem Maße sogleich revidiert werden, da sie möglicherweise die ungenügende Aufgabenerfüllung bewirken kann.

Die Besetzung der Stelle s_{j} einer Person sei durch das Tupel ($\mathbf{Ag_{j}}$, $\mathbf{Qg_{j}}$) gekennzeichnet. So können die durchschnittlichen Differenzen der Stellenbesetzung in einer Höheren Organisationseinheit $\mathbf{h_{1}}$ mit der Bedingung $s_{j} \in \Psi s\,(\mathbf{h_{1}})$ ($j \in \{1, 2, \dots, n\}$) durch folgende Formeln berechnet werden:

- Die Differenzen zur idealen Kongruenz bei der Stellenbesetzung, wobei $\mathbf{m}$ und $\mathbf{l}$ (n=m+l) die Anzahl der Stellen repräsentieren, auf denen die über- bzw. unterqualifizierten Personen eingesetzt werden,

$$\left.\begin{array}{l} \mathbf{Ag}_{h_{1}}^{+iD} = \Sigma\,\mathbf{Ag}_{j}^{iD}\big/\mathbf{m} \\[2.5em] \mathbf{Qg}_{h_{1}}^{+iD} = \Sigma\,\mathbf{Qg}_{j}^{iD}\big/\mathbf{m} \end{array}\right\} \quad \text{mit } \mathbf{Ag}_{j}^{iD} \geq 0 \text{ oder } \mathbf{Qg}_{j}^{iD} \geq 0 \text{ sowie}$$

$$\left.\begin{array}{l} \mathbf{Ag}_{h_{1}}^{-iD} = \Sigma\,\mathbf{Ag}_{j}^{iD}\big/\mathbf{l} \\[2.5em] \mathbf{Qg}_{h_{1}}^{-iD} = \Sigma\,\mathbf{Qg}_{j}^{iD}\big/\mathbf{l} \end{array}\right\} \quad \text{mit } \mathbf{Ag}_{j}^{iD} < 0 \text{ oder } \mathbf{Qg}_{j}^{iD} < 0.$$

- Die Differenzen zur maximalen positiven Diskrepanz bei der Stellenbesetzung. Es wird hierbei lediglich durch die Anzahl ($\mathbf{k_{1}}$) der Stellen darauf hingewiesen, auf welchen die zu hoch qualifizierten Personen eingesetzt sind. Diese Stellenbesetzungen sollen umgehend korrigiert werden,

$$\left.\begin{array}{l} \mathbf{Ag}_{h_{1}}^{-pD} = \Sigma\,\mathbf{Ag}_{j}^{pD}\big/\mathbf{k_{1}} \\[2.5em] \mathbf{Qg}_{h_{1}}^{-pD} = \Sigma\,\mathbf{Qg}_{j}^{pD}\big/\mathbf{k_{1}} \end{array}\right\} \quad \text{mit } \mathbf{Ag}_{j}^{pD} < 0 \text{ oder } \mathbf{Qg}_{j}^{pD} < 0.$$

- Die Differenzen zur maximalen negativen Diskrepanz bei der Stellenbesetzung. Gegenüber den Differenzen zur maximalen positiven Diskrepanz werden hier diejenigen Stellen (z.B. deren Anzahl von $\mathbf{k_{2}}$) bewertet, auf denen die zu niedrig qualifizierten Personen eingesetzt sind. Hierbei weist es zugleich auf eine erforderliche Korrektur dieser Stellenbesetzungen hin,

$$\left.\begin{array}{l} Ag_{h_1}^{-nD} = \sum Ag_j^{nD}/k_2 \\[2mm] Qg_{h_1}^{-nD} = \sum Qg_j^{nD}/k_2 \end{array}\right\} \quad \text{mit } Ag_j^{nD} < 0 \text{ oder } Qg_j^{nD} < 0.$$

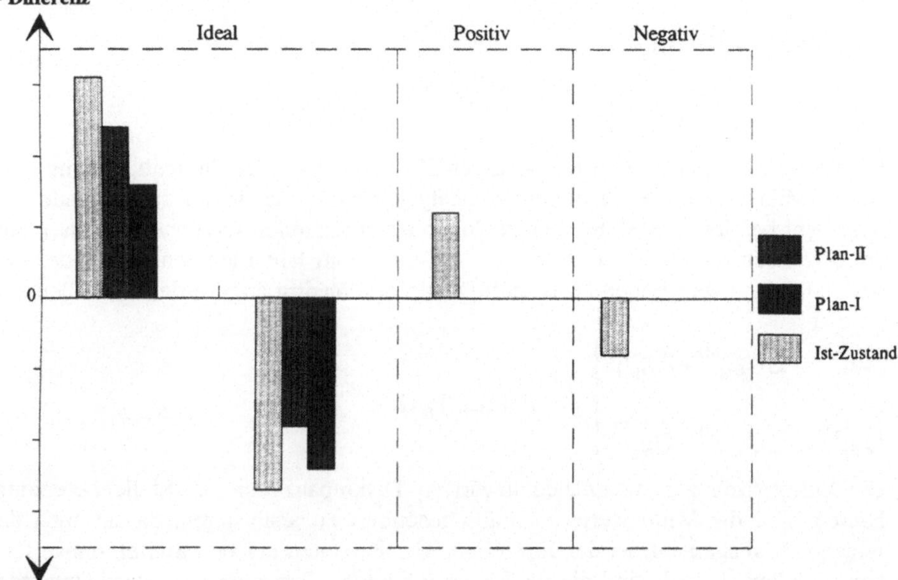

Abb. 5.III.C.1. - 11. Vergleich der Stellenbesetzung in einer Höheren Organisationseinheit mit Versionsausprägung

Mit diesen drei Berechnungen kann die Stellenbesetzung in den versionierten Höheren Organisationseinheiten quantitativ bewertet werden. In *Abb. 5.III.C.1. - 11* werden die Ergebnisse nach diesen Berechnungen gezeigt, welche eindeutig und präzise den Stand der Stellenbesetzung in einer Höheren Organisationseinheit mit den Versionsausprägungen (z.B. Ist-Zustand, Plan-I und II) beschreiben und vergleichend dargestellt werden. Während im Bereich der Minusdifferenz angedeutet wird, wie die unterqualifizierten Personen auf den höheren angeforderten Stellen eingesetzt sind, wird es demgegenüber im Bereich der Plusdifferenz gezeigt, wie die überqualifizierten Personen auf den niedriger angeforderten Stellen eingesetzt sind. Diese durchschnittlichen Differenzwerte von einer Höheren Organisationseinheit, die durch verschiedene Versionen ausgeprägt werden kann, erstrecken sich ausschließlich auf deren unmittelbar unterstellte Stellen.

Die gesamten durchschnittlichen Differenzwerte in einer Höheren Organisationseinheit, welche jeweils die Abweichungen der entstehenden oder geplanten Stellenbesetzung zur idealen Kongruenz, maximalen positiven und negativen Diskrepanz, beziehen sich sowohl auf ihre unmittelbar unterstellten Stellen als auch auf ihre sämtlichen weiteren unterstellten Höheren Organisationseinheiten. Diese gesamten durchschnittlichen

Differenzwerte in der Höheren Organisationseinheit $\mathbf{h_1}$ lassen sich analogerweise dadurch berechnen:

- Die Differenzen zur idealen Kongruenz bei der Stellenbesetzung,

$$\left. \begin{aligned} \mathbf{Ag}_{\mathbf{H_1}}^{+iD} &= \sum \mathbf{Ag}_{\mathbf{H_x}}^{+iD} + \mathbf{Ag}_{\mathbf{h_1}}^{+iD} \\[2em] \mathbf{Qg}_{\mathbf{H_1}}^{+iD} &= \sum \mathbf{Qg}_{\mathbf{H_x}}^{+iD} + \mathbf{Qg}_{\mathbf{h_1}}^{+iD} \end{aligned} \right\} \quad \text{mit } \mathbf{h_x} \in \Psi_H(\mathbf{h_1}) \text{ und}$$

$$\left. \begin{aligned} \mathbf{Ag}_{\mathbf{H_1}}^{-iD} &= \sum \mathbf{Ag}_{\mathbf{H_x}}^{-iD} + \mathbf{Ag}_{\mathbf{h_1}}^{-iD} \\[2em] \mathbf{Qg}_{\mathbf{H_1}}^{-iD} &= \sum \mathbf{Qg}_{\mathbf{H_x}}^{-iD} + \mathbf{Qg}_{\mathbf{h_1}}^{-iD} \end{aligned} \right\} \quad \text{mit } \mathbf{h_x} \in \Psi_H(\mathbf{h_1}).$$

- Die Differenzen zur maximalen positiven Diskrepanz bei der Stellenbesetzung, wobei die Minuswerte hier besondere zu analysieren sind, da sie auf das fehlende Management bei der Einstellung der Personen auf den Stellen warnend hinweisen sollen. Die hoch qualifizierten Personen sind dem vom Unternehmensleiter oder Geschäftsführer angegebenen Maße zufolge auf den niedrig angeforderten Stellen eingesetzt,

$$\left. \begin{aligned} \mathbf{Ag}_{\mathbf{H_1}}^{-pD} &= \sum \mathbf{Ag}_{\mathbf{H_x}}^{-pD} + \mathbf{Ag}_{\mathbf{h_1}}^{-pD} \\[2em] \mathbf{Qg}_{\mathbf{H_1}}^{-pD} &= \sum \mathbf{Qg}_{\mathbf{H_x}}^{-pD} + \mathbf{Qg}_{\mathbf{h_1}}^{-pD} \end{aligned} \right\} \quad \text{mit } \mathbf{h_x} \in \Psi_H(\mathbf{h_1}).$$

- Die Differenzen zur maximalen negativen Diskrepanz bei der Stellenbesetzung. Hierbei sind die Minuswerte ebenfalls gesondert zu analysieren, da sie auch das fehlende Management bei der Einstellung der Personen auf den Stellen hinweisend zeigen sollen. Jedoch sind die niedrig qualifizierten Personen dem vom Unternehmensleiter oder Geschäftsführer angegebenen Maße entsprechend auf den hoch angeforderten Stellen eingesetzt,

$$\left. \begin{aligned} \mathbf{Ag}_{\mathbf{H_1}}^{-nD} &= \sum \mathbf{Ag}_{\mathbf{H_x}}^{-nD} + \mathbf{Ag}_{\mathbf{h_1}}^{-nD} \\[2em] \mathbf{Qg}_{\mathbf{H_1}}^{-nD} &= \sum \mathbf{Qg}_{\mathbf{H_x}}^{-nD} + \mathbf{Qg}_{\mathbf{h_1}}^{-nD} \end{aligned} \right\} \quad \text{mit } \mathbf{h_x} \in \Psi_H(\mathbf{h_1}).$$

Aus diesen Berechnungen kann sich ebenfalls ein übersichtliches Schaubild ergeben, in dem die analysierten und bewerteten Ergebnisse über die Stellenbesetzung in den versionierten Höheren Organisationseinheiten (Ist-Zustand oder Planungen) klar und miteinander vergleichend dargestellt werden. Dieses Schaubild ist durchaus identisch mit jenem, das in *Abb. 5.III.C.1. - 11* dargestellt ist und in dem die gesamten durchschnittlichen Differenzwerte zu den angegebenen Maßstäben veranschaulicht werden. So wird das Management bei der Planung und Entscheidung zur Einstellung der Personen auf den Stellen dadurch auf einer höheren Ebene unterstützt bzw. kontrolliert, auf welcher die umfassenden und wichtigen analysierten Ergebnisse von der versionierten Höheren Organisationseinheit in prägnanter Form dargestellt werden.

Die letzte Änderungsbilanz zwischen den versionierten Höheren Organisationseinheiten wird unter dem Aspekt der DV-gestützten Aufgabenerfüllung erstellt. Heutzutage kennzeichnen die eingesetzten DV-Systeme auch die Produktivität eines Unternehmens. Welche versionierte Höhere Organisationseinheit verbessert (als Ist-Zustand) oder umgesetzt (als Planung) wird, entscheidet sich häufig durch den Vergleich der eingesetzten DV-Systeme. Wie bei der Charakterisierung der Höheren Organisationseinheiten werden die zwei Werte - die Anzahl der in einzelnen versionierten Höheren Organisationseinheiten eingesetzten Software $SWAZ_x$ und der Automatisierungsgrad der versionierten Höheren Organisationseinheiten bezüglich DV-gestützter Aufgabenerfüllung $SWFH_x$, hier als die Kriterien zum Vergleich der versionierten Höheren Organisationseinheiten verwendet. Ein derartiger Vergleich mit diesen zwei Werten kann auch unter der Angabe der Schwellenwerte durchgeführt werden, wobei eine Bezugsversion ebenfalls hierfür pflichtmäßig anzugeben ist. Die verglichenen Ergebnisse werden durch die graphischen Darstellungen (wie in *Abb. 5.III.C.1. - 8* gezeigt) veranschaulicht. Die tabellarischen Beschreibungen werden als die Ergänzung zu den graphischen Darstellungen für notwendig gehalten und stellen vor allem eine ausführliche und präzise Grundlage dar.

❑ Vergleich zwischen den Stellen

Eingehend kann der Vergleich der versionierten Gestaltungen der Aufbauorganisation sich stellenbezogen vollziehen. Jede Stelle, die in den versionierten Gestaltungen (z.B. Ist-Zustand und Planungen) der Aufbauorganisation beschrieben wird, läßt sich im wesentlichen durch die differenzierte Aufgabenverteilung unterscheiden. Die stellenbezogene Bewertung und der Vergleich der versionierten Gestaltungen der Aufbauorganisation setzen letztendlich die darauf definierten Aufgaben und die von ihnen bearbeiteten sowie erzeugten Arbeitsobjekte voraus. Darüber hinaus weisen die stellenbezogene Bewertung und der Vergleich der versionierten Gestaltung der Aufbauorganisation darauf hin, daß sie sich jeweils auf eine Stelle lokalisiert und auf mehrere Versionen erstrecken, mit denen die Stellen ausgeprägt werden. So ergibt sich die Änderungsbilanz zwischen den betrachteten versionierten Gestaltungen der Aufbauorganisation aus folgenden Aspekten, wobei die Aufgaben und die Arbeitsobjekte unter Berücksichtigung der Aggregation sowie Disaggregation dargestellt werden:

- Dem Stand der Aufgabenverteilung bezüglich quantitativer Definition des Arbeitspensums für die einzelnen Aufgaben.

- Den Aufgaben unter Berücksichtigung des Belastungsgrades, der Ausführungsfrequenz und des Zeitaufwands.

- Den Arbeitsobjekte hinsichtlich der Ver-/Gebrauchshäufigkeit (Input), der Erzeugungshäufigkeit (Output), der durchschnittlichen Erzeugungsdauer (Erzeugung) und der durchschnittlichen Erzeugungskapazität.

Aus dieser stellenbezogenen Änderungsbilanz werden die Gemeinsamkeiten und die Unterschiede der Stelle von den betrachteten versionierten Gestaltungen der Aufbauorganisation veranschaulicht. Diese Gemeinsamkeiten und Unterschiede beruhen auf den quantitativ bewerteten Ergebnissen, die nach oben erwähnten drei Aspekten bzw. Kriterien erzielt werden und vor allem übersichtlich und graphisch dargestellt und andererseits eingehend durch die tabellarische Darstellung ergänzt werden. Bei der graphischen Darstellung ist auch eine Bezugsversion vom Anwender festzulegen, nach welcher die Aufgaben sowie die Arbeitsobjekte nach ihren betrachteten Werten (z.B. Arbeitspensum, Erzeugungshäufigkeit usw.) aufsteigend geordnet aufgeführt werden sollen. Mit dieser Bezugsversion können die bewerteten Ergebnisse nach dem Wunsch des Anwenders schwerpunktmäßig miteinander vergleichend dargestellt werden.

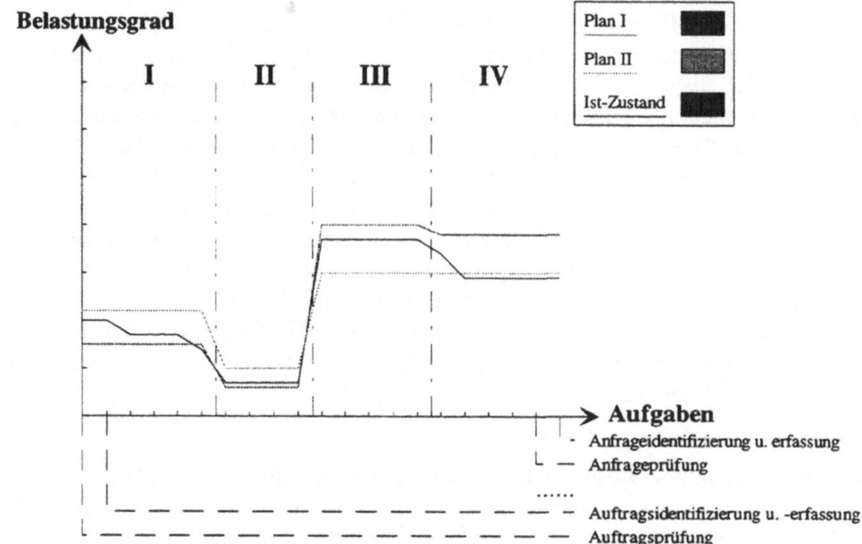

Abb. 5.III.C.1. - 12.   Eine Beispieldarstellung des Arbeitspensums einer versionierten Stelle mit dem Hinweis auf Aggregation der Aufgaben

Das gesamte Arbeitspensum der Stelle s_j in der Höheren Organisationseinheit $\mathbf{h_x}$ ergibt sich aus:

$$SW_j^{bg} = \sum_{i=1}^{n} bg_{ij} \qquad \text{mit } SM_{bg} = (bg_{ij}) \text{ und } s_j \in \Psi_S(\mathbf{h_x}).$$

Für die Erfüllung der Aufgabe $\mathbf{f_i}$ wird der Belastungsgrad der Stelle s_j durch den Wert $\mathbf{bg_{ij}}$ in der Matrix $\mathbf{SM_{bg}}$ klargelegt. In *Abb. 5.III.C.1. - 12* wird gezeigt, wie eine Stelle in den versionierten Gestaltungen (z.B. Ist-Zustand, Plan-I/II usw.) der Aufbauorganisation, d.h. der versionierten Höheren Organisationseinheit (z.B. Vertrieb/Produktgruppe I), mit den Aufgaben identifiziert wird, womit der genaue Belastungsgrad für die Erfüllung der einzelnen Aufgaben bezüglich des Ist-Zustands oder der Planungen definiert ist. Hier wird der Ist-Zustand der Aufgabenverteilung und der Aufgabenerfüllung der Stelle als Bezugsversion in diesem Schaubild gewählt, in dem die Aufgaben unter Berücksichtigung ihrer Aggregation nebeneinander zusammengestellt werden. Demzufolge sind die Aufgaben ferner nach dem Belastungsgrad innerhalb der Aggregationsstufe aufsteigend geordnet. Die Aufgaben in diesem Schaubild werden unter Berücksichtigung der Disaggregation analysiert und bewertet, wobei die Kurven deutlich auf den Belastungsgrad für die Erfüllung der einzelnen Aufgaben hinweisen. Es könnte auch bei der Planung der Aufgabenverteilung, letztendlich auch Stellenbildung, vorkommen, daß die Aufgaben als die fachliche Zuständigkeit einer Stelle mit ihrer Versionsausprägung unterschiedlich sind; wie zum Beispiel, die Aufgabe „Angebotsprüfung" wird im Ist-Zustand auf der Stelle s_j als eine fachliche Zuständigkeit definiert; sie kann aber dem Bedarf entsprechend in der Planung (z.B. Plan I und II) von dieser Stelle abgezogen werden, oder umgekehrt. Bei der Planung und Entscheidung der quantitativen Aufgabenverteilung bzw. Stellenbildung ist es notwendig, solche Unterschiede sowohl graphisch als auch tabellarisch übersichtlich darzustellen.

Zu diesem Schaubild werden weiterhin zwei tabellarische Darstellungen, in denen das gesamte Arbeitspensum einer Stelle in bezug auf die Aggregation und Disaggregation der Aufgaben klargelegt wird, als wichtige Ergänzung benötigt. Bei der Aggregation der Aufgaben sind zwei Arten zu unterscheiden, die fakultative (τ_F^+) und die obligatorische (τ_F^*) Aggregation. Hierbei handelt es sich um die Berechnung des gesamten Belastungsgrades für die Erfüllung der aggregierten Aufgaben. Diese Berechnung ist im vorhergehenden Abschnitt „Charakterisierung der Stelle" ausführlich beschrieben, wobei es hier weitergehend mit Blick auf die klare Auslegung zu erwähnen ist, daß die Werte $SW_I^{bg}|A$, $SW_I^{bg}|B$ und $SW_I^{bg}|C$ den Belastungsgrad für die Erfüllung der aggregierten Aufgaben (Klasse I) von Ist-Zustand (A), Plan-I (B) bzw. Plan-II (C) repräsentieren. Ähnlicherweise werden die Werte des Belastungsgrades für die Erfüllung der Aufgabenklassen II, III und IV in *Tab. 5.III.C.1. - 2* dargestellt. Das gesamte Arbeitspensum SW^{bg} ergibt sich aus der Summe:

$$SW^{bg} = SW_I^{bg} + SW_{II}^{bg} + SW_{III}^{bg} + SW_{IV}^{bg}.$$

Aus der gemeinsamen Betrachtung der graphisch und tabellarisch dargestellten Analyseergebnisse ist leichter zu erkennen, auf welche versionierte Stelle das Arbeitspensum rational definiert wird. Vor allem wird der Dissens des Arbeitspensums einer Stelle zwischen den betrachteten Versionen (Plan I und II) und der Bezugsversion (Ist-Zustand) deutlich zum Ausdruck gebracht.

In gleicher Weise werden die einzelnen Aufgaben, die als fachliche Zuständigkeit auf der versionierten Stelle (s_j) definiert und von dieser Stelle erfüllt werden müssen, in bezug auf die Ausführungsfrequenz (af_{ij} mit $SM_{af} = (af_{ij})$), -dauer (ad_i) und den Belastungsgrad (bg_{ij} mit $SM_{bg} = (bg_{ij})$) bei der Erfüllung der Aufgabe (f_i) analysiert und miteinander verglichen. Aus der Ausführungsfrequenz und -dauer ergibt sich der Zeitaufwand (SA_i^Z) für die Erfüllung der Aufgabe (f_i). Darüber hinaus werden die Ausführungsfrequenz und -dauer von einer Stelle für die Erfüllung der Aufgaben unter Berücksichtigung der Aggregation und Disaggregation analysiert und bewertet. Durch die graphische und tabellarische Darstellungen (wie in *Abb. 5.III.C.1. - 12* und *Tab. 5.III.C.1. - 2*) werden diese analysierten Ergebnisse deutlich repräsentiert, in denen die Gemeinsamkeiten und die Unterschiede der Aufgabenerfüllung von einer Stelle bezüglich der Versionen veranschaulicht werden. Solche Darstellungen werden immer durch eine Bezugsversion gekennzeichnet.

Aggregation	Version / Änderungsbilanz				
	Ist (A)	Plan I (B)	Dissens zu A	Plan II (C)	Dissens zu A
I	$SW_I^{bg}|A$	$SW_I^{bg}|B$	$SW_I^{bg}|B - SW_I^{bg}|A$	$SW_I^{bg}|C$	$SW_I^{bg}|C - SW_I^{bg}|A$
II	$SW_{II}^{bg}|A$	$SW_{II}^{bg}|B$	$SW_{II}^{bg}|B - SW_{II}^{bg}|A$	$SW_{II}^{bg}|C$	$SW_{II}^{bg}|C - SW_{II}^{bg}|A$
III	$SW_{III}^{bg}|A$	$SW_{III}^{bg}|B$	$SW_{III}^{bg}|B - SW_{III}^{bg}|A$	$SW_{III}^{bg}|C$	$SW_{III}^{bg}|C - SW_{III}^{bg}|A$
IV	$SW_{IV}^{bg}|A$	$SW_{IV}^{bg}|B$	$SW_{IV}^{bg}|B - SW_{IV}^{bg}|A$	$SW_{IV}^{bg}|C$	$SW_{IV}^{bg}|C - SW_{IV}^{bg}|A$
Summe	$SW^{bg}|A$	$SW^{bg}|B$	$SW^{bg}|B - SW^{bg}|A$	$SW^{bg}|C$	$SW^{bg}|C - SW^{bg}|A$

*Tab. 5.III.C.1. - 2. **Gesamtes Arbeitspensum einer versionierten Stelle hinsichtlich der Aggregation der Aufgaben***

Aus der aufgabenbezogenen Bewertung bzw. dem Vergleich der versionierten Stelle wird sicherlich die arbeitsobjektbezogene Analyse und Bewertung gleichermaßen erforderlich. Jede Stelle ist durch die Aufgaben gekennzeichnet, welche als ihre fachliche Zuständigkeit bzw. Kompetenz definiert sind. Aus diesen Aufgaben ergeben sich die Arbeitsobjekte, die von der Stelle, genauer gesagt dem Stelleninhaber, bei der Aufgabenerfüllung ver-/gebraucht oder erzeugt werden müssen. So impliziert die arbeitsobjektbezogene Änderungsbilanz den Vergleich der Hervorbringung der Leistungen zwischen den versionierten Stellen. Für jede versionierte Stelle wird das Arbeitsobjekt e_x unter den folgenden vier Aspekten analysiert und bewertet:

- der Ver-/Gebrauchshäufigkeit SE_x^{if} (als Input bei der Aufgabenerfüllung),
- der Erzeugungshäufigkeit SE_x^{of} (als Output bei der Aufgabenerfüllung),
- der durchschnittlichen Bearbeitungs- bzw. Erzeugungsdauer SE_x^{d} und
- der durchschnittlichen Erzeugungskapazität SE_x^{v}.

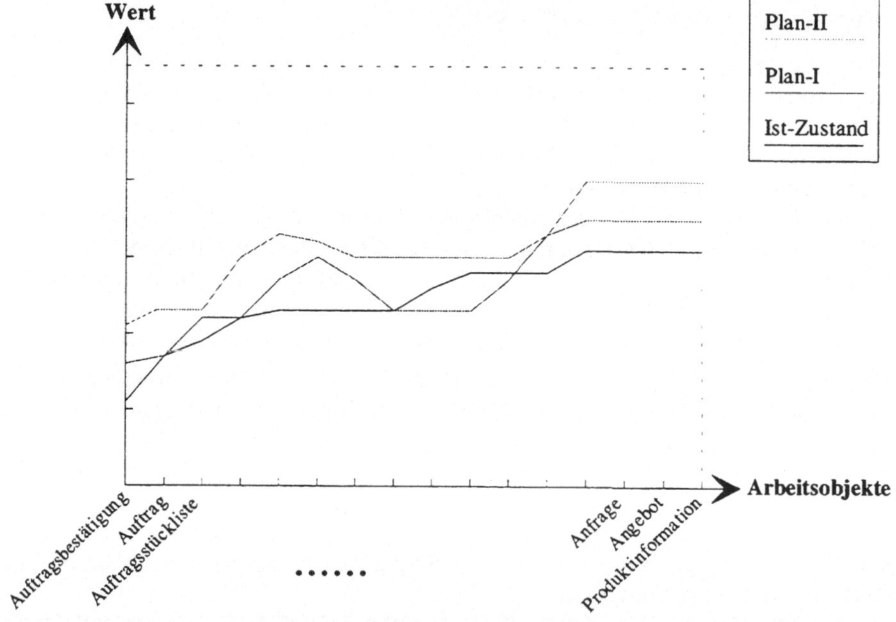

Abb. 5.III.C.1. - 13. Vergleich der Arbeitsobjekte einer versionierten Stelle nach gewünschtem Wert

Eine Stelle kann insofern bezüglich der Versionen (Ist-Zustand oder Planungen) mit unterschiedlichen Aufgaben gekennzeichnet werden, wobei sie sich mit den gleichen Arbeitsobjekten befassen könnte oder vice versa. Unter diesen vier Aspekten soll eine Stelle hinsichtlich angegebener Versionen präziser analysiert und verglichen werden. Die analysierten und verglichenen Ergebnisse werden durch graphische und tabellarische Darstellungen veranschaulicht. In den Darstellungen ist immer eine Bezugsversion anzugeben, mit welcher die anderen betrachteten Versionen verglichen werden sollen. In *Abb. 5.III.C.1. - 13* werden die Arbeitsobjekte, die von einer Stelle mit verschiedenen Versionsausprägungen ver-/gebraucht oder erzeugt werden, mit dem gewünschten Wert anschaulich gezeigt. Hierbei sind drei Versionen (Ist-Zustand, Plan I und II) zu betrachten, durch die die Unterschiede wie auch die Gemeinsamkeiten der von einer Stelle bearbeiteten Arbeitsobjekte deutlich beschrieben werden; und der Ist-Zustand wird als die Bezugsversion angenommen. Der Wert beziehen sich hier auf die oben erwähnten Aspekte, d.h. SE_x^{if}, SE_x^{of}, SE_x^d und SE_x^v.

In der tabellarischen Darstellung wird die Änderungsbilanz zwischen Bezugsversion und den betrachteten Versionen präziser berechnet. Übereinstimmend erstreckt sich diese Änderungsbilanz auch auf die oben erwähnten Aspekte, wobei die Werte vom Ist-Zustand durch $SE_x^{if}|A$, $SE_x^{of}|A$, $SE_x^d|A$ und $SE_x^v|A$ repräsentiert werden, die Werte vom Plan I und II werden mit **B** bzw. **C** gekennzeichnet. Eine Tabelle entspricht einem Wert und ist gleich wie *Tab. 5.III.C.1. - 2* gestaltet.

Weiterhin können die Arbeitsobjekte, die von einer versionierten Stelle ver-/gebraucht oder erzeugt werden, dem Bedarf entsprechend unter Berücksichtigung der Aggregation analysiert und verglichen werden. Dafür werden die analysierten und verglichenen Ergebnisse ebenfalls durch die graphischen wie auch tabellarischen Darstellungen veranschaulicht. Ob die Arbeitsobjekte, wie auch für die Aufgaben gilt, auf Aggregations- oder Disaggregationsebene analysiert und dargestellt werden, entscheidet der Anwender. Allerdings können sowohl die aggregierten als auch die disaggregierten Arbeitsobjekte einer versionierten Stelle analysiert und verglichen werden.

2. Die Projektorganisation

Das derivative Segment der Projektorganisation bezieht sich einerseits auf die quantitative Analyse und Bewertung der Organisation des Projektmanagements, welche hauptsächlich eine laufende Aufbauorganisation oder geplante alternative Aufbauorganisation eines Projektmanagements umschließt, und andererseits auf den quantitativen Vergleich zwischen den Planungen zur Gestaltung der Aufbauorganisation eines Projektmanagements. Aus den verschiedenen Projekten ergeben sich in der Regel die unterschiedlichen Anforderungen an das Projektmanagement, durch dessen Organisation der Projektaufbau und die Projektabwicklung charakterisiert werden. Demzufolge sind die Kriterien zur Charakterisierung der Organisation des Projektmanagements, hier hauptsächlich der Aufbauorganisation zur Abwicklung des Projektes, festzulegen. Mit diesen Kriterien soll einerseits das Projektmanagement aus wirtschaftlichem, organisatorischem und technischem Aspekt quantitativ bewertet werden und andererseits die Abweichung sowie die Änderungsbilanz zwischen den Planungen zur Abwicklung eines Projektes analysiert und anschließend graphisch wie auch tabellarisch dargestellt werden. Die Darstellungen der analysierten und bewerteten Ergebnisse, die das Projektmanagement im Sinne der Gestaltung der Aufbauorganisation für die Abwicklung eines Projektes umfassend kennzeichnen, sind detailliert und übersichtlich gestaltet. Hierbei sind die Kapitel des derivativen Segments der Dokumentation nach den Kriterien geordnet, die wahlweise vom Anwender, d.h. vom Unternehmensleiter oder Projektleiter, abgestimmt werden können. So bestehen auch die entsprechenden Kapitel bzw. die bezeichnenden Organisationsstrukturdaten, die gemäß dem Wunsch des Unternehmensleiters oder Projektleiters die Organisation eines Projektmanagements quantitativ charakterisieren und eine umfangreiche Grundlage für die Bewertung und Entscheidung des Projektmanagements bilden. Dazu sind zunächst die gesamten Kriterien festzulegen, die das Projektmanagement aus vielfältiger Hinsicht mengenmäßig beschreiben können. Analog zum derivativen Segment der Ständigen Aufbauorganisation lassen sich die Kriterien hierfür unter folgenden Aspekten klassifizieren:

- Die Verteilung der Projektaufgaben an der Projektstelle oder Projektgruppe bezüglich des Arbeitspensums bzw. Belastungsgrads,
- Die Einteilung der Projektaufgaben nach Belastungsgrad, Ausführungsfrequenz, -dauer und Zeitaufwand,
- Die Einteilung der Arbeitsobjekte nach Ver-/Gebrauchshäufigkeit, Erzeugungshäufigkeit und Erzeugungskapazität,
- Die koordinations- bzw. kooperationsbedürftige Erfüllung der Projektaufgaben zwischen den (Teil-)Projekten,
- Der notwendige Austausch der Interaktionsarbeitsobjekte zwischen den Projekten (oder den Teilprojekten) bei der Abwicklung der Projekte
- Die Einsatzplanung der qualifizierten Personen bezüglich der Anforderungen der Projektstellen,
- Die zeitliche Planung für die Abwicklung der einzelnen Projekte und
- Die zeitliche Planung für den Einsatz der DV-Systeme zur Unterstützung der Projektabwicklung.

Mit diesen acht Kriterien kann ein Projekt bzw. das Projektmanagement in einem großen Umfang bewertet werden. Die Organisation eines Projektmanagements ist ebenfalls durch drei Teile zu bewerten, die sich auf die Ebene der Höheren Projektorganisationseinheit (z.B. Projektgruppe), die Projektstelle und die Änderungsbilanz zwischen den Planungen zur Abwicklung eines Projektes beziehen. Die sich daraus ergebenden Kapitel sind gekennzeichnet durch:

- Charakterisierung der Höheren Projektorganisationseinheit (einer Projektgruppe)
- Charakterisierung der Projektstelle
- Änderungsbilanz
  - Auf der Ebene der Höheren Projektorganisationseinheit
  - Auf der Ebene der Projektstelle

Natürlich besitzt das derivative Segment der Projektorganisation eine sehr ähnliche semantische und logische Struktur wie das Segment der Ständigen Aufbauorganisation. Die wesentlichen Unterschiede zwischen beiden sind durch die zeitliche Ausprägung gekennzeichnet, die in der Organisation des Projektmanagements hervorgehoben wird. So lassen sich größtenteils die Beschreibung und die Kennzeichnung der Ständigen Aufbauorganisation auf die Organisation (Aufbauorganisation) eines Projektmanagements übertragen, also sollen sich die redundanten bzw. wiederholenden Beschreibungen der bedeutungsgleichen Details ersparen. Hier liegen die wesentlichen Beschreibungen der Aufbauorganisation eines Projektmanagements in der zeitlichen Ausprägung, die einen genauen Zeitraum zur Abwicklung eines Projektes kennzeichnen.

T1. Charakterisierung der Höheren Projektorganisationseinheit

❑ **Höhere Projektorganisationseinheiten nach den Durchschnittswerten des Belastungsgrads für die Erfüllung der Projektaufgaben**

Ein durchschnittlicher Belastungsgrad der Höheren Projektorganisationseinheit (z.B. Projektgruppe) läßt sich gleich wie der der Höheren Organisationseinheit in der Ständigen Aufbauorganisation berechnen[112]. Die analysierten Ergebnisse werden

---

[112] S.h.: 5.III.C.1. Die Erstellung des derivativen Segments der Ständigen Aufbauorganisation.

übersichtlich sowohl graphisch als auch tabellarisch dargestellt. Damit wird ein Überblick über die quantitative Aufgabenverteilung eines Projektes bzw. des Projektmanagements gewonnen, so können zugleich die Bewertungen und die Beurteilungen von dem Unternehmensleiter oder Projektleiter effektiv unterstützt werden.

❑ **Projektaufgaben nach Ausführungsfrequenz, Ausführungsdauer, gesamtem Zeitaufwand, Belastungsgrad und zeitlicher Geltung**

Die Klassifizierung der Projektaufgaben in jeder Höheren Projektorganisationseinheit kann auch analog wie in der Ständigen Aufbauorganisation nach dem durchschnittlichen Belastungsgrad, der Ausführungsfrequenz und -dauer[113] durchgeführt werden. Die faktische und wunschgemäße Klassifizierung der Projektaufgaben unter jeweils diesen drei Aspekten wird letztendlich nach angegebenen Schwellenwerten durchgeführt. Die Klassifizierung der Projektaufgaben wird auch wie in *Abb. 5.III.C.1. - 1* graphisch dargestellt.

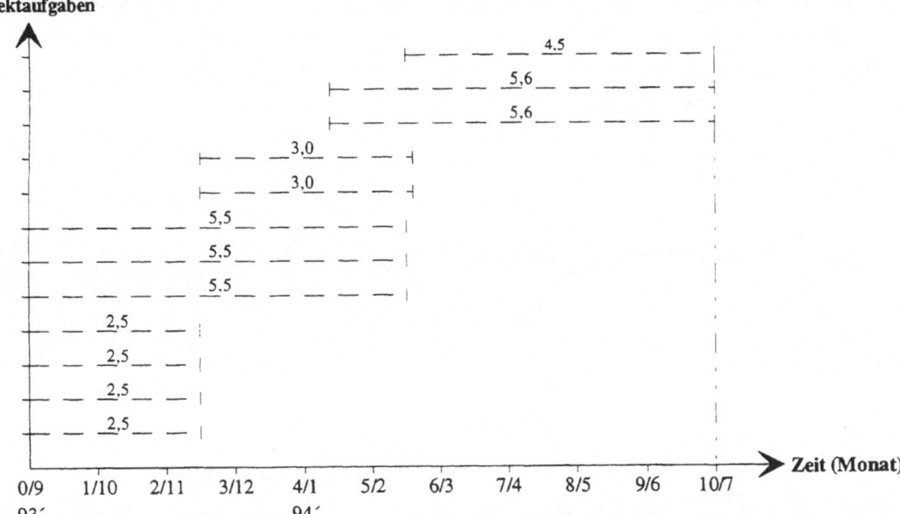

Abb. 5.III.C.2. - 1. Die Reihenfolge zur Erfüllung der Projektaufgaben in einer Höheren Projektorganisationseinheit

Der Unterschied zwischen der Klassifizierung der Projektaufgaben (**pf**) in der Projektorganisation und der Klassifizierung der Aufgaben (**f**) in der Ständigen Aufbauorganisation liegt in der zeitlichen Geltung der Projektaufgaben, wobei die Aufgaben aus der Sicht der Ständigen Aufbauorganisation permanent und wiederholend zu erfüllen sind. Die Projektaufgaben sind hingegen stark dadurch gekennzeichnet, daß sie in einem bestimmten Zeitraum erfüllt werden müssen. Diese zeitliche Beschränkung prägt die Grundeigenschaft der Projektaufgaben. Im Zusammenhang mit dieser zeitlichen Eigenschaft der Projektaufgaben steht die Projektstelle, die diese Projektaufgaben als ihre fachliche Zuständigkeit erfüllen muß. Hierbei sind zwei Arten zur Bildung der Projektstelle zu erkennen: Zum einen werden auf der Projektstelle die Projektaufgaben mit gleicher zeitlichen Geltung, d.h. auch gleichem Zeitraum, definiert; und zum ande-

---

[113] S.h.: 5.III.C.1. Die Erstellung des derivativen Segments der Ständigen Aufbauorganisation.

ren wird die Projektstelle durch die Projektaufgaben mit differierender zeitlicher Geltung gekennzeichnet. Durch die graphische Darstellung der Projektaufgaben nach diesem zeitlichen Aspekt kann ein klarer Überblick gewonnen werden, aus dem der Unternehmensleiter oder Projektleiter feststellen kann, wie die Projektstelle in der einzelnen Höheren Projektorganisationseinheiten hinsichtlich der fachlichen Zuständigkeit wirklich gebildet werden soll. In *Abb. 5.III.C.2. - 1* wird ein Schaubild dargestellt, in dem die Projektaufgaben (als Beispiel) nach ihren zeitlichen Abläufen geordnet werden. Bei der Erstellung dieses Schaubildes wird die Zeitachse flexibel gestaltet, so daß ihr Maßstab angemessen und überschaubar gezeichnet ist. Je nach dem Zeitraum der Projektaufgaben kann dieser Maßstab sich auf Tag, Woche, Monat usw. beziehen. Er hängt grundsätzlich von der Differenz bzw. dem Zeitintervall zwischen Anfangs- und Enddatum ab, welches besagt, wann eine oder mehrere Projektaufgaben frühestens zu erfüllen und spätestens zu erledigen sind. Außerdem werden das Zeitintervall mit der Dimension und das Datum zusammen an der Zeitachse angelegt. In *Abb. 5.III.C.2. - 1* ist das Zeitintervall ein Monat (Dimension) und das Datum ab September 1993. Darüber hinaus ist die zeitliche Geltung jeder Projektaufgabe auch übersichtlich als zusätzliche Information integriert dargestellt.

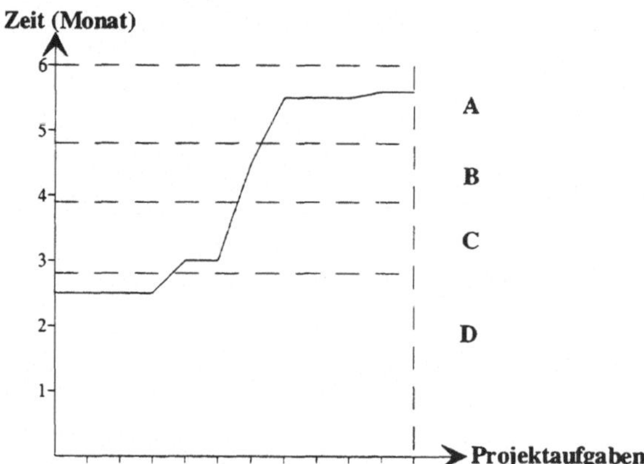

Abb. 5.III.C.2. - 2. **Die Einteilung der Projektaufgaben in einer Höheren Projektorganisationseinheit bezüglich zeitlicher Geltung**

Die weitere Klassifizierung der Projektaufgaben, welche lediglich nach ihrer zeitlichen Geltung durchgeführt wird, erfordert grundsätzlich die Schwellenwerte. Diese Schwellenwerte werden vom Anwender dem Bedarf entsprechend angegeben und dienen insofern als Abgrenzungskriterien zur Klassifizierung der Projektaufgaben. Dazu ist als nächstens zu definieren, daß die zeitliche Geltung der Projektaufgabe pf_i durch den Wert von PT_i repräsentiert wird, welcher sich aus dem Intervall $[pt_{si}, pt_{ei}]$ ergibt:

$$PT_i = pt_{ei} - pt_{si},$$

wobei pt_{si} einen Startdatum bzw. -zeitpunkt zur Erfüllung der Projektaufgabe pf_i ausdrückt und pt_{ei} dagegen ein Enddatum bzw. -zeitpunkt zur Erledigung der Projektaufgabe pf_i festlegt. Der Wert PT_i kann in der Regel durch entsprechende Dimension von Tag, Woche, Monat usw. präzisiert werden. Mit einem angegebenen Satz von Schwellenwerten können die Projektaufgaben in einer Höheren Projektorganisationseinheit klassifiziert werden, das heißt, daß jede Projektaufgabe ihrer zeitlichen Geltung

(**PT**$_i$) zufolge in die Kategorie A, B, C oder D eingeordnet wird. Daraus ergibt sich eine überschaubare graphische Darstellung, in der die Projektaufgaben nach steigenden Werten von ihrer zeitlichen Geltung an der Horizontalachse (Projektaufgaben) geordnet sind. Diese graphische Darstellung wird in *Abb. 5.III.C.2. - 2* beispielsweise gezeigt. So ist aus einem derartigen Schaubild deutlich zu erkennen, welche Projektaufgaben in der Höheren Projektorganisationseinheit über einen Monat, ein Quartal oder ein Halbjahr hinausgehen. Es läßt sich auch feststellen, ob die gesamte zeitliche Dauer der Höheren Projektorganisationseinheit durch die längsten zu erfüllenden Projektaufgaben oder durch mehrere nacheinander zu erfüllende Projektaufgaben bestimmt wird. Diese Kenntnis wird auch durch dieses Schaubild zum Ausdruck gebracht. Untrennbar und gemeinsam bilden diese zwei Schaubilder, die in *Abb. 5.III.C.2. - 1* und *Abb. 5.III.C.2. - 2* dargestellt sind, eine Grundlage über die zu erfüllenden Projektaufgaben mit den Kennzeichnungen ihrer zeitlichen Geltungen, welche für den Unternehmensleiter oder Projektleiter zur Bewertung und zur Entscheidung eines Projektmanagements bei der Definition der Projektaufgaben benutzt werden können.

❑ **Arbeitsobjekte nach Ver-/Gebrauchshäufigkeit, Erzeugungshäufigkeit, durchschnittlicher Erzeugungsdauer und durchschnittlicher Erzeugungskapazität**

Ausgehend von der Analyse und Bewertung der Projektaufgaben, d.h. der Klassifizierung der Projektaufgaben, ist ebenfalls die Klassifizierung der von ihnen verarbeiteten bzw. erzeugten Arbeitsobjekte. Unter diesen vier Aspekten können die einzelnen Arbeitsobjekte ebenfalls mit den entsprechenden Schwellenwerten, die vom Anwender bedarfsgemäß angegeben werden, in eine bestimmte Kategorie eingeordnet werden. Eine derartige Klassifizierung der Arbeitsobjekte, welche in dieser Weise durchgeführt wird, schafft einen wunschgemäßen Überblick, in der die Arbeitsobjekte jeweils nach ihrer Ver-/Gebrauchshäufigkeit, Erzeugungshäufigkeit, Erzeugungsdauer und durchschnittlichen Erzeugungskapazität in einer Höheren Projektorganisationseinheit übersichtlich und graphisch dargestellt werden. Diese Ergebnisse werden gleich wie in dem derivativen Segment der Ständigen Aufbauorganisation graphisch dargestellt. So werden sie hier nicht mehr ausführlich dargelegt.

❑ **Die kooperations- und koordinationsbedürftige Erfüllung der Projektaufgaben und die dazu benötigten Arbeitsobjekte**

Der Arbeitszusammenhang zwischen den Teilprojekten (Arbeitsgruppen) bei der Erfüllung der Projektaufgaben erfordert weitgehend die Koordination der Projektleitung einerseits und die Kooperation der Projektteilnehmer andererseits. Dieser Arbeitszusammenhang läßt sich auf zwei Ebenen unterscheiden: Die Ebene der Projektstelle und die Ebene der Höheren Projektorganisationseinheit. Der Arbeitszusammenhang der Ebene der Projektstelle bedeutet schließlich die Kommunikation zwischen den Projektstellen, die von der Erfüllung der Projektaufgaben erfordert wird und sich auf eine Höhere Projektorganisationseinheit bezieht. Demgegenüber findet der Arbeitszusammenhang der Ebene der Höheren Projektorganisationseinheit seinen Ausdruck in der Kommunikation zwischen den Höheren Projektorganisationseinheiten. Aus diesen zwei unterschiedlichen Kommunikationen ergeben sich auch entsprechend zwei Arten zur Erfüllung der Projektaufgaben, welche organisationseinheitbezogen und organisationseinheitübergreifend sind. Hier wird im wesentlichen die organisationseinheitübergreifende Erfüllung der Projektaufgaben, die hierfür *Schnittstellenauf-*

gaben genannt werden, und die dazu benötigten Arbeitsobjekte, die für die Kommunikation zwischen den Höheren Projektorganisationseinheiten als Austauschmedium gekennzeichnet werden und zugleich als *Interaktionsarbeitsobjekte* gelten, in einer Höheren Projektorganisationseinheit analysiert und bewertet. Durch die Angabe der Schwellenwerten können die analysierten Ergebnisse auch gleich wie in dem derivativen Segment der Ständigen Aufbauorganisation graphisch und tabellarisch klassifiziert dargestellt werden. Diese graphischen und tabellarischen Darstellungen bilden auch einen Bestandteil des derivativen Segments der Projektorganisation. Sie dienen dem Unternehmensleiter und Projektleiter dazu, eine weitere Entscheidungsunterlage hinsichtlich des Koordinationsaufwands bei der Erfüllung der organisationseinheitübergreifenden Projektaufgaben zu unterbreiten.

❑ **Die Einsatzplanung der Personen nach Wertangleich zwischen dem Qualifikationsgrad der Personen und dem Anforderungsgrad der Projektstellen**

Die Kooperation und die Koordination sind sehr wichtig und liegen in der Regel auch der reibungslosen und produktiven Erfüllung der zeitlich beschränkten Projektaufgaben zugrunde. Auf anderer Seite ist es auch entscheidend bei der erfolgreichen Abwicklung eines Projektes, die Fachkräfte auf den geeigneten Projektstellen einzusetzen. Die Fachkräfte sollen den Anforderungen der Projektstellen entsprechend die fachlichen Qualifikationen innehaben. Dazu ist eine Einsatzplanung der Personen bzw. der Fachkräfte von großer Bedeutung, in welcher die Diskrepanz zwischen dem Qualifikationsgrad (**Qg**) der Personen und dem Anforderungsgrad (**Ag**) der Projektstellen möglichst klein sein soll. Durch Qualifikations- und Anforderungsgrad können sowohl die Personen als auch die Projektstellen in einer Höheren Projektorganisationseinheit en detail beschrieben werden. Auf dieser Basis kann die Stellenbesetzung in einer Höheren Projektorganisationseinheit exakt bewertet werden, und zwar nach den vom Anwender angegebenen Kriterien. Dabei ist zunächst anzudeuten, daß der Qualifikationsgrad der Personen und der Anforderungsgrad der Projektstellen auch hier durch ihren Wertbereich (**0, 100**] gekennzeichnet werden. Der Anwender kann ebenfalls drei Kriterien angeben, mit denen der Stand der Stellenbesetzung umfassend und quantitativ analysiert und bewertet werden kann und die die maximale positive Diskrepanz, maximale negative Diskrepanz und die ideale Zuordnung zwischen Personen und Projektstellen zum Ausdruck bringen. Diese drei Kriterien sind in dem Abschnitt *5.III.C.1* „*T1. Charakterisierung der Höheren Organisationseinheit*" detailliert beschrieben. So werden sie hier nicht nochmal erläutert.

Gleicherweise werden die analysierten Ergebnisse, die die Stellenbesetzung und den Personalstand nach diesen drei Kriterien wiedergeben, durch ein graphisches Schaubild (wie in *Abb. 5.III.C.1. - 2* gezeigt) übersichtlich dargestellt, in welchem offenbar erkannt wird, ob die Personen bzw. Fachkräfte in einer Höheren Projektorganisationseinheit ideal, zufriedenstellend oder unbefriedigt auf den Projektstellen eingesetzt werden, d.h. auch, ob die über- oder unterqualifizierten Personen bzw. Fachkräfte auf den Projektstellen eingesetzt werden. Zu diesem Schaubild wird ergänzend noch eine Tabelle (wie *Tab. 5.III.C.1. - 1*) beigefügt, in der die ausführliche und quantitative Differenz zwischen den Anforderungen der Projektstellen und den Qualifikationen der darauf eingesetzten Personen klargelegt wird.

Hinsichtlich der verschiedenartigen Projektstellen können sich auch graphische und tabellarische Darstellungen auf eine bestimmte Art der Projektstellen beziehen. Die Analyse und Bewertung der Stellenbesetzung kann begrenzt auf einige Projektstellen, die von der gleichen Art sind, durchgeführt werden. So kann die Stellenbesetzung noch sachgerechter und präziser unter der gleichen Art der Projektstellen bewertet werden. Aus dieser Bewertung und deren graphischen sowie tabellarischen Darstellungen ergibt sich eine stellenartbezogene Grundlage, die im allgemeinen als die Entscheidungsunterlage für den Unternehmensleiter oder Projektleiter bei der weiteren Verbesserung der Einsatzplanung der Personen oder die Bildung der Projektstellen dienen kann und ferner im Zusammenhang mit dem gesamten Überblick über die Besetzung aller Projektstellen eine fundierte Managementunterlage zur Unterstützung der Einstellung der Personen auf den meisten geeigneten Projektstellen bilden soll. So wird es immer in der Einstellung der Personen bzw. Fachkräfte zur Erfüllung der Projektaufgaben sowie im ganzen zur Abwicklung eines Projektes angestrebt, daß jede Projektstelle von der am besten qualifizierten Fachkraft besetzt werden soll. Infolgedessen können die Projektaufgaben fachgerecht ausgeführt werden und kann weiterhin ein Projekt termingerecht wie auch erfolgreich abgewickelt werden. Aus den wirtschaftlichen, organisatorischen und sozialen Überlegungen soll jedoch immer möglichst ausgewogen werden, einerseits die am besten qualifizierte Person auf der geeignetsten Projektstelle einzustellen, gleichzeitig die Kosten zu senken und in demselben Maße das persönliche Ziel sowie die Entfaltung der Eignung zu befriedigen.

❑ **Die zeitliche Geltung der Höheren Projektorganisationseinheiten für die Abwicklung der Projekte**

Als die letzte Charakterisierung der Höheren Projektorganisationseinheiten wird die zeitliche Geltung, die die zeitliche Dauer der Höheren Projektorganisationseinheiten zum Ausdruck bringt, für das weitere Kriterium erachtet. In der Tat repräsentiert jede Höhere Projektorganisationseinheit ein bestimmtes Projekt oder Teilprojekt. So bedeutet die zeitliche Geltung einer Höheren Projektorganisationseinheit auch die zeitliche Planung zur Abwicklung eines Projektes oder eines Teilprojektes, das sich wiederum aus verschiedenen Projektaufgaben zusammensetzt. Die Projektaufgaben sind auch durch ihre zeitliche Geltung geprägt und werden grundsätzlich auf den Projektstellen als die fachliche Zuständigkeit definiert. Demzufolge sind die Projektstellen überhaupt von ihren Projektaufgaben abhängig. Dazu sind einige Symbole zu definieren, die die zeitliche Geltung der Projektorganisationseinheiten darstellen, um die zeitliche Planung zur Abwicklung eines Projektes mengenmäßig zu analysieren und zu bewerten.

Die der Höheren Projektorganisationseinheit $\mathbf{ph}_x$ unmittelbar unterstellten Projektorganisationseinheit, d.h. die Höheren Projektorganisationseinheiten $(ph_1, ph_2, ..., ph_n)$ und die Projektstellen $(ps_1, ps_2, ..., ps_m)$, ergeben sich aus:

$$\Psi_H\,(\mathbf{ph}_x) := \{ph_1, ph_2, ..., ph_n\} \quad \text{und} \quad \Psi_S\,(\mathbf{ph}_x) := \{ps_1, ps_2, ..., ps_m\}.$$

Für jede Höhere Projektorganisationseinheit $\mathbf{ph}_i$ $(i \in \{1, 2, ..., n\})$ und jede Projektstelle $\mathbf{ps}_j$ $(j \in \{1, 2, ..., m\})$ gibt es ein bestimmter Zeitraum, durch den ihre zeitliche Geltung gedeutet wird:

- Das Intervall $[\mathbf{T}_{si}, \mathbf{T}_{ei}]$ kennzeichnet einen gültigen Zeitraum von der Höheren Projektorganisationseinheit $\mathbf{ph}_i$ $(i \in \{1, 2, ..., n\})$ mit Start- $(\mathbf{T}_{si})$ und Endzeitpunkt $(\mathbf{T}_{ei})$.

- Das Intervall $[t_{sj}, t_{ej}]$ kennzeichnet ebenso einen gültigen Zeitraum, aber von der Projektstelle ps_j ($j\in\{1, 2, ..., m\}$) mit Start- (t_{sj}) und Endzeitpunkt (t_{ej}).

Der gesamte Zeitraum $[T_{sx}, T_{ex}]$ von $\mathbf{ph_x}$ wird aus folgenden Aussagen hergeleitet:

$$T_{sx} = Min\{t_{s1}, t_{s2}, ..., t_{sm}, T_{s1}, T_{s2}, ..., T_{sn}\} \text{ und}$$

$$T_{ex} = Max\{t_{e1}, t_{e2}, ..., t_{em}, T_{e1}, T_{e2}, ..., T_{en}\}.$$

Weiterhin wird der eigene Zeitraum $[T_{sx}^E, T_{ex}^E]$ von $\mathbf{ph_x}$ definiert durch:

$$T_{sx}^E = Min\{t_{s1}, t_{s2}, ..., t_{sm},\} \text{ und}$$

$$T_{ex}^E = Max\{t_{e1}, t_{e2}, ..., t_{em},\}.$$

Der Unterschied zwischen dem gesamten und dem eigenen Zeitraum einer Höheren Projektorganisationseinheit liegt darin: der gesamte Zeitraum schließt die zeitlichen Geltungen von allen disziplinarisch unmittelbar unterstellen Projektstellen sowie Höheren Projektorganisationseinheiten ein, und der eigene Zeitraum wird nur durch die disziplinarisch unmittelbar unterstellten Projektstellen ausgeprägt. Falls der Höheren Projektorganisationseinheit $\mathbf{ph_x}$ disziplinarisch keine weitere Höhere Projektorganisationseinheit untersteht, so ist der gesamte Zeitraum $[T_{sx}, T_{ex}]$ mit dem eigenen Zeitraum $[T_{sx}^E, T_{ex}^E]$ völlig identisch ($T_{sx}=T_{sx}^E$ und $T_{ex}=T_{ex}^E$). Da jede Höhere Projektorganisationseinheit auch ein entsprechendes Projekt oder Teilprojekt repräsentiert, ergeben sich daraus zwei zeitliche Geltungen (gesamte und eigene) der Höheren Projektorganisationseinheit, welche zugleich die zeitliche Planung zur Abwicklung des Projektes oder Teilprojektes bestimmen:

$$TG_x = T_{ex} - T_{sx}, \quad \text{eine gesamte zeitliche Geltung von } \mathbf{ph_x} \text{ und}$$

$$TG_x^E = T_{ex}^E - T_{sx}^E, \quad \text{eine eigene zeitliche Geltung } \mathbf{ph_x}.$$

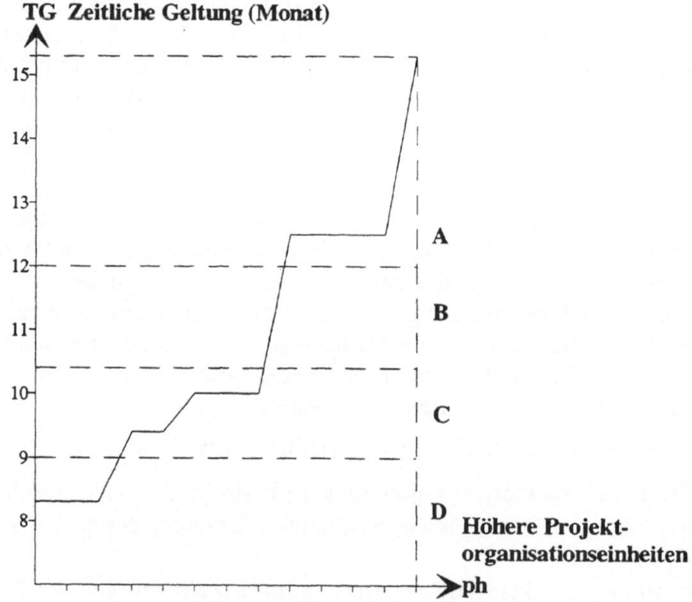

Abb. 5.III.C.2. - 3. Die Einteilung der Höheren Projektorganisationseinheit bezüglich gesamter zeitlicher Geltung TG

Mit diesen zwei zeitlichen Geltungen **TG** (gesamte) und $\mathbf{TG}^E$ (eigene) wird die zeitliche Planung zur Abwicklung eines Projektes oder Teilprojektes in einer Höheren Projektorganisationseinheit je nach Bedarf separat analysiert und bewertet. Hierbei ist zu berücksichtigen, daß die Dimension (wie z.B. Jahr, Monat, Tag usw.), die diese zwei zeitlichen Geltungen mit bestimmter Einheit beschreibt, flexibel ist und hierfür vom Anwender angegeben wird. So können die berechneten Werte **TG** und $\mathbf{TG}^E$ von den Höheren Projektorganisationseinheiten nach der Vorstellung des Anwenders überschaubar und wunschgemäß graphisch dargestellt werden.

In *Abb. 5.III.C.2. - 3* werden alle Höheren Projektorganisationseinheiten nach ihren gesamten zeitlichen Geltungen mit den steigenden Werten geordnet dargestellt, wobei die angegebene Dimension Monat ist. In diesem Schaubild ist deutlich zu sehen, wie die zeitliche Planung oder die Dauer einzelner Höherer Projektorganisationseinheiten verläuft, d.h. auch einzelner Projekte oder Teilprojekte. Mit den vom Anwender angegebenen Schwellenwerten, z.B. einem Satz von Schwellenwerten (**12, 10.4, 9**), können ferner die Höheren Projektorganisationseinheiten systematisch eingeordnet werden, z.B. in die Kategorie **A**, **B**, **C** oder **D**. Auf der ph-Achse muß sich eine Höhere Projektorganisationseinheit als oberste Instanz ergeben, dem die anderen disziplinarisch unmittelbar oder mittelbar unterstellt sein sollen. Daraus wird auch die Information gewonnen, ob das Projektmanagement in einer Höheren Projektorganisationseinheit kurzfristig oder mittelfristig gestaltet werden soll.

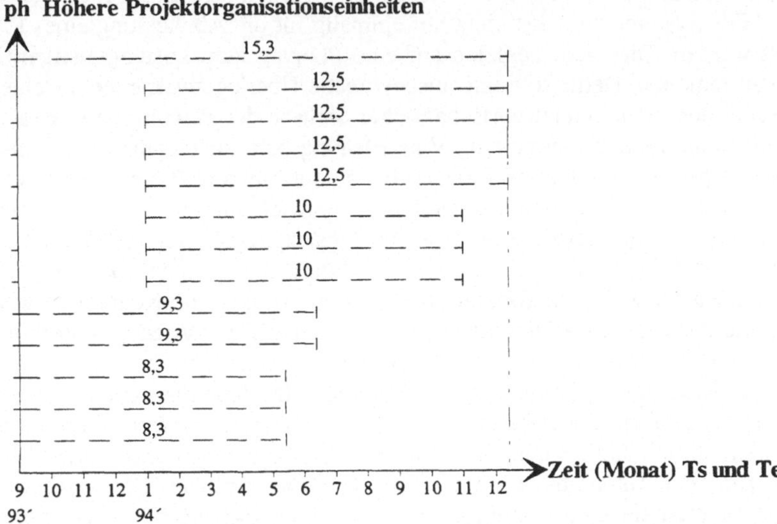

Abb. 5.III.C.2. - 4. *Zeitliche Planung der Höheren Projektorganisationseinheit bezüglich Start-* (T_s^E) *und Endzeitpunkts* (T_e^E)

Die zeitliche Planung zur Abwicklung eines Projektes oder Teilprojektes bestimmt auch den Zeitraum der entsprechenden dafür gestalteten Höheren Projektorganisationseinheit. Dieser Zeitraum ist, wie oben beschrieben, durch den Startzeitpunkt ($\mathbf{T}_s$) und den Endzeitpunkt ($\mathbf{T}_e$) abgegrenzt und legt zugleich die Reihenfolge zur Abwicklung einzelner Teilprojekte fest. In *Abb. 5.III.C.2. - 4* wird eine zeitliche Planung zur Abwicklung eines Projektes gezeigt, welches sich weiter in mehrere Teilprojekte aufgliedern läßt. So wird die Reihenfolge zur Abwicklung der einzelnen Teilprojekte in diesem Schaubild übersichtlich dargestellt, wobei die zeitliche Geltung **TG** von jeder Höheren Projektorganisationseinheit, d.h. vom jeden Teilprojekt, in dem graphischen Schaubild mit einbezogen wird. Der Maßstab an der Zeitachse ist variabel und hängt von den bewerteten Start- (T_s) und Endzeitpunkten (T_e) ab. Die Höheren Projektorganisationseinheiten werden zuerst nach ihren Startzeitpunkten (T_s) geordnet und an der ph-Achse aufgelistet.

❏ **Die zeitliche Planung für den Einsatz der DV-Systeme zur Unterstützung der effektiven Abwicklung eines Projektes**

Hinsichtlich der DV-gestützten Erfüllung der Projektaufgaben bringt die Einsatzplanung der DV-Systeme zum Ausdruck, daß es sich nicht nur um die effektive Unterstützung der Abwicklung eines Projektes, sondern vielmehr um die einmalige sowie kostengünstige Einsetzung der DV-Systeme handelt. Dieser einmalige Charakter vom Projekt legt auch eine bestimmte Zeit fest, für die die benötigten DV-Systeme zur Unterstützung der Erfüllung der Projektaufgaben eingesetzt werden sollen. Dazu sind zwei Fälle zu unterscheiden: Zum einen können die eingesetzten DV-Systeme nach der Abwicklung eines Projektes zum großen Teil nicht mehr gebraucht werden, was möglichst vermieden werden soll; und zum anderen können sie weitergehend innerhalb eines Unternehmens oder dessen Fachbereiche zur Erfüllung der Aufgaben oder der weiteren Projektaufgaben eingesetzt werden. Es wird lohnend angestrebt, daß die eingesetzten DV-Systeme tunlichst nicht nur einmalig für die Abwicklung eines Projektes beschafft werden. Dies geht zugleich auf eine Planung zum kostengünstigen Einsatz der DV-Systeme ein. Dafür soll eine ausgewogene Überlegung aus technischer, organisatorischer und nicht zuletzt wirtschaftlicher Sicht in der Planung bzw. Beschaffung der DV-Systeme berücksichtigt sein. Eine Planung zum kostengünstigen Einsatz der DV-Systeme für die Projektabwicklung soll sich auf mehrere Projekte erstrecken und darüber hinaus in die Planung der Organisationsentwicklung eines Unternehmens integriert werden. Insofern beruht eine derartige Einsatzplanung der DV-Systeme konsequenterweise auf der Analyse der bereits im Unternehmen eingesetzten DV-Systeme und der Aufbau- sowie Ablauforganisation. Daraus können die Kenntnisse gewonnen werden, wie die bereits im Unternehmen eingesetzten DV-Systeme weiterhin für die Abwicklung eines Projektes ausgenutzt werden können, oder wie eine sachgerechte Planung zur Beschaffung der neuen DV-Systeme aufzustellen ist. Diese Planung steht im Zusammenhang mit der gesamten Planung zum Einsatz und zur Beschaffung der DV-Systeme für die Abwicklung der Projekte im Unternehmen und schließlich für die Unterstützung der Automatisierung der Aufgabenerfüllung Jedes DV-System in dieser Einsatzplanung ist für eine bestimmte Zeit zur Unterstützung der Abwicklung eines Projektes vorgesehen, so wird die Einsatzplanung vorwiegend mit der zeitlichen Einsetzung und Verwendung der Hardware sowie Software identifiziert. Im allgemeinen wird eine umfassende Einsatz- bzw. Beschaffungsplanung der DV-Systeme als eine der wichtigen Managementaufgaben im Zusammenhang mit der Planung und Entwicklung der Organisation, insbesondere der Systemkonfiguration, eines Unternehmens betrachtet. Sie wird im vorherigen Abschnitt *5.III.C.4. Die Erstellung des derivativen Segments der Dokumentation / Die Systemkonfiguration* eingehend diskutiert.

Die Einsetzung und Verwendung der DV-Systeme in der Organisation des Projektmanagements wird allemal durch die zu erfüllenden Projektaufgaben bestimmt, welche je nach ihrer Komplexität der erhältlichen sowie einsatzbaren DV-Systeme und der Kosten teils automatisiert oder noch manuell erfüllt werden können. Die zeitliche Planung zum Einsatz der DV-Systeme hängt lediglich von denjenigen Projektaufgaben ab, die voll oder teils DV-gestützt erfüllt werden sollen. So bestimmt die zeitliche Geltung dieser Projektaufgaben zugleich die zeitliche Planung der benötigten DV-Systeme. Die in *Abb.5.III.C.2. - 2* dargestellte Reihenfolge zur Erfüllung der Projektaufgaben mit der Zeitangabe kann sich zweifellos auf die Darstellung der zeitlichen Planung zum Einsatz der benötigten DV-Systeme übertragen.

In einer Höheren Projektorganisationseinheit (z.B. ph_x) ergeben sich alle disziplinarisch unmittelbar unterstellten Projektstellen ps_i ($i \in \{1, 2 ..., n\}$) aus:

$$ps_i \in \Psi_S (ph_x) := \{ps_1, ps_2, ..., ps_n\}.$$

Die Projektaufgaben pf_j ($j \in \{1, 2 ,..., m\}$), die in dieser Höheren Projektorganisationseinheit ph_x individuum-/teambezogen erfüllt werden, werden festgestellt durch:

$$pf_j \in \gamma(ph_x) \cup \Gamma(ph_x) := \{pf_1, pf_2, ..., pf_m\} \text{ und } \Gamma(ph_x) := Y \gamma(ps_i) \text{ mit } ps_i \in \Psi_{PS}(ph_x),$$

wobei die Abbildung $\gamma(ph_x)$ eine endliche Menge von teambezogenen Projektaufgaben darstellt und die Abbildung $\Gamma(ph_x)$ eine endliche Menge von allen individuumbezogenen Projektaufgaben bildet. Aus diesen zwei Mengen kann eine endliche Menge von den Anwendungssystemen sw_i ($i \in \{1, 2 ..., k\}$), die zur Unterstützung der Erfüllung der Projektaufgaben pf_j in der Höheren Projektorganisationseinheit ph_x eingesetzt werden sollen, herausgestellt werden:

$$sw_i \in Y \vartheta_F (pf_j) := \{sw_1, sw_2, ..., sw_k\} \text{ mit } pf_j \in \gamma(ph_x) \cup \Gamma(ph_x).$$

Aufgrund der zeitlichen Geltung jeder Projektaufgabe pf_j, welche durch ein zeitliches Intervall (Zeitraum) $[pt_{si}, pt_{ei}]$ und die Dauer PT_i dargestellt wird, kann eine zeitliche Planung für die Verwendung der DV-Systeme, d.h. der Anwendungssysteme sw_i, aufgestellt werden. In dieser Planung kommen detailliert das zeitliche Intervall $[swt_{si}, swt_{ei}]$ mit dem Start- (swt_{si}) sowie Endzeitpunkt (swt_{ei}) und die zeitliche Geltung SWT_i zum Einsatz jedes Anwendungssystems (Software) sw_i als die wesentlichen Inhalte zum Ausdruck. Es kommt häufiger vor, daß ein Anwendungssystem (Software) zur Unterstützung der Erfüllung mehrerer Projektaufgaben eingesetzt ist, so werden die zeitliche Geltung SWT_i und das zeitliche Intervall $[swt_{si}, swt_{ei}]$ solcher Anwendungssysteme berechnet durch:

$$swt_{si} = Min\{pt_{s1}, pt_{s2}, ..., pt_{sm}\} \text{ und}$$

$$swt_{ei} = Max\{pt_{e1}, pt_{e2}, ..., pt_{em}\},$$

wobei die Projektaufgabe pf_j ($j \in \{1, 2 ..., m\}$) mit dem zeitlichen Intervall $[pt_{si}, pt_{ei}]$ wiedererkannt wird. Die Projektaufgabe pf_j ergibt sich im Zusammenhang mit dem Anwendungssystem sw_i aus:

$$pf_j \in \varphi_F(sw_i),$$

die letztlich als eine Bedingung für die Berechnung des Start- (swt_{si}) und Endzeitpunktes (swt_{ei}) zur Verwendung des Anwendungssystems sw_i gelten soll. So wird die zeitliche Geltung des Anwendungssystems sw_i in gleicher Weise wie bei den Projektaufgaben festgestellt:

$$SWT_i = swt_{ei} - swt_{si}.$$

Mit den Werten von der zeitlichen Geltung SWT_i und dem zeitlichen Intervall (Zeitraum) $[swt_{ei}, swt_{si}]$ soll ein Überblick über die zeitliche Planung zum Einsatz der Anwendungssysteme (Software) zur Unterstützung der Erfüllung der Projektaufgaben gegeben werden. Die zeitliche Planung wird auch nach dem Wunsch des Anwenders ähnlich wie in *Abb. 5.III.C.2. - 1* übersichtlich und graphisch dargestellt. Mit dem Wert (SWT_i) der zeitlichen Geltung des Anwendungssystems (Software) sw_i kann die weitere Analyse sowie Klassifizierung der Anwendungssysteme, die in einer Höheren Projektorganisationseinheit für die Projektabwicklung eingesetzt sind, wunschgemäß durch die vom Anwender angegebenen Schwellenwerte durchgeführt werden. So wird ermittelt, welche Anwendungssysteme während der Projektabwicklung zeitweilig oder dauernd verwendet werden.

Aus der endlichen Menge $Y\vartheta_F (pf_j):=\{sw_1, sw_2, ..., sw_k\}$ mit $pf_j \in \gamma(ph_x) \cup \Gamma(ph_x)$ ergibt sich auch eine weitere endliche Menge von DV-Systemen, die aber als Voraussetzungen zum Betreiben des Anwendungssystems sw_i gelten. Die Bildung derartiger Voraussetzungen läßt sich durch diese Funktion darstellen:

$$\delta : \quad SW \to 2^{DVS}, \quad \delta(sw_i):= SW_i^\delta \cup HW_i^\delta,$$

wobei die zwei Teilmengen gekennzeichnet werden durch:

$SW_i^\delta := \{sw \in SW | sw$ als eine Voraussetzung von Software $sw_i\}$ und

$HW_i^\delta := \{hw \in HW | hw$ als eine Voraussetzung von Software $sw_i\}$.

In einer Höheren Projektorganisationseinheit lassen sich alle vorausgesetzte Software darstellen durch:

$$SW^\delta := \overset{k}{\underset{i=1}{Y}} SW_i^\delta .$$

Für die vorausgesetzte Software (als Element von der endlichen Menge von Software SW^δ) kann auch eine entsprechende Einsatz- bzw. Beschaffungsplanung aufgestellt werden. Diese vorausgesetzte Software wird zwar nicht direkt zur Unterstützung der Erfüllung der Projektaufgaben eingesetzt, aber für notwendig gehalten.

Die endliche Menge von Hardware HW_i^δ bringt auch die für die Projektabwicklung benötigte Hardware zum Ausdruck. So kennzeichnet die endliche Menge HW^δ jede in einer Höheren Projektorganisationseinheit benötigte Hardware, die sich ergibt aus:

$$HW^\delta := \overset{k}{\underset{i=1}{Y}} HW_i^\delta .$$

Hinsichtlich der lokalen sowie fernen Konfiguration der Hardware, die hier als Element von der endlichen Menge HW^δ gesehen wird und in der Regel von der Art des Hardwaresystems ist, und der DV-Ausstattung der Projektorganisationseinheit kann sich eine Einsatz- bzw. Beschaffungsplanung der Hardware für die Unterstützung der Erfüllung der Projektaufgaben ergeben. Diese Einsatz- bzw. Beschaffungsplanung der vorausgesetzten Hardware sowie Software beruht selbstverständlich auf der Analyse und Bewertung der benötigten DV-Systeme zur Notwendigkeit der Unterstützung der Projektabwicklung. Die analysierten und bewerteten Ergebnisse sind insofern in gleicher Weise wie die Anwendungssysteme je nach Wunsch übersichtlich und graphisch darzustellen und dienen als eine Grundlage für die Entscheidung zur Beschaffung und zur Einsetzung der DV-Systeme.

T2. Charakterisierung der Projektstelle

❑ Projektstellen nach mengenmäßiger Aufgabenverteilung bzw. gesamtem Belastungsgrad für die Erfüllung der Projektaufgaben

Die Analyse und Bewertung der Projektstellen bringt eigentlich den Vergleich der Projektstellen zum Ausdruck, welche gleich- oder ungleichrangig sein können und aus organisatorischer Sicht der gleichen Höheren Projektorganisationseinheiten disziplinarisch unmittelbar oder mittelbar unterstellt sind. Die Charakterisierung der Stelle bezieht sich immer auf eine bestimmte Höhere Projektorganisationseinheit. Unter Berücksichtigung verschiedener Arten der Projektstellen kann die Charakterisierung der Projektstellen je nach Wunsch lediglich auf eine Art der Projektstelle in einer Höheren Projektorganisationseinheit durchgeführt werden. Die Analysenmethoden und Kenntnisse, die bei der Analyse und Bewertung der Höheren Organisationseinheit gewonnen werden, lassen sich auf die Charakterisierung der einzelnen Projektstellen übertragen.

❑ Projektstellen nach zeitlicher Geltung (Dauer)

Aufgrund der zeitlichen Ausprägung der Projektorganisation wird auch die Analyse und Bewertung der Projektstellen unter der zeitlichen Geltung, d.h. der Existenzdauer der Projektstellen, hervorhebend durchgeführt. Dies ist letztlich der Unterschied zu den Stellen in der Ständigen Aufbauorganisation. Die Existenzdauer jeder Projektstelle ps_j wird ebenfalls durch ein Intervall $[t_{sj}, t_{ej}]$ gekennzeichnet, wobei der Wert t_{sj} und t_{ej} den Start- bzw. Endzeitpunkt bedeutet. So läßt sich die zeitliche Geltung einer Projektstelle ps_j darstellen durch:

$$tg_j = t_{ej} - t_{sj} .$$

Projektstellen

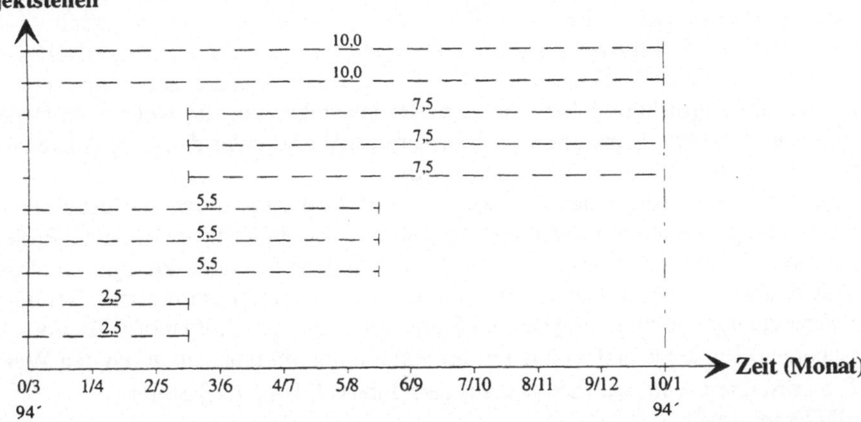

Abb. 5.III.C.2. - 5. Zeitliche Geltung der Projektstellen in einer Höheren Projektorganisationseinheit

Mit der zeitlichen Geltung tg_j können die Projektstellen in einer Höheren Projektorganisationseinheit deutlich dadurch klassifiziert werden, ob eine Projektstelle kurzfristig oder für eine relativ längere Zeit zur Erfüllung der Projektaufgaben eingerichtet ist. Diese zeitliche Geltung der Projektstellen in einer Höheren Projektorganisationseinheit läßt sich durch ein Schaubild veranschaulichen, das in *Abb. 5.III.C.2. - 5* mit dem Start- sowie Endzeitpunkt der Projektstellen aufgeführt wird. Die Projektstelle in dem Schaubild sind nach ihrem Endzeitpunkt geordnet. Daraufhin können die Projektstellen bezüglich ihrer zeitlichen Geltung durch die vom Anwender angegebenen Schwellenwerte, die je nach Wunsch durch Tag, Woche, Monat usw. dimensioniert werden können, in die jeweilige Kategorie klassifiziert werden. Diese analysierten bzw. bewerteten Ergebnisse können durch ein weiteres Schaubild (wie in *Abb. 5.III.C.2. - 5* dargestellt) als hilfreiche Entscheidungsgrundlage für die Personaleinstellung genutzt werden. Im Zusammenhang mit der Analyse und Bewertung der auf der jeweiligen Projektstelle definierten Projektaufgaben kann eine umfassende Kenntnis über einzelne Projektstellen gewonnen werden. Die Projektstellen und ihre Projektaufgaben müssen auch zusammen als eine Ganzheit betrachtet und bewertet werden, da sich die Projektstellen auch durch die Projektaufgaben bestimmen lassen und mit den Projektaufgaben identifiziert sind.

❏ **Projektaufgaben bezüglich Aggregation und Disaggregation nach mengen- mäßiger Aufgabenverteilung bzw. Belastungsgrad, Ausführungsfrequenz, Zeitaufwand und zeitlicher Geltung**

Hierbei läßt sich die Methode zur Analyse bzw. zur Charakterisierung der Stellen bezüglich ihrer Aufgaben (aus der Sicht der Ständigen Aufbauorganisation) unverän- dert auf die Analyse bzw. Charakterisierung der Projektstellen übertragen. Unter Be- rücksichtigung der Aggregation der Projektaufgaben, welche sich auch durch die *fa- kultative* (τ_F^+) und *obligatorische* (τ_F^*) Art unterscheidet, werden der Belastungsgrad, die Ausführungsfrequenz und der Zeitaufwand für die Erfüllung der aggregierten so- wie disaggregierten Projektaufgaben in gleicher Weise wie die Aufgaben im Sinne der Ständigen Aufbauorganisation berechnet.

Die graphischen Darstellungen, in denen die aggregierten wie auch disaggregierten Projektaufgaben (wie die Aufgaben der Ständigen Aufbauorganisation in *Abb. 5.III.C.1. - 5* und *Abb. 5.III.C.1. - 6*) zusammen gestellt werden, erstellen einen detaillierten und anschaulichen Überblick über den Umfang und den Schwerpunkt der zu erfüllenden Projektaufgaben von jeder Projektstelle. Für die weitere Anforderung können die Projektaufgaben bezüglich dieser drei Werte unter den vom Anwender an- gegebenen Schwellenwerten analysiert werden.

Für die Abwicklung eines Projektes, welche allerdings durch die detaillierte und mengenmäßige Verteilung der Projektaufgaben auf die einzelnen Höheren Projektor- ganisationseinheit (Projektgruppe oder Projektstellen) zustande kommt, steht selbst- verständlich die zeitliche Geltung im Vordergrund. Durch diese zeitliche Geltung sind die Projektaufgaben von Aufgaben im Sinne der Ständigen Aufbauorganisation zu un- terscheiden. Die zeitliche Geltung der Projektaufgabe **pf**$_i$ läßt sich durch den Wert von **PT**$_i$ repräsentiert wird, welcher sich aus dem Intervall [**pt**$_{si}$, **pt**$_{ei}$] ergibt:

$$\mathbf{PT}_i = \mathbf{pt}_{ei} - \mathbf{pt}_{si},$$

wobei **pt**$_{si}$ ein Startdatum bzw. -zeitpunkt zur Erfüllung der Projektaufgabe **pf**$_i$ aus- drückt und **pt**$_{ei}$ dagegen einen Enddatum bzw. -zeitpunkt zur Erledigung der Projekt- aufgabe **pf**$_i$ festlegt. Durch den Wert **PT**$_i$ und das Intervall [**pt**$_{si}$, **pt**$_{ei}$] kann sich für jede Projektstelle ein anschauliches Schaubild (wie in *Abb. 5.III.C.2. - 4*) ergeben, in wel- chem lediglich die Projektaufgaben als fachliche Zuständigkeit auf einer Projektstelle definiert sind. Aus diesem Schaubild ist leichter festzustellen, in welchem Zeitraum und wie lang die Projektaufgaben von einer Projektstelle erfüllt werden sollen. Weiterhin kann der Anwender immer noch durch die angegebenen Schwellenwerte die Projektaufgaben von einer Projektstelle bezüglich ihrer zeitlichen Geltung systematisch analysieren und klassifizieren. Die sich daraus ergebenden Ergebnisse werden auch durch eine graphische Darstellung (wie in *Abb. 5.III.C.2. - 2*) veranschaulicht, in der die Projektaufgaben zudem nach den steigenden Werten von ihrer zeitlichen Geltung an der Horizontalachse (Projektaufgaben) geordnet sind. So ist es durch dieses Schaubild deutlich zu erkennen, ob eine Projektstelle während ihrer gesamten Dauer ständig mit einigen Projektaufgaben oder wechselnd mit mehreren Projektaufgaben verbunden ist.

❑ **Arbeitsobjekte bezüglich Aggregation und Disaggregation nach Ver-/Gebrauchs-, Erzeugungshäufigkeit, durchschnittlicher Erzeugungsdauer und durchschnittlicher Erzeugungskapazität**

Die Charakterisierung der Projektstelle unter dem Aspekt von Belastungsgrad, Ausführungsfrequenz und gesamtem Zeitaufwand für die Erfüllung der Projektaufgaben kennzeichnet eine aufgabenbezogene Analyse und Bewertung der Projektstelle. Demgegenüber steht die arbeitsobjektbezogene Analyse und Bewertung der Stelle, die letztendlich aus der Analyse der Projektaufgaben abgeleitet werden soll, weil ein unteilbarer Zusammenhang zwischen den Projektaufgaben und Arbeitsobjekten entsteht. Eine umfassende und sachgerechte entscheidungsunterstützende Grundlage für die Planung der Projektstellen kann nur aus der Integration der aufgaben- sowie arbeitsobjektbezogenen Analyse und Bewertung der Projektstellen gebildet werden, womit sie ferner als eine anschauliche und vielsagende Berichterstattung über die Projektstellen dienen soll. Die zu analysierenden Arbeitsobjekte beziehen sich auf die jeweiligen Projektaufgaben, die als fachliche Zuständigkeit auf einer Projektstelle definiert werden. Alle Arbeitsobjekte, die von einer Projektstelle ver-/gebraucht oder erzeugt werden, werden wie bei der Analyse und Bewertung der Stelle (aus der Sicht der Ständigen Aufbauorganisation) durch gleiche Formeln analysiert.

So ergeben sich entsprechende graphische Darstellungen (wie die Aufgaben in *Abb. 5.III.C.1. - 1* gezeigt), die die Ergebnisse derartiger Analyse und Bewertung der Arbeitsobjekte für die Projektstelle veranschaulichen. In bezug auf die Aggregation und Disaggregation der Arbeitsobjekte werden ebenfalls die Analyse und Bewertung der Arbeitsobjekte auf diesen zwei entsprechenden Ebenen durchgeführt. Bei der Aggregation sind ebenfalls zwei Arten zu unterscheiden, nämlich die *fakultative* (τ_E^+) und die *obligatorische* (τ_E^*). Die Erzeugungshäufigkeit, -dauer und -kapazität der aggregierten Arbeitsobjekte von einer Projektstelle werden gleichwie die in der Ständigen Aufbauorganisation berechnet. Die analysierten Ergebnisse lassen sich integriert durch die Schaubilder (wie in *Abb. 5.III.C.1. - 5*) veranschaulichen.

T3. Änderungsbilanz zwischen den versionierten Gestaltungen einer Projektorganisation

Zur Abwicklung eines Projektes können sich verschiedene Gestaltungen der Projektorganisation ergeben, an denen sich das Projektmanagement ausrichtet. Die fundierte Entscheidung zur Auswahl einer geplanten Projektorganisation setzt allerdings sachgerechte Analyse und sorgfältigen Vergleich zwischen den Planungen zur Gestaltung der Projektorganisation voraus. Auf der anderen Seite werden die Änderungen des Projektmanagements aus der organisatorischen und wirtschaftlichen Sicht immer von Anfang an vorausschauend eingeplant, da es nicht genügt, daß der Unternehmensleiter oder Projektleiter einen bis in alle Details durchdachten und ausgearbeiteten Projektplan aufstellt und seine Durchführung organisiert. Sie muß auch weiter überwachen, ob die geplante Projektorganisation immer noch die positive Wirkung auf die Projektabwicklung ausübt. Werden die Abweichungen von der durchgeführten Planung festgestellt, so müssen diese Abweichungen analysiert und baldmöglichst korrigiert werden. Die Änderungen der Projektorganisation sollen auch zeitgerecht durchgeführt werden, um ein Projekt erfolgreich abzuwickeln. Der umfassende und sorgfältige Vergleich zwischen den alternativen (versionierten) Gestaltungen einer Projektorganisation, welche sich auf den aktuellen Stand wie auch auf die Planungen erstrecken, gewährleistet die erfolgreiche Abwicklung eines Projektes. Dafür sind eine Bezugsversion und die zu vergleichenden Versionen der Projektorganisation anzugeben. Entscheidungsunterstützend werden die analysierten und verglichenen Ergebnisse durch die graphischen und tabellarischen Darstellungen veranschaulicht.

❑ Vergleich zwischen den Höheren Projektorganisationseinheiten

Die versionierten Gestaltungen einer Projektorganisation sind grundsätzlich wie die Ständige Aufbauorganisation durch *strukturgleiche* oder *strukturverschiedene* Organisationen des Projektmanagements zu unterscheiden. Mit der Funktion Ψ_H kann präziser bewertet werden, ob die versionierten Gestaltungen einer Projektorganisation eine gleiche Aufbaustruktur besitzen.

Die Änderungsbilanz zwischen versionierten Gestaltungen der Projektorganisation läßt sich ähnlich wie in der Ständigen Aufbauorganisation aus folgenden Perspektiven betrachten, die auch grundsätzlich eine aufgabenbezogene, arbeitsobjektbezogene, stellenbezogene und systembezogene Analyse und Charakterisierung der Höheren Projektorganisationseinheiten offenbaren, wobei die zeitlichen Merkmale des Projektes als wesentlich hervorgehoben werden müssen:

- der Stand der Verteilung der Projektaufgaben bezüglich des durchschnittlichen Belastungsgrades,
- die Projektaufgaben hinsichtlich ihrer Ausführungsfrequenz, -dauer, ihres gesamten Zeitaufwands, ihres Belastungsgrades und ihrer zeitlichen Geltung,
- die Arbeitsobjekte nach ihrer Ver-/Gebrauchshäufigkeit, ihrer Erzeugungshäufigkeit, ihrer durchschnittlichen Erzeugungsdauer und ihrer durchschnittlichen Erzeugungskapazität,
- die Schnittstellenaufgaben unter Berücksichtigung ihrer Ausführungsfrequenz, -dauer, ihres gesamten Zeitaufwands, ihres Belastungsgrades und ihrer zeitlichen Geltung,
- die Interaktionsarbeitsobjekte bezüglich ihrer Ver-/Gebrauchshäufigkeit, ihrer Erzeugungshäufigkeit, ihrer durchschnittlichen Erzeugungsdauer und ihrer durchschnittlichen Erzeugungskapazität,
- die Einsatzplanung der Personen für die Besetzung der Projektstellen durch die Analyse des Qualifikationsgrades der Personen und des Anforderungsgrades der Projektstellen,
- die zeitliche Geltung der Höheren Projektorganisationseinheiten für die Abwicklung der Projekte,

- die zeitliche Einsatzplanung der DV-Systeme für die Unterstützung der effektiven Abwicklung eines Projektes

In der Änderungsbilanz sind die Unterschiede und die Gemeinsamkeiten der versionierten Gestaltungen einer Projektorganisation zu erkennen. Solche Unterschiede und Gemeinsamkeiten werden entscheidungsunterstützend durch übersichtliche Darstellungen veranschaulicht, welche bedeutende Bestandteile im derivativen Segment der Projektorganisation bilden und als Berichterstattung dienen können.

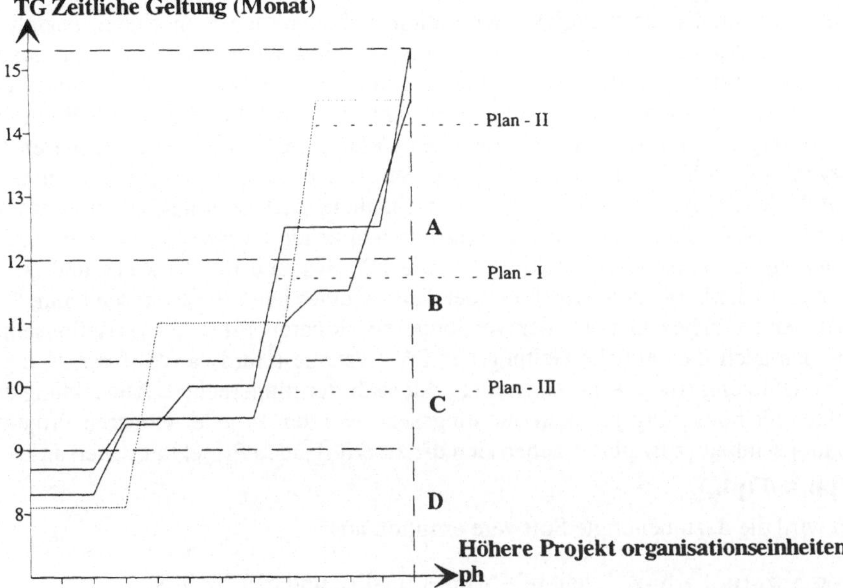

Abb. 5.III.C.2. - 6. *Vergleich zwischen den versionierten Höheren Projektorganisationseinheiten bezüglich gesamter zeitlicher Geltung TG*

Der Unterschied zwischen der Ständigen Aufbauorganisation und der Projektorganisation liegt in der zeitlichen Geltung der Projektaufgaben. Eine Projektorganisation ist im wesentlichen auch durch die zeitliche Ausprägung ausgezeichnet, durch die sie sich von der Ständigen Aufbauorganisation unterscheidet. Jede Höhere Projektorganisationseinheit ph_x ist grundsätzlich nur für eine bestimmte Zeit eingerichtet und läßt sich durch ein Intervall $[T_{sx}, T_{ex}]$ mit dem Start- (T_{sx}) und Endzeitpunkt (T_{ex}) darstellen. Jede Höhere Projektorganisationseinheit ist auch durch bestimmte Projektaufgaben oder ein Teilprojekt gekennzeichnet. Die erfolgreiche und zeitgerechte Abwicklung eines Projektes erfordert selbstverständlich das harmonische und reibungslose Zusammenspiel zwischen den Höheren Projektorganisationseinheiten, welches im allgemeinen durch eine durchdachte Aufbauorganisation des Projektmanagements geregelt wird. Demzufolge sind die zeitlichen Geltungen mancher Höheren Projektorganisationseinheiten nicht nur von der in sich zu erfüllenden Projektaufgaben, sondern auch von den ihr disziplinarisch unterstellten (mittelbar und unmittelbar) Höheren Projektorganisationseinheiten abhängig. So ergeben sich auch zwei zeitliche Geltungen für jede Projektorganisationseinheit: gesamte (TG_x) und eigene (TG_x^E) zeitliche Geltung. Mit diesen zwei zeitlichen Geltungen werden die versionierten Höheren Projektorganisationseinheiten bewertet und miteinander verglichen. Die unterschiedlichen zeitlichen Geltungen sind in der Regel auch mit unterschiedlichen Kosten gebunden, die zur Abwicklung eines Projektes benötigt werden. In *Abb. 5.III.C.2. - 6* wird eine Höhere Projektorganisationseinheit mit den Versionsausprägungen von drei Planungen hinsichtlich ihrer unterschiedlichen gesamten zeitlichen Geltung (**TG**) gezeigt. Bei dieser Bewertung und diesem Vergleich wird auch ein Satz von drei Schwellenwerten vom Anwender angegeben, mit welchen die versionierten Höheren Projektorganisationseinheiten in die Kategorie **A**, **B**, **C** oder **D** eingeordnet werden können. Die auf der ph-Achse gezeigten Höheren Projektorganisationseinheiten stehen in einem disziplinarischen Zusammenhang, worunter eine von oberster Instanz sein muß und die anderen ihr disziplinarisch unmittelbar oder mittelbar unterstellt sein sollen. Die Planung I ist in dieser Abbildung als die Bezugsversion gewählt. Gleichwohl können die Bewertung und der Vergleich mit der eigenen zeitlichen Geltung der versionierten Höheren Projektorganisationseinheiten durchgeführt werden. Die Ergebnisse lassen sich durch das Schaubild (wie in *Abb. 5.III.C.2. - 6*) veranschaulichen. Diese graphischen Darstellungen bilden letztendlich eine entscheidungsunterstützende Grundlage, mit der die Einsatzplanung der Personen (Fachkräfte) sowie DV-Systeme für die sach- und termingerechte Abwicklung eines Projektes oder Teilprojektes beeinflußt werden kann.

Aus der zeitlichen Geltung der versionierten Höheren Projektorganisationseinheit ergibt sich auch die zeitliche Geltung der DV-Systeme (Hardware/Software), die für die Unterstützung sowie Automatisierung der sach-/termingerechten Abwicklung eines Projektes für notwendig gehalten und eingesetzt werden. In jeder Höheren Projektorganisationseinheit (z.B. $\mathbf{ph_x}$) ergeben sich die zu erfüllenden Projektaufgaben aus:

$$\gamma(\mathbf{ph_x}) \cup \Gamma(\mathbf{ph_x}).$$

So wird die dazu benötigte Software ermittelt aus:

$$\mathbf{sw_i} \in Y \vartheta_F (\mathbf{pf_j}) \, Y \, \mathbf{SW}^\delta \cup \text{mit } \mathbf{pf_j} \in \gamma(\mathbf{ph_x}) \cup \Gamma(\mathbf{ph_x}) \text{ und } \mathbf{SW}^\delta := \overset{k}{\underset{i=1}{Y}} \mathbf{SW_i^\delta}$$

Aus der endlichen Menge $\mathbf{SW_i^\delta}$ wird die weitere Software festgestellt, die als die notwendige Voraussetzung zum Betreiben des Anwendungssystems $\mathbf{sw_i}$ eingesehen werden und für die Abwicklung eines Projektes eingesetzt werden muß. Aufgrund der zeitlichen Geltung der Projektaufgaben werden auch die zeitliche Geltung der eingesetzten Anwendungssysteme festgelegt, welche aber darauf hindeutet, für welche Zeit die Anwendungssysteme eingesetzt oder beschafft werden sollen, falls sie im Unternehmen noch nicht erhältlich sind. Die zeitliche Geltung eines Anwendungssystems ($\mathbf{sw_i}$) wird auch durch das Intervall [$\mathbf{swt_{si}}$, $\mathbf{swt_{ei}}$] mit dem Start- ($\mathbf{swt_{si}}$) sowie Endzeitpunkt ($\mathbf{swt_{ei}}$) und den Wert $\mathbf{SWT_i}$ repräsentiert:

$$\mathbf{SWT_i} = \mathbf{swt_{ei}} - \mathbf{swt_{si}}.$$

Mit dieser zeitlichen Geltung $\mathbf{SWT_i}$ wird der zeitliche Einsatz der Anwendungssysteme in den versionierten Höheren Projektorganisationseinheiten präziser bewertet und miteinander verglichen. Die bewerteten Ergebnisse lassen sich durch die graphische Darstellung (wie in *Abb. 5.III.C.2. - 6*) - statt der **ph-Achse** die **sw-Achse** - veranschaulichen, wobei die Schwellenwerte vom Anwender angegeben werden können.

Aus der endlichen Menge $\mathbf{HW}^\delta := \overset{k}{\underset{i=1}{Y}} \mathbf{HW_i^\delta}$ kann in gleicher Weise ein zeitlicher Einsatz der Hardware in den versionierten Höheren Projektorganisationseinheiten bewertet und miteinander bezüglich der Version verglichen werden, wobei die endliche Menge HW_i^δ alle Hardware enthält, die als die notwendigen Voraussetzungen zum Betreiben des Anwendungssystems sw_i eingesehen werden und für die Abwicklung eines Projektes eingesetzt werden müssen. Analog wird die zeitliche Geltung der Hardware auch durch das entsprechende Intervall mit Start- und Endzeitpunkt verdeutlicht. Hier wird eine ähnliche graphische Darstellung (wie in *Abb. 5.III.C.2. - 6* gezeigt) gegeben, mit der die benötigte Hardware hinsichtlich der betrachteten versionierten Höheren Projektorganisationseinheiten veranschaulicht wird.

❑ Vergleich zwischen den Projektstellen

Weiterhin wird der Vergleich zwischen den versionierten Projektstellen durchgeführt, die aber einer gleichen Höheren Projektorganisationseinheit unterstellt sein müssen. So bezieht sich die daraus erstellte Änderungsbilanz immer auf eine Höhere Projektorganisationseinheit mit unterschiedlichen Versionsausprägungen. Insofern kann auch die Änderungsbilanz bezüglich der Version separat für jede Höhere Projektorganisationseinheit erstellt werden. Grundsätzlich ist jede versionierte Projektstelle durch die unterschiedliche Verteilung der Projektaufgaben zu unterscheiden, welche durch die quantitative oder qualitative Differenz gekennzeichnet werden kann. Die Änderungsbilanz zwischen den versionierten Projektstellen, in welcher die Projektaufgaben und die Arbeitsobjekte je nach Bedarf unter Berücksichtigung der Aggregation sowie Disaggregation analysiert und dargestellt werden können, beruht auf den Methoden zur Charakterisierung der einzelnen Projektstellen und wird unter den folgenden Aspekten erstellt:

- Der Stand der Verteilung der Projektstellen hinsichtlich des Arbeitspensums (Belastungsgrades) für die Erfüllung der Projektaufgaben.
- Die zeitliche Geltung der Projektstelle.
- Die Projektaufgaben bezüglich des Belastungsgrades, der Ausführungsfrequenz und des Zeitaufwands.
- Die Arbeitsobjekte bezüglich der Ver-/Gebrauchshäufigkeit, der Erzeugungshäufigkeit, der durchschnittlichen Erzeugungsdauer und der durchschnittlichen Erzeugungskapazität.

Die Änderungsbilanz zwischen den versionierten Projektstellen unterscheidet sich von der Änderungsbilanz der versionierten Stellen in der Ständigen Aufbauorganisation lediglich durch die zeitliche Geltung der Projektstellen. In dieser Änderungsbilanz ergeben sich sowohl die Gemeinsamkeiten als auch die Unterschiede zwischen den versionierten Projektstellen. Sie werden auch durch die übersichtlichen graphischen Darstellungen veranschaulicht, wobei eine Bezugsversion vom Anwender angegeben werden soll. Die Schwellenwerte, die zur Klassifizierung der versionierten Projektstellen dienen sollen, können je nach Bedarf angegeben werden.

Die zeitliche Geltung (**tg**) der Projektstellen ist auch eines der wichtigsten Merkmale in der Projektorganisation. Sie bestimmt den wesentlichen Unterschied zur Stelle in der Ständigen Aufbauorganisation und legt die Existenzdauer der Projektstellen fest. Mit der zeitlichen Geltung der versionierten Projektstellen werden die Projektstellen, die disziplinarisch der gleichen Höheren Projektorganisationseinheit unmittelbar unterstellt sein sollen, deutlich in ihrem zeitlichen Zusammenhang analysiert und miteinander verglichen. Hierbei ist auch eine Bezugsversion, mit der die versionierten Projektstellen nach dem steigenden Wert der zeitlichen Geltung geordnet werden sollen, pflichtmäßig anzugeben. Der Vergleich der versionierten Projektstellen bezüglich ihrer zeitlichen Geltung kann auch unter der Angabe des Anwenders durchgeführt werden. Diese Ergebnisse, die auch eine Änderungsbilanz zwischen den versionierten Projekt-stellen in einer Höheren Projektorganisationseinheit repräsentieren, sind durch die gra-phische Darstellung (wie in *Abb. 5.III.C.2. - 6* gezeigt) klarzulegen und ferner durch die tabellarische Darstellung zu präzisieren.

3. Die Ablauforganisation

Im derivativen Segment der Ablauforganisation werden nicht nur die Aufgaben und die Arbeitsobjekte betrachtet, sondern auch deren Zusammenhänge mit der Aufbauor-ganisation sowie der Systemkonfiguration. Die Analyse und Bewertung der Ablauffor-ganisation soll auch im Hinblick auf die gesamte Organisationsplanung und nach den definierten Kriterien durchgeführt werden. So kann einerseits die Ablauforganisation quantitativ charakterisiert und andererseits die versionierten Gestaltungen der Ablauf-organisation miteinander verglichen werden. Die bewerteten bzw. verglichenen Er-gebnisse werden im derivativen Segment strukturiert und durch die graphischen sowie tabellarischen Darstellungen veranschaulicht. Die versionierten Gestaltungen der Ab-lauforganisation repräsentieren einen aktuellen Zustand oder die verschiedenen Pla-nungen zur Gestaltung der Ablauforganisation. Aus der Charakterisierung der einzel-nen Gestaltungen der Ablauforganisation und dem Vergleich zwischen ihnen nach be-stimmten Kriterien kann auch festgestellt werden, welche Gestaltung der Ablauforga-nisation zur leistungsfähigen Erreichung der Unternehmensziele beiträgt. Ob ein ak-tueller Zustand der Ablauforganisation noch weiter rationalisiert bzw. verbessert wird, hängt nicht allein von den bewerteten Ergebnissen ab, sondern auch von der globalen Marktstruktur, in der die wirtschaftliche Hervorbringung der Leistungen eines Unter-nehmens oder dessen Fachbereiche deutlich bemessen werden kann. Die Kriterien, die zur Charakterisierung der Gestaltung der Ablauforganisation und zur Bewertung der Abweichung (Änderungsbilanz) zwischen den versionierten Gestaltungen der Ablauf-organisation benutzt werden, lassen sich in folgenden Gesichtspunkten darstellen:

- Bearbeitungsnetz der Aufgaben,
- Kommunikationsnetz bezüglich der Höheren Organisationseinheiten,
- Kommunikationsnetz bezüglich der Stellen,
- Informations- bzw. Materialflußnetz bezüglich der Arbeitsobjekte und
- Automatisierungskomplexität sowie -grad der Aufgaben.

Gemäß diesen fünf Kriterien werden auch die entsprechenden Kapitel des derivati-ven Segments der Ablauforganisation strukturiert gebildet. In jedem Kapitel werden die bewerteten sowie verglichenen Ergebnisse zwischen den versionierten Gestaltun-gen der Ablauforganisation, welche vom Anwender ausgewählt werden können, in ih-ren organisatorischen Zusammenhängen durch die anschaulichen Graphen mit ausführ-lichen tabellarischen Beschreibungen dargestellt. Die flexible Erstellung des derivativen Segments ist auch dadurch gekennzeichnet, daß der Anwender nicht nur die ge-wünschten Kapitel, sondern auch die einzelnen Abschnitte bzw. Inhalte in jedem Kapi-tel je nach Bedarf auswählen kann. Bei der Anfertigung der graphischen Darstellungen können auch wie üblich die Schwellenwerte vom Anwender angegeben werden, um die betrachteten Gegenstände (z.B. Aufgaben, Arbeitsobjekte usw.) klassifiziert darstellen zu können. Die sich daraus ergebenden Kapitel werden gekennzeichnet durch:

- Kommunikationsnetze,
- Informationsfluß- bzw. Materialflußnetz,
- DV-gestützte Aufgabenerfüllung und
- Änderungsbilanz
  - Sicht des Kommunikationsnetzes
  - Sicht des Informations- bzw. Materialflußnetzes
  - Sicht der DV-gestützten Aufgabenerfüllung

T1. Kommunikationsnetze

❑ Die Ebene der Höheren Organisationseinheiten

Auf der Ebene der Höheren Organisationseinheiten wird das Kommunikationsnetz in der Weise analysiert und bewertet, daß die Höheren Organisationseinheiten bezüglich ihres Kommunikationsverhaltens bei der Aufgabenerfüllung betrachtet werden. Für jede Höhere Organisationseinheit wird diese Analyse und Bewertung nach folgenden Kriterien durchgeführt:

- Häufigkeit der Kommunikation mit anderen Höheren Organisationseinheiten, welche von der Aufgabenerfüllung gefordert ist.
- Anzahl der Art von Arbeitsobjekten, durch die die Kommunikation mit anderen Höheren Organisationseinheiten zustande kommt.
- Anzahl der Höheren Organisationseinheiten, mit denen diese Höhere Organisationseinheit im Sinne der Aufgabenerfüllung kommuniziert.

Dabei handelt es sich um die Schnittstellenaufgaben und die Verbindungsaufgaben in der Höheren Organisationseinheit, welche auch deutlich als fachliche Zuständigkeit der Organisationseinheit definiert sind. Zwischen den Schnittstellenaufgaben und den Verbindungsaufgaben entsteht in der Regel ein Austausch der Arbeitsobjekte, die letztendlich die Kommunikation zwischen den Höheren Organisationseinheiten darstellen. Die Schnittstellenaufgaben in einer Höheren Organisationseinheit (z.B. **h**) ergeben sich aus der endlichen Menge:

$$F_h^{ss} = F_h \, I \bigcup_{f_i \in \overline{F}_h} \varepsilon_V(f_i) \, I \bigcup_{f_i \in \overline{F}_h} \varepsilon_N(f_i),$$

wobei die endliche Menge $\overline{\overline{F}}_h$ alle Verbindungsaufgaben (gegenüber Höherer Organisationseinheit **h**) in anderen Höheren Organisationseinheiten beinhaltet. So kann die Kommunikationshäufigkeit der Höheren Organisationseinheit **h** unter Berücksichtigung ihrer fachlichen Zuständigkeit (individuum- und teambezogene Aufgabenerfüllung) berechnet werden. Jede Schnittstellenaufgabe ($f_i \in F_h^{ss}$) wird entweder teambezogen oder individuumbezogen in der Höheren Organisationseinheit **h** erfüllt. In beiden Fällen ist sie auch durch die Ausführungsfrequenz af_i gekennzeichnet. Die Kommunikationshäufigkeit der Höheren Organisationseinheit **h** wird insofern dargestellt durch den Durchschnittswert:

$$KH_h^{af} = \sum_{i=1}^{n} af_i / n \quad \text{mit } f_i \in F_h^{ss},$$

wobei der Wert **n** die Anzahl der Schnittstellenaufgaben (der Elemente der endlichen Menge F_h^{ss}) bedeutet. Mit diesem Durchschnittswert können die Höheren Organisationseinheiten **h** durch das Schaubild (wie in *Abb. 5.III.C.1. - 1*), in dem die Schwellenwerte vom Anwender angegeben werden sollen, klassifiziert dargestellt werden.

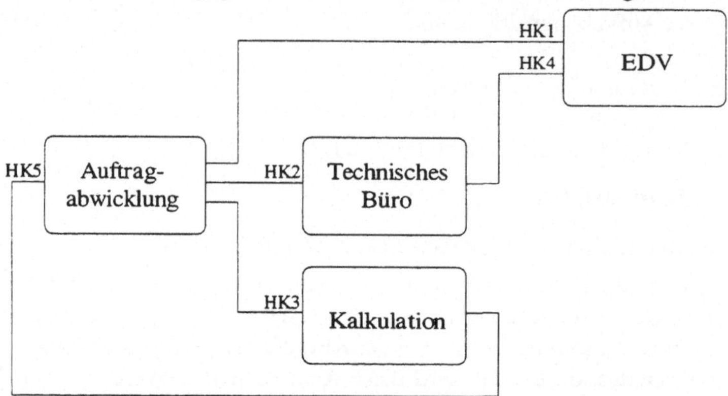

Abb. 5.III.C.3. - 1. *Graphische Darstellung eines Kommunikationsnetzes auf der Ebene der Höheren Organisationseinheiten*

Ferner werden die Höheren Organisationseinheiten in ihrem Arbeitszusammenhang, der sich aus der Reihenfolge der Aufgabenerfüllung (Schnittstellen- und Verbindungsaufgaben) ergibt, durch ein überschaubares Kommunikationsnetz beschrieben, in dem auch die Reihenfolge der Höheren Organisationseinheiten bei der Aufgabenerfüllung sowie der Bearbeitung der Arbeitsobjekte zu erkennen ist. Zur Erstellung dieses Kommunikationsnetzes wird auch die disziplinarische Hierarchie zwischen den Höheren Organisationseinheiten als Ausgangspunkt betrachtet.

In *Abb. 5.III.C.3. - 1* wird beispielsweise ein Kommunikationsnetz auf der Ebene der Höheren Organisationseinheit dargestellt, wobei die Kommunikationsflüsse zwischen den Höheren Organisationseinheiten auch deutlich gekennzeichnet werden. Diese Kommunikationsflüsse repräsentieren hierbei die Interaktionsarbeitsobjekte und werden durch eine tabellarische Darstellung, die als weitere Ergänzung zur graphischen Darstellung gelten soll, detailliert beschrieben. So ist auch festzustellen, welche Arbeitsobjekte letztendlich den Kommunikationsfluß bzw. den Arbeitszusammenhang zwischen zwei Höheren Organisationseinheiten bilden. In *Tab. 5.III.C.3. - 1* wird eine solche tabellarische Beschreibung dargelegt. Dabei ist zu beachten, daß mehrere Arbeitsobjekte (Interaktionsarbeitsobjekte) gemeinsam einen Kommunikationsfluß zwischen zwei Höheren Organisationseinheiten herstellen können.

Flüsse	Arbeitsobjekte
HK1	Auftrageingangsstatistik
HK2	Technische Datenblätter
HK3	Anfragedaten
HK4	Stückliste
HK5	Kalkulationsdaten

Tab. 5.III.C.3. - 1. *Tabellarische Darstellung der Interaktionsarbeitsobjekte zur Verbindung der Höheren Organisationseinheiten bei der Aufgabenerfüllung*

Außerdem kann auch für jede Höhere Organisationseinheit ein Überblick über die Art der Interaktionsarbeitsobjekte geschaffen werden. Die Interaktionsarbeitsobjekte in einer Höheren Organisationseinheit **h** ergeben sich aus folgender Menge:

$$E_h^{IA} = (\underset{f_j \in \overline{F}_h}{Y} \mu_i(f_j) \, Y \underset{f_j \in \overline{F}_h}{Y} \mu_o(f_j)) \, I \, (\underset{f_k \in F_h^{SS}}{Y} \mu_i(f_k) \, Y \underset{f_k \in F_h^{SS}}{Y} \mu_o(f_k)).$$

Aus dieser Menge kann festgestellt werden, ob die Kommunikation zwischen der Höheren Organisationseinheit **h** und den anderen Höheren Organisationseinheiten durch eine oder mehrere Arten der Interaktionsarbeitsobjekte (aggregierten Arbeitsobjekte) bezüglich der Aufgabenerfüllung zustande kommt. Die Art der Interaktionsarbeitsobjekte ergibt sich auch aus der Funktion (τ_E) der Strukturbildung des Arbeitsobjektes. So werden die Anzahl der Art und die Anzahl der Interaktionsarbeitsobjekte in den Höheren Organisationseinheiten durch die graphische Darstellung veranschaulicht, die beispielsweise in *Abb. 5.III.C.3. - 2* gezeigt wird. Für jede Höhere Organisationseinheit wird auch die Anzahl der Höheren Organisationseinheiten bewertet, mit denen sie bezüglich des Arbeitszusammenhangs kommunizieren muß. Die Anzahl der kommunizierenden Höheren Organisationseinheiten kann zwar in der graphischen Darstellung des Kommunikationsnetzes (wie in *Abb. 5.III.C.3. - 1* gezeigt) festgestellt werden, sie wird aber auch in die quantitative Darstellung (in *Abb. 5.III.C.3. - 2*) einbezogen und präzise bewertet. Zusätzlich können auch die Schwellenwerte vom Anwender angegeben werden, um die Höheren Organisationseinheiten nach einer von drei Kriterien - die Anzahl der Interaktionsarbeitsobjekte, deren Arten und die der kommunizierenden Höheren Organisationseinheiten - zu klassifizieren.

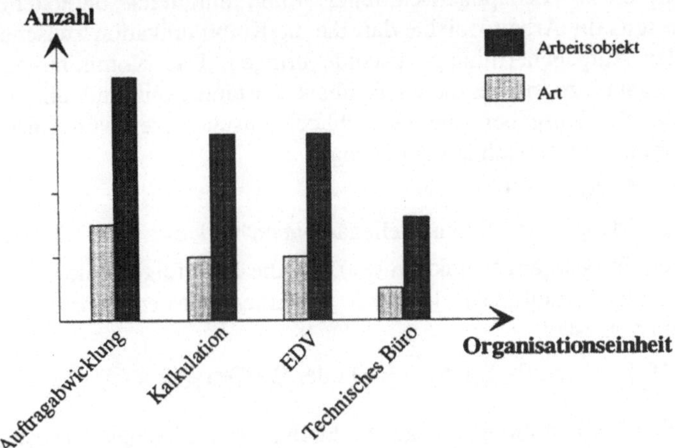

Abb. 5.III.C.3. - 2. **Darstellung der Anzahl der Interaktionsarbeitsobjekte und deren Arten in den Höheren Organisationseinheiten**

Zur Anfertigung dieses Teils bzw. der graphischen sowie tabellarischen Darstellungen im derivativen Segment der Ablauforganisation wird auch eine Liste der Höheren Organisationseinheiten dem Anwender bereitgestellt, aus welcher der Anwender die gewünschten Höheren Organisationseinheiten auswählen kann. Damit wird die Anfertigung der tabellarischen bzw. graphischen Darstellungen immer mit den erwünschten

Inhalten durchgeführt. Weiterhin können die tabellarischen bzw. graphischen Darstellungen vom Anwender bestimmt werden.

❏ Die Ebene der Stelle

Gegenüber der Ebene der Höheren Organisationseinheiten wird das Kommunikationsnetz auf der Ebene der Stelle in gleicher Weise analysiert und bewertet. Hierbei wird das Kommunikationsverhalten der Stellen bezüglich einer Führungsebene betrachtet, die durch eine Höhere Organisationseinheit verkörpert wird und alle ihr disziplinarisch unmittelbar sowie mittelbar unterstellten Organisationseinheiten, hier insbesondere Stellen, umfaßt. Das Kommunikationsnetz auf der Ebene der Stelle kann schließlich auf die Aufgaben zurückführen, die als fachliche Zuständigkeit auf den Stellen definiert und individuumbezogen erfüllt werden sollen. Gemäß dem Kommunikationsverhalten wird ebenfalls für jede Stelle die Analyse und Bewertung nach folgenden Kriterien durchgeführt:

- Häufigkeit der Kommunikation mit anderen Stellen, welche von der Aufgabenerfüllung gefordert ist.

- Anzahl der Art von Arbeitsobjekten, durch die die Kommunikation mit anderen Stellen zustande kommt.

- Anzahl der Stellen, mit denen diese Stelle in Anbetracht der Aufgabenerfüllung kommuniziert.

Das Kommunikationsnetz auf der Ebene der Stelle verkörpert einerseits den Arbeitszusammenhang zwischen den Stellen, die einer Höheren Organisationseinheit - auf einer Führungsebene - disziplinarisch mittelbar und unmittelbar unterstehen sollen, und stellt andererseits die Arbeitsobjekte dar, die die Kommunikation zwischen den Stellen bezüglich der Aufgabenerfüllung zustande bringen. Das Kommunikationsnetz liegt auch den Aufgaben zugrunde, die als fachliche Zuständigkeit eindeutig auf den Stellen definiert sind. Die Aufgaben, die als fachliche Zuständigkeit von einer Stelle erfüllt werden müssen, ergeben sich aus der Menge[114]:

$$\gamma(s_i) := \{f_1, f_2, f_3, \dots, f_n\}.$$

Aus dieser Menge sind Schnittstellenaufgaben und die Verbindungsaufgaben der Stelle s_i durch die Vorgängerfunktion (ε_V) und die Nachfolgerfunktion (ε_N) festzustellen. Die Schnittstellenaufgaben der Stelle s_i werden mit den Bedingungen durch folgende Menge dargestellt:

$$F_{s_i}^{ss} = Y\{f_j\} \qquad \text{mit } \varepsilon_V(f_j) \cap \gamma(s_i) = \varnothing \text{ oder } \varepsilon_N(f_j) \cap \gamma(s_i) = \varnothing,$$

wobei zugleich die Verbindungsaufgaben durch folgende Menge dargestellt werden:

$$\overline{F}_{s_i} = Y\varepsilon_V(f_j) Y Y\varepsilon_N(f_j) \qquad \text{mit } f_j \in F_{s_i}^{ss}.$$

Jede Schnittstellenaufgabe f_j wird auch mit einer bestimmten Ausführungsfrequenz (af_{ij}) von der Stelle s_i erfüllt. Ein Durchschnittswert der Kommunikationshäufigkeit der Stelle s_i mit den anderen Stellen ergibt sich aus:

$$KH_{s_i}^{af} = \sum_{j=1}^{n} af_{ij}/n \quad \text{mit } f_j \in F_{s_i}^{ss}.$$

---

[114] S.h.: 5.II.C.1. Die derivative Analyse und Bewertung der Ständigen Aufbauorganisation.

Mit diesem Durchschnittswert können die Stellen nach ihrer Kommunikationshäufigkeit unter der Angabe der Schwellenwerte klassifiziert werden. Dies wird auch durch eine graphische Darstellung (wie in *Abb. 5.III.C.1. - 1*) verdeutlicht.

Aus den Verbindungsaufgaben ergeben sich weitere Stellen, mit denen die Stelle s_i bezüglich der Aufgabenerfüllung kommunizieren kann. Dieser Arbeitszusammenhang zwischen den Stellen wird hier durch ein Kommunikationsnetz klar dargestellt, das beispielsweise in *Abb. 5.III.C.3. - 3* gezeigt wird. Durch diese graphische Darstellung des Kommunikationsnetzes ist die Reihenfolge der Stellen zur Erfüllung der Aufgaben sowie zur Bearbeitung der Arbeitsobjekte zu erkennen. Zur Erstellung des Kommunikationsnetzes wird auch der disziplinarische Leitungszusammenhang zwischen den Stellen berücksichtigt.

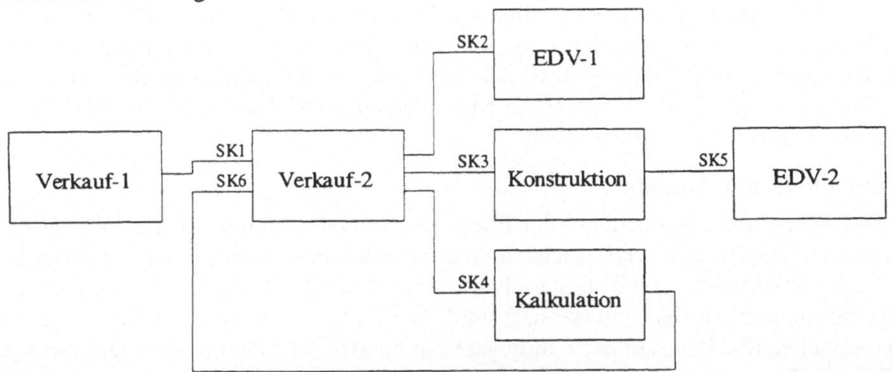

Abb. 5.III.C.3. - 3. ***Darstellung eines Kommunikationsnetzes auf der Ebene der Stellen***

In dieser graphischen Darstellung des Kommunikationsnetzes werden auch die Arbeitsobjekte, mit denen die Kommunikation zustande kommt, durch die gekennzeichneten Kommunikationsflüsse zwischen den Stellen repräsentiert. Die ausführliche Beschreibung der Arbeitsobjekte wird ferner durch die tabellarische Darstellung präzisiert, die in gleicher Weise wie in *Tab. 5.III.C.3. - 1* gestaltet wird. Diese tabellarische Darstellung bzw. Beschreibung wird auch als die Ergänzung zur graphischen Darstellung des Kommunikationsnetzes interpretiert. Insofern ist deutlich festzustellen, welche Arbeitsobjekte den Kommunikationsfluß bzw. den Arbeitszusammenhang zwischen zwei Stellen bilden. Es wird auch darauf hingewiesen, ob ein Kommunikationsfluß mehrere Arbeitsobjekte enthält.

Die Arbeitsobjekte, die den Arbeitszusammenhang zwischen den Stellen bilden, werden als Interaktionsarbeitsobjekte bezeichnet und ergeben sich aus:

$$E_{s_i}^{IA} = (\underset{f_j \in \overline{F}_{s_i}}{Y} \mu_i(f_j) \, Y \underset{f_j \in \overline{F}_{s_i}}{Y} \mu_o(f_j)) \, I \, (\underset{f_k \in F_{s_i}^{SS}}{Y} \mu_i(f_k) \, Y \underset{f_k \in F_{s_i}^{SS}}{Y} \mu_o(f_k)).$$

woraus für jede Stelle s_i die Anzahl und die Art (aggregiert) der Interaktionsarbeitsobjekte deutlich festzustellen sind. Die Art der Interaktionsarbeitsobjekte kann aus der Funktion der Strukturbildung (τ_E) resultieren. So ergeben sich auch zwei Werte: Die Anzahl der Interaktionsarbeitsobjekte und die Anzahl ihrer Arten. Mit diesen zwei Werten soll auch eine graphische Darstellung (wie in *Abb. 5.III.C.3. - 1* gezeigt) erstellt werden, in der die Anzahl der kommunizierenden Stellen auch deutlich dargestellt wird. Für jede Stelle s_i ist zwar die Anzahl der kommunizierenden Stellen in der graphischen Darstellung des Kommunikationsnetzes herauszufinden, sie kann aber weiter in der quantitativen Darstellung (wie in *Abb. 5.III.C.3. - 2*) mit anderen Stellen verglichen werden. Durch die Angabe der Schwellenwerte vom Anwender, welche sich jeweils auf eine der drei Kriterien - die Anzahl der Interaktionsarbeitsobjekte, deren Art und der kommunizierenden Stellen - beziehen, können die Stellen in dieser graphischen und quantitativen Darstellung klassifiziert dargestellt werden. So wird offenbart, welche Stelle bei der Aufgabenerfüllung mit wie vielen anderen Stellen mittels eines umfassenden Spektrums von Arbeitsobjekten kommunizieren muß.

Bei der Anfertigung des Teils bzw. der graphischen sowie tabellarischen Darstellungen im derivativen Segment der Ablauforganisation wird aus der Flexibilität und der Anwenderspezifikation dem Anwender eine Liste der Stellen zur Auswahl gegeben, mit der der Anwender bei der Erstellung des derivativen Segments nur die erwünschten Stellen analysieren sowie bewerten und die Ergebnisse durch die graphischen bzw. tabellarischen Darstellungen veranschaulichen kann. Weiter kann auch vom Anwender bestimmt werden, ob alle graphischen bzw. tabellarischen Darstellungen oder nur ein Teil davon angefertigt werden sollen.

❏ Die Ebene der Aufgabe

Das Kommunikationsnetz auf der Ebene der Aufgabe kann auch als Vorgangsnetz bezeichnet werden und stellt zugleich eine Reihenfolge zur Erfüllung der Aufgaben dar. Hier ist ebenfalls eine Führungsebene anzugeben, die letztlich durch eine Höhere Organisationseinheit ($\mathbf{h_0}$) repräsentiert wird. Die Aufgaben in den Höheren Organisationseinheiten ($\mathbf{h_0}$) bzw. auf der Führungsebene können individuum- oder teambezogen erfüllt werden und ergeben sich rekursiv aus:

$$\mathbf{F_{H_0}} = \mathsf{Y}\,\mathbf{F_{H_i}}\,\mathsf{Y}\mathbf{F_{h_0}} \qquad \text{mit } \mathbf{h_i} \in \Psi_{\mathbf{H}}(\mathbf{h_0}).$$

Für jede Aufgabe aus der endlichen Menge $\mathbf{F_{H_0}}$ wird nicht nur die Reihenfolge zur Erfüllung der Aufgaben - seien sie als Vorgänger oder Nachfolger bezeichnet -, sondern auch die Anzahl der mit ihr kommunizierenden Aufgaben analysiert und bewertet. Für jede Aufgabe bringt die Anzahl der mit ihr kommunizierenden Aufgaben letztendlich die alternativen Arbeitsvorgänge zur Bearbeitung der Arbeitsobjekte zum Ausdruck. Die Reihenfolge zur Erfüllung der Aufgaben läßt sich durch die Vorgängerfunktion (ε_V) und die Nachfolgerfunktion (ε_N) feststellen. In *Abb. 5.III.C.3. - 4* wird ein Kommunikationsnetz auf der Ebene der Aufgaben dargestellt. Die Kommunikationsflüsse zwischen den Aufgaben stellen implizit die Arbeitsobjekte dar, die bei der Erfüllung einer Aufgabe ver-/gebraucht oder erzeugt werden, und werden auch im Kommunikationsnetz deutlich gekennzeichnet dargestellt. Die Arbeitsobjekte und die Kommunikationsflüsse werden präziser durch die tabellarische Darstellung (wie in *Tab. 5.III.C.3. - 1* gezeigt) verdeutlicht, die vor allem als Ergänzung zur graphischen Darstellung des Kommunikationsnetzes aufzufassen ist. Hierbei kann ein Kommunikationsfluß mehrere Arbeitsobjekte beinhalten. Dabei ist zu bemerken, daß diese graphische und tabellarische Darstellung des Kommunikationsnetzes sich durch die aggregierten und disaggregierten Aufgaben (mit der Funktion τ_F der Strukturbildung der Aufgaben) unterscheiden kann. So ist das Kommunikationsnetz ferner in zwei Ebenen - der aggregierten und disaggregierten Aufgaben - zu unterscheiden.

Für jede Aufgabe wird die Anzahl der mit ihr kommunizierenden Aufgaben auch durch die Vorgängerfunktion (ε_V) und die Nachfolgerfunktion (ε_N) festgestellt. Die

Aufgaben werden aufgrund dieser Anzahl miteinander verglichen und die Ergebnisse durch eine graphische Darstellung (wie in *Abb. 5.III.C.1. - 4* gezeigt) veranschaulicht, wobei die Aufgaben nach ihrer Aggregation und in der Aggregation nach dem Wert der Anzahl aufsteigend geordnet sind.

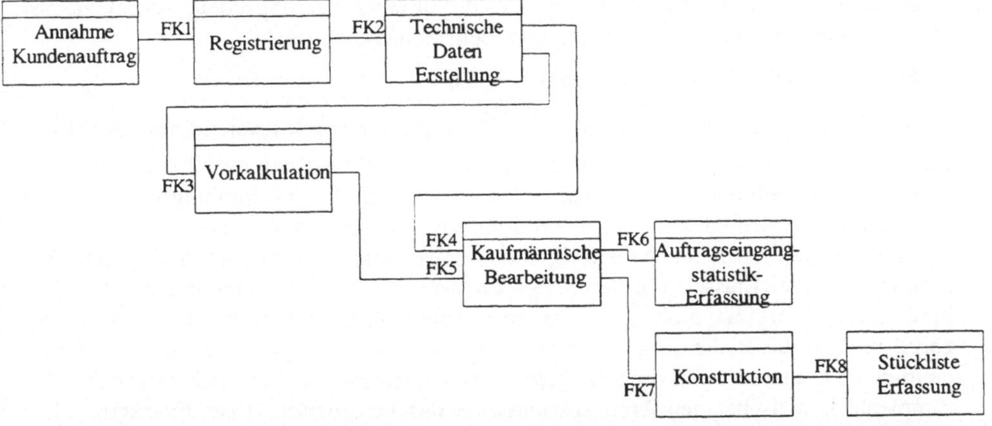

Abb. 5.III.C.3. - 4. Darstellung eines Kommunikationsnetzes auf der Ebene der Aufgaben

Ebenfalls wird für die Anfertigung der graphischen und tabellarischen Darstellung im derivativen Segment dem Anwender eine Liste von Aufgaben zur Auswahl gestellt, aus welcher der Anwender je nach Bedarf bei der Erstellung des derivativen Segments die erwünschten Aufgaben analysieren bzw. bewerten und die Ergebnisse durch die graphischen sowie tabellarischen Darstellungen veranschaulichen kann. Dafür kann ferner vom Anwender definiert werden, ob das Kommunikationsnetz auf der Aggregations- oder Disaggregationsebene der Aufgaben und welche graphischen oder tabellarischen Darstellungen überhaupt im derivativen Segment angefertigt werden sollen.

T2. Informations- bzw. Materialflußnetz

Im Informations- bzw. Materialflußnetz werden lediglich die Arbeitsobjekte, die Informationen oder Material sein können, in ihrem Zusammenhang betrachtet, der die Reihenfolge zur Verarbeitung bzw. Erzeugung der Arbeitsobjekte zum Ausdruck bringt und auch durch die Flüsse zwischen den Arbeitsobjekten in der graphischen Darstellung klargelegt wird. Die Arbeitsobjekte, die in der graphischen Darstellung aufgeführt werden, müssen auch in den Organisationseinheiten verarbeitet bzw. erzeugt werden. Vor allem sollen diese Organisationseinheiten disziplinarisch einer Führungsebene, die durch eine Höhere Organisationseinheit (z.B. h_0) verkörpert werden soll, mittelbar oder unmittelbar unterstehen. Im Hinblick auf das Input-Output-Verhalten der Aufgabenerfüllung können sich die Arbeitsobjekte in jeder Höheren Organisationseinheit aus den Aufgaben ergeben, die als fachliche Zuständigkeit in der Höheren Organisationseinheit definiert sind. Die Aufgaben, die in einer Höheren Organisationseinheit (z.B. h_i) als fachliche Zuständigkeit definiert sind, werden dargestellt durch:

$$F_{h_i} = \bigvee_{s \in \Psi_s(h_i)} \gamma(s) \, Y \, \gamma(h_i),$$

so werden die Aufgaben, die nicht nur in der Höheren Organisationseinheit h_0, sondern auch in den ihr disziplinarisch unmittelbar und mittelbar unterstellten Höheren Organisationseinheiten h_i als fachliche Zuständigkeit definiert sind, in rekursiver Weise ermittelt und dargestellt durch:

$$\mathbf{F_{H_0}} = \mathbf{Y\,F_{H_i}}\ \mathbf{Y\,F_{h_0}} \qquad \text{mit } h_i \in \mathbf{\Psi_H}\,(\mathbf{h_0}).$$

Demzufolge können die Arbeitsobjekte, die in einer Führungsebene (durch $\mathbf{h_0}$ gekennzeichnet) verarbeitet bzw. erzeugt werden, sich ergeben aus:

$$\mathbf{E_{H_0}} = \mathbf{Y}\,\mu_i(\mathbf{f_j})\,\mathbf{Y}\,\mathbf{Y}\,\mu_o(\mathbf{f_j}) \qquad \text{mit } \mathbf{f_j} \in \mathbf{F_{H_0}}.$$

Aus dieser Menge der Arbeitsobjekte ($\mathbf{E_{H_0}}$) und unter Berücksichtigung des disziplinarischen Leistungszusammenhangs zwischen den Organisationseinheiten kann die graphische Darstellung erstellt werden. In dieser graphischen Darstellung werden zwar die Arbeitsobjekte klar aufgeführt, aber die entsprechenden Aufgaben werden auch durch Flüsse zwischen den Arbeitsobjekten implizit repräsentiert. Die detaillierten Beschreibungen der Flüsse, d.h. der Aufgaben, werden durch die tabellarische Darstellung erläutert. In *Abb. 5.III.C.3. - 5* wird beispielsweise ein Informationsflußnetz gezeigt, in dem die Reihenfolge zur Verarbeitung bzw. Erzeugung der Arbeitsobjekte deutlich zu erkennen ist. Durch die gekennzeichneten Flüsse wird auch ferner der Zusammenhang zwischen den Arbeitsobjekten bei der Verarbeitung bzw. Erzeugung dargestellt. Hinter diesen Flüssen verbergen sich die Aufgaben, die durch eine tabellarische Darstellung (wie in *Tab. 5.III.C.3. - 1* gezeigt) beschrieben werden, wobei zu beachten ist, daß ein Fluß mehere Aufgaben umfassen kann. Darüber hinaus ist auch darauf hinzuweisen, daß es in der tabellarischen Darstellung der Flüsse bzw. der Aufgaben eine Spalte mehr als in *Tab. 5.III.C.3. - 1* gibt, in dem die Ausführungsdauer ($\mathbf{ad}_i$) der Aufgabe ($\mathbf{f}_i$) beschrieben wird.

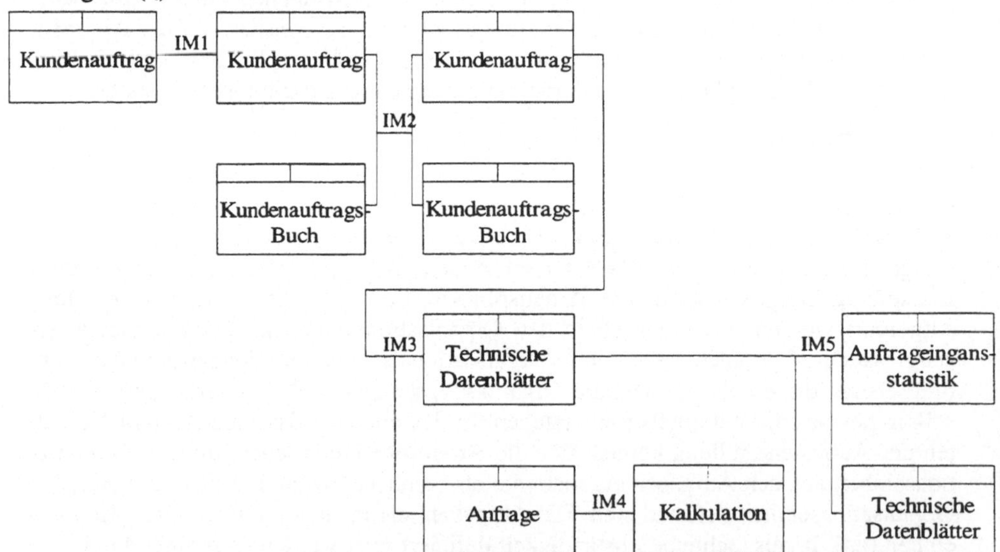

Abb. 5.III.C.3. - 5. Darstellung eines Informations- bzw. Materialflußnetzes

Es wird dem Anwender auch eine Liste der Arbeitsobjekte zur Auswahl angeboten, um die graphische und tabellarische Darstellung des Informations- bzw. Materialflußnetzes immer mit den gewünschten Arbeitsobjekten anzufertigen. Außerdem wird dem

Anwender noch eine Liste der Arbeitsobjekte zur Auswahl gestellt. Aus dieser Liste kann der Anwender paarweise die Arbeitsobjekte auswählen, zwischen denen die gesamte Durchlaufzeit berechnet werden soll. Dabei wird ein Arbeitsobjekt zum Einsatz benötigt, um ein anderes Arbeitsobjekt erzeugen zu können. Zwischen diesen zwei Arbeitsobjekten kann es auch alternative Durchlaufzeiten geben, welche mehrere Möglichkeiten bezüglich unterschiedlicher Aufgabenerfüllung zur Erzeugung eines Arbeitsobjektes (als Output) durch den Einsatz eines gleichen Arbeitsobjektes (als Input) zum Ausdruck bringen. Die berechneten Durchlaufzeiten zwischen den zwei angegebenen Arbeitsobjekten werden durch eine tabellarische Darstellung veranschaulicht. In *Tab. 5.III.C.3. - 2* wird eine derartige tabellarische Darstellung als Beispiel gezeigt, in welcher die Durchlaufzeit jeweils zwischen zwei Arbeitsobjekten übersichtlich und präzise verdeutlicht wird.

Einsatz	Ausbringung	Durchlaufzeit
Kundenauftrag	Auftrageingangsstatistik	4,5 Std
Kundenauftrag	Kalkulation	3,7 Std
Kundenauftrag	Technische Datenblätter	2,5 Std

Tab. 5.III.C.3. - 2. Tabellarische Darstellung der Durchlaufzeit zwischen den Arbeitsobjekten

Bei der Anfertigung dieser graphischen und tabellarischen Darstellungen im derivativen Segment der Ablauforganisation werden nicht nur zwei Listen der Arbeitsobjekte dem Anwender zur Auswahl gestellt, sondern auch die graphischen bzw. tabellarischen Darstellungen vom Anwender bestimmt.

T3. DV-gestützte Aufgabenerfüllung

❏ Automatisierungskomplexität bzw. -grad der Aufgaben

Die Automatisierungskomplexität einer Aufgabe wird qualitativ und quantitativ dadurch gekennzeichnet, ob eine Aufgabe durch den Einsatz eines oder mehrerer Anwendungssysteme DV-gestützt erfüllt wird. In der Praxis kommt es auch vor, daß die Erfüllung einer Aufgabe durch mehrere Anwendungssysteme unterstützt werden kann. Es wird grundsätzlich angestrebt, daß jede Aufgabe lediglich durch ein Anwendungssystem automatisch erfüllt wird. Die Funktionalität eines Anwendungssystems soll möglichst im größten Umfang die organisatorischen Anforderungen abdecken, um die Erfüllung mehrerer Aufgaben zu unterstützen. Die Automatisierungskomplexität der Aufgaben ergibt sich aus der Funktion[115]:

$$\vartheta_F : F \to 2^{SW} , \qquad \vartheta_F(f) := \{\ sw \in SW \mid f \in \varphi_F(sw)\ \}.$$

Diese Automatisierungskomplexität der Aufgaben wird auch durch die tabellarische Darstellung (wie in *Tab. 5.III.C.4. - 1* gezeigt) veranschaulicht. In dieser tabellarischen Darstellung werden die Anwendungssysteme und die dadurch unterstützten Aufgaben einbezogen, die sich auf eine Führungsebene, d.h. auf eine Höhere Organisationseinheit und die ihr disziplinarisch unmittelbar sowie mittelbar unterstellten Organisationseinheiten, beziehen sollen. Auf dieser Basis wird weiter der Automatisierungsgrad der Aufgaben ermittelt, durch welchen gekennzeichnet wird, ob die Erfüllung der Aufgaben voll oder teils automatisiert ist. Der Automatisierungsgrad einer Aufgabe f_j läßt

---

[115] S.h.: 5.II.C.4. Die derivative Analyse und Bewertung der Systemkonfiguration.

sich durch den Wert[116] **dg$_{ij}$** (zugleich auch Deckungsgrad des Anwendungssystems sw$_i$) darstellen. Dieser Automatisierungsgrad der Aufgaben wird auch durch die graphische Darstellung (wie in *Abb. 5.III.C.1. - 6* gezeigt, hier wird aber die Achse der Zeitaufwand durch die des Automatisierungsgrades ersetzt) verdeutlicht. In der graphischen Darstellung werden die Aufgaben nach ihrem Automatisierungsgrad geordnet. Zur Klassifizierung der Aufgaben nach ihrem Automatisierungsgrad kann der Anwender je nach Bedarf die Schwellenwerte angeben. Bei der Anfertigung der tabellarischen und graphischen Darstellungen der Automatisierungskomplexität sowie des Automatisierungsgrades der Aufgaben werden ebenfalls zwei Listen - eine für Aufgaben und eine für Anwendungssysteme - dem Anwender zur Auswahl gestellt, wobei die Aufgaben mit dem Wert **dg$_{ij}$**=0 und die Aufgaben mit dem Wert **dg$_{ij}$**≠0 in der Liste separat dargestellt werden.

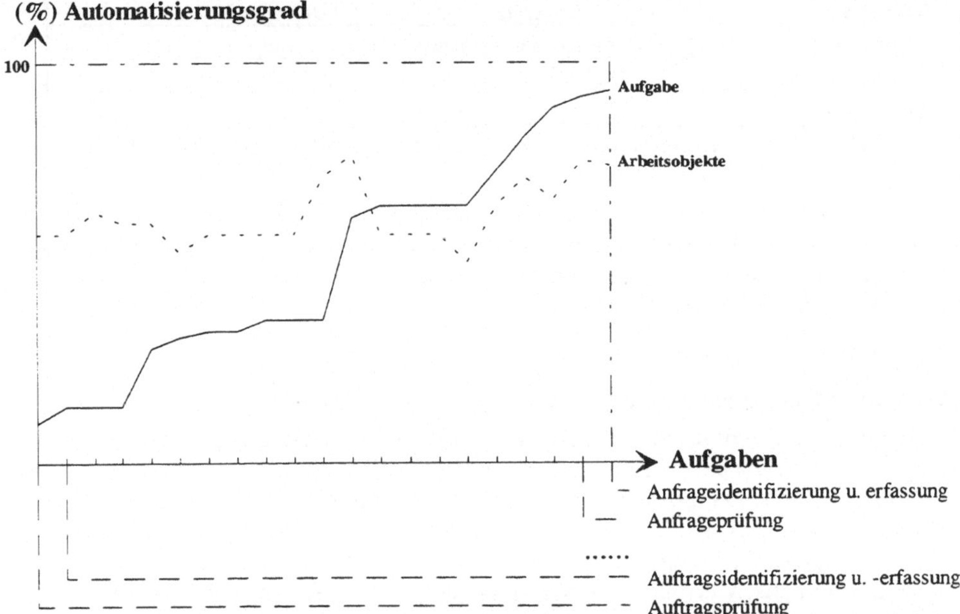

Abb. 5.III.C.3. - 6. *Darstellung des Automatisierungsgrades (dg$_{ij}$) der Aufgaben mit den DV-gestützten Arbeitsobjekten*

Im Zusammenhang mit den Aufgaben werden auch die Arbeitsobjekte, die bei der Erfüllung der Aufgaben ver-/gebraucht oder erzeugt werden, unter dem DV-Aspekt analysiert und bewertet. Aus den Aufgaben können sich die Arbeitsobjekte aus der Input-Funktion μ_i und Output-Funktion μ_0 ergeben. Die DV-gestützten Arbeitsobjekte werden hierfür durch folgende Funktion[117] festgestellt:

$$\vartheta_E : E \rightarrow 2^{SW}, \qquad \vartheta_E(e) := \{ \, sw \in SW \mid e \in \varphi_E(sw) \, \}.$$

Für jede Aufgabe existiert eine endliche Menge von Arbeitsobjekten, die bei der Erfüllung dieser Aufgabe ver-/gebraucht oder erzeugt werden. Aus dieser endlichen

---

[116] S.h.: 5.II.C.4. Die derivative Analyse und Bewertung der Systemkonfiguration.
[117] S.h.: 5.II.C.4. Die derivative Analyse und Bewertung der Systemkonfiguration.

Menge kann gleich festgestellt werden, welche Arbeitsobjekte auch DV-gestützt, d.h. in DV-Systemen aufbewahrt, sind. So wird dieser Zusammenhang zwischen den Aufgaben und den Arbeitsobjekten durch eine graphische Darstellung klargelegt. In *Abb. 5.III.C.3. - 6* wird beispielsweise eine derartige graphische Darstellung gezeigt, in der eine Aufgabenkurve den Automatisierungsgrad der Aufgaben repräsentiert und eine Arbeitsobjektkurve zugleich den Automatisierungsgrad der Arbeitsobjekte bezüglich einzelner Aufgaben ausdrückt. Daraus ist deutlich zu ersehen, ob die automatisierte Erfüllung einer Aufgabe den DV-gestützten Arbeitsobjekten entspricht.

Bei der Anfertigung dieser graphischen und tabellarischen Darstellungen im derivativen Segment werden ebenfalls nicht nur zwei Listen - eine für Aufgaben und eine für Anwendungssysteme - dem Anwender zur Auswahl gestellt, sondern auch die graphischen bzw. tabellarischen Darstellungen vom Anwender bestimmt.

T4. Änderungsbilanz zwischen den versionierten Gestaltungen der Ablauforganisation

Die unterschiedlichen Gestaltungen der Ablauforganisation können zur Steigerung oder Senkung der Produktivität führen. Die sachgerechte, zielgerechte und leistungsfähige Gestaltung der Ablauforganisation soll im allgemeinen die Durchlaufzeit zwischen den erzeugten und ver-/gebrauchten Arbeitsobjekten verkürzen. Diese Durchlaufzeit umfaßt die Zeit zur Erfüllung der Aufgaben bzw. zur Durchführung der Arbeitsprozesse, welche die Arbeitsobjekte ver-/gebraucht, um die anderen Arbeitsobjekte zu erzeugen, und die Liegezeit bei der Aufgabenerfüllung. Ein anderes Merkmal der leistungsfähigen Ablauforganisation ist dadurch gekennzeichnet, daß einerseits die Häufigkeit der Kommunikation zwischen Organisationseinheiten bei der Aufgabenerfüllung geringer ist und andererseits die Aufgabenerfüllung DV-gestützt ist. So wird der Kooperations- bzw. Koordinationsaufwand bei der Aufgabenerfüllung reduziert und zugleich vereinfacht. Dabei wird versucht, die Kosten der Aufgabenerfüllung bzw. der Arbeitsabläufe zu vermindern und deren Produktivität zu erhöhen. Die Gestaltung der Ablauforganisation soll letztendlich an diesen Zielen ausgerichtet werden. Die verschiedenen Gestaltungen der Ablauforganisation sind hier durch die Versionen gekennzeichnet. Der Schwerpunkt einer versionierten Gestaltung der Ablauforganisation kann vorwiegend auf die wirtschaftliche, organisatorische oder technische Überlegung gesetzt werden. Es ist insofern für den Unternehmensleiter oder Geschäftsführer sehr hilfreich und notwendig, die Ergebnisse aus dem Vergleich der versionierten Gestaltungen der Ablauforganisation zu veranschaulichen, wobei die Unterschiede sowie Gemeinsamkeiten zwischen ihnen präzise dargestellt werden sollen. So kann die Entscheidung zur Auswahl einer gewinnbringenden Gestaltung der Ablauforganisation unterstützt und erleichtert werden. Die Darstellungen der verglichenen Ergebnisse zwischen den versionierten Gestaltungen der Ablauforganisation werden auch als Änderungsbilanz bezeichnet, die auf der Charakterisierung der Ablauforganisation beruht und aus drei Blickwinkeln - der Kommunikationsnetze, des Informations- bzw. Materialflußnetzes und der DV-gestützten Aufgabenerfüllung - erstellt wird.

❏ Sicht des Kommunikationsnetzes

Die versionierten Gestaltungen der Ablauforganisation werden hier im Hinblick auf die Kommunikationsnetze nach den Kriterien, die zur Charakterisierung der Kommunikationsnetze auf den Ebenen der Organisationseinheiten (Stellen und Höheren Organisationseinheiten) und der Aufgaben dienen, bewertet und miteinander verglichen. Aus den unterschiedlichen Gestaltungen der Ablauforganisation können sich verschiedene Kommunikationsnetze auf den Ebenen der Organisationseinheiten und der Aufgaben ergeben. Dadurch werden auch die Arbeitsabläufe gekennzeichnet, die die wirtschaftliche, technische oder organisatorische Sicht bevorzugen können. Die Änderungsbilanz zwischen den versionierten Gestaltungen der Ablauforganisation wird im wesentlichen nach folgenden Kriterien erstellt:

- Kommunikationsverhalten der Höheren Organisationseinheiten bei der Aufgabenerfüllung bezüglich der Häufigkeit, der Interaktionsarbeitsobjekte und der Anzahl der kommunizierenden Höheren Organisationseinheiten,

- Kommunikationsverhalten der Stellen bei der Aufgabenerfüllung bezüglich der Häufigkeit, der Interaktionsarbeitsobjekte und der Anzahl der kommunizierenden Stellen,

- Erfüllung der Aufgaben bezüglich der Vorgänger-Nachfolger-Beziehung.

Nach diesen Kriterien werden sowohl die Unterschiede als auch die Gemeinsamkeiten zwischen den versionierten Gestaltungen der Ablauforganisation in der Änderungsbilanz deutlich dargestellt. Diese Änderungsbilanz bildet auch insofern eine entscheidungsunterstützende Grundlage, die vom Unternehmensleiter oder Geschäftsführer bei der Auswahl zur Gestaltung der Ablauforganisation benutzt werden kann. Hierfür werden diese Unterschiede und Gemeinsamkeiten zwischen den versionierten Gestaltungen der Ablauforganisation im derivativen Segment durch die übersichtlichen (graphischen und tabellarischen) Darstellungen veranschaulicht.

Die Kommunikationshäufigkeit einer Höheren Organisationseinheit (z.B. durch **h** bezeichnet) mit den anderen Höheren Organisationseinheiten wird durch ihre Schnittstellen- und Verbindungsaufgaben determiniert und ergibt sich aus:

$$\mathbf{KH}_\mathbf{h}^{\mathbf{af}} = \sum_{i=1}^{n} \mathbf{af}_i / \mathbf{n} \quad \text{mit } \mathbf{f}_i \in \mathbf{F}_\mathbf{h}^{\mathbf{ss}}.$$

Mit diesem Durchschnittswert werden die versionierten Höheren Organisationseinheiten, die disziplinarisch der Höheren Organisationseinheit **h** (repräsentiert hier eine Führungsebene) unterstehen sollen, zunächst in bezug auf die Kommunikationshäufigkeit miteinander verglichen. Die Ergebnisse werden durch die graphische Darstellung (wie in *Abb. 5.III.C.1. - 8* gezeigt) veranschaulicht, in der die Höheren Organisationseinheiten sowohl in einer Version als auch in verschiedenen Versionen vergleichsweise aufgeführt werden. Dafür sind die Höheren Organisationseinheiten nach ihrem Durchschnittswert ($\mathbf{KH}_\mathbf{h}^{\mathbf{af}}$) in der Bezugsversion aufsteigend geordnet. Die unterschiedlichen Gestaltungen der Ablauforganisation können auch unterschiedliches Kommunikationsverhalten zwischen den Höheren Organisationseinheiten bewirken. Dies findet seinen Ausdruck einerseits in den ungleichen Verbindungen (Flüssen) und andererseits in den verschiedenartigen Interaktionsarbeitsobjekten zwischen den Höheren Organisationseinheiten. Die Anzahl der Interaktionsarbeitsobjekte, die die Kommunikation zwischen den Höheren Organisationseinheiten im Sinne der Aufgabenerfüllung bilden, in einer versionierten Höheren Organisationseinheit resultiert aus der endlichen Menge:

$$\mathbf{E}_\mathbf{h}^{\mathbf{IA}} = \Big(\mathbf{Y}_{\mathbf{f}_j \in \overline{\mathbf{F}}_\mathbf{h}} \mu_i(\mathbf{f}_j) \, \mathbf{Y} \, \mathbf{Y}_{\mathbf{f}_j \in \overline{\mathbf{F}}_\mathbf{h}} \mu_o(\mathbf{f}_j) \Big) \mathbf{I} \Big(\mathbf{Y}_{\mathbf{f}_k \in \mathbf{F}_\mathbf{h}^{ss}} \mu_i(\mathbf{f}_k) \, \mathbf{Y} \, \mathbf{Y}_{\mathbf{f}_k \in \mathbf{F}_\mathbf{h}^{ss}} \mu_o(\mathbf{f}_k) \Big).$$

Mit der Anzahl der Interaktionsarbeitsobjekte wird auch eine graphische Darstellung (wie in *Abb. 5.III.C.1. - 8* gezeigt) erstellt. In dieser graphischen Darstellung werden die Interaktionsarbeitsobjekte bezüglich ihrer Aggregation und Disaggregation aufgeführt. Ebenfalls wird auch eine graphische Darstellung (wie in *Abb. 5.III.C.1. - 8* gezeigt) mit der Anzahl der kommunizierenden Höheren Organisationseinheiten gegeben. Die qualitativen Beschreibungen über die Unterschiede sowie die Gemeinsamkeiten zwischen einer Bezugsversion und einer zu vergleichenden Version der Gestaltungen der Ablauforganisation werden ausführlich durch die tabellarischen Darstellungen (wie in *Tab. 5.III.C.4. - 5* gezeigt) paarweise präzisiert, wobei die Spalten „*Hardwaresysteme*", „*+Stellen*" und „*-Stellen*" durch:

- „*Höhere Organisationseinheiten*",
- „*+Interaktionsarbeitsobjekte*" und
- „*-Interaktionsarbeitsobjekte*" (bezüglich der Anzahl der Interaktionsarbeitsobjekte) sowie
- „*Höhere Organisationseinheiten*",
- „*+Höhere Organisationseinheiten*" und
- „*-Höhere Organisationseinheiten*" (bezüglich der Anzahl der kommunizierenden Höheren Organisationseinheiten)

bezeichnet werden. Aus diesen tabellarischen Darstellungen sind die Unterschiede sowie die Gemeinsamkeiten zwischen den versionierten Höheren Organisationseinheiten quantitativ (Spalte „*Dissens*") und qualitativ festzustellen. Bei der Anfertigung der graphischen und tabellarischen Darstellungen wird eine Liste der Höheren Organisationseinheiten, die in der Bezugsversion und in den zu vergleichenden Versionen der Gestaltungen der Ablauforganisation vorhanden oder geplant sind, dem Anwender zur Auswahl gestellt, womit er die gewünschten Höheren Organisationseinheiten im derivativen Segment der Ablauforganisation bewerten und vergleichen kann.

Weitergehend wird die Kommunikationshäufigkeit der Stellen auch in bezug auf die versionierten Gestaltungen der Ablauforganisation analysiert und bewertet. Die Kommunikationshäufigkeit einer Stelle (z.B. s_1) läßt sich berechnen durch:

$$\mathbf{KH}_{s_1}^{af} = \sum_{j=1}^{n} \mathbf{af}_{ij} / \mathbf{n} \quad \text{mit } \mathbf{f}_j \in \mathbf{F}_{s_1}^{ss},$$

wobei der Wert **n** die Anzahl der Schnittstellenaufgaben der Stelle s_1 bedeutet und die Schnittstellenaufgaben durch die endliche Menge $\mathbf{F}_{s_1}^{ss}$ dargestellt werden. Mit dem Durchschnittswert $\mathbf{KH}_{s_1}^{af}$ der Kommunikationshäufigkeit soll auch eine graphische Darstellung (wie in *Abb. 5.III.C.1. - 8* gezeigt) erstellt werden, in der die Stellen nach ihrem Durchschnittswert der Kommunikationshäufigkeit in der Bezugsversion aufsteigend geordnet sind. Die Stellen, die hier analysiert und bewertet werden, sollen disziplinarisch unmittelbar oder mittelbar einer Höheren Organisationseinheit (auch einer Führungsebene) unterstehen. Das Kommunikationsverhalten einer Stelle bei der Aufgabenerfüllung wird beträchtlich durch die versionierten (unterschiedlichen) Gestaltungen der Ablauforganisation ausgeprägt. Die unterschiedlichen Gestaltungen der Ablauforganisation können auch dadurch gekennzeichnet werden, daß die Verbindungen (Flüsse) und der Austausch der Interaktionsarbeitsobjekte zwischen den Stellen bei der Aufgabenerfüllung unterschiedlich gebildet werden. Die Anzahl der Interaktionsarbeitsobjekte in einer Stelle (z.B. hier durch s_1 bezeichnet), die auch unter dem

Aspekt der Aggregation und Disaggregation betrachtet werden können und durch die endliche Menge:

$$E_{s_i}^{IA} = \left(\underset{f_j \in \overline{F}_{s_i}}{Y} \mu_i(f_j) \, Y \, \underset{f_j \in \overline{F}_{s_i}}{Y} \mu_o(f_j) \right) I \left(\underset{f_k \in F_{s_i}^{SS}}{Y} \mu_i(f_k) \, Y \, \underset{f_k \in F_{s_i}^{SS}}{Y} \mu_o(f_k) \right)$$

dargestellt werden, stellen die Kommunikation zwischen den Stellen her. Die Anzahl der kommunizierenden Stellen mit der Stelle s_1 stellt den Kooperations- bzw. Koordinationsbedarf bei der Aufgabenerfüllung dar. Die Anzahl der Interaktionsarbeitsobjekte und der kommunizierenden Stellen wird auch durch die graphischen Darstellungen (wie in *Abb. 5.III.C.1. - 8* gezeigt) veranschaulicht, in denen die Stellen nach dem Wert der Anzahl in der Bezugsversion aufsteigend geordnet sind. Zu den graphischen Darstellungen werden auch die Beschreibungen über die Unterschiede sowie Gemeinsamkeiten zwischen den versionierten Gestaltungen der Ablauforganisation durch die tabellarischen Darstellungen (wie in *Tab. 5.III.C.4. - 5* gezeigt) quantitativ wie auch qualitativ präzisiert. In jeder tabellarischen Darstellung werden immer eine Bezugsversion und eine zu vergleichende Version der Gestaltungen der Ablauforganisation paarweise miteinander verglichen und bewertet, wobei die Spalten „*Hardwaresysteme*", „*+Stellen*" und „*-Stellen*" durch:

- „*Stelle*",
- „*+Interaktionsarbeitsobjekte*" und
- „*-Interaktionsarbeitsobjekte*" (bezüglich Anzahl der Interaktionsarbeitsobjekte) sowie
- „*Stellen*",
- „*+Stellen*" und
- „*-Stellen*" (bezüglich Anzahl der kommunizierenden Stelle)

bezeichnet werden. Bei der Anfertigung der graphischen und tabellarischen Darstellungen wird auch eine Liste der Stellen, die in der Bezugsversion und in den zu vergleichenden Versionen der Gestaltungen der Ablauforganisation vorhanden oder geplant sind, dem Anwender zur Auswahl gestellt, womit er sich nur auf bestimmte Stellen bei der jeweiligen Erstellung des derivativen Segments der Ablauforganisation konzentrieren kann.

Die Aufgaben, die auf einer Führungsebene - in einer Höheren Organisationseinheit (z.B. hier durch h_0 bezeichnet) und deren disziplinarisch mittelbar oder unmittelbar unterstellten Organisationseinheiten (z.B. hier durch h_i bezeichnet) - als fachliche Zuständigkeit (individuum- und teambezogen) eindeutig definiert und erfüllt werden müssen, ergeben sich aus:

$$F_{H_0} = Y F_{H_i} \, Y F_{h_0} \qquad \text{mit } h_i \in \Psi_H(h_0).$$

Aus dieser endlichen Menge und mit der Funktion (τ_F) der Strukturbildung der Aufgaben können auch die entsprechenden Klassen der Aufgaben festgestellt werden. Die Reihenfolge zur Erfüllung der aggregierten Aufgaben ergibt sich aus der Vorgängerfunktion (ε_V) und der Nachfolgerfunktion (ε_N). Für jede aggregierte Aufgabe mit der Versionsausprägung ist auch die Anzahl der kommunizierenden (disaggregierten) Aufgaben festzustellen. Diese Anzahl wird auch durch die graphische Darstellung (wie in *Abb. 5.III.C.1. - 8*) veranschaulicht, in der die aggregierten Aufgaben nach dem Wert der Anzahl der kommunizierenden Aufgaben in der Bezugsversion aufsteigend geordnet sind. Zu den graphischen Darstellungen werden ebenfalls die ausführlichen

Beschreibungen über die Unterschiede sowie Gemeinsamkeiten zwischen den versionierten Gestaltungen der Ablauforganisation durch die tabellarischen Darstellungen (wie in *Tab. 5.III.C.4. - 5*) quantitativ wie auch qualitativ präzisiert. In jeder tabellarischen Darstellung werden immer eine Bezugsversion und eine zu vergleichende Version der Gestaltungen der Ablauforganisation paarweise miteinander verglichen und bewertet, wobei die Spalten *„Hardwaresysteme"*, *„+Stellen"* und *„-Stellen"* durch:

- *„Aufgaben"*,
- *„+Aufgaben"* und
- *„-Aufgaben"*

bezeichnet werden und eine neue Spalte *„Disaggregation"* hinzugefügt werden soll. In dieser Spalte *„Disaggregation"* werden die disaggregierten Aufgaben zur jeweiligen Aggregation aufgelistet. Bei der Anfertigung der graphischen und tabellarischen Darstellungen wird auch eine Liste der (disaggregierten) Aufgaben, die in der Bezugsversion und in den zu vergleichenden Versionen der Gestaltungen der Ablauforganisation vorhanden oder geplant sind, dem Anwender zur Auswahl gestellt, womit er sich nur mit bestimmten Aufgaben bei der Erstellung des derivativen Segments der Ablauforganisation befassen kann.

❏ **Sicht des Informations- bzw. Materialflußnetzes**

In engem Zusammenhang mit dem Kommunikationsnetz (Vorgangsnetz) auf der Ebene der Aufgabe steht das Informations- bzw. Materialflußnetz, in dem die Arbeitsobjekte im Sinne der Input-Output-Beziehung dargestellt werden und zugleich die Durchlaufzeit zwischen den Arbeitsobjekten klargelegt wird. Die Analyse und Bewertung der Unterschiede sowie der Gemeinsamkeiten zwischen den versionierten Gestaltungen der Ablauforganisation wird im Hinblick auf die Durchlaufzeit der Arbeitsobjekte durchgeführt. Zwischen zwei Arbeitsobjekten - eines als Input und das andere als Output - können verschiedene Durchlaufzeiten existieren, die die Erfüllung der verschiedenen Aufgaben kennzeichnen und die alternativen Verarbeitungen der Arbeitsobjekte zum Ausdruck bringen. Demzufolge sind grundsätzlich drei Durchlaufzeiten zwischen jeweils zwei Arbeitsobjekten zu analysieren und zu berechnen, die maximale Durchlaufzeit, die minimale Durchlaufzeit und die durchschnittliche Durchlaufzeit. Nach diesen Kriterien werden die versionierten Gestaltungen der Ablauforganisation paarweise bewertet. Die sich daraus ergebende Änderungsbilanz wird durch eine tabellarische Darstellung veranschaulicht. In *Tab. 5.III.C.3. - 3* wird beispielsweise die Änderungsbilanz zwischen zwei versionierten Gestaltungen der Ablauforganisation dargestellt. Daraus ist zu erkennen, daß die Durchlaufzeit zwischen den Arbeitsobjekten *„Kundenauftrag"* und *„Kalkulation"* in der *Planung-I* kürzer als in *Bezugsversion* ist, die eine andere Planung oder den Ist-Zustand der Ablauforganisation repräsentieren kann. In der Spalte *„Dissens der Alternativen"* wird die Anzahl der alternativen Verarbeitungen der Arbeitsobjekte zwischen zwei versionierten Arbeitsobjekten verglichen. Die Anzahl der alternativen Verarbeitungen der Arbeitsobjekte, z.B. von *„Kundenauftrag"* bis *„Kalkulation"*, ist in der *Planung-I* und in der *Bezugsversion* gleich.

Bei der Anfertigung dieser tabellarischen Darstellung bzw. einer derartigen Änderungsbilanz sind die Bezugsversion und die weiteren zu vergleichenden Versionen zur Gestaltung der Ablauforganisation anzugeben. Das bedeutet auch, daß eine derartige tabellarische Darstellung für jede zu vergleichende Version zur Gestaltung der Ablauforganisation erstellt werden kann, falls der Anwender die Versionen explizit bestimmt.

Darüber hinaus soll eine Liste, in der die Arbeitsobjekte paarweise vom Anwender ausgewählt werden sollen, ausgefüllt werden. Von den paarweise angegebenen Arbeitsobjekten wird eines als Input-Arbeitsobjekt (ver-/gebrauchter) und das andere demgegenüber als Output-Arbeitsobjekt (erzeugter) vorgesehen. Es wird auch dabei geprüft, ob die angegebenen Arbeitsobjekte auf einer Führungsebene verarbeitet werden, welche durch eine Höhere Organisationseinheit und die ihr disziplinarisch mittelbar sowie unmittelbar unterstellten Organisationseinheiten verkörpert wird. So wird die Änderungsbilanz zwischen den versionierten Gestaltungen der Ablauforganisation bezüglich des Informations- bzw. Materialflußnetzes nach dem Wunsch des Anwenders im derivativen Segment der Ablauforganisation erstellt.

Bezugsversion / Planung-I					
		Dissens der	**Dissens der Durchlaufzeit**		
Einsatz	**Ausbringung**	**Alternativen**	**Durchschnitt**	**Maximal**	**Minimal**
Kundenauftrag	Kalkulation	0	-0,5 Std	-40 Min	0
Kundenauftrag	Technische Datenblätter	0	-15 Min	-25 Min	0

*Tab. 5.III.C.3. - 3. **Die Änderungsbilanz zwischen der Bezugsversion und der Planung-I zur Gestaltung der Ablauforganisation bezüglich Durchlaufzeit der Arbeitsobjekte***

❏ **Sicht der DV-gestützten Aufgabenerfüllung**

Aus der Sicht der DV-gestützten Aufgabenerfüllung werden die Aufgaben nach den Kriterien der Automatisierungskomplexität und des Automatisierungsgrades der Aufgaben unter Berücksichtigung der Versionen analysiert und miteinander verglichen. Hierfür sollen die Aufgaben auch in einer Höheren Organisationseinheit, die eine Führungsebene kennzeichnet, und den ihr disziplinarisch mittelbar sowie unmittelbar unterstellten Organisationseinheiten erfüllt werden. Die Automatisierungskomplexität einer Aufgabe bringt in der Tat die Anzahl der Softwaresysteme zum Ausdruck, die die Erfüllung dieser Aufgabe unterstützen und automatisieren. Die Automatisierungskomplexität der Aufgaben mit den verschiedenen Versionsausprägungen wird durch die graphische Darstellung (wie in *Abb. 5.III.C.1. - 8*) veranschaulicht, in der die Aufgaben nach dem Wert der Automatisierungskomplexität in der Bezugsversion aufsteigend geordnet sind. In gleicher Weise wird auch der Automatisierungsgrad (dg_{ij}) der Aufgaben durch die graphische Darstellung (wie in *Abb. 5.III.C.1. - 1*) illustriert, in der die Aufgaben auch nach dem Wert des Automatisierungsgrades in der Bezugsversion aufsteigend geordnet sind. Aus diesen zwei graphischen Darstellungen ist einerseits festzustellen, in welcher Version (Planung) die Aufgaben am besten DV-gestützt erfüllt werden, und andererseits deutlich zu erkennen, worin die Unterschiede bzw. Gemeinsamkeiten zwischen den versionierten Aufgaben in bezug auf den Einsatz der DV-Systeme liegen. In Wirklichkeit wird die Änderungsbilanz durch die graphischen Darstellungen repräsentiert und verdeutlicht. Dabei ist darauf hinzuweisen, daß die Aufgaben in den graphischen Darstellungen erst nach ihrer Aggregation zusammengestellt und dann geordnet werden können. Dadurch können die Aufgaben auf einer aggregierten Ebene bezüglich der Versionen miteinander verglichen werden.

Bei der Erstellung des derivativen Segments der Ablauforganisation wird dem Anwender auch eine Liste der Aufgaben zur Auswahl gestellt, wobei für diese graphischen Darstellungen zuvor vom Anwender bestimmt werden kann, welche graphische Darstellung - der Automatisierungskomplexität oder des Automatisierungsgrades - angefertigt werden soll.

4. Die Systemkonfiguration

Das derivative Segment der Systemkonfiguration besteht ebenfalls aus zwei Teilen: die Charakterisierung der DV-Systeme und der Vergleich zwischen den versionierten Gestaltungen (Ist-Zustand oder Planungen) der Systemkonfiguration. Hierbei werden die DV-Systeme unter einem integrierten Gesichtspunkt quantitativ analysiert und bewertet, unter dem die Anwendungssysteme mit der benötigten Hardware als Aufgabenträger und zugleich ihre Kommunikationsbeziehungen (Arbeitszusammenhänge) betrachtet werden sollen. Aus einer derartigen Analyse und Bewertung der Systemkonfiguration soll festgestellt werden, ob die DV-Systeme für die Unterstützung der Aufgabenerfüllung sachgerecht eingesetzt sind oder werden können. Die Gestaltung der Systemkonfiguration soll im Zusammenhang mit der gesamten Organisationsplanung und -entwicklung vorgenommen werden, da die Organisation dem Einsatz der DV-Systeme zufolge umgestellt werden könnte. Grundsätzlich verkörpern die DV-Systeme einerseits die Substitution der Personalkosten durch die Kapitalkosten und fördern andererseits die Steigerung der Produktivität sowie der Wettbewerbsfähigkeit eines Unternehmens. So werden die DV-Systeme hauptsächlich aus der informationstechnischen und zugleich organisatorischen Sicht analysiert, wobei sie nach bestimmten Kriterien bewertet werden sollen. Die Kriterien, die zur Charakterisierung der Gestaltung der Systemkonfiguration und zur Bewertung der Abweichungen (Änderungsbilanz) zwischen den versionierten Gestaltungen verwendet werden, lassen sich in folgenden sieben Aspekten darstellen:

- Deckungsbereich und -größe der Software (Anwendungssystem),
- Deckungsgrad der Software (Anwendungssystem),
- Nutzungsgröße der Datenbank,
- Nutzungswert des Hardwaresystems bezüglich DV-gestützter Organisationseinheiten,
- Leistungsumfang des Hardwaresystems bezüglich Unterstützung der Aufgabenerfüllung,
- Automatisierungskomplexität bzw. Automatisierungsgrad der Organisationseinheiten zur Kennzeichnung des DV-gestützten Arbeitspensums der Organisationseinheiten.

Aus diesen sieben Kriterien ergeben sich die entsprechenden Kapitel des derivativen Segments der Systemkonfiguration. Diese Kapitel, in denen die analysierten und verglichenen Ergebnisse in ihren organisatorischen und informationstechnischen Zusammenhängen einsichtig präsentiert werden, können bei der Erstellung des derivativen Segments vom Anwender wahlweise angegeben werden. Durch die Angabe der Schwellenwerte können die Ergebnisse im jeweiligen Kapitel noch anschaulicher dargestellt werden. Die Kapitel werden gegliedert nach:

- Charakterisierung der Software (Anwendungssysteme)
- Charakterisierung der Hardwaresysteme
- Allgemeine Charakterisierung der DV-Systeme
- Änderungsbilanz zwischen den versionierten Gestaltungen der Systemkonfiguration

- Vergleich der Software
- Vergleich zwischen den Hardwaresystemen
- Allgemeiner Vergleich

T1. Charakterisierung der Software

❑ **Anwendungssysteme nach ihrem Deckungsbereich und ihrer Deckungsgröße**

Der Deckungsbereich eines Anwendungssystems bringt die Organisationseinheiten zum Ausdruck, in der die Aufgabenerfüllung durch dieses Anwendungssystem unterstützt werden soll. Dementsprechend bedeutet die Deckungsgröße eines Anwendungssystems seine Funktionalität, die sich auf die zu unterstützenden Aufgaben bezieht. Die Deckungsgröße und der Deckungsbereich eines Anwendungssystems werden auch durch die Funktionen φ_F, φ_S und φ_H dargestellt. Die Funktion $\varphi_F(sw_i)$ bildet eine endliche Menge von Aufgaben, die unter der Verwendung des Anwendungssystems sw_i DV-gestützt erfüllt werden. Die Funktionen $\varphi_S(sw_i)$ und $\varphi_H(sw_i)$ bilden zwei endliche Mengen (eine für Stellen und eine für Höhere Organisationseinheiten) von Organisationseinheiten, in denen die Aufgabenerfüllung durch das Anwendungssystem sw_i unterstützt wird. Jedes Anwendungssystem sw_i wird nach diesen drei Werten bewertet. Die bewerteten Ergebnisse lassen sich tabellarisch darstellen, wobei die Anwendungssysteme in der Tabelle nach der Anzahl der zu unterstützenden Aufgaben bzw. Organisationseinheiten geordnet sind. In *Tab. 5.III.C.4. - 1* wird beispielsweise eine tabellarische Darstellung gezeigt, die einer Matrix entspricht und die Beziehung zwischen den Aufgaben in einer Höheren Organisationseinheit und den dazu verwendeten DV-Systemen im Sinne der DV-gestützten Aufgabenerfüllung klarlegt. Diese tabellarische Darstellung läßt sich auch auf die Organisationseinheit (Deckungsbereich) übertragen.

	OrgIS	PlanOrgIS	MetaIS	......	WinWord
Stellenanalyse	X				
Berichterstattung DV-Systeme	X				
Bewertung Stellenbesetzung	X				
...					
Entwicklung Fachkonzept	X	X	X		
Anzahl	32	6	5		3

*Tab. 5.III.C.4. - 1. **Eine tabellarische Darstellung der Deckungsgröße der Anwendungssysteme***

Für jedes Anwendungssystem werden seine Deckungsgröße und Deckungsbereiche quantitativ durch folgende Werte dargestellt:

- **SWF$_i$** Deckungsgröße eines Anwendungssystems sw_i. Sie gleicht der Anzahl der Elemente in der endlichen Menge $\varphi_F(sw_i)$,
- **SWS$_i$** Deckungsbereich eines Anwendungssystems sw_i bezüglich Stelle. Er gleicht der Anzahl der Elemente in der endlichen Menge $\varphi_S(sw_i)$
- **SWH$_i$** Deckungsbereich eines Anwendungssystems sw_i bezüglich Höherer Organisationseinheit. Er gleicht der Anzahl der Elemente in der endlichen Menge $\varphi_H(sw_i)$.

Mit diesen drei Werten können auch die entsprechenden graphischen Darstellungen, in denen auch die Schwellenwerte je nach Bedarf des Anwenders angegeben werden können, im derivativen Segment angefertigt werden (wie in *Abb. 5.II.C.4. - 4* gezeigt). Diese Schwellenwerte dienen zur Klassifizierung der Anwendungssysteme.

Die Analyse und Bewertung des Deckungsbereichs bzw. der Deckungsgröße kann sich auch flexibel auf bestimmte Anwendungssysteme beziehen. Das bedeutet, daß die Inhalte des derivativen Segments bei der Erstellung der Dokumentation der Systemkonfiguration vom Anwender determiniert werden können. Insofern kann diese Analyse und Bewertung je nach Bedarf dynamisch auf bestimmte Anwendungssysteme konzentriert werden. Aufgrund der angegebenen Anwendungssysteme kann ferner vom Anwender determiniert werden, ob der Deckungsbereich oder die Deckungsgröße der angegebenen Anwendungssysteme bewertet und in diesem derivativen Segment angefertigt werden soll. Hierbei wird die Analyse und Bewertung der Systemkonfiguration (Anwendungssysteme) nach den Kriterien, die jeweils dynamisch vom Anwender angegeben werden, durchgeführt und dementsprechend werden die sich daraus ergebenden Ergebnisse nach dem Wunsch des Anwenders dargestellt. Aus dem Deckungsbereich und der Deckungsgröße wird auch festgestellt, ob die Funktionen eines Anwendungssystems die organisatorischen Anforderungen zum großen Teil abdecken können. Dadurch wird auch ein Anwendungssystem gekennzeichnet, ob es zielgerecht erschaffen bzw. eingesetzt wird. So bilden die analysierten Ergebnisse unter den Aspekten des Deckungsbereiches und der Deckungsgröße der Anwendungssysteme eine entscheidungsunterstützende Grundlage für die weitere Planung zum Einsatz der DV-Systeme, vorwiegend bei der Auswahl der Anwendungssysteme, so daß die Dekkungsgröße und der Deckungsbereich der Anwendungssysteme möglichst bei gleichen Kosten ihren maximalen Wert erreichen sollen.

❑ **Anwendungssysteme nach ihrem Deckungsgrad**

Der Deckungsgrad beschreibt die Ausdehnung der Software (Anwendungssysteme) zur Automatisierung der Aufgabenerfüllung. Der Deckungsgrad der Anwendungssysteme ist auch auf zwei Ebenen zu unterscheiden, Aufgabe und Organisationseinheit. Es ist dabei zu beachten, daß der Deckungsgrad der Anwendungssysteme auf der Ebene der Organisationseinheit den Zusammenhang zwischen dem Belastungsgrad der Organisationseinheiten für die Aufgabenerfüllung und dem Deckungsgrad auf der Ebene der Aufgabe bildet. Der Deckungsgrad der Anwendungssysteme auf unterschiedlichen Ebenen läßt sich durch folgende Matrizen[118] darstellen:

- $\mathbf{SWM_{SF}} = (dg_{ij})$

  Deckungsgrad auf der Ebene der Aufgabe bezüglich Stelle und mit den Bedingungen $f \in \Gamma(\mathbf{h}) := \{f_1, f_2, \ldots, f_n\}$[119] und $sw \in \displaystyle\bigvee_{f_i \in \Gamma(h)} \vartheta_F(f_i)$ mit $i \in \{1, 2, \ldots, n\}$[120],

- $\mathbf{SWM_{HF}} = (dg_{ij})$

---

[118] S.h.: 5.II.C.4. Die derivative Analyse und Bewertung der Systemkonfiguration.
[119] S.h.: 5.II.C.1. Die derivative Analyse und Bewertung der Ständigen Aufbauorganisation.
[120] S.h.: 5.II.C.4. Die derivative Analyse und Bewertung der Systemkonfiguration.

Deckungsgrad auf der Ebene der Aufgabe bezüglich Höherer Organisationseinheit **h** und mit den Bedingungen $f \in \gamma(h) := \{f_1, f_2, ..., f_l\}^{121}$ sowie $sw \in \underset{f_i \in \Gamma(h)}{Y} \vartheta_F(f_i)$ mit $i \in \{1, 2, ..., l\}$,

- $\mathbf{SWM_S} := \mathbf{SWM_{SF}} * \mathbf{SM_{bg}} = (db_{ij})$ mit $db_{ij} = \sum_{x=1}^{n} dg_{ix} * bg_{xj}$

Deckungsgrad auf der Ebene der Stelle und mit den Bedingungen $s \in \Psi_S(h) := \{s_1, s_2, ..., s_m\}^{122}$ und $sw \in \underset{f_i \in \Gamma(h)}{Y} \vartheta_F(f_i) := \{sw_1, sw_2, ..., sw_k\}$, wobei die Matrix $\mathbf{SM_{bg}} = (bg_{ij})$ den Belastungsgrad der Stellen, die disziplinarisch unmittelbar der Höheren Organisationseinheit **h** unterstehen, für die Aufgabenerfüllung darstellt und

- $\mathbf{SWM_H} := \mathbf{SWM_{HF}} * \mathbf{HM_{bg}} = (db_{ij})$ mit $db_{ij} = \sum_{x=1}^{n} dg_{ix} * bg_{xj}$

Deckungsgrad auf der Ebene der Höheren Organisationseinheit und mit den Bedingungen $h_i \in \Psi_H(h_1) := \{h_2, h_3, ..., h_m\}$ sowie $sw \in \underset{f_i \in \Gamma(h_1)}{Y} \vartheta_F(f_i) := \{sw_1, sw_2, ..., sw_k\}$, wobei die Matrix $\mathbf{HM_{bg}} = (db_{ij})$ den Belastungsgrad der Höheren Organisationseinheiten, die disziplinarisch unmittelbar der Höheren Organisationseinheit h_1 unterstehen, für die teambezogene Aufgabenerfüllung repräsentiert.

Durch die Matrizen $\mathbf{SWM_S}$ und $\mathbf{SWM_H}$ wird bezüglich des Deckungsgrades der Anwendungssysteme deutlich gekennzeichnet, welcher Teil des Arbeitspensums einzelner Organisationseinheiten für die Aufgabenerfüllung durch die Anwendungssysteme unterstützt wird. Diese beiden Matrizen können auch bei der Analyse und Bewertung der Organisationseinheiten verwendet werden, womit die Aufgabenverteilung in der Organisationseinheiten aus der Sicht des Automatisierungsgrades und der Automatisierungskomplexität betrachtet wird.

Aus den Matrizen $\mathbf{SWM_{SF}}$, $\mathbf{SWM_{HF}}$, $\mathbf{SWM_S}$ und $\mathbf{SWM_H}$ können die Durchschnittswerte des Deckungsgrades der Anwendungssysteme auch auf unterschiedlichen Ebenen berechnet werden. Insofern werden die Anwendungssysteme aus verschiedenen Gesichtspunkten analysiert und bewertet. Die Durchschnittswerte des Deckungsgrades der Anwendungssysteme auf der Ebene der Organisationseinheit lassen sich darstellen durch:

- $\mathbf{SWSF_i} := \sum_{j=1}^{n} \mathbf{dg_{ij}}/\mathbf{n}$ mit $\mathbf{SWM_{SF}} = (dg_{ij})$,

- $\mathbf{SWHF_i} := \sum_{j=1}^{l} \mathbf{dg_{ij}}/\mathbf{l}$ mit $\mathbf{SWM_{HF}} = (dg_{ij})$ und

- $\mathbf{SWOF_i} := (\mathbf{SWSF_i} + \mathbf{SWHF_i})/2$.

Dabei kennzeichnet der Wert $\mathbf{SWOF_i}$ einen gesamten Durchschnittswert des Deckungsgrades der Software sw_i. Eigentlich bringen diese drei Durchschnittswerte des Deckungsgrades auf diese Weise zum Ausdruck, daß die Anwendungssysteme im Zu-

---

[121] S.h.: 5.II.C.1. Die derivative Analyse und Bewertung der Ständigen Aufbauorganisation.

[122] S.h.: 5.II.C.1. Die derivative Analyse und Bewertung der Ständigen Aufbauorganisation.

sammenhang mit der Aufbauorganisation analysiert und bewertet werden. Mit den Schwellenwerten, die bei der Erstellung des derivativen Segments der Systemkonfiguration vom Anwender bestimmt bzw. angegeben werden können und zur Klassifizierung der Software bezüglich des Kriteriums des Deckungsgrades dienen sollen, kann die Analyse und Bewertung der Anwendungssysteme stets nach dem Wunsch des Anwenders durchgeführt werden. Vor allem werden die bewerteten Ergebnisse durch die graphische Darstellung (wie in *Abb. 5.II.C.4. - 4* gezeigt) veranschaulicht, wobei die Anzahl der Software in der Horizontalachse durch die Bezeichnungen der Software (Anwendungssysteme) im derivativen Segment der Systemkonfiguration ersetzt werden soll. Der Anwender kann bei der Erstellung des derivativen Segments die Anzahl der Schwellenwerte zur Klassifizierung der Software (Anwendungssysteme) und die Durchschnittswerte des Deckungsgrades der Anwendungssysteme je nach seinem Bedarf dynamisch bestimmen.

Ebenfalls lassen sich die Durchschnittswerte des Deckungsgrades der Anwendungssysteme auf der Ebene der Aufgabe berechnen durch:

- $\mathbf{SWSG_i} := \sum_{j=1}^{n} \mathbf{db_{ij}}/\mathbf{n}$ mit $\mathbf{SWM_S} = (db_{ij})$,

- $\mathbf{SWHG_i} := \sum_{j=1}^{l} \mathbf{db_{ij}}/\mathbf{l}$ mit $\mathbf{SWM_H} = (db_{ij})$ und

- $\mathbf{SWOG_i} := (\mathbf{SWSG_i} + \mathbf{SWHG_i})/\mathbf{2}$.

Aus diesen drei Durchschnittswerten ergeben sich auch entsprechende graphische Darstellungen, in denen die Anwendungssysteme im Zusammenhang mit der Ablauforganisation analysiert und bewertet werden. Diese graphische Darstellung wird in ähnlicher Weise wie in *Abb. 5.II.C.4. - 5* erstellt, wobei auch die Anzahl der Software im derivativen Segment der Systemkonfiguration durch die Bezeichnungen der Anwendungssysteme ersetzt wird. Ebenfalls kann die Analyse und Bewertung der Anwendungssysteme hierbei durch die Angabe der Schwellenwerte und die Auswahl der Durchschnittswerte durchgeführt werden.

Die Matrizen $\mathbf{SWM_{SF}}$, $\mathbf{SWM_{HF}}$, $\mathbf{SWM_S}$ und $\mathbf{SWM_H}$ werden zwar für die Ständige Aufbauorganisation definiert. Sie lassen sich aber auf die Projektorganisation übertragen. So ergeben sich vier entsprechende Matrizen $\mathbf{SWM_{PSF}}$, $\mathbf{SWM_{PHF}}$, $\mathbf{SWM_{PS}}$ und $\mathbf{SWM_{PH}}$, in denen der *Deckungsgrad* der Software - hauptsächlich Anwendungssysteme - jeweils auf Projektaufgaben, Projektstellen und Höhere Projektorganisationseinheiten bezogen wird. Die Durchschnittswerte des Deckungsgrades der Anwendungssysteme können sich ebenfalls auf die Projektorganisation beziehen.

❑ Datenbanken (Datenbanksysteme) bezüglich ihrer gemeinsamen Nutzung (Nutzungsgröße)

Aus der DV-gestützten Aufgabenerfüllung sind die Arbeitsobjekte der Informationssorte zu berücksichtigen, wobei diese Arbeitsobjekte bei der DV-gestützten Aufgabenerfüllung gebraucht oder erzeugt und im allgemeinen in Datenbanken gespeichert werden sollen. Aufgrund der räumlich verteilten DV-gestützten Arbeitsplätze (Organisationseinheiten) und ihres Arbeitszusammenhangs können die Arbeitsobjekte der Informationssorte in verschiedenen DV-Systemen gebraucht oder erzeugt werden. Zur Aufbewahrung der Daten in DV-Systemen können verschiedene Methoden verwendet werden, die die zentrale, verteilte oder duplizierte Datenhaltung zum Ausdruck bringen. Dahinter verbergen sich die wirtschaftlichen, organisatorischen und informationstechnischen Überlegungen, da der Arbeitszusammenhang bzw. die Kommunikation zwischen den Organisationseinheiten bei der DV-gestützten Aufgabenerfüllung durch die Arbeitsobjekte der Informationssorte gebildet wird. Hier werden im wesentlichen die Datenbestände, die die Arbeitsobjekte der Informationssorte verkörpern und eine bestimmte Datenstruktur zur Aufbau dieser Arbeitsobjekte besitzen, aus der organisatorischen und informationstechnischen Sicht analysiert und bewertet.

Die Arbeitsobjekte, die durch Anwendungssysteme bearbeitet und durch eine endliche Menge $E_{h_1}^{IF}$ dargestellt werden, ergeben sich aus den Funktionen[123] φ_F, μ_i und μ_o, wobei die folgenden Bedingungen[124] erfüllt werden müssen:

$$f \in \Gamma_H(h_1) := \bigcup_{h_i \in \Psi_H(h_1)} \Gamma_H(h_i) \cup \gamma(h_1) := \{f_1, f_2, ..., f_l\} \text{ und } sw \in \bigcup_{f_i \in \Gamma(h_1)} \vartheta_F(f_i)$$

mit $i \in \{1, 2, ..., l\}$.

Daraus ist zu erkennen, daß das derivative Segment der Systemkonfiguration sich auf eine Führungsebene bezieht, die hier durch die Höhere Organisationseinheit h_1 dargestellt wird. So werden die Arbeitsobjekte aus der endlichen Menge $E_{h_1}^{IF}$ in der Höheren Organisationseinheit h_1 bzw. in den ihr disziplinarisch mittelbar oder unmittelbar unterstellten Organisationseinheiten verarbeitet. Aus der endlichen Menge $E_{h_1}^{IF}$ kann weiter eine Teilmenge $E_{h_1}^{SW}$ ($E_{h_1}^{SW} \subseteq E_{h_1}^{IF}$) gebildet werden, in der die Arbeitsobjekte in den Datenbanken oder Dateien und dadurch DV-gestützt verarbeitet sind. Diese Datenbanken ergeben sich aus der endlichen Menge $E_{h_1}^{SW}$ und der Funktion φ_E sowie ihrer dualen Funktion ϑ_E. Sie werden auch durch eine endliche Menge SW_E dargestellt. In jeder Datenbank aus der endlichen Menge SW_E werden einige Arbeitsobjekte aus der endlichen Menge $E_{h_1}^{SW}$ gespeichert. Dieser Zusammenhang wird durch die Tabelle (wie in *Tab. 5.III.C.4. - 1* gezeigt) veranschaulicht. Dafür gibt es auch eine Matrix $DBM_E = (ng_{ij})$ (wie Matrix SWM_{SF} und SWM_{HF}) von Software (hauptsächlich Datenbanksystem) und Arbeitsobjekten, wobei der Wert ng_{ij} einen *Nutzungsgrad* eines Arbeitsobjekts e_j durch eine Software sw_i (Datenbanksystem) bezeichnet. Dieser Wert hat den Wertbereich von [0, 1] und gibt an, ob das Arbeitsobjekt e_j teils oder komplett DV-gestützt - in der Datenbank sw_i gespeichert - verarbeitet wird. Der Anwender kann flexibel aus einer Softwareliste (Datenbanksysteme) nur die gewünschten Datenbanksysteme bei der Erstellung des derivativen Segments auswählen.

Demgegenüber wird die Nutzungsgröße der Software (Datenbanksysteme) bezüglich der Anwendungssysteme und der Organisationseinheiten analysiert und bewertet. Für jede Software aus der endlichen Menge SW_E existiert auch eine Reihe von Anwendungssystemen und Organisationseinheiten. Dieser Zusammenhang zwischen der Software (Datenbanksystemen) und den Anwendungssystemen sowie den Organisationseinheiten läßt sich auch durch drei Tabellen (wie in *Tab. 5.III.C.4. - 1* gezeigt) -

---

[123] S.h.: 5.II.C.3./4. Die derivative Analyse und Bewertung der Ablauforganisation/Systemkonfiguration.

[124] S.h.: 5.II.C.1./4. Die derivative Analyse und Bewertung der Ständigen Aufbauorganisation/Systemkonfiguration.

eine für das Anwendungssystem und die anderen zwei jeweils für Höhere Organisationseinheit und Stelle - darstellen. Diese drei Tabellen entsprechen auch drei Matrizen $DBM_{SW} = (ng_{ij})$, $DBM_S = (ng_{ij})$ und $DBM_H = (ng_{ij})$, wobei der Wert ng_{ij} zeigt, ob die Software (Datenbanksystem) sw_i von dem Anwendungssystem sw_j bzw. der Organisationseinheit (h_j oder s_j) bei der Aufgabenerfüllung benötigt wird oder nicht. Daraus wird deutlich erkannt, ob die Kommunikation bzw. der Arbeitsobjektaustausch zwischen den Anwendungssystemen oder den Organisationseinheiten bei der DV-gestützten Aufgabenerfüllung besteht. So ist die Nutzungsgröße der Software (Datenbanksysteme) sw_i auf drei Ebenen zu unterscheiden:

- Die Nutzungsgröße der Software sw_i bezüglich der Arbeitsobjekte stellt zugleich den Durchschnittswert des Nutzungsgrades dar, welcher berechnet wird durch:

$$DBE_i := \sum_{j=1}^{n} ng_{ij}/n \qquad \text{mit } DBM_E = (ng_{ij}),$$

- Die Nutzungsgröße der Software sw_i (Datenbanksystem) bezüglich der Anwendungssysteme bzw. Organisationseinheit stellt hierfür die Anzahl der Anwendungssysteme bzw. Organisationseinheiten, die durch die Software sw_i bei der Aufgabenerfüllung miteinander kommunizieren könnten, dar:

$$DBSW_i := \sum_{j=1}^{l} ng_{ij} \qquad \text{mit } DBM_{SW} = (ng_{ij}) \text{ bezüglich des Anwendungssystems,}$$

$$DBS_i := \sum_{j=1}^{l} ng_{ij} \qquad \text{mit } DBM_S = (ng_{ij}) \text{ bezüglich Stelle und}$$

$$DBH_i := \sum_{j=1}^{l} ng_{ij} \qquad \text{mit } DBM_H = (ng_{ij}) \text{ bezüglich Höherer Organisationseinheit.}$$

Aus diesen vier Werten ergeben sich auch vier entsprechende graphische Darstellungen (wie in *Abb. 5.II.C.4. - 4* dargestellt), in denen die Bezeichnungen der Software (Datenbanksysteme) an der Horizontalachse repräsentiert werden. Dazu können die Schwellenwerte, die zur Klassifizierung der Software (Datenbanksysteme) dienen sollen, und ihre Anzahl vom Anwender angegeben werden.

T2. Charakterisierung der Hardwaresysteme

❑ Hardwaresysteme nach ihrem Nutzungswert zur Ausstattung der Organisationseinheiten

Unter dem informationstechnischen Aspekt kann ein Hardwaresystem einen oder mehrere DV-gestützte Arbeitsplätze (Stellen) verkörpern, wobei es typischerweise durch einen Personalcomputer (PC), eine Workstation, Minicomputer oder Mainframe (Terminals) dargestellt wird. Dementsprechend kann ein Hardwaresystem unter dem organisatorischen Aspekt auf einer Stelle oder in einer Höheren Organisationseinheit zur Unterstützung der Aufgabenerfüllung ausgestattet werden. Natürlich kann auch eine Hardware (z.B. Terminal, Drucker), die aber direkt oder über Netz an einem Hardwaresystem angeschlossen ist, als die DV-Ausstattung der Organisationseinheit gelten. Jedes Hardwaresystem wird letztendlich durch seine konfigurierten Hardwarekomponenten konkretisiert, die zusammen auch den Funktionskomplex sowie die Leistung des Hardwaresystems zum Ausdruck bringen und hier ferner aus der lokalen und fernen Sicht betrachtet werden. In ähnlicher Weise können auch zwei Matrizen $\mathbf{HWSM_S} = (nw_{ij})$ und $\mathbf{HWSM_H} = (nw_{ij})$ gebildet werden, die den Nutzungswert der Hardwaresysteme bezüglich Stelle bzw. Höherer Organisationseinheit darstellen und in *Abb. 5.III.C.4. - 1* gezeigt werden.

Diese zwei Matrizen werden aus den Funktionen[125] zur Bildung der DV-Ausstattung der Organisationseinheiten und den Funktionen[126] zur Bildung der lokalen sowie fernen Konfiguration der Hardwaresysteme abgeleitet. Falls eine Organisationseinheit mit einer Hardware (z.B. ein Terminal) ausgestattet ist, wird sie auch weiter unter Berücksichtigung ihrer lokalen und fernen Konfiguration daraufhin untersucht, in welchen Hardwaresystemen sie lokal oder fern konfiguriert ist. Mit diesen zwei Matrizen kann der Nutzungswert jedes Hardwaresystems auf zwei Ebenen - Stelle und Höhere Organisationseinheit - berechnet werden:

- $\mathbf{HWSS_i} := \sum_{j=1}^{l} nw_{ij}$ mit $\mathbf{HWSM_S} = (nw_{ij})$ und

- $\mathbf{HWSH_i} := \sum_{j=1}^{l} nw_{ij}$ mit $\mathbf{HWSM_H} = (nw_{ij})$.

Die zwei Matrizen bilden zwei Tabellen (wie in *Tab. 5.III.C.4. - 1* gezeigt), in denen ein Überblick über die DV-gestützten Organisationseinheiten hinsichtlich Hardwaresystemen geschaffen wird. Mit den zwei Nutzungswerten der Hardwaresysteme kann der Anwender noch die Schwellenwerte angeben, die zur Klassifizierung der Hardwaresysteme dienen sollen, womit die analysierten bzw. bewerteten Ergebnisse durch die graphischen Darstellungen (wie in *Abb. 5.II.C.4. -4* dargestellt) veranschaulicht werden. Bei der Erstellung des derivativen Segments der Systemkonfiguration wird noch flexibel gestaltet, daß der Anwender weiterhin aus einer Hardwaresystemliste die gewünschten Hardwaresysteme wählen kann. So ist das Derivative Segment der Systemkonfiguration anwenderbezogen zu erstellen.

$$
\begin{array}{c}
\textbf{Nutzungswert auf Stelle} \\[4pt]
\begin{array}{cccccc}
 & h_1 & h_2 & h_3 & & h_l \\
hw_1 & nw_{11} & nw_{12} & nw_{13} & \cdots & nw_{1l} \\
hw_2 & nw_{21} & nw_{22} & nw_{23} & \cdots & nw_{2l} \\
hw_3 & nw_{31} & nw_{32} & nw_{33} & \cdots & nw_{3l} \\
 & \mathrm{M} & & & & \\
hw_k & nw_{k1} & nw_{k2} & nw_{k3} & \cdots & nw_{kl}
\end{array} \\[4pt]
\mathbf{HWSM_S}
\end{array}
\qquad
\begin{array}{c}
\textbf{Nutzungswert auf Höherer Organisationseinheit} \\[4pt]
\begin{array}{cccccc}
 & h_1 & h_2 & h_3 & & h_n \\
hw_1 & nw_{11} & nw_{12} & nw_{13} & \cdots & nw_{1n} \\
hw_2 & nw_{21} & nw_{22} & nw_{23} & \cdots & nw_{2n} \\
hw_3 & nw_{31} & nw_{32} & nw_{33} & \cdots & nw_{3n} \\
 & \mathrm{M} & & & & \\
hw_k & nw_{k1} & nw_{k2} & nw_{k3} & \cdots & nw_{kn}
\end{array} \\[4pt]
\mathbf{HWSM_H}
\end{array}
$$

*Abb. 5.III.C.4. - 1. **Die Matrizen vom Nutzungswert der Hardwaresysteme zur Ausstattung der Organisationseinheiten***

---

[125] Gebildet werden diese Funktionen ähnlich wie die Funktionen des Deckungsbereiches und der -größe der Anwendungssysteme sowie ihre dualen Funktionen der Automatisierungskomplexität der Organisationseinheiten und der Aufgaben.

[126] Gebildet werden diese Funktionen ähnlich wie die Funktion zur Bildung der vorausgesetzten DV-Systeme für das Betreiben der Software.

❏ Hardwaresysteme nach ihrem Leistungsumfang

Der *Leistungsumfang* eines Hardwaresystems ergibt sich aus informationstechnischen und organisatorischen Überlegungen, da das Hardwaresystem zusammen mit der darauf installierten Software (Anwendungssystemen) die Aufgabenträger zum Ausdruck bringt. Jedes Hardwaresystem ist innerhalb eines Unternehmens oder dessen Fachbereiche eingesetzt, um die Aufgabenerfüllung leistungsfähiger zu unterstützen. Eine sachgerechte Konfiguration der Hardwaresysteme aus lokaler und ferner Sicht erfordert informationstechnische und organisatorische Kenntnisse. Dabei sind einerseits die Anwendungssysteme mit ihrer vorausgesetzten Software zu berücksichtigen, und andererseits die organisatorischen Arbeitszusammenhänge zwischen den Organisationseinheiten bei der Aufgabenerfüllung einzubeziehen, die durch den Einsatz der Anwendungssysteme unterstützt wird.

Die Anwendungssysteme, die auf einem Hardwaresystem installiert sind, können durch die Funktion der Voraussetzung zum Betreiben der Anwendungssysteme festgestellt werden:

$$\delta: \quad SW \to 2^{DVS} \quad \text{mit } \delta(sw_i) := SW_i^{\delta} \cup HW_i^{\delta},$$

wobei die zwei Teilmengen gekennzeichnet werden durch:

$SW_i^{\delta} := \{ sw \in SW | sw$ als eine Voraussetzung der Software $sw_i \}$ sowie

$HW_i^{\delta} := \{ hw \in HW | hw$ als eine Voraussetzung der Software $sw_i \}$

und die Bedingung $sw_i \in Y \vartheta_F (f_j) := \{ sw_1, sw_2, ..., sw_k \}$ mit $f_j \in \gamma(h_1) \cup \Gamma_H(h_1)$ erfüllt werden muß.

Daraus ist zu erkennen, daß das derivative Segment sich auf eine Führungsebene bezieht, die durch die Höhere Organisationseinheit h_1 dargestellt wird. Gleichzeitig werden die Aufgaben, die durch den Einsatz des Hardwaresystems DV-gestützt erfüllt werden, aus der endlichen Menge $Y \vartheta_F (f_j)$ und mit der dualen Funktion φ_F von ϑ_F abgeleitet. Diese Aufgaben werden auch durch die endliche Menge $Y \varphi_F (sw_i)$ dargestellt. Unter Berücksichtigung der Voraussetzungen, die zum Betreiben der Anwendungssysteme notwendig sind und hierfür auf die anwendungsnahe Software (z.B. Datenbanksysteme) eingeschränkt werden sollen, läßt sich der Leistungsumfang jedes Hardwaresystems durch folgende zwei endliche Mengen darstellen:

$Y \vartheta_F (f_j) Y Y SW_i^{\delta}$ für alle Anwendungssysteme und ihre vorausgesetzte anwendungsnahe Software,

$Y \varphi_F (sw_i)$ für alle Aufgaben.

Aus diesen zwei endlichen Mengen werden alle Hardwaresysteme, die zur Ausstattung der Organisationseinheiten unter einer Führungsebene und zur Unterstützung der Aufgabenerfüllung eingesetzt sind, im derivativen Segment der Systemkonfiguration tabellarisch (wie in *Tab. 5.III.C.4. - 1* gezeigt) aufgeführt. Dadurch wird ein Überblick über alle Anwendungssysteme sowie die anwendungsnahe Software, die hiermit als Voraussetzung gekennzeichnet werden soll, und zugleich die Aufgaben geschaffen, wobei die Software und die Aufgaben jeweils nach ihrer Art geordnet sind. So kann deutlich erkannt werden, in welchem Umfang ein Hardwaresystem benötigt wird. Aus diesen zwei endlichen Mengen können sich ferner zwei Werte ergeben, die den Leistungsumfang eines Hardwaresystems kennzeichnen:

- **HWSF$_i$**   Anzahl der Aufgaben, die durch den Einsatz des Hardwaresystems **hw$_i$** DV-gestützt erfüllt sind,

- **HWSSW$_i$**   Anzahl der Anwendungssysteme und der anwendungsnahen Software, die auf dem Hardwaresystem **hw$_i$** installiert sind.

Aus den Werten des Leistungsumfangs der Hardwaresysteme ergeben sich auch zwei entsprechende graphische Darstellungen (wie in *Abb. 5.II.C.4. - 4* gezeigt), in denen die Schwellenwerte je nach Bedarf vom Anwender angegeben und zur Klassifizierung der Hardwaresysteme dienen. Darüber hinaus wird hier auch eine Liste der Hardwaresysteme bei der Erstellung des derivativen Segments dem Anwender zur Auswahl gestellt, womit die Analyse und Bewertung jeweils schwerpunktmäßig auf bestimmte Hardwaresysteme ausgerichtet ist und das derivative Segment mit den gewünschten Inhalten erstellt werden kann.

T3. Allgemeine Charakterisierung der DV-Systeme

❑ **Anwendungssysteme nach Automatisierungskomplexität bzw. -grad der Organisationseinheiten**

Qualitativ wird die Komplexität der DV-gestützten Aufgabenerfüllung in einer Organisationseinheit (Stelle und Höheren Organisationseinheit) durch die Automatisierungskomplexität gekennzeichnet, die ausdrückt, mit welchen Anwendungssystemen die Aufgabenerfüllung in einer Organisationseinheit unterstützt wird. Dementsprechend bedeutet der Automatisierungsgrad einer Organisationseinheit aber im Durchschnitt das Arbeitspensum der Organisationseinheit, welches deren DV-gestützte Quote des Belastungsgrades bzw. der Aufgabenverteilung quantitativ dargestellt. Dadurch kann auch festgelegt werden, welche Organisationseinheiten bei der Aufgabenerfüllung voll oder teils DV-gestützt sind. Aus der unterschiedlichen Gestaltung der Systemkonfiguration können sich möglicherweise verschiedene Automatisierungskomplexitäten bzw. Automatisierungsgrade der Organisationseinheiten ergeben. Wie die Anwendungssysteme zur Unterstützung der Aufgabenerfüllung eingesetzt werden, läßt sich im Zusammenhang mit den organisatorischen Überlegungen betrachten, die hierfür im wesentlichen auf der Definition der Aufgaben sowie der fachlichen Zuständigkeit der Organisationseinheiten für die Aufgabenerfüllung beruhen. Dabei bezieht sich die Automatisierungskomplexität bzw. der Automatisierungsgrad der Organisationseinheit auch auf die Stellen und die Höheren Organisationseinheiten. Die Automatisierungskomplexität wird letztendlich durch zwei Matrizen **SWM$_S$** und **SWM$_H$** beschrieben, in denen nicht nur die Anwendungssysteme, sondern auch ihr genauer Deckungsgrad festzustellen sind. Diese zwei Matrizen werden im derivativen Segment der Systemkonfiguration durch die tabellarischen Darstellungen (wie in *Tab. 5.III.C.4. - 1* gezeigt, aber mit Anwendungssystemen und Organisationseinheiten) veranschaulicht, aus denen die ausführlichen Beschreibungen über den Deckungsgrad der Anwendungssysteme in jeder Organisationseinheit gut zu verstehen sind. Zu den tabellarischen Darstellungen werden die Durchschnittswerte des Automatisierungsgrades jeder Organisationseinheit aus den zwei Matrizen wie folgt berechnet:

- $\mathbf{SWSK_j} := \sum_{i=1}^{k} \mathbf{db_{ij}}/\mathbf{k}$ mit $\mathbf{SWM_S} = (db_{ij})$ bezüglich Stelle und

- $\mathbf{SWHK_j} := \sum_{i=1}^{m} \mathbf{db_{ij}}/\mathbf{m}$ mit $\mathbf{SWM_H} = (db_{ij})$ bezüglich Höherer Organisationseinheit.

Aus diesen zwei Werten ergeben sich auch zwei entsprechende graphische Darstellungen, die im derivativen Segment angefertigt werden sollen. Aus den graphischen Darstellungen - eine für Stellen und eine für Höhere Organisationseinheiten - ist deutlich zu erkennen, ob die Aufgabenerfüllung in einer Organisationseinheit zum großen Teil DV-gestützt oder noch manuell ist. Diese graphischen Darstellungen werden auch ähnlich wie in *Abb. 5.II.C.4. - 6* gestaltet, wobei die Anzahl der Organisationseinheiten (Stellen und Höheren Organisationseinheiten) durch die Bezeichnungen der Organisationseinheiten ersetzt werden.

Bei der Erstellung dieser tabellarischen sowie graphischen Darstellungen kann der Anwender ebenfalls die gewünschten Schwellenwerte angeben, mit denen die Organisationseinheiten klassifiziert werden können. Darüber hinaus werden hier auch zwei Listen - eine von Anwendungssystemen und eine von Organisationseinheiten - dem Anwender zur Auswahl gestellt. So können die tabellarischen und graphischen Darstellungen im derivativen Segment immer dem Wunsch des Anwenders entsprechen.

T4. Änderungsbilanz zwischen den versionierten Gestaltungen der Systemkonfiguration

Die unterschiedlichen Gestaltungen der Systemkonfiguration bewirken in verschiedenem Umfang die Organisationsumstellung. Die begründete Beurteilung sowie Entscheidung zur Auswahl und Einsatzplanung der Systemkonfiguration setzt allerdings den sorgfältigen Vergleich zwischen versionierten Gestaltungen der Systemkonfiguration voraus. Dies fordert jedoch den Unternehmensleiter bzw. Geschäftsführer darin, komplexe Kenntnisse über die Informationstechnologie, die Organisation und die Fachbereiche zu besitzen. Insofern kann eine mögliche potentiell unwirtschaftliche Gestaltung der Systemkonfiguration durch eine solche Analyse und Bewertung entdeckt werden. Die Änderungsbilanz zwischen den versionierten Gestaltungen der Systemkonfiguration kann ferner auf eine bessere Gestaltung hinweisen, womit zugleich ein Verbesserungsvorschlag entstehen soll. Durch die Änderungsbilanz bzw. die Abweichung zwischen den versionierten Gestaltungen der Systemkonfiguration werden grundsätzlich die Verbesserungs- bzw. Entscheidungsprozesse unterstützt sowie erleichtert, da in der Änderungsbilanz sowohl die Gemeinsamkeiten wie auch die Unterschiede zwischen den versionierten Gestaltungen in übersichtlichen Formen graphisch und tabellarisch dargestellt werden. Dafür müssen eine Bezugsversion und weitere zu vergleichende Versionen der Gestaltung der Systemkonfiguration vom Anwender angegeben werden. So wird die Änderungsbilanz bzw. die Abweichung zwischen der Bezugsversion und den zu vergleichenden Versionen im derivativen Segment der Systemkonfiguration gebildet. Die Änderungsbilanz zwischen den versionierten Gestaltungen der Systemkonfiguration wird auch aus der informationstechnischen und organisatorischen Sicht erstellt und bezieht sich auf Software (hauptsächlich Anwendungssystem, anwendungsnahe Software und Datenbank) und Hardwaresysteme.

❑ **Vergleich der Software**

Die Analyse der Unterschiede und der Gemeinsamkeiten zwischen den versionierten Gestaltungen der Systemkonfiguration wird hier auf die Anwendungssysteme, die Datenbanken und die anwendungsnahe Software, die als Voraussetzung zum Betreiben der Anwendungssysteme betrachtet wird, konzentriert. Sie wird wie bei der Charakterisierung der Software nach folgenden Kriterien durchgeführt:

- Deckungsbereich (SWS_i und SWH_i) und -größe (SWF_i) der Anwendungssysteme,
- Deckungsgrad ($SWSF_i$, $SWHF_i$, $SWOF_i$, $SWSG_i$, $SWHG_i$ und $SWOG_i$) der Anwendungssysteme und
- Nutzungsgröße (DBE_i, $DBSW_i$, DBS_i und DBH_i) der Datenbanken.

Mit diesen Kriterien wird die Software mit verschiedenen Versionsausprägungen umfangreich verglichen. Die verglichenen Ergebnisse repräsentieren diese Änderungsbilanz und werden durch übersichtliche Tabellen sowie Graphen veranschaulicht, die aber wahlweise im derivativen Segment vom Anwender bestimmt werden können. Die Anwendungssysteme, die in der Änderungsbilanz analysiert und verglichen werden sollen, werden ebenfalls vom Anwender bestimmt. Das heißt, daß der Anwender je nach Bedarf aus einer Liste der Anwendungssysteme, die auf einer Führungsebene (in einer Höheren Organisationseinheit) zur Unterstützung der Aufgabenerfüllung eingesetzt sind, bestimmte Anwendungssysteme zur Analyse und zum Vergleich auswählen kann. Ferner kann der Anwender noch die Schwellenwerte angeben, mit denen die Anwendungssysteme klassifiziert in den graphischen Darstellungen aufgeführt werden.

Software	Bezugsversion / Planung I		
	Dissens	**+ Aufgaben**	**- Aufgaben**
Bez.-1	$SWF_1 \mid 0 - SWF_1 \mid I$	Augabe_11 Aufgab_12	Augabe_17
Bez.-2	$SWF_2 \mid 0 - SWF_2 \mid I$	Aufgabe_21 Aufgabe_22 Aufgabe_23	Aufgabe_24 Aufgabe_28
...			
Bez.-n	$SWF_n \mid 0 - SWF_n \mid I$	Augabe_n1	

Tab. 5.III.C.4. - 2. Eine Änderungsbilanz zwischen Bezugsversion und Planung-I nach Deckungsgröße (Anwendungssysteme)

Die Änderungsbilanz, die nach den Kriterien des Deckungsbereiches und der Dekkungsgröße erstellt wird, wird hier durch graphische und tabellarische Darstellungen im derivativen Segment der Systemkonfiguration veranschaulicht. In den graphischen Darstellungen (wie in *Abb. 5.III.C.1. - 8*) sind die ausgewählten Anwendungssysteme der Bezugsversion nach ihrem Wert (z.B. Deckungsgröße SWF_i) an der Horizontalachse aufsteigend geordnet. Jede graphische Darstellung wird immer durch ausführliche tabellarische Darstellungen ergänzt, die die quantitativen Beschreibungen über die Unterschiede und die Gemeinsamkeiten zwischen der Bezugsversion und den zu vergleichenden Versionen der Gestaltung der Systemkonfiguration (Anwendungssysteme) beinhalten. In *Tab. 5.III.C.4. - 2* wird beispielsweise gezeigt, wie die tabellarische Darstellung der Änderungsbilanz nach dem Kriterium der Deckungsgröße im derivativen Segment angefertigt wird. Dabei ist auch zu beachten, daß jede tabellarische Darstellung sich immer auf die Bezugsversion und eine zu vergleichende Version der Gestaltung der Systemkonfiguration (Anwendungssysteme) bezieht. Der Wert der Dekkungsgröße $SWF_1 \mid 0$ ist vom Anwendungssystem sw_1 in der Bezugsversion und der Wert $SWF_1 \mid I$ ist vom gleichen Anwendungssystem sw_1, aber in der „*Planung I*". In der Spalte „+ *Aufgaben*" werden diejenigen Aufgaben aufgelistet, die in der Bezugsversion durch das entsprechende Anwendungssystem (z.B. sw_1) DV-gestützt erfüllt werden, aber nicht in der „*Planung I*". In der Spalte „- *Aufgaben*" wird umgekehrt dargestellt, daß die aufgelisteten Aufgaben in der „*Planung I*", aber nicht in der Bezugsversion DV-gestützt erfüllt werden. Aus der tabellarischen Darstellung der Deckungsgröße ist auch deutlich festzustellen, welche versionierte Gestaltung der Systemkonfiguration in großem Maße die organisatorischen Anforderungen erfüllen kann.

Gleicherweise wird die Änderungsbilanz, die nach den Kriterien des Deckungsbereiches (SWS_i und SWH_i) erstellt wird, durch die entsprechenden graphischen sowie tabellarischen Darstellungen (wie von Deckungsgröße) übersichtlich und deutlich erläutert bzw. präzisiert. In der tabellarischen Darstellung werden auch die Spalten „+ *Aufgaben*" und „- *Aufgaben*" durch „+ *Stelle*" bzw. „- *Stelle*" bezüglich des Wertes SWS_i oder „+ *HOrganisationseinheit*" bzw. „- *HOrganisationseinheit*" bezüglich des Wertes SWH_i ersetzt.

Die Unterschiede bzw. die Gemeinsamkeiten zwischen der Bezugsversion und den zu vergleichenden Versionen der Gestaltung der Systemkonfiguration (Anwendungssysteme) können weiter nach den Kriterien des Deckungsgrades analysiert werden, welcher zusammenfassend durch die Werte $SWSF_i$, $SWHF_i$, $SWOF_i$, $SWSG_i$, $SWHG_i$ und $SWOG_i$ repräsentiert wird.

Die Werte des Deckungsgrades $SWSF_i$, $SWHF_i$ und $SWOF_i$ beziehen sich auf die Aufgaben, die durch das Anwendungssystem sw_i unterstützt erfüllt werden. Dabei ist zu unterscheiden, daß die Aufgaben auf den Stellen (individuumbezogene Aufgabenerfüllung mit dem Deckungsgrad $SWSF_i$) oder auf den Höheren Organisationseinheiten (teambezogene Aufgabenerfüllung mit dem Deckungsgrad $SWHF_i$) als ihre fachliche Zuständigkeit definiert werden können. Durch die Werte des Deckungsgrades wird deutlich gekennzeichnet, wie das Anwendungssystem sw_i im Durchschnitt die Aufgabenerfüllung in einer Höheren Organisationseinheit unterstützt. Gegenüber der Deckungsgröße stellt der Deckungsgrad der Anwendungssysteme bezüglich der Aufgabe zwar auch die Funktionen des Anwendungssystems dar, wobei er die genauen Beschreibungen der Differenz zwischen den Funktionen eines eingesetzten Anwendungssystems und den einzelnen organisatorischen Anforderungen (Aufgaben) aufgezeigt.

Bei den Werten des Deckungsgrades $SWSG_i$, $SWHG_i$ und $SWOG_i$ handelt es sich allerdings um die Organisationseinheiten (Stellen und Höhere Organisationseinheiten), in denen das Anwendungssystem sw_i zur Unterstützung der Aufgabenerfüllung eingesetzt wird. Hier wird einerseits der Belastungsgrad bzw. die Aufgabenverteilung der Organisationseinheiten und andererseits die individuumbezogene ($SWSG_i$) bzw. teambezogene ($SWHG_i$) Aufgabenerfüllung berücksichtigt. Ferner kennzeichnen diese Werte des Deckungsgrades eine Quote des Arbeitspensums der Organisationseinheiten, welche durch den Einsatz des Anwendungssystems sw_i DV-gestützt ist.

Aus den oben erwähnten Werten des Deckungsgrades ergeben sich auch die entsprechenden graphischen Darstellungen, die der Auswahl des Anwenders zufolge im derivativen Segment der Systemkonfiguration angefertigt werden. Dazu müssen auch eine Bezugsversion und die zu vergleichenden Versionen der Gestaltungen der Systemkonfiguration vom Anwender angegeben werden. So werden die Anwendungssysteme in den graphischen Darstellungen (wie in *Abb. 5.III.C.1. - 8* gezeigt) nach ihren Werten in der Bezugsversion aufsteigend geordnet. Dazu kann der Anwender ebenfalls die Schwellenwerte zur Klassifizierung der Anwendungssysteme angeben. Zu jeder graphischen Darstellung der Anwendungssysteme kann auch eine Reihe tabellarischer Beschreibungen über die Aufgabe sowie die Organisationseinheit erstellt werden. In *Tab. 5.III.C.4. - 3* wird eine solche tabellarische Beschreibung beispielsweise gezeigt, wobei es sich um den gesamten Durchschnittswert ($SWOF_i$) des Deckungsgrades eines Anwendungssystems sw_i bezüglich Aufgabe handelt. Daraus ist auch zu erkennen, daß die *Version A* als Bezugsversion gilt und die *Version B* sowie *C* als die zu vergleichenden Versionen angegeben werden. Die unterschiedlichen Werte des Deckungsgrades des Anwendungssystems sw_i, welche durch verschiedene Gestaltungen der Systemkonfiguration verursacht werden, ist in der Tabelle deutlich zu erkennen. Die Änderungsbilanz, die in den Tabellen veranschaulicht wird, wird grundsätzlich mit drei Werten - dem gesamtem Deckungsgrad bezüglich Aufgabe ($SWOF_i$), dem Deckungsgrad bezüglich Stelle ($SWSG_i$) und Höherer Organisationseinheit ($SWHG_i$) - erstellt. So wird die Änderungsbilanz hierbei in drei Arten unterschieden.

Aufgaben	Version / Änderungsbilanz von sw_i				
	Version A	**Dissens zu A**	**Version B**	**Dissens zu A**	**Version C**
Aufgabe_1	$dg_{i1}\,\|\,A$	$dg_{i1}\,\|\,A - dg_{i1}\,\|\,B$	$dg_{i1}\,\|\,B$	$dg_{i1}\,\|\,A - dg_{i1}\,\|\,C$	$dg_{i1}\,\|\,C$
Aufgabe_2	$dg_{i2}\,\|\,A$	$dg_{i2}\,\|\,A - dg_{i2}\,\|\,B$	$dg_{i2}\,\|\,B$	$dg_{i2}\,\|\,A - dg_{i2}\,\|\,C$	$dg_{i2}\,\|\,C$
...					
Aufgabe_n	$dg_{in}\,\|\,A$	$dg_{in}\,\|\,A - dg_{in}\,\|\,B$	$dg_{in}\,\|\,B$	$dg_{in}\,\|\,A - dg_{in}\,\|\,C$	$dg_{in}\,\|\,C$
Gesamt	$SWOF_i\,\|\,A$	$SWOF_i\,\|\,A - SWOF_i\,\|\,B$	$SWOF_i\,\|\,B$	$SWOF_i\,\|\,A - SWOF_i\,\|\,C$	$SWOF_i\,\|\,C$

Tab. 5.III.C.4. - 3. Eine Änderungsbilanz zwischen Bezugsversion (A) und Planung-B sowie Planung-C nach Deckungsgrad bezüglich Aufgabe

Bei der Anfertigung der graphischen sowie tabellarischen Darstellungen im derivativen Segment wird auch eine Liste der Anwendungssysteme dem Anwender zur Auswahl gestellt. Weiter kann auch vom Anwender bestimmt werden, welche Art der tabellarischen Beschreibungen (Änderungsbilanz) angefertigt werden soll.

Arbeitsobjekte	Version / Änderungsbilanz von sw_i				
	Version A	**Dissens zu A**	**Version B**	**Dissens zu A**	**Version C**
ArbObj_1	$ng_{i1}\,\|\,A$	$ng_{i1}\,\|\,A - ng_{i1}\,\|\,B$	$ng_{i1}\,\|\,B$	$ng_{i1}\,\|\,A - ng_{i1}\,\|\,C$	$ng_{i1}\,\|\,C$
ArbObj _2	$ng_{i2}\,\|\,A$	$ng_{i2}\,\|\,A - ng_{i2}\,\|\,B$	$ng_{i2}\,\|\,B$	$ng_{i2}\,\|\,A - ng_{i2}\,\|\,C$	$ng_{i2}\,\|\,C$
...					
ArbObj _n	$ng_{in}\,\|\,A$	$ng_{in}\,\|\,A - ng_{in}\,\|\,B$	$ng_{in}\,\|\,B$	$ng_{in}\,\|\,A - ng_{in}\,\|\,C$	$ng_{in}\,\|\,C$
Gesamt	$DBE_i\,\|\,A$	$DBE_i\,\|\,A - DBE_i\,\|\,B$	$DBE_i\,\|\,B$	$DBE_i\,\|\,A - DBE_i\,\|\,C$	$DBE_i\,\|\,C$

Tab. 5.III.C.4. - 4. Eine Änderungsbilanz zwischen Bezugsversion (A) und Planung-B sowie Planung-C nach Nutzungsgröße bezüglich Arbeitsobjekte

Im Zusammenhang mit den Arbeitsobjekten der Informationssorte werden die Datenbanken bzw. die strukturierten Dateien bewertet, die hierfür auch als eine Art der Software betrachtet werden und zur Aufbewahrung der Arbeitsobjekte der Informationssorte dienen. Durch diese Software wird einerseits der Kommunikationszusammenhang zwischen den Anwendungssystemen gebildet und andererseits der Arbeitszusammenhang zwischen den Organisationseinheiten klargelegt, die diese Arbeitsobjekte bei der DV-gestützten Aufgabenerfüllung untereinander austauschen können. In den unterschiedlichen Gestaltungen der Systemkonfiguration werden die Arbeitsobjekte der Informationssorte auch in unterschiedlichem Maße DV-gestützt verarbeitet bzw. gespeichert. So werden die DV-gestützten Arbeitsobjekte unter der angegebenen Bezugsversion und den zu vergleichenden Versionen der Gestaltungen der Systemkonfiguration analysiert. Die Nutzungsgröße der Software (Datenbanksysteme) wird als ein Kriterium verwendet, das sich nicht nur auf die Arbeitsobjekte der Informationssorte, sondern auch auf die Anwendungssysteme sowie Organisationseinheiten bezieht.

Für jede Art der Nutzungsgröße (DBE_i, $DBSW_i$, DBS_i und DBH_i) der Software ergibt sich eine graphische Darstellung (wie in *Abb. 5.III.C.1. - 8* gezeigt), in der die Software nach ihrem Wert der Nutzungsgröße mit den Ausprägungen der Bezugsversion aufsteigend geordnet ist. Dabei ist es ebenfalls möglich, die Schwellenwerte vom Anwender anzugeben. Es kann hiermit flexibel vom Anwender bestimmt werden, welche graphische Darstellung, d.h. mit welcher Nutzungsgröße (DBE_i, $DBSW_i$, DBS_i oder DBH_i) im derivativen Segment der Systemkonfiguration gearbeitet werden soll. Zu jeder graphischen Darstellung kann eine ausführliche tabellarische Darstellung vom Anwender je nach Bedarf hinzugefügt werden, um die graphische Darstellung präzise und quantitativ zu beschreiben. Diese tabellarische Darstellung wird auch je nach Art der Nutzungsgröße der Software unterschiedlich gestaltet. Daraus ergeben sich insgesamt vier Arten der Änderungsbilanz mit dem Wert der Nutzungsgröße. In *Tab. 5.III.C.4. - 4* wird eine derartige tabellarische Darstellung, in welcher die *Version A* als Bezugsversion und *Versionen B* bzw. *C* als die zu vergleichenden Versionen vom Anwender gewählt werden, mit dem Wert DBE_i gezeigt.

Die tabellarischen Darstellungen mit den Werten $DBSW_i$, DBS_i und DBH_i werden strukturgleich wie in *Tab. 5.III.C.4. - 2* gestaltet. Sie werden auch dadurch gekennzeichnet, daß die Bezugsversion immer mit einer zu vergleichenden Version der Gestaltung der Systemkonfiguration gegeneinander abgewogen wird. Hierfür werden in der Spalte „*Software*" die ausgewählten Datenbanksysteme aufgelistet. In der Spalte „*Dissens*" wird der Wert ($DBSW_i$, DBS_i oder DBH_i) je nach gewählter Art der Nutzungsgröße berechnet, dementsprechend sind zwei andere Spalten zu ersetzen durch:

- „*+ Anwendungssysteme*"/„*- Anwendungssysteme*",
- „*+ Stellen*"/„*- Stellen*" bzw.
- „*+ Höhere Organisationseinheiten*"/„*- Höhere Organisationseinheiten*".

Bei der Anfertigung dieser tabellarischen sowie graphischen Darstellungen wird auch eine Liste der Datenbanksysteme dem Anwender zur Auswahl gestellt. Darüber hinaus kann die Art der Änderungsbilanz (DBE_i, $DBSW_i$, DBS_i und DBH_i) bei der Erstellung des derivativen Segments vom Anwender bestimmt werden.

❑ Vergleich zwischen den Hardwaresystemen

Zum Betreiben einer Software werden die Hardwaresysteme mit bestimmter Konfiguration benötigt. Im Sinne der DV-gestützten Aufgabenerfüllung verkörpern die Software (Anwendungssysteme) und die Hardwaresysteme gemeinsam die Aufgabenträger. So sollen sich die Unterschiede und die Gemeinsamkeiten zwischen den versionierten Gestaltungen der Systemkonfiguration nicht nur auf die Software, sondern auch auf die Hardwaresysteme beziehen. Im Hinblick auf die Hardwaresysteme wird die Änderungsbilanz zwischen den versionierten Gestaltungen der Systemkonfiguration nach den Kriterien des Nutzungswertes und des Leistungsumfangs der Hardwaresysteme erstellt, welche durch folgende Werte ausgedrückt werden:

- Der Nutzungswert eines Hardwaresystems hw_i bezüglich Stelle ($HWSS_i$) bzw. Höherer Organisationseinheit ($HWSH_i$) und

- Der Leistungsumfang eines Hardwaresystems hw_i bezüglich Aufgabe ($HWSF_i$) bzw. Anwendungssystems - oder anwendungsnaher Software - ($HWSSW_i$).

Aus diesen Kriterien ist auch deutlich zu erkennen, daß die Änderungsbilanz unter dem organisatorischen Aspekt, d.h. im Zusammenhang mit Aufbau- und Ablauforganisation, und zugleich unter dem informationstechnischen Aspekt erstellt wird.

Hardwaresysteme	Bezugsversion / Planung I		
	Dissens	+ Stellen	- Stellen
HWS-1	$HWSS_1 \mid 0 - HWSS_1 \mid I$	Stelle_11 Stelle _12	Stelle _17
HWS-2	$HWSS_2 \mid 0 - HWSS_2 \mid I$	Stelle _21 Stelle _22 Stelle _23	Stelle _24 Stelle _28
...			
HWS-n	$HWSS_n \mid 0 - HWSS_n \mid I$	Stelle _n1	

Tab. 5.III.C.4. - 5. Eine Änderungsbilanz zwischen Bezugsversion und Planung-I nach Nutzungswert bezüglich Stelle

Der Nutzungswert eines Hardwaresystems kennzeichnet einen oder mehrere DV-gestützte Arbeitsplätze. Die Wichtigkeit eines Hardwaresystems ist auch durch den Nutzungswert festzustellen. In den unterschiedlichen Gestaltungen der Systemkonfiguration kann auch ein Hardwaresystem einen differenten Nutzungswert besitzen. Dabei wird die Änderungsbilanz zwischen den versionierten Gestaltungen der Systemkonfiguration nach den Kriterien des Nutzungswertes auch durch die tabellarischen sowie graphischen Darstellungen veranschaulicht. Dafür ist eine Bezugsversion und die zu vergleichenden Versionen der Gestaltung der Systemkonfiguration definitiv anzugeben. So werden die angegebenen Versionen in den graphischen Darstellungen (wie in *Abb. 5.III.C.1. - 8* gezeigt) mit dem Nutzungswert aufgeführt, wobei die Hardwaresysteme nach ihrem Nutzungswert in der Bezugsversion aufsteigend angeordnet sind und ferner durch die Angabe der Schwellenwerte klassifiziert werden können. Demgegenüber können die tabellarischen Darstellungen immer mit der Bezugsversion und einer zu vergleichenden Version als Ergänzung angefertigt werden. In *Tab. 5.III.C.4. - 5* wird beispielsweise die Änderungsbilanz zwischen einer Bezugsversion und einer „*Planung I*" nach dem Nutzungswert der Hardwaresysteme bezüglich Stelle dargestellt. In der Differenz zwischen diesen zwei Versionen wird klargelegt, daß diejenigen Stellen, die in der Bezugsversion, aber nicht in der „*Planung I*" durch die entsprechenden Hardwaresysteme unterstützt werden, in der Spalte „*+ Stellen*" aufgelistet werden; Umgekehrt sind die in der „*Planung I*", aber nicht in der Bezugsversion DV-gestützten Stellen in der Spalte „*- Stellen*" zu erkennen. Für die Änderungsbilanz bezüglich Höherer Organisationseinheit kann auch eine derartige Tabelle erstellt werden, in der die Spalte „*+ Stellen*"/„*- Stellen*" durch „*+ Höhere Organisationseinheit*"/„*- Höhere Organisationseinheit*" ersetzt wird.

Bei der Erstellung des derivativen Segments der Systemkonfiguration wird hier auch eine Liste der Hardwaresysteme zur Auswahl gestellt. Damit kann der Anwender nur die gewünschten Hardwaresysteme analysieren bzw. bewerten und anschließend die Ergebnisse durch tabellarische bzw. graphische Darstellungen präsentieren.

Ebenfalls kann die Änderungsbilanz nach den Kriterien des Leistungsumfangs ($HWSF_i$ und $HWSSW_i$) der Hardwaresysteme durch die graphischen bzw. tabellarischen Darstellungen veranschaulicht werden. In den graphischen Darstellungen (wie in *Abb. 5.III.C.1. - 8* gezeigt) werden die Bezugsversion und die zu vergleichenden Versionen der Gestaltungen der Systemkonfiguration benötigt. Es wird auch bei der Erstellung des derivativen Segments der Systemkonfiguration vom Anwender bestimmt, welche Gestaltung der Systemkonfiguration als Bezugsversion zu betrachten ist und welche Gestaltungen hierfür zum Vergleich ausgewählt werden. Die Hardwaresysteme werden immer nach dem Wert des Leistungsumfangs von der Bezugsversion aufsteigend angeordnet und können auch weiterhin durch die Angabe der Schwellenwerte vom Anwender klassifiziert in den graphischen Darstellungen dargelegt werden. Demgegenüber beziehen sich die tabellarischen Darstellungen, in denen die Änderungsbilanz durch die ausführlichen und quantitativen Beschreibungen präzisiert wird, jeweils auch auf zwei Versionen: Eine Bezugsversion und eine zu vergleichende Version. Sie werden auch wie in *Tab. 5.III.C.4. - 5* erstellt, wobei die Spalten *„ + Stellen"/„- Stellen"* hier ersetzt werden durch:

- *„ + Aufgaben"/„- Aufgaben"* (bezüglich Aufgabe) und
- *„ + Anwendungssysteme"/„- Anwendungssysteme"* (bezüglich Anwendungssystems oder anwendungsnaher Software).

Bei der Erstellung des derivativen Segments wird auch eine Liste der Hardwaresysteme dem Anwender zur Auswahl gestellt, wobei er noch die Versionen der Gestaltungen der Systemkonfiguration für die tabellarischen Darstellungen festlegen kann.

❑ **Allgemeiner Vergleich zwischen den DV-Systemen**

Durch den Einsatz der DV-Systeme wird sicherlich die Aufgabenerfüllung in den Organisationseinheiten in unterschiedlichem Grad beeinflußt. Die leistungsfähige Aufgabenerfüllung, insbesondere zur Verarbeitung der Arbeitsobjekte der Informationssorte, ist in der Praxis dadurch gekennzeichnet, daß sie zum großen Teil DV-gestützt ist. Bei der Bewertung der DV-gestützten Aufgabenerfüllung sind zwei Aspekte - die Automatisierungskomplexität und der Automatisierungsgrad - unteilbar in Betracht zu ziehen. Der höhere Automatisierungsgrad einer Organisationseinheit bringt zugleich die leistungsfähige Erfüllung der informationsbearbeitenden Aufgaben zum Ausdruck. Die höhere Automatisierungskomplexität einer Organisationseinheit weist auf eine umfassende Verwendung der DV-Systeme (Software) hin, die zur Unterstützung der Aufgabenerfüllung in der Organisationseinheit benötigt werden. Die höhere Automatisierungskomplexität verkörpert zugleich die höheren Anforderungen der DV-Kenntnisse an die Personen, die in der Organisationseinheit für die DV-gestützte Aufgabenerfüllung eingestellt werden und hierfür eine bessere Qualifikation besitzen sollen. So bildet die Änderungsbilanz zwischen den versionierten Gestaltungen der Systemkonfiguration nach den Kriterien der Automatisierungskomplexität bzw. des Automatisierungsgrades der Organisationseinheiten eine Grundlage, die bei der Beschaffung sowie beim Einsatz der DV-Systeme bezüglich der leistungsfähigen Aufgabenerfüllung einerseits und der Stellenbesetzung andererseits verwendet werden kann.

Der Automatisierungsgrad einer Organisationseinheit (Stelle s_j oder Höheren Organisationseinheit h_j) läßt sich separat durch folgende Werte präzis darstellen:

- $\mathbf{SWSK_j} := \sum_{i=1}^{k} \mathbf{db_{ij}}/\mathbf{k}$ mit $\mathbf{SWM_S} = (db_{ij})$ bezüglich Stelle und

- $\mathbf{SWHK_j} := \sum\limits_{i=1}^{m} \mathbf{db_{ij}}/m$ mit $\mathbf{SWM_H} = (db_{ij})$ bezüglich Höherer Organisationseinheit.

Die Automatisierungskomplexität der Organisationseinheiten ist aus den Matrizen $\mathbf{SWM_S}$ und $\mathbf{SWM_H}$ festzustellen. Sie wird durch die Anzahl der Software (Anwendungssysteme) präzisiert, die in einer Organisationseinheit (Stelle s_j oder Höheren Organisationseinheit h_j) zur Unterstützung der Aufgabenerfüllung eingesetzt wird.

Software	Version / Änderungsbilanz von h_j				
	Version A	**Dissens zu A**	**Version B**	**Dissens zu A**	**Version C**
Software_1	$db_{i1}\,|\,A$	$db_{i1}\,|\,A - db_{i1}\,|\,B$	$db_{i1}\,|\,B$	$db_{i1}\,|\,A - db_{i1}\,|\,C$	$db_{i1}\,|\,C$
Software_2	$db_{i2}\,|\,A$	$db_{i2}\,|\,A - db_{i2}\,|\,B$	$db_{i2}\,|\,B$	$db_{i2}\,|\,A - db_{i2}\,|\,C$	$db_{i2}\,|\,C$
...					
Software_n	$db_{in}\,|\,A$	$db_{in}\,|\,A - db_{in}\,|\,B$	$db_{in}\,|\,B$	$db_{in}\,|\,A - db_{in}\,|\,C$	$db_{in}\,|\,C$
Gesamt	$SWSK_i\,|\,A$	$SWSK_i\,|\,A - SWSK_i\,|\,B$	$SWSK_i\,|\,B$	$SWSK_i\,|\,A - SWSK_i\,|\,C$	$SWSK_i\,|\,C$

Tab. 5.III.C.4. - 6. Eine Änderungsbilanz zwischen Bezugsversion (A) und Planung-B sowie Planung-C nach Automatisierungsgrad

Ebenfalls wird die Änderungsbilanz zwischen den versionierten Gestaltungen der Systemkonfiguration durch die graphischen und tabellarischen Darstellungen repräsentiert, wobei die Bezugsversion und die zu vergleichenden Versionen vom Anwender angegeben bzw. ausgewählt werden. So ergeben sich hierfür zwei graphische Darstellungen (wie in *Abb. 5.III.C.1. - 8* gezeigt): Eine für die Automatisierungskomplexität und eine für den Automatisierungsgrad. In diesen graphischen Darstellungen sind die Organisationseinheiten nach dem Wert der Automatisierungskomplexität bzw. des Automatisierungsgrades der Bezugsversion aufsteigend geordnet. Durch die Angabe der Schwellenwerte können die Organisationseinheiten in den graphischen Darstellungen ferner klassifiziert werden. Zu den graphischen Darstellungen werden auch die tabellarischen Darstellungen als Ergänzungen erstellt. In *Tab. 5.III.C.4. - 6* wird beispielsweise die Änderungsbilanz nach dem Kriterium des Automatisierungsgrades der Höheren Organisationseinheit h_j gezeigt, wobei die *Version A* als die Bezugsversion festgelegt wird und *Version B* sowie *Version C* zum Vergleich ausgewählt werden. So kann eine derartige tabellarische Darstellung für jede Organisationseinheit im derivativen Segment der Systemkonfiguration angefertigt werden.

Die tabellarische Darstellung mit der Automatisierungskomplexität der Organisationseinheiten wird wie *Tab. 5.III.C.4. - 2* erstellt, wobei die Spalten „*+ Aufgaben"/ "- Aufgaben"* durch

„*+ Stellen"/"- Stellen"* bezüglich der Automatisierungskomplexität der Stelle oder
„*+ Höhere Organisationseinheiten"/"- Höhere Organisationseinheiten"* bezüglich
der Automatisierungskomplexität der Höheren Organisationseinheit

ersetzt werden. In jeder tabellarischen Darstellung werden immer eine Bezugsversion und eine zu vergleichende Version paarweise bewertet, die beiden flexibel vom Anwender bestimmt werden. Bei der Erstellung dieser Änderungsbilanz im derivativen Segment werden zwei Listen dem Anwender zur Auswahl gestellt: Die Liste der Organisationseinheiten für die Anfertigung der tabellarischen Darstellungen mit dem Automatisierungsgrad und die Liste der Versionen für die Anfertigung der tabellarischen Darstellungen mit der Automatisierungskomplexität.

D. Die Kontrolle der Dokumentationserstellung

Während die Dokumentation (originäres oder derivatives Segment) der Organisation nach dem Wunsch des Anwenders bzw. Benutzers erstellt wird, muß dieser Erstellungsvorgang vom System überwacht und kontrolliert werden. Der Anwender muß allerdings die Zugriffsrechte auf die Funktionen der Dokumentationserstellung und zugleich auf die Organisationsstrukturdaten besitzen. Dadurch wird auch die Informationskompetenz des Anwenders, d.h. einer Stelle, zum Ausdruck gebracht. Ein Anwender kann seinen Zugriffsrechten zufolge sämtliche Dokumentationen (originäre und derivative Segmente) oder einen Teil davon (z.B. originäres Segment der Ständigen Aufbauorganisation) erstellen. Bei jeder Erstellung der Dokumentation sind die Ergebnisse, die den gesamten Erstellungsvorgang beschreiben und verfolgen, in zwei Journalen zu protokollieren: Dem System- und Benutzerjournal. Diese zwei Journale werden von den Funktionen der Journalverwaltung erzeugt und können dadurch weiter bearbeitet werden. Jeder Anwender besitzt das Zugriffsrecht, das eigene Benutzerjournal zu lesen oder zu ändern. Außerdem kann ein Gruppenleiter noch die Benutzerjournale von seinem Gruppenmitgliedern lesen. Das Systemjournal ist nur dem Systemverwalter bzw.- administrator zugänglich.

In *Abb. 5.III.D. - 1* wird der Prozeß zur Kontrolle und zur Protokollierung des Vorgangs zur Erstellung der Dokumentation veranschaulicht. Zur Erstellung der Dokumentation kann der Anwender durch die Benutzerschnittstellen (Masken) die gewünschten Funktionen der Dokumentationserstellung (z.B. Erstellung des originären Segmentes der Systemkonfiguration) wählen und weiterhin dafür die Parameter (Dokumentationsformat, Schriftart, Kapitelauswahl usw.) einstellen. Auf dieser Basis können die Funktionen der Dokumentationserstellung nach der Überprüfung des Zugriffsrechtes gestartet und aufgerufen werden. Während die Funktionen der Dokumentationserstellung und der Zugriffsrechtverwaltung ausgeführt werden, werden zugleich die Funktionen der Journalverwaltung aktiviert. Die Funktionen der Journalverwaltung verfolgen hierbei die Ausführung der Funktionen der Dokumentationserstellung sowie der Zugriffsrechtverwaltung und protokollieren anschließend die Ergebnisse der Ausführung der Funktionen in das System- und Benutzerjournal. Jeder Schritt zur Ausführung der Funktionen der Dokumentationserstellung kann je nach Wunsch vom Systemverwalter - er kann dies bei der Einrichtung eines Benutzers definieren und einstellen - in das Systemjournal niedergelegt werden. Die Ergebnisse jedes Schrittes werden immer in das Benutzerjournal geschrieben, das auch gegenüber dem Systemjournal als temporäres Journal bezeichnet wird, da es nach dem Logoff, d.h. nach Abschluß der *OrgIS*-Sitzung, vom System gelöscht werden soll. Falls der Anwender sein Benutzerjournal für längere Zeit behalten möchte, kann er mittels der Funktionen der Journalverwaltung die entsprechenden Parameter einsetzen. Somit bleibt das Benutzerjournal im System *OrgIS*, solange der Anwender die Parameter noch nicht zurückgesetzt hat. Zu protokollieren im Benutzerjournal sind folgende Informationen:

- Die Erfolgsmeldung über die Ausführung der Funktionen zur Erstellung der Dokumentation: Segment (originär oder derivativ) der Dokumentation, Teil der Organisation (Aufbau-, Ablauforganisation oder Systemkonfiguration), Version der Organisation, Bezeichnung der Organisationseinheit (Führungsebene).

- Die Fehler- oder Warnungsmeldungen über die mißlungene Ausführung der Funktionen zur Erstellung der Dokumentation, wie z.B. unerlaubte Dokumentationsformate, unerwünschter Abbruch der Dokumentationserstellung.

- Die notwendigen Daten bzw. Informationen über die Dokumentation: ihre Layout-struktur (Dokumentationsformat), logische Struktur (Kapitelauswahl), semantische Struktur (Abschnittsauswahl).
- Die statischen Meldungen über die erstellten Kapitel mit Datum und Uhrzeit, Ausdruckdatum und -uhrzeit, Anzahl der Seiten in jedem Kapitel und der gesamten Dokumentation.

Durch das Benutzerjournal wird der Anwender (Benutzer) gut informiert, ob die Erstellung der vom ihm gewünschten Dokumentation erfolgreich oder gescheitert ist.

Das Systemjournal beinhaltet grundsätzlich die gleichen Informationen bzw. Daten wie das Benutzerjournal, welche aber mit den jeweiligen Benutzern verbunden sind. Zusätzlich werden auch die Zugriffsrechtverletzung von unberechtigten Benutzern und seine Schritte zur Ausführung der Dokumentationserstellung verfolgt und anschließend im Systemjournal protokolliert. Somit ist der Erstellungsvorgang nachvollziehbar. Daraus kann der Systemverwalter bzw. -administrator ferner leichter erkennen, wann ein Anwender eine Dokumentation erstellt hat und ob er diese Dokumentation ausgedruckt hat. Bezüglich des Zusammenhangs zwischen dem Benutzer und der Personalstelle ist die Dokumentation der Organisation auch mit einer bestimmten Person (als Stelleninhaber) verbunden, die diese Dokumentation erstellt oder ausgedruckt hat.

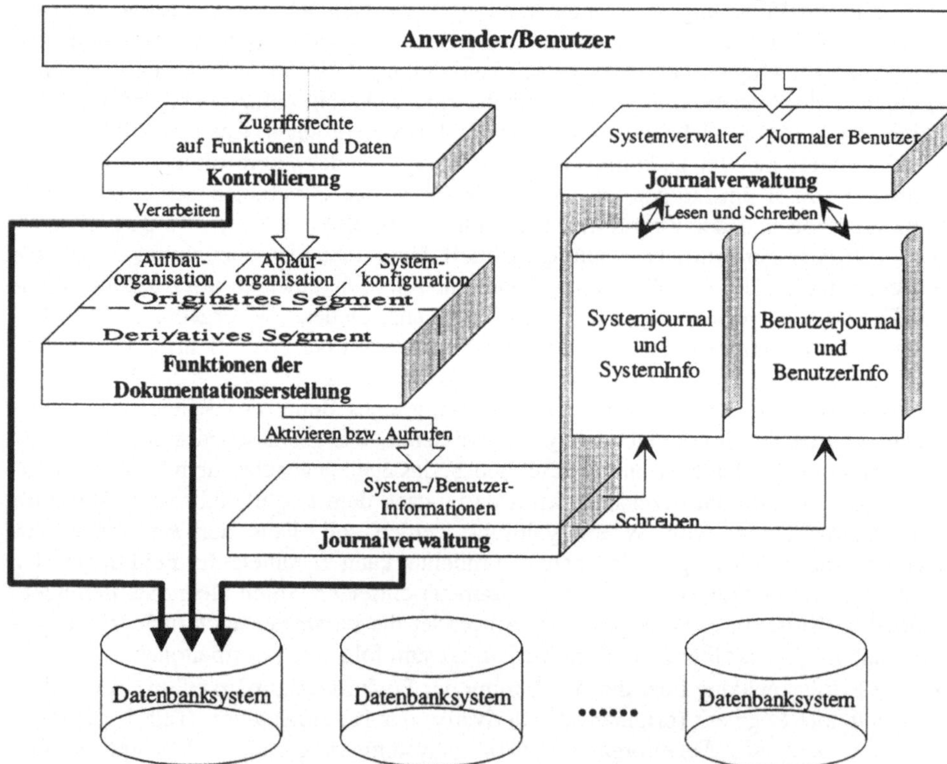

Abb. 5.III.D. - 1.   Prozeß zur Kontrolle der Dokumentationserstellung

IV. Die Journalverwaltung - Protokollierung einzelner Ablaufvorgänge des Systems

Zur Verfolgung der Systemabläufe und zur Protokollierung der Ergebnisse der Ausführung der einzelnen Funktionen - z.B. Funktionen der Datenverwaltung, der Datenauswertung, der Benutzerverwaltung usw. - werden die Funktionen der Journalverwaltung im verteilten Organisationsinformationssystem *OrgIS* benötigt. Aus den Informationen über die Systemabläufe kann die Ausführung jeder Funktion, die direkt oder indirekt vom *OrgIS*-Benutzer aufgerufen werden und zur Unterstützung bei der Erfüllung der Managementaufgaben der Organisationsplanung und -entwicklung dienen soll, nachvollzogen werden. Im Hinblick auf die protokollierten Ergebnisse der Ausführung der Funktionen kann auch ferner festgestellt werden, ob ein jeweiliger Schritt zur Ausführung der Funktionen regelgerecht unternommen wird. Die Funktionen der Journalverwaltung werden zum großen Teil vom *OrgIS*-Benutzer indirekt aufgerufen. Sie werden immer von denjenigen Funktionen aktiviert, die vom *OrgIS*-Benutzer aufgerufen werden und in der Regel als Datenverwaltung, Datenauswertung, Dokumentationserstellung und Benutzerverwaltung gelten. Die Funktionen der Zugriffsrechtverwaltung werden zwar nicht vom *OrgIS*-Benutzer direkt aufgerufen, aktivieren aber auch die Funktionen der Journalverwaltung. Dabei protokollieren sie die Zugriffsrechtverletzung beim Versuch zur Ausführung der unberechtigten Funktionen oder zur Bearbeitung der unzugänglichen System- sowie Organisationsstrukturdaten. Falls der *OrgIS*-Benutzer die Funktionen der Journalverwaltung direkt aufruft, kann er mit ihnen die zugänglichen Journale verarbeiten, d.h. sie lesen, ändern oder löschen. Diese Journale werden während der Ausführung der vom *OrgIS*-Benutzer aufgerufenen Funktionen (z.B. Datenverwaltung, Dokumentationserstellung usw.) von den Funktionen der Journalverwaltung erstellt. Dafür überwachen sie die einzelnen Ausführungen der jeweiligen Funktionen, um dem *OrgIS*-Benutzer zu berichten.

Aufgrund der *OrgIS*-Benutzerorganisation, unter der die klassifizierten *OrgIS*-Benutzer zu verstehen sind, sind die Journale auch entsprechend in zwei Arten - System- und Benutzerjournal - zu unterscheiden. In *Abb. 5.IV. - 1* wird die Rolle der Funktionen der Journalverwaltung im verteilten Organisationsinformationssystem *OrgIS* verdeutlicht, wobei zugleich der Zusammenhang zwischen ihnen und anderen Funktionen veranschaulicht wird. Die Funktionen der Journalverwaltung werden zunächst zur Überwachung der Ausführung der Funktionen

- der Datenverwaltung;
- der Datenauswertung,
- der Dokumentationserstellung,
- der Benutzerverwaltung,
- der Kommunikationssteuerung und
- der Zugriffsrechtverwaltung

aktiviert und erstellen anschließend die Journale. Wiederum kann der *OrgIS*-Benutzer durch das Starten der Funktionen der Journalverwaltung diese Journale zur Verarbeitung oder zum Sichten öffnen, um sich über die Ergebnisse der Ausführung der oben genannten sechs Funktionen bzw. die einzelnen Schritte der Funktionenausführung zu informieren und sie zu analysieren. Alle *OrgIS*-Benutzer haben den Zugang zum eigenen Benutzerjournal. Ausschließlich der Systemverwalter bzw. -administrator hat den Zugriff auf das Systemjournal.

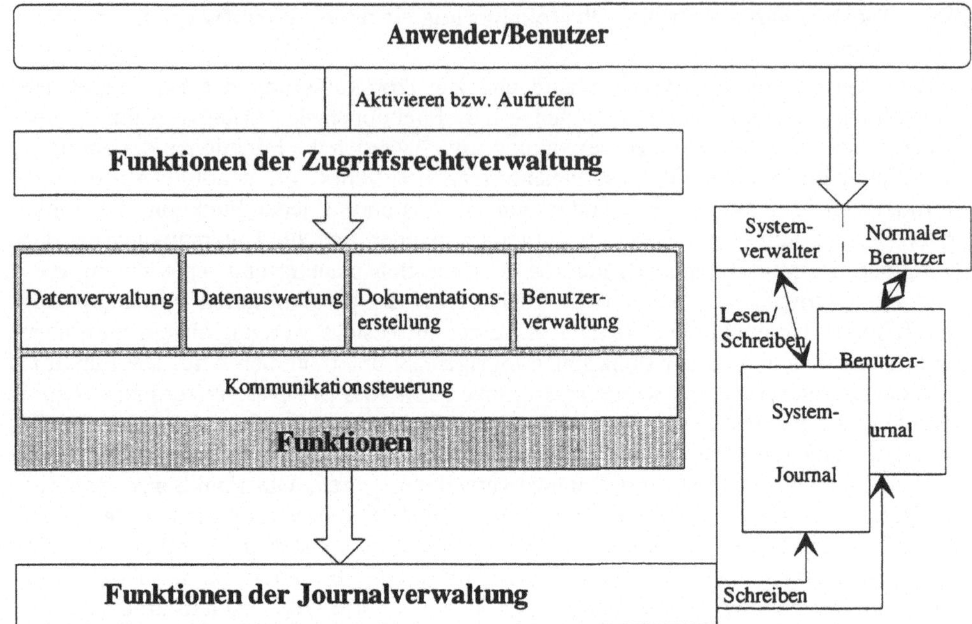

Abb. 5.IV. - 1.   Die Rolle der Funktionen der Journalverwaltung und der Zusammenhang zwischen ihnen und anderen Funktionen in OrgIS

A. Das Systemjournal

Das Systemjournal, das während der Ausführung der Funktionen der Journalverwaltung erstellt wird, ist lediglich dem Systemverwalter bzw. -administrator zugänglich und wird als globales Journal bezeichnet, da es im gesamten System (*OrgIS*) nur ein Systemjournal gibt, welches durch ein Verzeichnis (ORGIS_SJ) zu erkennen ist. Die Inhalte, die im Systemjournal enthalten sind, werden teils in der Datenbank und teils in verschiedenen Dateien unter diesem Verzeichnis gespeichert. Im Systemjournal werden grundsätzlich die Vorgänge des Systemablaufs, welche eigentlich vom *OrgIS*-Benutzer veranlaßt werden, aufgezeichnet. Hinsichtlich der Informationskompetenz des *OrgIS*-Gruppenleiters, dem in der Regel mehrere *OrgIS*-Benutzer organisatorisch unterstellt werden sollen, werden die Inhalte nach der *OrgIS*-Gruppe geordnet bzw. gruppiert. Somit kann jeder *OrgIS*-Gruppenleiter immer über die Abläufe des Systems *OrgIS*, welche von den *OrgIS*-Benutzern der gleichen *OrgIS*-Gruppe aktiviert wurden, informiert werden. Protokolliert werden die folgenden Systemablaufvorgänge im Systemjournal:

- An- und Abmeldungsdatum der *OrgIS*-Benutzer,
- Benutzungs- bzw. Ablaufdauer des Systems,
- Datum der Einstellung der *OrgIS*-Umgebung,
- Zugriffsrechtverletzung auf Funktionen und Daten,
- Die Erstellung der Dokumentationen der Organisation,
- Die Anzeige und das Ausdrucken der Organisationsstrukturdaten,
- Die Auswertung der Organisationsstrukturdaten und

- Die Verwaltung der Organisationsstrukturdaten.

Beim Ab- und Anmeldungsdatum wird im allgemeinen protokolliert, wann die *OrgIS*-Benutzer ihre Arbeit mit dem System *OrgIS* begonnen bzw. beendet haben. Dadurch kann ein Überblick geschaffen werden, wie häufig das System *OrgIS* die Erfüllung der Managementaufgaben unterstützt. Ferner können diese Informationen für statistische Zwecke verwendet werden, um aufzuzeigen, welche *OrgIS*-Benutzer und Organisationseinheiten, zwischen denen ein organisatorischer Zusammenhang bestehen soll, ständig oder gelegentlich die Managementaufgaben unter der Unterstützung vom System *OrgIS* erfüllen.

Die Benutzungs- bzw. Ablaufdauer bringt deutlich die Zeitspanne des Systemablaufs zum Ausdruck. Hier bezieht sie sich auf zwei Angaben der zeitlichen Dauer: die gesamte Dauer und die Prozessordauer. Die gesamte Dauer ergibt sich aus der Differenz zwischen dem Ab- und Anmeldungsdatum. Die Prozessordauer gibt die tatsächliche Zeit aus, in der die Zentraleinheit (CPU bzw. Prozessor) mit der Ausführung des Systems *OrgIS* belegt ist. Das Verhältnis (V) zwischen der gesamten Dauer (GD) und der Prozessordauer (PD) zeigt die wirkliche Nutzung des Systems *OrgIS*:

$$V = {PD}\big/{GD}.$$

Es ist sicherlich anzustreben, daß der Wert **V** bei der Verwendung des Systems *OrgIS* möglichst groß sein soll. Dadurch ist sogar zu erkennen, ob ein *OrgIS*-Benutzer bei der Erfüllung der Managementaufgaben das System *OrgIS* effektiv benutzt.

Bei der *OrgIS*-Umgebung, die inklusive des Datums ihrer Einstellung im Journal gespeichert wird, handelt es sich in erster Linie um die Umgebung des Systemablaufs. Zum Betrieb des Systems *OrgIS* muß zunächst eine adäquate *OrgIS*-Umgebung geschaffen werden, wie z.B. die Beschränkung der maximalen Anzahl der *OrgIS*-Benutzer (der Systemverwalter, der *OrgIS*-Gruppen oder der Sachbearbeiter), Aufnahme des Ressourcenzustandes (gesamte und frei verfügbare Kapazität der Festplatte und des Hauptspeichers) und Festlegung des Systemverzeichnisses (ORGIS), des Ablaufdatei-Verzeichnisses (ORGIS_SD), des Bitmapdatei-Verzeichnisses (ORGIS_BD), des Bibliothek-Verzeichnisses (ORGIS_LD), des Systemjournal-Verzeichnisses (ORGIS_SJ), des Verzeichnisses für temporäre Dateien (ORGIS_TD) usw. Durch diese Informationen kann jederzeit festgestellt werden, welche Umgebung zu einer bestimmten Zeit für den Systemablauf eingestellt wurde. Damit kann die Umgebung immer wieder hergestellt werden, falls dies notwendig ist.

Es kann auch vorkommen, daß ein *OrgIS*-Benutzer trotz seines beschränkten Zugriffsrechtes mehrmals versucht, unberechtigte Funktionen (z.B. Datenverwaltung der Systemkonfiguration, Datenauswertung der Ablauforganisation usw.) auszuführen und unzulässige System- oder Organisationsstrukturdaten zu verarbeiten. Eine solche Zugriffsrechtverletzung wird hierbei vermerkt, indem die jeweiligen *OrgIS*-Benutzer mit den unberechtigten Funktionen sowie unzulässigen Daten aufgezeigt werden.

Natürlich kommt die Erstellung der Dokumentation der Organisation durch die Ausführung der Funktionen der Dokumentationserstellung zustande. Jeder Schritt (der vom *OrgIS*-Benutzer ausgelöst werden kann.) zur Ausführung der Funktionen der Dokumentationserstellung kann je nach Wunsch des Systemverwalters, der dies bei der Einrichtung eines Benutzers definieren und einstellen kann, in das Systemjournal aufgenommen werden. Zu protokollieren sind im allgemeinen folgende Informationen, die allerdings mit den jeweiligen zuständigen *OrgIS*-Benutzern zusammen festgestellt werden sollen:

- Die Meldungen über die erfolgreiche Ausführung der Funktionen zur Erstellung der Dokumentation mit dem Namen des Segments (originäres oder derivatives) der Dokumentation, dem Teil (Ständige Aufbauorganisation, Projektorganisation, Ablauforganisation oder Systemkonfiguration), der Version der Organisation (Ist-Zustand oder Planungen) und der Bezeichnung der Organisationseinheit. Diese Organisationseinheit repräsentiert hierbei eine Führungsebene, für und über die die Dokumentation ihrer Organisation oder eines Teiles erstellt werden soll.

- Die Meldungen über die mißlungene Ausführung der Funktionen zur Erstellung der Dokumentation. Dabei sind Fehler und Warnungen zu unterscheiden, wie zum Beispiel unerlaubte Dokumentationsformate, unerwünschter Abbruch des Erstellungsprozesses usw.

- Die wichtigen Daten bzw. Parameter, die zur Erstellung der Dokumentation der Organisation benötigt werden und vom jeweiligen *OrgIS*-Benutzer eingestellt werden. Diese Daten bzw. Parameter beschreiben die Layoutstruktur, logische Struktur und semantische (inhaltliche) Struktur einer Dokumentation. Die Layoutstruktur bringt das Dokumentationsformat zum Ausdruck, das die Seitengröße, Schriftgröße, Schriftart, Randabstand usw. umfaßt. Durch die logische Struktur kann festgestellt werden, welche Kapitel (Kapitelauswahl) in der erstellten Dokumentation enthalten sein sollen. Ferner ist aus der semantischen Struktur zu erkennen, welche Kapitel durch alle oder einige Abschnitte (Abschnittsauswahl) in der erstellten Dokumentation repräsentiert werden.

- Die Informationen über verschiedene Daten bzw. Uhrzeiten und die Seitenanzahl. Hierbei sind Erstellungsdatum/-uhrzeit und Ausdrucksdatum/-uhrzeit zu unterscheiden. Eine Dokumentation kann auch erstellt und nicht ausgedruckt werden. Darüber hinaus können diese Daten bzw. Uhrzeiten auch kapitelbezogen sein, da ein *OrgIS*-Benutzer je nach seinem Bedarf bestimmte Kapitel in einer Dokumentation erstellen und ausdrucken kann, wobei er nach der Erstellung der Dokumentation die Kapitel zusätzlich auszugsweise ausdrucken kann. Bezüglich des Zusammenhangs zwischen dem *OrgIS*-Benutzer und der Organisationseinheit kann die Dokumentation der Organisation als loziert bezeichnet werden, so daß der Ansprechpartner der jeweiligen Dokumentation zu finden ist. Die Seitenanzahl wird hierbei durch die Seitenanzahl der einzelnen Kapitel und der gesamten Dokumentation gekennzeichnet.

Die Analyse und Bewertung der Organisationsstrukturdaten wird letztendlich durch die Ausführung der Funktionen der Datenauswertung unterstützt, wobei diese in drei Arten zu unterscheiden sind: Anzeigefunktionen, originäre und derivative Auswertungsfunktionen. Während die Anzeigefunktionen die einfache Analyse und Bewertung der Organisationsstrukturdaten zum Ausdruck bringen, werden die originäre und derivative Analyse und Bewertung der Organisationsstrukturdaten mittels der Funktionen der originären bzw. derivativen Auswertungsfunktionen effektiv und effizient unterstützt. Unter den Anzeigefunktionen sind die Anzeige der Organisationsstrukturdaten am Bildschirm und der Ausdruck aus dem Drucker zu verstehen. Die Funktionen der Datenauswertung besitzen interaktive Eigenschaften. So werden die Informationen über die Ausführung der Funktionen der Datenauswertung anders als bei den Funktionen der Dokumentationserstellung protokolliert. Jeder Schritt (der vom *OrgIS*-Benutzer ausgelöst werden kann) zur Ausführung der Funktionen der Datenauswertung kann ebenfalls je nach Wunsch des Systemverwalters, der dies bei der Einrichtung eines *OrgIS*-Benutzers definieren und einstellen kann, in das Systemjournal aufgenommen werden. Um die Auswertungsschritte bzw. -vorgänge zu verfolgen, müssen grundsätzlich die folgenden Informationen mit den diesbezüglichen *OrgIS*-Benutzern protokolliert werden:

- Die jeweiligen Schritte zur Ausführung der Anzeigefunktionen und der Funktionen der Datenauswertung werden durch die Startdaten/-uhrzeiten, die Arten (Anzeige, Ausdruck, Originär oder Derivativ), die Kurzbezeichnungen der ausgeführten Funktionen mit den Kurzbezeichnungen der entsprechenden Organisationsstrukturdaten und die Enddaten/-uhrzeiten verkörpert. Mit diesen Informationen können die Auswertungsvorgänge nachvollzogen werden.

- Die Meldungen über die erfolgreiche wie auch die mißlungene Ausführung der Datenauswertung. Bei der mißlungenen Ausführung der Datenauswertung werden die Ursachen auf zwei Arten, nämlich Fehler und Warnung, verdeutlicht.

- Zur Ausführung der Funktionen der Datenauswertung ist auch unabdingbar, eine Version der Organisation und eine Organisationseinheit oder eine Leitungsstelle auszuwählen, welche praktisch eine Führungsebene repräsentiert. So werden hierbei diese Informationen im Systemjournal niedergeschrieben. Dadurch ist zu erkennen, welcher Organisationsbereich analysiert bzw. bewertet wird.

- Unter Berücksichtigung des Zusammenhangs zwischen dem *OrgIS*-Benutzer und der Organisationseinheit wird hier zusätzlich der *OrgIS*-Benutzer mit der entsprechenden Kurzbezeichnung der Organisationseinheit protokolliert.

Die Funktionen der Datenverwaltung unterstützen die Erhebung der Ist-Organisationsstrukturdaten und zugleich die Planung der Organisationsstrukturdaten. Dabei handelt es sich eigentlich um vier Arten von Funktionen, die zur Verwaltung der Daten in der Datenbank dienen und als Einfügen (Insert), Löschen (Delete), Modifizieren (Update) und Suchen (Select) bezeichnet werden. Je nach Bedarf kann der Systemverwalter bei der Einrichtung der *OrgIS*-Benutzer durch die Einstellung der Parameter entscheiden, ob jeder Schritt - vom *OrgIS*-Benutzer - zur Ausführung der Funktionen der Datenverwaltung im Systemjournal protokolliert werden soll. Natürlich kann diese Einstellung vom Systemverwalter jederzeit durchgeführt werden. Im Vergleich mit dem Benutzerjournal werden grundsätzlich die kürzeren Informationen über die Ausführung der Funktionen der Datenverwaltung im Systemjournal protokolliert:

- Die Meldungen über die erfolgreiche bzw. mißlungene Ausführung der Funktionen der Datenverwaltung. Bei der mißlungenen Ausführung sind Fehler und Warnungen erkennbar referiert. Hierbei werden die Organisationsstrukturdaten, die durch die Funktionen der Datenverwaltung verarbeitet werden, nicht berücksichtigt. Die Fehler- oder Warnungsmeldungen können durch das mehrfache Einfügen der Organisationsstrukturdaten gleicher Art, nicht existierende Organisationsstrukturdaten (Beim Suchen, Löschen oder Modifizieren) usw. entstehen

- Ebenfalls wird hier der Zusammenhang zwischen dem *OrgIS*-Benutzer und der Organisationseinheit betrachtet. So wird die jeweilige Ausführung der Funktionen der Datenverwaltung nicht nur mit dem *OrgIS*-Benutzer, sondern auch mit der entsprechenden Organisationseinheit zusammen dokumentiert. Außerdem sind die Daten und Uhrzeiten, in denen die Funktionen der Datenverwaltung ausgeführt werden, als weitere wichtige Informationen zu notieren. Daraus ist zu erkennen, wer wann die Managementaufgaben zur Erhebung und zur Planung der Organisationsstrukturdaten erfüllt.

- Im Hinblick auf die Datenkonsistenz, die durch die Transaktion in der Datenbank gewährleistet wird, ist der Transaktionsstand im Systemjournal nicht zu übersehen. Dabei wird der Transaktionsstand als zusätzliche Information mit den obigen protokollierten Informationen zusammengestellt. Dadurch ist einfach zu erkennen, ob die verarbeiteten Organisationsstrukturdaten im Fall einer mißlungenen Funktionenausführung wiederhergestellt werden.

B. Das Benutzerjournal

Gegenüber dem Systemjournal, das als permanentes bzw. globales Journal gelten soll, kann das Benutzerjournal als temporäres Journal bezeichnet werden, da es normalerweise nur zwischen dem An- und Abmeldungszeitpunkt des *OrgIS*-Benutzers existiert. Nach der Anmeldung (der Ausführung der Funktionen) im System *OrgIS* wird das Benutzerjournal erstellt, das prinzipiell dem *OrgIS*-Benutzer zur Verfügung steht. Das Benutzerjournal wird durch ein benutzereigenes Verzeichnis (ORGIS_BJ) repräsentiert, auf das der *OrgIS*-Benutzer zugreifen kann. Unter diesem Verzeichnis werden mehrere Dateien angelegt, die dem *OrgIS*-Benutzer zugänglich sind und die unterschiedlichen Informationen über die Ausführung der Funktionen beinhalten. Jede Datei ist mit einer Maske (Objekt) bzw. Benutzerschnittstelle identifiziert. Der Dateiname besteht deswegen aus drei Teilen: Datum, Prozeßnummer und Masken(Objekt)-Bezeichnung. Bezüglich des benutzereigenen Verzeichnisses für das Benutzerjournal wird trotz des Multi-User-Systems gewährleistet, daß der Dateiname des Benutzerjournals im System *OrgIS* immer eindeutig ist. Insofern wird hier davon gesprochen, daß jeder *OrgIS*-Benutzer das Zugriffsrecht auf sein eigenes Benutzerjournal besitzt und das Benutzerjournal in diesem Sinne eine lokale Ausprägung innehat.

Im Grunde dient das Benutzerjournal dem *OrgIS*-Benutzer dazu, ihn über die Ergebnisse der jeweiligen Ausführung der Funktionen (Datenverwaltung, Datenauswertung, Dokumentationserstellung und Kommunikationssteuerung) zu informieren. Demzufolge wird dem *OrgIS*-Benutzer dabei geholfen, die Ursache der mißlungenen Funktionenausführung möglichst schnell herauszufinden. Nach jeder Anmeldung im System *OrgIS*, d.h. jedem Start vom System *OrgIS*, wird im System *OrgIS* für jede Maske bzw. Benutzerschnittstelle eine Datei für die Aufnahme der Ergebnisse der Funktionenausführung erstellt, falls die Maske vom *OrgIS*-Benutzer zwecks Ausführung bestimmter Funktionen aufgerufen wird. Das Benutzerjournal bzw. die Dateien können von *OrgIS*-Benutzern nicht nur zum Sichten, sondern auch zur weiteren Verarbeitung geöffnet werden. Obwohl das Benutzerjournal einen temporären Charakter hat - es existiert normalerweise zwischen den An- und Abmeldungszeitpunkten des *OrgIS*-Benutzers im System *OrgIS* -, kann der *OrgIS*-Benutzer durch die Einstellung bzw. Angabe der Parameter selbst entscheiden, ob alle Dateien des Benutzerjournals oder eine Auswahl permanent im System erhalten bleiben sollen. So residiert das Benutzerjournal im System, solange der *OrgIS*-Benutzer die Parameter nicht zurücksetzt.

Bezüglich der vier Funktionenarten (Datenverwaltung, Datenauswertung, Dokumentationserstellung und Benutzerverwaltung), die vom *OrgIS*-Benutzer zur Erfüllung der Managementaufgaben und zur Gestaltung der *OrgIS*-Benutzerorganisation aufgerufen werden können, läßt sich das Benutzerjournal gleichartig durch vier Dateiklassen (Datenverwaltung, Datenauswertung, Dokumentationserstellung und Benutzerverwaltung) repräsentieren. Einer Funktionenart entspricht eine Dateiklasse, zu der eine Menge von Dateien gehören soll. In den Dateien, die zu einer Dateiklasse gehören, werden die Informationen von gleicher Art protokolliert. So kann auch das Benutzerjournal weiter gegliedert werden in:

- Das Benutzerjournal für die Datenverwaltung,
- Das Benutzerjournal für die Datenauswertung,
- Das Benutzerjournal für die Dokumentationserstellung und
- Das Benutzerjournal für die Benutzerverwaltung.

Im Vergleich zum Systemjournal werden hier vielmehr die deutlichen Bezeichnungen der Organisationsstrukturdaten, die durch die Ausführung der Funktionen der Datenverwaltung verarbeitet werden (eingefügt in die Datenbank, modifiziert in der Datenbank usw.), nebst Funktionentyp (Einfügen, Modifizieren, Löschen und Suchen) im Benutzerjournal für die Datenverwaltung protokolliert. Das Benutzerjournal für die Datenverwaltung soll in erster Linie dem *OrgIS*-Benutzer dazu dienen, ihm über die Ergebnisse der Ausführung der Funktionen der Datenverwaltung vollständig zu berichten und gegebenfalls die Ursache der mißlungenen Ausführung der Funktionen der Datenverwaltung klarzulegen. Zu protokollieren im Benutzerjournal sind:

- Die Meldungen über die erfolgreiche Ausführung der Funktionen der Datenverwaltung. Dabei ist zuerst der Funktionstyp zu verdeutlichen, ob die Ausführung Einfügen (Insert), Modifizieren (Update), Löschen (Delete) oder Suchen (Select) war. Mit dem jeweiligen Funktionstyp werden auch die genauen Bezeichnungen und die Anzahl der verarbeiteten Organisationsstrukturdaten aufgenommen. So sind immer die Bezeichnungen und die Anzahl der neu eingefügten, gelöschten, modifizierten oder gefundenen Organisationsstrukturdaten im Benutzerjournal zu finden.

- Die Meldungen über die mißlungene Ausführung der Funktionen der Datenverwaltung. Dabei sind Fehler und Warnungen zu unterscheiden. Ein Fehler kann dadurch verursacht werden, daß z.B. eine Bezeichnung der Organisationsstrukturdaten in verschiedenen Subtypen vom gleichen Obertyp eingefügt werden soll. Der Versuch zur Ausführung der unberechtigten Funktionen wird hier auch als Fehler betrachtet. Demgegenüber kann beispielsweise eine Warnung darauf hinweisen, daß eine mehrfache Einfügung der Organisationsstrukturdaten in die Datenbank versucht wird.

- Als wichtige Information, die mit den Organisationsstrukturdaten zusammenhängt, ist die Bezeichnung der ausgewählten Version mitzuprotokollieren, da die Version solchermaßen die Organisationsstrukturdaten kennzeichnet, ob sie sich auf einen Ist-Zustand oder eine Planung der Organisation beziehen.

- Die Daten und Uhrzeiten, in denen die Funktionen der Datenverwaltung ausgeführt werden, sind als weitere wichtige Informationen zu notieren. Falls das Benutzerjournal für die Datenverwaltung vom *OrgIS*-Benutzer auf permanent geschaltet wird, werden die Informationen über die Ergebnisse der Funktionenausführung nach den Daten und Uhrzeiten geordnet. Damit kann der *OrgIS*-Benutzer die neuesten Ergebnisse über die Funktionenausführung zügig ermitteln. In diesem Falle kann der *OrgIS*-Benutzer ferner die historische Funktionenausführungen und ihre Ergebnisse erfahren.

- Ergänzend zu den obigen protokollierten Informationen ist noch der Transaktionsstand hier im Benutzerjournal niederzulegen. Durch den Transaktionsstand ist deutlich zu erkennen, ob die Verarbeitungen der Organisationsstrukturdaten im Fall einer mißlungenen Funktionenausführung rückgängig gemacht werden.

Im Benutzerjournal für die Datenauswertung werden grundsätzlich die einzelnen Schritte aufgezeichnet, welche eigentlich die Reihenfolge zur Ausführung der Funktionen der Datenauswertung wiedergeben. Dafür sollen folgende Informationen im Benutzerjournal für die Datenauswertung dokumentiert werden:

- Kurze Meldungen über die erfolgreiche oder mißlungene Funktionenausführung. Dabei ist auch der Versuch zur Ausführung der unberechtigten Funktionen der Datenauswertung zu notieren.

- Die Daten und Uhrzeiten, in der die jeweiligen Organisationsstrukturdaten durch die Ausführung der Funktionen der Datenauswertung (angezeigt, originär oder derivativ) analysiert bzw. bewertet werden. Dabei sind die Kurzbezeichnungen dieser Organisationsstrukturdaten prägnant beschrieben. Natürlich stimmt die Reihenfolge der Funktionenausführung mit der chronologischen Ordnung der Daten und Uhrzeiten überein.

- Bezüglich der Eigenschaften der Funktionen der Datenauswertung sind hier noch die Bezeichnungen der ausgewählten Version, die die Organisationsstrukturdaten näher expliziert, und der Organisationseinheit oder der Leitungsstelle, die eine Führungsebene repräsentieren soll, zu protokollieren. So wird es klar, auf welche Organisationseinheit bzw. Führungsebene sich die Analyse und Bewertung der Organisationsstrukturdaten eigentlich bezieht.

Im Benutzerjournal werden die umfassenden Informationen über die Ausführung der Funktionen der Dokumentationserstellung festgehalten. Diese Informationen sollen dem *OrgIS*-Benutzer dazu dienen, einerseits die Ergebnisse der Funktionenausführung klarzulegen und andererseits sämtliche notwendigen Einstellungen (z.B. Seitenformat, Schriftart usw.) für eine Dokumentation wiederzugeben. Damit kann der *OrgIS*-Benutzer die Erstellung der gleichen Dokumentation immer wieder durchführen und die Ursache der mißlungenen Ausführung der Funktionen geklärt werden. In der Regel werden folgende Informationen geordnet im Benutzerjournal für die Dokumentationserstellung protokolliert:

- Die Erfolgsmeldung über die erfolgreiche Ausführung der Funktionen zur Erstellung der Dokumentation ist anzuzeigen, falls die Dokumentation vollständig und wunschgemäß erstellt wurde. Demgegenüber wird die mißlungene Ausführung der Funktionen zur Erstellung der Dokumentation durch die Fehler- oder Warnungsmeldungen signalisiert, wie z.B. unerlaubte Dokumentationsformate, unpassende Schriftgröße, die Erstellung einer Dokumentation mit unberechtigten Organisationsstrukturdaten usw.

- Zur Protokollierung gehört auch das Charakteristikum der erstellten Dokumentation, welches die Bezeichnung des Segments (originär oder derivativ), den Teil der Organisation (Aufbau-, Ablauforganisation oder Systemkonfiguration), die Version und die Bezeichnung der Organisationseinheit oder der Leitungsstelle kennzeichnet. So wird verdeutlicht, welche Inhalte die erstellte Dokumentation besitzt und für sowie über welche Führungsebene bzw. Organisationseinheit sie erstellt wird.

- Ferner sind auch die Einstellungsdaten über die Dokumentation aufzunehmen. Sie beziehen sich auf die Layoutstruktur (Dokumentationsformat), die logische Struktur (Kapitelauswahl) und die semantische Struktur (Abschnittsauswahl) der Dokumentation, da der *OrgIS*-Benutzer bei der Erstellung einer Dokumentation nach seinem Wunsch bestimmte Kapitel wie auch ihre Abschnitte auswählen kann.

- Ein *OrgIS*-Benutzer muß die Dokumentation nach der erfolgreichen Erstellung nicht ausdrucken. So wird hier auch unterschieden zwischen dem Erstellungs- und Ausdruckdatum bzw. den Ausdruckuhrzeiten. Je nachdem werden hier die Informationen über die einzelnen erstellten Kapitel mit Datum und Uhrzeit, Ausdruckdatum und -uhrzeit dargestellt. Mit diesen Zeitinformationen ist auch die Anzahl der Seiten in den einzelnen Kapiteln und der gesamten Dokumentation aufgezeichnet.

Da die Funktionen des Benutzerjournals nur vom Systemverwalter bzw. -administrator ausgeführt werden können, wird das Benutzerjournal für die Benutzerverwaltung insofern auch für den *OrgIS*-Benutzer vom Systemverwalter bzw. -administrator erstellt. Es ist deshalb für den Systemverwalter bzw. -administrator zugänglich. Das Benutzerjournal für die Benutzerverwaltung kann in diesem Sinne auch als Systemjournal bezeichnet werden und wird normalerweise immer im System *OrgIS* verbleiben. Der Unterschied zwischen ihm und dem Systemjournal liegt natürlich darin, daß es nach der jeweiligen Abmeldung vom System *OrgIS* automatisch gelöscht werden kann, falls der Systemverwalter bzw. -administrator die entsprechenden Parameter dafür eingestellt hat. In diesem Benutzerjournal werden selbstverständlich die Informationen über die Ausführung der Funktionen der Benutzerverwaltung protokolliert. Diese Informationen geben eigentlich jede Ausführung der Funktionen der Benutzerverwaltung wieder und stellen die historischen Ereignisse der Benutzerverwaltung dar. Protokolliert werden folgende Informationen:

- Zunächst die Meldungen über die erfolgreiche oder mißlungene Ausführung der Funktionen der Benutzerverwaltung. Die Einrichtung der neuen *OrgIS*-Benutzer bedeutet in Wirklichkeit das Vergeben der Zugriffsrechte eines vorhandenen Benutzers (z.B. UNIX-Benutzers) auf das verteilte Organisationsinformationssystem *OrgIS*, genauer gesagt auf die einzelnen Funktionen im *OrgIS*. Die mißlungene Ausführung der Funktionen kann darin bestehen, daß ein *OrgIS*-Benutzer noch nicht auf der Betriebssystemebene eingerichtet ist oder eine vorhandene *OrgIS*-Gruppe mehrfach eingerichtet werden will.

- Die eingerichteten oder gelöschten *OrgIS*-Benutzer, die Sachbearbeiter, Gruppenleiter oder Systemverwalter sein können, und *OrgIS*-Gruppen, die mehrere *OrgIS*-Benutzer umschließen sollen. Beim Löschen eines *OrgIS*-Benutzers oder einer *OrgIS*-Gruppe ist insbesondere zu beachten, daß dies einen Umsetzungsprozeß zum Ausdruck bringt. Beim Löschen eines *OrgIS*-Benutzers, also beim Entzug seiner Zugriffsrechte auf *OrgIS*-Funktionen, können die ihm zugehörigen bzw. von ihm verarbeiteten Organisationsstrukturdaten einem anderen *OrgIS*-Benutzer zugeordnet werden. Das Löschen einer *OrgIS*-Gruppe hat einerseits die gleiche Wirkung wie das Löschen eines *OrgIS*-Benutzers - die Zuordnung der Organisationsstrukturdaten von einem *OrgIS*-Benutzer zu einem anderen muß zustande gebracht werden -, und hat andererseits ebenfalls die Zuordnung der *OrgIS*-Benutzer von der aufgelösten *OrgIS*-Gruppe zu einer anderen zur Folge, wobei zugleich die Zugehörigkeit der Organisationsstrukturdaten von einer *OrgIS*-Gruppe zur anderen geändert werden soll. Diese Änderungen werden neben den Informationen über die Einrichtung eines *OrgIS*-Benutzers auch im Benutzerjournal für die Benutzerverwaltung deutlich gegliedert beschrieben.

- Die Klasse, zu der ein *OrgIS*-Benutzer gehören soll; sie kann in der Regel ebenfalls korrigiert werden. So sind diese historischen Änderungen der Klasse jedes *OrgIS*-Benutzers zu ermitteln.

- Der Zusammenhang zwischen dem eingerichteten *OrgIS*-Benutzer und seiner entsprechenden Organisationseinheit führt die Unternehmensorganisation und die *OrgIS*-Benutzerorganisation zueinander. So soll die organisatorische Stelle mit dem eingerichteten *OrgIS*-Benutzer, d.h. der Benutzerkennung, als zusätzliche Information aufgenommen werden.

- Die Daten und Uhrzeiten der Ausführung der Funktionen sind immer als wichtige und hilfreiche Informationen zu betrachten. Damit können vor allem bessere und vollständige Kenntnisse über die historische Ausführung der Funktionen der Benutzerverwaltung gewonnen werden.

V. Benutzerverwaltung - Gestaltung der *OrgIS*-Benutzerorganisation

Unter Sicherheitsaspekten, unter denen die Organisationsstrukturdaten immer von dazu berechtigten Personen in einem Unternehmen mittels des verteilten Organisationsinformationssystems *OrgIS* verarbeitet bzw. verwaltet und in einer Datenbank gespeichert werden sollen, ist es notwendig, die Benutzer im System *OrgIS* ordnungsgemäß zu organisieren. Im Zusammenhang mit den Zugriffsrechten, die jeder Benutzer mehr oder weniger besitzen soll und die sich auf *OrgIS*-Funktionen und Organisations- bzw. Systemstrukturdaten beziehen, wird der Benutzer im System *OrgIS* klassifiziert. Dafür sind drei Klassen, die mit unterschiedlichen Zugriffsrechten auf die *OrgIS*-Funktionen und die Organisations- bzw. Systemstrukturdaten verbunden sind und als Systemverwalter, Gruppenleiter und Sachbearbeiter bezeichnet werden, zu unterscheiden. Dadurch ist eine *OrgIS*-Benutzerorganisation zu bilden, in der jeder Benutzer - also *OrgIS*-Benutzer - durch die Benutzerkennung gekennzeichnet wird und vor allem den Unternehmens- oder Geschäftsleiter (oder Mitarbeiter als seine Aushilfe) eines Unternehmens repräsentieren muß. Organisatorisch wird es so gesehen, daß der *OrgIS*-Benutzer der Organisationseinheit eines Unternehmens entspricht. Die *OrgIS*-Benutzerorganisation hängt sehr eng mit der Organisation eines Unternehmens oder dessen Fachbereiche zusammen, in welchen das System *OrgIS* zur Unterstützung der Erfüllung der Managementaufgaben der Organisationsplanung und -entwicklung eingesetzt wird. Der disziplinarische Leitungszusammenhang und der fachliche Führungszusammenhang zwischen den *OrgIS*-Benutzern werden einerseits durch die Verbindungen zwischen der *OrgIS*-Benutzerorganisation und der Unternehmensorganisation und andererseits durch die organisatorische Unterscheidung (Systemverwalter bzw. -administrator, Gruppenleiter und Sachbearbeiter) der *OrgIS*-Benutzer klargelegt. Die Zugriffsrechte jedes *OrgIS*-Benutzers auf die *OrgIS*-Funktionen lassen sich durch die *OrgIS*-bezogene fachliche Zuständigkeit darstellen, wobei die Zugriffsrechte auf die Organisations- bzw. Systemstrukturdaten bezüglich der Benutzerklasse und ihrer Art (aktives oder passives Zugriffsrecht) festgelegt werden.

A. Der Benutzer und die Benutzerklasse

Im verteilten System *OrgIS* lassen sich die *OrgIS*-Benutzer in drei Klassen einordnen, welche im organisatorischen Sinne eine *OrgIS*-Benutzerorganisation zum Ausdruck bringen. In dieser *OrgIS*-Benutzerorganisation wird der *OrgIS*-Benutzer als organisatorische Stelle angesehen und kann zugleich der disziplinarische Leitungszusammenhang mit den Benutzerklassen gebildet werden. Die fachliche Zuständigkeit des *OrgIS*-Benutzers ist durch seine Zugriffsrechte auf die *OrgIS*-Funktionen zu erkennen, die zur Erfüllung der Managementfunktionen der Organisationsplanung und -entwicklung dienen. Aus der informationstechnischen Sicht, d.h. zum Betrieb des Systems *OrgIS*, wird definiert, daß der *OrgIS*-Benutzer zunächst als ein Benutzer auf der Betriebssystemebene (z.B. Unix) eingerichtet sein muß. Insofern bedeutet die Einrichtung eines neuen *OrgIS*-Benutzers das Vergeben der Zugriffsrechte auf das System *OrgIS* bzw. die *OrgIS*-Funktionen, wobei die Benutzerklasse bezüglich der Zugriffsrechte des jeweiligen *OrgIS*-Benutzers auf die Organisations- bzw. Systemstrukturdaten noch festgelegt werden muß. Hier werden folgende drei Benutzerklassen definiert:

- Systemverwalter bzw. -administrator,
- Gruppenleiter und

- Sachbearbeiter.

Jeder *OrgIS*-Benutzer wird beim Vergeben der Zugriffsrechte auf das System *OrgIS* gleichzeitig einer bestimmten Klasse zugeordnet, da die Klasse eines *OrgIS*-Benutzers grundsätzlich dessen Zugriffsrechte auf die *OrgIS*-Funktionen und Daten begrenzt. Nachdem ein *OrgIS*-Benutzer im System *OrgIS* eingerichtet ist, kann seine Klasse je nach Bedarf vom Systemverwalter geändert werden. Dies setzt allerdings voraus, daß der *OrgIS*-Benutzer nicht der Systemverwalter ist. Nach der Änderung der Klasse eines *OrgIS*-Benutzers können seine passiven Zugriffsrechte unverändert bleiben. Aber gegebenfalls muß die Änderung seiner aktiven Zugriffsrechte auf die Organisationsstrukturdaten erfolgen. Dabei sind zwei Fälle zu unterscheiden:

- Die Klasse eines *OrgIS*-Benutzers wird auf eine niedrige Klasse herabgesetzt, seine aktiven Zugriffsrechte werden vom Systemverwalter heruntergesetzt.
- Die Klasse eines *OrgIS*-Benutzers wird auf eine höhere Klasse (Gruppenleiter) hochgesetzt, seine aktiven Zugriffsrechte werden automatisch erhöht.

Der Systemverwalter bzw. -administrator besitzt die Zugriffsrechte auf alle *OrgIS*-Funktionen (Datenverwaltung, Datenauswertung, Dokumentationserstellung, Benutzerverwaltung, Journalverwaltung, Zugriffsrechtverwaltung und Kommunikationssteuerung) und System- sowie Organisationsstrukturdaten. Er kann mittels der Funktionen der Benutzerverwaltung die *OrgIS*-Benutzer und -Gruppen einrichten und anschließend die Zugriffsrechte auf die *OrgIS*-Funktionen und Organisationsstrukturdaten für die *OrgIS*-Benutzer vergeben. Ferner kann ein Systemverwalter bzw. -administrator weitere Systemverwalter bzw. -administratoren einrichten. So kann es vorkommen, daß es mehrere Systemverwalter bzw. -administratoren gleichzeitig im System *OrgIS* gibt. Hierfür kann ein Systemverwalter zwecks der Verwaltung des Systems *OrgIS* benötigt und die anderen für die Unternehmensleiter bzw. ihre Vertreter eingerichtet werden, da sie die Zugriffsrechte auf alle in Datenbanken gespeicherten Organisationsstrukturdaten besitzen sollen, um die Bewertung sowie Kontrolle der Organisation des von ihnen geleiteten Unternehmens oder dessen Fachbereiche ständig durchzuführen. Als allererstes wird ein *OrgIS*-Benutzer, der als Systemverwalter gilt, namens „*OrgIS*" bei der Installation vom System *OrgIS* automatisch eingerichtet. Dies setzt allerdings voraus, daß „*OrgIS*" zunächst noch auf der Betriebssystemebene als Benutzer eingerichtet werden muß. Durch ihn können die weiteren *OrgIS*-Benutzer, die Systemverwalter bzw. -administratoren, Gruppenleiter oder Sachbearbeiter sein können, zur Ausführung der *OrgIS*-Funktionen eingerichtet werden. Natürlich können die anderen Systemverwalter die Einrichtung der *OrgIS*-Benutzer wahrnehmen, falls sie selbst von „*OrgIS*" eingerichtet wurden.

Der Gruppenleiter kann ausschließlich auf gewisse *OrgIS*-Funktionen (z.B. Datenverwaltung, Datenauswertung und Dokumentationserstellung) und die entsprechenden Organisationsstrukturdaten einwirken, die von seinen Gruppenmitgliedern (*OrgIS*-Benutzer vom Sachbearbeiter) verarbeitet werden. Normalerweise bezieht sich jede Gruppe auf eine bestimmte Organisationseinheit, die eigentlich eine Führungsebene repräsentiert und zu der alle disziplinarisch mittelbar sowie unmittelbar unterstellten Organisationseinheiten zählen sollen. Der Gruppenleiter wird insofern mit dem Geschäftsführer bzw. ihrem Vertreter der Organisationseinheit identifiziert. Demzufolge kann er auch der Informationskompetenz zufolge die Organisationsstrukturdaten, die die Organisation des von ihm geleiteten Fachbereiches wiedergeben, verarbeiten und analysieren, um die Organisation zu bewerten, zu kontrollieren und gegebenfalls einen Bericht über seine Organisation für die Instanz zu erstellen. Unter jedem Gruppenleiter stehen normalerweise mehrere *OrgIS*-Benutzer als Sachbearbeiter, die die Zugriffsrechte auf eine beschränkte Menge von Organisationsstrukturdaten (z.B. über die Organisation einer Abteilung in einem Fachbereich) besitzen und grundsätzlich gemäß ihrer organisatorischen Aufgaben die Abteilungsleiter verkörpern sollen.

Die Zugriffsrechte für den Sachbearbeiter werden innerhalb der *OrgIS*-Gruppe, zu der er gehören soll, weiter geregelt. Je nach seinem Aufgabenumfang werden seine Zugriffsrechte auf bestimmte *OrgIS*-Funktionen (z.B. Datenverwaltung, Datenauswertung und Dokumentationserstellung) vom Systemverwalter festgelegt. Mit diesen Zugriffsrechten kann der Sachbearbeiter die für ihn freigegebenen *OrgIS*-Funktionen ausführen, um die Organisationsstrukturdaten zu verarbeiten bzw. zu verwalten. Im Hinblick auf den organisatorischen Arbeitszusammenhang zwischen den Sachbearbeitern, die allerdings im Sinne der *OrgIS*-Benutzerorganisation mit den Organisationseinheiten verbunden sind, wird häufig gefordert, daß ein Sachbearbeiter nicht nur eigene Organisationsstrukturdaten, sondern auch diejenigen Organisationsstrukturdaten, deren Eigentümer andere *OrgIS*-Sachbearbeiter der gleichen Gruppe sind, lesen oder verarbeiten kann. Zu diesem Zweck werden hier zwei Begriffe näher definiert, die die Zugriffsrechte jedes *OrgIS*-Benutzers, insbesondere des Sachbearbeiters, auf die Organisationsstrukturdaten im Sinne der Zugriffsrechtbeschränkung bzw. -erweiterung regulieren können: die *passiven* sowie die *aktiven* Zugriffsrechte des *OrgIS*-Benutzers.

Durch die aktiven Zugriffsrechte eines Sachbearbeiters wird zunächst festgelegt, auf welche Organisationsstrukturdaten, die von allen *OrgIS*-Benutzern (Gruppenleiter und Sachbearbeiter) der gleichen Gruppe verarbeitet bzw. verwaltet werden, er die Zugriffsrechte eigentlich besitzen kann. Dabei sind drei Fälle zu unterscheiden:

- Er kann nur eigene Organisationsstrukturdaten verarbeiten,

- Er kann die Organisationsstrukturdaten, die von anderen Sachbearbeitern der gleichen Gruppe verarbeitet werden, lediglich lesen oder

- Er kann die Organisationsstrukturdaten, die von anderen Sachbearbeitern der gleichen Gruppe verarbeitet werden, auch weiter verarbeiten bzw. ändern.

Die aktiven Zugriffsrechte eines Sachbearbeiters müssen auch mit den passiven Zugriffsrechten anderer Sachbearbeiter der gleichen Gruppe zusammen betrachtet werden. So können die Zugriffsrechte eines Sachbearbeiters auf die Organisationsstrukturdaten genau festgelegt werden. In diesem Zusammenhang geben die passiven Zugriffsrechte eines Sachbearbeiters an, ob es weiterhin erlaubt wird, daß andere Sachbearbeiter der gleichen Gruppe die vom ihm verarbeiteten Organisationsstrukturdaten verarbeiten dürfen. Hierbei sind ebenfalls drei Fälle zu unterscheiden:

- Die Zugriffe von anderen Sachbearbeitern der gleichen Gruppe auf die von ihm verarbeiteten Organisationsstrukturdaten sind verboten. Dieses passive Zugriffsrecht ist in der Regel für den Gruppenleiter sehr geeignet.

- Die von ihm verarbeiteten Organisationsstrukturdaten dürfen von den anderen Sachbearbeitern der gleichen Gruppe nur gelesen werden oder

- Die anderen Sachbearbeiter der gleichen Gruppe können auch seine Organisationsstrukturdaten verarbeiten bzw. ändern.

In *Tab. 5.V.A. - 1* wird veranschaulicht, wie die Zugriffsrechte eines Sachbearbeiters auf die Organisationsstrukturdaten unter Berücksichtigung seiner aktiven Zugriffsrechte und gleichzeitig der passiven Zugriffsrechte der anderen Sachbearbeiter der gleichen Gruppe geregelt werden. Die passiven Zugriffsrechte sind bei der Überprüfung der Zugriffsrechte der Sachbearbeiter auf die Organisationsstrukturdaten zu bevorzugen. Falls ein Sachbearbeiter das aktive Zugriffsrecht nur auf eigene Organisationsstrukturdaten besitzen soll, darf er die anderen Organisationsstrukturdaten überhaupt nicht lesen bzw. ändern. Sollte für einen Sachbearbeiter das passive Zugriffsrecht „Keines" definiert werden, dürfen die von ihm verarbeiteten Organisationsstrukturdaten auch nicht von einem anderen Sachbearbeiter gelesen oder geändert werden.

Zugriffsrechte auf die Daten von anderen Sachbearbeitern der gleiche Gruppe		**Passive Zugriffsrechte**		
		Keines	Gelesen	Geändert
Aktive Zugriffsrechte	Eigene Daten	*Eigene*	*Eigene*	*Eigene*
	Lesen	*Eigene*	*Lesen*	*Lesen*
	Ändern	*Eigene*	*Lesen*	*Ändern*

Tab. 5.V.A. - 1. Die Übereinstimmung zwischen den passiven und aktiven Zugriffsrechten auf die Organisationsstrukturdaten

Allerdings wird vorausgesetzt, daß der Sachbearbeiter zuerst die Zugriffsrechte auf die *OrgIS*-Funktionen besitzen muß, durch die der Zugriff auf die in der Datenbank gespeicherten Organisationsstrukturdaten zustande kommen kann. Es wird auch angestrebt, daß der Sachbearbeiter auf der Ebene des Datenbank-Systems überhaupt keinen Zugang auf die Datenbank hat, z.B. durch die SQL-Abfragesprache Select, Update usw. Insofern gewährleistet das System *OrgIS* höhere Datensicherheit und Schutz vor unbefugtem Zugriff und Verarbeitung auf die bzw. der Organisationsstrukturdaten. Die Zugriffsrechte der *OrgIS*-Benutzer auf die *OrgIS*-Funktionen sind nach *OrgIS*-Benutzerklassen eindeutig geregelt. Für den *OrgIS*-Systemverwalter bzw. -administrator sind alle *OrgIS*-Funktionen erlaubt. Dem *OrgIS*-Gruppenleiter verbietet *OrgIS* die Zugriffsrecht- und Journalverwaltung, aber er kann die Journale über die Abläufe der seiner Gruppe angehörenden Mitglieder lesen und ausdrucken und hat die Zugriffsrechte auf die *OrgIS*-Funktionen der Datenverwaltung, der Datenauswertung, der Dokumentationserstellung und der Kommunikationssteuerung. Dem *OrgIS*-Sachbearbeiter werden seine Zugriffsrechte auf die *OrgIS*-Funktionen erst vom *OrgIS*-Systemverwalter erteilt. Zu vergeben sind die Zugriffsrechte auf die *OrgIS*-Funktionen der Datenverwaltung, der Datenauswertung, der Dokumentationserstellung und der Kommunikationssteuerung. Der *OrgIS*-Sachbearbeiter besitzt keine Zugriffsrechte auf die *OrgIS*-Funktionen der Zugriffsrecht- und Jornalverwaltung, aber er darf eigene Journale während der Ausführung der erlaubten *OrgIS*-Funktionen lesen, ändern und ausdrucken. Die Zugriffsrechte eines *OrgIS*-Benutzers, außer dem Systemverwalter bzw. -administrator, können auch auf die einzelnen *OrgIS*-Funktionen, z.B. die Datenverwaltung der Aufbauorganisation von der Personalstelle, der Stellenbesetzung usw., vergeben werden. Seine Zugriffsrechte auf die Organisationsstrukturdaten lassen sich durch die passiven und aktiven Zugriffsrechte regeln.

B. Die Benutzergruppe und ihre Mitglieder

Jeder *OrgIS*-Benutzer, unabhängig davon, ob er Systemverwalter, Gruppenleiter oder Sachbearbeiter ist, muß zu einer *OrgIS*-Gruppe gehören. Der Systemverwalter bzw. -administrator gehört zu der Administrationsgruppe, die auch als Systembehaftete Gruppe bezeichnet wird und der der Systemverwalter „*OrgIS*" angehört. Dies bedeutet, daß einerseits der erste *OrgIS*-Benutzer, der Systemverwalter, und andererseits die erste *OrgIS*-Gruppe, die Administration, bei der Installation des Systems *OrgIS* als eine der notwendigen Voraussetzungen zum Betrieb des Systems *OrgIS* automatisch eingerichtet werden müssen. Danach können die weiteren *OrgIS*-Benutzer und -Gruppen je nach Bedarf im System *OrgIS* eingerichtet werden, wobei nur eine Administrationsgruppe im System *OrgIS* existieren darf. Die anderen *OrgIS*-Gruppen werden organisatorisch der Administrationsgruppe unterstellt und untereinander gleichrangig betrachtet. Hierbei wird eine *OrgIS*-Benutzerorganisation mit zwei Hierarchien gebildet, die in *Abb. 5.V.B. - 1* anschaulich dargestellt wird. Unter Berücksichtigung des Zusammenhangs zwischen der *OrgIS*-Benutzerorganisation und der Organisation eines Unternehmens oder dessen Fachbereiche sowie den Anwendungsbereichen repräsentiert die Administrationsgruppe in der Regel die oberste Führungsebene eines Unternehmens oder dessen Fachbereiche, die übrigen *OrgIS*-Gruppen die Geschäftsbereiche und die *OrgIS*-Benutzer bestimmte Organisationseinheiten. Allerdings ist der Gruppenleiter mit der entsprechenden *OrgIS*-Gruppe identifiziert.

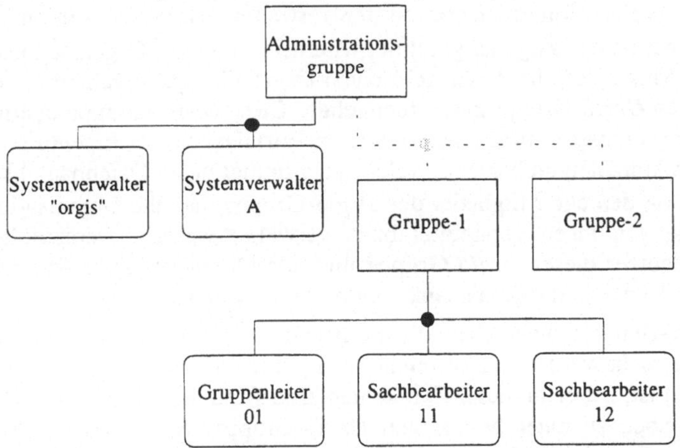

Abb. 5.V.B. - 1. ***Der Zusammenhang zwischen der OrgIS-Gruppe und den OrgIS-Benutzern unterschiedlicher Klassen***

Durch die Einrichtung bzw. Bildung der *OrgIS*-Gruppe können die Managementaufgaben der Organisationsplanung und -entwicklung in verschiedenen Fachbereichen eines Unternehmens unabhängig parallel durchgeführt werden. In jeder *OrgIS*-Gruppe können wiederum mehrere Sachbearbeiter, die konkret die jeweiligen Leiter (z.B. Abteilungsleiter) oder ihre Vertreter der (Teil-) Bereiche repräsentieren, eingerichtet werden. Sie sollen für die Organisation der von ihnen geleiteten (Teil-) Bereiche verantwortlich sein und die Organisationsstrukturdaten verwalten, um die Bewertung und Kontrolle der Organisation zu ermöglichen. In jeder *OrgIS*-Gruppe können mehrere *OrgIS*-Benutzer als Gruppenleiter definiert werden. Diese Regelung erlaubt mehreren *OrgIS*-Benutzern innerhalb einer *OrgIS*-Gruppe die gleichen Zugriffsrechte auf die Organisationsstrukturdaten zu haben, die ihrerseits von den *OrgIS*-Benutzern der gleichen Gruppe verarbeitet werden sollen. Der Unternehmensleiter, der im System *OrgIS* durch einen Systemverwalter bzw. -administrator repräsentiert wird, hat allerdings die Zugriffsrechte auf alle Organisationsstrukturdaten, die überhaupt von den *OrgIS*-

Benutzern in den jeweiligen *OrgIS*-Gruppen verarbeitet bzw. gepflegt werden und vor allem die Organisation der Fachbereiche darstellen. Dadurch ist der Unternehmensleiter immer in der Lage, die Organisation des Unternehmens oder eines Fachbereiches zu bewerten, zu kontrollieren und zu planen.

Durch die Bildung der *OrgIS*-Gruppe können darüber hinaus die Zugriffsrechte der *OrgIS*-Benutzer auf die Organisationsstrukturdaten geregelt werden. Somit können die Organisationsstrukturdaten vor unberechtigten Zugriffen geschützt werden. Insofern bringt die *OrgIS*-Gruppe auch implizit die Informationskompetenz ihrer Mitglieder (der *OrgIS*-Benutzer vom Gruppenleiter und Sachbearbeiter) bzw. der verschiedenen Leiter zum Ausdruck. Es ist nicht zwingend notwendig, daß es Mitglieder in einer *OrgIS*-Gruppe geben muß. Aber ein *OrgIS*-Benutzer muß zu einer bestimmten *OrgIS*-Gruppe gehören. Eine *OrgIS*-Gruppe kann vorübergehend gesperrt oder endgültig gelöscht werden. Während eine *OrgIS*-Gruppe gesperrt ist, besitzen alle *OrgIS*-Benutzer, die Mitglieder dieser *OrgIS*-Gruppe sind, keinen Zugriff zu dem System *OrgIS*. Infolgedessen kann dies auch so gesehen werden, daß alle Mitglieder der *OrgIS*-Gruppe gesperrt sind. Beim Löschen einer *OrgIS*-Gruppe ergeben sich zwei Möglichkeiten, die je nach Anforderung vom Systemverwalter ausgewählt werden:

- Transformation der Zugehörigkeit der Mitglieder und der Organisationsstrukturdaten. Alle Mitglieder, die dieser gelöschten *OrgIS*-Gruppe angehören, werden in einer anderen *OrgIS*-Gruppe zusammengefaßt. Diese *OrgIS*-Gruppe übernimmt dafür die Organisationsstrukturdaten. So wird in Wirklichkeit das Eigentum der Organisationsstrukturdaten umbenannt, welche aber immer in der Datenbank bleiben.

- Gelöscht werden alle Mitglieder der *OrgIS*-Gruppe und alle Organisationsstrukturdaten, die von ihnen verarbeitet bzw. verwaltet werden. Demzufolge sind die *OrgIS*-Benutzer dieser *OrgIS*-Gruppe und alle Organisationsstrukturdaten im System *OrgIS* bzw. in der Datenbank spurlos verschwunden.

Ein *OrgIS*-Benutzer kann ebenfalls im System *OrgIS* vorübergehend gesperrt oder für immer gelöscht werden, falls er nicht mehr gebraucht wird. Während er vorübergehend gesperrt ist, hat er in dieser Zeit keinen Zugriff zu dem System *OrgIS*. Er gehört aber immer noch zu einer bestimmten *OrgIS*-Gruppe. Beim Löschen eines *OrgIS*-Benutzers ergeben sich drei alternative Möglichkeiten, die vom Systemverwalter ausgewählt werden können:

- Transformation der Zugehörigkeit der Organisationsstrukturdaten, die von dem zu löschenden *OrgIS*-Benutzer verarbeitet, d.h. eingefügt und modifiziert, wurden. Sie bleiben unverändert in der Datenbank, jedoch wird ihre Zugehörigkeit sowie ihr Modifikationsmerkmal einem anderen *OrgIS*-Benutzer der gleichen Klasse in der gleichen *OrgIS*-Gruppe zugewiesen.

- Transformation der Zugehörigkeit der Organisationsstrukturdaten, die von dem zu löschenden *OrgIS*-Benutzer verarbeitet (eingefügt und modifiziert) wurden. Die Zugehörigkeit und das Modifikationsmerkmal der Organisationsstrukturdaten werden aber einem anderen *OrgIS*-Benutzer einer ungleichen Klasse in der gleichen *OrgIS*-Gruppe zugewiesen. Dabei sind die aktiven und passiven Zugriffsrechte, mit denen die Organisationsstrukturdaten auch verbunden sind, entsprechend der neuen Benutzerklasse zu ändern.

- Der *OrgIS*-Benutzer und die vom ihm eingefügten Organisationsstrukturdaten werden komplett gelöscht. So sind sie nicht mehr in der Datenbank wiederzufinden. Jedoch wird das Modifikationsmerkmal in den Organisationsstrukturdaten, die von dem zu löschenden *OrgIS*-Benutzer modifiziert wurden, auf einen *OrgIS*-Benutzer von gleicher oder ungleicher Klasse in der gleichen *OrgIS*-Gruppe hingewiesen. Dabei sind die aktiven und passiven Zugriffsrechte, mit denen die Organisationsstrukturdaten verbunden sind, nicht zu ändern.

Handelt es sich um den Fernzugriff, der die verteilte Datenhaltung und -verarbeitung zum Ausdruck bringt, werden die Zugriffsrechte eines *OrgIS*-Benutzers auf eine ferne Datenbank zwangsläufig abgezogen, nachdem ein Fern-/Server-Benutzer gelöscht wird. Durch die Funktionen der Kommunikationssteuerung können die Organisationsstrukturdaten, die auf eine Datenbank oder verteilt auf mehreren Datenbanken gespeichert sind, von den verteilten Organisationsinformationssystemen *OrgIS*, die ebenfalls verteilt auf mehreren Rechnern installiert und lauffähig sind, verarbeitet werden. Dazu werden die Verbindungen paarweise zwischen den *OrgIS*-Benutzern hergestellt. Einer wird hierfür als Fern-/Server-Benutzer bezeichnet und der andere als Lokal-/Client-Benutzer, der durch den Fern-Benutzer gemäß dessen Zugriffsrechten auf eine ferne Datenbank und die Organisationsstrukturdaten zugreifen kann. Die Funktionen der Kommunikationssteuerung, mit denen das verteilte Organisationsinformationssystem *OrgIS* zustande kommt, werden intensiv im Abschnitt *5.VII. Die Kommunkationssteuerung als Voraussetzung für das verteilte System* beschrieben.

C. Das Zugriffsrecht der Systemverwalter, Gruppenleiter und Sachbearbeiter

Die Einrichtung des *OrgIS*-Benutzers bedeutet einerseits das Vergeben der Zugriffsrechte auf das System *OrgIS*, mit denen ein *OrgIS*-Benutzer, je nach seiner Benutzerklasse, auf die *OrgIS*-Funktionen und die Organisations- sowie Systemstrukturdaten zugreifen kann, und andererseits die Bildung der *OrgIS*-Benutzerorganisation, in der der *OrgIS*-Benutzer zunächst einer Gruppe zugeordnet und dann mit einer Klasse verbunden wird. Bei der Einrichtung eines *OrgIS*-Benutzers, der Systemverwalter, Gruppenleiter oder Sachbearbeiter sein kann, werden grundsätzlich differenzierte Informationen benötigt. Die Informationen, die ein *OrgIS*-Benutzer charakterisieren sollen, lassen sich in drei Hinsichten unterscheiden:

- Die organisatorische Hinsicht,
- Die Hinsicht der Zugriffsrechte auf die Organisationsstrukturdaten und
- Die Hinsicht der Zugriffsrechte auf die *OrgIS*-Funktionen.

Bezogen auf die organisatorische Hinsicht und die Funktionalität des Systems *OrgIS* ist die Verbindung zwischen dem *OrgIS*-Benutzer und der Organisationseinheit durchaus notwendig, da ein Unternehmensleiter, Geschäftsführer oder Abteilungsleiter durch den *OrgIS*-Benutzer das System *OrgIS* für seine Managementaufgaben der Organisationsplanung und -entwicklung anwenden kann und zugleich eine Personalstelle besetzt. Diese Personalstelle wird grundsätzlich als eine Leitungsstelle in einer Organisationseinheit gesehen, die ihrerseits wiederum die Führungsebene eines Unternehmens oder dessen Fachbereiche repräsentiert. Zur Bezeichnung eines *OrgIS*-Benutzers ist allerdings die Kennung nötig, die aus der Sicht der Datensicherheit mit einem Kennwort verbunden sein soll. Durch die Einrichtung der *OrgIS*-Benutzer kann die *OrgIS*-Benutzerorganisation gebildet werden, in der jeder *OrgIS*-Benutzer zu einer *OrgIS*-Gruppe gehören soll. Die Zugehörigkeit eines *OrgIS*-Benutzers zu einer Gruppe beschränkt außerdem den Zugriff des *OrgIS*-Benutzers auf die Organisationsstrukturdaten, die die Organisation eines Unternehmens oder dessen Fachbereiche beschreiben. Ein *OrgIS*-Benutzer kann vorübergehend gesperrt werden, somit hat er überhaupt keine Zugriffsrechte auf die *OrgIS*-Funktionen und die Organisations- bzw. Systemstrukturdaten. Zu diesem Zweck ist auch erforderlich, den Status eines *OrgIS*-Benutzers zu markieren bzw. zu verwalten.

In Hinsicht auf die Zugriffsrechte der *OrgIS*-Benutzer auf die Organisations- bzw. Systemstrukturdaten sind ihre Klasse und passiven sowie aktiven Zugriffsrechte festzulegen. Durch die Benutzerklasse sind die *OrgIS*-Benutzer in Systemverwalter, Gruppenleiter und Sachbearbeiter zu unterscheiden, wobei die aktiven Zugriffsrechte sich lediglich auf die Gruppenleiter und Sachbearbeiter beziehen, da der Systemverwalter die Zugriffsrechte auf alle System- und Organisationsstrukturdaten besitzt. Der Zugriff eines *OrgIS*-Benutzers auf die Organisationsstrukturdaten, die von anderen *OrgIS*-Benutzern der gleichen Gruppe verarbeitet werden, sind durch seine aktiven Zugriffsrechte zu regeln, welche aber allerdings noch mit den passiven Zugriffsrechten anderer *OrgIS*-Benutzer zusammen betrachtet werden soll. Ob auf die Organisationsstrukturdaten, die von einem *OrgIS*-Benutzer verarbeitet werden, von anderen *OrgIS*-Benutzern der gleichen Gruppe zugegriffen werden darf, läßt sich durch seine passiven Zugriffsrechte entscheiden. Die Überprüfung der Übereinstimmung zwischen den aktiven und passiven Zugriffsrechten ist in *Tab. 5.V.A. - 1* verdeutlicht.

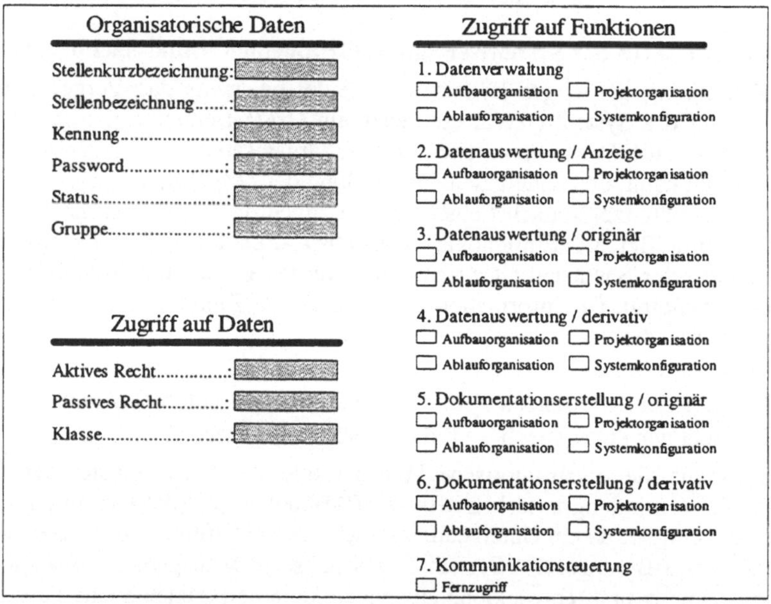

Abb. 5.V.C. - 1. Die allgemeinen Informationen für die Einrichtung eines OrgIS-Benutzers

In Hinsicht auf die Zugriffsrechte auf die *OrgIS*-Funktionen kann der Zugriff eines *OrgIS*-Benutzers - ausschließlich des Systemverwalters - auf die *OrgIS*-Funktionen weiter beschränkt werden. So wird eine Menge von bestimmten *OrgIS*-Funktionen gegeben, auf die ein *OrgIS*-Benutzer die Zugriffsrechte besitzt. Natürlich kann diese Menge bei oder nach der Einrichtung eines *OrgIS*-Benutzers dem Bedarf entsprechend angegeben bzw. geändert werden. Ein *OrgIS*-Benutzer kann beispielsweise die kompletten oder nur bestimmte Funktionen der Datenverwaltung der Ständigen Aufbauorganisation ausführen. Somit können die Zugriffsrechte auf die *OrgIS*-Funktionen für einen *OrgIS*-Benutzer flexibel vergeben werden.

In *Abb. 5.V.C. - 1* werden sämtliche Informationen veranschaulicht, die für die Verwaltung der *OrgIS*-Benutzer und schließlich für die Gewährleistung der Sicherheit der Organisationsstrukturdaten benötigt werden. Dabei ist jedoch darauf hinzuweisen, daß ein Systemverwalter immer mit den höchsten aktiven Zugriffsrechten auf die System- bzw. Organisationsstrukturdaten und den Zugriffsrechten auf allen *OrgIS*-Funktionen versehen ist. Seine passiven Zugriffsrechte können je nach Bedarf geändert werden, wobei die von ihm verarbeiteten Organisationsstrukturdaten gemäß den aktiven Zugriffsrechten der Gruppenleiter von ihnen gelesen oder geändert werden dürfen. In gewissem Maße sind die aktiven Zugriffsrechte der Gruppenleiter auch definitiv festgelegt. Sie können immer die Organisationsstrukturdaten lesen und ändern, welche von den Mitgliedern bzw. *OrgIS*-Benutzer der gleichen *OrgIS*-Gruppe verarbeitet werden. In *Tab. 5.V.C. - 1* wird eine Übersicht über die möglichen Zugriffsrechte eines *OrgIS*-Benutzers auf die *OrgIS*-Funktionen erstellt.

Benutzerklassen OrgIS-Funktionen	Systemverwalter	Gruppenleiter	Sachbearbeiter
Zugriffsrechtverwaltung	Alle	Keine	Keine
Benutzerverwaltung	Alle	Keine	Keine
Journalverwaltung	Alle	Eigene Lesen der Journale seiner Mitglieder	Eigene
Datenverwaltung	Alle	Alle	Wahlweise - Aufbauorganisation - Projektorganisation - Ablauforganisation - Systemkonfiguration
Datenauswertung (Anzeige)	Alle	Wahlweise - Aufbauorganisation - Projektorganisation - Ablauforganisation - Systemkonfiguration	Wahlweise - Aufbauorganisation - Projektorganisation - Ablauforganisation - Systemkonfiguration
Datenauswertung (Originär)	Alle	Wahlweise - Aufbauorganisation - Projektorganisation - Ablauforganisation - Systemkonfiguration	Wahlweise - Aufbauorganisation - Projektorganisation - Ablauforganisation - Systemkonfiguration
Datenauswertung (Derivativ)	Alle	Wahlweise - Aufbauorganisation - Projektorganisation - Ablauforganisation - Systemkonfiguration	Wahlweise - Aufbauorganisation - Projektorganisation - Ablauforganisation - Systemkonfiguration
Dokumentationserstellung (Originär)	Alle	Wahlweise - Aufbauorganisation - Projektorganisation - Ablauforganisation - Systemkonfiguration	Wahlweise - Aufbauorganisation - Projektorganisation - Ablauforganisation - Systemkonfiguration
Dokumentations-erstellung (Derivativ)	Alle	Wahlweise - Aufbauorganisation - Projektorganisation - Ablauforganisation - Systemkonfiguration	Keine
Netzkommunikation	Alle	Wahlweise	Wahlweise

Tab. 5.V.C. - 1. **Die möglichen Zugriffsrechte der OrgIS-Benutzer auf die OrgIS-Funktionen**

VI. Zugriffsrechtverwaltung als notwendige Sicherheitsregelung

Die Sicherheitsregelung, von der das System *OrgIS* untrennbar ist, ist auch ihrerseits im System *OrgIS* integriert. Durch die Sicherheitsregelung sollen nicht nur die Sicherheit der Organisationsstrukturdaten, die die Organisation eines Unternehmens oder dessen Fachbereiche darstellen und letztendlich durch die *OrgIS*-Funktionen verarbeitet und verwaltet werden, gewährleistet, sondern auch das System *OrgIS* von der unberechtigten Benutzung bzw. Installation geschützt werden. Die Sicherheit der Organisationsstrukturdaten bringt die Verfügbarkeit und Vertraulichkeit[127] gleichermaßen zum Ausdruck. Einerseits soll jeder *OrgIS*-Benutzer ohne Schwierigkeiten durch die Ausführung der berechtigten *OrgIS*-Funktionen seine autorisierten Organisationsstrukturdaten verarbeiten, und andererseits müssen die Organisationsstrukturdaten vor jedem unberechtigten Zugriff geschützt werden. Insbesondere ist die Vertraulichkeit hier von großer Bedeutung, da sie mit der Informationskompetenz der Leiter auf unterschiedlichen Führungsebenen zusammenhängt.

Zur Benutzung des Systems *OrgIS* muß zunächst die Umgebung bereitgestellt werden, welche aus der Hardware/Software sowie der Einstellung der notwendigen *OrgIS*-Parameter besteht und auf welcher anschließend das System *OrgIS* ablauffähig ist. Weiterhin wird noch die Berechtigung benötigt, mit der das System *OrgIS* in einem Unternehmen oder dessen Fachbereichen eingesetzt und benutzt werden darf. Dabei handelt es sich letztlich um die Sicherheitskontrolle, die jedoch erforderlich für die berechtigte Benutzung des Systems *OrgIS* ist. Dadurch kann das System *OrgIS* selbst erkennen, ob es in der erforderlichen Umgebung eingesetzt bzw. installiert ist, und sich außerdem gegen die unberechtigte Benutzung schützen, falls es illegal mehrfach installiert bzw. eingesetzt werden soll. Unter Berücksichtigung der Sicherheitsregelung, die die Verfügbarkeit und gleichzeitig die Vertraulichkeit der Organisationsstrukturdaten gegenüber dem berechtigten *OrgIS*-Benutzer gewährleistet und vereinigt, und der Sicherheitskontrolle wird eine umfassende und sichere Benutzung des Systems *OrgIS* in einem Unternehmen oder dessen Fachbereichen von vornherein gesichert.

Im System *OrgIS* erstreckt sich die Sicherheitsregelung zum Schutz vor den unberechtigten und zugleich zur Gewährleistung der berechtigten Zugriffe auf die Organisationsstrukturdaten auf zwei Stufen, die durch die *OrgIS*-Funktionen und die Organisationsstrukturdaten gekennzeichnet werden. Jeder Zugriff auf die Organisationsstrukturdaten, der von einem *OrgIS*-Benutzer veranlaßt wird, bedeutet zugleich die Ausführung der *OrgIS*-Funktionen, durch die die Organisationsstrukturdaten tatsächlich wunschgemäß verarbeitet werden können. Dabei ist auch deutlich zu erkennen, daß eine zweistufige Zugriffsüberwachung bzw. -überprüfung für notwendig gehalten wird. In *Abb. 5.VI. - 1* wird eine derartige Zugriffsüberprüfung veranschaulicht. Sobald sich ein *OrgIS*-Benutzer im System *OrgIS* angemeldet hat, werden seine Zugriffsrechte auf die *OrgIS*-Funktionen geprüft, welche allerdings durch die Benutzerschnittstellen bzw. Masken repräsentiert werden. Falls er durch die Ausführung der berechtigten *OrgIS*-Funktionen auf die Organisationsstrukturdaten in der Datenbank zugreift und diese verarbeitet, werden vorher seine Zugriffsrechte auf diese Organisationsstrukturdaten noch einmal geprüft. Diese zweistufige Überprüfung der Zugriffsrechte eines *OrgIS*-Benutzers findet ihrem Ausdruck darin, daß ein *OrgIS*-Benutzer trotz der berechtigten

---

[127] Vgl. Autorenteam S & S International (Deutschland) GmbH, Uti-Maco-Software GmbH: Datensicherheit in Industrie und Wirtschaft, S.14. ff. 1994.

OrgIS-Funktionen nicht alle Organisationsstrukturdaten verarbeiten kann. Daraus entsteht jedoch eine doppelte Sicherung der Organisationsstrukturdaten und gleichzeitig ein doppelter Schutz vor den unberechtigten Zugriffen auf diese Daten.

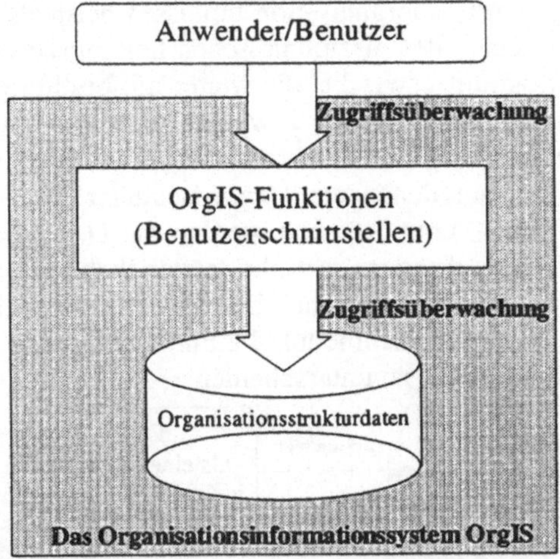

Abb. 5.VI. - 1. Datensicherheit durch zweistufige Zugriffsüberwachung im OrgIS

A. Das funktionenorientierte Zugriffsrecht

Jeder *OrgIS*-Benutzer, der im System *OrgIS* durch eine Benutzerkennung gekennzeichnet wird und mit einer Organisationseinheit (einer Stelle oder einer Höheren Organisationseinheit) verbunden ist, bildet zugleich eine Organisationseinheit in der *OrgIS*-Benutzerorganisation. Bezogen auf die organisatorische Regelung wird er natürlich mit bestimmten Aufgaben verknüpft, die das Management der Organisationsplanung und -entwicklung zum Ausdruck bringen und durch die Unterstützung des Systems *OrgIS* erfüllt werden. Diese Definition der Aufgabenerfüllung wird im organisatorischen Sinne als fachliche Zuständigkeit des *OrgIS*-Benutzers gesehen. In *Abb. 5.VI.A. - 1* wird der Zusammenhang zwischen einem *OrgIS*-Benutzer und einer betreffenden Organisationseinheit in Hinblick auf die fachliche Zuständigkeit veranschaulicht. In diesem Zusammenhang wird die Ausführung der berechtigten *OrgIS*-Funktionen von einem *OrgIS*-Benutzer als ein Bestandteil der fachlichen Zuständigkeit einer Organisationseinheit betrachtet. Dieser Bestandteil der fachlichen Zuständigkeit bezieht sich auf die Managementaufgaben für die Organisationsplanung und -entwicklung, welche letztlich durch die Unterstützung des Systems *OrgIS* mittels eines *OrgIS*-Benutzers erfüllt werden.

Die Definition der fachlichen Zuständigkeit eines *OrgIS*-Benutzers und die Festlegung der Zugriffsrechte des *OrgIS*-Benutzers auf die *OrgIS*-Funktionen drücken einen identischen Sachverhalt aus zwei Sichten aus. Bezüglich der Aufbaustruktur der *OrgIS*-Funktionen können die *OrgIS*-Funktionen der Datenverwaltung, der Datenauswertung, der Dokumentationserstellung und der Kommunikationssteuerung als aggregierte Funktionen betrachtet werden, weil sie aus mehreren Teilfunktionen bestehen. Unter den Funktionen der Datenverwaltung sind aus der organisatorischen Sicht zunächst vier Teilfunktionen[128] zu verstehen: der Ständigen Aufbauorganisation, der Projektorganisation, der Ablauforganisation und der Systemkonfiguration. Diese vier Teilfunktionen können wiederum in mehrere Funktionen gegliedert werden. Die Teilfunktionen der Ständigen Aufbauorganisation umfassen beispielsweise die Funktionen zur Verwaltung der Personen, des disziplinarischen Leitungszusammenhangs, der Organisationseinheit mit Standort usw., die alle weiter mit bestimmten Methoden[129] verknüpft werden können. In *Abb. 5.VI.A. - 2* werden drei aggregierte Funktionen (Datenverwaltung, Datenauswertung und Dokumentationserstellung) im System *OrgIS* auf vier Ebenen verdeutlicht, auf denen ein *OrgIS*-Benutzer die funktionenorientierten Zugriffsrechte besitzen kann. Grundsätzlich werden die *OrgIS*-Funktionen auf diesen vier Ebenen aggregiert bzw. disaggregiert, die letztendlich auch dem modularisierten Funktionenaufbau sowie den Funktionenrealisierungen entsprechen. Dabei sind das Funktionenmodul, das Teilfunktionenmodul, die Funktion bzw. das Objekt (die Benutzerschnittstelle) und die Methode zu unterscheiden.

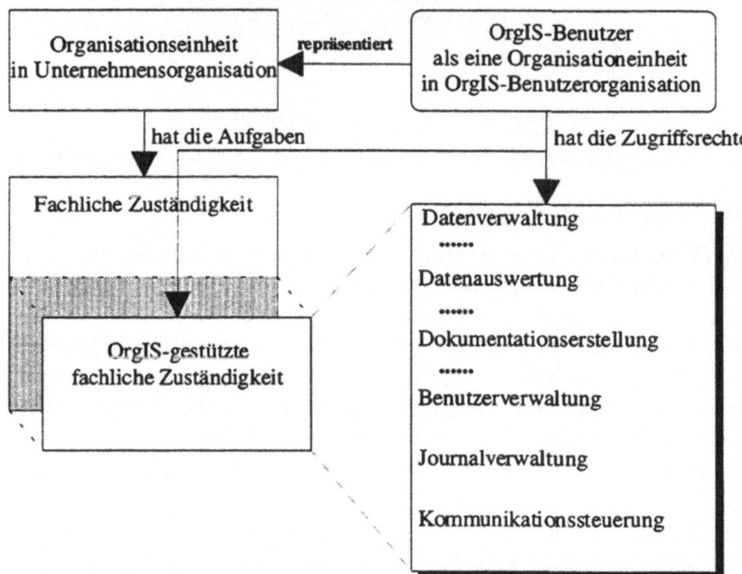

Abb. 5.VI.A. - 1. Die Ausführung der OrgIS-Funktionen von einem OrgIS-Benutzer als ein Bestandteil der fachlichen Zuständigkeit der betreffenden Organisationseinheit in der Unternehmensorganisation

Je nach Bedarf können die Zugriffsrechte auf die *OrgIS*-Funktionen für einen *OrgIS*-Benutzer auf unterschiedlichen Ebenen vergeben werden. Diese funktionenorientierten Zugriffsrechte können umfassend und modularweise an einen *OrgIS*-Benutzer vergeben werden, so daß er alle Teilfunktionen, Funktionen sowie Methoden von diesem Modul ausführen kann. Hingegen können die funktionenorientierten Zugriffsrechte so detailliert auf der Ebene der Funktionen bzw. Objekte oder sogar der Methode an einen *OrgIS*-Benutzer vergeben werden, womit er nur bestimmte Funktionen

---

[128] Die Aufbaustruktur dieser *OrgIS*-Funktionen sind in vorherigen Abschnitten beschrieben.
[129] Sie können hier als atomare Funktionen (Methoden) betrachtet werden, zum Beispiel die Funktionen Löschen, Ändern, Einfügen, Wechsel zu anderen Masken usw.

oder Methoden eines Teilmoduls ausführen darf. Mit dieser Flexibilität beim Vergeben der funktionenorientierten Zugriffsrechte kann die fachliche Zuständigkeit eines *OrgIS*-Benutzers, die letztendlich die fachliche Zuständigkeit einer Organisationseinheit für die Erfüllung der Managementaufgaben der Organisationsplanung und -entwicklung offenbart, genau präzisiert und beschränkt werden. Aus den Benutzerschnittstellen (Masken) kann der *OrgIS*-Benutzer, falls sie von ihm berechtigt geöffnet werden, erkennen, auf welche Funktionen bzw. Methoden er Zugriffsrechte hat. Dies wird durch die erlaubte Menüauswahl, die mit den Benutzerschnittstellen (Masken) verbunden ist, festgestellt. Die unerlaubten Funktionen bzw. Methoden werden nicht mehr im Menü von den jeweiligen Benutzerschnittstellen (Masken) zur Auswahl gestellt, das heißt, sie werden im Menü inaktiv dargestellt. So werden die Zugriffe eines *OrgIS*-Benutzers auf die unberechtigten Funktionen bzw. Methoden von vornherein verboten.

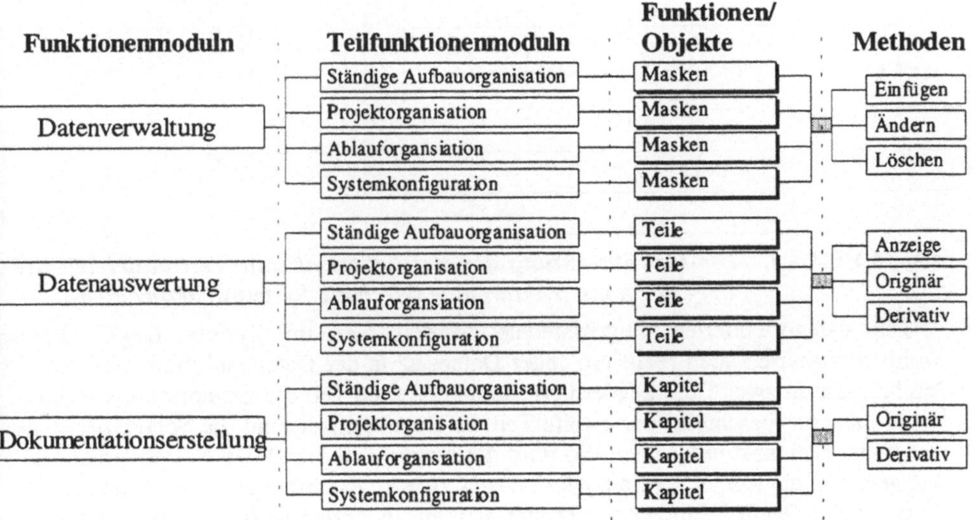

Abb. 5.VI.A. - 2. **Funktionenorientierte Zugriffsrechte eines OrgIS-Benutzers auf vier unterschiedlichen Ebenen**

B. Das datenorientierte Zugriffsrecht

Falls ein *OrgIS*-Benutzer die Zugriffsrechte auf die *OrgIS*-Funktionen besitzt, kann er auch durch die Ausführung der *OrgIS*-Funktionen die Organisations- oder Systemstrukturdaten bearbeiten, d.h. sie in die Datenbank einfügen, ändern, lesen sowie auswerten. Aufgrund der Informationskompetenz jedes *OrgIS*-Benutzers, der letztendlich eine Organisationseinheit bzw. eine Führungsebene in der Unternehmensorganisation repräsentiert, sollen seine Zugriffsrechte nicht nur auf die *OrgIS*-Funktionen, sondern auch auf die Organisationsstrukturdaten geregelt werden. Es kann auch erforderlich sein, daß ein *OrgIS*-Benutzer zwar die Zugriffsrechte auf die *OrgIS*-Funktionen, z.B. die Funktionen der Datenverwaltung der Ablauforganisation, besitzt, er aber trotzdem nur die Organisationsstrukturdaten von einem Bereich, z.B. Hauptabteilung Vertrieb, verarbeiten darf. Falls es nötig ist, können die Zugriffsrechte auf die Organisationsstrukturdaten für diesen *OrgIS*-Benutzer sogar weiter beschränkt werden, so daß er nur diejenigen Organisationsstrukturdaten verarbeitet, die von ihm eingefügt oder modifiziert sind. So sind die datenorientierten Zugriffsrechte erforderlich, um die Zugriffsrechte einzelner *OrgIS*-Benutzer detailliert und separat zu definieren und zu regeln. Dies führt selbstverständlich zu dem Ziel, daß die Verfügbarkeit und zugleich die Vertraulichkeit der Organisationsstrukturdaten in hohem Maße miteinander vereinigt werden.

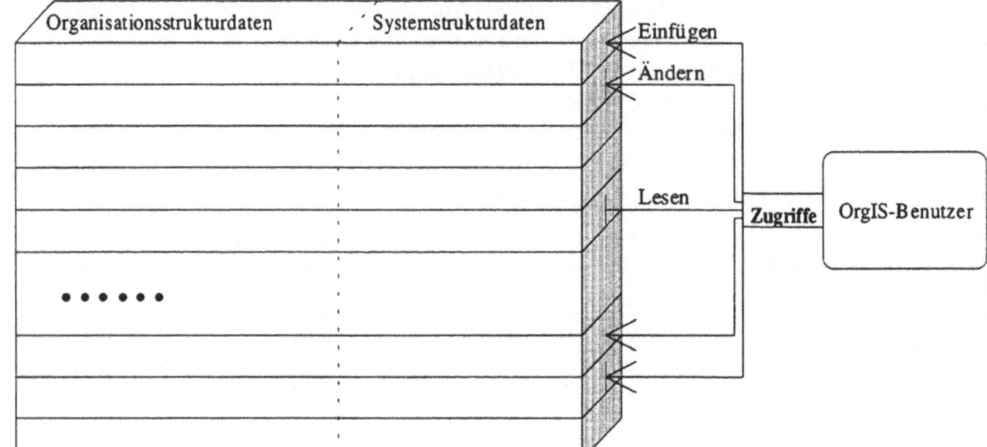

Abb. 5.VI.B. - 1. *Die Gewährleistung der Verfügbarkeit und Vertraulichkeit der Organisationsstrukturdaten durch die Systemstrukturdaten*

Die datenorientierten Zugriffsrechte werden hier im System *OrgIS* durch wohlstrukturierte Daten realisiert. Jeder Datensatz in der Datenbank bzw. den Tabellen läßt sich in zwei Teile gliedern. Während der erste Teil die Organisationsstrukturdaten darstellt, beschreibt der zweite Teil die Zugehörigkeit und die Schutzmerkmale der Organisationsstrukturdaten. So wird der zweite Teil der Daten Systemstrukturdaten genannt, die lediglich vom System *OrgIS* zwecks Kontrolle und Überwachung der Zugriffe der *OrgIS*-Benutzer verarbeitet werden. In *Abb. 5.VI.B. - 1* wird die Datenstruktur veranschaulicht dargestellt. Die Organisation eines Unternehmens oder dessen Fachbereiche werden durch die Organisationsstrukturdaten beschrieben. Die Systemstrukturdaten legen die Zugriffe der *OrgIS*-Benutzer auf die jeweiligen Organisationsstrukturdaten durch folgende Informationen klar:

• Die Zugehörigkeit der Organisationsstrukturdaten zu einer *OrgIS*-Gruppe und einem *OrgIS*-Benutzer. Jeder *OrgIS*-Benutzer gehört zu einer *OrgIS*-Gruppe. Sobald er die Organisationsstrukturdaten durch die Ausführung der *OrgIS*-Funktionen - falls er die Zugriffsrechte besitzt - in die Datenbank einfügt, wird er auch als der Eigentümer dieser Organisationsstrukturdaten bezeichnet. So gehören die Organisationsstrukturdaten der gleichen *OrgIS*-Gruppe an, zu der auch der *OrgIS*-Benutzer gehört.

• Passive Zugriffsrechte ergeben sich aus dem *OrgIS*-Benutzer, der durch die Ausführung der berechtigten *OrgIS*-Funktionen die Organisationsstrukturdaten in die Datenbank eingefügt hat. Die passiven Zugriffsrechte eines *OrgIS*-Benutzers werden immer mit den Organisationsstrukturdaten verbunden. Falls ein anderer *OrgIS*-Benutzer auf die Organisationsstrukturdaten zugreifen will, werden zuerst seine aktiven Zugriffsrechte mit den passiven Zugriffsrechten des Eigentümers (*OrgIS*-

Benutzer) der Organisationsstrukturdaten verglichen. Falls diese beiden miteinander übereinstimmen, werden die Zugriffe auf die Organisationsstrukturdaten gestattet. Dabei sind die Zugriffe weiter in Lesen, Ändern und Löschen zu unterscheiden.

- Erstellungs- und Änderungsdatum. Dadurch kann festgestellt werden, wann die Organisationsstrukturdaten zum erstenmal eingefügt und zum letztemal geändert wurden. Diese sollen allerdings mit den *OrgIS*-Benutzern zusammen betrachtet werden, die einerseits die Organisationsstrukturdaten in die Datenbank eingefügt und sie andererseits modifiziert haben.

- *OrgIS*-Benutzer, der die Organisationsstrukturdaten zuletzt geändert hat. Er soll ein Mitglieder von der gleichen *OrgIS*-Gruppe, in der auch der Eigentümer (*OrgIS*-Benutzer) der Organisationsstrukturdaten ein Mitglieder ist, oder Systemverwalter bzw. -administrator sein.

Die Systemstrukturdaten sind lediglich dem Systemverwalter zugänglich. Sie werden allerdings während der Ausführung der *OrgIS*-Funktionen vom System *OrgIS* erstellt und automatisch in die Organisationsstrukturdaten hinzufügt. Dadurch sind vielfältige und gutgeregelte Zugriffe der *OrgIS*-Benutzer auf die Organisationsstrukturdaten zu realisieren.

C. Die *OrgIS*-Umgebung und -Nutzung

Der allererste Schritt zur Sicherheit ist der sichere Betrieb des Systems *OrgIS*, der vor allem die erforderliche Umgebung voraussetzt. Zur Umgebung zählen in der Regel die notwendige Hardware (z.B. Kapazität der Speicher, Rechner mit Betriebssystem usw.), Software (z.B. Datenbank-System, Netzkommunikationssystem usw.) und die Einstellung der Parameter, die selbstverständlich *OrgIS*-bezogen sind. Hier wird die *OrgIS*-Umgebung schwerpunktmäßig auf die Einstellung der Parameter begrenzt. Die Parameter lassen sich in zwei Kategorien unterscheiden: die system- und benutzerbezogenen Parameter. Bei der Installation des Systems *OrgIS* sind zunächst die folgenden systembezogenen Parameter einzustellen, die durchaus als notwendige Voraussetzungen zum sicheren Betrieb des Systems *OrgIS* gelten:

- Das Verzeichnis „**ORGIS**" für das System *OrgIS*. Dabei handelt es sich um ein Gesamt-Verzeichnis, in dem sämtliche *OrgIS*-Kommandos, *OrgIS*-Bibliothek, *OrgIS*-Objekte und *OrgIS*-Dokument in weiteren Unterverzeichnissen abgelegt werden müssen. Mit den *OrgIS*-Kommandos kann das gesamte oder ein Modul des Systems gestartet werden. Damit kann auch zum Beispiel die Kommunikationsverbindung zwischen den verteilt installierten Systemen *OrgIS* hergestellt werden. Sie müssen im Unterverzeichnis „**ORGIS_SD=ORGIS/bin**" gespeichert werden. Die *OrgIS*-Bibliothek umfaßt alle kleinen und gemeinsamen Funktionen (z.B. Abfrage der Prozeßnummer, Anzahl der laufenden *OrgIS*-Benutzer usw.), die von verschiedenen Funktionen aufgerufen werden und in verschiedenen Programmiersprachen (z.B. C, C++, 4GL usw.) geschrieben werden können. Sie sollen in einem Unterverzeichnis „**ORGIS_LD=ORGIS/lib**" abgelegt werden. Unter den *OrgIS*-Objekten sind hier die Icons zu verstehen, die im System *OrgIS*, insbesondere in Benutzerschnittstellen (Masken), als Funktionssymbole verwendet werden. Durch die Auswahl eines Funktionssymbols kann eine entsprechende Funktion (z.B. Einfügen der Daten in die Datenbank) zur Ausführung gestartet werden. Alle Funktionssymbole sollen im Unterverzeichnis „**ORGIS_BD=ORGIS/logo**" gespeichert werden. Das *OrgIS*-Dokument, das die Beschreibungen über die Benutzung des Systems *OrgIS* enthält, wird auch in einem separaten Unterverzeichnis „**ORGIS_HD=ORGIS/doku**" abgelegt. Die Informationen, die bei der Ausführung der Funktionen der Benutzerhilfe (On-Line-Hilfe) gebraucht werden, werden geordnet in jeweiligen Dateien in diesem Unterverzeichnis organisiert.

- Das Verzeichnis „**ORGIS_SJ**" für die Systemjournale. In diesem Verzeichnis werden sämtliche Systemjournale abgelegt, auf die der Systemverwalter und Gruppenleiter zugreifen können. Der Systemverwalter kann alle Systemjournale zum Sichten öffnen oder löschen. Der Gruppenleiter kann lediglich diejenigen Systemjournale zum Sichten öffnen, in denen die Aktivitäten und die Ergebnisse der Mitglieder seiner Gruppe protokolliert werden. So ergeben sich in diesem Verzeichnis noch weitere Unterverzeichnisse, die allerdings nach den *OrgIS*-Gruppen eingerichtet werden. Insofern sind die Systemjournale auch nach den *OrgIS*-Gruppen geordnet.

- Das Verzeichnis „**ORGIS_TD**" für die temporären Dateien wird beim Laufen des Systems *OrgIS* zur Ablage der vorläufig gebrauchten Daten verwendet. Es wird auch bei der Ausführung der Funktionen der Dokumentationserstellung zur Deponierung der erstellten einzelnen Kapitel genutzt, falls das benutzerbezogene Verzeichnis „**ORGIS_DK**" dafür nicht eingerichtet wird.

Es genügt noch nicht, die systembezogenen Parameter einzustellen. Zum Starten des Systems *OrgIS* soll sich jeder *OrgIS*-Benutzer weiter darum kümmern, die benutzerbezogenen Parameter bzw. Verzeichnisse richtig einzurichten. Dafür sind grundsätzlich zwei Verzeichnisse zu erstellen:

- Das Verzeichnis „**ORGIS_BJ**" für die Benutzerjournale. In diesem Verzeichnis sind verschiedene Dateien zu speichern, die jeweils einer Funktion bzw. einem Objekt zugeordnet sind. In jeder Datei werden die Aktivitäten und die Ergebnisse ausführlich protokolliert, mit denen die Schritte zur Ausführung der *OrgIS*-Funktionen nachvollzogen werden können. Der Dateiname besteht aus drei Teilen: Datum, Prozeßnummer und Maskenname (Kennzeichnung der Benutzerschnittstellen). Jede Datei kann vom *OrgIS*-Benutzer verarbeitet werden, z.B. Formatierung, Löschen usw.

- Das Verzeichnis „**ORGIS_DK**" für die Dokumentation der Organisation. In diesem Verzeichnis werden alle erstellten Kapitel vorläufig gespeichert. Jedes Kapitel wird in einer Datei abgelegt, deren Name ebenfalls aus drei Teilen besteht: Datum, Prozeßnummer und Kennzeichnung des Kapitels. So kann in diesem Verzeichnis eine Dokumentation, die zu verschiedenen Zeitpunkten erstellt wurde, mehrfach deponiert werden. Bei der Ausführung der Funktionen der Datenauswertung können auch die benötigten Teile ausgedruckt werden. Dazu werden sie zunächst temporär in den Dateien, deren Name auch aus drei Teilen - Datum, Prozeßnummer und Maskenname mit Suffix „**D**" - besteht, gespeichert und anschließend zum Drucker geschickt.

Die *OrgIS*-Nutzung bedeutet zugleich den Schutz gegen die unberechtigte Benutzung bzw. Installation des Systems *OrgIS*. Bei der Installation und bei jedem Starten des Systems *OrgIS* wird routinemäßig geprüft, ob das System *OrgIS* berechtigt installiert ist. Es wird zu diesem Zweck im System *OrgIS* eine Sicherheitsprüfung eingebaut, die auf verschlüsselten Daten beruht. Sie unterscheiden sich in obligatorische und fakultative Daten. Diese zu verschlüsselnden Daten bestehen aus:

- Der Hardwarenummer. Jeder Rechner besitzt grundsätzlich eine Nummer, die bei der Herstellung vom Hardwarehersteller festgelegt wird. Sie fällt unter obligatorischen Daten.

- Der genauen Bezeichnung des Rechnertyps, wie z.B. 9000/75, MX500/75 usw. Normalerweise kennzeichnet sie eine bestimmte Serie der Rechner eines Herstellers. Sie gehört zu den obligatorischen Daten.

- Dem Rechnernamen und seiner Netzadresse. Sie gehören zu den obligatorischen Daten.

- Der maximalen Anzahl der zulässigen *OrgIS*-Benutzer. Sie gehört zu den obligatorischen Daten.

- Dem Einsatzdatum des Systems *OrgIS*, ab dem das System *OrgIS* berechtigt benutzt werden kann. Er gehört zu den obligatorische Daten.

- Dem Ablaufdatum des Systems *OrgIS*, vor dem das System *OrgIS* benutzt werden darf. Er gehört zu den obligatorischen Daten.

- Der Kundennummer. Dabei handelt es sich um die Wartung des Systems *OrgIS*. Sie gehört zu den fakultativen Daten.

- Der Version des Betriebssystems. Sie gehört zu den fakultativen Daten.

- Der Version des Datenbank-Systems, das als eine der Voraussetzungen zum Betrieb des Systems *OrgIS* betrachtet wird. Sie gehört zu den fakultativen Daten.

- Darüber hinaus werden auch die Daten benötigt, die beschreiben, ob die Kommunikationssteuerung im System *OrgIS* zulässig ist. Mit diesen Daten werden die Fernzugriffe auf einem verteilten System *OrgIS* geregelt.

VII. Die Kommunikationssteuerung als Voraussetzung für das verteilte System

Die Organisationsplanung und -entwicklung kann unternehmensweit in verschiedenen Fachbereichen bzw. Organisationseinheiten (Abteilungen, Hauptabteilungen, Sparten usw.) gleichzeitig wahrgenommen werden. Sie kann aber auch als Pilotprojekt zunächst in bestimmten Fachbereichen eines Unternehmens durchgeführt werden. In allen Fällen ist es immer erforderlich, daß der Unternehmensleiter, der für die Managementaufgaben der Organisationsplanung und -entwicklung zuständig ist, den Zugang zu allen Organisationsstrukturdaten hat. Die Organisationsstrukturdaten geben die aktuelle und geplante Organisation eines (Teil-) Fachbereiches wieder, in dem wiederum ein Geschäftsführer die Organisationsplanung und -entwicklung seines Bereiches als die Managementaufgaben wahrnehmen soll. Aufgrund des Arbeitszusammenhangs zwischen den Fachbereichen ist der Informationsaustausch unter ihnen unabdingbar. Dabei sind einerseits die Zugriffsberechtigungen zu den Organisationsstrukturdaten zu regeln und andererseits sollen die vielfältigen Einsatzmöglichkeiten des verteilten Systems *OrgIS* angeboten werden, um die Verfügbarkeit und Vertraulichkeit der Organisationsstrukturdaten in Einklang zu bringen und anschließend noch den organisatorischen Anforderungen zu genügen. Hierfür kann das Organisationsinformationssystem *OrgIS* grundsätzlich nach drei Konstellationen in einem Unternehmen zur Unterstützung der Organisationsplanung und -entwicklung eingesetzt werden:

- Mainframe-Konstellation,
- Client-Server-Konstellation und
- Distribution-Konstellation.

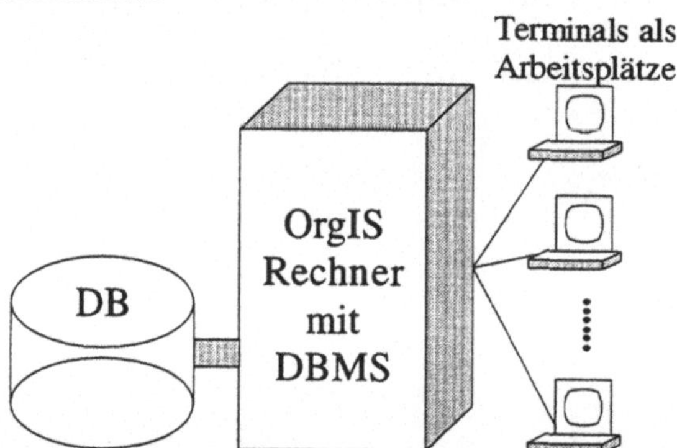

Abb. 5.VII. - 1. Mainframe-Konstellation zum Einsatz des Systems OrgIS in einem Unternehmen

In der Mainframe-Konstellation wird das System *OrgIS* zusammen mit einem Datenbank-System auf einem Multi-User-Rechner, der in *Abb. 5.VII. - 1* anschaulich dargestellt wird, oder auf einem PC als Standalone installiert. Der Anwender bzw. *OrgIS*-Benutzer kann mittels Terminals das System *OrgIS* benutzen, um die Managementaufgaben der Organisationsplanung und -entwicklung zu erfüllen. Dabei sind die Terminals unmittelbar an dem Multi-User-Rechner angeschlossen. Je nach dem Einsatzumfang und dem Volumen der Organisationsstrukturdaten, die die Organisation eines Unternehmens oder dessen Fachbereiche wiedergeben, kann ein großer Rechner als Zentraleinheit oder ein PC als Standalone in einem Unternehmen oder dessen Fachbereichen eingesetzt werden.

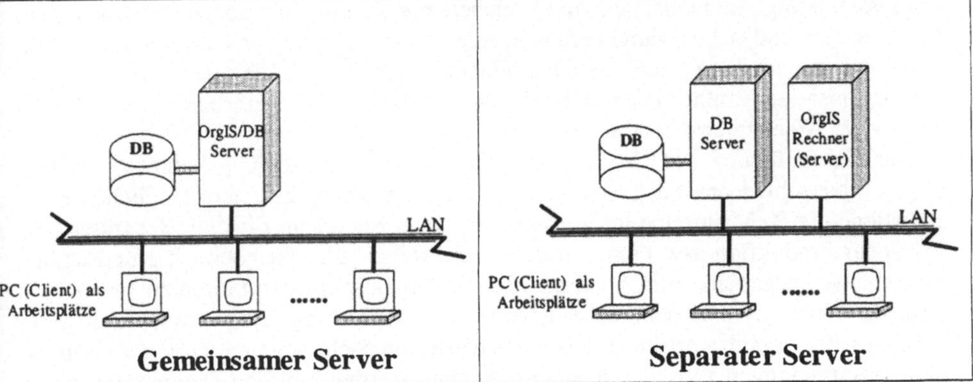

Abb. 5.VII. - 2. *Zwei Client-Server-Konstellationen zum Einsatz des Systems OrgIS in einem Unternehmen*

Aus der Client-Server-Konstellation können sich zwei Variationen ergeben, die auch in *Abb. 5.VII. - 2* deutlich dargestellt und hierfür als *Separater* Server bzw. *Gemeinsamer* Server bezeichnet werden. Zum Separaten Server werden das System *OrgIS* und das Datenbank-System separat auf zwei Rechnern installiert, die miteinander über das lokale Netz kommunizieren und somit als *OrgIS*- bzw. Datenbank-Server bezeichnet werden können. An dem Netz werden noch weitere Rechner angeschlossen, auf denen nur die Funktionen der Kommunikationssteuerung, der Datenverwaltung, der Datenauswertung und der Dokumentationserstellung installiert werden. Diese Rechner werden auch insofern als *OrgIS*-Client bezeichnet, da sie einen *OrgIS*-Server und einen Datenbank-Server verlangen. Die Kontrolle der Zugriffsberechtigungen eines *OrgIS*-Benutzers auf die *OrgIS*-Funktionen und auf die Organisationsstrukturdaten wird immer im *OrgIS*-Server durchgeführt, obwohl der *OrgIS*-Benutzer die *OrgIS*-Funktionen auf einem *OrgIS*-Client ausführt. Darüber hinaus muß der *OrgIS*-Server noch die Übertragung der Organisationsstrukturdaten zwischen dem Datenbank-Server und dem *OrgIS*-Client durchführen. Der Datenbank-Server liefert hierbei die Ergebnisse gemäß den vom *OrgIS*-Server geprüften Anfragen des *OrgIS*-Clients oder nimmt die Organisationsstrukturdaten aus dem *OrgIS*-Client an und speichert sie anschließend in der Datenbank, wobei die Datenintegrität und -konsistenz zuvor geprüft wird. Gegenüber dem Separaten Server ist der Gesamte Server als eine Alternative zu sehen. Hierbei werden das System *OrgIS* und das Datenbank-System auf einem Rechner installiert, der sowohl als *OrgIS*-Server wie auch als Datenbank-Server betrachtet wird. So können höhere Anforderungen, z.B. Geschwindigkeit, Kapazität usw., an diesen Rechner gestellt werden. Der *OrgIS*-Client kann in gleicher Weise wie beim Separaten Server so eingerichtet werden, daß er durch die Funktionen der Kommunikationssteuerung, der Datenverwaltung, der Datenauswertung und der Dokumentationserstellung repräsentiert werden soll. In beiden Fällen gilt der PC als *OrgIS*-Client, auf dem das System *OrgIS* - es bestehe funktionsweise aus einer Teilmenge des gesamten Systems *OrgIS* - normalerweise als Front-End bezeichnet werden kann. In den *OrgIS*-Client müssen die Funktionen der Kommunikationssteuerung, der Datenverwaltung, der Datenauswertung und der Dokumentationserstellung involviert werden. Diese zwei Client-Server-Konstellationen werden letztlich durch die Funktionen eines Datenbank-Systems unterstützt. Im System *OrgIS* sind die Funktionen der Kommunikationssteuerung zu realisieren, mit welchen die Kommunikationen zwischen dem *OrgIS*-Server und -Client durchgeführt werden sollen. Die Server-Client-Konstellation findet ihre Anwendung grundsätzlich in einem Fachbereich, in dem eine große Menge der Organisationsstrukturdaten in einer Zentralen Datenbank verarbeitet und zugleich dafür viele Arbeitsplätze benötigt werden.

Zur Unterstützung der Organisationsplanung und -entwicklung kann das System *OrgIS* in verschiedenen Fachbereichen eines Unternehmens in unterschiedlichen Konstellationen (z.B. Mainframe im Vertrieb, Gesamter Server im Einkauf, Separater Server in der Produktion usw.) eingesetzt werden, wobei jeder Fachbereich grundsätzlich eine eigene Datenbank zum Speichern seiner Organisationsstrukturdaten besitzt. So wird dies auch als unternehmensweit verteilte Datenhaltung und -verarbeitung gesehen. Aus der organisatorischen und wirtschaftlichen Sicht sollen auch die Kommunikationsverbindungen zwischen ihnen eingerichtet werden, um den Datenaustausch zu ermöglichen und vor allem die verschiedenen Datenbanken zu einer logischen Zentraldatenbank eines Unternehmens führen zu können. Auf diese logische Zentraldatenbank kann der Unternehmensleiter jederzeit mit den *OrgIS*-Funktionen zugreifen, um die Organisation der von ihm geleiteten Fachbereiche zu kontrollieren und zu planen. Dafür soll das System *OrgIS* die Funktionen besitzen, mit denen die Kommunikationen zwischen den in verschiedenen Fachbereichen installierten Systemen *OrgIS* hergestellt werden können. Somit kann das System *OrgIS* gleichzeitig die Organisationsstrukturdaten in verschiedenen Datenbanken verarbeiten. So entsteht die Distribution-Konstellation, bei der es sich in erster Linie um eine echte verteilte Datenhaltung und -verarbeitung handelt. In der Distribution-Konstellation werden die Rechner, auf dem das System *OrgIS* vollständig installiert ist und die somit als *OrgIS*-Server bezeichnet werden, nach der organisatorischen Hierarchie miteinander verbunden, wobei die Zugriffe von einem *OrgIS*-Server auf den anderen Server festgelegt werden. Diese Hierarchie soll dem organisatorischen Aufbau der Organisation zufolge den disziplinarischen Leistungszusammenhang zwischen den Organisationseinheiten, die somit bestimmte (Teil-) Fachbereiche repräsentieren und in denen das System *OrgIS* zur Unterstützung der Organisationsplanung und -entwicklung in der Mainframe-Konstellation oder Client-Server-Konstellation eingesetzt wird, entsprechen.

A. Kommunikationsmodell

Die Managementaufgaben der Organisationsplanung und -entwicklung werden grundsätzlich in einem Unternehmen dezentralisiert durchgeführt, wobei der Unternehmensleiter in der Regel die Vorgabe für die jeweiligen Fachbereiche setzt und anschließend die Durchführung dieser Managementaufgaben kontrolliert. So muß der Geschäftsführer für die Entwicklung der Organisation seines (Teil-) Fachbereiches zuständig sein. Der Unternehmensleiter kann in diesem Falle jederzeit die Organisationsstrukturdaten, die die Organisation der jeweiligen (Teil-) Fachbereiche wiedergeben, auswerten und ändern. Dafür ist sicherlich eine verteilte Datenhaltung und -verarbeitung erforderlich, die vom System *OrgIS* unterstützt wird.

Im System *OrgIS* wird die Distribution-Konstellation, in der die Organisationsstrukturdaten unternehmensweit und redundanzfrei verteilt werden können, durch die Funktionen der Kommunikationssteuerung realisiert. In *Abb. 5.VII.A. - 1* wird diese Distribution-Konstellation verdeutlicht, in der jeder Bereich (A, B und C) bzw. jede Abteilung eine eigene Datenbank besitzt. In der Datenbank werden die Organisationsstrukturdaten durch das System *OrgIS* verarbeitet und gespeichert, welches in verschiedenen Bereichen nach dem Volumen der zu verarbeitenden Organisationsstrukturdaten in unterschiedlichen Konstellationen (z.B. Client-Server oder Mainframe) installiert werden kann. Ein Anwender bzw. *OrgIS*-Benutzer kann seinen Zugriffsrechten zufolge die Organisationsstrukturdaten in den Datenbanken anderer Bereiche verarbeiten, z.B. ein Vorstand soll die Organisationsstrukturdaten in allen Datenbanken ändern und auswerten. Für ihn scheint es nur eine große Zentraldatenbank zu sein. Aber jeder Bereichsleiter darf normalerweise durch die *OrgIS*-Funktionen nur auf eine Datenbank zugreifen, in der die Organisationsstrukturdaten über seinen Bereich gespeichert sind. Zur Realisierung der Distribution-Konstellation sind grundsätzlich folgende vier Punkte zu berücksichtigen, die letztlich vom Anwendungszweck des Systems *OrgIS* bestimmt werden:

- Herstellung der Kommunikationsverbindung zwischen den *OrgIS*-Rechnern,
- Definition der Zugriffsrechte der *OrgIS*-Benutzer in einem *OrgIS*-Rechner auf die anderen *OrgIS*-Rechner,
- redundanzfreie Verteilung der Organisationsstrukturdaten auf mehrere Datenbanken sowie deren organisatorischen Zusammenhänge und
- Datenabfrage und -übertragung von einem *OrgIS*-Rechner zu einem anderen.

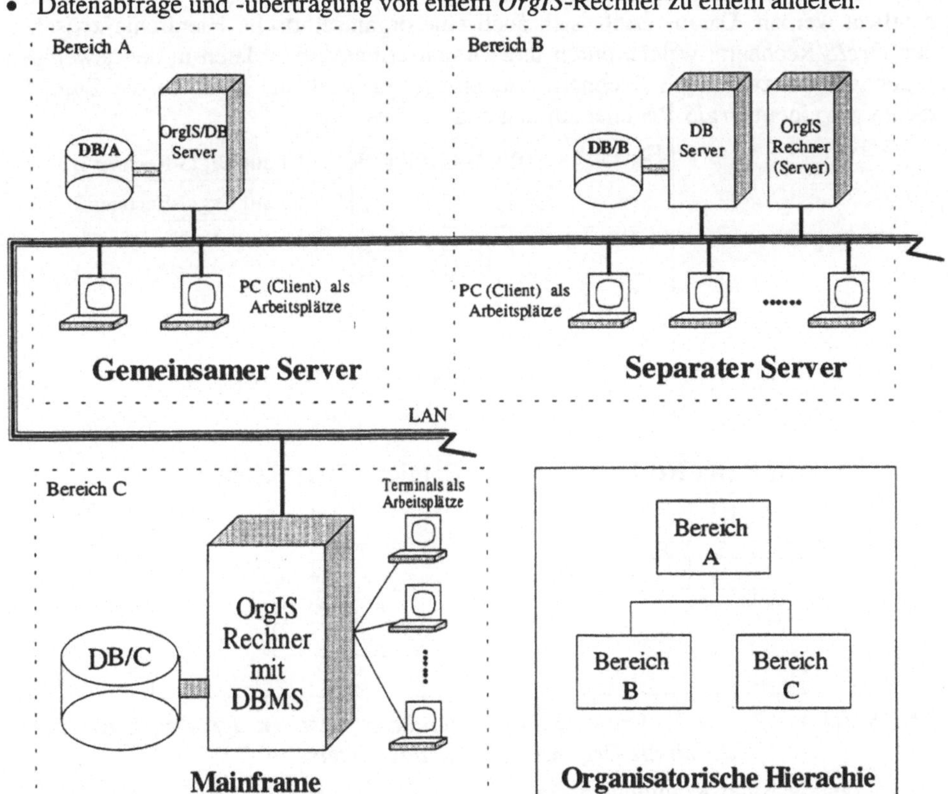

Abb. 5.VII.A. - 1. Die echte verteilte Datenhaltung und -verarbeitung durch die Distribution-Konstellation des Systems OrgIS

Aus diesen vier Punkten bzw. Aspekten ergibt sich das Kommunikationsmodell der Distribution-Konstellation, das in den Funktionen der Kommunikationssteuerung zu realisieren ist. Es wird angenommen, daß ein disziplinarischer Leistungszusammenhang zwischen den Bereichen A, B und C existiert, der in *Abb. 5.VII.A. - 1* anschaulich dargestellt wird. Jeder Bereich besteht aus mehreren Organisationseinheiten (Stellen oder Höheren Organisationseinheiten), zwischen denen ein disziplinarischer Leitungszusammenhang besteht, und wird in der Regel durch eine Höhere Organisationseinheit (als oberste Instanz des Bereiches) repräsentiert. So werden die obersten Instanzen der Bereiche B und C hiermit als zwei dem Bereich A disziplinarisch unterstellte Organisationseinheiten gesehen. Die kompletten Organisationsstrukturdaten (Aufbau-, Ablauforganisation und Systemkonfiguration) sind in den Datenbanken auf den jeweiligen *OrgIS*-Rechnern B und C gespeichert. In der Datenbank auf dem *OrgIS*-Rechner A werden diese zwei obersten Instanzen, nämlich die Höheren Organisationseinheiten B1 und C1, der obersten Instanz (die Höhere Organisationseinheit A1) des Bereiches A disziplinarisch unterstellt, wobei sie ferner in der Datenbank auf dem *OrgIS*-Rechner A dahingehend gekennzeichnet werden, in welchen *OrgIS*-Rechnern die kompletten Organisationsstrukturdaten von ihnen lokal verarbeitet werden. Zwischen diesen *OrgIS*-Rechnern sollten Kommunikationsverbindungen bestehen, die in *Abb. 5.VII.A. - 2* verdeutlicht werden. Daraus ergibt sich auch eine organisatorische Hierarchie zwischen den *OrgIS*-Rechnern, welche durch ihre Organisationsstrukturdaten in den jeweiligen Datenbanken bzw. *OrgIS*-Rechnern wiedergegeben wird und zugleich die Zugriffsrechte von einem *OrgIS*-Rechner auf den anderen bestimmt.

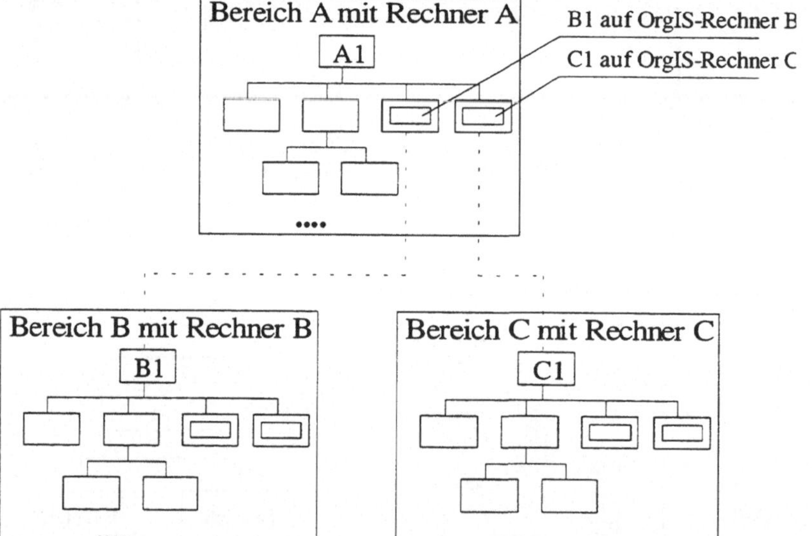

Abb. 5.VII.A. - 2. Die Kommunikationsverbindung zwischen den OrgIS-Rechnern durch die Organisationsstrukturdaten

Auf der Basis der Kommunikationsverbindung zwischen den *OrgIS*-Rechnern kann die Datenübertragung zwischen den Systemen *OrgIS*, die verteilt auf verschiedenen Rechnern installiert sind, ermöglicht werden. Dafür muß noch eine Kommunikationsverbindung auf der Ebene des *OrgIS*-Benutzers hergestellt werden. Die Kommunikationsverbindung zwischen den *OrgIS*-Benutzern beruht auf deren organisatorischem Zusammenhang, der die organisatorische Hierarchie zwischen den *OrgIS*-Benutzern bezüglich ihrer Verknüpfung mit den Organisationseinheiten zum Ausdruck bringt. Insofern wird der *OrgIS*-Benutzer dadurch gekennzeichnet, daß er in der Kommunikationsverbindung entweder als Lokal-/Client-Benutzer oder als Fern-/Server-Benutzer betrachtet wird. Diese Kommunikationsverbindung zwischen den *OrgIS*-Benutzern ist hier durch *Abb. 5.VII.A. - 3* zu verdeutlichen. Die Anfrage und Anforderung eines Benutzers (Benutzer A), der hierbei Lokal-/Client-Benutzer genannt wird, wird von einem Fern-/Server-Benutzer (Benutzer B) übermittelt. Der Fern-/Server-Benutzer übernimmt nun seinerseits die Auswertung der Anfrage und Anforderung und liefert das entsprechende Ergebnis zum Lokal-/Client-Benutzer zurück. Die Anfrage und Anforderung ist die Ausführung der Funktionen der Datenverwaltung, der Datenauswertung oder der Dokumentationserstellung. Der Lokal-/Client-Benutzer und der Fern-/Server-Benutzer sind Benutzer auf verschiedenen *OrgIS*-Rechnern, die übers Netz miteinander verbunden sind und zwischen denen eine organisatorische Hierarchie besteht, wie in obigem Beispiel Rechner A in diesem Falle dem Rechner B übergeordnet ist. Dabei ist insbesondere zu beachten, daß die Zugriffsrechte des Fern-/Server-Benutzers auf den Lokal-/Client-Benutzer übertragen werden. Somit werden die Zugriffsrechte eines Lokal-/Client-Benutzers auf die Funktionen und die Organisationsstrukturdaten in einem fernen *OrgIS*-Rechner durch die Verbindung mit einem Fern-/Server-Benutzer festgelegt.

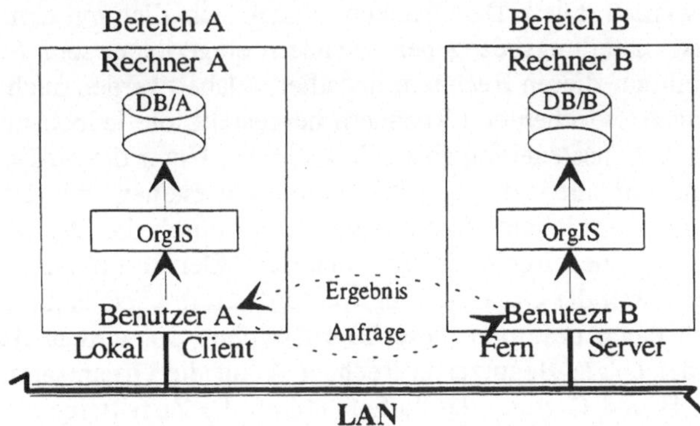

Abb. 5.VII.A. - 3. Die Zugriffe auf die ferne Datenbank durch die Verbindungen zwischen einem Lokal- und einem Fern-Benutzer

B. Das verteilte System mit der organisatorischen Hierarchie

Aus der organisatorischen Sicht wird das System *OrgIS* in einem Unternehmen oder dessen Fachbereichen zur Unterstützung der Organisationsplanung und -entwicklung eingesetzt. Dafür soll das System *OrgIS* den Unternehmensleiter oder Geschäftsführer von den langwierigen Aufgaben der Informationsverarbeitung und -bereitstellung befreien. Für die Verarbeitung und die Bereitstellung der Informationen, also der Organisationsstrukturdaten, ist das System *OrgIS* geeignet, mit dem die gleichzeitige Durchführung der Organisationsplanung und -entwicklung in verschiedenen Fachbereichen bzw. Abteilungen ermöglicht werden kann. So kann das System *OrgIS* mehrfach in den Fachbereichen bzw. Abteilungen installiert werden, wobei es als fach- bzw. abteilungsbezogenes System *OrgIS* bezeichnet wird. In jedem Fachbereich bzw. jeder Abteilung ist das System *OrgIS* mit einer lokalen Datenbank verbunden, in der nur diejenigen Organisationsstrukturdaten gespeichert werden, die die Organisation des Fachbereiches bzw. der Abteilung beschreiben. Darüber hinaus werden noch mit den Organisationsstrukturdaten in der lokalen Datenbank die Verweise auf weitere Organisationsstrukturdaten angebracht, die in fernen Datenbanken gespeichert werden und die Organisationen der anderen Fachbereiche bzw. Abteilungen darstellen. Zwischen den Organisationen, die durch die Organisationsstrukturdaten in der lokalen und in den fernen Datenbanken beschrieben werden, besteht natürlich der organisatorische Leitungszusammenhang, der in *Abb. 5.VII.A. - 2* verdeutlicht wird.

Unter Berücksichtigung des disziplinarischen Aufbaus der Organisationseinheiten wird hier festgelegt, daß die Verweise in einer lokalen Datenbank sich immer auf die Organisationseinheiten der obersten Instanzen in den fernen Datenbanken beziehen. Bezüglich dieser Verweise und der Organisationseinheit der obersten Instanz in der lokalen Datenbank gelten diese Organisationseinheiten (oberste Instanzen) in den fernen Datenbanken disziplinarisch entweder als eine übergeordnete Organisationseinheit oder als unterstellte Organisationseinheiten. So müssen diese Verweise übereinstimmend sowohl in der lokalen als auch in den fernen Datenbanken angebracht werden. Damit kann die gesamte Organisation eines Unternehmens durch die gut gegliederten Organisationsstrukturdaten wiedergegeben werden, die nach dem organisatorischen Aufbau der Organisationseinheiten verteilt und redundanzfrei in mehreren Datenbanken gespeichert werden. Diese Datenbanken müssen sicherlich mit dem System *OrgIS* auf den fach- bzw. abteilungsbezogenen Rechnern eingerichtet sein. So wird das System *OrgIS* verteilt auf diesen Rechnern installiert. Dabei werden auch die Kommunikationsverbindungen zwischen den Rechnern hergestellt, die jedoch mit den Funktionen der Kommunikationssteuerung zustande kommen. Unter diesen Kommunikationsverbindungen sind vor allem die Zugriffsrechte zu verstehen, die definieren, ob ein *OrgIS*-Benutzer in einem lokalen Rechner überhaupt durch die *OrgIS*-Funktionen auf die Datenbanken in fernen Rechnern zugreifen darf. Der disziplinarische Leitungszusammenhang, der durch die Organisationsstrukturdaten in verschiedenen Datenbanken festgelegt werden kann, bestimmt diese Zugriffsrechte. So wird in *Abb. 5.VII.A. - 2* dargestellt, daß der *OrgIS*-Benutzer in Rechner A auf die Organisationsstrukturdaten in den Rechnern B und C zugreifen darf, falls ihm die Zugriffsrechte erteilt werden. Umgekehrt besitzen die *OrgIS*-Benutzer in den Rechnern B und C überhaupt keine Zugriffsrechte auf die Organisationsstrukturdaten im Rechner A. Zwischen den Rechnern B und C besteht kein direkter disziplinarischer Leitungszusammenhang, d.h. die Organisationsstrukturdaten in den Rechnern B und C geben die Organisation zweier Fachbereiche bzw. Abteilungen wieder, die einander disziplinarisch weder übergeordnet noch unterstellt sind. In diesem Falle besteht keine Möglichkeit, daß die *OrgIS*-Benutzer in den Rechnern B und C durch das System *OrgIS* gegenseitig auf die Datenbank zugreifen können. Jedoch können sie mit den *OrgIS*-Utilities, z.B. mit dem Mailing-System, miteinander kommunizieren.

Grundsätzlich muß das System *OrgIS* nicht nur die Organisationsstrukturdaten in der lokalen Datenbank, sondern auch die in den fernen Datenbanken verarbeiten. Diese Verarbeitung ist letztlich durch die Ausführung der Funktionen der Datenverwaltung, der Datenauswertung und der Dokumentationserstellung zustande zu bringen. Bei der Einrichtung eines *OrgIS*-Benutzers, der durch die Ausführung der *OrgIS*-Funktionen die Organisationsstrukturdaten in den fernen Datenbanken (Rechnern) verarbeiten soll, muß zunächst die organisatorische Hierarchie zwischen dem lokalen Rechner und den fernen Rechnern darauf geprüft werden, ob die Zugriffsrechte des lokalen *OrgIS*-Benutzers auf die gewünschten fernen Rechner erteilt werden können. Diese organisatorische Hierarchie gilt als allererste Voraussetzung für die Erteilung der weiteren Zugriffsrechte auf die *OrgIS*-Funktionen und die Organisationsstrukturdaten.

C. Zugriffsregelung der Lokal- und Fern-Benutzer

Unter Berücksichtigung der Organisationsstrukturdaten eines Unternehmens oder dessen Fachbereiche, welche strukturiert und verteilt in verschiedenen Datenbanken gespeichert sind, bestimmt das verteilte System *OrgIS* die Kommunikationsverbindungen zwischen den Rechnern, welche letztlich durch eine organisatorische Hierarchie geprägt werden. Bezüglich der Ausführung der *OrgIS*-Funktionen wird zugleich der Zugang von einem Rechner zu anderen Rechnern mit dieser organisatorischen Hierarchie festgelegt. Unter dieser organisatorischen Hierarchie zwischen den Rechnern müssen noch weitere detaillierte Zugriffsrechte definiert werden, um die Zugriffe auf die Organisationsstrukturdaten in den fernen Datenbanken zu ermöglichen. Dabei handelt es sich um die Zugriffsrechte der *OrgIS*-Benutzer, welche sich auf die *OrgIS*-Funktionen und die Organisationsstrukturdaten beziehen.

Die Organisationsstrukturdaten werden immer durch die Ausführung der *OrgIS*-Funktionen - der Datenverwaltung, der Datenauswertung oder der Dokumentationserstellung - verarbeitet. Für die Ausführung der *OrgIS*-Funktionen ist der *OrgIS*-Benutzer verantwortlich, der seinerseits mit bestimmten Zugriffsrechten auf die *OrgIS*-Funktionen und die Organisationsstrukturdaten versehen ist. Sollte ein *OrgIS*-Benutzer die Organisationsstrukturdaten in einer Datenbank verarbeiten, die in einem anderen (fernen) Rechner eingerichtet ist, muß er auch die Zugriffsrechte auf die *OrgIS*-Funktionen und die Organisationsstrukturdaten besitzen. Mit diesen Zugriffsrechten kann er die *OrgIS*-Funktionen auf dem (fernen) Rechner ausführen und somit die Organisationsstrukturdaten in der (fernen) Datenbank verarbeiten oder analysieren. So ist es notwendig, die Kommunikationsverbindung zwischen zwei *OrgIS*-Benutzern herzustellen, die im verteilten System *OrgIS* auf zwei Rechnern eingerichtet sind, um die Zugriffe eines *OrgIS*-Benutzers auf eine ferne Datenbank rechtmäßig zu erlauben und zugleich die Organisationsstrukturdaten vor unberechtigten Zugriffen zu schützen. So gilt ein *OrgIS*-Benutzer als Lokal-Benutzer, der auf eine ferne Datenbank zugreifen will, und der andere als Fern-Benutzer. Der Lokal-Benutzer wird immer im verteilten System *OrgIS* auf dem Rechner eingerichtet, der bezüglich der organisatorischen Hierarchie dem anderen Rechner übergeordnet ist, auf dem der Fern-Benutzer im verteilten System *OrgIS* eingerichtet ist.

Mit der Kommunikationsverbindung zwischen den *OrgIS*-Benutzern werden die Zugriffsrechte eines Fern-Benutzers komplett auf den Lokal-Benutzer übertragen. So muß ein Fern-Benutzer mit den Zugriffsrechten auf die *OrgIS*-Funktionen und die Organisationsstrukturdaten, die von einem Lokal-Benutzer ausgeführt bzw. verarbeitet werden sollen, im voraus eingerichtet werden. So startet der Lokal-Benutzer immer einen (Remote-) Prozeß in einem fernen Rechner, der bestimmte *OrgIS*-Funktionen (z.B. Funktion der Verwaltung der Personalstellen) repräsentiert und die Organisationsstrukturdaten im Auftrag des Fern-Benutzers verarbeitet. Dabei werden eigentlich zwei Prozesse in zwei Rechnern (einer als lokaler und der andere als ferner Rechner) benötigt; einer ist im Vordergrund (im lokalen Rechner) durch die Benutzerschnittstellen (Maske) zu erkennen und wird auch direkt vom Lokal-Benutzer gesteuert, der andere wird im Hintergrund (im fernen Rechner) indirekt vom Lokal- bzw. Fern-Benutzer gesteuert. Insofern kann der Lokal-Benutzer als Client gesehen werden und der Fern-Benutzer als Server. Die Anfrage und die Anforderung (die Analyse bzw. Verarbeitung der Organisationsstrukturdaten durch die Ausführung einer *OrgIS*-Funktion) eines Lokal-Benutzers (Client) wird einem Fern-Benutzer (Server) übermittelt. Dieser Fern-Benutzer (Server) übernimmt nun seinerseits die Auswertung der Anfrage und Anforderung und empfängt die Daten von dem Lokal-Benutzer (Client) oder liefert das Ergebnis zum Lokal-Benutzer (Client) zurück. Dieser Vorgang wird auch in *Abb. 5.VII.A. - 3* verdeutlicht.

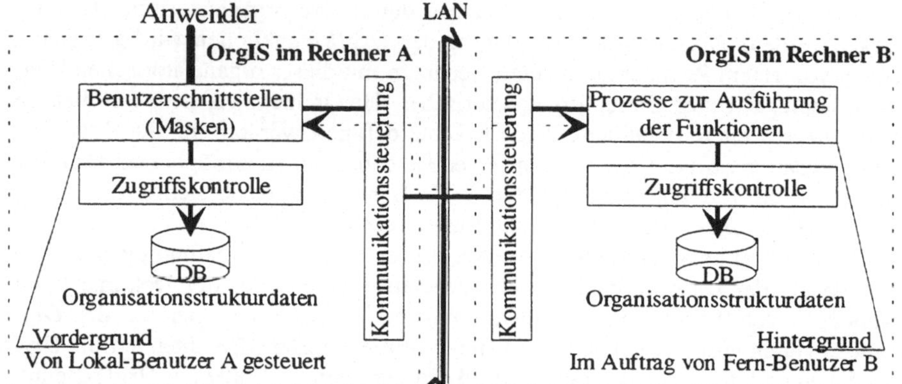

Abb. 5.VII.C. - 1. Die unterschiedliche Ausführung der OrgIS-Funktionen im lokalen und fernen Rechner

Die Überprüfung der Zugriffsrechte eines *OrgIS*-Benutzers - sei er Lokal- oder Fern-Benutzer - wird wie immer im jeweiligen lokalen Rechner, in dem die Vorder- oder Hintergrundprozesse zur Ausführung der *OrgIS*-Funktionen laufen, durchgeführt. In *Abb. 5.VII.C. - 1* wird deutlich dargestellt, daß die Funktionen der Kommunikationssteuerung grundsätzlich die Aufgaben haben:

- Die Kommunikationsverbindung zwischen zwei *OrgIS*-Benutzern herzustellen.
- Die Hintergrundprozesse zur Ausführung der *OrgIS*-Funktionen im fernen Rechner zu steuern. Diese Hintergrundprozesse werden im Auftrag vom Fern-Benutzer gestartet.
- Die Datenübertragung zwischen zwei Rechnern, genauer gesagt zwischen den Benutzerschnittstellen (Masken) im lokalen Rechner und der Datenbank im fernen Rechner durchzuführen.

D. Erweiterung einer mehrstufigen *OrgIS*-Benutzerorganisation

Durch die Funktionen der Kommunikationssteuerung wird die Verteilung des Systems *OrgIS* ermöglicht, so daß nicht nur das System *OrgIS* mehrfach in verschiedenen Rechnern, hier wird auch von *OrgIS*-Rechner gesprochen, installiert werden kann, sondern vielmehr die Kommunikationsverbindungen zwischen den *OrgIS*-Rechnern durch das System *OrgIS* hergestellt werden können. In diesen Kommunikationsverbindungen entsteht im wesentlichen der Zusammenhang zwischen den Organisationsstrukturdaten, in dem eine organisatorische Hierarchie zwischen den *OrgIS*-Rechnern und eine Client-Server-Beziehung zwischen den *OrgIS*-Benutzern gebildet werden. Der organisatorischen Hierarchie zwischen den *OrgIS*-Rechnern liegen die Organisationsstrukturdaten zugrunde, die die Organisation eines Unternehmens oder dessen Fachbereiche wiedergeben und verteilt sowie redundanzfrei in verschiedenen Rechnern bzw. Datenbanken gespeichert werden. Die Client-Server-Beziehung zwischen den *OrgIS*-Benutzern setzt die organisatorische Hierarchie zwischen zwei *OrgIS*-Rechnern voraus. Im *OrgIS*-Rechner, der organisatorisch dem anderen übergeordnet sein muß, soll der Lokal-Benutzer als Client eingerichtet werden. So wird der Fern-Benutzer in dem organisatorisch unterstellten *OrgIS*-Rechner als Server eingerichtet.

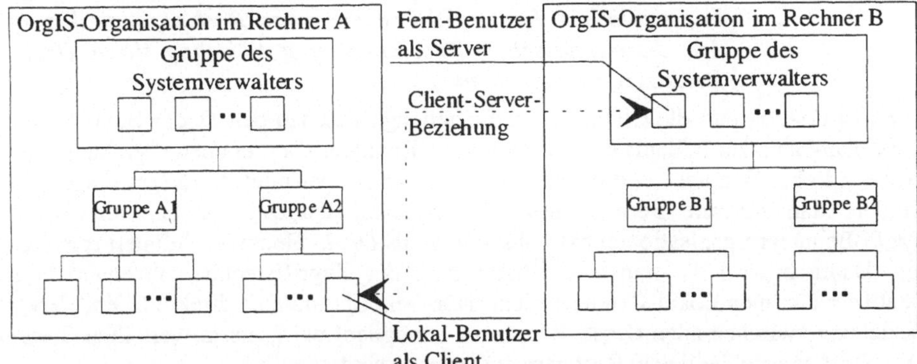

Abb. 5.VII.D. - 1. **Die Erweiterung der *OrgIS*-Benutzerorganisation durch das verteilte System *OrgIS***

Der Lokal- (Client) oder Fern-Benutzer (Server) kann ein Systemverwalter, Gruppenleiter oder Sachbearbeiter sein. In *Abb. 5.VII.D. - 1* wird gezeigt, daß eine Client-Server-Beziehung zwischen dem Lokal-Benutzer als Sachbearbeiter im Rechner A und dem Fern-Benutzer als Systemverwalter im Rechner B gebildet wird. So besitzt der Lokal-Benutzer alle Zugriffsrechte, die *OrgIS*-Funktionen im Rechner B auszuführen und damit die Organisationsstrukturdaten, die von anderen *OrgIS*-Benutzern im Rechner B verarbeitet werden, auszuwerten und zu analysieren. Das bedeutet auch, daß alle Zugriffsrechte des Fern-Benutzers auf den Lokal-Benutzer übertragen werden. Aus dieser Übertragung der Zugriffsrechte ergibt sich eine erweiterte *OrgIS*-Benutzerorganisation, in der die komplette *OrgIS*-Benutzerorganisation im Rechner B disziplinarisch der *OrgIS*-Benutzerorganisation, genauer gesagt der *OrgIS*-Gruppe namens „Gruppe A2", im Rechner A unterstellt wird. Diese Client-Server-Beziehung zwischen den *OrgIS*-Benutzern kann sich auf alle drei Benutzerklassen - Systemverwalter, Gruppenleiter und Sachbearbeiter - beziehen; somit entstehen auch unterschiedliche disziplinarische Zusammenhänge zwischen den *OrgIS*-Benutzerorganisationen. In *Tab. 5.VII.D. - 1* werden alle neun Client-Server-Beziehungen bzw. Kommunikationsverbindungen bezüglich der Benutzerklasse dargestellt. Durch diese Client-Server-Beziehung zwischen den *OrgIS*-Benutzern können zwei *OrgIS*-Benutzerorganisationen, die im verteilten System *OrgIS* auf zwei Rechnern eingerichtet sind, sich organisatorisch auf gleicher oder unterschiedlicher Ebene befinden. Aber im Sinne der Übertragung der Zugriffsrechte auf die *OrgIS*-Funktionen und die Organisationsstrukturdaten eines Unternehmens und dessen Fachbereiche besteht jedoch zwischen ihnen ein Arbeitszusammenhang.

OrgIS-Benutzerorganisation in A gegenüber *OrgIS-Benutzerorganisation in B*		*OrgIS*-**Benutzer im fernen Rechner B**		
		Systemverwalter	Gruppenleiter	Sachbearbeiter
OrgIS-**Benutzer** **im lokalen** **Rechner A**	Systemverwalter	Gleiche Ebene	Gleiche Ebene	Übergeordnet
	Gruppenleiter	Gleiche Ebene	Gleiche Ebene	Übergeordnet
	Sachbearbeiter	Unterstellt	Unterstellt	Gleiche Ebene

Tab. 5.VII.D. - 1. Die Einwirkung der Benutzerklasse in der Client-Server-Beziehung zwischen den OrgIS-Benutzern von Rechner A und B auf den disziplinarischen Zusammenhang zwischen ihren OrgIS-Benutzerorganisationen

Es ist erlaubt, daß die Client-Server-Beziehung zwischen den *OrgIS*-Benutzern einen Lokal-Benutzer (Client) und mehrere Fern-Benutzer (Server) betreffen kann, oder mehrere Lokal-Benutzer und einen Fern-Benutzer. Dabei muß die Regel eingehalten werden, daß mehrere Fern-Benutzer (oder Lokal-Benutzer) in unterschiedlichen *OrgIS*-Benutzerorganisationen bzw. -Rechnern als *OrgIS*-Benutzer definiert sein müssen. Dadurch wird die transitive Übertragung der Zugriffsrechte von einem Fern-Benutzer auf einen Lokal-Benutzer nicht mehr benötigt, da eine direkte Client-Server-Beziehung zwischen allen *OrgIS*-Benutzern ermöglicht wird, die im verteilten System *OrgIS* auf unterschiedlichen Rechnern eingerichtet sind.

VIII. Die integrierte Benutzerhilfe für die Anwendung des verteilten Systems *OrgIS*

Während der Benutzung des Systems *OrgIS* ist auch erforderlich, die Hilfeinformationen sowie die Hinweise über die Benutzung des Systems *OrgIS* und das Vorgehen mit dem System zur Planung und Entwicklung der Organisation eines Unternehmens oder dessen Fachbereiche nach dem Wunsch des Anwenders auszugeben. Sie können sofort durch die Benutzerschnittstellen (Masken) angezeigt oder in Form eines Dokuments (Handbuch) ausgedruckt werden. Dabei handelt es sich nicht nur um die Benutzung und Administration des Systems, sondern auch um das methodische Vorgehen mit dem System zur Entwicklung der Organisation eines Unternehmens. Zu diesem Zweck besteht das Funktionenmodul der Benutzerhilfe grundsätzlich aus zwei Funktionen, mit denen der Anwender bzw. der *OrgIS*-Benutzer die Hilfeinformationen bzw. Hinweise über die Benutzung des Systems *OrgIS* wunschgemäß in den Benutzerschnittstellen (Masken) angezeigt oder in Form eines Dokuments (Handbuch) ausgedruckt bekommen kann. Diese zwei Funktionen gelten als die On-Line-Ausgabe (Echtzeitausgabe) und die Off-Line-Ausgabe der Hilfeinformationen, die im System *OrgIS* nach drei Arten gegliedert werden:

- Die allgemeinen Hilfeinformationen über die Benutzung und die Bedeutung des Systems *OrgIS*,
- Die Hilfeinformationen über das methodische Vorgehen zur Planung und Entwicklung der Organisation eines Unternehmens mit dem System *OrgIS* und
- Die Hilfeinformationen über die Systemverwaltung sowie -administration.

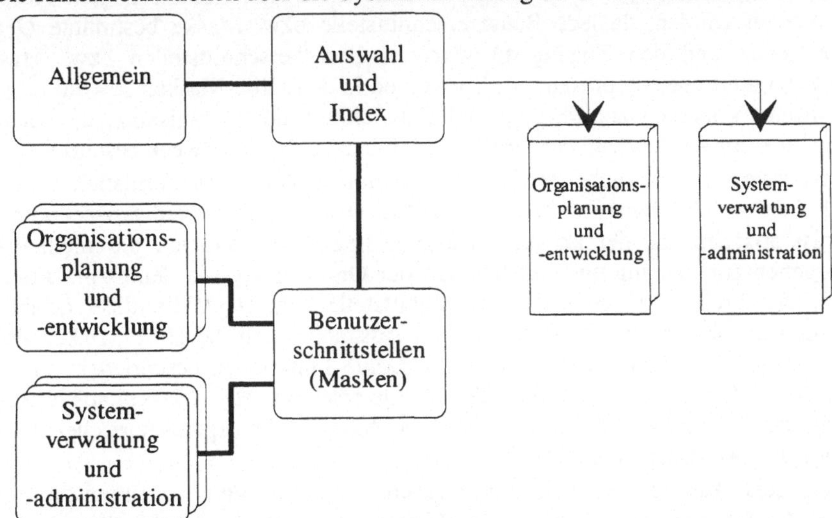

Abb. 5.VIII. - 1. Die Hilfeinformationen können On-Line (interaktiv) in den Benutzerschnittstellen (Masken) gezeigt werden oder Off-Line (Dokument) ausgedruckt werden

Bei der Ausführung der *OrgIS*-Funktionen (z.B. Datenverwaltung, Datenauswertung usw.) kann ein Anwender bzw. *OrgIS*-Benutzer jederzeit die Funktionen der Benutzerhilfe aufrufen, um sich über weitere Schritte zur Planung und Entwicklung der Organisation mit dem System *OrgIS* zu informieren. In *Abb. 5.VIII. - 1* wird verdeutlicht, daß ein Anwender bzw. *OrgIS*-Benutzer in einer Benutzerschnittstelle bzw. Maske, in der er im Sinne der Organisationsplanung und -entwicklung die Organisationsstrukturdaten durch die Ausführung der *OrgIS*-Funktionen weiter verarbeiten will, die Funktionen der Benutzerhilfe aufrufen kann. Dafür sind zwei unterschiedliche Ausgaben der Hilfeinformationen gegeben, welche allerdings vom *OrgIS*-Benutzer bestimmt werden können:

- On-Line-Ausgabe der Hilfeinformationen in den Benutzerschnittstellen und
- Off-Line-Ausgabe der Hilfeinformationen hinsichtlich Erstellung eines Dokuments.

Im Falle der On-Line-Ausgabe der Hilfeinformationen sind grundsätzlich noch vier weitere Auswahlentscheidung zu treffen, mit denen der *OrgIS*-Benutzer die detaillierten und gut gegliederten Hilfeinformationen in den Benutzerschnittstellen (Hilfe-Masken) gezeigt bekommen kann. Diese vier Auswahlmöglichkeiten bilden die vier Teilfunktionen, aus denen die Funktionen der On-Line-Ausgabe bestehen soll, und lassen sich kennzeichnen durch:

- Aktuelle Ausgabe der Hilfeinformationen. Diese Hilfeinformationen beziehen sich auf die Benutzerschnittstelle (Maske), in der ein *OrgIS*-Benutzer die erlaubten *OrgIS*-Funktionen zwecks Organisationsplanung und -entwicklung ausführen und somit die Organisationsstrukturdaten verarbeiten sowie analysieren kann. Hierfür werden die Beschreibungen solcher *OrgIS*-Funktionen aus den organisatorischen (Methodisches Vorgehen) und technischen (Systemverwaltung) Aspekten durch weitere Benutzerschnittstellen (Hilfe-Masken) zur Ansicht dargestellt. Insofern kann die aktuelle Ausgabe der Hilfeinformationen als funktionenbezogene Ausgabe bezeichnet werden, da jede Benutzerschnittstelle bzw. Maske bestimmte *OrgIS*-Funktionen und den Zugang zu weiteren Benutzerschnittstellen bzw. Masken (*OrgIS*-Funktionen) repräsentiert. So werden in den Hilfe-Masken sowohl das methodische Vorgehen zur Planung und Entwicklung der Organisation als auch die Hinweise zur Anwendung der *OrgIS*-Funktionen zu diesem Zweck beschrieben.
- Organisatorische Ausgabe der Hilfeinformationen. Die Hilfeinformationen bezieht sich auch auf die Benutzerschnittstelle (Maske). Der Unterschied zwischen der organisatorischen und der aktuellen Ausgabe liegt darin, daß nur das methodische Vorgehen zur Planung und Entwicklung der Organisation mit den *OrgIS*-Funktionen, die durch die aktuelle Benutzerschnittstelle vom *OrgIS*-Benutzer ausgeführt werden können, in der organisatorischen Ausgabe durch die Hilfe-Masken dargestellt werden. Hiermit werden diejenigen *OrgIS*-Funktionen beschrieben, zu denen der *OrgIS*-Benutzer von der aktuellen Benutzerschnittstelle (Maske) aus einen Zugang hat. So wird eine funktionenbezogene Ausgabe mit organisatorischer Ausprägung zum Ausdruck gebracht.
- Technische Ausgabe der Hilfeinformationen. Hierbei handelt es sich um die Benutzung des Systems *OrgIS* bzw. der *OrgIS*-Funktionen, die in der aktuellen Benutzerschnittstelle bzw. Maske vom *OrgIS*-Benutzer ausgeführt werden können. Die Hilfeinformationen werden unter dem technischen Aspekt beschrieben und durch die Hilfe-Masken dargestellt. Gegenüber der organisatorischen Ausgabe kann diese Ausgabe der Hilfeinformationen auch als funktionenbezogene Ausgabe mit technischer Ausprägung bezeichnet werden.
- Allgemeine Ausgabe der Hilfeinformationen. Hierfür wird zunächst eine neue Benutzerschnittstelle (Hilfe-Maske) geöffnet, in der der *OrgIS*-Benutzer bestimmte

Suchbegriffe angeben oder sie aus dem gesamten Index wählen kann. Dadurch werden die Beschreibungen der gewünschten *OrgIS*-Funktionen unter organisatorischen sowie technischen Aspekten zur Ansicht dargestellt. Durch die Angabe sowie die Auswahl eines Suchbegriffs, der auch als Schlüsselwort gilt, kann der *OrgIS*-Benutzer immer die benötigten Beschreibungen der *OrgIS*-Funktionen aufgezeigt bekommen. Hierbei ist die Ausgabe der Hilfeinformationen unabhängig von der Benutzerschnittstelle bzw. Maske, in der ein *OrgIS*-Benutzer gerade die *OrgIS*-Funktionen ausführt. Durch die Öffnung dieser Hilfe-Maske kann der *OrgIS*-Benutzer alle Hilfeinformationen zur Ansicht bekommen. So wird diese Ausgabe der Hilfeinformationen auch als benutzerbezogene Ausgabe bezeichnet.

Gegenüber der On-Line-Ausgabe der Hilfeinformationen, welche in der Tat als interaktive Hilfe bezeichnet werden kann, steht die Off-Line-Ausgabe der Hilfeinformationen. Unter dieser Ausgabe wird das Dokument (Handbuch) der Benutzerhilfe verstanden, in dem das methodische Vorgehen zur Planung und Entwicklung der Organisation mit dem System *OrgIS* und die Benutzung des Systems *OrgIS* strukturiert beschrieben werden. Das Dokument der Benutzerhilfe kann mittels Funktionen der Off-Line-Ausgabe vom *OrgIS*-Benutzer erstellt und ausgedruckt werden. Wie ein normales Handbuch besitzt das Dokument auch seine Layoutstruktur, logische und semantische Struktur. So werden die Beschreibungen über das System *OrgIS* im Dokument der Benutzerhilfe kapitelweise gegliedert. Das Dokument der Benutzerhilfe wird aus organisatorischer und technischer Sicht in zwei Arten aufgeteilt, die auch auf zwei separate Dokumente hinweisen:

- Das organisatorische Dokument und
- Das technische Dokument.

Das organisatorische Dokument der Benutzerhilfe beinhaltet die umfangreichen Hilfeinformationen, die darauf hinweisen, wie ein Anwender bzw. *OrgIS*-Benutzer mit dem System *OrgIS* seine Managementaufgaben zur Planung und Entwicklung der Organisation eines Unternehmens oder dessen Fachbereiche erfüllen soll. In erster Linie wird das methodische Vorgehen zur Planung und Entwicklung der Organisation mit dem System *OrgIS* dargestellt. So werden folgende Punkte, die weiter auf die drei Teile der Organisation (Aufbau-, Ablauforganisation und Systemkonfiguration) eingehen, im wesentlichen im organisatorischen Dokument der Benutzerhilfe behandelt:

- Verwaltung der Organisationsstrukturdaten bei der Ist-Erhebung und Planung
- Auswertung der Organisationsstrukturdaten bezüglich der Managementaufgaben zur Entwicklung der Organisation
- Erstellung der Dokumentation der Organisation (Aufbau-, Ablauforganisation und Systemkonfiguration) für die Berichterstattung und als Entscheidungsunterlage

Das technische Dokument der Benutzerhilfe bezieht sich hauptsächlich auf die Systemverwaltung sowie -administration und die Benutzung des Systems *OrgIS*. Daraus ergeben sich zwei Teile im technischen Dokument. Eines davon betrifft den *OrgIS*-Benutzer als Systemverwalter und der andere alle *OrgIS*-Benutzer. So kann sich der *OrgIS*-Benutzer bei der Erstellung des technischen Dokuments der Benutzerhilfe entscheiden, ob er das technische Dokument der Benutzerhilfe komplett oder nur einen Teil davon erstellen will. Insgesamt besteht das technische Dokument der Benutzerhilfe aus folgenden Kapiteln:

- Voraussetzung zum Betrieb des Systems *OrgIS*

- Einrichtung der *OrgIS*-Benutzerorganisation mit den Zugriffsrechten
- Definition der Journale für den einzelnen *OrgIS*-Benutzer
- Verwaltung der Zugriffsrechte der *OrgIS*-Benutzer
- Verteilung des Systems *OrgIS* und die Herstellung der Kommunikationsverbindungen zwischen den verteilten Systemen *OrgIS*
- Festlegung der *OrgIS*-Umgebung zur sicheren Benutzung des Systems *OrgIS*
- Verarbeitung der Benutzer- bzw. Gruppen-Journale
- Benutzung der Utilities (z.B. Kalender, Mailing-System usw.)

Sechstes Kapitel
Ausblick

Im Hinblick auf die weitere Entwicklung des verteilten Systems *OrgIS* können die Schwerpunkte möglicherweise darauf gesetzt werden, daß das System *OrgIS* noch flexibler und dynamischer gemäß den Anforderungen des Benutzers maßgeschneidert erstellt werden kann. Diese Flexibilität liegt nicht nur in der Integration der einzelnen Module, welche bei dem Entwurf und bei der Implementierung fest definiert und vom Software-Entwickler wahrgenommen wird, sondern vielmehr in den folgenden vier Funktionen, mit denen das System *OrgIS* dem Benutzer eine Individuallösung anbieten kann und die vor allem dynamisch vom Benutzer jederzeit vollzogen werden können:

- Schnittstellen zu anderen Informationssystemen,
- Benutzerbezogene Maskengestaltung,
- Datenbankunabhängig und
- Benutzerbezogene Auswertungskriterien.

Die Schnittstellen zu anderen Fachinformationssystemen (z.B. Produktion, Absatz, Beschaffung, Finanzen, Personal usw.) sind als erste Schritte der oben erwähnten vier Funktionen zu realisieren. Mit diesen Schnittstellen soll der Datenaustausch zwischen dem verteilten System *OrgIS* und anderen Fachinformationssystemen ermöglicht werden. Ein Benutzer muß keine Kenntnis über die Datenstruktur der *OrgIS*-Datenbank besitzen, um die Organisations- und Systemstrukturdaten aus der oder in die *OrgIS*-Datenbank zu lesen bzw. zu schreiben. Diese Schnittstellen stellen eigentlich eine umfassende Menge der Funktionen dar, die schließlich zu einer Bibliothek zusammengefaßt werden. Die Realisierung dieser Funktionen wird im Hinblick auf die Realisierung der benutzerbezogenen Maskengestaltung durchgeführt. Dies bedeutet, ein globales Konzept für den Entwurf und die Modularisierung der Funktionen ist in diesem Falle zu erstellen.

Die benutzerbezogene Maskengestaltung, vor allem im Darstellungs- und Arbeitsbereich, bringt zugleich die objektorientierte Entwicklung zum Ausdruck. Dabei handelt es sich um die Bildung und Realisierung der Klassen und der Vererbung der Masken, die hierfür als Objekte bezeichnet werden. So sind zunächst die Grundmasken bzw. -objekte festzulegen, in denen die Funktionen und die Attribute gekapselt definiert werden sollen, wobei die Attribute sich auf privater (privat) und öffentlicher (public) Ebene unterscheiden. Die öffentlichen Attribute der Maske sind hierbei die Organisationsstrukturdaten, die vom Benutzer verarbeitet werden können. Die privaten Attribute sind hingegen systembezogene Daten, die vom Benutzer nicht direkt verarbeitet werden können. Die Funktionen in der jeweiligen Maske können auch als Methoden bezeichnet werden, mit denen die Attribute bzw. die Organisationsstrukturdaten vom Benutzer verarbeitet werden können. Aufgrund der Funktionalität des verteilten Systems *OrgIS* sind diese Attribute und Funktionen weiter in drei Teile zu gliedern, die den Funktionen der Datenverwaltung, der Datenauswertung und der Dokumentationserstellung entsprechen sollen. Aus den Grundmasken bzw. -objekten sollen die weiteren Masken leichter abgeleitet und vom Benutzer erstellt werden können, womit sie vor allem dem Wunsch bzw. Bedarf des Benutzers genügen sollen. So ergibt sich die Individuallösung, die durch die flexible Maskengestaltung des Systems *OrgIS* verkörpert wird. Zu diesem Zweck ist es erforderlich, Grundmasken bzw. -objekte zu den Klassen zu bilden und zugleich die Vererbungsbeziehungen zwischen ihnen zu definieren. So ist eine Bibliothek der Maskenklasse zu entwickeln, mit welcher die unterschiedlichen Masken durch ihre statthafte Vererbung aus verschiedenen Klassen automatisch gebildet werden können. Die neu gebildeten Maskenklassen besitzen nicht nur Attribute, die auf die Daten in einer Datenbank hinweisen sollen, sondern auch Funktionen, mit denen der Datenaustausch zwischen dem System *OrgIS* und dem Benutzer zustande kommen kann. Die öffentlichen (public) Attribute in der Maske werden grundsätzlich in zwei Kategorien gegliedert. Eine ist mit den organisatorischen Anforderungen verbunden, die in unterschiedlichen Unternehmen bzw. Fachbereichen gleich sein sollen. Die andere hat keine organisatorische Bedeutung inne, kann aber vom Benutzer definiert werden. Diese Attribute prägen eigentlich die Eigenschaft der benutzerbezogenen Maskengestaltung aus, die letztlich das maßgeschneiderte System *OrgIS* zum Ausdruck bringt.

Es wird auch zum Ziel gesetzt, daß das verteilte System *OrgIS* datenbankunabhängig sein soll. Dazu können sich zwei Lösungen ergeben. Das System *OrgIS* wird generell so realisiert, daß es vor der ersten Installation bzw. Verwendung gemäß der vom Benutzer gewünschten Datenbank zu einem lauffähigen System übersetzt werden soll. Danach kann das System *OrgIS* grundsätzlich auf der Datenbank betrieben werden, jedoch muß es immer neu übersetzt werden, falls der Benutzer eine andere Datenbank einsetzen will. Eine andere Lösung stellt eine höhere Anforderung an die Entwicklung, bei welcher das System *OrgIS* gleichzeitig die Daten in verschiedenen Datenbanken verarbeiten soll. Dafür ist ein Adapter zu entwickeln, der die Verbindungen zwischen den Datenbanken und dem System *OrgIS* herstellt. Neben den Standard-SQL-Anweisungen besitzt jedes Datenbank-System noch weitere Anweisungen bzw. Funktionen, die von einem zum anderen verschieden sind. So stellt man auch die Frage, ob das System *OrgIS* bzw. der Adapter die gemeinsamen Funktionen (Anweisungen), die in allen Datenbank-Systemen enthalten sind, oder alle Funktionen (Anweisungen) aus allen Datenbank-Systemen umfassen soll.

Zur Auswertung der Organisationsstrukturdaten, die durch die Funktionen der Datenverwaltung in einer Datenbank erfaßt und aufbewahrt werden, sollen auch in Zukunft die Kriterien vom Benutzer flexibel definiert werden, da immer neue Probleme wegen der Entwicklung der globalen Technologien, die zur Umstellung der Organisation führen können, in einem Unternehmen zu lösen sind. So ist es auch erforderlich, die Kriterien zur Auswertung der Organisation, d.h. der Aufbau-, der Ablauforganisation und der Systemkonfiguration, zu ändern und zu ersetzen. Dazu sind einerseits die Induktionsregeln zu definieren und andererseits eine Wissensbasis zu entwickeln. Nach den definierten Induktionsregeln kann der Benutzer die gewünschten Kriterien in die Wissensbasis speichern. Bei der Ausführung der Funktionen der (derivativen) Datenauswertung sowie der Dokumentationserstellung (derivatives Segment) werden die Induktionsregeln mit den neuen Kriterien verwendet, um die Schwachstellen in der Organisation des Unternehmens gemäß dem Bedarf sowie Wunsch des Benutzers sachgerecht und gezielt zu analysieren und festzustellen. Dies erfordert grundsätzlich ein Expertensystem.

Literaturverzeichnis

Erstes Kapitel

[1] Engesser, Claus und Schwill: DUDEN - Informatik. Duden Verlag Mannheim 1988.

[2] Gutenberg, Erich: Grundlagen der Betriebswirtschaftslehre - Die Produktion. 21. Auflage. Springer-Verlag Berlin Heidelberg New York 1975.

[3] IEEE Standard Glossary of Software Engineering Terminology. IEEE Standard 729-1983

[4] Kurbel und Strunz (Herausgeber): Handbuch der Wirtschaftsinformatik C.E. Poeschel 1990

[5] Macro, A und Buxton, J.: The craft of software engineering. Addison-Wesley 1987.

[6] Steffens: *OrgIS* - Ein Organisationsinformationssystem. Grundlagen und Grundideen. Universität Mannheim. 1992.
Vorlesungs- und Forschungsunterlagen über *OrgIS*

[7] Steward, D.V.: Software Engineering with Systems Analysis and Design. Brooks/Cole Publishing Company California 1987

[8] Voßbein R. und Leschke, H.: Unternehmensorganisation mit Kommunikationssystemen. Friedr. Vieweg & Sohn Verlag GmbH Braunschweig/Wiesbaden 1989

[9] Kreikebaum, Hartmut: Strategische Unternehmensplanung. 3., erw. Aufl. Verlag W. Kohlhammer Stuttgart Berlin Köln 1989

Zweites Kapitel

[1] Boehm, B. W.: Software Engineering Economics. Englewood Cliffs, NJ. Prentice-Hall 1981

[2] Booch, G.: Object-Oriented Design with Application. Benjamin/Cummings Publishing Company Inc. 1991

[3] Chen, P.: The entity-relationship model - toward a unified view of data. ACM Transactions on Database Systems 1.1 1976

[4] Clare, C.; Loucopoulos, P.: Business Information Systems. Paradigm Publishing Ltd. London 1987

[5] Coad, P. und Yourdon, E.: Object-Oriented Analysis. 1990
Object-Oriented Design Englwood Cliffs. N. J. Prentice-Hall 1991

[6] Codd, E.: Further normalisation of the data base relational model. Data Base Systems, Courant Computer Symposia Series, Vol. 6, Prentice-Hall 1972

[7] Conger, Sue A.: The New Software Engineering. Wadsworth Publishing Company Belmout, Califonia. 1994

[8] Davis, C. und Jajodia, S.: Entity-Relationship Approach to Software Engineering. North Holland New York 1983

[9] Dayal, Umeshwar: Active Database Management Systems. In Proceeding of the Third International Conference on Data and Knowledge Base, Jerusalem, Israel. June 1988

[10] DeMarco, T.: Structured Analysis und System Spezification. Englewood Cliffs, N.J.: Prentice-Hall 1972

[11] Engesser, H.; Claus, V. und Schwill, A.: DUDEN - Informatik. Duden Verlag Mannheim 1988

[12] Gane, C. und Sarson, T.: Struktured Systems Analysis: Tools and Techniques. Computer, July 1977

[13] Hesse, W. et al.: Software-Entwicklung - Vorgehensmodelle, Projektführung, Produktverwaltung. R. Oldenbourg Verlag München Wien 1992

[14] IEEE Standard Glossary of Software Engineering Terminology. IEEE Standard 729-1983

[15] Jennifer Widom, Sheldeon J. Finkelstein: A Syntax and Semantics for Set-Oriented Production Rules in Relational Database Systems. In Proceeding of the ACM-SIDMOD, Vol. 18, No. 3, September 1989.

[16] Kilberth, Klaus: JSP - Einführung in die Methode des Jackson Struktured Programming. 3., Auflage. Friedr. Vieweg&Sohn Braunschweig Wiesbaden 1989

[17] Kurbel, K. und Strunz, H., (Herausgeber): Handbuch der Wirtschaftsinformatik (Gabriel, R.) C.E. Poeschel Verlag Stuttgart 1990

[18] Macro, A. und Buxton, J.: The craft of software engineering, Addison-Wesley 1987

[19] Martin, J. und McClure C.: Diagramming Techniques for Analysts and Programmers. Englewood Cliffs, N.J. Prentice-Hall 1985

[20] Mittermeir, R.: Handbuch der Wirtschaftsinformatik (Herausgeber: Kurbel, K.; Strunz, H.). C.E. Poeschel Verlag Stuttgart 1990

[21] Pomberger, G.: Handbuch der Wirtschaftsinformatik (Herausgeber: Kurbel, K.; Strunz, H.). C.E. Poeschel Verlag Stuttgart 1990

[22] Pomberger, G. und Blaschek, G.: Software Engineering - Prototyping und objektorientierte Software-Entwicklung. Carl Hanser Verlag München Wien 1993

[23] Rombach, H.D.: Software-Qualität und -Qualitätssicherung. Informatik-Spektrum (16/5) 1993. Springer-Verlag

[24] Rumbaugh, J.; Blaha, M.; Premerlani, W. et al: Object-Oriented Modelling and Design. Englewood Cliffs. N. J. Prentice-Hall 1991

[25] Shlaer, S. und Mellor, S.J.: An Objekt-Oriented Approach to Domain Analysis. ACM SIGSOFT Software Engineering Notes, 14 (5), 1989

[26] Simon, E., Kiernan, J. et al: Implementing High Level Active Rules on Top of a Relational DBMS. In Proceeding of the 18th VLDB Conference, Vancouver, British Columbia, Canada 1992

[27] Sohdi, Jag: Software Engineering - Methods, management and CASE Tools. TAB Professional and Reference Books. 1991

[28] Sommerville, Ian: Software-Engineering. Fourth Edition. Addison-Wesley 1992

[29] Steffens, Franz: Datenmodellierung - Objekttypennetz. Vorlesungsskripte ab Wintersemester 89/90. Universität Mannheim. Deutschland

[30] Steward, D.V.: Software Engineering with Systems Analysis and Design. Brooks/Cole Publishing Compang, California 1987

[31] Suhr, R. und Suhr, R.: Software Engineering - Technik und Methodik. R. Oldenbourg Verlag München Wien 1993

[32] Ulich, E.; Rauterberg, M. et al: Benutzerorientierte Software-Entwicklung - Konzept, Methoden und Vorgehen zur Benutzerbeteiligung. vdf Hochschulverlag / ETH Zürich & B.G. Teubner Verlag Stuttgart 1994

[33]   Warnier, J.: Logical Construction of Programs. Van Nostrand Reinhold. 1974

[34]   Yourdon, E. und Larry, C. L.: Structured Design, New York: Yourdon Press, 1978

Drittes Kapitel

[1]   Bühner, Ralf: Betriebswirtschaftliche Organisationslehre. 4., korrigierte Auflage. R. Oldenbourg Verlag München Wien 1989

[2]   Frese, Erich: Grundlagen der Organisation: Die Organisationsstruktur der Unternehmung. 4., durchgesehene Auflage. Gabler Wiesbaden 1991

[3]   Frese, Erich: Handwörterbuch der Organisation. 3. Auflage. C. E. Poeschel Verlag Stuttgart1992

[4]   Grochla, Erwin: Technik und Organisation: in Handwörterbuch der Organisation. C.E.Poeschel Verlag Stuttgart 1969

[5]   Gutenberg, Erich: Grundlagen der Betriebswirtschaftslehre -- Die Produktion. 21. Auflage. Springer-Verlag Berlin Heidelberg New York 1975

[6]   Kreikebaum, Hartmut: Strategische Unternehmensplanung. 3., erw. Aufl. Verlag W. Kohlhammer Stuttgart Berlin Köln 1989

[7]   Kosiol, Erich: Organisation der Unternehmung, 2., durchgesehene Auflage. Betriebswirtschaftlicher Verlag Th. Gabler Wiesbaden 1976

[8]   Madauss, Bernd J.: Handbuch Projektmanagement -- Mit Handlungsanleitungen für Industriebetrieb, Unternehmensberater und Behörden. 4., unveränderte Auflage. C.E. Poeschel Verlag Stuttgart 1991

[9]   Nordsieck, Fritz: Betriebsorganisation, Lehre und Technik (Textband). C. E. Poeschel Verlag Stuttgart 1961

[10]   Remer, Andreas: Personalmanagement - Mitarbeitorientierte Organisation und Führung von Unternehmen. 1. Auflage. Walter de Gruyter Berlin, New York 1978

[11]   Schneider, H.-J.: Lexikon der Informatik und Datenverarbeitung. 3., aktualisierte und wesentlich erweiterete Auflage. R. Oldenbourg Verlag München Wien 1991

[12]   Simon, Herbert A.: Entscheidungsverhalten in Organisation - Eine Untersuchung von Entscheidungsprozessen in Management und Verwaltung. Übersetzung der 3.,stark erweiterten und mit einer Einführung versehenen englischsprachigen Auflage. Verlag Moderne Industrie 1981.

[13]   Steffens, Franz: *OrgIS* - Ein Organisationsinformationssystem. Grundlagen und Grundideen. Vortrag gehalten auf der MIS-Konferenz, Seoul am 12. und 13. Juni 1992.
       Vorlesungsskripte und Forschungsunterlagen ab WS89/90
       Einige Bemerkungen über die Modellierung betrieblicher Informationssysteme 1993.
       am Lehrstuhl für Allgemeine Betriebswirtschaftslehre, Organisation und Wirtschaftsinformatik, Universität Mannheim, Deutschland

[14]   Voßbein, R. und Leschke H.: Unternehmensorganisation mit Kommunikationssystemen. Friedr. Vieweg & Sohn Verlag GmbH Braunschweig/Wiesbaden 1989

[15]   Wöhe, Günter: Einführung in die Allgemeine Betriebswirtschaftslehre. 16., überarbeitete Auflage. Verlag Franz Vahlen München 1986

Viertes Kapitel

[1] Pomberger, G. und Blaschek, G.: Software Engineering - Prototyping und objektorientierte Software-Entwicklung. Carl Hanser Verlag München Wien 1993

[2] Steffens, Franz: Eine Methode der Datenmodellierung. 1994
Forschungsunterlagen und Vorlesungsskripte ab WS89/90 am Lehstuhl für Allgemeine Betriebswirtschaftslehre, Organisation und Wirtschaftsinformatik, Universität Mannheim, Deutschland

Fünftes Kapitel

[1] Autorenteam S & S International (Deutschland) GmbH, Uti-Maco-Software GmbH: Datensicherheit in Industrie und Wirtschaft, Markt&Technik Buch- und Software-Verlag GmbH, München 1994

[2] Bühner, Ralf: Betriebswirtschaftliche Organisationslehre. 4., korrigierte Auflage. R. Oldenbourg Verlag München Wien 1989

[3] Dayal, Umeshwar „Active Database Management Systems" In Proceeding of the Third International Conference on Data and Knowledge Base, S.150 - 169. Jerusalem. Israel. June 1988

[4] Frese, Erich: Grundlagen der Organisation - Die Organisationsstruktur der Unternehmung. 4., durchgesehene Auflage. Betriebswirtschaftlicher Verlag Dr. Th. Gabler GmbH, Wiesbaden 1988

[5] Frese, Erich: Handwörterbuch der Organisation. Dritte, völlig neu gestaltete Auflage. C.E. Poeschel Verlag Stuttgart 1992

[6] Grochla, Erwin: Projektmanagement - Organisatorische Gestaltungsmöglichkeiten, ZfU-Managementseminar. Zürich, November 1980

[7] Gutenberg, Erich: Grundlagen der Betriebswirtschaftslehre - Die Produktion. 21. Auflage. Springer-Verlag Berlin Heidelberg New York 1975

[8] Heilmann, Heidi: Organisation und Management der Informationsverarbeitung im Unternehmen. (In: Karl Kurbel/Horst Strunz: Handbuch Wirtschaftsinformatik) Verlag C. E. Poeschel Stuttgart 1990

[9] Knebel, Heinz und Schneider, Helmut: Die Stellenbeschreibung mit Speziallexikon. 5., neubearbeitete Auflage. I. H. Sauer-Verlag GmbH Heidelberg 1993

[10] Kosiol, Erich: Organisation der Unternehmung. 2., durchgesehene Auflage. Betriebswirtschaftlicher Verlag Th. Gabler Wiesbaden 1976

[11] Lehner, Franz: Informatik Strategie - Entwicklung, Einsatz und Erfahrungen. Carl Hanser Verlag München Wien 1993

[12] Linnert, Peter: Handbuch Organisation. Deutscher Betriebswirte-Verlag GmbH, Gernsbach/Baden 1975

[13] Mertens, Peter und Schrammel, Dieter: Schriften zur wirtschaftswissenschaftlichen Forschung - Band 123: Betriebliche Dokumentation und Information. 2.,erweiterte und überarbeitete Auflage. Verlag Anton Hain/Meisenheim am Glan 1977

[14] Reese, Joachim: Theorie der Organisationsbewertung. R. Oldenbourg Verlag München Wien 1989

[15] Simon, Herbert A.: Entscheidungsverhalten in Organisationen - Eine Untersuchung von Entscheidungsprozessen in Management und Verwaltung. Übersetzung der 3.,

stark erweiterten und mit einer Einführung versehenen englischsprachigen Auflage (Deutsche Übersetzung von Wolfgang Müller) Verlag Moderne Industrie 1981

[16] Steffens, Franz: Eine Methode der Datenmodellierung. 1994
                       OrgIS-Vorgehensmodell 1991
                       Einige Bemerkungen über die Modellierung betrieblicher
                       Informationssysteme. 1993
                       Betriebsmodelle in „Kleines Lexikon der Informatik (Herausgeber
                       Zilahi-Szabo) R. Oldenbourg Verlag München Wien 1995"
      Lehrstuhl für Allgemeine Betriebswirtschaftslehre, Organisation und Wirtschaftsin-
      formatik, Universität Mannheim, Deutschland

[17] Tenckhoff, Philipp: Analytische Stellenbewertung, Anforderungsprofile, Leistungsbe-
      urteilung -- bei einer Führung mit Delegation von Verantwortung. Verlag WWT Bad
      Harzburg 1973

Abbildungsverzeichnis

Zweites Kapitel

Abb. 2. - 1.   Vorgehensmodell der Software-Entwicklung

Abb. 2.I. - 1.   Grundstruktur des Modells der strukturierten Methode

Abb. 2.I. - 2.   Grundstruktur des Modells der datenorientierten Methode

Abb. 2.I. - 3.   Grundstruktur des Modells der ereignisorientierten Methode

Abb. 2.I. - 4.   Grundstruktur des Modells der objektorientierten Methode

Abb. 2.I.A. - 1.   Schrittweise Konkretisierung der Funktionen und der Daten

Abb. 2.I.B. - 1.   Zwei Datenmodelle zur Darstellung der semantischen Beziehungen zwischen zwei Daten (Objekttypen bzw. Entitytypen)

Abb. 2.I.C. - 1.   Verarbeitung der Daten mit Steuerung durch Ereignis

Abb. 2.I.D. - 1.   Veranschaulichung der Multi-View-Methode

Abb. 2.II. - 1.   Aufgabengliederung in der Software-Entwicklung

Abb. 2.II. - 2.   Der Arbeitszusammenhang zwischen drei Bereichen: System-, Anwendungsentwicklung und Fachbereich

Abb. 2.II.A. - 1.   Bildung der Arbeitsgruppen an einem Beispiel der OrgIS-Entwicklung

Abb. 2.II.B. - 1.   Daten- bzw. Schnittstellenbezogene Arbeitsgruppe

Abb. 2.II.C. - 1.   Die Rolle der Leitung der Systementwicklung bei der Implementierung und bei dem Test

Drittes Kapitel

Abb. 3.I. - 1.   Der Ausschnitt des Aufbauorganisationsdatenmodells

Abb. 3.III. - 1.   Der Ausschnitt des Ablauforganisationsdatenmodells

Abb. 3.IV. - 1.   Der Ausschnitt des Systemkonfigurationsdatenmodells

Viertes Kapitel

Abb. 4.I.A. - 1.   Funktionelle Hierarchie des Systems OrgIS

Abb. 4.I.A. - 2.   Hierarchie der Verbundenheit der Funktionenmodule im System OrgIS

Abb. 4.I.B. - 1.   Die Schnittstellen zwischen den Funktionenmodulen

Abb. 4.I.C. - 1.   Ausschnitt des Funktionsnetzes im System OrgIS

Abb. 4.II. - 1.   Vorgehen des Datenbankentwurfs

Abb. 4.III.A. - 1.   Zweistufige OrgIS-Benutzerorganisation und ihr Zusammenhang mit der Unternehmensorganisation

Abb. 4.III.B. - 1.   Doppelte Überprüfung der Zugriffsrechte der Benutzer auf die System- und Organisationsstrukturdaten in der Datenbank

Abb. 4.III.C. - 1.   Die Erweiterung der OrgIS-Benutzerorganisation durch das verteilte System OrgIS

Abb. 4.IV.A. - 1.   Aufteilung des Systemjournals in Datenbank und Dateien

Abb. 4.IV.B. - 1.   Gruppierte Benutzerjournale in Dateien

Abb. 4.V. - 1.   Der aufbauorganisatorische Zusammenhang zwischen der Benutzerorganisation und der Unternehmensorganisation

Abb. 4.V. - 2.   *Der ablauforganisatorische Zusammenhang zwischen der Benutzerorganisation und der Unternehmensorganisation*

Fünftes Kapitel

Abb. 5. - 1.   *Die Gliederung der Funktionenmodule des verteilten Systems OrgIS aus der Funktionensicht*

Abb. 5. - 2.   *Die Gliederung der Funktionenmodule des verteilten Systems OrgIS aus der Datensicht*

Abb. 5. - 3.   *Der Grundriß der Bildschirmgestaltung des verteilten Systems OrgIS*

Abb. 5. - 4.   *Graphische Darstellung des blockierten Aufrufs zwischen zwei Masken*

Abb. 5. - 5.   *Graphische Darstellung des disponiblen Aufrufs zwischen einer aufrufenden und zwei aufgerufenen Masken*

Abb. 5. - 6.   *Graphische Darstellung des sequentiellen Aufrufs zwischen einer aufrufenden und drei aufgerufenen Masken*

Abb. 5.I. - 1.   *Aufbau des Funktionenmoduls der Datenverwaltung zur Unterstützung der Organisationsplanung*

Abb. 5.I.A. - 1.   *Die Implementierung der Funktionen zur Datenverwaltung mit der Überprüfung von Konsistenz-/Integritätsbedingungen*

Abb. 5.I.A. - 2.   *Die Implementierung der Funktionen zur Datenverwaltung ohne die Berücksichtigung der Konsistenz- und Integritätsbedingungen der Organisationsstrukturdaten*

Abb. 5.I.B. - 1.   *Die Aufrufbeziehungen zwischen den Teifunktionenmodulen der Verwaltung der Organisationsstrukturdaten*

Abb. 5.I.B.1. - 1.   *Die Aufrufbeziehungen zwischen den Funktionen (Masken) der Datenverwaltung im Teilfunktionenmodul der Ständigen Aufbauorganisation*

Abb. 5.I.B.3. - 1.   *Die Aufrufbeziehungen zwischen den Funktionen (Masken) der Datenverwaltung im Teilfunktionenmodul der Ablauforganisation*

Abb. 5.I.B.4. - 1.   *Die Aufrufbeziehungen zwischen den Funktionen (Masken) der Datenverwaltung im Teilfunktionenmodul der Systemkonfiguration*

Abb. 5.I.C. - 1.   *Die Veranschaulichung der versionierten Organisationsplanung und -entwicklung sowie deren Phasen*

Abb. 5.I.D. - 1.   *Der Prozeß zur Protokollierung der Planungsvorgänge*

Abb. 5.II. - 1.   *Aufbau des Funktionenmoduls der Datenauswertung zur Unterstützung der Analyse und Bewertung der Unternehmensorganisation*

Abb. 5.II.A. - 1.   *Die Aufrufbeziehungen zwischen den Teilfunktionenmodulen der Anzeige der Organisationsstrukturdaten*

Abb. 5.II.B. - 1.   *Die Aufrufbeziehungen zwischen den Teilfunktionenmodulen und die Gliederung der einzelnen Funktionen der originären Analyse und Bewertung der Organisation*

Abb. 5.II.C. - 1.   *Die Aufrufbeziehungen zwischen den Teilfunktionenmodulen der derivativen Analyse und Bewertung der Organisation*

Abb. 5.II.C. - 2.   *Der Aufbau und die Gliederung der Funktionen in der derivativen Analyse und Bewertung der Ständigen Aufbauorganisation*

Abb. 5.II.C. - 3.   *Der Aufbau und die Gliederung der Funktionen in der derivativen Analyse und Bewertung der Ablauforganisation*

Abb. 5.II.C. - 4.   *Der Aufbau und die Gliederung der Funktionen in der derivativen Analyse und Bewertung der Systemkonfiguration*

Abb. 5.II.C.1. - 1.   *Die Abbildung Ψ angewandt auf ein Beispielorganigramm eines Unternehmens*

Abb. 5.II.C.1. - 2.   *Die Matrizen von Ausführungsfrequenz und Belastungsgrad der Stellen für die Aufgabenerfüllung in einer Höheren Organisationseinheit*

Abb. 5.II.C.1. - 3.   *Die Matrizen von Ausführungsfrequenz und Belastungsgrad der Höheren Organisationseinheiten für die Aufgabenerfüllung (Teamarbeit)*

Abb. 5.II.C.1. - 4.   *Geordnete Aufgaben nach drei Werten des Belastungsgrades*

Abb. 5.II.C.1. - 5.   *Geordnete Aufgaben nach drei Werten der Ausführungsfrequenz*

Abb. 5.II.C.1. - 6.   *Geordnete Aufgaben nach drei Werten der Ausführungsdauer*

Abb. 5.II.C.3. - 1.   *Gesamtes Kommunikationsnetz der Ebene der Stelle*

Abb. 5.II.C.3. - 2.   *Anwenderbeschränktes Kommunikationsnetz der Ebene der Stelle*

Abb. 5.II.C.4. - 1.   *Die Matrizen vom Deckungsgrad der Software zur Unterstützung der Aufgabenerfüllung*

Abb. 5.II.C.4. - 2.   *Die Matrix vom Deckungsgrad der Software zur Unterstützung der Stellen für die Aufgabenerfüllung*

Abb. 5.II.C.4. - 3.   *Die Matrix vom Deckungsgrad der Software zur Unterstützung der Erfüllung der den Höheren Organisationseinheiten zugeordneten Aufgaben*

Abb. 5.II.C.4. - 4.   *Einteilung der Software nach ihrem Deckungsgrad infolge der Aufgabe*

Abb. 5.II.C.4. - 5.   *Einteilung der Organisationseinheiten nach ihrem Automatisierungsgrad (DV-gestütztes Arbeitspensum)*

Abb. 5.II.D. - 1.   *Der Prozeß zur Kontrolle und zur Protokollierung der Auswertungsvorgänge*

Abb. 5.III. - 1.   *Dokumentation der Organisation*

Abb. 5.III. - 2.   *Zentralisation und Dezentralisation der Dokumentation der Organisation*

Abb. 5.III. - 3.   *Die versionierte Dokumentation der Organisation*

Abb. 5.III. - 4.   *Aufbau des Funktionenmoduls der Dokumentationserstellung für die Berichterstattung und für die Entscheidungsunterstützung*

Abb. 5.III.B.1. - 1.   *Organigramm eines Fachbereichs „Zentralbereich Einkauf"*

Abb. 5.III.B.1. - 2.   *Ein Beispiel der logischen und semantischen Struktur zur Beschreibung der Höheren Organisationseinheit*

Abb. 5.III.B.1. - 3.   *Ein Beispiel der logischen und semantischen Struktur der Stellenbeschreibung*

Abb. 5.III.B.2. - 1.   *Ein Beispiel der logischen und semantischen Struktur zur Beschreibung eines (Teil)Projektes*

Abb. 5.III.B.2. - 2. *Zwei verschiedene Parallelitäten zur Abwicklung zweier Projekte*

Abb. 5.III.B.3. - 1. *Die fakultative und obligatorische Aufgabenstruktur*

Abb. 5.III.B.3. - 2. *Ein Beispiel der logischen und semantischen Struktur zur Beschreibung einer Aufgabe*

Abb. 5.III.B.4. - 1. *Eine Beispielstruktur der DV-Systeme in einem Unternehmen*

Abb. 5.III.B.4. - 2. *Ein Beispiel der logischen und semantischen Struktur zur Beschreibung eines Softwaresystems*

Abb. 5.III.B.4. - 3. *Ein Beispiel der logischen und semantischen Struktur zur Beschreibung eines Hardwaresystems*

Abb. 5.III.B.4. - 4. *Ein Beispiel der logischen und semantischen Struktur zur Beschreibung der fernen Konfiguration eines Hardwaresystems*

Abb. 5.III.C.1. - 1. *Eine graphische Beispieldarstellung zur Einteilung der Aufgaben in einer Höheren Organisationseinheit*

Abb. 5.III.C.1. - 2. *Schaubild über den Personalstand und die Stellenbesetzung*

Abb. 5.III.C.1. - 3. *Eine Beispieldarstellung der Klassifizierung der Stellen bezüglich des Automatisierungsgrades*

Abb. 5.III.C.1. - 4. *Eine Beispieldarstellung zur Klassifizierung der Stellen bezüglich des gesamten Belastungsgrades*

Abb. 5.III.C.1. - 5. *Eine graphische Beispieldarstellung des Arbeitspensums einer Stelle mit der Aggregation der Aufgaben*

Abb. 5.III.C.1. - 6. *Eine graphische Beispieldarstellung des Zeitaufwandes einer Stelle bei der Erfüllung der Aufgaben*

Abb. 5.III.C.1. - 7. *Vergleich zwischen den Höheren Organisationseinheiten auf einer Hierarchie bezüglich des durchschnittlichen Belastungsgrades*

Abb. 5.III.C.1. - 8. *Vergleich der Aufgaben in einer Höheren Organisationseinheit mit Versionsausprägung nach gewünschtem Wert*

Abb. 5.III.C.1. - 9. *Vergleich der aggregierten Aufgaben in einer Höheren Organisationseinheit mit Versionsausprägung nach gewünschtem Wert*

Abb. 5.III.C.1. - 10. *Vergleich der Arbeitsobjekte in einer Höheren Organisationseinheit mit Versionsausprägung nach gewünschtem Wert*

Abb. 5.III.C.1. - 11. *Vergleich der Stellenbesetzung in einer Höheren Organisationseinheit mit Versionsausprägung*

Abb. 5.III.C.1. - 12. *Eine Beispieldarstellung des Arbeitspensums einer versionierten Stelle mit dem Hinweis auf Aggregation der Aufgaben*

Abb. 5.III.C.1. - 13. *Vergleich der Arbeitsobjekte einer versionierten Stelle nach gewünschtem Wert*

Abb. 5.III.C.2. - 1. *Die Reihenfolge zur Erfüllung der Projektaufgaben in einer Höheren Projektorganisationseinheit*

Abb. 5.III.C.2. - 2. *Die Einteilung der Projektaufgaben in einer Höheren Projektorganisationseinheit bezüglich zeitlicher Geltung*

Abb. 5.III.C.2. - 3. *Die Einteilung der Höheren Projektorganisationseinheit bezüglich gesamter zeitlicher Geltung TG*

Abb. 5.III.C.2. - 4.   *Zeitliche Planung der Höheren Projektorganisationseinheit bezüglich Start- (T_s^E) und Endzeitpunkts (T_e^E)*

Abb. 5.III.C.2. - 5.   *Zeitliche Planung der Projektstellen in einer Höheren Projektorganisationseinheit*

Abb. 5.III.C.2. - 6.   *Vergleich zwischen den versionierten Höheren Projektorganisationseinheiten bezüglich gesamter zeitlicher Geltung TG*

Abb. 5.III.C.3. - 1.   *Graphische Darstellung eines Kommunikationsnetzes auf der Ebene der Höheren Organisationseinheiten*

Abb. 5.III.C.3. - 2.   *Darstellung der Anzahl der Interaktionsarbeitsobjekte und deren Arten in den Höheren Organisationseinheiten*

Abb. 5.III.C.3. - 3.   *Darstellung eines Kommunikationsnetzes auf der Ebene der Stellen*

Abb. 5.III.C.3. - 4.   *Darstellung eines Kommunikationsnetzes auf der Ebene der Aufgaben*

Abb. 5.III.C.3. - 5.   *Darstellung eines Informations- bzw. Materialflußnetzes*

Abb. 5.III.C.3. - 6.   *Darstellung des Automatisierungsgrades (dg_{ij}) der Aufgaben mit den DV-gestützten Arbeitsobjekten*

Abb. 5.III.C.4. - 1.   *Die Matrizen vom Nutzungswert der Hardwaresysteme zur Ausstattung der Organisationseinheiten*

Abb. 5.III.D. - 1.   *Prozeß zur Kontrolle der Dokumentationserstellung*

Abb. 5.IV. - 1.   *Die Rolle der Funktionen der Journalverwaltung und der Zusammenhang zwischen ihnen und anderen Funktionen in OrgIS*

Abb. 5.V.B. - 1.   *Der Zusammenhang zwischen der OrgIS-Gruppe und den OrgIS-Benutzern unterschiedlicher Klassen*

Abb. 5.V.C. - 1.   *Die allgemeinen Informationen für die Einrichtung eines OrgIS-Benutzers*

Abb. 5.VI. - 1.   *Datensicherheit durch zweistufige Zugriffsüberwachung im OrgIS*

Abb. 5.VI.A. - 1.   *Die Ausführung der OrgIS-Funktionen von einem OrgIS-Benutzer als ein Bestandteil der fachlichen Zuständigkeit der betreffenden Organisationseinheit in Unternehmensorganisation*

Abb. 5.VI.A. - 2.   *Funktionenorientierte Zugriffsrechte eines OrgIS-Benutzers auf vier unterschiedlichen Ebenen*

Abb. 5.VI.B. - 1.   *Die Gewährleistung der Verfügbarkeit und Vertraulichkeit der Organisationsstrukturdaten durch die Systemstrukturdaten*

Abb. 5.VII. - 1.   *Mainframe-Konstellation zum Einsatz des Systems OrgIS in einem Unternehmen*

Abb. 5.VII. - 2.   *Zwei Client-Server-Konstellationen zum Einsatz des Systems OrgIS in einem Unternehmen*

Abb. 5.VII.A. - 1.   *Die echte verteilte Datenhaltung und -verarbeitung durch die Distribution-Konstellation des Systems OrgIS*

Abb. 5.VII.A. - 2.   *Die Kommunikationsverbindung zwischen den OrgIS-Rechnern durch die Organisationsstrukturdaten*

Abb. 5.VII.A. - 3.   *Die Zugriffe auf die ferne Datenbank durch die Verbindungen zwischen einem Lokal- und einem Fern-Benutzer*

Abb. 5.VII.C. - 1.   *Die unterschiedliche Ausführung der OrgIS-Funktionen im lokalen und fernen Rechner*

Abb. 5.VII.D. - 1.   *Die Erweiterung der OrgIS-Benutzerorganisation durch das verteilte System OrgIS*

Abb. 5.VIII. - 1.   *Die Hilfeinformationen können On-Line (interaktiv) in den Benutzerschnittstellen (Masken) gezeigt werden oder Off-Line (Dokument) ausgedruckt werden*

Tabellenverzeichnis

Fünftes Kapitel

Tab. 5.I.B.1. - 1.   Die Aufruf- bzw. Wechselarten zwischen den einzelnen Funktionen/Masken zur Verwaltung der Ständigen Aufbauorganisation

Tab. 5.I.B.3. - 1.   Die Aufruf- bzw. Wechselarten zwischen den einzelnen Funktionen/Masken zur Verwaltung der Ablauforganisation

Tab. 5.I.B.4. - 1.   Die Aufruf- bzw. Wechselarten zwischen den einzelnen Funktionen/Masken zur Verwaltung der Systemkonfiguration

Tab. 5.I.B.4. - 2.   Geeignete Anschlußarten zweier Hardwaresysteme A und B an dem Rechnernetz bezüglich ferner Konfiguration eines Ausgabe-Gerätes von B

Tab. 5.I.B.4. - 3.   Geeignete Anschlußarten zweier Hardwaresysteme A und B an dem Rechnernetz bezüglich ferner Konfiguration eines Eingabe-Gerätes von B

Tab. 5.II.C.1. - 1.   Abgrenzungskriterien für die Einteilung der Aufgaben

Tab. 5.III.A. - 1.   Logische Struktur des originären Segments der Dokumentation der Ständigen Aufbauorganisation

Tab. 5.III.A. - 2.   Logische Struktur des originären Segments der Projektorganisation

Tab. 5.III.A. - 3.   Logische Struktur des originären Segments der Ablauforganisation

Tab. 5.III.A. - 4.   Logische Struktur des originären Segments der Systemkonfiguration

Tab. 5.III.B.4. - 1.   Der Unterschied zwischen Beschreibungen der Softwaresysteme und den der Datenbanken in der logischen und semantischen Struktur

Tab. 5.III.C. - 1.   Logische und semantische Struktur des derivativen Segments der Ständigen Aufbauorganisation

Tab. 5.III.C. - 2.   Logische und semantische Struktur des derivativen Segments der Ablauforganisation

Tab. 5.III.C. - 3.   Logische und semantische Struktur des derivativen Segments der Systemkonfiguration

Tab. 5.III.C.1. - 1.   Die Differenzen zwischen Anforderung und Qualifikation bei der Stellenbesetzung

Tab. 5.III.C.1. - 2.   Gesamtes Arbeitspensum einer versionierten Stelle hinsichtlich der Aggregation der Aufgaben

Tab. 5.III.C.3. - 1.   Tabellarische Darstellung der Interaktionsarbeitsobjekte zur Verbindung der Höheren Organisationseinheiten bei der Aufgabenerfüllung

Tab. 5.III.C.3. - 2.   Tabellarische Darstellung der Durchlaufzeit zwischen den Arbeitsobjekten

Tab. 5.III.C.3. - 3.   Die Änderungsbilanz zwischen der Bezugsversion und der Planung-I zur Gestaltung der Ablauforganisation bezüglich Durchlaufzeit der Arbeitsobjekte

Tab. 5.III.C.4. - 1.   Eine tabellarische Darstellung der Deckungsgröße der Anwendungssysteme

Tab. 5.III.C.4. - 2.   Eine Änderungsbilanz zwischen Bezugsversion und Planung-I nach Deckungsgröße (Anwendungssysteme)

Tab. 5.III.C.4. - 3.   Eine Änderungsbilanz zwischen Bezugsversion (A) und Planung-B sowie
                       Planung-C nach Deckungsgrad bezüglich Aufgabe

Tab. 5.III.C.4. - 4.   Eine Änderungsbilanz zwischen Bezugsversion (A) und Planung-B sowie
                       Planung-C nach Nutzungsgröße bezüglich Arbeitsobjekte

Tab. 5.III.C.4. - 5.   Eine Änderungsbilanz zwischen Bezugsversion und Planung-I nach Nut-
                       zungswert bezüglich Stelle

Tab. 5.III.C.4. - 6.   Eine Änderungsbilanz zwischen Bezugsversion (A) und Planung-B sowie
                       Planung-C nach Automatisierungsgrad

Tab. 5.V.A. - 1.   Die Übereinstimmung zwischen den passiven und aktiven Zugriffsrech-
                       ten auf die Organisationsstrukturdaten

Tab. 5.V.C. - 1.   Die möglichen Zugriffsrechte der OrgIS-Benutzer auf die OrgIS-Funk-
                       tionen

Tab. 5.VII.D. - 1.   Die Einwirkung der Benutzerklasse in der Client-Server-Beziehung zwi-
                       schen den OrgIS-Benutzern von Rechner A und B auf den disziplinari-
                       schen Zusammenhang zwischen ihren OrgIS-Benutzerorganisationen